D1746455

SCHWEIZER FLEISCHKÜCHE
Geschichten – Gerichte – Genuss

MICHAEL MERZ

SCHWEIZER
FLEISCHKÜCHE

GESCHICHTEN – GERICHTE – GENUSS

Mit Fotos von Winfried Heinze

*Für Inge und Peter
In Verehrung und Dankbarkeit*

MICHAEL MERZ

Der Metzgerssohn schreibt seit mehr als 40 Jahren über Essen und Kultur. Er findet, dass diese beiden Lebensgebiete nicht nur zusammengehören, sondern nicht voneinander zu trennen sind. Er hat die aufregenden Zeiten der Nouvelle Cuisine hautnah miterlebt, seitdem auch sämtliche neuen Küchenwege aufmerksam verfolgt und als Autor bei fast allen grossen Publikationen der deutschen Schweiz darüber berichtet. Seit vielen Jahren betreut er die Küchen- und Weinkolumne des Magazins des «Sonntags-Blicks».

WINFRIED HEINZE (Fotografie)

Winfried Heinze ist lebenslanger Fotograf mit feinem Gespür für die schönen Dinge des Lebens. Er lebt am Bodensee, in London und Zürich und arbeitet weltweit. Seine Fotos erscheinen regelmässig in Magazinen, Büchern und anderen Publikationen.

Hinweis zu den Mengenangeben in den Rezepten

Im vorliegenden Buch werden Sie Rezepte von Köchen entdecken, bei denen sehr genau abgemessene Zutaten wichtig sind. Diese Mengen sind dann meist in Gramm angegeben, auch wo das für den Laien eventuell ungewöhnlich scheint. Mit einer digitalen Küchenwaage lassen sich kleinste Mengen aber problemlos in Gramm bestimmen, besonders nützlich sind digitale Küchenwagen, die zwischen Gramm und Milliliter umschaltbar sind. Für das Wursten empfiehlt sich eine Löffel- oder Briefwaage.

LandLiebe-Edition

© 2018 Ringier Axel Springer Schweiz AG, Zürich
Alle Rechte vorbehalten www.landliebe.ch
Herausgeber: Schweizer LandLiebe
unter der Chefredaktion von André Frensch
und Christine Zwygart
Lektorat: Andina Schubiger
und Sandra Bourguignon
Buchgestaltung und Satz:
Natalie Schmid, marlow.design
Illustrationen: illumueller.ch
Fotos: Winfried Heinze, blateral.com
Styling: Vera Guala, Zürich
Gedruckt in der EU
ISBN 978-3-906869-12-4

INHALT

Mit Reportagen, Informationen zu den Fleischstücken, Wissenswertem, Geschichten und Rezepten zu den jeweiligen Tierarten

VORWORT 7

EINLEITUNG 8
Eine kurze Geschichte zur langen Geschichte der Fleischküche

BESUCH AUF DEM RINDVIEHMARKT 18

RIND 26
REPORTAGE Das wilde Tal im Alpstein
GESCHICHTE *Rindfleisch: Auch eine Familiengeschichte*
REZEPTE von Silvia Manser

KALB 64
REPORTAGE Die Küche am Ende der Welt
GESCHICHTE *Das Geheimnis ist keines*
REZEPTE von Robert Gisler

SCHWEIN 100
REPORTAGE Alles ist durchdacht
GESCHICHTE *Ein kulinarische Reise von Peking über Lyon und Paris nach Zürich*
REZEPTE von Markus Wicki

GEFLÜGEL 142
REPORTAGE Es war einmal ein Sonntagsessen
GESCHICHTE *Was gestern nicht schmeckte, schmeckt heute fantastisch!*
REZEPTE von Dario Ranza

LAMM 192
REPORTAGE Wo der Rhein entspringt
GESCHICHTE *Atlas*
REZEPTE von Manuel Reichenbach

WILD 224
REPORTAGE Aus der freien Natur in den Topf
GESCHICHTE *Les Dombes: die Wildnis vor der Haustür*
REZEPTE von Martin Dalsass

KANINCHEN | TRUTHAHN 256
REPORTAGE Was Fleischqualität ausmacht
GESCHICHTE *Auch Kleinvieh kann Schwierigkiten machen*
REZEPTE von Markus Burkhard

WÜRSTE 294
REPORTAGE Hort der besten Schweizer Würste
GESCHICHTE *Seppetoni, König der Wurster*
WURSTREZEPTE von Markus Bühler, mit Beilagen gekocht von Markus Burkhard

INNEREIEN 320
REPORTAGE Ein Tag im Leben von Arno
GESCHICHTE *Rom*
REZEPTE von Arno Abächerli

REZEPTVERZEICHNIS 354

KÜCHENLATEIN 356
Die Erklärung für die unterstrichenen Fachbegriffe finden Sie im «Küchenlatein» am Ende des Buches.

VORWORT

Liebe Leserin, lieber Leser

Das Leben an sich hat mich auf weiten Umwegen zur Kulinarik geführt. Die Kultur wurde erst mein Arbeitsfeld. Die Literatur, das Theater, die Musik, die bildenden Künste … vor allem aber: Die Menschen, die sich damit nicht nur ihr Leben, sondern auch ihr Selbstverständnis verdienen. Was aber nicht verhindern konnte, dass ich mich eines Tages in der elterlichen Metzgerei wiederfand. So lernte ich endgültig Lebensrealität kennen, die Unberechenbarkeit von Lebenswegen. Geblieben ist ein unverrückbarer Respekt vor dem Können meiner Eltern, der souveränen Art, wie sie mit den schwierigen Themen ihres Gewerbes umgingen. So wurden die beiden Medien-Departemente «Kultur und Küche» mein Betätigungsfeld. Daraus erwuchs sogar eine Art Karriere. Vor allem aber verschafften mir diese beiden Kreise eine gute Distanz zum jeweilig anderen. Ich nehme Kultur ernst. Ich nehme Küche ernst. Aber, bei aller Seriosität, bitte nicht allzu sehr! Beides ist, verbissen betrieben, eine ziemlich lächerliche Angelegenheit. Beide gehören im Übrigen sowieso viel näher zusammen, als es das Auge auf den ersten Blick wahrhaben möchte.

Gerade durch die Welt der Kultur begann ich die Geschichte des Fleisches auf ganz andere Weise zu erkennen, zu erfahren und zu schätzen. Fleisch ist nicht nur Genuss. Es ist Ernährung auf höchstem Niveau. Nicht nur von seinen Inhalten her, sondern auch in der Art und Weise, wie es sich uns im Laufe der Jahrtausende präsentiert. Man kann es wenden und drehen wie man will, die Wahrheit ist: Fleisch war und ist für unser menschliches Fortkommen überaus wichtig. Heute allerdings nur dann, wenn wir ein paar grundlegende Dinge begreifen, dafür nicht nur Verantwortung übernehmen, sondern dafür auch aktiv einstehen.

Da ist etwa der Respekt vor dem Tier. Die Achtung vor dem Leben im Allgemeinen und vor jenem des Tieres im Besonderen muss uns jedoch imperativ einen sehr sorgsamen Umgang mit diesen Lebewesen lehren. Aber auch: Wir alle sollten uns ein paar Gedanken darüber machen, weshalb aus einem «Geschenk Gottes», wie unsere Vor-Vorfahren das Fleisch nannten, ein Produkt werden konnte, das ins Kreuzfeuer ethischer Kritik geriet. Dabei führt uns kein Weg an den Tatsachen vorbei: Es gibt keine Nahrungsmittelproduktion in dieser Welt, die nicht irgendeinen Lebenskreis von Tieren tangiert und damit diese selbst schädigt. Welcher Mensch kann heutzutage von seinen Mitmenschen Massnahmen zur Rettung unserer Umwelt fordern, ohne sich zuvorderst selbst zu beschränken? Wann werden wir uns nicht mehr nach der neuesten Ess- oder Diätmode richten, sondern nach den zwingenden Forderungen unseres Körpers und jenen der Umwelt?

Ich habe mir deshalb vorgenommen, Sie in diesem Buch nicht nur auf eine Reise zu jenen Menschen zu bitten, die mit grossem Einsatz und noch viel grösserer Ernsthaftigkeit unser Fleisch produzieren und verarbeiten. Es sollte auch eine Reise sein, die genauso mit ungewöhnlichen, wie auch mit Alltagsrezepten illustriert sein würde. Die volle Bandbreite Kulinarik soll Sie treffen! Einfach, komplex, günstig und manchmal auch teurer. Immer mit dem Begriff «Nachhaltigkeit» verbunden. Keine statistischen Tabellen, kein Zahlendschungel, sondern eine Anleitung zu mehr Wissen, Verständnis, Können, rund um Fleisch und – natürlich – mehr kulinarischem Genuss. Ich freue mich und danke Ihnen, dass Sie mich dabei und dahin begleiten.

EINE KURZE GESCHICHTE ÜBER DIE LANGE GESCHICHTE DER FLEISCHKÜCHE

Wir wissen nicht, wer sie waren. Wir wissen nicht, woher sie kamen, ob es Frauen und Männer waren und wie viele davon. Wir wissen aber, dass sie um ein loderndes Feuer sassen und dass vor oder über diesem ein Stück Fleisch, wohl sogar ein ganzes Tier briet.

Was wir auch heute immer wieder erleben: Menschen treffen sich, sitzen zusammen und essen. Worüber sprechen sie? Übers Essen. Das war schon immer so. Auch zu den Zeiten vor unserer Zeit, vor vielleicht 10- bis 15'000 Jahren, als wir genauso um ein Feuer sassen, von den letzten Jagdabenteuern erzählten und darauf warteten, dass – was immer über dem Feuer brutzelte – irgendwie gar und damit essbar sein würde. Doch dieses «essbar» war lange Zeit eine recht diffizile Angelegenheit. Was immer unsere Vorfahren auf den langen Jagden erlegten, entsprach mit Sicherheit nicht unseren Vorstellungen von Geschmack, Saftigkeit und Zartheit. Was immer unsere Vorfahren auch sonst an Nahrungsmitteln aus der Natur zusammensuchten, entsprach nicht im Mindesten unserer heutigen Vorstellung von gutem Essen. Die Früchte waren sauer. Das Getreide kleinkörnig, hart und selbst gemahlen nicht leicht zu kauen. Die Gemüse wurden meist roh gegessen, wenn man endlich herausgefunden hatte, welche nicht giftig, sondern essbar und verdaulich waren. Sie mussten oft, wie dies gewisse Stämme in Afrika etwa mit Maniok bis heute tun, vorgekaut und vergoren werden, um irgendwie von unseren Mägen akzeptiert zu werden. Und das Fleisch? Es war mit Sicherheit die begehrteste Nahrung. Es brachte spürbar rasch grosse Kraft und diese Kraft hielt lange vor. Es waren zumindest mächtige Stücke, meist sogar ganze Tiere, die über dem Feuer brieten. Dieses Fleisch war zum Schluss oft verbrannt, sogar verkohlt und kam trotzdem innen noch roh vor die Essrunde. Sicher aber wurde es ohne grosses Aufbegehren gegessen. Wer Fleisch zu essen hatte, war dankbar, denn regelmässiger Fleischgenuss war die Ausnahme. Die Jagd in den Urzeiten war weder ein Kinderspiel, noch mit dem Siegel für Erfolgsgarantie versehen. Die durchschnittliche Lebenserwartung dieser Menschen lag bei etwa 25 Jahren. Das hängt eng mit der schwierigen Ernährungslage jener Zeit zusammen und den Krankheiten, die sich daraus ergaben. Aber auch mit den Jagdunfällen, wie sich heute aus menschlichen Knochenresten herauslesen lässt.

Es würde ein langer Weg werden zu den zahllosen Fleischgerichten, wie sie heute in der ganzen Welt gekocht werden. Aber die Bedeutung des Fleisches in der täglichen Ernährung war einst nicht nur rasch erkannt worden, sondern wuchs auch genauso rasch weiter. Sie stand und blieb seitdem im Zentrum der täglichen Nahrungsmittelbeschaffung.

Ob es der afrikanische Urmensch war, der sich auf Nahrungssuche der Ostküste Afrikas entlang in die ganze Welt aufmachte. Ob es der Neandertaler war, der seinen Lebenskreis in der Nordhälfte der europäischen Welt gefunden hatte. Ob es die Urmenschen der asiatischen Welt und deren Nachkommen in Nordamerika waren ... Sie alle hinterliessen ihre Spuren auf ihrem täglichen Überlebenskampf, der Suche nach Nahrungsmitteln, quer durch die Kontinente. Alle assen Fleisch. Tausende Jahre alte Wildknochen lügen nicht, wenn sie jene Kerbspuren aufweisen, die dann entstehen, wenn Fleisch mit Steinklingen vom Knochen geschabt und geschnitten wird.

Wir wollen all diese frühen Zeugnisse rund um das Fleisch und die menschliche Ernährung nicht über Proportion mit Bedeutung aufladen. Andere Zeugnisse, die unsere Vorfahren im Laufe der Zeiten zurückliessen, sagen genug. Die Höhlen von Lascaux in Südwestfrankreich etwa, auf deren Wände mit Erdfarben hingetuschte Mammuts, Hirsche und Auerochsen einherziehen. Sie berichten von der Verehrung für diese Tiere, der Jagd danach und dem Fleisch, das sie lieferten. Die Ägypter, die Griechen, die Römer verbanden unglaublich komplexe Riten mit dem göttlichen Opfer, das in seinen Anfängen stets ein ganzes Tier war. Die Menschen waren inzwischen sesshaft geworden und das domestizierte Vieh zum Besitz. Das Feuer wanderte aus dem Freien in die Mitte der Häuser, die sich die Menschen jetzt bauten. Es wurde zum Zentrum des Lebens und zu einer ersten Art Wohnküche, aus der Rauch direkt ins Dach und in den freien Himmel stieg. Bald war dieses Feuer von gemauerten Steinen eingefasst und wer Aufsicht über den Herd hatte, hatte auch bald die Pflicht, auf und über diesem zu kochen. Was immer man damals kochen nennen könnte. So oder so hing das Überleben des Stammes vom Feuer in diesem Herd ab. Wenn katholische Priester bis in die Neuzeit bei der Segnung eines Hauses auch den Herd segnen, dann ist dies ein ferner Nachklang an jene Bräuche, bei denen die Feuerstellen zu Ehren eines Gottes oder einer Göttin gesegnet wurden.

Denn eines ist klar: Ohne das Feuer hätte das Fleisch nicht seine zentrale Stellung im Küchenreich erhalten oder sich diese erhalten können. Und es ist dieses Feuer, das uns in der Küche bis in die Jetztzeit begleiten wird. Es brannte in den Höhlen, den Langhäusern der Pfahlbauten, den Küchen der Pharaonen. Immer in einer offenen Feuerstelle, über der sich ein Spiess mit Fleisch drehte. Unter den Tontöpfen, in denen eine Art Voressen oder eine Suppe köchelte. Später, als es metallene Gefässe gab, die sich verschliessen liessen, hielt auch das Schmoren von Fleisch Einzug ins Küchenrepertoire. Der Brauch französischer Bäuerinnen, diese fest verschlossene Töpfe in die noch glühende Asche einzugraben, weitere Asche darüberzuhäufeln, damit die Hitze von allen Seiten den Inhalt schmoren konnte, geht darauf zurück. Die Frauen gingen aufs Feld, und kamen sie viele Stunden später zurück, war das Essen fertig.

Vielleicht stellt sich hier die Frage, nach welchen Rezepten diese Frauen (waren es doch meist Frauen, die für das Kochen zuständig waren) kochten, so gibt es dazu wenige Anhaltspunkte. Bis ins frühe Mittelalter sind kaum schriftliche Zeitzeugnisse erhalten. Es gibt mündliche Tradierung und es gibt einige wenige Rezeptsammlungen, die als Kopien älterer Sammlungen in Klöstern entstanden. Deshalb wissen wir vom römischen Garum, der Würzpaste aus vergorenem Fisch. Vom römischen Senator Petronius ist uns in seinem Werk «Satyricon» ein Kapitel unter dem Titel «Das Gastmahl des Trimalchio» überliefert. Es erzählt von den raffiniertesten (und irgendwie gastronomisch perversen) Genüssen der römischen Küche. Sie sind quasi Showeinlagen mit und rund ums Essen. Vom besonderen Geschmack der Gerichte ist darin weit weniger zu finden. Kein Wunder, hat gerade Federico Fellini dieses Showpiece unter den kulinarischen Festen für seinem Film «Satyricon» verwendet und nach seiner Art inszeniert.

Doch zurück zur Küche das europäische Mittelalters, in welchem wir inzwischen angelangt sind. Sie nutzt die überlieferten Rezepte zwar als Inspiration, aber im Grunde genommen bleibt diese – und damit vor allem die Fleischküche – in allen Jahrhunderten gleich. Ort des Geschehens ist immer noch die Feuerstelle. Dort werden mehr oder weniger mächtige Fleischteile aufgespiesst, über dem offenen Feuer gedreht und gebraten. Auch über dem Feuer hängen grössere und kleinere Kessel, dann Schmortöpfe, in denen Ragouts und Brühen blubbern. Die Küche ist meist ein hoher Raum, in dem das Küchenvolk an grossen Langtischen steht und werkelt. Für damalige Zeiten überraschend sind es sehr oft Frauen, die eine Art Kommando über das kulinarische Geschehen ausüben. Nur in den Häusern des Adels haben Männer das Sagen. Im Spätmittelalter trennt sich dann nicht nur die Nobelküche von jener des Alltags, auch der Beruf des Kochs und der Köchin gehen etwas verschiedene Wege. Bei aller Tüchtigkeit bleibt weibliches Personal dem Mittelstand reserviert, die Noblesse besteht auf Männern.

Noch immer ist der Konsum von Fleisch bloss wenigen vorbehalten. Wir dürfen nicht vergessen, dass Leibeigenschaft bis weit in die Neuzeit gang und gäbe war. Das Land und das Vieh des Bauern gehörte dem Landesherrn. Wenn überhaupt, war es Kleinvieh, also Kaninchen und Hühner, welche in den Töpfen der Untertanen endeten. Um das magere Fleischkontingent aufzuhübschen, wurde gewildert. Bis ins 19. Jahrhundert hinein war dies zwar bei schwerer Strafe verboten, aber die Armen betrieben es aus Not trotzdem konsequent. Wenn zu Beginn der 1930er-Jahre ein Bub namens Paul Bocuse die Schule schwänzte, in der Natur Fallen stellte, um Wildhasen und Vögel jeder Art zu fangen, wenn er mit Vaters Flinte nicht nur Füchse schoss, sondern eben auch Rehe und Wildschweine, war das ein ferner Nachklang früherer Wildereien. Bocuse hat mir öfters davon erzählt und er konnte dabei, selbst als alter Mann, keinerlei Unrecht empfinden. Im Gegenteil: Er war stolz darauf. Seine Familie war mausarm. Also holte er sich aus der Natur das, was das Überleben der Familie und ihres verschuldeten Restaurants an der Saône etwas leichter machte.

Doch zurück zur grossen Weltgeschichte, dem Spiel der Grossmächte vor und im Nachgang der «Entdeckungen», jener Asiens und jener Amerikas. In den rauchigen Küchen wird zwar noch immer fleissig vor dem lodernden Feuer gebraten und gekocht. Allerdings baut man diesem Feuer jetzt eine Art Podium: den Herd. Damit kann auf guter Hüfthöhe geköchelt werden. Auch liegt ein eisernes Gitter über der Glut, sodass die Köche und Köchinnen Pfannen darüberstellen können. Ein Rauchfang leitet noch immer den Rauch direkt in den Kamin. Wichtigster Mann ist jener, der den Spiess dreht, das heisst die Oberaufsicht über das Fleisch hat: Le Viandier. Eine der ersten Rezeptsammlungen wird diesen Titel tragen (circa 1320).

Dann gibt es den Backofen, dessen restliche Hitze nach dem Brotbacken noch für das Backen von Gratins und Braten verwendet wird. Bis in die 1950er-Jahre trugen italienische und französische Hausfrauen am Morgen ihre Braten zum Bäcker. Da brätelte dann das Schafgigot auf einem Bett von Kartoffeln bei fallender Hitze zu mürber Zartheit und würzte mit seinem aromatischen Fett gleichzeitig das Gemüse. Das Gericht nennt sich bis heute «à la boulangère», nach Bäckerinnenart. In nordafrikanischen Städten und Städtchen sieht man dies noch heute. Kinder und junge Frauen, die ihr nächstes Mittagessen auf dem Kopf zum Bäcker tragen.

Überspringen wir nun ein paar Jahrhunderte. Die Entdeckungen sind hinter uns und wir unternehmen ein kleines Sightseeing in die Kolonien jener Zeit. Wir könnten dabei von den riesigen Tierherden erzählen, die erste Auswanderer in Nordamerika vorfinden und die sie bald gnadenlos abschlachten. Nicht um ihres Fleisches willen, sondern weil diese ersten Siedler damit einfacher an Land für ihre Farmen kommen, auf denen dann mühselig importierte europäische Rinderrassen heranwachsen. Wir können uns darüber freuen, dass die englischen Herren in China auf eine Schweinerasse treffen, die so rosa und fett ist, wie europäische Schweine mager und zäh sind. Noch mehr darüber, dass diese Schweinerasse durch die Kreuzung mit der europäischen Rasse das Schweinefleisch unserer Tage möglich macht. Körperlich gross gewachsen, vollfleischig, fett und zart ist dieses Tier und erobert sich damit bis heute den allerersten Platz unter den meistverspeisten Fleischsorten.

Eine Sache muss in diesem Zusammenhang immer wieder betont werden: Das Metzgerhandwerk macht in all diesen Jahrhunderten nicht nur Fortschritte, sondern es stösst auch an seine Grenzen. Viehhaltung bedeutet ein mehr oder weniger grosses Kapital. Niemand gibt deshalb ein Rind oder ein Schwein ab, solange sich damit Nachwuchs züchten und Milch daraus gewinnen lässt. Kalbfleisch existiert nicht, denn daraus sollen Rinder werden. Fleisch kann inzwischen auch besser in Einzelstücke zerlegt werden, aber was alt und zäh ist, bleibt auch beim Kochen zäh und trocken. Beliebt sind Innereien, weil sie nur sehr frisch verkauft werden können und meist recht billig sind. In den Häusern der Noblesse und der Reichen werden immer noch mächtige Stücke vor und über dem Feuer gebraten. Es sind Statussymbole, auf die niemand verzichten möchte. Damit Fleisch länger frisch, also geniessbar bleibt, werden Eiskeller angelegt, in denen aus der Eisschicht zugefrorener Seen gesägte Würfel bis in den Sommer hinein für ein kühles Klima sorgen. Doch allzu oft ist Fleisch bereits verdorben wenn es verkocht – und gegessen – wird.

Die arabischen Eroberer in Süditalien und Südspanien sind inzwischen zurückgedrängt. Der Einfluss auf die Küchen dieser Länder bleibt, genauso wie der Kaffee durch die Belagerung Wiens in unserer Kultur Fuss fassen konnte. Das damalige Osmanische Reich ist der Küchenkultur Europas in vielem überlegen. Nicht zuletzt in der Organisation seiner Küchen. Noch heute kann man im Topkapi-Palast von Istanbul die riesigen Küchen besuchen. Eine Küchenabteilung liegt dort neben der anderen. Von Salaten bis zu Süssspeisen, von der Fischküche bis zur Bäckerei arbeiten osmanische Köche durch Mauern getrennt an ihren Herden. Und: Diese Küche kennt nicht nur Aufbauten mit offenem Feuer, sondern eine Art gemauerten Herd, auf dessen Oberseite eine Metallplatte liegt. Darauf können Töpfe und Pfannen leicht hin und her geschoben werden. Europa sieht und imitiert. Damit werden andere Gerichte, vor allem aber ein genaueres Kochen möglich. Für gute Fleischküche eine unabdingbare Kondition.

Aus dieser Art von Herd baut François de Cuvilliés im Schloss Nymphenburg den ersten festen Kochherd. Er ist gemauert und kennt Feuerlöcher, über denen Pfannen direkt stehen und in diese eingesetzt werden können. Es gibt sogar ein Reservoir für heisses Wasser, dazu Back- und Bratöfen mit verschiedenen Hitzegraden. Ein Quantensprung. Allerdings nicht für lange, denn: In Frankreich ist 1789 Revolution. Der Adel stürzt, die Schlösser werden geplündert. Die Angestellten zerstreuen sich in alle Winde. Lakaien werden Hoteliers, Köchinnen eröffnen kleine Speiselokale, ihre Männer übernehmen den Schankpart. In diesen Restaurants wird die moderne französische Küche geboren. Und weil bald ein kleiner Korse namens Napoleon Bonaparte das Land führen wird, gewinnt genau diese Küche an Fahrt. Wenn auch aus ganz anderen als kulinarischen Gründen.

Napoleon stürzt nicht nur die alte, er plant eine neue Ordnung. Er plant Feldzüge von ungeheurer Ambition. Bis nach Russland soll sich sein Reich erstrecken. Um dabei erfolgreich zu sein, braucht es Armeen. Armeen, die perfekt organisiert sind. Und weil hungrige Soldaten schlecht und ungern kämpfen, weil es nichts bringt, das eroberte Land zu plündern und damit zu ruinieren, müssen die «Campagnes», Napoleons Feldzüge, samt Nachschub perfekt organisiert sein. Für die Verpflegung entstehen mobile Feldküchen. Kochtrupps sind militärisch als Pyramide organisiert. Zuoberst steht le Chef.

Vorräte werden über Konserven gesichert, nicht mehr allein durch Trocknen kann Fleisch haltbar gemacht werden. Essen aus Büchsen wird möglich. In England füllt man Saucen in Flaschen ab. Aus den riesigen Schlachtanlagen von Chicago, die inzwischen Fleisch industriell verarbeiten, kommt Corned Beef. Drittklassiges Fleisch wird dabei in Dosen zu sülziger Saftigkeit verkocht. Schon seit Jahrzehnten ziehen aus der panonischen Tiefebene mächtige Tierherden zu den grossen Schlachthäusern von Budapest, Prag und Wien. Genauso tun es Rinderherden in den USA. Sie wandern als grosse Viehtrecks zu den Schlachthäusern an den grossen Seen im Norden, und: In Frankreich wird «la machine à cuire» erfunden: Der erste Kochherd aus Vollmetall. Es sind mit Kohle befeuerte, Hitze speiende Ungeheuer, die in der Mitte der Küchen stehen. Bald nennt man sie nicht mehr Kochmaschinen, sondern Piano, weil sie wie ein grosses Klavier in der Mitte eines Orchesters, dem Kochorchester, stehen.

Jetzt werden Rinder, Schweine und Schafe nicht bloss der Zucht wegen gehalten, sondern der Produktion von Fleisch wegen. Jüngere Tiere liefern damit zartes Fleisch. Zarteres Fleisch kann kürzer und doch saftig-zart gegart werden. Die Metzgerschaft zerlegt die Tiere virtuos in qualitativ unterschiedliche Stücke. Jetzt wird möglich, was bislang kaum möglich war. Die À-la-Minute-Küche. Filets auf den Punkt gegart. Roastbeef im Kern perfekt rosa. Bei sanfter Temperatur 12 Stunden gegartes Schafsgigot: Niedrigtemperaturgaren vor unserer Zeit. Die Kochtechniken machen dank Küchentechnik einen Quantensprung. Das erste, grosse Zeitalter der Küchenchefs wird möglich. Jetzt wird zwar in allen Profiküchen der Welt perfekter gekocht, aber Frankreich übernimmt die Führung: La Grande Cuisine prägt die Edelküchen der Welt. Bis heute.

Inzwischen gibt es auch Kühltechnik und damit die Möglichkeit, Fleisch perfekt zu reifen. Selbst tiefgekühlte Produkte werden möglich. Fleisch beginnt zu reisen. Rhodesisches Rindfleisch kommt nach Bern, brasilianische Rinderhälften reisen nach Russland, die USA exportieren sowieso in die ganze Welt. Ob Schwein, ob Lamm, ob Rind. Fleisch besitzt nun die grossartigsten Qualitäten. Struktur, Geschmack, Zartheit. Selbst zweit- und drittklassige Stücke finden so ihre Verwendung. Trotzdem bleibt der regelmässige Genuss von Fleisch auf eine Minderheit beschränkt. Das 19. Jahrhundert hat mit der Industriegesellschaft, vor allem in den Städten, eine soziale Unterschicht entstehen lassen, die in unvorstellbar miserablen Umständen lebt. Dafür ist die Mittelschicht gewachsen und kann sich (fast) alles leisten. Auch erstklassiges Fleisch. Allerdings ist es eine Gesellschaft, die immer noch jedes Fleischstück eines Tieres kennt, diese zu verkochen und zu geniessen weiss. Die grosse Küche überbietet sich in kulinarischen Schöpfungen. Diese werden zu Rezeptbüchern zusammengefasst, die in ungeheuren Auflagen eine Weltküche kreieren. Es sind Bücher, die das Wort «code» im Titel tragen, also an ein Gesetzbuch erinnern sollen. Oder die wie Escoffiers «Guide Culinaire» als Führer durch die Küchenkunst dienen wollen.

Aber auch diese so streng reglementierte Küche ist, wenn nicht dem Untergang, so doch dem Wandel unterworfen. Vor allem die grossen Kriege des 20. Jahrhunderts verändern sie. Zwar bleibt die Struktur der Küchen gleich, aber Personalmangel und der Verlust einer zahlungswilligen Kundschaft verändern deren Produkte. Auch industrialisiert sich die Nahrungsmittelproduktion zu enormer Grösse, zu Einfluss und damit Macht. Die Lebensumstände einer spätindustriellen Gesellschaft verlangen nach weniger Kalorien und Küchenpräsenz. Das Metzgereigewerbe verändert sich. Auch hier verlangt Personalmangel nach Entlastung. Selbstbedienung scheint die Lösung. Die Nahrungsmittel reisen nicht nur aus aller Welt nach aller Welt, auch die ethnischen Küchen vermengen sich untereinander. Der Unterhaltungswert der Küche wird erkannt. Küche, und vor allem Köche, finden über das Fernsehen und das Netz fast schon kultische Verehrung. Kochkurse werden Gesellschaftsereignisse. Gastronomische Moden wechseln fast schon im Takt der Jahreszeiten.

Wo alles möglich wird, verlagert sich die Suche früher oder später hin und zurück zum authentischen Produkt. Klingt gut, ist jedoch erst einmal nur ein Schlagwort, das die Welt der Küche und der Geniesser mit Bedeutung füllen muss. Doch wir leben inzwischen immerhin in Zeiten, da nicht nur der Metzger und Profikoch nach der Herkunft seiner Produkte fragt, sondern auch der Konsument. Was vor etwa 50 Jahren als Nouvelle Cuisine begann, kehrt nun als «Regionalküche» zurück. Im Restaurant wird die Herkunft der Produkte im Menü als Qualitätsgarantie mitaufgeführt und so für die «Ehrlichkeit», die «Authentizität» dieser Produkte instrumentalisiert. Die «Nose-to-Tail»-Bewegung – die Küche, die sämtliche Teile eines Tiers verkocht – macht in Restaurants von Grossstädten wie London und Paris Furore und bringt damit den Alltagskonsumenten wieder in Kontakt mit lange vergessenen Genüssen. Nachdenklich macht allerdings: In den Profiküchen ersetzen neu entwickelte Maschinen menschliche Arbeitskraft. Was als «Sous-Vide»-Technik für die Nahrungsmittelindustrie entwickelt wurde, das Garen von Fleisch und Gemüsen unter Vakuum für grosse Mengen von Gästen, Kunden in Kantinen und Spitälern, kommt jetzt auch in Sterneküchen zum Einsatz. Die Resultate besitzen zwar kaum noch einen Eigenduft, dafür sehen sie brillant appetitlich aus. Ihre Struktur ist stets bissfest und doch zart. Beim Gemüse genauso wie beim Fleisch. Wenn es bislang so war, dass das Handwerk die Industrie befruchtete, so scheint sich diese Erkenntnis umzudrehen. Darüber muss nachgedacht werden.

Die allerwichtigste Erkenntnis der Jetztzeit ist jedoch: Die Ressourcen unserer Welt gehen zu Ende. Das gilt nicht nur für Erdöl oder Wasser, sondern auch für unsere tägliche Nahrung. Wir müssen erneut lernen, den unwiederbringlichen Wert von Nahrungsmitteln zu erkennen und diese ohne Abfall zu nutzen. Nicht nur in der Küche, sondern bereits zuvor, bei der Produktion. Das Schlagwort heisst «Nachhaltigkeit». Damit unsere Kinder nicht bloss essen müssen, was es noch gibt, sondern aus dem Angebot der Natur, der Nahrungsmittel, frei wählen können. «Bewusster Genuss» ist das Schlüsselwort.

Der Franzose Alain Chapel, einer der Gründerväter der Nouvelle Cuisine und ein Koch der Sonderklasse, sagte es bereits in den 1970er-Jahren: «Die Menschheit wird nur überleben, wenn sie lernt, weniger, dafür besser zu essen!»

BESUCH AUF DEM RINDVIEHMARKT

Eine Halle, fast so gross wie ein Fussballfeld. Der Groove der 60er-Jahre in Aluminium-Leichtbauweise und Eternitschindeln, rostbraun die Farbe. Alles leicht in die Jahre gekommen. Durch Regen und Sonne verwaschene Holzfassaden. Müde Vorhänge hinter trübe gewordenen Fensterscheiben. Draussen hohe Metallgestänge, zu Gängen und Gehegen zusammengeschraubt und aufgereiht, wie sie auf Viehmärkten üblich sind. Ein mächtiger Stier mit breiten Hörnern steht neben Kühen und Rindern. Ein Grüppchen Kinder drückt sich etwas verloren, aber auch neugierig, zwischen zwei Autos mit ihren Anhängern herum. Drinnen liegt die Halle dunkel und leer. Auch hier die mächtigen Abschrankungen, die das Rindvieh zuerst sicher zur Waage, dann zur Taxierung und schliesslich zur Auktion, dem Verkauf leiten. Ländlermusik plärrt etwas verwaschen aus Lautsprechern. Vier Männer sitzen im Halbdunkel der Cafeteria, die Ellenbogen auf dem Tisch, vor sich Kaffeegläser, mit dem landesüblich eingelegten Kaffeelöffel.

Es ist Viehmarkt in Rothenthurm. So wie alle 14 Tage. Es ist sieben Uhr morgens. Vom Hoch-Ybrig im Osten schieben sich erste Sonnenstrahlen über die Berge. Das flache Licht lässt die sanften Hügel der Gegend in seltsam hartem Kontrast aufscheinen. Ein Bild, wie von Edward Hopper gemalt.

Traktoren knattern heran. Im Anhänger das Vieh, das heute verkauft werden soll. Autos hupen hinter allzu bedächtig fahrenden Lastzügen. An deren Rückseite die Aufschrift «Vorsicht lebende Tiere». Der weite Parkplatz um die Halle des Viehmarktes füllt sich im Laufe der nächsten Stunden. Auf der einen Seite die Gefährte der Bauern. Auf der anderen jene grösseren der Viehhändler. Sie, die mit gequetschtem Tirolerhut auf dem Kopf und dampfendem Stumpen zwischen den Zähnen an diesem Tag das Geschäft machen wollen. Da stehen sie dann in ihren etwas unförmigen, verwaschenen blaugrünen Berufsmänteln und unterhalten sich mit leiser Stimme. Es ist frisch. In der Luft liegt der Duft von frischem Kuhdung.

Im Auto mit Berner Nummer sitzt Peter Schneider und telefoniert, blättert dazu in irgendwelchen Unterlagen. Wie so oft ist er heute früh aufgestanden, will in Rothenthurm den Markt beobachten und muss danach noch weiter, in den Schlachtbetrieb nach Hinwil, um einen Mitarbeiter bei seiner Arbeit zu besuchen. Der Mann von Proviande hat viele Aufgaben. Dazu gehört auch, dass er wöchentlich die Schlachtviehpreise feststellt, die an den öffentlichen Märkten verbindlich sind. Besuche von Märkten gehören auch zur Vorbereitung von Sitzungen – den Puls der Basis fühlen. Später, in Hinwil, will er sich ein Bild machen von der Anwendung der neutralen Qualitätsbeurteilung von Schlachtkörpern der in den mittelgrossen und grossen Schlachthöfen des Landes geschlachteten

Tiere. Viel ist also zu tun. Auch jetzt, da er über den Platz zur Halle geht. Gross, schlank, kein Schwinger, eher ein etwas in die Jahre gekommener Zehnkämpfer.

Irgendwoher hört man ein «Gopferdelli». Ein dunkles mächtiges Tier wird wieder in einen Viehwagen zurückbugsiert. Wütende Stierlaute begleiten die Anstrengungen von drei Männern. Die Laderampe geht hoch. Es stampft im Inneren des Gefährts. Schneider lacht. «Es kann schon sehr laut werden. Aber wohl eher nicht unter den Bauern, mehr unter den Viehhändlern. Besonders wenn die Konkurrenz spielt, was dann die Preise in die Höhe treibt.»

Schneider kennt das Business seit 20 Jahren. Erst im Dienste der einstigen GSF, der Genossenschaft für Schlachtvieh- und Fleischversorgung, aus der sein heutiger Arbeitgeber, die Proviande hervorging. «Diese Viehmärkte sind eine Plattform, die dem Bauern für den Verkauf seiner Tiere eine sichere Preis- und Absatzgarantie bietet. Hierher führen diese ihr Rindvieh, lassen es beurteilen und taxieren. Zum sogenannten Schatzungspreis, dem Mindestpreis, werden die Tiere vom Auktionator ausgerufen. Die Viehhändler bieten, je nach Interesse, einen mehr oder weniger höheren Preis als die Schatzung. Und nicht nur das: Den Preis für das verkaufte Tier, das von Papieren mit den erhobenen Angaben begleitet wird, bekommt der Bauer direkt ausbezahlt. Das Geld geht damit gesichert dahin, wo es dringend gebraucht wird.»

Peter Schneider grüsst und wird gegrüsst. Der Markt hat sich inzwischen mit Menschen gefüllt. Stumpenrauch zieht zwischen den Duft von Schweiss und Urin. Ab und zu mischt sich sogar der seifige Duft eines Eau de Cologne dazwischen. Schneider stellt die zwei Männer vor, welche die Tiere zusammen taxieren. «Das ist Edgar Fässler, der ist schon lange als Marktklas-

«MAN DARF NICHT IMMER NUR DIE REIN WIRTSCHAFTLICHEN ASPEKTE SEHEN. DIESE GEHEN VON DER THEORIE AUS. ABER DIE PRAXIS IST GENAUSO WICHTIG.»

sifizierer mit dabei», sagt er, «dort ist Toni Habermacher, Experte bei Proviande und ein guter Hobby-Schafbauer.» Edgar streckt seinen schwarzen Knebelbart in die Luft und macht sich wieder an die Arbeit. Der dritte Mann heisst Franz Schuler, der Versteigerer am heutigen Markt. Mit dem Ausrufen der Tierdaten gibt er den Käufern den Input zum Bieten.

Zwei junge Metzgerlehrlinge stützen sich an der Wand ab. Die Wangen gerötet vor Aufregung. Die Hände in den Hosentaschen. «Gehört doch zur Weiterbildung», sagt Peter Schneider. Er weiss es genau, denn auch er war einst Metzger und hat sich, als es mit dem Geschäft in den Landmetzgereien immer schwieriger wurde, aus dem Familienbetrieb verabschiedet und sich nach einer anderen Tätigkeit umgesehen. «Das Geschäft wurde härter. Die Konzentration, der Verdrängungsmarkt durch die Grossverteiler machte uns immer mehr zu schaffen. Die Kundenfrequenz nahm ab. Das Nachdenken begann. Ich hatte Frau und zwei Kinder. Ich wusste, es muss sich etwas ändern.»

Peter Schneider erzählt. Wohlüberlegt, und doch merkt man, wie sehr ihm die Entscheidung damals zu schaffen machte. Aber er hatte eine Idee. Er lacht wieder eines seiner stillen Lachen. Dann sagt er: «Ich war so naiv, rief einfach die damalige Organisation GSF an und fragte: ‹Bruchit dir öpper?› Ja, man brauchte einen Nachfolger in der Disposition. Und im November 1998 war es soweit. Bern wurde der neue Arbeitsort. Und mit den Viehmärkten und den Schlachtbetrieben öffnete sich ein Weg in die ganze Wertschöpfungskette Fleisch. Sein erster Einsatz: Rindviehmarkt Saanen und Zweisimmen im Berner Oberland. «Es war mitten in der BSE-Krise. Es gab damals ein grosses Überangebot an Rindvieh.» Die Märkte waren damals ein sicherer Ort, wo die Bauern für ihre Tiere eine Absatzgarantie hatten. «Es war ein düsterer Wintertag. Es schneite. Der Experte, die Bauern und die Händler waren angespannt und nervös. Und ich fragte mich: ‹Was mache ich hier eigentlich. Auf was habe ich mich da eingelassen?!›»

Doch so streng die neue Arbeit ist, so faszinierend ist sie auch. So macht der damals 37-Jährige seine ersten Schritte und sammelt Erfahrungen. Später absolvierte er auch die Ausbildung zum Schlachtbetriebsklassifizierer, Kontrolleur und leitete Projekte für die Branche. Ja, diese BSE-Krise von 1996. «Sie hat die Wahrnehmung des Fleisches durch den Konsumenten verändert.» Der Rindfleischkonsum ist komplett eingebrochen. Diese Situation erforderte Massnahmen. Es war die Geburtsstunde der Absatzförderung «Schweizer Fleisch». Der Konsument musste wieder zu Vertrauen ins Rindfleisch zurückfinden. Leichter gesagt als getan. Aber mit viel Engagement, Herzblut und guten Ideen ist es gelungen, den Rindfleischmarkt wieder ins Gleichgewicht zu bringen. Im Jahre 2009, mit dem Ende der Milchkontingentierung, war der Markt erneut gefordert. Die Viehbestände sanken kontinuierlich. Bewegungen wie Vegetarismus und Veganismus kamen dazu. «Aktuell stagniert der Konsum, ist sogar leicht rückläufig.»

Herr Schneider steht jetzt am Ende des Laufgangs für die vorgeführten Tiere. Der Boden ist mit Matsch aus Dung und dem Urin der Tiere bedeckt. Die Händler greifen mit geübtem Griff auf die Kruppe der Tiere. Manch einer will die Schaufelzähne selber sehen, die über das Alter genau Auskunft geben. Also Maul auf! Edgar und Toni halten die Daten der Taxierung auf den ausgefüllten Begleitpapieren fest. Diese gehen mit dem Tier zur Versteigerung: «Kuh VK 634 Kilo», ruft Franz, «4 Schaufeln, 5-jährig, 4 Franken ist geboten – gibt jemand mehr? 4 Franken 10 – 4 Franken 20 – zum ersten – zum zweiten und zum dritten ...» Über 4 Franken 20 steigt dieses Gebot nicht und so hat die Kuh zu diesem Kilopreis einen neuen Besitzer. Der nimmt das Tier, führt es zum Wagen und der alte Besitzer klopft mit den Papieren in der Hand ans Fenster des Marktbüros. Papierkram. Muss sein. Das ist bares Geld.

«Was Sie heute gesehen haben», sagt Peter Schneider, «ist nur ein Abglanz dessen, wie Viehmärkte noch vor 10 oder 15 Jahren waren.» Wir sitzen jetzt auch in der Cafeteria, ein Glas Café Crème mit eingelegtem Löffel vor uns. Er rührt das allzu heisse Getränk etwas kühler. «Eine Menge Produzenten sind verschwunden. Der Bauernstand wird kleiner. Das Überleben für kleine Betriebe wird härter, Liquiditätsengpässe bringen Sorgen.» Eine Entlastung bringen zum Jahresende die Direktzahlungen des Bundes. Oder in der Not muss der Bauer ein Tier verkaufen, dass er eigentlich für andere Zwecke wie die Nachzucht brauchen wollte. Schneider wird nachdenklich. Die Ländlermusik dudelt im Hintergrund. Am Nebentisch wird über einen Bauern, der ein altes und schwaches Tier vorgeführt hat und nicht verkaufen konnte, diskutiert. Einer sagt: «Truurig.» Ein Schluck Kaffee.

«Als Proviande im Jahr 2000 den Zuschlag für den Leistungsauftrag des Bundes für die neutrale Qualitätsbeurteilung erhalten hat, betreuten wir 50 Schlachtbetriebe. Jetzt sind es noch 23. Auch hier: Tendenz eher abnehmend.» Wieder das Schweigen. Metzgereien seien verschwunden. Vor allem Dorfmetzgereien, meint er. Dann schlägt er einen Bogen zu dem, was sich die Kundschaft heute von Fleischfachgeschäften wünscht. «Der Konsument will etwas Gutes essen und er will viel mehr darüber wissen.» Die Herkunft, Tiergesundheit und Tierhaltung seien sehr wichtig. Auf der anderen Seite sei er preissensibel. Möglichst viel Leistung für nicht mehr Geld.

Wir sprechen über die Konsumenten, die nicht mehr lange kochen mögen. Die vor allem Plätzli und Gehacktes suchen, weil diese schnell gemacht sind. Schmorgerichte, die grössere Fleischmengen verlangen, werden seltener. Die Familienstrukturen seien eben auch anders, die Familien vor allem kleiner geworden. Und dann das Fazit: «Man nimmt sich die Zeit zum Kochen nicht mehr.»

Zwar finden neue Konsumbewegungen statt. «Nose to Tail» oder die «Special Cuts». Bloss: Die kulinarische Bewegung der «Kopf-bis-Schwanz-Küche» ist vor allem auf die Gastronomie ausgerichtet. Die Special Cuts ... «Da gibt es für den Hobbykoch und die Alltagsküche tatsächlich viel zu entdecken. Aber: Hier ist die Problematik, dass diese Stücke oft nicht vorrätig sind und vorbestellt werden müssen.»

Dann schaut er mich an. «Dass in einzelnen Kategorien weniger Fleisch produziert und verkauft wird, muss nicht per se schlecht sein. Wichtig ist, dass alle Stufen überleben können.» Er nimmt einen Schluck Kaffee. Der Begriff «Wertschöpfungskette» habe es ihm angetan. Die müsse nämlich stimmen. Vom Produzenten, wo sie beginne, über den Handel, den Metzger bis hin zum Konsumenten. Jahrzehntelang habe sie toll funktioniert. Diesem System müssten wir alle Sorge tragen.

Herr Schneider geht zum Auto zurück. Er grüsst nach links, winkt nach rechts zu Edgar und Toni, die noch immer tief im Geschäft sind. Hinwil wartet. Peter schliesst sein Auto auf. «Man darf nicht immer nur die rein wirtschaftlichen Aspekte sehen. Diese gehen von der Theorie aus. Aber die Praxis ist genauso wichtig. Wir reden doch immer von Nachhaltigkeit. Heute haben Sie gesehen, wie diese funktioniert. Alles kommt aus der Region hierher und geht dann wieder in die Region zurück. Die Bauern kommen und erleben die Gesellschaft. Seit die Milchwirtschaft weg ist, damit die tägliche Fahrt in die Chäsi, ist ihr soziales Leben viel ärmer geworden. Solange der Viehmarkt läuft, sind diese Bauern noch immer in unsere Gemeinschaft eingebunden. Auch das ist Nachhaltigkeit.»

RIND

Rezepte von Silvia Manser

DAS WILDE TAL IM ALPSTEIN

Daniel Wyss steht vor dem Haus, das eigentlich ein Häuschen ist. Ein recht schiefes Häuschen sogar. «Wir renovieren es jetzt. Das heisst: Einer meiner Söhne ist Zimmermann und hat gerade damit begonnen.» Er lächelt, geht ein paar Schritte um die Hausecke, langt einen alten Schlüssel vom Haken und öffnet dann die Türe. «Wenn Sie einmal in der Gegend sind, dann wissen Sie jetzt, wo Sie den Schlüssel finden können.» Ein überaus grosszügiges Angebot an jemanden, den er gerade eine knappe Stunde kennt. Aber so sehr einen die Offerte erstaunt, so gerne würde man sie akzeptieren. Herr Wyss ist ein ausnehmend freundlicher Mann, dessen Art zu bauern einen nicht nur beeindruckt, sondern sogar einnimmt.

Wir stehen also vor dem Haus. Schauen ins Tal hinauf, die Tiere weiden auf den Wiesen rund ums Aueli, wie die Alp hier heisst. Eine wilde, ungefüge Wiesenlandschaft, in der Gruppen von Kühen stehen, Kälbchen jeden Alters liegen und laufen, Einzeltiere ihrer Wege gehen. Spontan fallen dem Betrachter die Bilder des Rudolf Koller ein. Tiermaler hat man ihn genannt und es scheint, als seien diese Rindviecher auf den Weiden des Aueli geradewegs aus seinen Bildern herausgestiegen.

Wolken verdecken den Säntis, den man von hier aus normalerweise sehen würde. Nebelfetzen fallen durch die dichten Wälder an den Bergflanken bis fast zum Talgrund. Es ist frisch. Regen liegt in der Luft. Wir gehen ins Haus.

Philip Fässler setzt sich zu uns. Er ist das, was die Geschäftswelt wohl als «dynamisch» bezeichnen würde. Was seltsamerweise im Zusammenhang mit seinem Beruf eine eher exotische Bezeichnung sein könnte. Metzger gelten doch meist als traditionsbewusst, als behäbig, als Kraftpakete der «Schwingersorte».

Nun, Philip mag kein solcher Schwingerriese sein, aber das Kraftpaket nimmt man dem ehemaligen Radsportler schon ab. Und Traditionsbewusstsein hat er insofern, als er sich stets auf seine Herkunft aus einer Dynastie von Metzgern sieht. Ausserdem sucht er in der Vergangenheit seines Berufs nach jenen Elementen, die heute allzu gerne vernachlässigt werden, die aber den Beruf gerade heutzutage weiterbringen könnten: Die möglichst regionale Herkunft der Tiere. Ihre Aufzucht nach den höchsten Standards des Tierwohls. Eine überlegte und möglichst stressfreie Schlachtung. Danach die Lagerung und Verarbeitung nach den umsichtigsten Methoden, also eine Mischung aus Tradition und Moderne der Fleischbearbeitung.

Doch davon später. Erst erzählt der Metzgermeister von seinen Aufenthalten in der Fremde. In Kanada, in British Columbia, «fast am Yukon», ging er in einer kleinen Metzgerei seinem Beruf nach. Wieder zu Hause, stieg er im Militär zum Küchenchef auf. Und nicht zu vergessen: Wie er seine Frau kennenlernte. Über ein Vorstellungsgespräch in seiner Metzgerei. Die Anstellung klappte damals nicht. Aber etwas später die Heirat.

Und das Lernen ging weiter. In kleineren und grösseren Betrieben. Bis hinein in den Süddeutschen Raum, «eine Hochburg der Wurst», gingen die Wanderjahre. «2005 kam ich dann endgültig nach Hause», erzählt er. «Damals sagte ich meinem Vater, dass ich selber anfangen wolle. Seine kurze und klare Antwort: ‹Du kannst alles haben. Aber: Du musst auch alles – den ganzen Betrieb – kaufen!» Er wartet einen kleinen, dramatischen Moment, dann fügt er an: «Als ich ihm auch noch verraten habe, dass ich wieder mit Metzgen anfangen wolle, hat er schon leer geschluckt.»

So ist Philip Fässler. Er denkt. Er beschliesst. Er handelt. Und so schlachtet er heute selber, denn er ist ganz stark von der Regionalität der Fleischprodukte, also der Herkunft des verwendeten Fleisches, überzeugt. Immer wieder fällt in seiner Argumentation das Wort «Nachhaltigkeit». Er sagt: «Das Produkt aus der Region zeichnet uns aus, denn es ist ausgezeichnet. Die Landwirtschaft, wir wissen es alle, durchlebt eine Krise. Da musste ich mir als Abnehmer dieser Produkte schon einige Gedanken machen.» Fässler schaut zu Daniel Wyss über den Tisch. Dieser folgt den Sätzen des Metzgers mit zunehmendem Interesse. Er weiss, wie sehr Fässler sich, seinen Beruf, seine Lieferanten und auch die Kundschaft als Glieder einer Kette sieht. Gerade sagt Fässler: «Wer denkt denn noch daran, wenn er ein Schnitzel isst, dass es dazu erst einmal einen Bauern brauchte, damit dieses Stück Fleisch auf seinem Teller liegt?»

Für einen Moment ist es still im kleinen Haus, im wilden Tal hinter Weissbad. Der Metzger hat sich in echtes Feuer geredet: «Auch der Produzent braucht doch einen Mehrwert. Er muss mir ja etwas Besseres und erst noch mehr von diesem Besseren liefern!» Philip lacht, als er sagt: «Die geschäftstüchtigeren unter den Bauern, all jene, die einen Schritt weiterdenken, machen sowieso Selbstvermarktung. Nicht wahr Daniel?» Es war ein langer Weg der beiden, bis sie sich zusammenfanden. In Philips Kopf rumorten die Gedanken gewaltig. Dann war die Lösung da. Das heisst: Der erste Schritt dazu. Lange hatten die fleischverarbeitenden Betriebe der Schweiz auf Zentralisation gesetzt. Es sollte, so war der Plan, zum Schluss im ganzen Land bloss noch drei, vielleicht vier grosse Schlachthäuser geben. Die Tiere würden dahin gekarrt. Das Fleisch danach zurück. Doch Fässler wollte nicht nur selber schlachten, er wollte auch am liebsten nur noch Tiere aus der Region kaufen. Sie sollten nicht den Stress einer langen Fahrt in einem Massenlastwagen erleben, nicht die industrielle Tötung durchmachen. Regional würden – so sein Traum – die Tiere aufwachsen und lokal, in seinem Schlachthaus, ohne Stress in einem Einzelwagen angeliefert werden. Bis zum letzten Moment vom Bauern begleitet.

Daniel Wyss schaut den Metzger an und meint: «Bin ich ehrlich, dann weiss ich, dass wir schon bevor wir uns kannten, Fleisch auf sehr hohem Niveau produziert haben. Und bin ich nochmals ehrlich, dann kann der Philip doch gar nicht den Preis bezahlen, den wir dafür haben müssen. Aber: Wir haben seinen Vorschlag in der Familie besprochen. Ich sagte meiner Frau und meinen beiden Söhnen, dass der Phillip gerne ein Tier von uns hätte. Wir beschlossen: Das machen wir.»

Leichter gesagt als getan, denn wie verfrachtet man in fast völliger Freiheit aufgewachsene Rindli in einen Transportwagen? Wie verhindert man den Stress, den ein solches Tier sonst hat, und der das Fleisch «sauer» macht. «Also begleite ich heute das Tier bis zu Philips Schlachthaus. Dort mache ich es in einer Bucht beim Schlachthaus fest. Streichle es. Bin mit ihm noch für einen Moment zusammen. Dann gehe ich. Und ... ich bin froh, dass ich dann gehen

kann.» Er wartet einen Moment, ehe er sagt: «Ich mache das noch nicht sehr lange. Aber seit ich es mache, merke ich, wie sehr ich das brauche!»

«Seltsam», sagt Silvia Manser einige Tage später, als ich sie besuche und von meinem Gespräch mit den beiden Männern erzähle, «ein Grossonkel von Thomas, meinem Mann, machte das genauso. Er hatte stets Zeit für seine Tiere. Und kam dieses in die Metzg, ist er mit ihm gegangen. Seltsam, dass es so viel Zeit brauchte, bis man wieder auf diese Wahrheit zurückkam.»

Am Tag, an dem ich mit Philip Fässler zum ersten Mal bei Daniel Wyss war, trafen wir uns auf seinem Hof, dem Ditzes, etwas ausserhalb von Weissbad. Einer der Söhne war gerade mit dem Füttern der Rinder und Kühe beschäftigt. Der Bläss streunte schnuppernd um uns Fremde. Ein kräftiger Geruch, eine Mischung aus Kuh und Heu, frisch geschnittenem Gras und auch Dung, hing in der Luft. Die Jungtiere drängten sich an ihren Müttern vorbei zur Bahre mit dem hingeworfenen Futter. Ein Geräusch aus kräftigem, mahlendem Kauen, schwerem Schnaufen und Trampeln bildete quasi den Soundtrack dazu. «Nein», antwortet er auf die entsprechende Frage. «Kälber machen wir nicht. Wir ziehen die Tiere bis zum Alter von 12 bis 18 Monaten hoch. Mit 10 Monaten entwöhnen wir sie von der Mutterkuh. Dann müssen wir sie auch von der angestammten Herde trennen, weil das Rind bei der Mutter weiter trinken möchte. Es kommt in eine eigene Herde.»

Philip weiss: «Wird das Jungrind von der Mutter getrennt, weil sie dann wieder in einen Empfängniszyklus kommt, ergibt sich beim Jungen ein Gewichtseinbruch. Jetzt frisst es ja nur noch Gras und Heu. Der Labmagen, der für die Verdauung der Milch wichtig war, bildet sich zurück. Es dauert etwa zwei Monate, bis sich dieses Raufutter ebenfalls in Fett umwandelt. Schlachtet man das junges Tier vorher, verliert der Bauer Geld. Es ist Geld, das er dringend zum Überleben braucht.» Was aber auch ganz wichtig sei, das sei die von diesem Zeitpunkt an sicht- und spürbare Präsenz des Menschen.

Und jetzt? Jetzt baut Philip Fässler also ein neues Schlachthaus. Dabei hat er doch bereits eines. Warum also ein Neues? Es gehe um Ansprüche, meint er darauf. Jene klassischen an Kapazitäten und Hygiene. Aber auch um Rentabilität. Ein regionales Schlachthaus, wie er es plane, könne regional für andere Metzger genutzt werden. Die Auslastung werde damit besser. Ausserdem sei es für Spezialrassen wie etwa das schottische Hochlandrind geeignet oder für Geissen, Schafe, Muttersauen, die der Normgrösse der Grossschlachthäuser bislang nicht entsprochen hätten und damit dort auch nicht geschlachtet worden seien. «Ich habe mir das alles durch den Kopf gehen lassen und realisiert, dass so ein Schlachthaus nicht nur für mich, sondern für alle Metzger der Region einfach überlebenswichtig ist.»

Inzwischen hat sich Philip auch ein eigenes Label ausgedacht und schützen lassen: «Appenzeller Fleisch». 20'000 Franken hat er dafür bezahlt. Im Verein mit vier Bauern vermarktet er nun dieses Fleisch. Das neue Schlachthaus ist projektiert. Der Kanton hat es unterstützt, den Boden für den Bau am richtigen Standort zur Verfügung gestellt. Ein Spezialkredit der Landwirtschaft soll die Kosten von etwa drei Millionen Franken abstützen. Alles ist parat ... Aber wie es so geht, gibt es jetzt Druck aus dem lokalen Gewerbe. Auch andere möchten bauen. Auch andere möchten von den Ideen des jungen Appenzellers profitieren. «Jetzt braucht es Geduld», sagt Philip und lächelt: «Ist doch spannend.» Und nimmt einen Schluck Wasser.

RIND

Es erstaunt immer wieder, dass unser «Hausrind» vom gewaltigen Urauerochsen abstammen soll. Und trotzdem ist es so. Fast unzählige Einkreuzungen haben genauso viele Unterarten geboren.

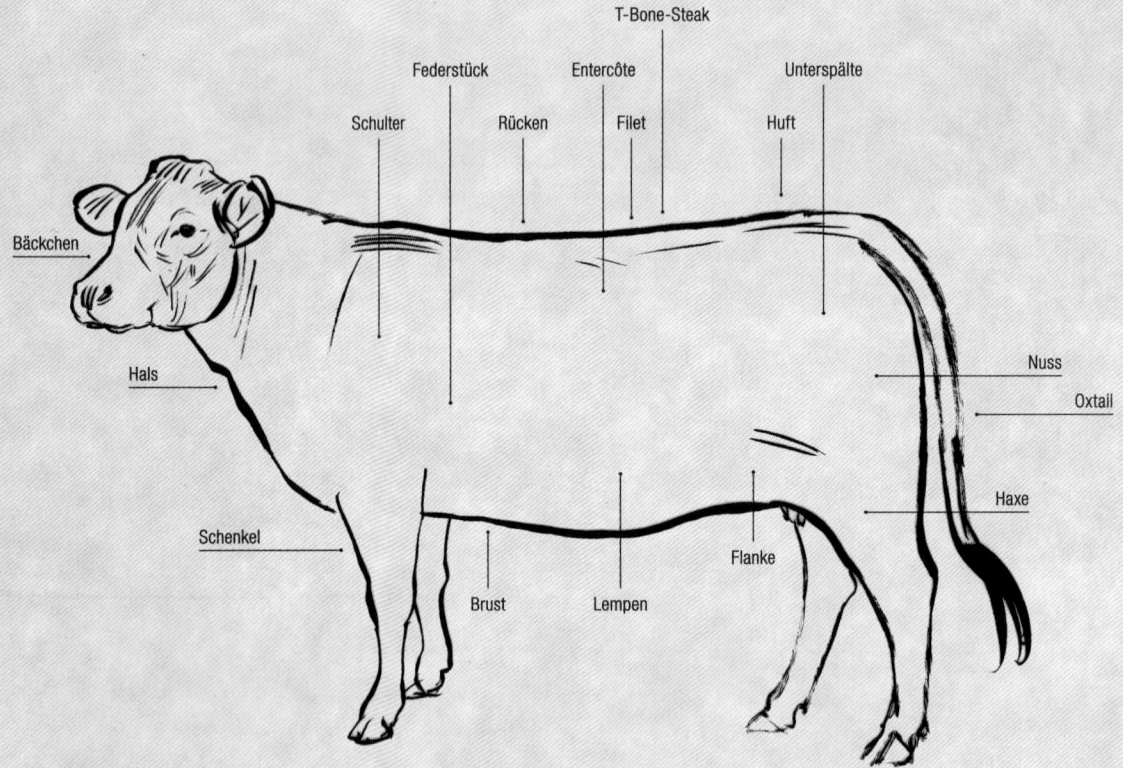

BÄCKCHEN Wird am besten geschmort. Sanft und lange in einer reduzierten Weinsauce zur perfekter Köstlichkeit gegart.

HALS Er eignet sich für mageres, saftiges Siedfleisch und Ragout.

LAFFE / SCHULTER Die ganze Rinderschulter, die ausgebeint Schulterfilet und Schulterspitz freigibt. Teilstücke, die sich als Ganzes für einen herrlichen Schmorbraten eignen. In 6 bis 7 cm grosse Würfel geschnitten die Basis für ein grossartiges Voressen.

SCHULTERFILET Auf dem Grill in circa 50 Minuten und anschliessend 10 Minuten Ruhezeit gelingt es ganz wunderbar. Oder sanft im Bratofen geschmort, weil es auch so fabelhaft schmeckt.

SCHULTERSPITZ Geschmort in einer kräftigen Sauce. Gesotten wie ein Tafelspitz und deshalb von den Wiener Juden mit dem Namen «Kavalierspitz» benannt.

FEDERSTÜCK Dieses Stück zwischen Rücken und Brust wird als Siedfleisch verwendet.

BRUST Ein wunderbares Stück Siedfleisch. Lange und sanft geköchelt. Die Suppe daraus und dazu ist nichts anderes als ein kulinarisches Kraftpaket.

FLANK Der hintere Teil der Lempen, gegen den Hinterviertel hin, aus der Flanke des Rindes. Es lässt sich kurz braten und ist gerade gross in Mode als Flanksteak.

LEMPEN Der Lempen wird unterteilt in den dicken und den dünnen Lempen. Beide Teile werden als Siedfleisch verwendet.

ABGEDECKTER RÜCKEN Er eignet sich für mageres Siedfleisch und Voressen.

HOHRÜCKEN Als Steak das perfekte Grill-Objekt. In der Pfanne das perfekte kurzgebratene Steak. Als ganzes Stück vom Grill rosé gebraten. Als ganzes Stück auch eine Art Luxus-Siedfleisch für «Nicht-Siedfleisch-Esser».

FILET Das Filet ist das zarteste Fleischstück. In Tranchen geschnitten, wird es zu Filetsteaks oder Tournedos. Am Stück gebraten, findet das Mittelstück klassische Verwendung für das Chateaubriand. Die Filetspitze eignet sich für ein Boeuf Stroganoff oder etwas exklusiver für ein Tatar.

ENTRECÔTE Als einfaches und doppeltes Entrecôte in der Pfanne gebraten ein herrliches Essen für eine oder zwei Personen. Auf dem Grill eine tolle Sache, aber schmeckt aus der Pfanne besser. Als ganzes Stück die Ausgangsbasis für das weltberühmte Roastbeef. Die Engländer garen es am Knochen. Wir garen es ohne und deshalb rascher und sicherer auf den rosa Punkt. Heiss, warm und kalt ein grosser Genuss.

T-BONE-STEAK Entrecôte und Filet mit Knochen geschnitten, ein Grill-Ereignis, wenn es gelingt. Heftig anbraten. Lange neben der Hitzequelle durchziehen lassen. Perfekt auf den Punkt tranchieren. Auch in der Pfanne gebraten ein grosser Genuss.

HUFTDECKEL Der dreieckige Deckel auf der Huft ist, in einer Knochenbrühe mit Gemüse gekocht, nichts anderes als der österreichische Tafelspitz. Schweizer braten den Huftdeckel auch. Selbst nur kurz und knapp rosa gebraten eine herrliche Sache.

HUFT Es gibt ein längliches und ein etwas breiteres Stück Huft. Beide ergeben, voneinander getrennt, herrlich zarte Steaks. Natürlich auf den Punkt gebraten. Aus der Huft entstehen auch rohe Genüsse wie: Mit der Hand nicht allzu fein geschnittenes Tatar oder hauchdünn ausgestrichene Scheiben Carpaccio.

NUSS / ECKSTÜCK Von hier kommen neben Geschnetzeltem alle die À-la-Minute-Plätzli, die 4 mm dick in der Pfanne ruckzuck zu perfekter Zartheit garen und die direkt vom Grill – kaum sind sie kreuzweise markiert – auf dem Teller der Geniesser landen.

UNTERSPÄLTE / RUNDER MOCKEN Daraus werden feine Schmorplätzli und Braten.

SCHENKEL / HAXE In Tranchen geschnitten werden daraus die saftigen Rindshaxen. Das echte ungarische Gulasch wird ebenfalls aus dem Schenkel geschnitten. Markknochen verleihen der Sauce einen feinen Geschmack und machen sie sämig.

OXTAIL Ein Aussen-Anhängsel des Rindes, das man trotzdem unter «Innereien» wiederfindet.

HOHRÜCKENSTEAK

FRAGEN & ANTWORTEN

Welcher Anteil des Rindfleisches auf dem Schweizer Markt stammt aus dem Inland? 81%

Woher stammt der Rest des Rindfleisches auf dem Markt? Es handelt sich dabei um einen Anteil von Edelstücken wie Nierstücken, also Entrecôtes, Filets und Huft. Sie stammen aus: Südamerika (Brasilien, Argentinien), Grossbritannien (Schottland), Nordamerika (USA). Damit die Nachfrage nach Verarbeitungsfleisch gesichert ist, werden Kühe in Hälften vor allem aus Deutschland und Österreich importiert.

Womit werden die Rinder in der Schweiz gemästet? Mit Gras in frischer Form oder als Silo, dann Heu, Grasmehl und Mais (frisch oder Silo) sowie Kraftfutter (verschiedene Mehle und Eiweissstoffe).

Welches ist das Schlachtalter von Schweizer Rindern? Schweizer Rinder werden zwischen 10 und 24 Monaten geschlachtet.

Welchen Klassifizierungskriterien unterliegt dieses Fleisch? Diese finden nach den Normen des CH-Tax-Klassifizierungssystems statt. Es wird als einziges Klassifizierungssystem der Welt auf den lebendigen wie den toten Tierkörper angewandt.

Was sind dabei die Qualitätsparameter? Dabei wird die Fleischigkeit subjektiv beurteilt, und zwar in 9 verschiedenen Fleischigkeitsklassen. Auch der sogenannte Ausmastgrad mit der Sichtbarkeit des Fettes wird dabei in 5 Stufen eingeteilt. Dies ergibt die Basis, auf der die Preisbildung beruht.

Wie lauten die korrekten Bezeichnungen des Rindes, je nach Alter? Bis circa 150 Tage ist es ein Kalb (laut Statistik 140 bis 170 Tage). In Europa wird das Jungtier bis zum Alter von 8 Monaten als Kalb bezeichnet. Ein Rind behält seine Kategorienbezeichnung ab 8 bis 18 Monaten. Wirft ein weibliches Rind ein erstes Kalb, wird es zur Kuh.

Die häufigsten Rinder-Fleischrassen der Schweiz: Limousin / Simmental / Braunvieh / Swiss Fleckvieh / Angus / Charolais

---

GUT ZU WISSEN

85 % der in der Schweiz verfütterten Futtermittel stammen aus einheimischer Produktion.

Importierte Futtermittel sind vor allem Getreide aus Europa und Soja (grösstenteils aus Brasilien, jedoch zu 99 % aus zertifizierter, nachhaltiger Produktion).

«Fast 92 % der Futtermittel für die Kühe und Rinder stammen aus dem Inland, denn die Schweiz ist ein Grasland. Die Wiederkäuer verwandeln das Gras – der Mensch kann dieses nicht selber nutzen – in wertvolle Nahrungsmittel wie Milch, Käse und Fleisch.»

82 % aller Rinder und Kühe haben regelmässig Auslauf ins Freie (RAUS).

RINDSTATAR

Für 4 Personen

Kennen Sie jemanden, der Rindstatar nicht mag? Ich nicht. Versucht er gar jenes aus der «Truube» von Gais, ist er sowieso verloren. Das Fleisch aus der Rindshuft hat noch einen kleinen Biss, die Sauce schmeckt etwas sweet-sour und … doch nicht. Kapern- und Gewürzgurkenwürfelchen knacken appetitlich unter den Zähnen. Das wahre Geheimnis ist jedoch die uralte Küchenregel, nach welcher nichts so gut schmeckt wie frisch zubereitete Gerichte, die man stante pede aufträgt – und isst! Die Schale mit den noch warmen, gerösteten Brotscheiben steht eingeschlagen in eine Serviette in der Mitte der Tafel. Alle langen zu.

ZUTATEN

- 400 g Rindshuft
- 2 EL Ketchup
- 2 EL Cognac
- 2 Eigelb
- 2 kleine Schalotten, fein geschnitten
- 20 g fein geschnittene Essiggurken
- 10 g fein geschnittene Kapern
- 20 ml Weissweinessig
- 2 EL geschnittener Schnittlauch
- 50 ml Sonnenblumenöl
- Sambal Oelek
- Salz und Pfeffer aus der Mühle

ZUBEREITUNG

1 | Die Rindshuft in 3–4 mm grosse Würfelchen schneiden.

2 | Alle Zutaten vom Ketchup bis zum Schnittlauch gut vermischen. Unter stetem Rühren das Öl langsam einlaufen lassen. Wiederum alles gut mischen. Unter die Fleischwürfel heben. Abschmecken.

3 | Sofort auftragen, damit die wunderbar rote Farbe des Gerichts nicht verblasst, grau wird und die Mischung Saft zieht!

4 | Zu diesem einfachen Gericht trägt man gut geröstete, lauwarme Weissbrotscheiben auf.

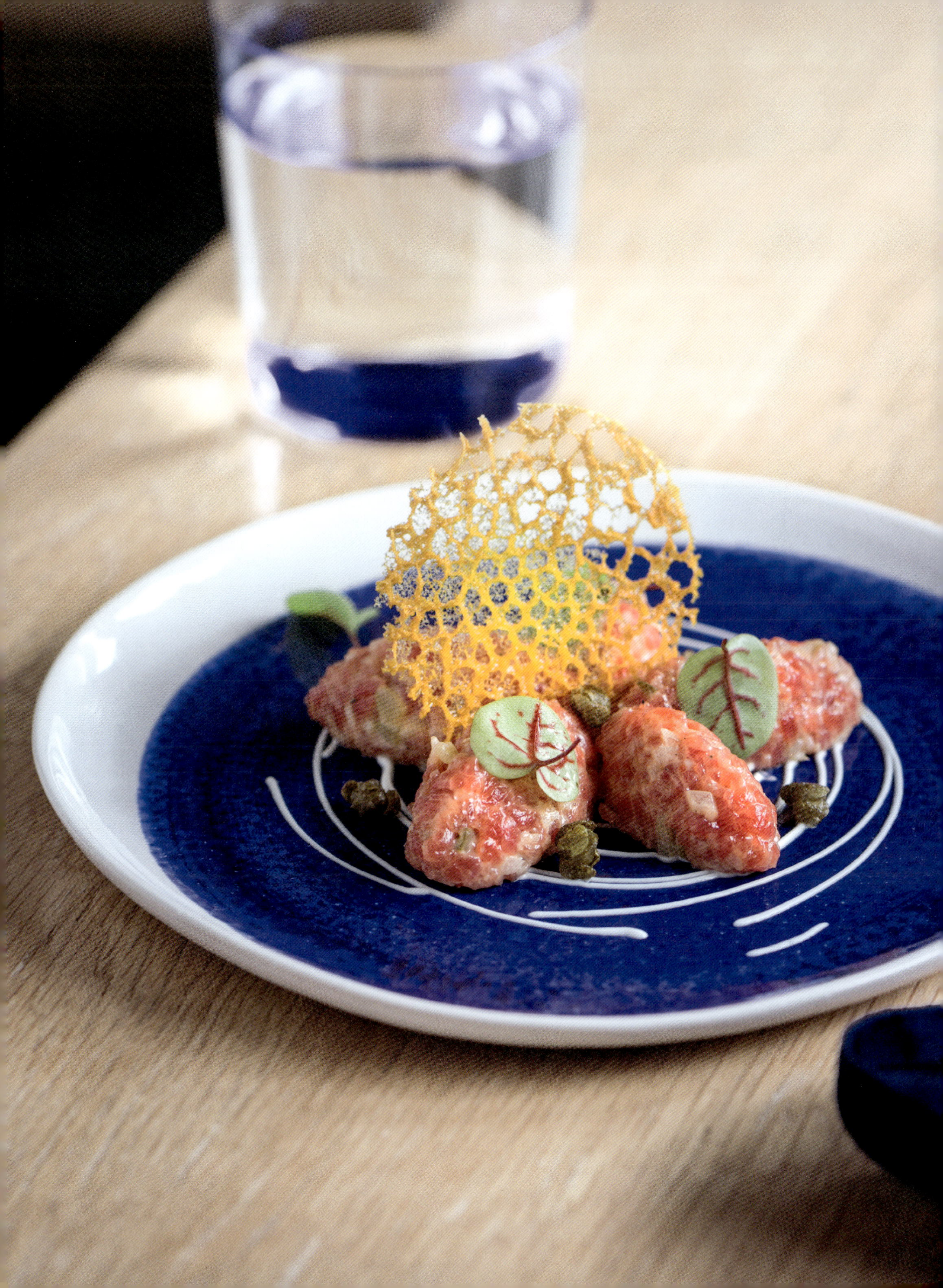

LAUWARMER TAFELSPITZ MIT ESSIGGEMÜSE

Für 4 Personen

Es ist unverständlich, weshalb der Tafelspitz in der Schweiz so lange fast unbekannt geblieben ist. Der Huftdeckel – denn um diesen handelt es sich – machte kurz gebraten und geschmort Karriere, aber gesotten kaum. Erst die 1980er- und 1990er-Jahre brachten das feine Stück zu Prominenz. Das Städtereisen hatte eben auch kulinarisch Folgen. Essiggemüse steuern unsere westlichen Nachbarn bei. Als «légumes à la grècque» stehen sie bis heute in der Aufzählung von Hors d'oeuvres auf den Menükarten französischer Bistros. Allerdings meist nicht mehr hausgemacht, sondern recht uncharmant im Glas des Grossverteilers. Dabei sind diese Gemüslein recht einfach zu fabrizieren und schmecken wunderbar zur Aufschnittplatte, zum Bündnerfleisch und sogar zum Raclette ...

ZUTATEN

- 800 g Tafelspitz
- 1 Zwiebel, halbiert, mit Schale
- Salz
- 2 l Fleisch- oder Gemüsebrühe
- 1 Gewürzsäckchen, gefüllt mit 3–4 Gewürznelken, 1 TL schwarzen Pfefferkörnern, 2 Lorbeerblättern, 3–4 dünnen Scheiben frischem Ingwer
- 40 g Karotten, in längliche Stücke geschnitten
- 80 g Knollensellerie, in längliche Stücke geschnitten
- 40 g Lauch, mit Karotten und Sellerie zu einem Bündel gebunden

Essiggemüse
- 3 dl weisser Balsamico
- 4,5 dl Wasser
- 1 Sternanis
- 6 Kardamomkapseln
- 1 TL Koriandersamen
- 30 g Ingwer, in Scheibchen
- 200 g Zucker
- 1 Rüebli, in feine Streifen geschnitten
- 1 Pfälzerrüebli, in feine Streifen geschnitten
- 1 Stangensellerie, in feine Streifen geschnitten
- ½ rote Peperoni, geschält, in feine Streifen geschnitten
- ¼ Rettich, in feine Streifen geschnitten
- ¼ Lauch, in feine Streifen geschnitten

Ausserdem
- frischer Meerrettich

VORBEREITUNG

Für das Essiggemüse den Balsamico und das Wasser mit dem Sternanis bis und mit Zucker aufkochen. Bei abgedrehter Hitze etwas ziehen lassen. Das Gemüse in Einmachgläser füllen, mit dem heissen Fond übergiessen und verschliessen (Drehdeckel, Weckglas mit Gummi etc.). Erkalten lassen. Das Gemüse kühl aufbewahren und nach Möglichkeit mindestens 10 Tage ziehen lassen.

ZUBEREITUNG

1 | Die halbierte Zwiebel in einem stark erhitzten Pfännchen mit der Schnittfläche nach unten recht schwarz rösten.

2 | Den Tafelspitz kurz in Salzwasser blanchieren, das Blanchierwasser abschütten, dann im vorbereiteten Fond aus Fleisch- oder Gemüsebrühe während ca. 1 ½ Stunden knapp am Siedepunkt weich garen. Nach ca. ½ Stunde das Gemüsebündel, das Gewürzsäckchen und die geschwärzte Zwiebel beigeben und mitkochen.

3 | Am Ende der Garzeit mit der Fleischgabel die Garprobe machen. Das Fleisch aus dem Sud nehmen und locker bedeckt etwas abkalten lassen. Vom Tafelspitz 1,2 cm dicke Tranchen schneiden. Diese immer gegen die Fasern schneiden.

4 | Den noch lauwarmen Tafelspitz in tiefen Tellern anrichten, mit etwas passiertem Tafelspitzsud umgiessen. Fleisch mit dem Essiggemüse belegen. Mit frisch gehobeltem Meerrettich aufpeppen. Die restliche Bouillon für weitere Suppen verwenden.

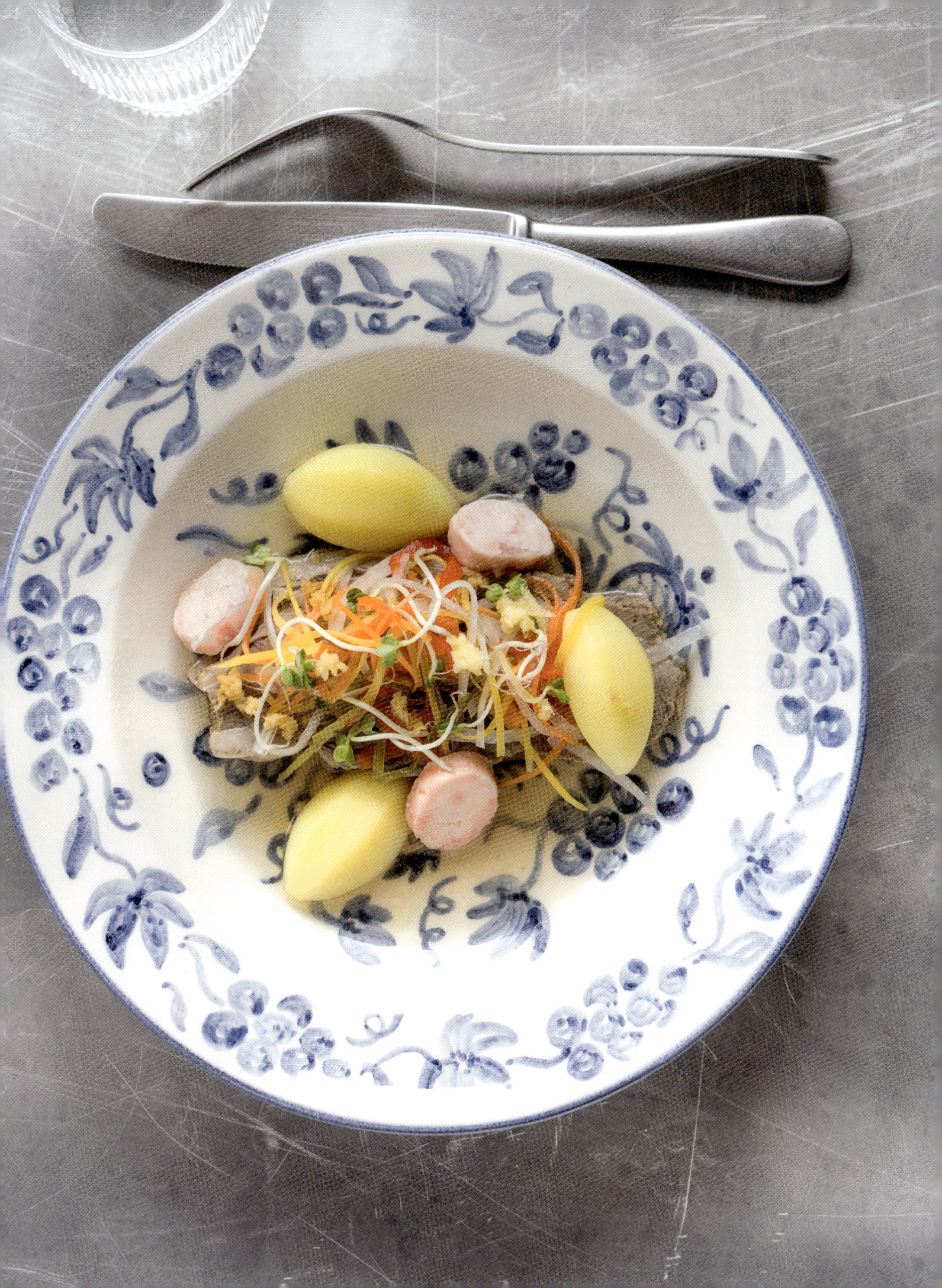

RINDSWÜRFELI ASIA-STYLE MIT FRÜHLINGSGEMÜSE

Für 4 Personen

Man würde asiatische Küchengeschmäcker wohl zuletzt in Gais suchen. Aber die Freizeit- und Feriengewohnheiten der Schweizer haben sich geändert. Und damit auch ihre Esssitten. Vor 50 Jahren war es die italienische Küche, die Bewegung in den kulinarischen Alltag brachte. Es folgte die Nouvelle Cuisine, die alles, was auf den Tisch kam, frischer und leichter machen wollte. Und ganz dem Zeitgeist entsprechend geriet das Karussell der gastronomischen Moden immer schneller in Fahrt. Je weiter Herr und Frau Schweizer ihre Ferienziele absteckten, desto mehr begegnete man den kulinarischen Einflüssen dieser Länder auch hierzulande. Erst war es Thailand, dann Vietnam und schliesslich eroberte die wahre chinesische Küche über die sogenannte Fusionküche die Töpfe der Nation. Ingwer und Sesam, Sternanis und Soja sind nun Alltagsgewürze und ein Sushi fast schon kulinarischer Alltag.

ZUTATEN

- 600 g Rindshuft- oder Rindsfiletwürfeli (2 x 2 cm)
- 4 EL Sesamöl
- 4 EL Sojasauce
- 40 ml Rapsöl
- 1 Bund Frühlingszwiebeln, in 1 cm grosse Stücke geschnitten
- 1 Bund Frühlingsrüebli, geschält und halbiert
- 2 Stangensellerie, in 1 cm grosse Stücke geschnitten
- 100 g Kefen, ganz oder in schräge Streifen geschnitten
- 100 g Mini-Mais, ganz
- 1 dl Orangensaft, (frisch gepresst)
- 4 dl Gemüsebouillon
- 2 EL Reisessig
- 50 ml Sojasauce
- 1 dl süss-scharfe Chili-Sauce
- Salz und Pfeffer

Gemüsebouillon

- frische, saubere Rüstabfälle von Gemüsen
- Salz
- Wasser
- frische Kräuter: Lorbeer, Majoran, Rosmarin, Peterlistiele

Klebreis

- 400 g Klebreis vom Asiashop
- 2 l Wasser

VORBEREITUNG

Den Reis über Nacht in viel Wasser einweichen.

ZUBEREITUNG

1 | Für die Gemüsebouillon die sauberen Rüstabfälle von Gemüsen in mild gesalzenem Wasser auskochen. Nach 20 Minuten frische Kräuter zugeben. Den Deckel auflegen und die Hitze abdrehen. Nach weiteren 20 Minuten die Brühe passieren und erkaltet weiter verwenden.

2 | Die Rindswürfel mit Sojasauce und Sesamöl ca. 30 Minuten marinieren.

3 | Das Grün der Frühlingszwiebeln in kleine Röhrchen (0,5 cm) schneiden. Einen Moment beiseitestellen.

4 | Nun das Rapsöl erhitzen, die Würfel portionenweise anbraten, herausnehmen und beiseitestellen. Mit Klarsichtfolie zudecken.

5 | Frühlingszwiebeln bis und mit Mini-Mais in eine Pfanne geben, ca. 2 Minuten anbraten. Mit Orangensaft und Bouillon ablöschen. Dann die Flüssigkeit auf einen halben Deziliter reduzieren. Reisessig, Sojasauce und Chilisauce hinzufügen und aufkochen. Nun das Fleisch dazugeben und einmal kurz aufkochen und abschmecken.

6 | Den eingeweichten Reis ein- bis zweimal wässern. Abtropfen lassen. Dann im Bambuskorb ebenmässig verteilen und ca. 10–15 Minuten über köchelndem Wasser bei mittlerer Hitze dämpfen. Zwischendurch einmal kurz umrühren.

ANRICHTEN

Das Gericht mit dem Frühlingszwiebelgrün bestreuen. Klebreis eignet sich nicht zum Aufwärmen, er sollte à la minute gekocht werden.

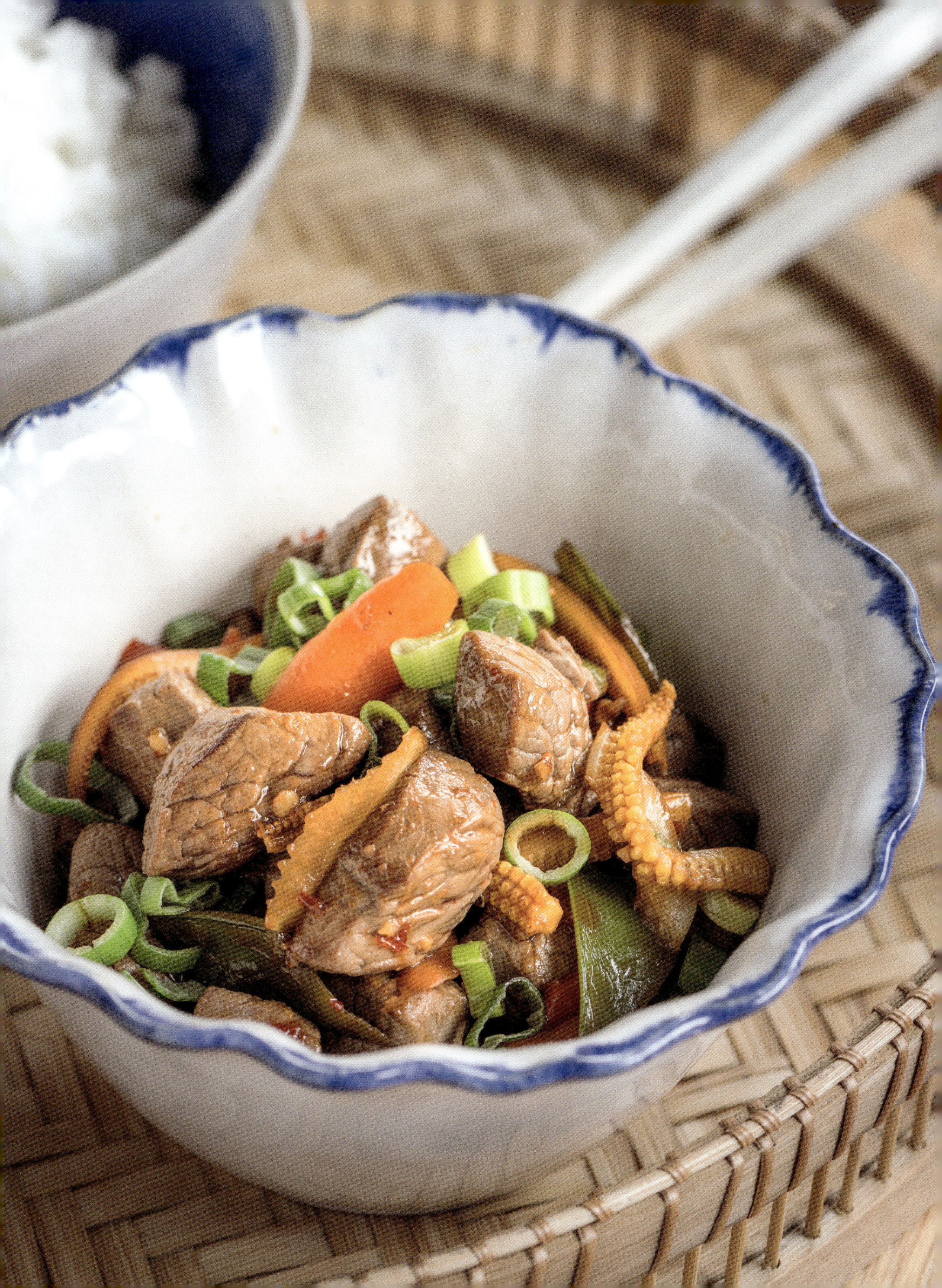

GRILLIERTE SHORT RIBS

Für 4 Personen

Amerikanischer geht es nicht: Short Ribs. Kugelgrill, Barbecuesauce und Cole Slaw. Das ist der Mittelwesten der USA und inzwischen die ganze grosse Grillwelt. Auch hier werden nicht nur die allerersten Fleischstücke verwendet. Das im Generellen nicht geliebte Federstück soll es diesmal sein. In meiner Familie hat man damit Siedfleisch gekocht. Neben Brust und Schulterspitz eine eher exotische Wahl. Und doch. Saftiger, schlotziger, aromatischer kann kein Siedfleisch sein! Die Kronenhalle hatte zu Zeiten des legendären Gustav Zumsteg dieses Stück stets im Angebot ihres Bollito Misto. Das allerdings auch mit St. Galler Spezialschübrig und Fleischkäse aufzuwarten pflegte. Es war der Wunsch des Patrons. Und was er sich wünschte, war Befehl. Der Küchenchef benannte denn auch das Bollito Misto mit dem Zusatz «Kronenhalle». Ich empfahl das gekochte Federstück einem Freund aus dem Filmbusiness. Eine Fehlempfehlung, weil der Mann weder die Saftigkeit noch den Geschmack des Fleisches erkannte, bloss den Knochen und das markige Fett. Okay. Knochen kann man nicht essen. Und das Fett schnitt er weg. Schade.

ZUTATEN

- 1,3 kg Federstück mit Knochen (ohne Knochen 1 kg)
- 4 EL Öl
- 2 Knoblauchzehen, gepresst
- 1 EL Ingwer, geschält, gerieben
- 2 EL brauner Zucker
- ½ TL schwarzer Pfeffer
- ½ TL geräuchertes Paprikapulver
- etwas Fleur de Sel

Kabissalat (Cole Slaw)
- 1 Kabis, in feinen Streifen
- 1 grosses Rüebli, in feinen Streifen
- 1 Zwiebel, in feinen Streifen
- 100 g Mayonnaise
- 100 g saurer Halbrahm
- 40 ml Weissweinessig
- 1 Zitrone, Saft und Schale
- 20 g Ketchup
- Salz, Pfeffer und etwas Zucker

BBQ-Sauce
- 200 g Rindfleischabschnitte, roh
- 50 g geräucherter Speck
- 40 g Butterfett
- 1 Zwiebel, in kleinen Würfeln
- 1 Stangensellerie, klein geschnitten
- 2 dl dickflüssige, nicht allzu rauchige BBQ-Sauce (aus dem Supermarkt)
- 1 Tomate, in Würfeln
- 1 dl Rotwein
- 1 dl Weisswein
- 1,2 l Kalbsfond
- etwas Thymian, Rosmarin und 2–3 Lorbeerblätter
- 1 TL geschroteter schwarzer Pfeffer
- 1 Orange, Schale und Saft
- 1 Zitrone, Schale
- etwas Rotweinessig und wenig Rauchöl (Delikatessengeschäft)
- einige kalte Butterwürfeli

VORBEREITUNG

Das Federstück rundherum mit Öl bestreichen und dann mit Knoblauch, Ingwer, Zucker, Pfeffer und Paprika einreiben. Am besten eingeschlagen in Folie, in einem Plastiksack oder einem passenden Geschirr über Nacht im Kühlschrank aufbewahren. Fleisch ca. eine Stunde vor der Zubereitung aus dem Kühlschrank nehmen.

FORTSETZUNG >

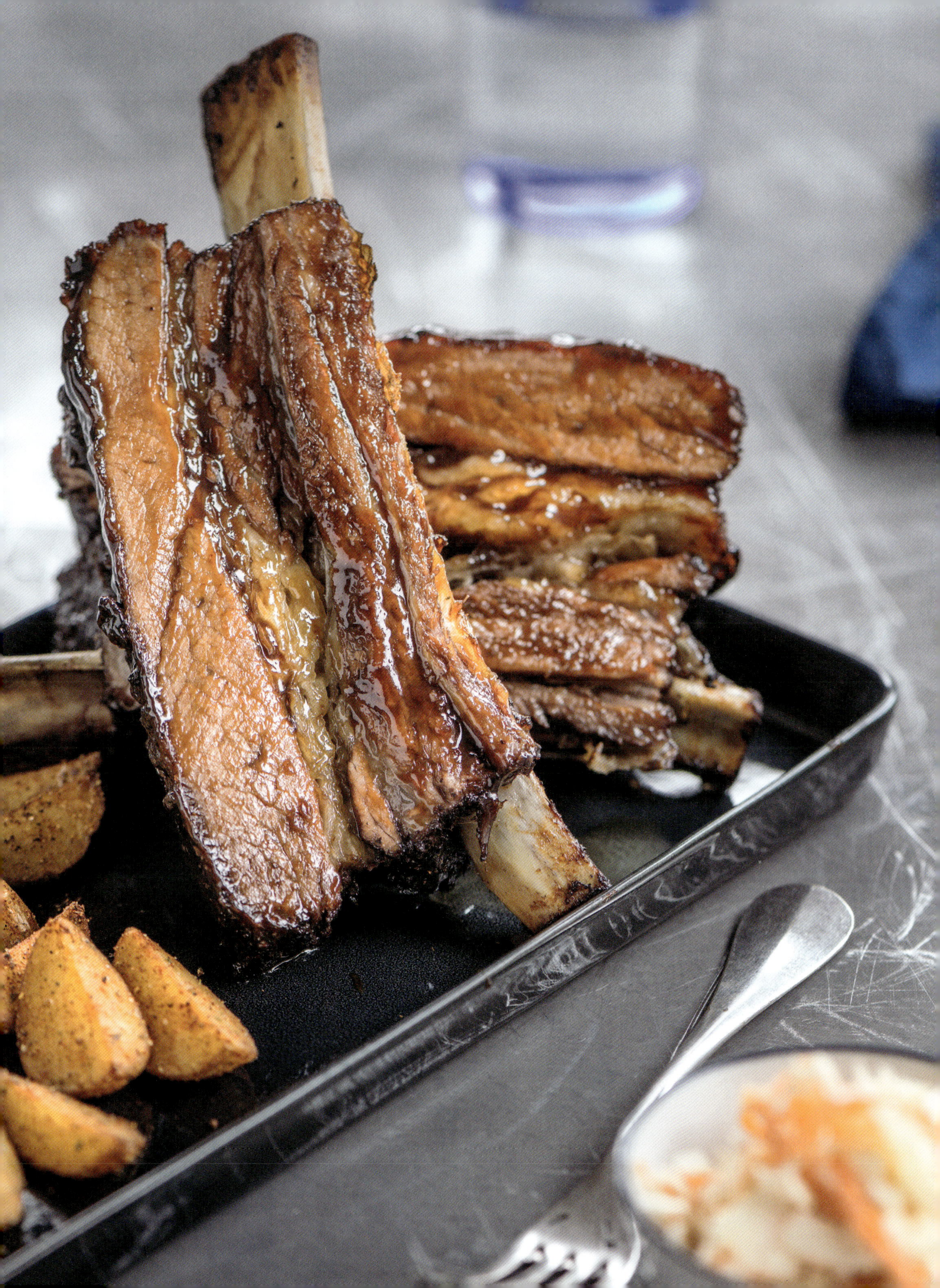

Fortsetzung

ZUBEREITUNG

1 | Für den Salat Kabis, Rüebli und Zwiebeln in feine Streifen schneiden. Dann mit den restlichen Zutaten gut verkneten und mischen. Einige Stunden an der Kühle ziehen lassen. 30 Minuten vor dem Auftragen noch einmal gut durchkneten und bei Zimmertemperatur stehen lassen.

2 | Den Kugelgrill vorheizen, das Fleischstück auf die indirekte Seite des Grills legen, also nicht direkt über der Hitze. Bei mässiger Hitze ca. 4–5 Stunden grillieren, bis das Fleisch weich ist und sich gut vom Knochen lösen lässt. Die Kerntemperatur sollte ca. 90 Grad betragen (mit dem Fleischthermometer kontrollieren).

3 | Am Ende der Garzeit das Fleisch vom Grill nehmen. Entlang der Knochen in Portionen schneiden. Mit etwas Fleur de Sel bestreut auftragen.

4 | Für die BBQ-Sauce Speckwürfeli und die Rindfleischabschnitte im Butterfett anbraten. In einem Sieb abtropfen lassen.

5 | Die Zwiebelwürfel anschwitzen, den Stangensellerie zugeben und kurz mitdünsten. Rindsabschnitte, die fertig-BBQ-Sauce und die Tomate zugeben. Etwas einkochen. Mit Rot-und Weisswein ablöschen und kurz einkochen. Mit Kalbsfond auffüllen. Alles zusammen auf etwa ein Drittel einkochen. Gewürze, Pfefferkörner und Orangen- und Zitronenschale in die Sauce geben. Zugedeckt bei ausgeschalteter Hitze ziehen lassen.

6 | Sauce durch ein Sieb passieren und mit Orangensaft, Rauchöl und Rotweinessig abschmecken. Am Schluss einige kalte Butterwürfel unter die Sauce montieren. Abkühlen lassen.

ENTRECÔTE IM KNUSPERMANTEL MIT GERÄUCHERTER KARTOFFELSTANGE

Für 4 Personen

Grosse Küche verlangt perfektes technisches Können, wenn man sie kocht. Und doch scheint grosse Küche auf dem Teller vor dem Gast stets einfach, sogar simpel und nie ein Rätsel. Als Beispiel kann dieses Gericht dienen. Auf dem Teller wartet ein saftiges Entrecôte, das, in eine knusprige Hülle gewickelt, das Auge und den Gaumen entzückt. Dazu wird serviert, was seit Jahren Furore macht: eine geräucherte Beilage. Würzige Kartoffelmasse, die – mit einem Hauch Rauchgeschmack versehen – dem ganzen Gericht unverwechselbare Köstlichkeit verleiht.

ZUTATEN

- 4 Entrecôtes à 160–180 g
- etwas Erdnussöl
- 8 dünne Längstranchen Toastbrot, 2 mm dick
- 80 g Fleischfarce
- etwas Butter

Fleischfarce
- 40 g Pouletbrust, im Cutter oder mit dem Turbomixstab püriert
- 40 ml Rahm, eiskalt
- 1 Eiweiss
- Salz und schwarzer Pfeffer aus der Mühle

Kartoffelstangen
- 500 g mehlige Kartoffeln, faustgross (sog. Baked Potatoes)
- grobes Meersalz zum Backen
- 2 EL Knoblauchöl
- 1 Mokkalöffel Chiliöl
- 4 Msp. Paprikapulver
- 80 g Stärke (Maizena oder Fécule)
- geriebene Muskatnuss
- Salz, Pfeffer
- Barbecuemix: Salz, geräuchertes Paprikapulver, nach Belieben etwas Curry- oder Kreuzkümmelpulver nach persönlicher Vorliebe gemischt.

ZUBEREITUNG

1 | Für die Farce das kalte Pouletfleisch-Püree mit dem eiskalten Rahm und dem kalten, noch flüssigen Eiweiss vermengen. Würzen und für ca. 30 Minuten kalt stellen.

2 | Den Bratofen auf 150 Grad vorheizen.

3 | Die Fleischstücke auf beiden Seiten je 1 Minute gut anbraten, dann in eine Gratinplatte geben und im heissen Bratofen während ca. 5 Minuten nachgaren. Bei ca. 55 Grad Kerntemperatur herausnehmen und auf dem Rechaud oder in der Wärmeschublade abstehen lassen.

4 | Das entrindete Toastbrot in 2 mm dicke Längstranchen schneiden und mit der Fleischfarce bestreichen. Die Entrecôtes nach dem Abstehen auf das Toastbrot geben, einmal einwickeln. Das Ende soll die Toastbrotscheibe um ca. 1 cm überlappen. Mit dieser «Endnaht» nach unten in einer Bratpfanne kurz rundum in wenig Butter knusprig braten. Schräg in drei Teile aufschneiden und anrichten.

FORTSETZUNG >

Fortsetzung

ZUBEREITUNG

5 | Für die Kartoffelstangen die Kartoffeln waschen und auf der Ober- und Unterseite übers Kreuz einschneiden. Ein Backblech reichlich mit Meersalz bestreuen, dann die Kartoffeln daraufsetzen und im Ofen bei 180 Grad ca. 45 Minuten backen. Sobald die Kartoffeln weich sind, herausnehmen und halbieren. Die Kartoffelhälften aushöhlen und das Innere durch die Kartoffelpresse drücken.

6 | Diese Masse auf ein Backblech geben und bei 100 Grad im leicht offenen Backofen sehr gut ausdampfen lassen. Dann in eine Schüssel geben, das Öl und die restlichen Zutaten dazugeben und abschmecken. Die Masse nachher zwischen zwei Backstäben gleichmässig dünn auf 1 cm Dicke auswallen. Dieses Kartoffelmasse-Blatt für einen Moment im Tiefkühler anfrieren. In die gewünschte Form schneiden und über Buchenräuchermehl ca. 4 Minuten räuchern (siehe nebenan).

7 | Kartoffelstäbe in den Tiefkühler geben und bei Bedarf direkt aus dem Tiefkühler bei 160 Grad in Erdnussöl ausbacken. Mit etwas feinem Meersalz oder dem eigenen Barbecuemix würzen.

RÄUCHERN

Was es dazu braucht:
- Räucherpfanne (aus der Non-Food-Abteilung des Grossverteilers)
- Räuchermehl (z. B. aus dem Laden für Fischereiartikel)

Etwas Räuchermehl in die Räucherpfanne geben, dieses anzünden und, wenn das Mehl Feuer gefangen hat, den Deckel auflegen. Damit erstickt das Feuer, das Räuchermehl beginnt zu glimmen und entwickelt Rauch.

Nun einen Rost über das Mehl geben, die Kartoffelstangen darauflegen und die Räucherpfanne erneut zudecken. Nach 4 Minuten können die Kartoffelstangen tiefgekühlt werden und warten auf ihre Verwendung.

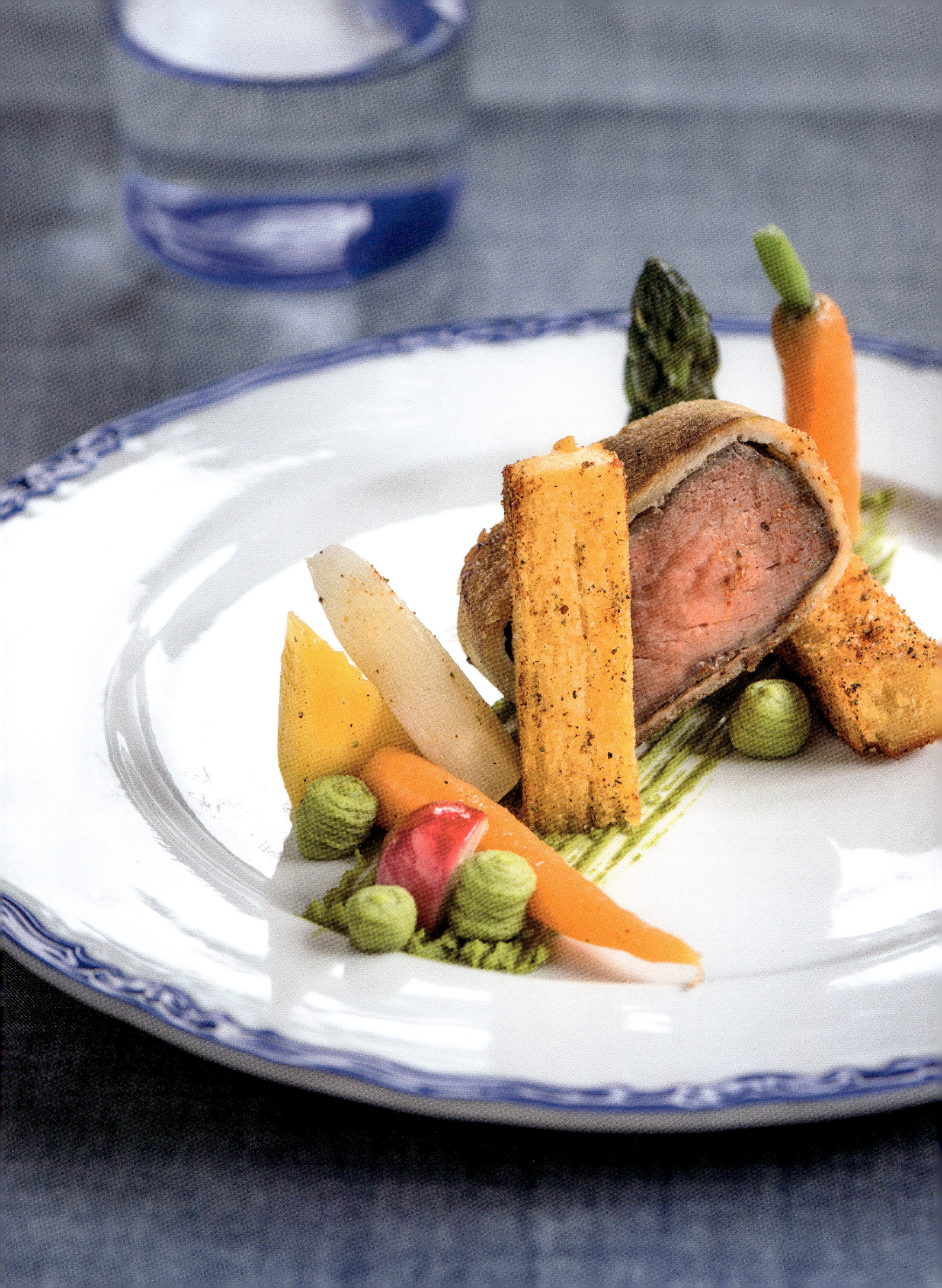

RINDFLEISCH:
AUCH EINE FAMILIENGESCHICHTE

von Michael Merz

Mein Vater, der Metzgermeister Merz, wurde zu Beginn des 20. Jahrhunderts geboren. Einer Zeit, in der man das Vieh nicht nur auf lokalen Viehmärkten zusammensuchte, sondern vor allem zu bestimmten Bauern und Viehhändlern ein langjähriges Vertrauensverhältnis pflegte. Diese Beziehungen hatte er teilweise von seinem Vater übernommen, seinerseits bereits ein eigenständiger Metzger. Ist es da verwunderlich, dass mein Vater Fleischqualitäten mit wenigen Blicken und einigen Griffen über die Kruppe eines Rindes oder in das weit aufgesperrte Maul einer Kuh beurteilen konnte? Persönlich viel wichtiger waren für ihn aber die wöchentlichen Besuche bei «seinen» Bauern. Einer davon lebte im Lorzenspitz in der Reussebene. Dort habe ich ihn mit Vater immer wieder besucht. Die Fahrt dahin ist mir noch heute gegenwärtig. Erinnerungsfetzen steigen auf. Die Nebel des Frühherbstes, die vom Lorzenspitz über die Reussebene ziehen, das dreckig-braune wirbelnde Hochwasser des Flusses im Frühling, die Schwimmer, die sich im abendlichen Sommerlicht in den schnellen Wassern bis fast nach Bremgarten treiben lassen …

Der Bauer hatte der Milchwirtschaft abgeschworen und seinen Hof auf Viehmast umgestellt. Kalb, Kuh und Rind lebten im Stall über der Strasse, grasten bis in den Spätherbst auf den weiten Wiesen dahinter. Und weil Mutterkühe mehr Milch geben als ihre Kälber zu trinken vermögen, bekamen auch die Jungrinder jeden Tag ihre Portion Vollmilch. Was in einem unglaublich aromatischen, von Fettsprenklern durchzogenen Fleisch resultierte. Einem festen, fast weissen Fett, das bei Kalb und Rind immer noch nach dieser Milch duftete. So, wie es sich eben gehört. Mein Vater war kein wortgewandter, eher ein fast scheuer Mann. Wenn er aber von solchen Bauern und von solchem Fleisch sprach, konnte man ihm den Stolz anmerken. Jedes Rindfleisch, jedes Kalbfleisch, das ich seit diesen Jahren verkostet und verkocht habe, messe ich an der Mästerkunst dieser Bauern und Vaters Handwerk. Jedes.

Ich wurde in eine Generation hineingeboren, in der Rindsfilet und Entrecôte allein schon deshalb als Nonplusultra galten, weil sie rar und teuer waren. Die Kenntnisse über Fleisch und Küche waren im Allgemeinen wohl eher bescheiden. Nicht nur jene der Kundschaft und der Gäste, sondern auch jene der Köche. So konnte es kommen, dass ich in der «Kronenhalle» ein Filet im Salzmantel bestellte, das aber im Grunde genommen nur ein einfach gebratenes Rindsfilet war, das man für die Präsentation in die immer gleiche, immer wieder verwendete Form aus Salzmasse gelegt hatte. Im «Mövenpick» begegnete ich erstmals einem mit Sauce hollandaise überbackenen Medaillon aus der Rindshuft. Es gefiel mir für eine Weile. Bis Besseres kam.

Es geschah in Venedig. Ich sass zum ersten Mal in «Harry's Bar», einem seltsam einfachen, unprätentiösen und doch hochklassigen Restaurant mit weissen Tischdecken, gestärkten Servietten, feinem Porzellan, feinwandigen Weingläsern, beflissenen Kellnern. Carpaccio wurde aufgetragen. Nun ja ... Da gingen mir nicht nur die Augen über. Damals hatte ich bereits Tatar kennengelernt. Das damalige «Mövenpick» war inzwischen ein Teil meiner persönlichen Essensschule geworden. Etwas später begegnete ich in der «Kronenhalle» dem am Tisch gemischten Tatar. Ein Quantensprung. Auch, weil der Gast das Tatar geschmacklich nach den eigenen Ideen, Wünschen und auch dem Appetit verändern konnte. Zu Hause allerdings blieb Rindfleisch der bürgerlichen Küche vorbehalten. Lange gesimmertes Ragout vom Schulterfleisch gab es da zum herrlich festen und doch federleichten, keinesfalls fetten Kartoffelstock. Das Gesottene von der Rinderbrust lag, direkt aus dem Topf, frisch, heiss und saftig im Teller. Selbstverständlich wurde das Suppengemüse mitgegessen. Die Fleischbrühe, die beim Kochen des Fleisches ganz automatisch entstanden war, war mit einem Wort: unglaublich! Man löffelte diese «blutt», allenfalls vermischt mit etwas Fideli, Pasta-Buchstaben oder «Dünkli», altbackenem, hauchdünn geschnittenem Brot. Das allerbeste Rindfleischgericht bleibt aber der gebratene Huftdeckel, wie ihn meine Mutter zum Sonntagsbraten machte – wenn denn in der Metzgerei einer unverkauft geblieben war. Was leider nur selten vorkam. Aus dem Huftdeckel kocht man in Wien den Tafelspitz. Den ass ich zum ersten Mal in den späten 70er-Jahren, zusammen mit der legendären Schweizer Schauspielerin Annemarie Düringer in «Die vier Husaren», einem sehr angesagten, sehr klassischen Restaurant. Später wurde der beste Tafelspitz bei Plachutta aufgetragen. Unerreicht. Besser als jener im «Sacher». Nein, nicht besser. Anders. Klarer. Was für ein einfaches und doch schwieriges Gericht der Tafelspitz ist. Alles, was es braucht, ist das perfekte Fleisch: Einen Huftdeckel von etwa zwei Kilogramm Gewicht, bedeckt von einer rechten Fettschicht, sanft und damit lange in einer Knochen-Gemüse-Brühe gar gezogen. Alleine mit diesem Gericht hat sich Herr Plachutta ein kleines Imperium an Restaurants zusammengekocht. Was es dazu gab? Gröstl natürlich. Aber unsere Röschti mag ich trotzdem besser.

Doch noch sind wir in «Harry's Bar» und dem Carpaccio, das dort nicht aus Rindsfilet, sondern aus Rindshuft entsteht, weil diese einfach mehr Geschmack hat. Auch wird das Fleisch nicht, wie an den meisten Orten, erst leicht gefroren und danach hauchdünn mit der Aufschnittmaschine geschnitten. Im «Harry's» schneidet man die Huft mit einem rasiermesserscharfen Messer so dünn wie möglich, klopft die Tranchen danach auch nicht mit einem Fleischklopfer brutal dünn aus, sondern streicht diese vorsichtig, fast schon sanft, mit der breiten Messerklinge aus. Etwas Knoblauch-Basilikum-Mayonnaise kommt darüber. Resultat? Einfach richtig.

Ich erinnere mich auch an die Côte de Bœuf, wie sie Alain Ducasse seinen Gästen im «Hôtel de Paris» in Monte Carlo zubereiten lässt. Er hatte mir das Rezept, das ja eigentlich kein Rezept ist, mitgegeben: «Eine Stunde vor dem Braten Raumtemperatur annehmen lassen. 30 Minuten vorher würzen, dann auf beiden Seiten anbraten. Im leicht geöffneten Bratofen bei 120 Grad für 10 Minuten durchziehen lassen.» Ich brauchte trotzdem Fernberatung, rief ihn also an (was manchmal das Privileg guter Bekannter von Köchen ist). Er sagte: «Ganz im Gegensatz zu anderen Fleischarten brät man etwas dickere Rindfleischstücke nicht nur erst auf der einen, dann auf der anderen Seite an. Dabei würde nämlich auf der ersten Fleischseite eine dickere und wohl auch dunklere und zähere Kruste entstehen, die zweite Fleischseite jedoch kaum richtig versiegeln. Vor allem aber wäre das Fleisch noch nicht durch und durch erwärmt. So brät denn der gewiegte Koch das mächtige Stück Fleisch, indem er es nach dem Anbraten noch dreimal wendet, aber auf jeder Seite kürzer brät. Er behält so die Kontrolle. Dann legt er das gute Stück in den warmen, leicht geöffneten Bratofen, dort zieht es für einige Minuten durch und bleibt saftig.» Gehört. Getan. Die Côte de Bœuf geriet und gerät perfekt.

Von allen Rindskoteletts aber ist La Fiorentina das berühmteste. Auch dieses verlangt grösste Küchenpräzision, aber noch grösseren Wagemut. Wagemut? Als ich mit meiner Kollegin Sabine einige Tage in Florenz arbeitete, brauchte es diesen erst einmal nicht. Wir suchten uns jeden Abend ein anderes Restaurant und landeten, vom Concièrge unseres Hotels beraten, in Lokalen, auf deren Speisekarte zuoberst stets La Fiorentina angepriesen wurde. Wir orderten sie zweimal hintereinander. Sie war beide Male sehr gut, also beschloss ich, dem Geheimnis dieses unter seiner kräftigen Kruste so saftigen (und fast rohen), dazu noch zarten Fleischbrockens auf die Schliche zu kommen. Sie denken, dass dies einfach sei? Nun ja, wann haben Sie das letzte Mal «una Fiorentina di tre dita», ein Ochsenkotelett von Drei-Finger-Dicke gebraten oder gegrillt? Und zwar perfekt?! Aber einmal muss auch ein Amateurkoch damit beginnen und damit wären wir beim Wagemut. Vorsichtshalber fragte ich vorher Italiens «Numero uno» jener Tage, den Spitzenkoch Gualtiero Marchesi, nach den Zutaten. Seine Antwort: «Bloss eine einzige: das beste Fleisch!» Er erzählte von den Chianina-Rindern aus den Maremme, den mächtigen, weissen, fast ausgestorbenen Tieren, mit den weit ausladenden Hörnern. Sie dienten den Bauern als Zugkraft für ihre Pflüge wie auch Erntekarren, sie waren aber nach dem grossen Krieg – weil diese Art der Ackerarbeit durch Maschinen ersetzt wurde – aus der Mode gekommen. Bis sie als genügsame, aber perfekte Lieferanten für La Fiorentina vermisst und wiederentdeckt wurden.

Diese Geschichte erinnert mich an jene unseres Schweizer Braunviehs, das genauso vielseitig zur Produktion von Milch, für Fleisch und zur Zucht eingesetzt worden war, sich damit seinen festen Platz in unserer Landwirtschaft erobert hatte. Dazu ist es mit seinem gedrungenen Körper und den stämmigen Beinen, seiner Genügsamkeit perfekt zur Alpwirtschaft geeignet. Seine Milch ist überaus reichhaltig und sein Fleisch besitzt einen unverwechselbaren Geschmack. Es ist auch meine feste Überzeugung, dass nicht allein die Rasse der Tiere ihre Fleischqualität bestimmt, sondern auch die Art, wie Tiere gehalten werden – und auch wie das Metzgerhandwerk mit diesen Tieren und ihrem Fleisch umgeht. Nicht umsonst besinnt sich dieses erneut und immer öfter auf die grossen Traditionen, schöpft daraus Inspiration für die Fleischverarbeitung und Fleischveredelung. Mein Vater hat noch die alte Art der Reifung von Fleisch ausgeübt. Es gab dafür den Reiferaum mit kontrollierter Feuchtigkeit und Temperatur, in dem die sogenannten Rinderviertel hingen. Zwei, sogar dreimal am Tag ging Vater durch die Reihen mit den an gewaltigen Haken hängenden Fleischstücken, schnupperte aufmerksam, um auch so allfällige Fehlreife zu entdecken, klopfte mit den Knöcheln der rechten Faust auf Fleisch und Gelenke, um am Klang den perfekten Reifegrad zu erkennen. Befand er ein Fleischstück als reif, hob es der damals weit über 60 Jahre alte Mann vom Haken und trug es hinaus in die Ausbeinerei.

«NICHT ALLEIN DIE RASSE DER TIERE BESTIMMT IHRE FLEISCHQUALITÄT, SONDERN AUCH DIE ART, WIE SIE GEHALTEN WERDEN.»

Da wären wir denn also. Wir hätten das perfekte Fleisch für unsere Fiorentina gefunden, ein Ochsenkotelett von knapp 5 cm Dicke – tre dita – gekauft. Es hat in unserer Küche Raumtemperatur angenommen. Auf der Terrasse ist das Feuer im Grill niedergebrannt. Über der Holzkohle liegt jene dünne, weisse Ascheschicht, die den höchsten Hitzegrad anzeigt. Wir legen das Fleisch zum ersten Mal auf den superheissen Grill. Ungewürzt! Wir lassen die Costata 5 Minuten über dieser grösstmöglichen Hitze, lassen uns auch davon nicht abschrecken, dass dabei die entstehende Kruste substanziell und dunkel wird. Dann wenden wir das schwere Stück (es wird wohl mit Knochen um zwei Kilogramm schwer sein). Nach weiteren 3 bis 5 Minuten ist es soweit. Das Fleisch kommt vom Grill. Ruht für etwa 10 Minuten an der Seite der Feuerstelle. Erst jetzt wird es beidseitig kräftig mit nicht zu fein gemahlenem Meersalz gewürzt, dann bei Tisch vor den Gästen tranchiert. Erst kommt der Knochen weg, dann schneidet Ihr schärfstes Küchenmesser knapp 1 cm dicke Tranchen der Höhe nach, also mit der Faser. Das Fleisch ist durch und durch warm. Es ist in seine Mitte fast roh und schmeckt trotzdem von Kruste zu Kruste fabelhaft nussig-süss-salzig. Und ja: Die Florentiner geben – vielleicht – einen Schuss Olivenöl über das Ganze. Vielleicht. Als Beilage servieren sie …? Nichts.

GHACKETS UND HÖRNLI

Für 4 Personen

Das ist nicht bloss appenzellische Choscht. Dieses Gericht ist gesamtschweizerisches kulinarisches Erbe. Salzig-süss, wie es sich heutzutage der Mode wegen oft gebührt. Wäre es mit Chili zugeschärft, würde es in die Nähe eines Chili con Carne geraten. Asiatischer würde es mit Ingwer und einem Sojafläschli ... Am aller-nächsten gerät das Gericht jedoch der italienischen Küche. Noch etwas Basilikum zum Schluss und schon geht hinter Capri die Sonne unter ...

ZUTATEN

- 600 g mageres Rindsgehacktes von der Schulter
- 30 g Bratbutter
- Salz, Pfeffer aus der Mühle
- 1 Zwiebel, fein gewürfelt
- 30 g Mehl
- 2 EL Tomatenpüree
- 1 dl Rotwein
- 3 dl Bouillon
- 2 Lorbeerblätter

Apfelmus
- 800 g Äpfel leicht säuerlich (z. B. Cox Orange, Reinietten, Boskoop)
- 1 dl Süssmost
- 50 g Zucker
- 1 Vanillestängel
- 1 Zimtstange
- 1 Zitrone, Zeste und Saft

Ausserdem
- Hörnli für 4 Personen

ZUBEREITUNG

1 | Das Gehackte portionenweise gut anbraten. Man gibt es jeweils in die heisse Pfanne mit dem heissen Fett und lässt diese eingelegten Portionen anbraten. Erst dann salzen und pfeffern.

2 | Diese angebratenen Portionen zur Seite schieben und weitere Portionen Gehacktes anbraten. Ist alles Fleisch angebraten, die Zwiebeln zugeben. Mitdünsten und danach alles leicht mit Mehl bestäuben. Mischen.

3 | Tomatenpüree zugeben und gut mit dem Fleisch vermischen. Mit dem Rotwein ablöschen, leicht einköcheln lassen. Erst dann mit der Bouillon auffüllen. Die Lorbeerblätter zugeben und mitköcheln lassen. Das Ganze mindestens 30 Minuten auf kleinem Feuer köcheln lassen. Abschmecken.

4 | In der Zwischenzeit die Hörnli kochen und das Apfelmus zubereiten.

5 | Für das Apfelmus die Äpfel schälen, entkernen und klein schneiden. Alle Zutaten mit den Apfelwürfeln in eine Kasserolle geben und auf kleinem Feuer ganz weich kochen. Die Würfel dürfen noch ein wenig Biss behalten.

6 | Vanille- und Zimtstängel entfernen. Dann das Ganze fein und püreeartig mixen. Abschmecken.

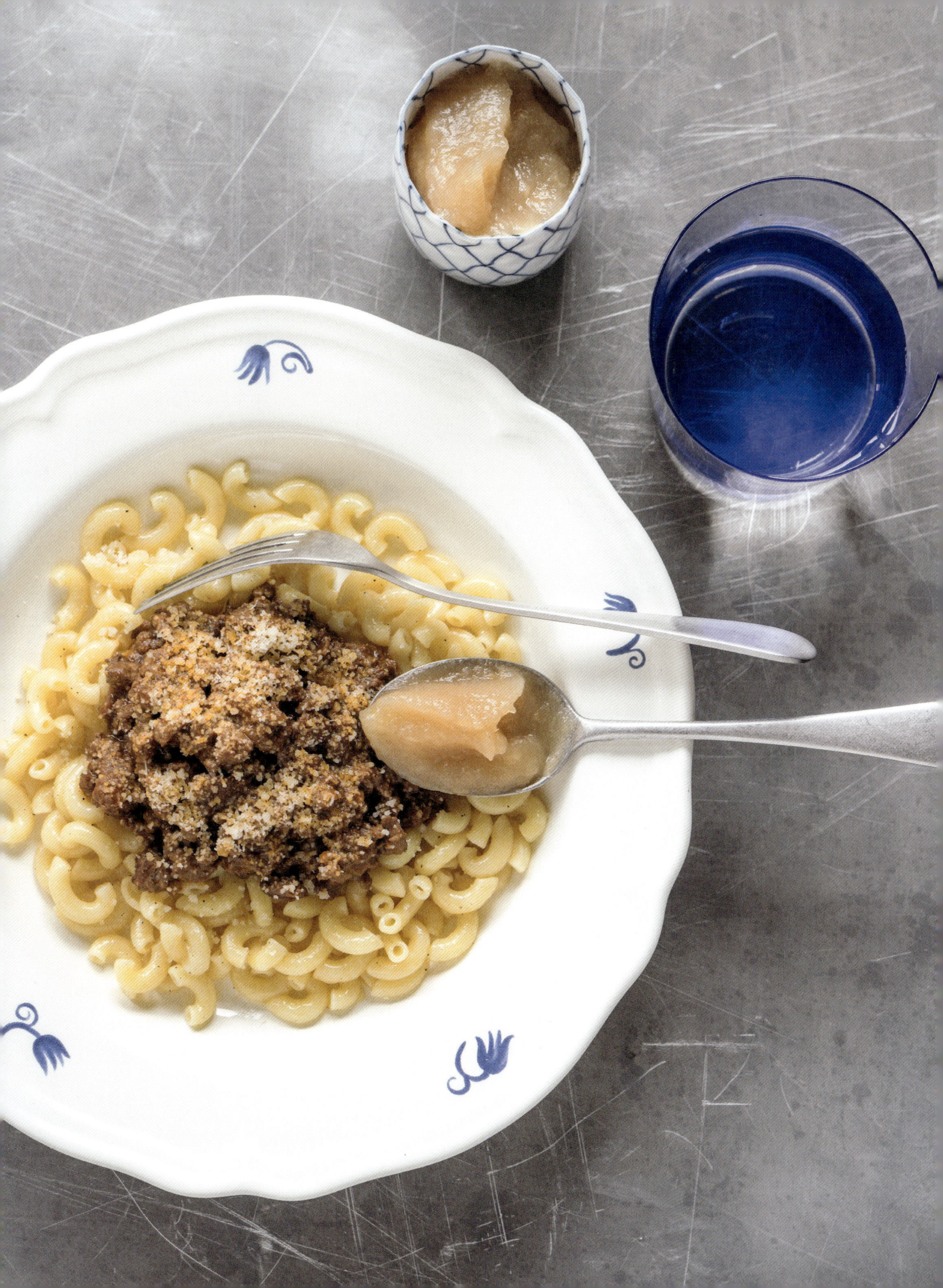

GESCHMORTE RINDSKOPFBÄCKCHEN

Für 4 Personen

Sie waren lange weg und nun sind sie fast alle wieder da. In Jean-Babtiste Rebouls Küchenwerk «La Cuisinière provençale» – die provenzalische Köchin – von 1897 erschien zum ersten Mal ein Rezept für Rindskopfbäckchen. Auch eines für gefüllte Zucchettiblüten ist darin zu finden. Die Zucchiniblüten machten den Starkoch Jacques Maximin unsterblich, als er sie in den 1980er-Jahren im Hotelpalast Negresco in Nizza ins Menu aufnahm. Die Rindskopfbäckchen brauchten etwas länger. Als Kalbskopfbäckchen machten sie Anfang 1970er-Jahre dank Eckart Witzigmann Karriere, später folgten Lamm-, Schweins- und Rindskopfbäckchen. Allesamt wunderbar lange und langsam braisiert, mit viel sämiger, geschmackiger Sauce aufgetragen. Über die Beilage muss man nicht nachdenken. Fast alles passt.

ZUTATEN

- 800 g Rindskopfbäckchen à ca. 250 g (beim Metzger vorbestellen)
- Salz und Pfeffer aus der Mühle
- 20 g Bratbutter
- 120 g Mirepoix aus Rüebli, Sellerie, Lauch, Zwiebel
- 40 g Tomatenpüree
- 3 dl kräftiger Rotwein
- 4 dl Kalbsfond
- 2 dl Kalbsjus
- einige Lorbeerblätter

ZUBEREITUNG

1 | Den Bratofen auf 170 Grad vorheizen.

2 | Die Rindskopfbäckchen salzen und pfeffern und in der heissen Bratbutter rundherum gut anbraten. Anschliessend das Fleisch herausnehmen und das Mirepoix anrösten.

3 | Das restliche Öl ableeren und das Tomatenpüree dunkel mitrösten. Mit dem Rotwein ablöschen und zur Glace einkochen. Nun die Bäckchen wieder dazugeben und mit dem Kalbsfond und Kalbsjus auffüllen, die Lorbeerblätter beigeben.

4 | Im Ofen zugedeckt weich schmoren, öfters wenden und mit der Garflüssigkeit übergiessen. – Wenn das Fleisch schön weich ist (2–2 ½ Std., Nadelprobe machen!) herausnehmen und warm stellen.

5 | Die Sauce durch ein Sieb passieren und auf die gewünschte Konsistenz einkochen. Abschmecken.

ANRICHTEN

Fleisch eventuell tranchieren und dann mit der Sauce übergiessen. Auftragen und zu Kartoffelstock mit einem Seeli anrichten.

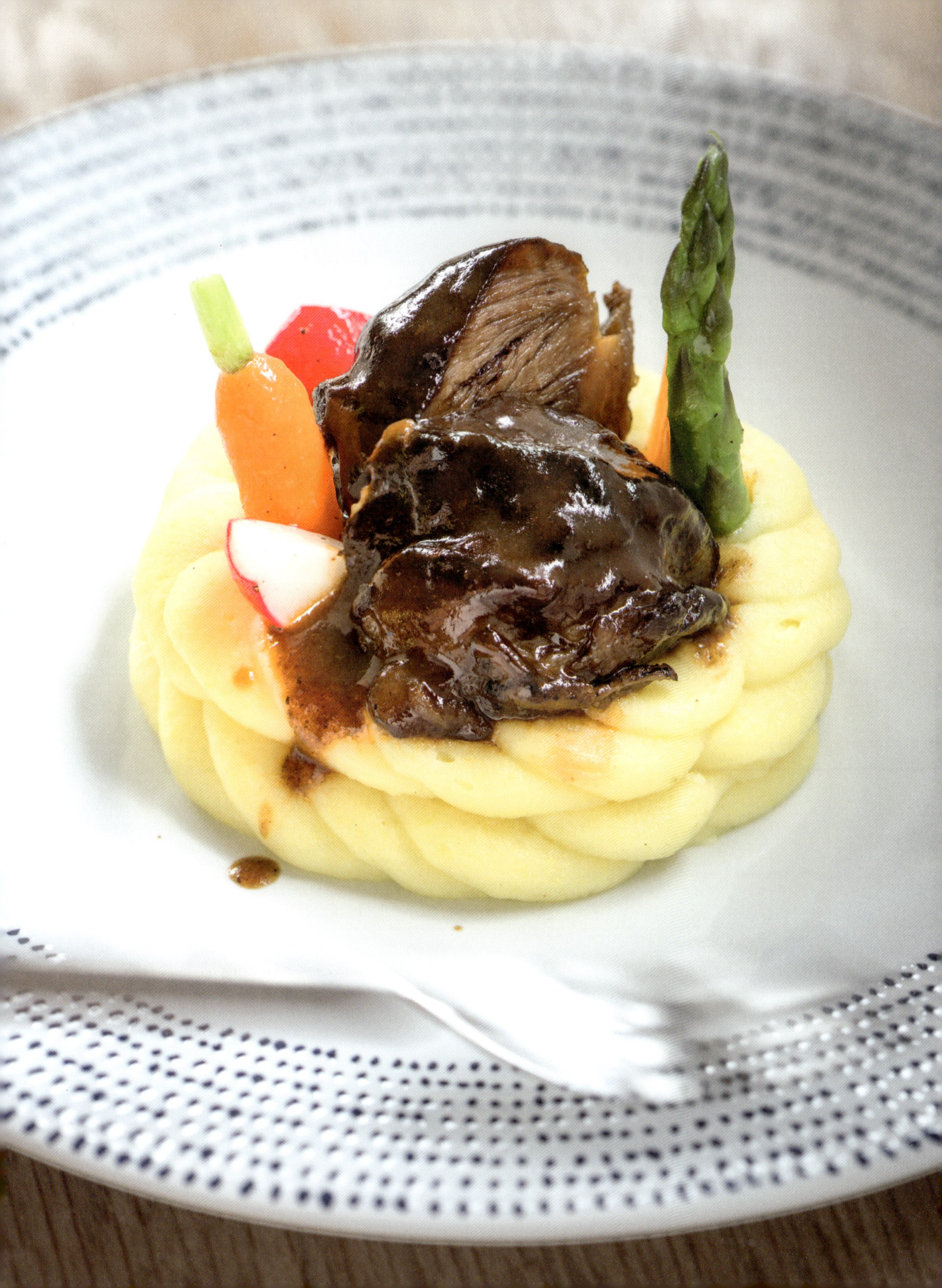

APPENZELLER RINDSRÖLLCHEN, GESCHMORT

Für 4 Personen

Es ist ein weiter Weg vom mächtigen Rindsvogel der Schweizer Durchschnittsküche zum feingliedrigen Rindsrölleli der Silvia Manser. Aber es ist auch eine Lektion darin, wie durch genaues Kochen aus einfachen Dingen ein fabelhaftes Gericht entsteht. Und ein regionales noch dazu. Schliesslich sind Appenzeller Landrauchschinken und Appenzeller Käse fast schon die Schutzheiligen der Küche dieser Gegend. Klar ist, dass sich solche Güte nicht im Handumdrehen kocht. Und dass zu einem solchen Gericht eben auch die passenden Zutaten gehören. Und Beilagen. Nicht zuletzt die Chäässpätzli, das Ur-Appenzeller-Nationalgericht.

ZUTATEN

- 560 g Rindshuftschnitzel à 70 g, sehr dünn zwischen zwei Plastikfolien sanft ausgeklopft
- 40 g Appenzeller Landrauchschinken, in Scheiben (1)
- Erdnussöl
- Salz und Pfeffer

Füllung
- 50 ml Milch
- 80 g Toastbrot, ohne Rand, in Würfel geschnitten
- ½ Ei
- 20 ml Rahm
- 30 g Mostbröckliwürfelchen, 2 mm gross
- 40 g Appenzeller Käse (Extra-Qualität) in Würfelchen (5 mm)
- 30 g Mirepoix (1) aus Rüebli, Sellerie, Lauch, Zwiebel
- Salz, Pfeffer
- Sonnenblumenöl

Kalbsfond
- 2 kg Kalbsknochen (Brust, Gelenke usw.)
- 500–750 g Mirepoix (2)
- 1 EL Tomatenpüree
- 3 dl Rotwein
- Wasser

Einlage
- 30 g Knollenselleriestäbchen (ca. 8 cm x 8 mm)
- 30 g Pfälzerrüeblistäbchen
- 30 g Rüeblistäbchen
- 30 g Essiggurkenstäbchen
- 40 g Appenzeller-Käse-Stäbchen (5 mm x 8 cm)
- 40 g Appenzeller Landrauchschinken, in Scheiben (2)

Zum Schmoren
- 80 g Mirepoix (3)
- 20 g Tomatenpüree
- 120 ml Rotwein
- 2 dl brauner Kalbsfond
- 2 dl gebundener Kalbsjus
- Lorbeerblätter

Käsespätzli
- 320 g fertige Spätzli
- Salz, Pfeffer
- 80 ml flüssiger Rahm
- 120 g geriebener Appenzeller Käse, extra-würzig

VORBEREITUNG

Die Füllung wird am besten am Vortag zubereitet. Dafür die Milch aufkochen, zum Toast geben und gut verrühren. Etwa eine halbe Stunde ruhen lassen. Ei, Rahm Mostbröckliwürfelchen, Käse und die in Sonnenblumenöl gedünsteten Gemüsewürfelchen (Mirepoix (1)) zur Brotmasse geben. Gut vermischen. Mit Salz und Pfeffer würzen und einen Moment stehen lassen.

FORTSETZUNG >

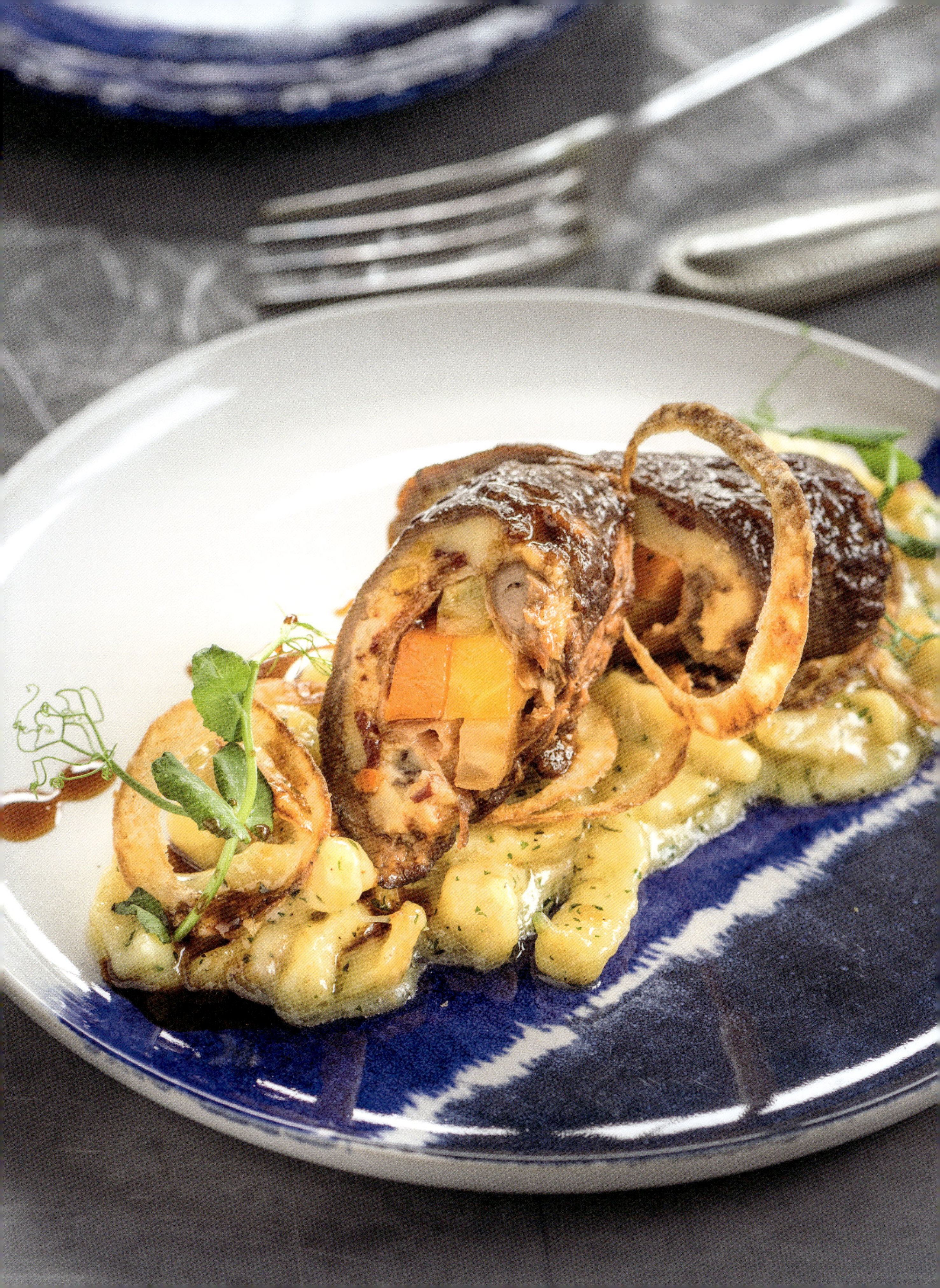

Fortsetzung

ZUBEREITUNG

1 | Für den Kalbsfond werden die Knochen im 180 Grad heissen Bratofen angeröstet. Mit dem Mirepoix (2) vermengen und ebenso anrösten. Zum Schluss das Tomatenpüree zufügen. Ist dieses auch angeröstet, mit dem Rotwein ablöschen. Diesen einkochen und alles mit Wasser auf Höhe der Gemüse und Knochen auffüllen. Einkochen. Noch weitere zwei Male mit Wasser auffüllen und dieses reduzieren. Beim letzten Mal die Flüssigkeit abpassieren und auf 1/10 ihres Volumens reduzieren.

2 | Die Schnitzel mit dem Landrauchschinken (1) belegen.

3 | Für die Einlage 8 Wickel aus dem Landrauchschinken (2) rollen: Darin je eine Sorte Gemüsestäbchen und ein Käsestäbchen einwickeln.

4 | Die Brotfüllung auf die mit Schinken belegten Schnitzel streichen, dann je einen Wickel in die Mitte der Füllung geben. Schnitzel seitlich einschlagen und zu Rollen formen, schliesslich mit einem Spiesschen fixieren. Die Röllchen würzen und beidseitig gut in Erdnussöl anbraten. Aus der Pfanne nehmen, reservieren und das restliche Öl abgiessen.

5 | Nun zum Schmoren das Mirepoix (3) beigeben und andünsten, dann tomatieren und erwärmen. Mit einem kräftigen Rotwein ablöschen und bis zu sirupartiger Konsistenz einkochen. Nun das Fleisch wieder hinzugeben, mit Kalbsfond und Kalbsjus auffüllen, bis das Fleisch knapp bedeckt ist. Lorbeerblätter beigeben. Im Ofen weich schmoren.

6 | Die Holzspiesschen entfernen und das Fleisch warm stellen.

7 | Die Schmorsauce entfetten, abschmecken und passieren.

8 | Die Spätzli gut in einer beschichteten Pfanne anbraten und mit Salz und Pfeffer würzen. Nun mit dem Rahm ablöschen, etwas reduzieren und anschliessend den geriebenen Käse daruntermischen. Das Ganze noch einmal gut durchschwenken und abschmecken.

ANRICHTEN

Die Spätzli mit einer Zwiebelschweitze oder gebackenen Zwiebelringen belegen. Die Fleischröllchen nach Belieben auf kurz sautiertem Gemüse anrichten. Sofort servieren.

OCHSENSCHWANZRAVIOLI

Für 4 Personen

Und dann liegt so ein Ravioli auf dem Teller. Wir teilen es mit der Gabel und versuchen einen ersten Bissen … und sind meistens enttäuscht. Die Füllung hat keinen Geschmack! Und keine Struktur. Wie also kommen Geschmack und Struktur ins Ravioli? Silvia Manser weiss, dass es dazu Vorbereitung, also Arbeit braucht. Sie weiss aber auch, dass sich diese Vorbereitungen über zwei Tage verteilen lassen und dass man dies auch in seinem Privathaushalt so halten sollte. Erst wird der Ochsenschwanz auf die optimale Saftigkeit und Geschmackigkeit geschmort, dann wird der perfekte Pastateig gewirkt und die Ravioli nicht nur fabriziert, sondern grosszügig mit dem Ochsenschwanzfleisch gefüllt. Schliesslich – wie es sich gehört im letzten Moment, wenn die Gäste bei Tisch schon warten – kommen die Teigkissen ins Wasser und, einmal in einem Hauch Salbeibutter gedreht, auf die Teller. So sieht so ein Gericht nicht nur aus, sondern hat Duft, Chuscht und Geschmack.

ZUTATEN

Ochsenschwanz
- 1 ganzer Ochsenschwanz à ca. 1 kg, vom Metzger in den Gelenken zersägt
- Salz und Pfeffer aus der Mühle
- Erdnussöl
- 350 g Mirepoix aus Rüebli, Sellerie, Lauch und Zwiebel
- 1 EL Tomatenpüree
- 2 dl kräftiger Rotwein
- 3 dl Kalbsfond oder Bouillon

Teig
- 1 Ei
- 1 EL Olivenöl
- 75 g Weizendunst
- 175 g Mehl

Füllung
- 50 g Butter (1)
- 20 g Zwiebeln, fein geschnitten
- 1 Knoblauchzehe, fein geschnitten
- 250 g fertig geschmorter Ochsenschwanz, (schön weich) zerzupft
- 50 g Champignons, in Scheiben geschnitten
- 30 g Speckwürfeli
- 1 dl Schmorbratensauce mit etwas Schmorgemüse

Ausserdem
- 2 EL Butter (2)
- 1 kleine Handvoll kleine Salbeiblättchen
- etwas Sbrinz oder Parmesan

ZUBEREITUNG

1 | Ochsenschwanzteile gut würzen und rundum in einem Hauch von Erdnussöl anbraten. Einen Grossteil des ausgeschwitzten Fettes abschöpfen.

2 | Den Bratofen auf 160 Grad vorheizen.

3 | Das Mirepoix zum Fleisch geben und auch diese rundum etwas anziehen. Das Tomatenpüree zufügen und, wenn dieses etwas anbrät, alles mit dem Rotwein ablöschen. Fast gänzlich reduzieren und dann mit dem Kalbsfond auf knappe Höhe der Gemüse auffüllen.

4 | Zugedeckt in den Bratofen stellen und für 2–3 Stunden schmoren. Ab und zu den Flüssigkeitsstand kontrollieren. Dieser sollte zum Schluss noch etwa 1–2 cm betragen. Das Fleisch aus der Sauce heben, die Sauce passieren. Die Gemüse zuvor mit Klarsichtfolie zugedeckt reservieren. Das Fleisch von den Knochen lösen. Dabei auch die knorpeligen Enden und Sehnen entfernen. Das Fleisch mit Klarsichtfolie gegen das Antrocknen schützen.

FORTSETZUNG >

Fortsetzung

ZUBEREITUNG

5 | Für den Teig Eigelb, Ei und Olivenöl in der Rührmaschine gut vermischen, danach den Dunst und das Mehl beigeben und so lange rühren, bis ein zäher Teig entstanden ist. Von Hand so lange und gut zusammenkneten, bis der Teig seine Härte verliert. Anschliessend mit ein paar Tropfen Olivenöl vakuumieren oder in einer Folie eingewickelt kurz an der Kühle ruhen lassen.

6 | Für die Füllung die Butter (1) in einer Kasserolle schmelzen, die geschnittenen Zwiebeln und den Knoblauch dazugeben und mitdünsten. Anschliessend die restlichen Zutaten dazugeben und weiterdünsten. Nach Bedarf mit der Schmorbratensauce auffüllen und etwa 5 Minuten leicht köcheln lassen.

7 | Die ganze Masse in einem Cutter oder mit dem Power-Mixstab kurz durchmixen oder durch den Fleischwolf drehen. Mit Salz und Pfeffer kräftig abschmecken. Etwas auskühlen lassen.

8 | Teig mit der Nudelmaschine möglichst dünn auswallen (ca. ½ mm). Die Pastabänder auf einen leicht bemehlten Tisch legen. Füllung im Abstand von ca. 5 cm auf die untere Hälfte der ausgewallten Bahnen verteilen. Mit der oberen Hälfte der Bahn zudecken. Rund um die Füllung die Pasta etwas andrücken. Mit einer Form rund oder viereckig ausstechen. Die äussere Naht mit einer Gabel rundum nochmals gut andrücken.

9 | Ins leicht gesalzene, siedende Wasser einlegen und etwa 4 Minuten köcheln lassen. Schwimmen die Ravioli obenauf, sind sie gar. Mit einer Schaumkelle herausheben und etwas abtropfen lassen.

10 | Die Butter (2) in einer Pfanne leicht anbräunen und die Salbeiblätter darin etwas anrösten.

ANRICHTEN

Die Ravioli mit der Salbeibutter beträufeln oder die abgetropften Ravioli darin wenden und anrichten. Mit frischem, auf dem Trüffelhobel oder mit dem Sparschäler geschnittenem Parmesan oder mit Sbrinzscheibchen belegen.

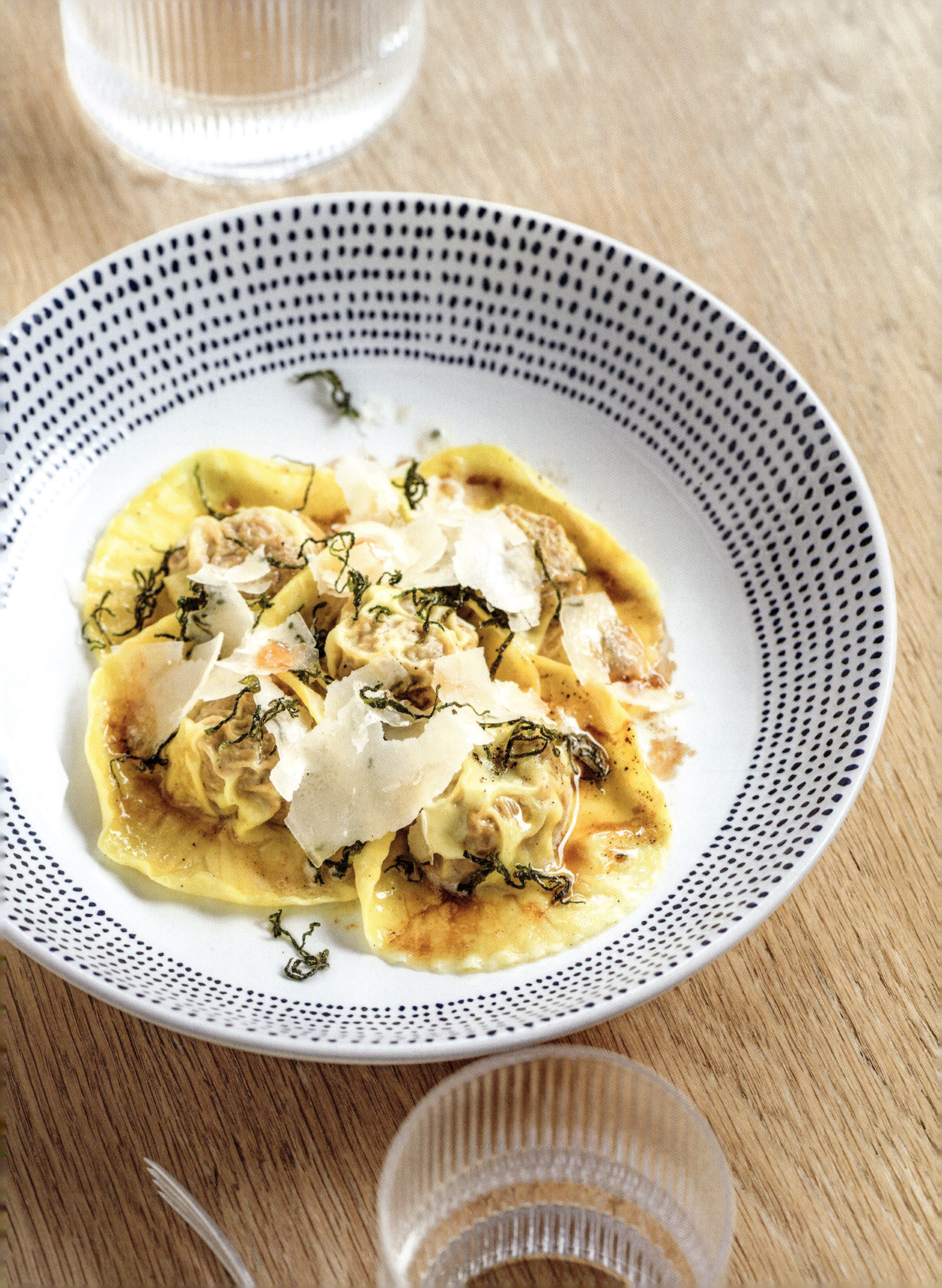

SILVIA MANSER

Restaurant Truube | Gais AR

Sie ist die Tochter eines Metzgers und hat deshalb zu Fleisch eine ganz besondere Beziehung. «Nicht nur, weil mir Vater auf dem Nachhauseweg von der Schule jeweils ein frisches Würstli aus dem Fenster der Wursterei zugesteckt hat … Dass ich Köchin wurde? Ich wusste es schon früh. Weshalb? Es war einfach so.»

Bloss, so einfach wurde es nicht. Das erste Mal von zu Hause fort. Die ersten drei, vier Monate, in denen sie sich immer wieder fragte, ob sie denn nicht besser Konditorin gelernt hätte … «Aber dann machte es ‹klick› und ich hatte mich daran gewöhnt und konnte wirken.»

Den ersten Erfolg erlebt sie in den Wanderjahren in «Jöhri's Talvo» in St. Moritz. Dann kommt erst einmal die grosse Weite Kanadas und schliesslich Adolf Blokbergen im «Le Raisin» von Cully. «Der kochte sehr gut, nicht besonders aufregend, aber angerichtet hat er echt cool.»

Cool geht es weiter. Erst in der Hotelfachschule in Luzern, dann erneut Kanada und dazwischen immer wieder als Aushilfe, um Geld zu verdienen. Sie lernt jene Regel kennen, die Alain Ducasse so formulierte: «Man verdient als Jungkoch in grossen Restaurants im Grunde genommen nichts. Dafür stiehlt man Erfahrung, Tricks und Rezepte.» Es hätte noch eine ganze Weile so weitergehen können, denn Silvia Manser ist ehrgeizig. Sie weiss, dass man als Koch seine Erfahrungen jung sammeln muss, damit diese im Laufe der späteren Jahre zu eigenen Erfahrungen werden können. «Bis mein Mann dazwischen kam, Thomas, der es mit den Zahlen besser konnte als ich …»

«Wir wussten immer, dass wir, sollten wir je zusammen eine Beiz führen, nur diese hier wollten. Es war die ‹Truube›, in der meine Eltern inzwischen wirteten. Es gab zwei Goströume, sie hatte kein Säli, keinen Anhang. Genau richtig für uns zwei.»

Der wichtigste Einfluss? Das sei ein Essen bei Roland Pierroz in Verbier gewesen. Zum Apéro habe es ein Blätterteig-Gebäck gegeben und … «Diesen Duft habe ich noch heute in der Nase!» Der Eindruck, dass etwas so Einfaches so grossartig schmecken könne, blieb in der Erinnerung der jungen Köchin über Jahre hängen und wurde ein Lebensmotto: «Egal was auf dem Teller liegt – es muss einen guten Geschmack haben. Man soll schmecken, was es ist!»

Heute, wunderbar bepunktet und besternt, weiss Silvia Manser ganz genau, was sie kann. «Ich habe gelernt, mich durchzubeissen. Mag sein, dass ich gar perfektionistisch bin, aber es ist doch gescheiter, etwas von allem Anfang an perfekt zu machen, als es zum unguten Schluss noch einmal machen zu müssen.»

Als Kind, so sagt sie, habe es, wenn Mutter gekocht habe, immer wunderbar geduftet. Auch waren damals «Tomatenspaghetti» ihr Lieblingsgericht. Auch heute noch scheinen Silvia Mansers Gerichte bestechend einfach. Oder wie es Küchengott Alain Ducasse zu sagen pflegt: «Simple mais jamais simpliste! – Einfach aber nie simpel!»

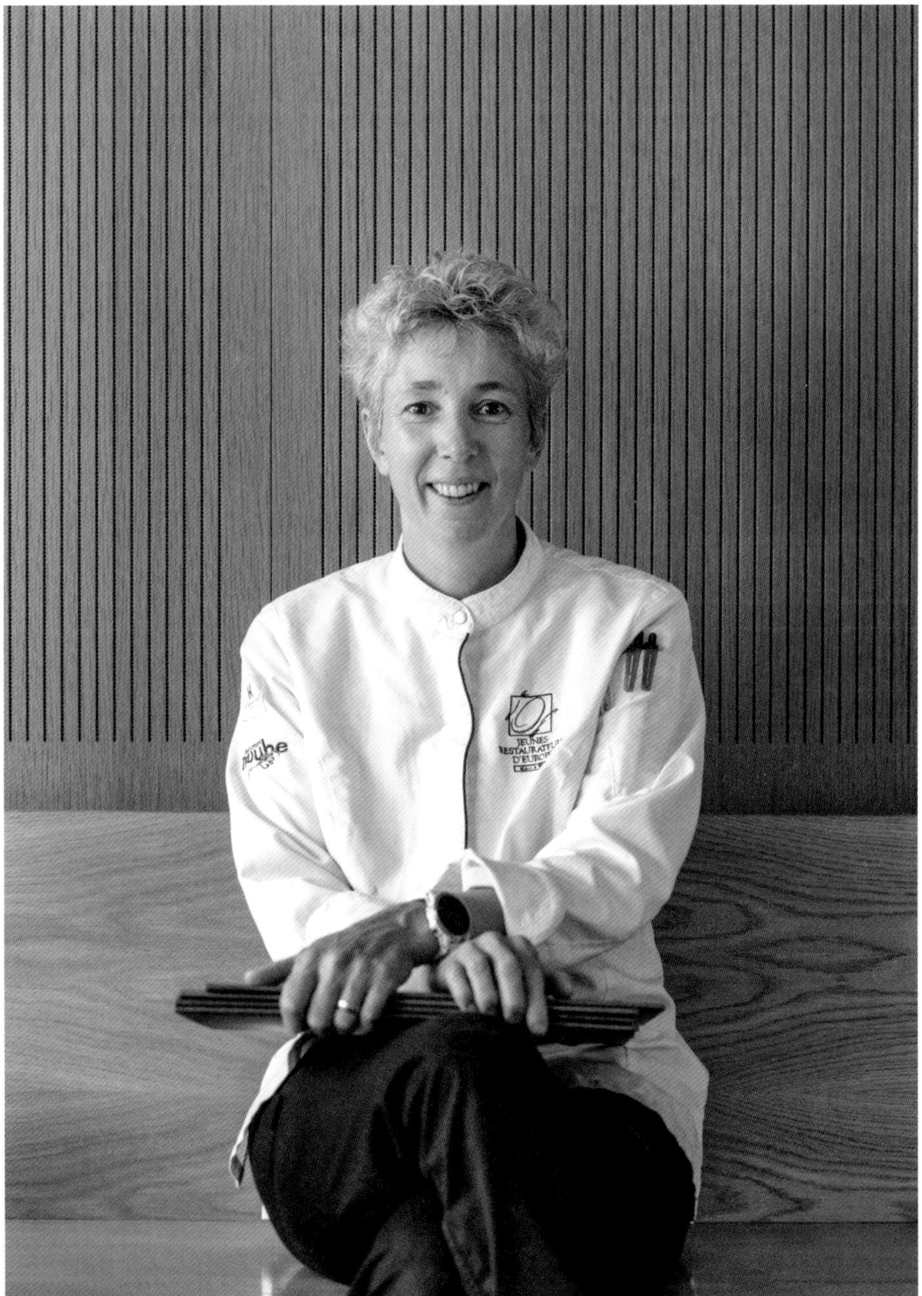
JEUNES
RESTAURATEURS
D'EUROPE

KALB

Rezepte von Robert Gisler

DIE KÜCHE AM ENDE DER WELT

Stotzig gehts bergwärts. Wer einmal von der Kantonsstrasse in Gisikon den Hang hochfährt, die engen Kehren des kleinen Strässchens bis zum Gasthaus Kaiserstock erfolgreich überwindet, landet zwar glücklich im kleinen Dörfchen Riemenstalden, ist aber noch lange nicht am Ende der Strasse angelangt. Nicht, dass das, was jetzt folgt, zu fürchten wäre. Endlich wird die Strasse breiter, fliesst recht einladend zwischen den Hügeln dem Talende zu. Auch mögen links und rechts die mächtigen Bergflanken etwas zurückgetreten sein, sie stehen und hängen trotzdem immer noch fast drohend, sicher aber etwas unheimlich über dem hohen Tal.

«Bis dahin ist es mein Land», sagt Felix Betschart, der Bauer vom «Obere Stapfen». Er steht zwischen Stall und Wohnhaus, zeigt mit der Rechten den Hang hinauf, wo irgendwo hoch oben, gegen die letzten Wälder hin, einige Kühe weiden – von hier unten sehen sie gar wie Spielzeuge aus. Auf die entsprechende Frage antwortet Felix Betschart: «Klar ist fast alles Berg. Das heisst ‹schönes›, also leicht zu bewirtschaftendes Land, hat es auch. Trotzdem ist alles Grasland.»

Seit 1995 bauert Felix Betschart hier oben. Erst war der damals 25-jährige Pächter auf dem Betrieb eines Onkels, später kam als Besitz der Hof des Vaters dazu. 17,6 Hektar umfasst der «Obere Stapfen» jetzt. «Die Tiere laufen frei auf den Weiden. Auf dem restlichen Land machen wir Heu und Silo. Heu wird den Kälbchen verfüttert, dazu bekommen sie Frischmilch.» Nein, Milchpulver möge er nicht besonders, tränkt damit seine Kälbchen nur ausnahmsweise. «Wenn die Kühe zu wenig Milch geben.»

Ein Gang durch den Stall zeigt es: Die Kälber leben in recht geräumigen, mit trockenem Weizenstroh ausgestreuten Zweierboxen. Neugierig strecken sie ihre Köpfe dem Besucher entgegen, schnaufen diesen schwer in die Hand. Nichts zu fressen. Nichts zu saufen. Da wenden sie ihre Köpfe ab und drehen uns das Hinterteil zu.

20 Kälbchen füttert Felix Betschart im Jahr zur Perfektion. Dazu kommen 11 oder 12 Kühe und – vielleicht – 8 Rinder. Sein Vater hatte noch «Remonten» gemacht, das heisst, er hatte Munis gemästet. Frei liefen diese auf den Wiesen, bekamen kräftige Muskeln, wurden schwerer und lieferten zwar substanzielles, aber nicht immer das allerfeinste, zarteste Fleisch. «Ausserdem liefen diese männlichen Jungrinder den Mutterkühen hinterher und begannen wieder deren Milch zu saugen – die ja eigentlich für die Kälber bestimmt ist.» Das war das Ende der Remonten auf dem «Obere Stapfen». Oder wie es Betschart formuliert: «Kälbermast ist definitiv einfacher.»

Robert Gisler hat da als Koch auch noch etwas anzufügen. «Natürlich muss man zu allerbestem Kalbfleisch auch noch den besten Metzger haben. Und man muss wissen: Metzger sind ein ‹anderes Volk›.» Betschart und Gisler schauen einander an und lachen für einen Moment still in sich hinein. Allein schon daran erkennt der Zuschauer, dass die beiden inzwischen gelernt haben, mit den etwas ungebärdigen Berufsleuten aus dem Unterland umzugehen. «Auch mit den Gebrüdern Felder aus Seewen, mit denen ich am besten zusammenarbeite, war das am Anfang so. War ich nicht zufrieden, dann bin ich eben dahin und habe ihnen klar gesagt, dass ich so nicht bedient werden will. ‹Du weisst ganz genau›, habe ich dann zu einem von ihnen gesagt, ‹dass ich so etwas nicht gebrauchen kann. Und verkochen will ich das schon gar nicht!›»

Was aber macht bestes Kalbfleisch über die richtige Nahrung hinaus aus? Felix Betschart: «Gute Luft, Sauberkeit im Stall, und dass man ihm keine Dreckware bietet …» Und setzt nach einem Moment hinzu: «Man muss sich doch mit den Tieren abgeben. Sie brauchen genauso Kontakt zu den Menschen, wie wir selbst diesen auch nötig haben.» Er rede mit ihnen. Sie sollten ihn kennen, sollten wissen, was ein Mensch sei. Das mache zwar den Tag schwerer, an dem man sie hergeben müsse. Aber da hinein müsse man sich als Bauer schicken. «Man hat seine Zeit mit ihnen und man muss wissen: Eines Tages ist sie vorüber.»

Später, am Küchentisch bei zuckrigem Kaffee mit Schnaps, frage ich Robert Gisler nach dem Kennzeichen von bestem Kalbfleisch. Jenem, das er für seine Gäste kochen würde. Gisler wiegt beim Nachdenken etwas seinen Kopf und meint: «Sie wissen ja, dass ich das Kalbfleisch, das ich kaufe, erst für einige Zeit lagere. Man nennt das ja ‹abhängen› in der Metzgersprache. Perfekt gereift ist es fest, weder lumpig noch hart in seiner Struktur und fühlt sich nicht nass, schon gar nicht klebrig an. Es bräunt in der Pfanne sanft vor sich hin, entwickelt nicht nur eine goldbraune Farbe, sondern sein Duft ist so herrlich süss-karamellig-salzig, so appetitlich sauber, dass einem das Wasser im Mund zusammenläuft. Sogar mir, dem Koch, geht das dann so.»

Folgt als Letztes die Frage nach dem sogenannt hellen Kalbfleisch. «Sicher», so sagt Bauer Betschart, «hat das mit der Ernährung zu tun – und mit der Haltung. Aber auch mit der Herkunft.» Seine Kühe gehörten zur Rasse «Original Braunvieh» und würden den Samen der Rasse «Limousin» empfangen. Original ist eine alte Schweizer Rindviehrasse. «Diese liefert vielleicht nicht so viel Milch, wächst dafür aber etwas fleischiger aus.»

«Gibt es denn auch beim besten Kalbfleisch schwierig zu verkochende Stücke, lieber Herr Gisler?» – «Es gibt keine schwierigen Stücke. Aber fragen Sie, welches am meisten Geduld braucht, dann antworte ich: Die Kalbsbrust. Und wenn sie mich nach meinem Lieblingsstück fragen, dann weiss das hier im Tal jeder: Ein schönes Kalbskotelett. Helles bis rosafarbenes Fleisch, schön mit weissem Fett durchwachsen, langsam und sorgfältig rosa gebraten. Keine Sauce. Nur das kleine Bütterchen, in dem es gebraten wurde, wird damit serviert. Es gibt nichts Besseres!»

«Herr Betschart, was haben sie in den 23 Jahren gelernt, in denen sie hier oben bauern?» – «Man muss mit der Natur umgehen. Man muss seine eigene Linie finden und diese behalten. Nur so kann man erfolgreich sein.» Er rührt in seinem Kaffeeglas, schüttet noch ein Löffelchen Zucker nach. «Ich mag es einfach. Aber verwechseln Sie das bitte nicht mit ‹primitiv›. Ich finde zum Beispiel, dass meine Kühe pro Stück nicht 10'000 Liter Milch liefern müssen. Ich bin auch mit 5'000 oder 6'000 Litern zufrieden. Es soll den Tieren und mir gut gehen.»

Der Föhn, der uns schon bei unserer Herauffahrt begleitet hat, ist jetzt in vollem Blas. Das halbhohe Gras biegt sich, lässt auf den grünen Wiesen ein flirrendes Wellenspiel entstehen. In den Wiesen stehen geduldig die Kühe und Rinder. Kauen das frische Gras mit mahlendem Maul. Am unteren Ende des Tals reisst der Himmel blau auf. Ein Stück Urnersee schimmert silbern.

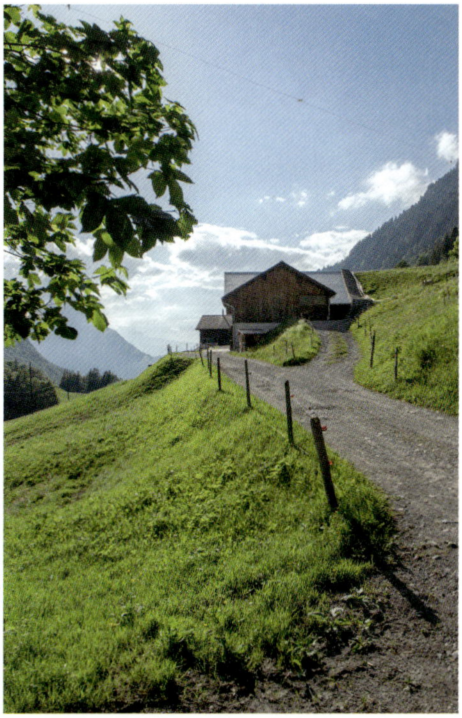

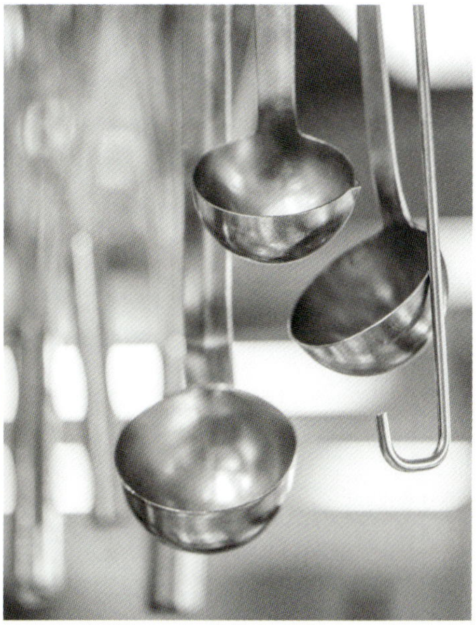

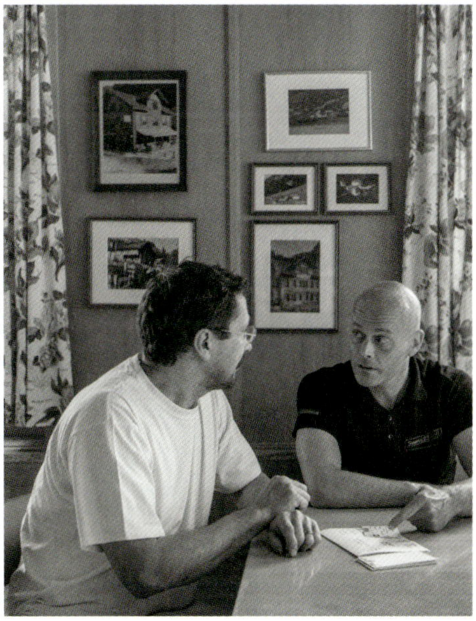

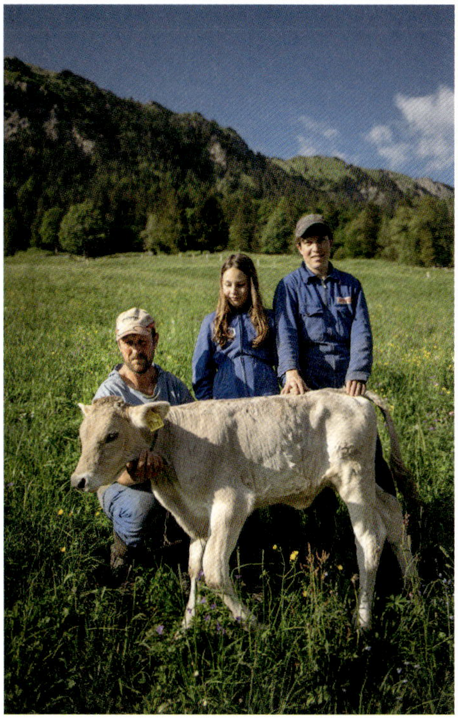

KALB

*Damit wird das Junge des Rindes benannt.
Es kann beiderlei Geschlechts sein.*

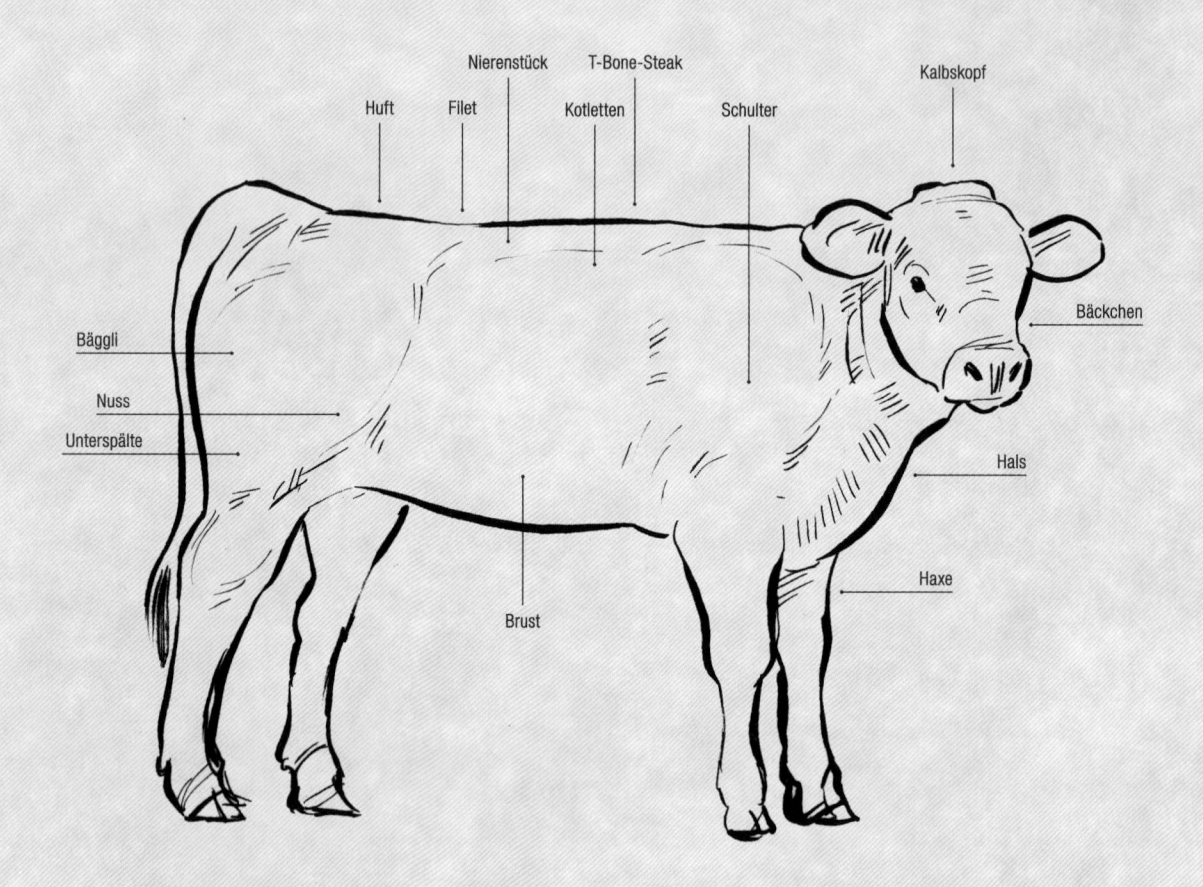

Huft · Filet · Nierenstück · Kotletten · T-Bone-Steak · Schulter · Kalbskopf · Bäckchen · Bäggli · Nuss · Unterspälte · Brust · Hals · Haxe

BÄCKCHEN Schmoren ist die einzige kulinarisch gangbare Lösung für dieses Stück Fleisch.

KALBSKOPF Schmeckt gesotten und mit einer kleinen Vinaigrette aufgetragen köstlich. Nicht nur ein Männeressen!

LAFFE / SCHULTER Von hier kommen die saftigsten Braten und das zarteste Voressen. Als «Blanquette de veau» köcheln es französische Frauen im Gemüsesud, dann servieren sie es ihren Familien in einer sämigen, mit Eigelb gebundenen Rahmsauce. Als tomatiges zwiebel- und knoblauchsattes «Marengo» erinnert es an Napoleons Schlacht bei dieser italienischen Stadt.

BRUST Verwendung als Voressen möglich. Als sanft gegarter Braten noch viel raffinierter. Als zu Schleifen gebundene Tendrons gebrätelt und dann geschmort ein köstlich sossiger Genuss. Vor allem auch als gefüllte Kalbsbrust verwendbar.

HALS Aufgerollt ein fabelhaft guter und günstiger Braten. Auch als Voressen bestens geeignet.

KOTELETTEN Essen mit Stiel. Als Einzelstück sanft in Butter gebraten, mit zwei Knochen als «Double côte de veau», als Bratenstück am Knochen gegart. Leicht mit etwas schneeweissem Fett durchzogen kündet sich die allerbeste Qualität an.

CARRÉ Der ausgebeinte Rücken. Ein Braten der Sonderklasse.

NIERSTÜCK Zu zwei Finger dicken Steaks geschnitten, auf dem Grill kreuzweise auf beiden Seiten markiert, dann an der Seite sanft und lange durchgezogen. Ein Spritzer Zitrone darauf und ein Kaffeelöffel Nussbutter darüber … Es gibt nichts Besseres.

HUFTDECKEL Ein Braten für zwei oder drei. Als gesottenes Stück Fleisch ein aussergewöhnlich zarter Genuss. Kurz gebraten und lange auf den rosa Punkt durchgezogen ein fabelhaftes Stück Fleisch.

HUFT Sie eignet sich besonders gut für Braten oder kleine, regelmässige Plätzli wie Saltimbocca oder Piccata milanese.

UNTERSPÄLTE / RUNDER MOCKEN Feine Stücke für zarte Braten, mageres Geschnetzeltes, aber auch für Fleischrouladen und Cordon bleu.

FILET So teuer es ist, so zart und köstlich schmeckt es. Ganz gebraten oder als dicke Steaks ein perfektes Essen. Aus dem dünnen Endstück bereiten sich ganz verwöhnte Feinschmecker ein Geschnetzeltes nach Zürcher Art.

T-BONE-STEAK Kleiner als jenes vom Rind. Saftiger und zarter. Aber auch diskreter im Geschmack.

BÄGGLI / ECKSTÜCK Das Stück für grössere Schnitzel, wie man sie für Cordon bleu, Wiener Schnitzel, Fleischrouladen oder das Holstein-Schnitzel benötigt. Ein mächtiges Stück, das in zwei grosse Teile zerfällt: einen etwas kleineren und einen etwas grösseren. Beide sind perfekt für die À-la-Minute-Küche in der Pfanne oder auf dem Grill geeignet. Vor allem der vordere Teil, bei dem die beiden Teile noch zusammengewachsen sind, ist die perfekte Ausgangslage für «das grösste Wiener Schnitzel der Welt»! In dünne Streifen geschnitten perfekt für Zürcher Geschnetzeltes.

NUSS Ein zartes Stück, fabelhaft für die À-la-Minute-Küche. In 4-mm-Tranchen kreuzweise auf dem Grill markiert. Roh, dann recht fein mit dem scharfen Messer klein geschnitten, wird daraus Carne cruda.

HAXE Die obere Hinterhaxe ist die Krönung aller Haxenbraten. Ein mächtiges Stück Fleisch, am Knochen gegart, das auch nach langem, sanftem Braten nicht auseinanderfällt. Als Ossobuco in dicke Tranchen geschnitten kommen meist die vorderen Haxen in den Verkauf.

HAXEN

FRAGEN & ANTWORTEN

Welcher Anteil des Kalbfleisches auf dem Schweizer Markt stammt aus dem Inland? 97 %

Woher stammt der Rest des Kalbfleisches auf dem Markt? Die 3 % Importe auf dem Kalbfleischmarkt der Schweiz stammen meist aus Italien und den Niederlanden.

Womit werden die Kälber in der Schweiz gemästet? Hauptnahrung ist und bleibt Milch in jeder Form. Am meisten werden Vollmilch und Milchprodukte verfüttert. Ein Gesetz verpflichtet die Mäster auf ein Zusatzangebot für die Tiere, bestehend aus Raufutter und Wasser.

Welches ist das Schlachtalter von Schweizer Kälbern? Schweizer Mastkälber werden meistens im Alter von 140 bis 160 Tagen geschlachtet.

Welchen Klassifizierungskriterien unterliegt dieses Fleisch? Dieses Fleisch wird nach den Parametern der CH-Tax beurteilt (siehe Rindfleisch). Zusätzlich wird auch die Fleischfarbe beurteilt, denn Kalbfleisch darf weder zu blass noch zu rot ausfallen. Diese Kontrolle wird mit einem elektronischen Farbmess-Gerät ermittelt.

GUT ZU WISSEN

Nur Kühe, die jedes Jahr mit einem Kalb trächtig werden, liefern Milch. In der Schweiz werden jährlich 110 kg Milch und Milchprodukte pro Person konsumiert. Diese gibt es nicht ohne eine gleichzeitige Fleischproduktion.

Ab der zweiten Lebenswoche werden Kälber in Gruppen gehalten. Ihr Liegebereich ist mit geeigneter Einstreu ausgelegt.

Weil die Schweiz ein sehr niederschlagsreiches Land ist, ergeben sich daraus Standortvorteile bei der Tierhaltung. Auf eine künstliche Bewässerung der Futterflächen kann nämlich fast gänzlich verzichtet werden. Die Landwirtschaft verbraucht weltweit durchschnittlich 69 % allen Frischwassers. In der Schweiz sind es nur 1,9 %.

KALBSTATAR

für 4 Personen

Tatar. Ein weiter Begriff. Eigentlich von einem Turkvolk – zu Deutsch: von den Tataren – abstammend, wenn man der Legende glauben will. Auf ihren Eroberungszügen sollen sie das rohe Fleisch unter ihrem Sattel auf dem Pferderücken weich geritten haben. Deshalb schreibt sich das Gericht aus fein geschnittenem, rohem Rindfleisch auf deutschen Menukarten «Tartar». Was Frankreichs Köche vor wohl 200 Jahren zu Tatar machten, weil sie das Turkvolk «les tatares» nennen. Aus Kalbfleisch ein Tatar zu mischen ist nicht aussergewöhnlich. Als Crudo di Vitello kommt es im Piemont auf den Tisch. Immer mit Olivenöl schlotzig gemacht. Allenfalls mit etwas Zitronensaft und -zeste aufgefrischt ... im Spätherbst natürlich mit weissen Trüffeln. Auf keinen Fall aber mit dem sogenannten Trüffelöl, das mit Aromastoffen aufgepeppt, dem Gericht eine unvergleichliche Vulgarität verleiht. Robert Gislers Kalbstatar aus dem flachen Teil des Filets, der sogenannten Filetspitze geschnitten, belässt dem Gericht die Süsse des Fleisches, bringt dazu eine differenzierte Würze und mischt zusätzlich ein paar andere Strukturen ins kulinarische Spiel.

ZUTATEN

- 480 g Kalbsfiletspitz
- 2 sehr fein geschnittene Schalotten (80 g)
- je 1 Msp. Peterli, Estragon, wilder Oregano, alle fein geschnitten
- 40 g getrocknete Tomaten, in 1 mm grossen Würfelchen
- 2 Eigelb
- 20 g Pfeffer, weiss, mittelgrob aus der Mühle
- 8 Msp. Salz
- 1 Spritzer Cognac
- etwas Olivenöl
- wenig frisch abgeriebene Bio-Zitronenschale (fakultativ)
- 4 Scheiben getoastetes Toastbrot oder ungetoastetes Bauernbrot

ZUBEREITUNG

1 | Das Fleisch mit einem sehr scharfen Messer in 1 ½–2 mm grosse Würfelchen schneiden. Die frisch geschnittenen Schalottenwürfelchen untermischen und sofort auch die frisch und fein geschnittenen Kräuter dazugeben. Die getrockneten Tomaten in sehr feine Würfelchen von 1 mm Durchmesser schneiden und beigeben. Die Eigelbe untermengen. Pfeffer direkt aus der Mühle und Salz unter das Tatar geben. Mit wenig Cognac abschmecken und so viel bestes Olivenöl zumischen, bis das Tatar eine appetitliche Geschmeidigkeit besitzt.

2 | Nach Belieben etwas frisch geriebene Zitronenzeste dazugegeben.

3 | Das Tatar mit etwas frischem Toast oder Bauernbrot auftragen.

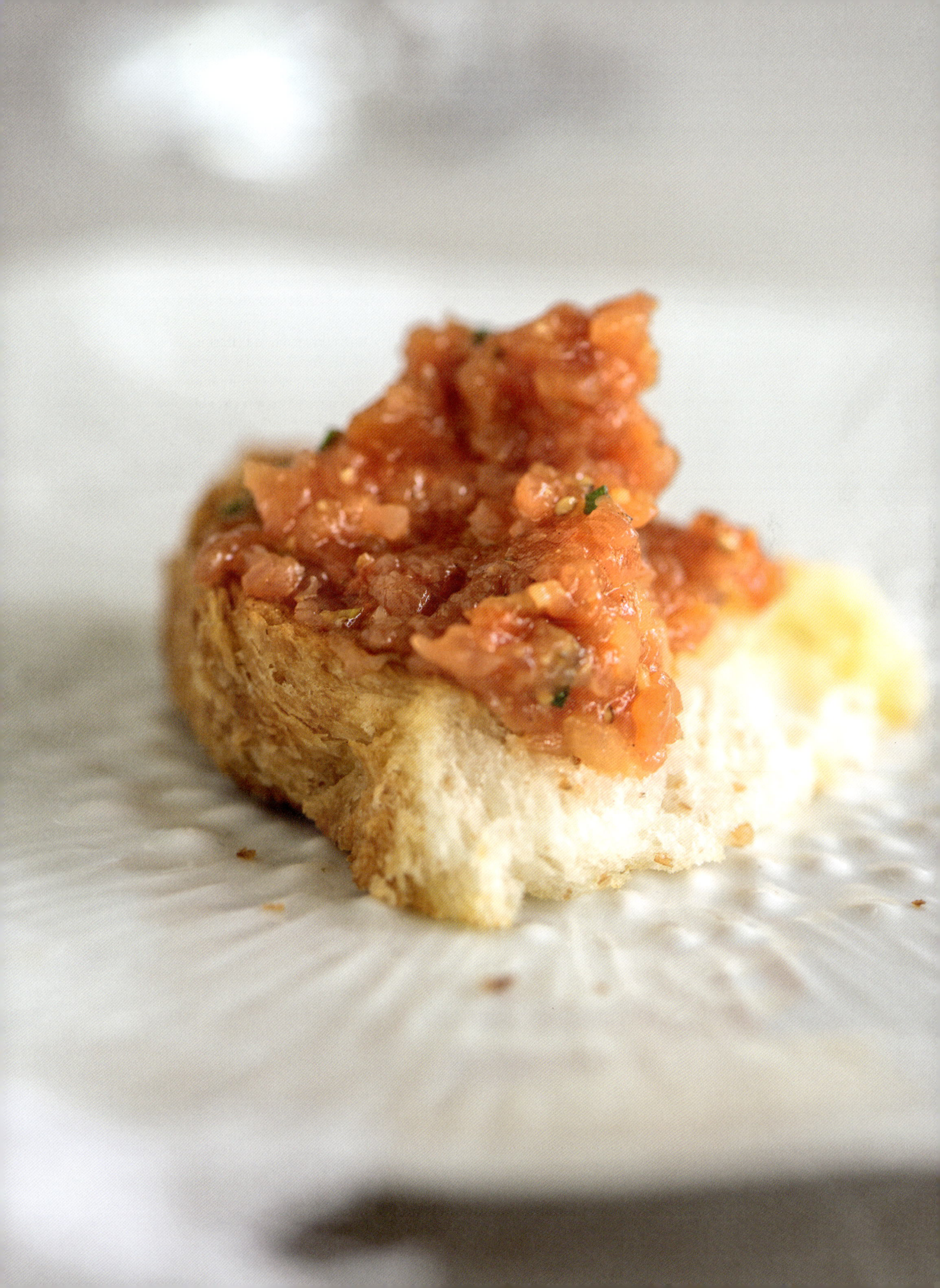

GESCHNETZELTES, FAST NACH ZÜRCHER ART

für 4 Personen

Ein weltberühmtes Gericht das als urschweizerisch gilt und es – in seinem Ursprung – auch ist. Es sollen Zürcher Metzger gewesen sein, die es aus Kalbfleisch entwickelten. Und auch Nierchenscheiben untermischten. Wenn man weiss, dass Innereien traditionell dem Berufsstand der Metzger reserviert waren, könnte die Geschichte stimmen. Was vielleicht irritiert, ist die Beigabe von Weisswein. Im späten Mittelalter – und von diesen Zeiten sprechen wir – eine wohl ziemlich rare Küchenzutat. Aber Zwiebel, Butter, Rahm, ab und zu Pilzchen … wieso nicht? Inzwischen hat das Gericht tatsächlich die klassische Küchenwelt erobert. Und wie es so geht, wird das Gericht heutzutage aus Schweinigem, Geflügel und wohl bald auch aus Fisch geköchelt. Was nie so gut schmeckt, wie das Urgericht. Und das «Geschnetzelte vom Kaiserstock» ist es fast …

ZUTATEN

- 400 g Kabfleisch von der Huft
- 200 g Kalbsnieren
- ½ EL Butter (1)
- ½ EL Weissmehl
- Salz und weisser Pfeffer aus der Mühle
- 40 g Schalottenwürfelchen
- 1 EL Erdnussöl
- 1 EL frische Butter (2)

Sauce
- 1 dl Weisswein (1)
- 1 TL Butter (3)
- 80 g Champignons
- frischer Zitronensaft
- 0,5 dl Weisswein (2)
- 0,5 dl heller Kalbsfond oder Bouillon
- 0,5 dl Rahm

ZUBEREITUNG

1 | Die Butter (1) mit dem Mehl innig verkneten und an die Kühle stellen (Roux).

2 | Kalbfleisch und Nierli in kleine Flecken von 2–3 mm Dicke schneiden. Würzen und mit den fein geschnittenen Schalotten mischen.

3 | Das Erdnussöl heiss werden lassen, die Butter (2) darin zum Aufschäumen bringen und das Fleisch in kleinen Portionen anbraten. Herausnehmen und reservieren, bis alles Fleisch angebraten ist. Locker mit wenig Alufolie bedecken.

4 | Den Bratsatz in der heissen Pfanne mit dem Weisswein (1) ablöschen. Diesen fast gänzlich reduzieren.

5 | Butter (3) in der Pfanne aufschäumen lassen, die gesäuberten und in 2 mm dicke Scheiben geschnittenen Champignons darin anziehen. Mit einigen Spritzern Zitronensaft und dem Weisswein (2) ablöschen. Alles wiederum fast gänzlich einkochen.

6 | Mit dem Kalbsfond (oder Bouillon) ablöschen. Den Rahm zugeben und, wenn alles aufköchelt, den kalten Roux zugeben und unter Rühren mit einem Holzlöffel auflösen. Wenn die Sauce leicht bindet, kräftig abschmecken und das Fleisch zufügen. Warm halten. Auf keinen Fall soll das Gericht noch einmal kochen!

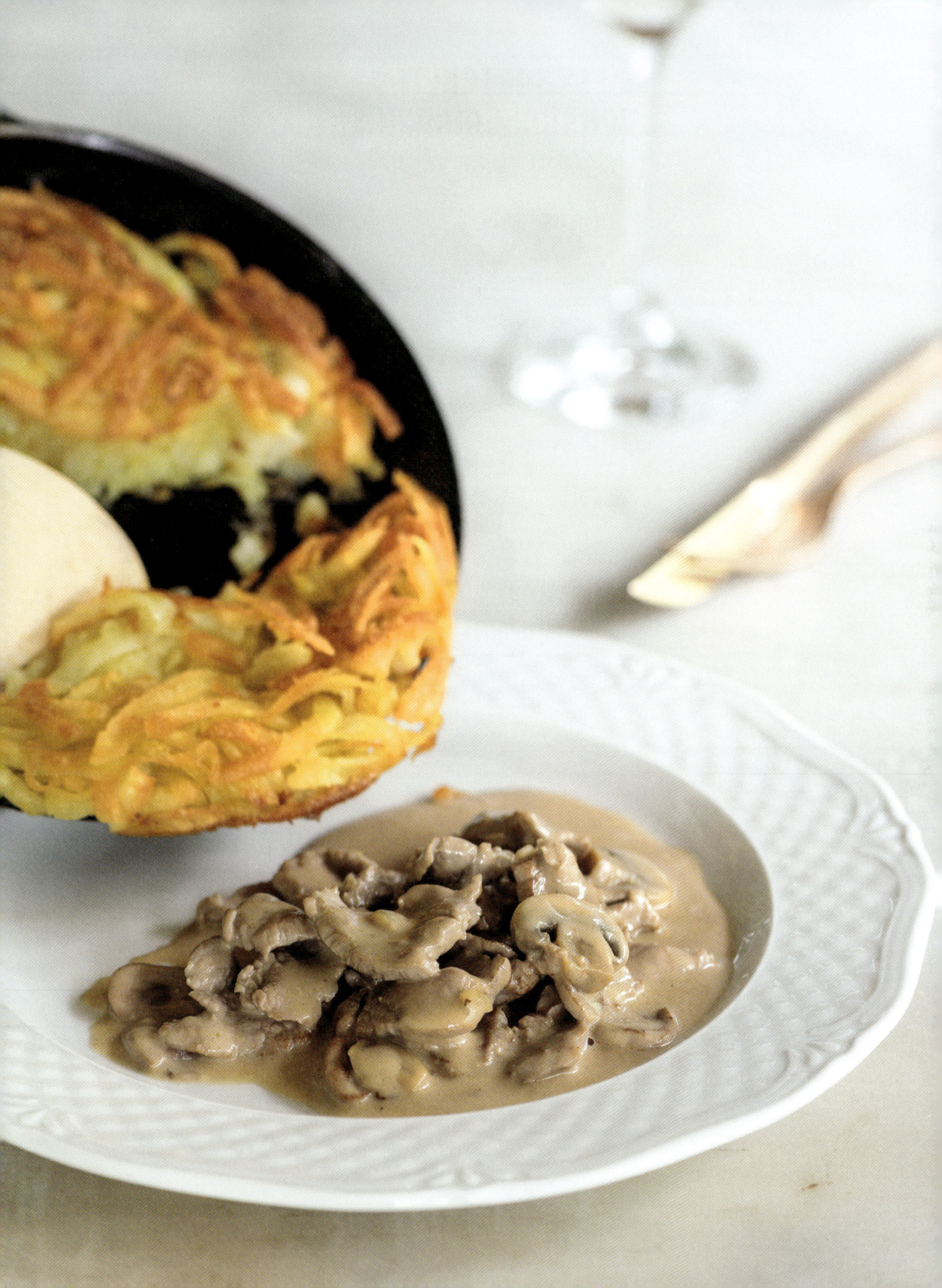

GESOTTENER HOHRÜCKENDECKEL

für 4 Personen

Als Rinder-Hohrücken war dieses Fleischstück über viele Jahrzehnte nur dem wahren Feinschmecker bekannt. Vielleicht müsste man sogar schreiben: von Feinschmeckern anerkannt. Als Rib-Eye kam es erst in Steakhouses aufs Menu, dann zur Grillsaison als Angebot der Metzger. Legendäre Siedfleischgerichte entstanden mit diesem Fleischstück. Geradezu davon gelebt hat in den 1970er-Jahren die Zürcher Stapferstube. Spät kam der Kalbsrücken ins Küchenprogramm der heutigen Gastronomie. Was beim Hohrücken vom Rind klaglos hingenommen wurde – der weisse Fettkern, das sogenannte «Eye» (Auge) –, verhinderte beim Kalbfleisch lange den spontanen Kauf. Die Zeiten und damit unsere kulinarischen Wünsche haben sich verändert. Wir verstehen jetzt die Funktion des zart milchig duftenden, genauso zart schmelzenden Kalbsfetts, das im Hohrücken eingebettet liegt. Bei langsamem Garen schmilzt ein Teil und fliesst ins Fleisch, hält dieses saftig und verleiht ihm eine unvergleichliche Würze. Das restliche Fett schmilzt wunderbarerweise zu köstlicher Markigkeit.

ZUTATEN

- 1 Hohrückendeckel à ca. 0,8–1 kg, nicht pariert, sondern noch mit Fett
- Salz
- 1 Zwiebel, halbiert
- 8 kleine Frühlingsrüebli, ungeschält, aber gut gebürstet
- 4 Frühllingszwiebeln
- 4 daumengrosse Selleriestücke à 20 bis 30 g
- 1 Lorbeerblatt, frisch
- 2 Peterlistiele
- 1 Gewürznelke
- ½ TL weisser Pfeffer, grob geschrotet
- 2 mittelgrosse oder 3 kleinere Kartoffeln, festkochend
- etwas Peterli

ZUBEREITUNG

1 | Das Fleisch in einem Topf mit so viel kaltem Wasser bedecken, dass dieses einen Finger breit darübersteht. Salzen. Zum Köcheln bringen und dort ca. 75 Minuten halten. Das Fleisch soll zu diesem Zeitpunkt knapp gar sein.

2 | Die halbierte Zwiebel mit der Schnittfläche nach unten in eine heisse Pfanne legen. Schwarz rösten. Wenden und ebenfalls möglichst schwarz rösten. Jetzt die Gemüse, Gewürze und die gerösteten Zwiebelhälften zum Fleisch geben. Das Fleisch und die Gemüse fertig garen.

3 | Die geschälten, halbierten oder geviertelten Kartoffeln separat in Salzwasser garen.

ANRICHTEN

Das Fleisch aus der Brühe heben und für einen Moment ruhen lassen. Dann in 1 cm dicke Scheiben schneiden. Auf heissen Tellern anrichten, mit Gemüsen und den Kartoffeln umlegen. Wenig Bouillon über das Fleisch giessen. Nach Belieben mit etwas geschnittenem Peterli überstreut auftragen.

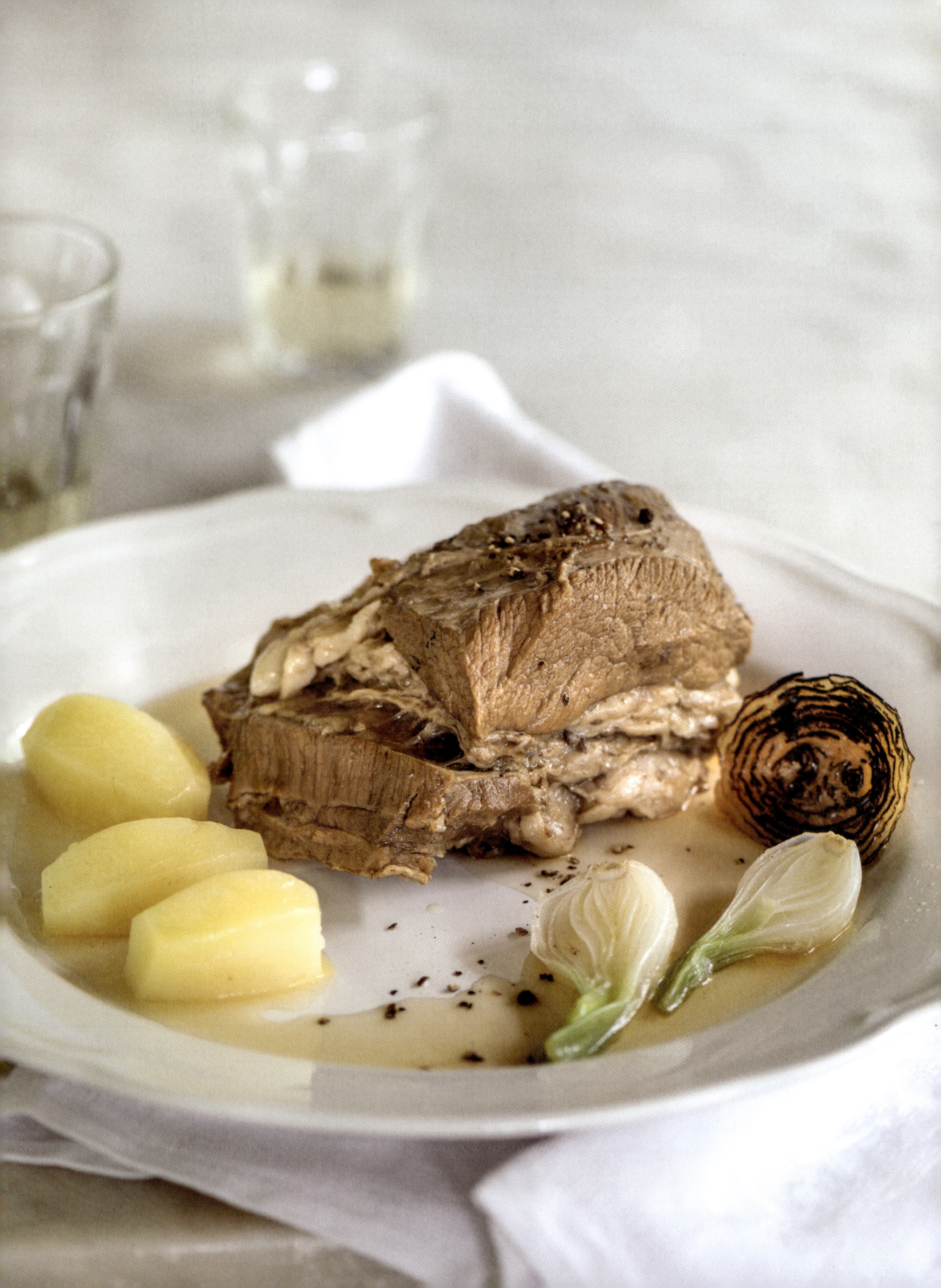

GEBRATENES KALBSCARRÉ AM STÜCK MIT KNOCHEN

für 4 Personen

Das Kalbscarré, auch Kalbsrücken genannt, trägt eine gute, schneeweisse Fettschicht auf sich. Darunter ist reines, bestes Fleisch, das aber genau deshalb nicht ganz leicht perfekt zu braten ist. Robert Gisler ist nicht nur ein souveräner Koch in jedem Küchenbereich, er hat darüber hinaus ebenso souveräne Produktkenntnisse. Auch deshalb reift er ganze Partien Kalbfleisch im eigenen Haus. Und weil dies am besten am Knochen geschieht, gart er auch viele Stücke an diesen. Beim vorliegenden Gericht würzen Fett und Knochen so das Fleisch zusätzlich. Aber nicht zuletzt liegt das Fleisch den grössten Teil der Garzeit auf diesen Knochen. Es ist also auch vor dem Durchgaren, dem Trockengaren, geschützt und kommt samt Knochen und perfekt rosa auf den Teller. Hier folgt dann der schwierigste Teil zum Schluss: Wie bekommt man mit Messer und Gabel das knusprige Fleisch in gesitteter und eleganter Form vom Knochen? Denn: Genau diese kleinen Fleischstückchen schmecken am besten!

ZUTATEN

- 1 Stück Kalbscarré mit vier Rippen, ca. 1,2 kg schwer
- 2 EL Erdnussöl
- 2 EL Nussbutter
- Salz und schwarzer Pfeffer aus der Mühle
- 2 Knoblauchzehen, geschält, ganz
- 1 Zweig Rosmarin
- 1 Zweiglein Thymian
- 12 kleine, neue Kartoffeln
- 1 kleine Aubergine
- 1 Zucchetti, mittelgross
- 1 kleine Schalotte, geschält, geviertelt
- ein paar Datteltomaten
- Salz und schwarzer Pfeffer aus der Mühle
- Olivenöl
- Basilikum

ZUBEREITUNG

1 | Das Fleisch in 60–90 Minuten Zimmertemperatur annehmen lassen.

2 | Für die Nussbutter 3 Esslöffel Butter zum Aufschäumen und dann zum dunkelgelben Stadium bringen. Sie soll einen nussigen Duft ausströmen. Die übrig bleibenden 2 Esslöffel Butter vorsichtig in ein kleines Gefäss giessen, ohne den sich am Boden absetzenden Molkesatz mit auszugiessen. Die Nussbutter abkalten lassen.

3 | Das Fleisch mit Salz und Pfeffer kräftig würzen.

4 | Den Bratofen auf 180 Grad vorheizen.

5 | Das Fleisch in einer ofengängigen Bratpfanne in der heissen Erdnussöl-Nussbutter-Mischung rundum in ca. 6 Minuten anbraten. Die Knoblauchzehen dazulegen, ebenso den Rosmarin- und den Thymianzweig mitbräteln.

6 | Bereits jetzt die gewaschenen, aber ungeschälten Frühkartoffeln in der Bratpfanne mitbraten.

7 | Die Aubergine und die Zucchetti in grobe Stücke schneiden. Die Schalotte schälen und vierteln. Die Tomaten ganz oder halbiert zusammen mit den anderen Gemüsen mit Salz, Pfeffer und Olivenöl würzen. Zum auf seinen Knochen liegenden Fleisch und den Kartoffeln legen. Dann die Pfanne samt Inhalt in den heissen Bratofen stellen. Dort das Gericht in ca. 15 Minuten fertig garen. Dabei das Fleisch immer wieder mit dem Bratfett übergiessen.

8 | Nun die Pfanne aus dem Bratofen nehmen und zugedeckt alles für ca. 15 Minuten durchziehen lassen. Die Gemüse mit frischen Basilikumblättern mischen.

ANRICHTEN

Das Fleisch entlang der Knochen in vier Portionen schneiden. Auf heissen Tellern anrichten. Etwas Ofengemüse dazulegen.

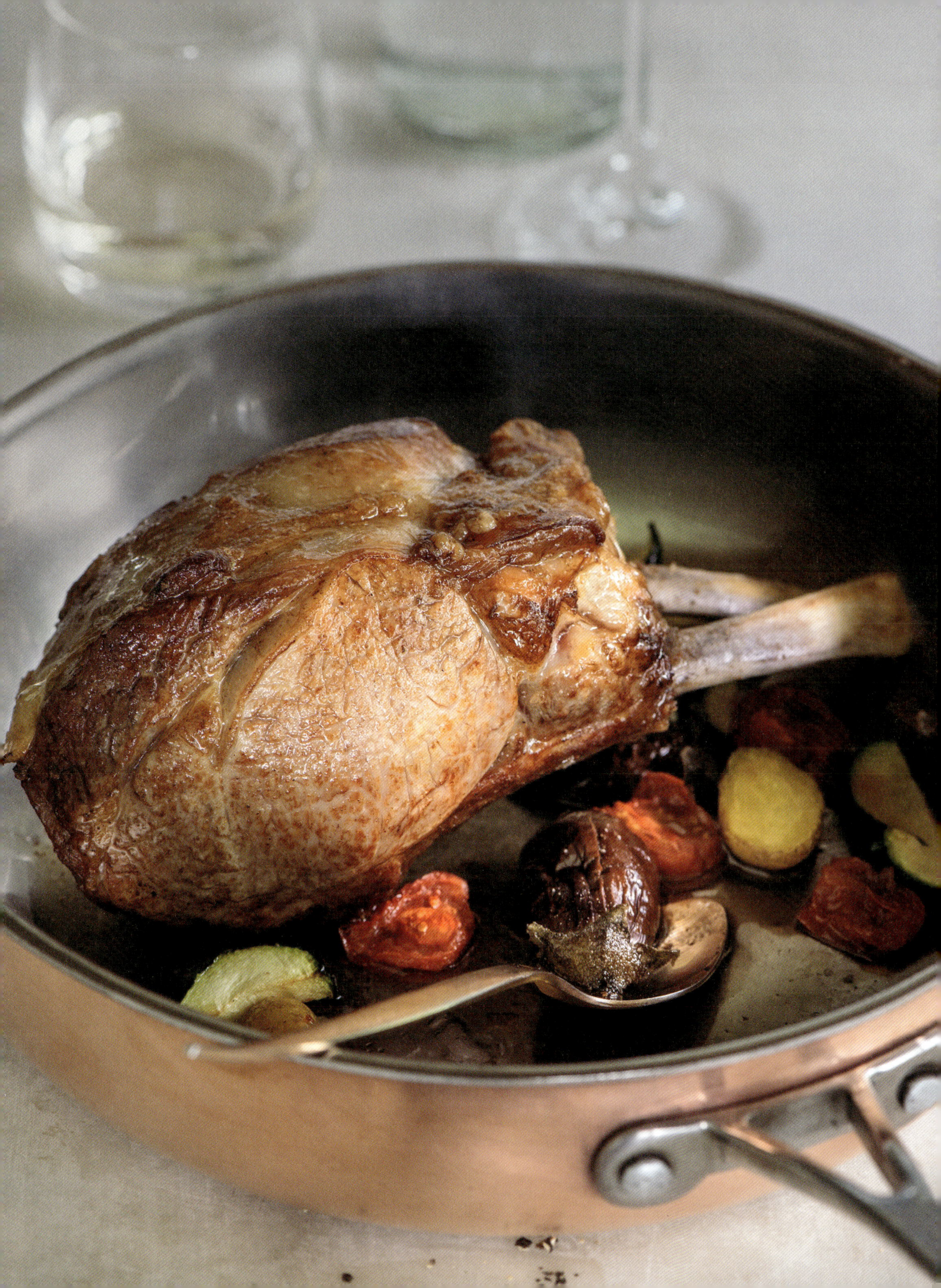

GESCHMORTE HINTERE KALBSHAXE

für 4 Personen

Was alle Schweizer kennen, sind in dicke Scheiben geschnittene und gebratene Kalbshaxen. Als Ossobuco findet man sie auf der Menukarte. Sie werden dort meist als «Ossobuco Gremolata» oder «Ossobuco Milanese» angeboten – das erste mit Gemüsen geschmort, mit Knoblauch und Zitronenzeste aromatisiert, das zweite genauso, aber mit einem Safranrisotto als Beilage. Klar schmort für die Gäste des «Kaiserstocks» im Bratofen nur die hintere Kalbshaxe. Die vordere ist nämlich nicht nur kleiner, sondern ist auch von stärkeren Sehnen durchzogen. Sie mag in Scheiben geschnitten für Ossobuco richtig sein. Für das ganze, am Knochen geschmorte Stück aber ist nur die hintere Hesse (so die deutsche Bezeichnung) gut genug. Sie liefert mehr Fleisch, sie präsentiert sich in der Bratenschüssel bei Tisch unglaublich beeindruckend. Ihr Fleisch hat durch das grössere Volumen und den ganzen Knochen seine fabelhafte Saftigkeit behalten. Und ganz wichtig: Lassen Sie sich vom Metzger die beiden Enden des Knochens wegsägen. Denn das mitgeschmorte Knochenmark schmeckt, als Beilage auf einer gerösteten Brotscheibe, einfach wunderbar.

ZUTATEN

- 1 Kalbshaxe von der Hinterhand à ca. 1,8 kg
- Salz und schwarzer Pfeffer aus der Mühle
- ½ EL Erdnussöl
- ½ EL Butter
- Mirepoix aus:
  80 g mittlere Rüebli
  40 g Sellerie
  10 g Lauch
  60 g kleine Zwiebeln
- 1 grosse Fleischtomate, in grobe Würfel geschnitten
- 1 dl Weisswein
- ca. 5 dl brauner Kalbsfond

ZUBEREITUNG

1 | Die Kalbshaxe ca. 90 Minuten vor dem Anbraten Raumtemperatur annehmen lassen.

2 | Den Bratofen auf 150 Grad vorheizen. Die Kalbshaxe rundum kräftig würzen.

3 | Auf dem Herd in einem Schmortopf Erdnussöl und Butter erhitzen. Die Haxe darin bei mittlerer Hitze während 8 Minuten rundum anbraten. Dann die Haxe aus der Pfanne nehmen und mit Alufolie locker zugedeckt an der Herdseite reservieren.

4 | Das Bratfett abgiessen. Das Mirepoix in der heissen Pfanne im noch verbliebenen Fettstoff ca. 5 Minuten unter Wenden anziehen. Dann die Tomatenwürfel zufügen. Ebenfalls unter Wenden erwärmen. Mit Weisswein ablöschen und diesen reduzieren. Jetzt mit dem braunen Kalbsfond auffüllen und aufkochen.

5 | Das Fleisch zu den Gemüsen legen. Alles zudecken und in den vorgeheizten Bratofen geben. Dort in 1 ¾ Stunden garen. In dieser Zeit immer wieder mit dem Bratensaft übergiessen. In der letzten Viertelstunde wird der Deckel entfernt und die Schmorpfanne nahe an die Oberhitze eingeschoben, damit die Haxe eine appetitliche Farbe und Kruste bekommt.

6 | Die Haxe herausheben und mit Alufolie gut bedeckt für ca. 15 Minuten ruhen lassen.

7 | Die Sauce passieren und auf Saucendichte reduzieren. Abschmecken.

ANRICHTEN

Das Fleisch von der Haxe schneiden und mit einem sehr scharfen Messer in dicke Tranchen schneiden. Mit einem Safranrisotto oder einem Kartoffelstock servieren. Etwas von der Sauce über das Fleisch geben.

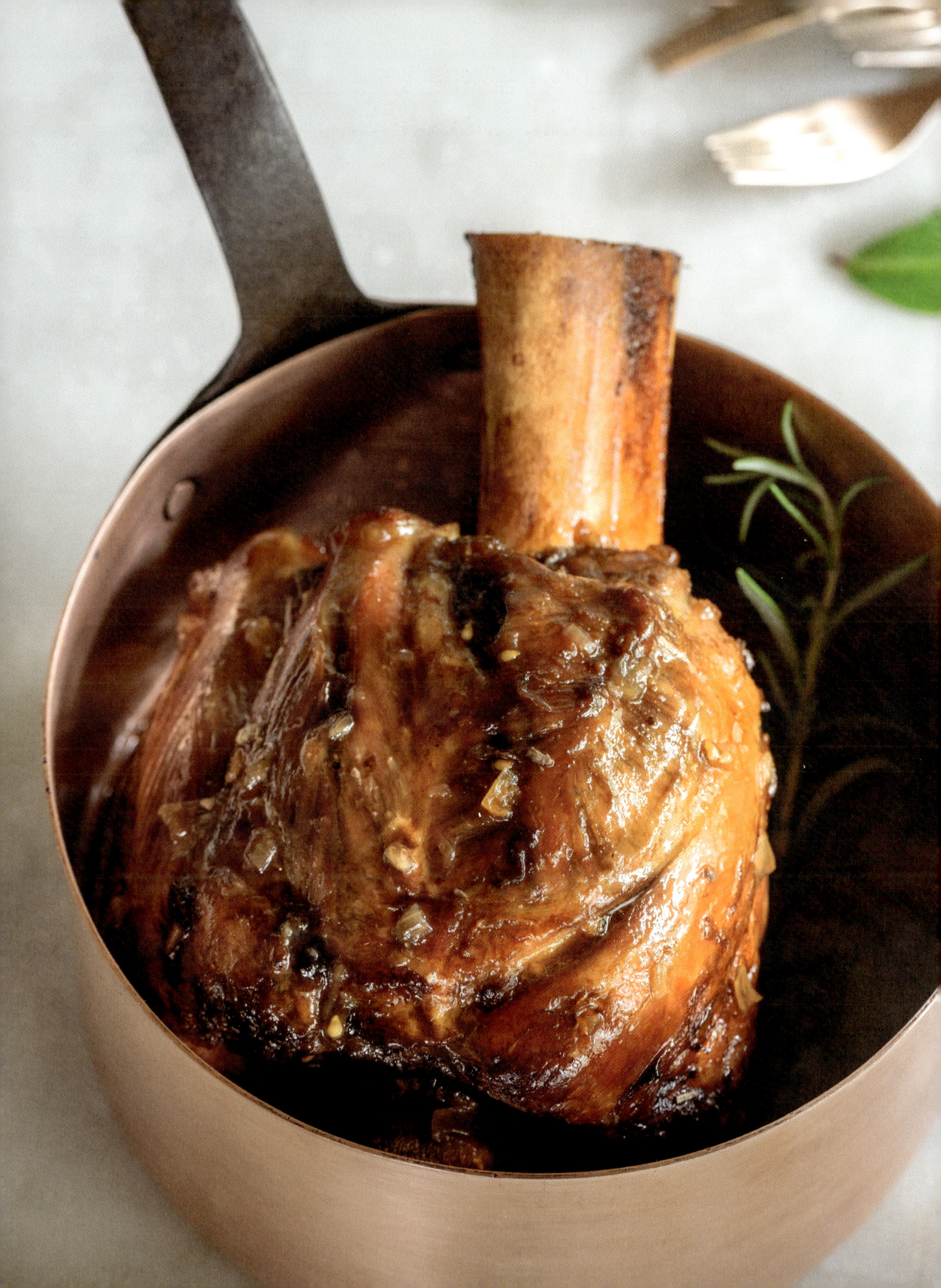

DAS GEHEIMNIS IST KEINES

von Michael Merz

Der Metzger schaut mich über den Brillenrand fragend an. Er hält das ganze Kalbskotelettenstück, ein Rack in Neudeutsch, in seinen beiden Händen und sagt: «Sie wollen also ein durchwachsenes Kotelett?» – «Klar», sage ich. Schliesslich bin ich der Sohn eines Metzgermeisters und ich weiss, dass ein mageres Kalbskotelett niemals so saftig ausbrät, wie ein durchwachsenes. Und noch viel wichtiger ist: Es schmeckt besser, denn das Fett, das sich beim Braten auflöst, fliesst ins Fleisch und verleiht diesem grössere Ausdrucksstärke.

Was für ein Wort: «Ausdruckstärke». Aber eben genau die richtige Bezeichnung für den gelungenen Einkauf, die gelungene Braterei und damit für jenen Moment, in dem wir so ein perfektes Stück Fleisch zwischen den Zähnen haben. Da trifft sich dann die Süsse des milchig-zarten Kalbfleisches mit dem Karamell der Kruste, dem salzigen Saft und jenem vollen, runden, kompletten, ja sogar umfassenden Geschmackserlebnis, das die Japaner mit Umami bezeichnen. Ohne mag heutzutage kein Feinschmecker, Journalist oder Koch mehr auskommen – und doch umschreiben wir Schweizer diesen Geschmack mit dem einfachen Wort «chüschtig» genauso gut. Seit Jahrhunderten.

Wir müssen aber auch ein wenig stolz sein auf unser Kalbfleisch. Nicht umsonst beschreibt es die englische Küchenlegende Elizabeth David in einem ihrer fast schon genialen Küchenwerke mit: «Kein anderes Kalbfleisch kann sich mit jenem der Schweiz messen.» Das Geheimnis ist keines: Frischmilch. Jeden Tag. Ein ganzes, gutes Kälberleben lang. Klar kommt jetzt wieder der Metzgerbub zutage mit einer seiner Erinnerungen: den Sonntagen, an denen kaum je etwas anderes als – eben – der Sonntagsbraten als Pièce de résistance in der Mitte des Tisches stand. Noch heute träume ich vom gerollten Kalbshals, wie ihn meine Mutter brätelte. Kein teures Stück. Aber von bestem Kalbfleisch. Einmal kräftig gewürzt und rundum in einem Hauch Öl und viel mehr Butter angebraten, landete er mit einer einzigen, halbierten Tomate im Schmortopf und damit im Bratofen. Fielen die Tomatenhälften zusammen, kam ein kleines Glas Wasser zum Ganzen. Der schwere Deckel wurde aufgelegt. Die Temperatur von 180 auf 160 Grad heruntergedreht. 90 Minuten später gab es eine einzige Nadelprobe. Das kleine Sösschen war nicht gebunden, nichts Weiteres als ein appetitliches Gemenge aus fetten Schlieren im dunkelbraun-goldenen Bratensaft. Es duftete einzigartig und schmeckte genauso. Der Braten war zart, saftig, weich. Die Stille rund um diesen Tisch war für unsere Familie ungewöhnlich, aber in diesem Fall nur logisch.

Monsieur Alain Chapel, mein grosser Küchenfreund, fuhr jeden zweiten Tag auf den Markt von Lyon. Die anderen Tage hatte dies sein Küchenchef zu besorgen. Besuchte ich Mionnay, wo er sein Restaurant hatte, war ich dabei. Um halb sechs trafen wir uns für einen ersten, grossen Kaffee im Entrée des Hauses, fuhren dann zusammen durch die Nacht erst zum Marché de la Croix-Rousse, dann zu den Quais de Saône, einem baumbestandenen Stück Trottoir im alten Teil der Stadt. Erst waren es die Gemüse, die gekauft werden mussten. Das war dann meine erste Lektion. Nicht nur, dass Quitten mit kleinen, schwarzen Flecken perfekt reif sind, auch dass man Tomaten nicht an ihrer Ansatzstelle beschnuppert, um herauszufinden, ob sie reif sind. Diese Ansatzstelle riecht stark. Aber leider nur nach den Blättern des Nachtschattengewächses. Wirklich reife Tomaten riechen am anderen Ende ganz sanft und leicht süss fruchtig. Das muss reichen. Das Allerwichtigste aber war sein Satz: «Du kannst kein Erstklass-Haus betreiben, ohne dass du die allererste Qualität einkaufst. Und dafür muss man Erstklass-Preise bezahlen. Es gibt keine Abkürzungen zur Spitze!» Monsieur Chapel orderte, fragte: «Tu veux combien? – Wie viel willst du dafür?» Bezahlte, packte die Quittung und suchte den nächsten Händler. Der grosse Lieferwagen füllte sich.

Später ging es zu Georges, dem Metzger. Charles verkaufte das beste Kalbfleisch der Stadt und für die Côtes de veau (die Kalbskoteletts) seines Hauses mochte Monsieur Chapel keine andere Qualität. Später, nachdem noch Kalbsfilet, Kalbshüftchen und Kalbsfüsse (für den legendären Gelée des Hauses) den Weg in Chapels Auto gefunden hatten, gings zu Josephine und Françoise Giraud. Charles langte also in die Vitrine seines Ladens und packte ein gutes Stück Hure de cochon, eine Art Schwartenmagen aus den besten Teilen des Schweinekopfs, in ein Stück Pergament. Dann gingen wir ein paar Schritte um die Ecke ins «À Ma Vigne». Dort stand eine kühle Flasche weisser Burgunder auf dem Tisch. Knuspriges Brot und scharfer Senf lagen dabei. Es war 9 Uhr. Zeit für ein Znüni – Le repas du matin.

Dank der Côtes de veau habe ich einen bedeutenden Küchengrundsatz der ganz grossen Küchen kennengelernt: «La gentillesse de la cuisson». Das ganz, ganz langsame, zärtliche Braten eines Fleischstücks. Es nutzt bei so zartem und feinfaserigem Fleisch, wie es Kalbfleisch ist, gar nichts, wenn man es in einer Höllenhitze anbrät und es damit mit einer dicken Kruste nicht nur versiegelt, sondern darunter roh belässt, weil die Hitze diese kaum zu durchdringen vermag. Selbst langsames Durchziehen danach rettet das wertvolle Fleisch nicht davor, hart oder kautschukmässig zu schmecken. Brät man das gute Stück jedoch in aufschäumender Butter an, die nur dann aufschäumt, wenn sie unter dem Siedepunkt bleibt, dann entwickelt sich langsam eine goldbraune, karamellig schmeckende, feine Kruste. Die sanfte Hitze hat Zeit, ins Fleisch vorzudringen, schwächt sich dabei ab und erreicht knapp 70 Grad. Das ist die Temperatur, bei der das Eiweiss noch nicht verkocht und damit das Fleisch hart und trocken würde.

Die nächste Lektion hat mir die Küchenlegende Paul Bocuse verschafft. Ich stand in seiner Küche, die – ganz nach jener seines Vorbilds Fernand Point in Vienne – Oberlicht hat, also taghell erleuchtet ist und die – Bocuse war nun mal ein Showman – von den Gästen des Hauses durch ein mächtiges Fenster eingesehen werden kann, wenn sie ins Haus zu ihren Tischen geführt werden. Hier, am feuerwehrroten Molteni-Herd mit seinen blitzenden Messingläufen und den mächtigen Schiebeschlössern vor den Bratöfen, arbeiten meist um die 12 Köche. Bocuse hatte zwar schon lange den Chefposten abgegeben und beschäftigte nun im Turnus der 7-Tage-Woche drei Chefköche.

«KALBFLEISCH. FEIN IN STRUKTUR, FEIN IM GESCHMACK. KOSTBAR, WEIL ES NICHT BELIEBIG VIEL DAVON GIBT.»

Wir waren von seinem kleinen See in den Dombes zurückgekommen. Die Uhr zeigte nach 13 Uhr – Zeit also, dass Paul Bocuse weiss gewandet, mit hoher Toque aus seinen Privaträumen auftauchte, um durch das Restaurant zu paradieren. Noch einen Blick in die Küche ... und ein absolutes Donnerwetter brach los. Einer der Jungköche war im Begriff, eine Côte de veau zu braten, und hatte dazu eine zu grosse Kupferpfanne gewählt. Ziemlich handfeste Beschimpfungen fegten über den völlig verdatterten Koch hinweg, die Pfanne flog vom Herd ... «Was denkst du dir eigentlich? Wie oft muss ich noch sagen: Die Pfanne für eine Côte de veau darf kaum grösser sein als das Fleischstück selbst? Eine so grosse Pfanne hat viel zu viel freien, heissen Pfannenboden. Da verbrennt jedes Fett, und Butter sowieso! Das vermiest dem Gericht doch den unverwechselbaren, sauberen Geschmack!» Der weissgesichtige Koch stand da. Eine neue, passende Pfanne wurde geholt. Ein neues Stück Kalbfleisch wurde eingelegt. Bocuse ging auf seine Tour durchs Restaurant. Als er an mir vorbei zu den Tischen schritt, zwinkerte er mir zu.

Kalbfleisch. Man nennt es das Chamäleon der Küche, seit es der Gastrosoph Grimod de la Reynière (1758–1837) so genannt hat. Fein in Struktur, fein im Geschmack, kostbar, weil es nicht beliebig viel davon gibt. Denn: Soll Kalbfleisch von bester Qualität sein, muss das Kalb selbst die allerbeste Nahrung bekommen. Vor allem Milch. Sicherlich etwas Raufutter und sicher schadet es nicht, wenn es auch ein wenig Heu oder Gras frisst. Aber dass Kalbfleisch schliesslich so aussieht wie jenes der Vitellone in Italien, wäre wohl nicht richtig. Vittelone sind eher Jungrinder. Ihr Fleisch ist fester, seine Farbe weder rosa noch tiefrosa, sondern so hellrot wie – eben – ein Jungrind. Auch ist der Fettgehalt des Fleisches kleiner, weil es weniger Vollmilch trinkt, dafür mehr Gras frisst, sich auch mehr bewegt und damit die Muskeln fester werden. Und doch ist Italien, das muss auch erwähnt werden, jenes Küchenland, das uns die wunderbarsten Kalbfleischgerichte schenkte. Saltimbocca: ein Kalbsschnitzelchen, ein Scheibchen Rohschinken und ein kleines, frisches Salbeiblatt. Langsam(!) in Butter ausgebraten. Den Bratensatz mit einem Schwung Madeira aufgelöst. Mit einem Löffel Safranrisotto angerichtet ... Gibt es Besseres? Rahmschnitzeli, wie sie unsere Mütter noch kochten. Zartes Kalbfleisch von einer dichten, salzig-karamelligen, cremigen Sauce überträufelt? Geschnetzeltes nach Zürcher Art? Ein weltweiter, kulinarischer Exporterfolg, der – obwohl das Rezept eher zu den eingängigeren gehört – niemals so schmeckt wie in Zürich oder Basel oder auch Lausanne ... Das Fleisch macht es. Kalbfleisch aus der Schweiz.

Die Krönung aber ist wohl doch die gebratene Kalbshaxe, wie sie in Florenz oder Venedig aus den Küchen der Ristoranti kommt, und wie sie meine Mutter briet. Das ganze Stück Hinterhaxe. Rundum am Knochen angebraten (natürlich in Butter, denn die nördliche Hälfte Italiens ist Butterland. Erst da, wo Viehwirtschaft schwierig wird, wird Italien zum Olivenölproduzenten!). Also braten wir diese mächtige Kalbshaxe, für vier bis sechs Personen berechnet, und schieben sie danach in den heissen Bratofen. Sie ist meist zu gross für unseren Bratentopf, also lässt sich dieser nicht zudecken. Was bedeutet, dass wir das herrlich duftende Stück immer wieder und noch etwas öfter mit dem Bratfett übergiessen, es ab und an drehen und dass wir dies bei fallender Hitze tun. Fallende Hitze? Nun ja. Erinnern Sie sich an «la gentillesse de la cuisson»? Eben. Anbraten ist die eine Sache. Das muss bei einem sehr guten Hitzegrad geschehen, weil es ja darum geht, die Aussenseite des Fleisches zu verschmoren, dabei den darin enthaltenen Zucker in ein appetitliches Karamell zu verwandeln. Aber danach geht es auch darum, einem Stück Fleisch, das aus festen Muskeln besteht, eine schmelzende Zartheit beizubringen. Und dies geschieht nun einmal nicht durch Teufelshitze, sondern durch eine mittlere, recht sanfte Temperatur. So dringt die Wärme langsam ins Fleisch, entspannt dieses, gart es, schmilzt Fett, löst einen Teil der Gelatine auf und bringt damit schmelzende Saftigkeit in das Gericht. Dieses Fleisch braucht Zeit. Unter 90 Minuten brauchen Sie das gute und nicht billige Stück gar nicht erst in den Bratofen zu schieben. Dafür hat es danach alles, was ein ganz grosses Gericht ausmacht. Einfachheit. Köstlichkeit. Und auf unerklärliche Weise eine unnachahmliche Raffinesse.

PAILLARD VOM GRILL

Für 4 Personen

Wir alle kennen dieses Gericht als Fitness-Teller. Wir finden es auf dem Sommerprogramm jedes Durchschnittsrestaurants. Und genauso schmeckt es dann. Was aber die sogenannte À-la-Minute-Küche vermag, demonstriert uns hier der Koch. Nichts ist dem Zufall überlassen. Das Fleisch kommt aus der Huft. Diese ist kurzfaserig, gart also von Natur aus zart. Wenn es nicht nur genau auf den Punkt gegart, sondern danach auch noch kurz ruhen darf. Das Paillard stammt aus der Mitte des flachen Stücks und hat mit seinem Gewicht nicht nur eine beachtliche Grösse, sondern auch mit einem knappen Zentimeter Dicke das notwendige Volumen, um seinen vollen Geschmack punktgenau auszuspielen. Auf dem Grill wird es darüber hinaus nicht nur gegart, sondern auch geschmacklich markiert. Dann liegt es gut warm auf dem knackigen Salat. Das kleine Sösschen bringt zusätzlichen Geschmack in das Gericht und macht mit dem Salat, was die raffinierten Franzosen besonders lieben: Sie machen damit die Salatblätter etwas schlapp und damit im Geschmack süsser und so akzentuierter. Sie nennen diesen Vorgang «fatiguer la salade» – den Salat müde machen.

ZUTATEN

- 4 Kalbspaillards, aus der Mitte der flachen Huft geschnitten, à 180 g
- etwas würziges Olivenöl
- Salz aus der Mühle
- Zitronensaft
- Basilikum, fein geschnitten
- glattblättriger Peterli, fein geschnitten
- Olivenöl
- Pfeffer aus der Mühle
- etwas Fleur de Sel

Ausserdem

- frisch gerüsteter, gut getrockneter Salat

ZUBEREITUNG

1 | Den Grill (egal, welchen) auf Höchststufe vorheizen.

2 | Das Fleisch mit einem Hauch Olivenöl einstreichen. Mit einem Hauch Salz würzen.

3 | Superschnell auf jeder Seite ca. 5–6 Sekunden markieren. Auf einem Teller locker zugedeckt 2–3 Minuten ziehen lassen.

4 | Den Fleischsaft, den die Paillards auf dem Teller zurücklassen, mit einem Spritzer Zitronensaft, fein geschnittenen Kräutern und einem Hauch Olivenöl verrühren. Es sollte pro Person ca. 1 Kaffeelöffel ergeben.

ANRICHTEN

Salat auf Tellern anrichten. Je ein Schnitzel darauf anrichten. Dieses mit Pfeffer aus der Mühle und Fleur de Sel würzen. Je 1 Kaffeelöffel der «Sauce» über den Salat träufeln.

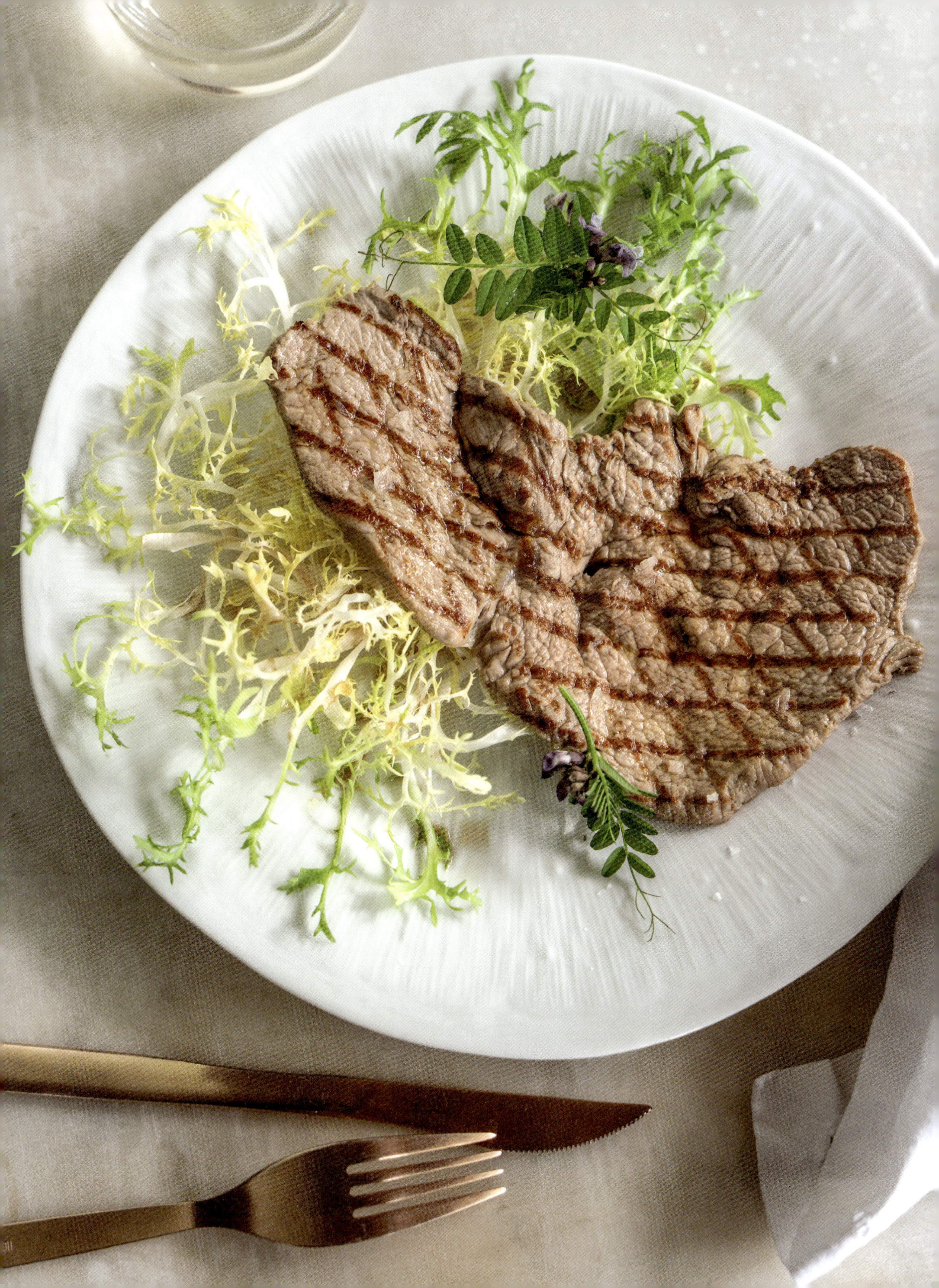

BLANQUETTE DE VEAU

Für 4 Personen

Eines jener Gerichte, das für die bürgerlich Küche, die «cuisine bourgeoise», ganz besonders typisch ist: Ein Fleischstück aus verschiedenen Muskelpartien, wie es die Kalbsschulter darstellt, wird in einem Bad aus Wein und Fleischbrühe während einer langen Kochzeit sanft zu vollendeter Zartheit und Saftigkeit gebracht. Aus dem Sud entsteht dann eine unübertrefflich zart-delikate Sauce. Cremig gemacht durch etwas süssen Rahm, fein aromatisiert mit wenig frischem Zitronensaft samt einem Verdacht von Zitronenzeste. Was aber dieses Gericht so ungewöhnlich macht, ist die alte und offensichtlich vergessene Kunst des Legierens: Ein aufgeschlagenes Eigelb sorgt dafür – und das vorsichtige Erhitzen der Sauce auf maximal 65 Grad. So bindet das Eigelb die Sauce, ohne zu koagulieren, also hart zu verkochen und die Sauce damit griessig zu machen.

ZUTATEN

- 600 g Kalbschulterfleisch, wie gewachsen, in Würfeln von 50–60 g
- Salz und weisser Pfeffer aus der Mühle
- 1 EL Kochbutter (50 g)
- 2 kleine Zwiebeln (oder Schalotten), gewürfelt (80 g)
- ½ Knoblauchzehe, fein geschnitten
- 2 dl Weisswein
- 5–6 dl Kalbsfond oder Bouillon
- 1 dl Rahm
- 1 Eigelb
- etwas Bio-Zitronenzeste
- etwas frischer Zitronensaft
- Schnittlauch, geschnitten
- Estragon, geschnitten

ZUBEREITUNG

1 | Das Fleisch ca. 30 Minuten Raumtemperatur annehmen lassen.

2 | Den Bratofen auf 150 Grad vorheizen.

3 | Die Kochbutter in einem Schmortopf zerlaufen lassen. Zwiebel und Knoblauch darin anziehen, ohne sie Farbe annehmen zu lassen. Das gut gewürzte Fleisch dazugeben und ebenfalls anziehen. Nicht anbraten! Es fliesst etwas Saft aus, der sich schliesslich beim Andünsten sirupartig verdichtet. Dieses Andünsten findet bei mittlerer Temperatur statt. Keinesfalls zu heiss anziehen!

4 | Alles mit dem Weisswein ablöschen und auch diesen sirupartig reduzieren. Jetzt mit dem hellen Kalbsfond oder der Bouillon auffüllen. Das Fleisch sollte davon knapp bedeckt sein. Zugedeckt in den Bratofen schieben und dort für ca. 90 Minuten garen. Das Fleisch sollte auf eine Nadelprobe sehr weich reagieren.

5 | Der Schmortopf samt Inhalt kommt nun auf eine Herdplatte und wird dort bis knapp vor den Siedepunkt erhitzt. Jetzt den Rahm unterziehen und diesen zusammen mit der Sauce zu einer leichten Bindung verköcheln. Es sollte keine dicke Sauce entstehen.

ANRICHTEN

Im letzten Moment vor dem Auftragen das Eigelb mit etwa 1 dl der Sauce anrühren, diese zurück in den Schmortopf giessen und die Sauce mischen. Sie darf auf gar keinen Fall mehr kochen! Mit wenig Zitronenzeste und frischem Zitronensaft, allenfalls etwas Salz und Pfeffer, abschmecken. Estragon und Schnittlauch darüberstreuen. Sofort zu einem Pilaw-Reis auftragen.

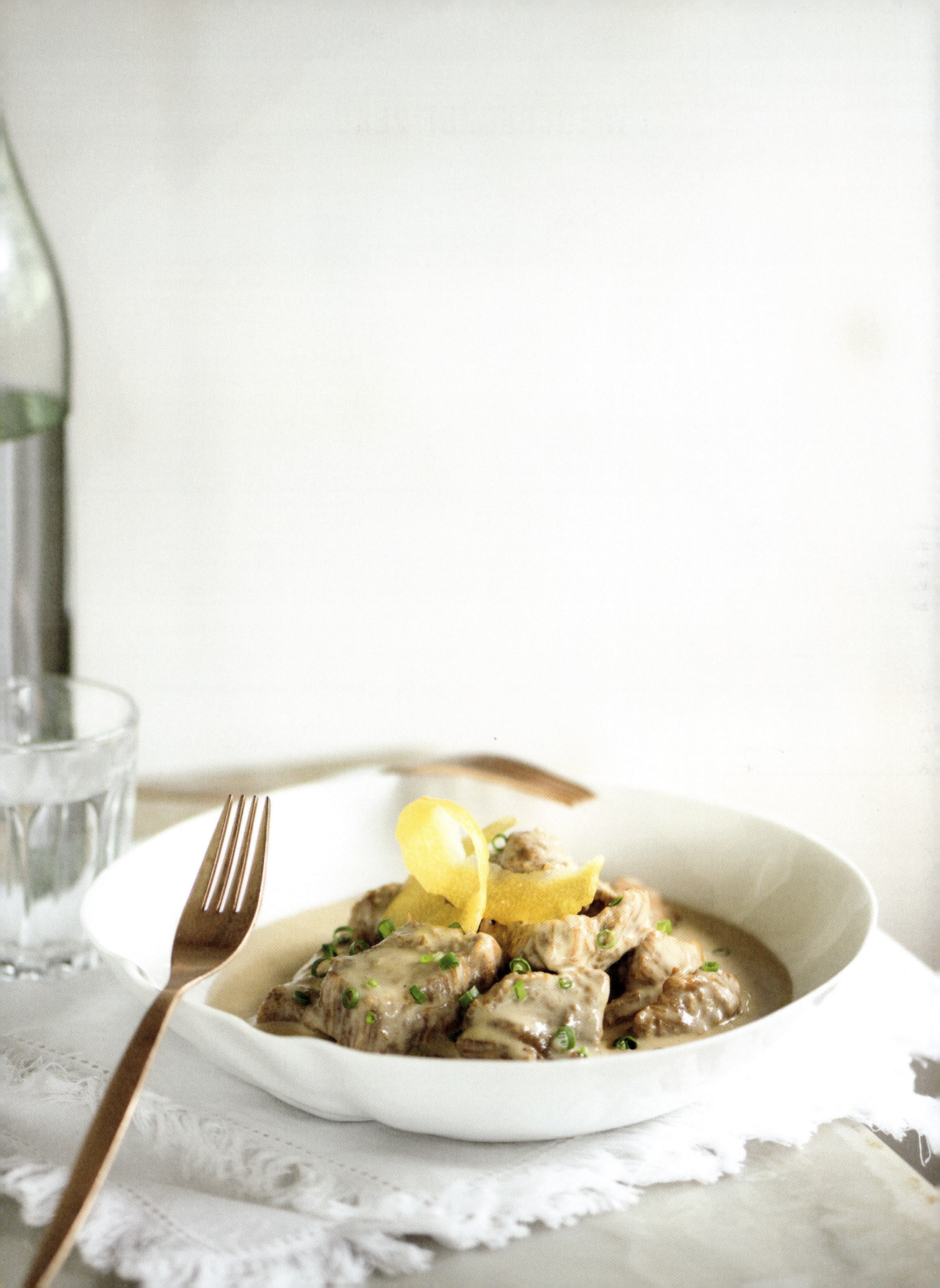

WIENERSCHNITZEL

Pro Person berechnet

Wie viele beste und allerbeste Wienerschnitzel gibt es in der Gastronomie? Genauso viele wie Enttäuschungen darüber. Der Gründe sind viele. Schlechtes, weil vom falschen Stück geschnittenes Fleisch. Zu dünn, weil es die Sage gibt, dass ein Wienerschnitzel superdünn geschnitten und ausgeklopft sein müsse. Und die daraus resultierende Trockenheit des teuren Stücks. Knusprig, ja. Aber Saftigkeit und Fleischgeschmack müssen genauso sein. Die Sage vom superdünnen Wienerschnitzel kommt im Übrigen von einem Wiener Betrieb, der dazu Schweinefleisch nutzt und dazu auch noch das günstige Stück vom Schweinehals verwendet. Die einzige Rettung für das viel zu fette Stück ist die absolute Knusprigkeit des Ganzen. Es ist heiss. Es schmeckt salzig. Der dazu servierte Kartoffelsalat mit untergemischtem Nüsslisalat, der sogenannte Vogerlsalat, liefert eine Geschmeidigkeit ins Gericht, die sogar eine Illusion von Saftigkeit liefert. Illusion, bitte schön. Bleibt noch die Todsünde des Frittierens. Das nicht mit Ausbacken zu verwechseln ist, wie dies Robert Gisler in unserem Gericht besorgt. Und das kleine Geheimnis der Nussbutter ... höher zu erhitzen als normale Butter. Aromatischer als jedes andere Ausbackfett. Bitte nicht weitersagen ...

ZUTATEN

- 1 Huftschnitzel aus der Mitte des Fleischstücks, ca. 150 g
- Salz und Pfeffer aus der Mühle
- etwas Mehl
- 2 Eier
- frisches Paniermehl
- frische Zitrone

Backfett

- ½ Erdnussöl und
- ½ Nussbutter, die Mischung soll ca. 3 cm hoch in der Pfanne stehen

ZUBEREITUNG

1 | Mehl, Eier und Paniermehl auf je einem Teller bereitstellen. Die Eier sollen fast schaumig geschlagen sein!

2 | Das Backfett soll in der Pfanne eine Temperatur von 170 Grad erreichen.

3 | Das Schnitzel mit der Breitseite des Fleischmessers eher mit etwas Druck ausstreichen als mit Gewalt plattieren. Mit Salz und Pfeffer würzen. Das Fleisch nun erst im Mehl wenden. Überschüssiges Mehl abschütteln. Dann im Ei wenden. Das Schnitzel soll vollständig davon bedeckt sein. Erst jetzt im Paniermehl drehen. Die Panure gut andrücken, aber danach das Schnitzel auch etwas schütteln, damit überschüssiges Paniermehl abfällt.

4 | Im 170 Grad heissen Bratfett pro Seite je 30 Sekunden backen. Das Fleisch schwimmt dabei nicht wie in einer Fritteuse, aber es darf den Pfannenboden trotzdem nicht berühren, weil es sonst anbrennt! Ist die eine Seite des Schnitzels goldgelb, wird es mit zwei Kochlöffeln gewendet und zum Schluss damit herausgehoben, damit es auf Crêpepapier abtropfen kann. Es muss sofort serviert werden.

ANRICHTEN

Auf grosse, flache und heisse Teller legen. ¼ Zitrone und Kartoffelsalat dazu servieren.

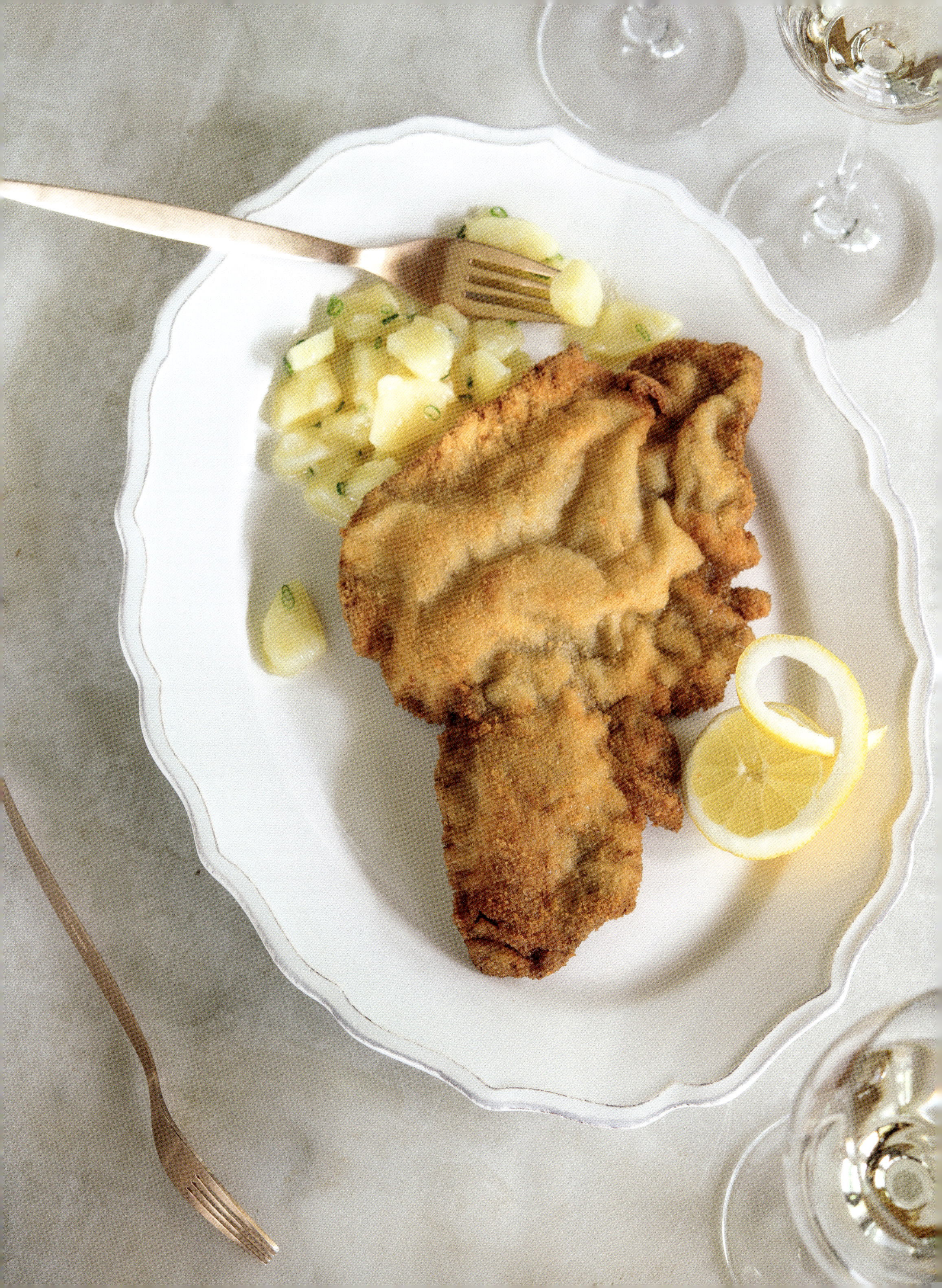

SAUTÉ DE VEAU MARENGO

Für 4 Personen

Der Feldkoch von Napoleon soll das Gericht in Italien nach der Schlacht von Marengo erfunden haben … Gute Geschichte, aber sicher erfunden. Das damalige, klassische Ur-Rezept schreibt die Zugabe von Süsswasserkrebsen zum sehr tomatig angemachten Voressen vor. Was ich niemandem empfehlen würde. Nicht nur, weil es die benötigten europäischen Süsswasserkrebse, die «pattes rouges», kaum mehr gibt, sondern auch, weil ein wirklich lange und langsam geköcheltes Kalbsvoressen, auf diese Art gekocht, bereits eine absolute Köstlichkeit ist.

ZUTATEN

- 600 g Kalbsschulter, in 5–6 cm grossen Würfeln
- 2 grosse Tomaten
- Salz und Pfeffer aus der Mühle
- 1 EL Erdnussöl
- 1 EL Butter
- 80 g Zwiebelwürfel
- 4 Knoblauchzehen, gewürfelt
- 1 Lorbeerblatt
- ½ EL Tomatenpüree
- 1 TL Paprika edelsüss (2 g)
- 1 dl Weisswein
- 4 dl brauner Kalbsfond
- 8 Champignons, geviertelt
- frischer Peterli, Oregano, ganz wenig Majoran, fein geschnitten

ZUBEREITUNG

1 | Das Fleisch soll in 30 Minuten Raumtemperatur annehmen können.

2 | Die Tomaten in heisses Wasser fallen lassen. Springt die Haut, herausfischen und die Haut abziehen. Die Frucht halbieren und Kerne samt Saft herauspressen. Das Fruchtfleisch in 1,5 cm grosse Würfel schneiden.

3 | Das gewürzte Fleisch rundum im Erdnussöl anbraten. Fleisch wenden und Butter zugeben. Während des Anbratens Zwiebel- und Knoblauchwürfel dazugeben. Alles immer wieder wenden, bis ein runder Duft aufsteigt. Jetzt die Tomatenwürfel und das Lorbeerblatt untermischen. Fallen die Tomaten zusammen, das Tomatenpüree zufügen. Alles mit dem Paprikapulver überpudern, den Weisswein zuschütten und fast gänzlich reduzieren. Jetzt mit dem braunen Kalbsfond auffüllen und alles für 75–90 Minuten halb zugedeckt köcheln. Etwa 15 Minuten vor Ende der Kochzeit die Champignons beifügen. Die Nadelprobe gibt Auskunft über den Gargrad des Kalbsvoressens.

ANRICHTEN

Das Sauté de Veau Marengo wird mit fein geschnittenen Kräutern überpudert und zu frischen Bandnudeln aufgetragen. Diese tragen eine Kruste aus in Butter angebräuntem Paniermehl.

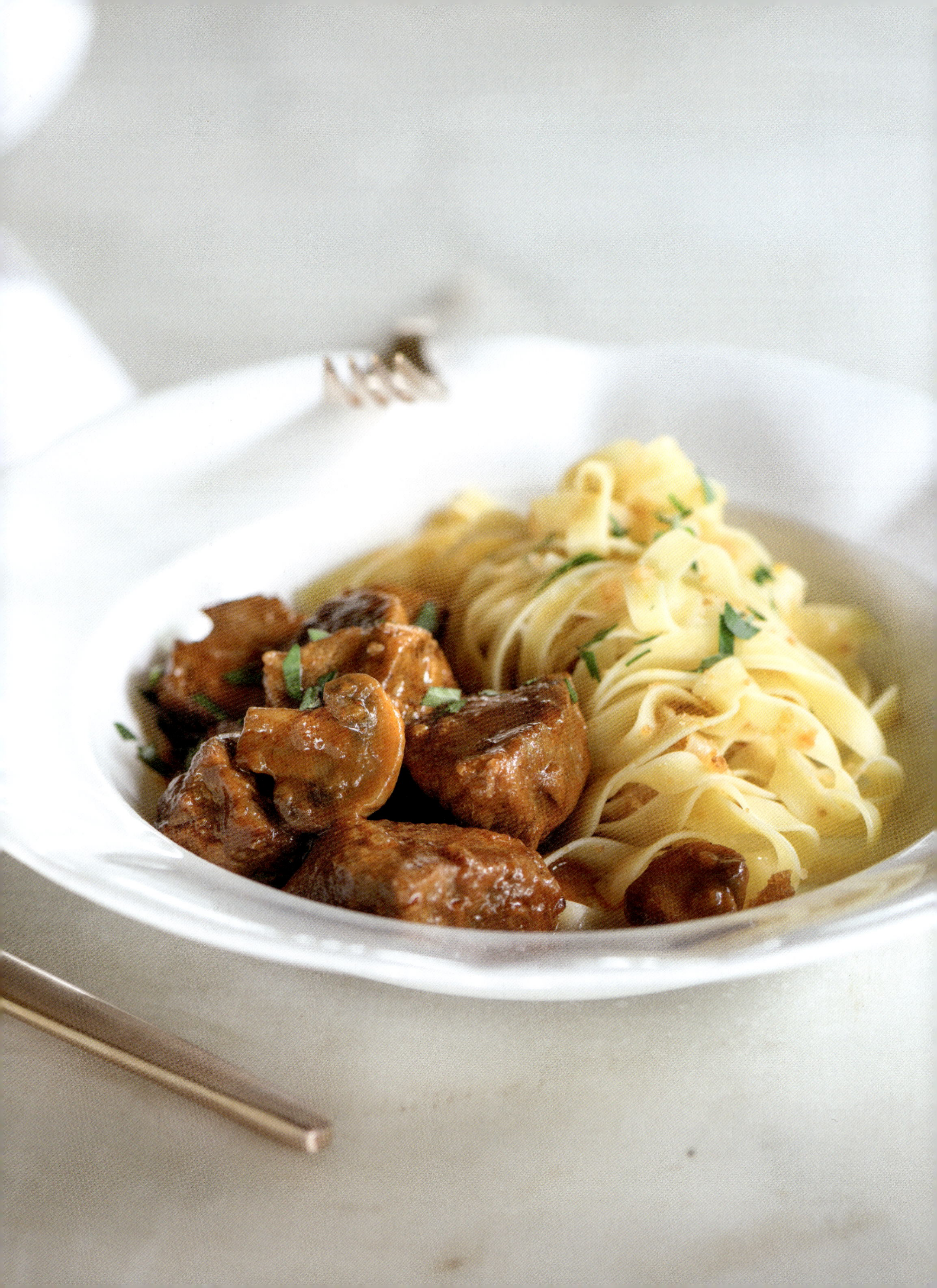

IM KALBSNIERENFETT BRAISIERTER BRÜSSELER

Für 4 Personen

Man kann über die englische Küche sagen, was man will, aber alte, vielleicht 200 Jahre alte Kochbücher beweisen, wie sehr sich England einst kulinarisch nach dem Kontinent und vor allem nach Frankreich hin ausrichtete. «Rule Britannia, Britannia rule the waves» brachte nämlich nicht nur Reichtum in die Kassen, sondern auch allerlei gastronomische Ideen in die Küchen der bestimmenden Klasse. Kommt dazu, dass damals kein Volk der Erde je von Cholesterin und ungesättigten Fettsäuren gehört hatte, tierische Fette aber stets verfügbar waren. Was eine Röschti in Schweinefett angebraten gustativ vermag, weiss fast jeder Absolvent der Rekrutenschule. Die Haute Cuisine knetete früher Rindertalg unter den Pastetenteig. Frittiert wurde selbstverständlich in ausgelassenem Rinder- oder Schweinefett und Kalbsnierenfett verlieh jedem Gemüsegericht das gewisse, schlotzige Etwas. Jetzt wieder.

ZUTATEN

- 4 Medaillons vom Kalbsfilet, ca. 1½ cm dick
- Salz und Pfeffer aus der Mühle
- Butter

Brüsseler
- 4 mittelgrosse Endives Belges
- feines Meersalz
- weisser Pfeffer aus der Mühle
- frischer Zitronensaft
- einige Butterflocken
- 100 g Kalbsnierenfett am Stück (beim Metzger erfragen und vorbestellen)
- 0,5 dl Bouillon

ZUBEREITUNG

1 | Die gewaschenen und von beschädigten Aussenblättern befreiten Endives Belges der Länge nach halbieren. In siedendes Salzwasser werfen und nach dem Wiederaufkochen 2 Minuten garen. Abgiessen und gut abgetropft weiterverwenden.

2 | Den Backofen auf 160 Grad vorheizen.

3 | Eine Gratinform leicht buttern. Die Brüsselerhälften hineinlegen und mit einem Hauch Meersalz, Pfeffer und Zitronensaft würzen. Einige Butterflocken darüber verteilen. Das Kalbsnierenfett in kleine Stücke zerreissen und über und zwischen die Endives verteilen. Wenig Bouillon darüberträufeln. Entweder eine Alufolie darüberspannen oder einen passenden Deckel darauflegen.

4 | Für 12–15 Minuten in die Backofenmitte einschieben. Danach während 2–3 Minuten an der Herdseite, immer noch bedeckt, durchziehen lassen.

5 | In der Zwischenzeit die Medaillons Raumtemperatur annehmen lassen. Würzen und in genügend heisser Butter auf beiden Seiten je 1 Minute anbraten. Herausnehmen und an der Herdseite, locker mit etwas Alufolie bedeckt, durchziehen lassen.

ANRICHTEN

Je zwei Hälften der Endives Belges anrichten. Das Kalbsfiletmedaillon darauflegen. Etwas frische Butter in die Bratpfanne geben. Schäumt diese auf, über die Medaillons verteilen.

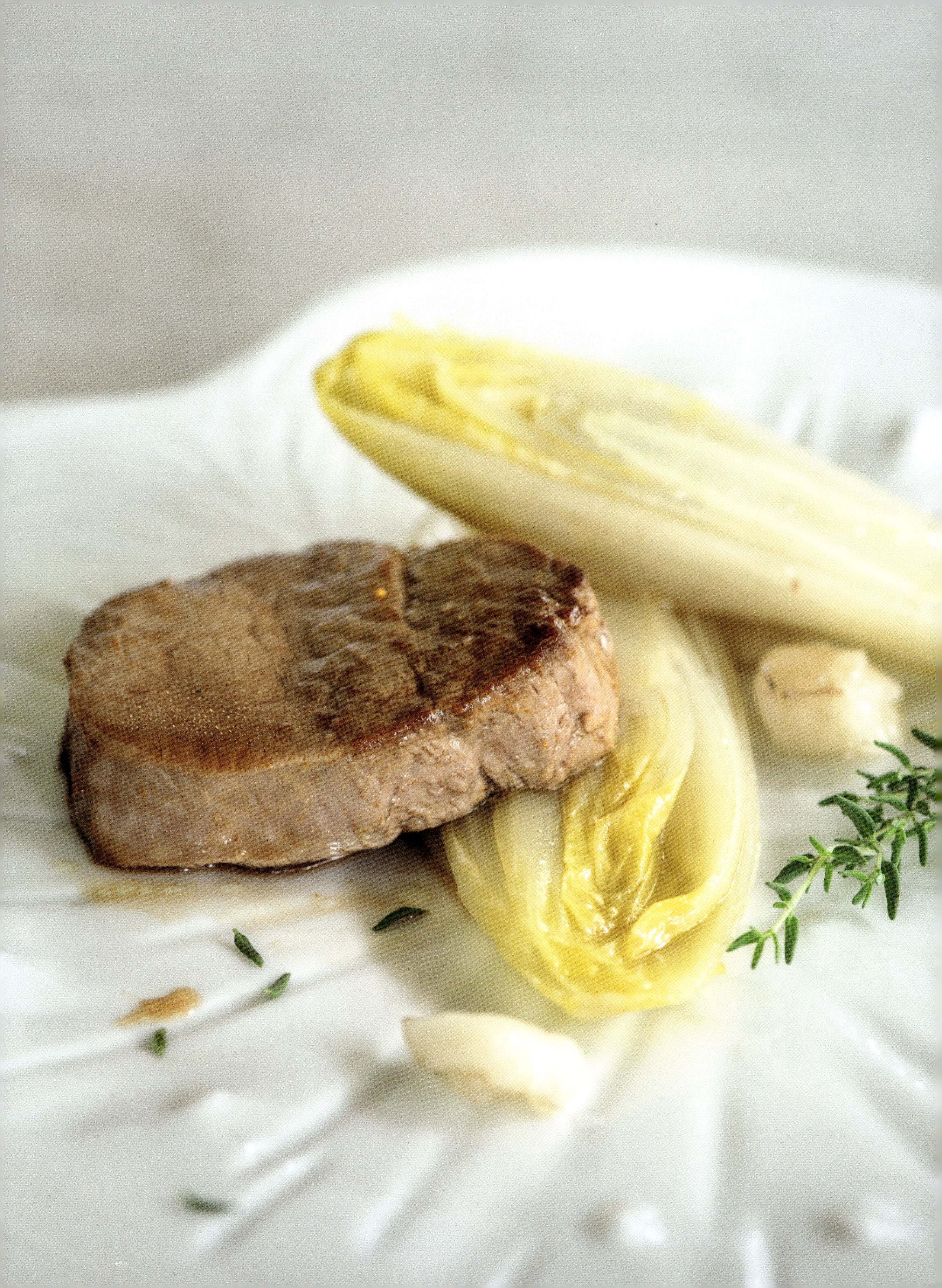

GROB GEHACKTES KALBFLEISCH MIT MÜSCHELI

Für 4 Personen

«Ghackets mit Hörnli» ist wohl der Ursprung dieses Gerichts. Allerdings braucht Robert Gisler dazu Kalbfleisch, gemischt aus Fleisch von der fetten Brust und der viel magereren Schulter. Es wäre also eine Illusion zu denken, dass ein solches Gericht in Minutenschnelle gekocht werden kann. 25 Minuten sind eine etwas realistischere Zeitangabe. Dafür hat das Fleisch noch Biss und damit Saft und Kraft. Und mischt es sich saucig-kräftig unter die Teigwaren, dann entwickelt sich ein Duft … da läuft nicht nur dem Koch das Wasser im Mund zusammen. Später, in der Tischrunde, wird es beim Essen ganz, ganz still …

ZUTATEN

- 600 g grob gehacktes Kalbfleisch, von Brust und Schulter gemischt (das Fleisch wird dazu nicht durch die feine, sondern durch die mittelgrosse Scheibe des Fleischwolfs getrieben)
- 150 g grosse Teigwarenmüscheli
- Salz
- 1 EL Olivenöl (1)
- 1 Schalotte, sehr fein geschnitten
- 1 Knoblauch, sehr fein geschnitten
- 1 grosse Fleischtomate, gewürfelt
- 3 dl Kalbsfond
- etwas Olivenöl (2)
- etwas Pfeffer aus der Mühle
- glattblättriger Peterli und
- frischer Oregano, fein geschnitten
- 200 g reifer Parmesan oder Sbrinz

ZUBEREITUNG

1 | Das gehackte Kalbfleisch etwa 30 Minuten Raumtemperatur annehmen lassen. Dazu das Fleisch locker auf einem Schneidebrett auslegen.

2 | Die Müscheli in viel stark gesalzenem Wasser al dente kochen. Abgiessen und abgetropft warm halten.

3 | Das Olivenöl (1) erhitzen und darin das Kalbfleisch in kleinen Portionen rundum anbraten. Herausnehmen und reservieren, bis alles Hackfleisch angebraten ist.

4 | Schalotten- und Knoblauchwürfel in der heissen Pfanne ohne zusätzlichen Fettstoff anziehen. Wenn ein runder Duft aufsteigt, die samt der Haut gewürfelte Tomate untermengen. Ebenfalls zusammenfallen lassen. Mit dem Kalbsfond ablöschen, das Hackfleisch untermengen und alles in etwa 25 Minuten um ⅔ reduzieren.

ANRICHTEN

Das Fleisch mit den Müscheli mischen. Etwas Olivenöl (2) darüberträufeln, mit Pfeffer aus der Mühle grosszügig würzen und erneut mischen. Mit den frisch geschnittenen Kräutern bestreuen. In heisse Teller schöpfen und jede Portion mit frisch gehobeltem Hartkäse (Parmesan, Sbrinz) grosszügig bestreuen.

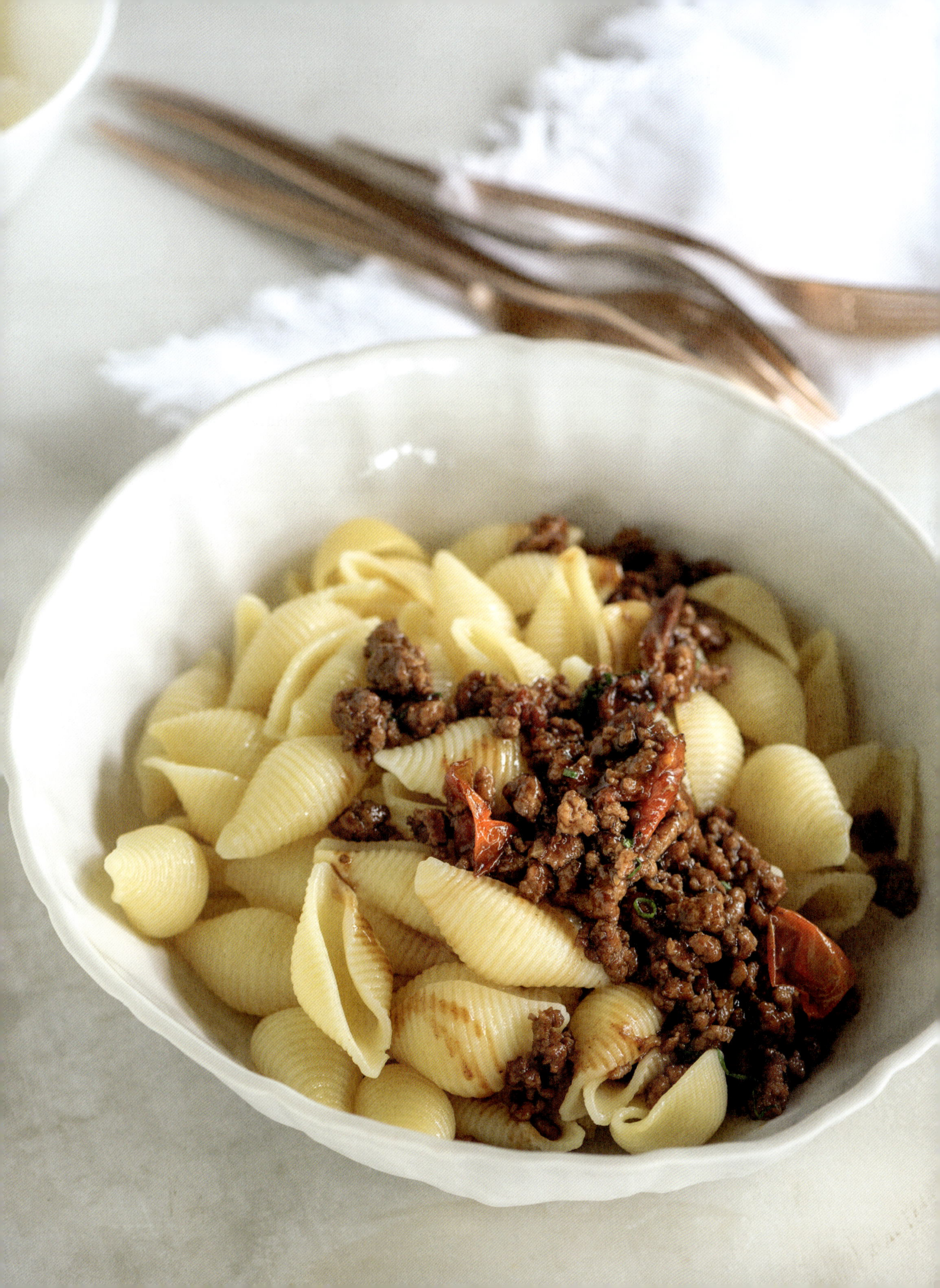

ROBERT GISLER

Kaiserstock | Riemenstalden SZ

So, wie sich der «Kaiserstock» heute präsentiert, ist er ein genaues Abbild seiner Besitzer. Vor allem eines von Robert Gisler, dem Koch, Bäcker, Patissier und Herr des Hauses. Im Sommer begrüsst einen ein unglaublicher Blumenschmuck, den der Hausherr selbst gezogen hat und pflegt. Oberhalb des Hauses gibt es eine Sägerei, die auf seinen ersten Berufswunsch (Schreiner) hinweist. Wiederum davor liegt ein Forellenteich, in dem wahrhaftig Bachforellen aufs Anrichten warten ... Vom Restaurant aus öffnet sich der Blick aus dem doch recht engen Tal in die Weite des Vierwaldstättersees und seiner Berge. In der Küche findet man nichts Altmodisches, aber auch nichts Modisches. Robert Gisler ist, darüber gibt es keinen Zweifel, ein kompletter Koch und ein Mensch mit grossen Ansprüchen an sich selbst.

Sein Vater wirtete bereits auf dem «Kaiserstock» und weil er als Schreiner keine Lehrstelle fand, wurde er Bäcker-Konditor. «In einer kleinen Backstube in Schwyz. Mein Lehrmeister war eine strenge Nummer. Aber: Er war auch eine gute Nummer!» Genauigkeit, Kompromisslosigkeit habe er dort erlernt – und dass nur die besten Produkte die besten Resultate bringen können.

Dass er danach auch noch Koch erlernte, ist typisch für ihn. «Nach Hause gehen und dort als Autodidakt wirten ...? Das kann es doch nicht sein, dachte ich.» Und so erlernt er seinen Beruf im «Kellerämter Hof» in Oberlunkhofen, keinem Starkoch-Betrieb, bei einem Lehrmeister, der ihm – im Gegensatz zum Konditorenlehrmeister – sämtliche Freiheiten liess. «Machsch eifach!», sagte der. «Und ich machte.»

Das Wichtigste, was er aus dieser Lehre mitbrachte, war Selbstständigkeit. «Mich selber zu sein und meinen Ausbildern gegenüber sagen zu können: ‹Ich mache es anders, weil das mein Weg ist.›» Das ist der Satz, den man über Robert Gisler wissen muss.

Zusammen mit seiner Frau Veronika arbeitet er seit 1997 auf dem «Kaiserstock». «Meine Frau und ich haben uns zusammen entschlossen, selbstständig zu werden und zu sein. Ohne meine Frau hätte ich es sowieso nicht gekonnt. Wir wollten das Risiko für unser Leben und unsere Arbeit selber tragen. Sonst wären wir immer die Sklaven der Arbeit für jemand anders gewesen.»

Drei Kinder haben die Gislers. Der älteste ist parat für eine Kochlehre, der jüngste liegt noch auf den Armen von Veronika. Das Haus blüht in sich selbst wie die Blumen vor ihm. Alles ist selber erarbeitet. Alles glänzt voller Stolz und gleichzeitig Selbstverständlichkeit. Der Koch steht in der Küche und freut sich, wenn ab und zu einer der Gäste hereinschaut und mit ihm ein Gespräch anfängt. Und auf wunderbare Weise hat Robert Gisler bei aller Arbeit und Anstrengung immer wieder Zeit für einen kleinen Schwatz. Er kann ja nicht in die Welt hinaus. Aber die Welt kommt inzwischen zu ihm.

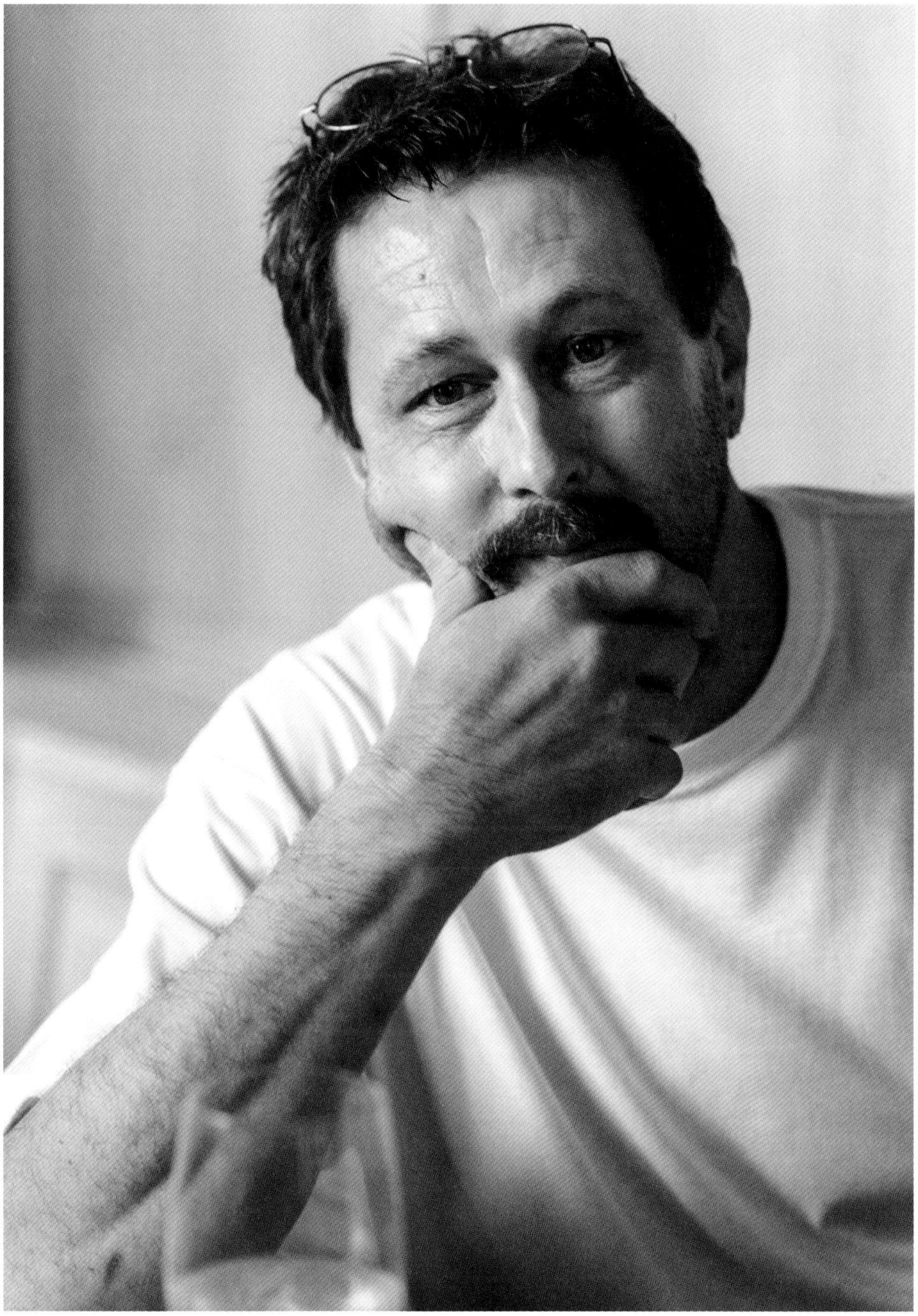

SCHWEIN

Rezepte von Markus Wicki

ALLES IST DURCH-DACHT

Da, wo es kühler ist an diesem heissen Tag, im Schatten seines Hauses, sitzen Martin Wandeler und Markus Wicki. Eine Reihe Büsche, Blumen und Bäumchen weiter, schon dehnen sich dahinter Felder aus. Raps, Weizen, Gerste... Auf dem Tisch zwischen den beiden liegen Trockenwürstchen. Davon schneidet Wandeler sorgfältig dünne Tranchen ab, schiebt sie seinen Gästen zu.

Die Würstchen schmecken. «Nicht zu salzig. Nicht überwürzt. Kein dominanter Rauchgeschmack. Nicht ordinär fettig, nicht zäh im Biss. Erstklassiges Schweinefleisch halt», sagt Markus Wicki. «Aromatisch, wie Schweinefleisch eben ist, wenn die Tiere mit dem Richtigen gefüttert wurden. Dann schmeckt es sauber und klar, ohne jeden tranigen oder ranzigen Nebengeschmack.» Martin Wandeler lächelt zufrieden. Gutes Schweinefleisch ist das Ziel seiner Arbeit. Dafür tut er viel. Im Grunde genommen alles.

Weich fliessen hier die Hügelketten zwischen Sempacher- und Baldeggersee ineinander. Das Grün der Wiesen verdunkelt sich in der Tiefe der Landschaft, wird blau und lichtet sich schliesslich in der Ferne ins weissbläuliche Panorama der Alpen dieses Nachmittags. Einziger Ruhe- und Unruhepunkt ist darin der hohe Mast des einstigen Landessenders. Ein technisches Ausrufezeichen, das aber den bäuerlichen Charme der Gegend sogar erhöht.

Hier ist Martin Wandeler zu Hause. Eine prachtvolle, kunstvoll gefügte Scheune, wohl über 100 Jahre alt, wo heute eingemietete Pferde auf ihre Reiter warten. Das alte Elternhaus, von Bäumen und Büschen fast gänzlich zugewachsen, am Ende des Strässchens, das an den Ställen vorbeiführt. Vis-à-vis Wandelers Wohnhaus im Stil der 80er-Jahre steht schliesslich – über der Kantonsstrasse, vor dem Hof – der Schweinestall. Von dem man aber von der Strasse her, ausser dem weiten, dunklen Dach, fast nichts sieht.

Später stehen Wicki und Wandeler vor diesem Stall. Der strenge Ammoniakgeruch, der Schweineställe jeder Art auszeichnet, liegt in der Luft. Allerdings ist dieser Stall nach allen Seiten quasi offen. Das mächtige Dach schützt die Schweinekoben darunter vor Regen, aber auch vor einem Übermass an Sonne im Sommer. Dann fauchen alle 20 Minuten Duschen los und kühlen die Tiere, wenn diese im offenen Auslauf ihrer Ställe stehen, und waschen gleichzeitig den Dreck von der Unterlage. Erst später, in der kalten Jahreszeit, wird der Stall etwas besser gegen die Kälte verschlossen.

Hier also leben Wandelers Bierschweine. Tiere, die neben einer grundlegend natürlichen Nahrung auch sogenanntes Biergeläger gefüttert bekommen. Jener Teil Bier, in dem sich die Trübstoffe beim Bierbrauen absetzen, und die entfernt werden, bevor das Bier in Flaschen abgezogen wird. Der Schweizer Kunde mag eben klares Bier.

«Schauen Sie, da drüben», sagt Wandeler jetzt und zeigt mit dem linken Arm vom Stall weg, irgendwo in die Landschaft hinein. «Da baue ich Raps an. Der wird verkauft, die Rückstände, der sogenannte Ölkuchen, wird verfüttert. Das Stroh kommt als Einstreu in die einzelnen Schweinekoben und später als Mist auf die Felder.» Alles in Wandelers Schweinewelt ist durchdacht. Auf weiteren Feldern wächst Gerste. Sie dient genauso als Schweinefutter wie der Weizen von anderen Feldern. Nur der Mais vom Wandelerhof wird verkauft.

Will man Schweinezucht so sorgfältig wie Martin Wandeler betreiben, muss jeder Aspekt wohl bedacht sein. Fast ständig leben 500 bis 600 Tiere auf dem Hof, und da diese Zahl an jene des Grundbesitzes geknüpft ist, hat der Bauer seit einiger Zeit auch den Nachbarhof gepachtet. «25 Hektar sind es inzwischen und das gibt mir das Recht, die dem Grundbesitz entsprechende Zahl an Schweinen zu mästen.» Es sind an die 2'000 Tiere, die Wandeler so jährlich zur Schlachtreife bringt.

Und Wandelers Bierschweinchen sind ein echter Erfolg. Markus Wicki: «Das Fleisch dieser Tiere ist nicht nass, sondern besitzt eine angenehm trockene Oberfläche. Es riecht sauber und brätelt man ein Stück, so nimmt es eine schöne goldbraune Farbe an. Das Fett besitzt eine würzige Note und das Fleisch selbst gart zart. Man spürt, dass diese Tiere keinen Stress hatten.» Dies sei eine Folge der Haltung, der Genetik, also der Herkunft, meint der Bauer. Dazu komme natürlich auch das Futter, dann die Sauberkeit, die frische Luft ... Alles habe einen Einfluss. Man müsse sich doch nicht wundern, wenn Tiere, die in einem geschlossenen Schweinestall leben, den Geruch annähmen, der darin herrsche.

Wandeler geht mit seinem Gast durch den Stall. Einzelne offene Schweinekoben, grosszügig bemessen und von halbhohen Mäuerchen umgeben, reihen sich aneinander. Am einen Ende der Halle leben die Jungtiere.

«Sie kommen im Alter von vier Monaten hierher.» Am anderen Ende des riesigen Stalls grunzen die ausgewachsenen Tiere. «Die sind um die vier Monate bei mir.» Davon verlassen jede Woche 40 Stück den Hof. Alle drei Wochen holt sich der Bauer dann 120 Jungschweine nach Gunzwil auf seinen Betrieb.

«Ich kaufe sie immer beim gleichen Züchter. Es sind die teuersten. Sie kosten im Moment das Stück ungefähr 200 Franken.» Dass die stets gleiche Herkunft und der hohe Ankaufspreis sich trotzdem lohnen, beweist die Krankheitsstatistik des Betriebs. Krankheiten seien sehr selten. «Mischinfektionen, wie sie in anderen Ställen vorkommen können, wo Tiere verschiedenster Herkunft zusammentreffen, gibt es nicht. Das spart Arztkosten und Nerven.»

«Schweinernes hat einen schlechten Ruf: Zu Unrecht! Martin liefert seine Bierschweinchen inzwischen in die besten Schweizer Restaurants», weiss Markus. «Und auch wir im ‹Hirschen› verkochen als Landbeiz Fleisch vom Biersöili.» Sogar im Überraschungsmenü könne man seinen Gästen heutzutage Schweinernes anbieten. Allerdings nicht zum Hauptgang. Markus wartet für einen Moment, sagt dann dezidiert: «Es gibt noch viel zu tun, damit die Gäste nicht nur das Fleisch des spanischen Pata-Negra-Schweins als erstklassig empfinden. Martins Bierschweinchen jedenfalls können es jederzeit damit aufnehmen.»

Martin Wandeler hört zu, neigt seinen Kopf ein wenig: «Auf gar keinen Fall will ich grösser werden. Es läuft gut, so wie es jetzt läuft. Dazu muss ich Sorge tragen. Der Wandelerhof produziert ein Premiumprodukt. Davon können wir anständig leben. Ich finde: Das muss reichen.»

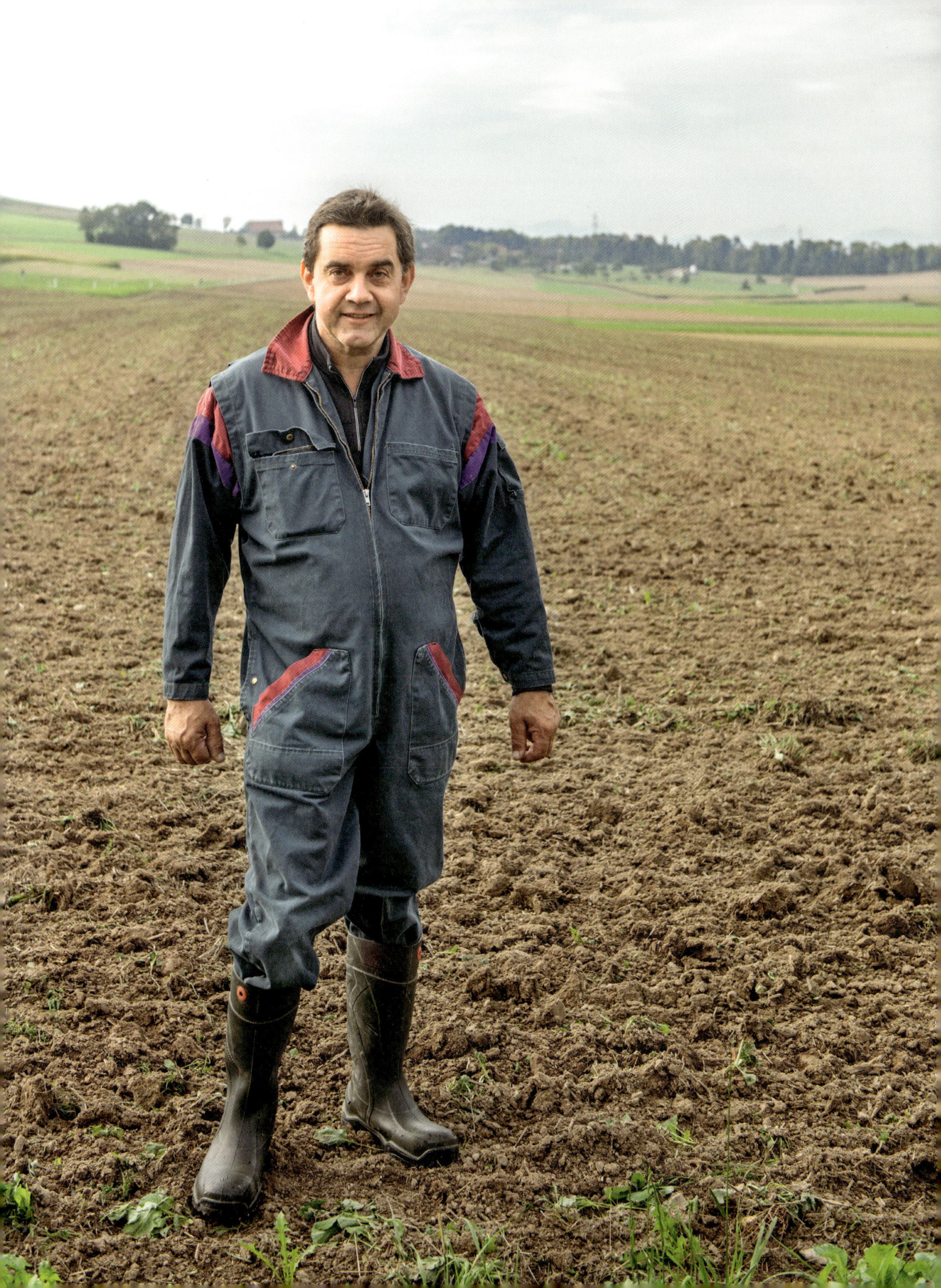

SCHWEIN

Das Hausschwein stammt aus der gleichen Familie wie das Wildschwein. Vor gut 200 Jahren wurde das damalige europäische Schwein in England mit Borstentieren aus China gekreuzt. So entstand unser heutiges Hausschwein. Es wächst fleischiger heran und liefert zarteres Fleisch als seine Vorfahren.

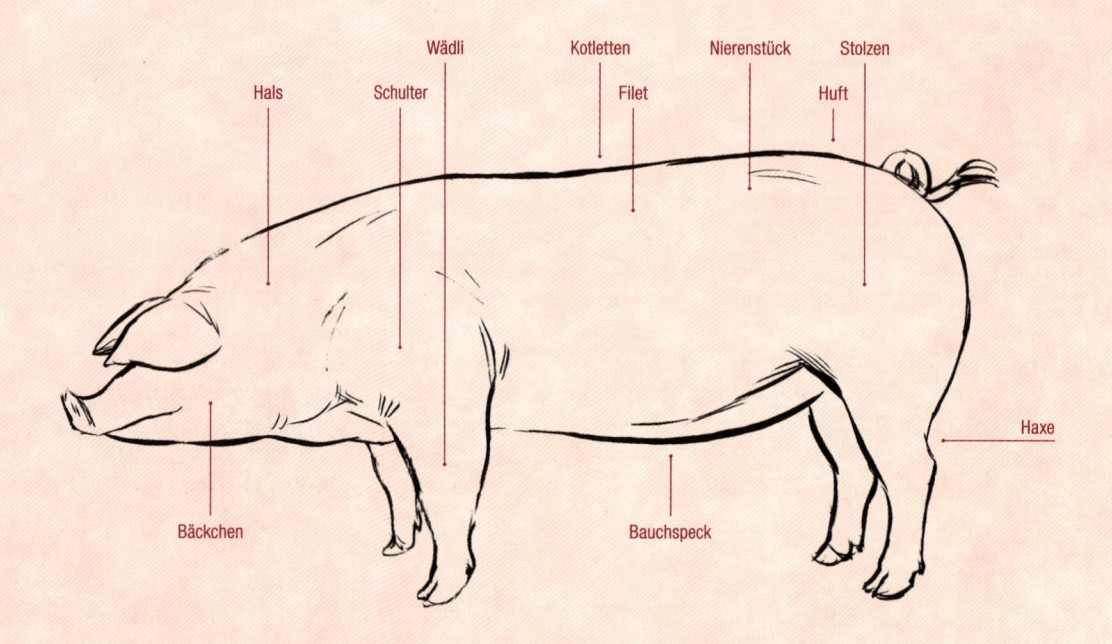

Hals · Schulter · Wädli · Kotletten · Filet · Nierenstück · Huft · Stolzen · Haxe · Bauchspeck · Bäckchen

ÖHRLI / SCHNÖRRLI / WÄDLI / SCHWÄNZLI Eingesalzen kommen diese Fleischstücke als Gnagi heiss gekocht in Ihrer Metzgerei in den Verkauf. Gekocht und kalt in Stücke geschnitten, bereichern sie ins Kalbsbrät gemischt den Aufschnitt, etwa als Presskopf. Als Schwartenmagen, im Weisswein-Sulz eingepackt, entzücken sie die Gäste beim Sommer-Picknick oder die Frauen und Männer der Jassrunde.

BÄCKCHEN Was Kalbs- und Rindsbäggli können, kann das Schweinsbäggli auch: Als geschmorte Köstlichkeit kommt es dann auf den Tisch.

LAFFE / SCHULTER Perfekter Ausgangspunkt eines Schweinebratens oder eines köstlich sossigen, braunen Voressens, eines Ragouts oder Gulaschs. Eingesalzen und mild geräuchert kommt es als Schüfeli mit oder ohne Knochen in den Verkauf. Ganz wichtig: Geräuchertes immer selbst kochen. Es gart zarter und schmeckt aromatisch raffinierter. Und aus dem Sud wird die beste aller Bündner Gerstensuppen.

WÄDLI Etwas grösser geschnitten kommt das nicht eingesalzene Wädli, auf dem Grill knusprig gebraten, als «Schweinshaxe» in bayerischen Brauhäusern ins Angebot. Kleinere und etwas zähere Haxen kommen vom Vorderteil des Schweins. Grosse und saftigere Haxen stammen vom hinteren Teil.

BAUCHSPECK Für uns alle kurz «Speck». Als «grüner Speck» wird der unbehandelte Rückenspeck des Schweinchens bezeichnet. Er kommt in Italien lange eingesalzen als Lardo in den Verkauf und ist inzwischen selbst in Luxus-Restaurants grosse Mode. Wir sprechen jedoch vom grünen Bauchspeck, der ungesalzen heutzutage wie ein Braten gegart und geknuspert wird. Vor allem die chinesische Küche tut dies als rotgekochter oder mit Honig glasierter Schweinebauch seit Jahrtausenden. Als ungeräucherter Salzspeck wird er gekocht und liegt bei der Berner Platte mit auf dem Sauerkraut und den Bohnen.

Als gesalzener und geräucherter Speck wird er gekocht. Als mild gesalzener und geräucherter Speck wird er ohne harte Schwarte, 1 mm dünn geschnitten, zu Frühstückspeck. Dieser – so will es die englische Küche – wird gebraten zu Rührei oder Spiegelei zum Frühstück gegessen. Als Speckwürfelchen bereichert gebratener Speck genauso Chabis-Salat wie Sauerkraut oder eine Quiche.

HALS Mit Trockenzwetschgen gespickt, braten ihn die Schweden als Ganzes. Wir Schweizer braten das grosse und saftige Stück ohne Zwetschgen und es schmeckt auch so wunderbar. Als dicke Tranchen landet Schweinshals auf dem Grill und brätelt dort zu unübertroffenem Geschmack, Knusprigkeit und Saftigkeit. Marinade ist dazu nicht einmal nötig. Gerollt kommt er als saftiger Schweinshalsbraten auf den Tisch. Gesalzen und geräuchert ergibt sich daraus ein fabelhaftes Stück Fleisch, das gekocht zu Sauerkraut aufgetragen wird.

KOTELETTEN Ein Schweinskotelett ist zu Recht für viele Menschen der Inbegriff von Köstlichkeit. Weil es am Knochen gebraten wird, sollte es etwas sanfter als normal, dafür etwas länger als gewohnt, gebrätelt oder gegrillt werden. Und: Das Nachziehen entfällt auch hier auf gar keinen Fall.

CARRÉ Ausgebeint ein flaches, langes Stück Schwein, von einer mehr oder weniger dünnen Schicht Fett bedeckt. Diese sollten Sie auf gar keinen Fall vom sonst recht mageren Stück schneiden. Es hält den Braten saftig und schmeckt geknuspert einzigartig gut. Auch als einfaches oder doppeltes Steak ein perfektes Stück Schwein.

NIERSTÜCK Köstlich kurzfaserig und mit einer kleinen Fettschicht bedeckt schmeckt es als Steak oder als Braten richtig gut.

SCHWEINSFILET Gesucht, und zu Recht ein kostbares Stück Schwein. Zart und saftig gegart am Stück. Aussen knusprig, innen zart. Was will man mehr?

BRUST / SPARERIBS Sie liefert den gesalzenen und geräucherten oder luftgetrockneten Speck sowie Voressen, Hackfleisch und Braten (gefüllt und gerollt). Als Costine lieben unsere südlichen Nachbarn Spareribs mit viel Fleisch in schlotzigem Sugo, als Sweet-and-sour-Spareribs kommen sie vom Grill. Für alle, die gerne beim Essen ihre Finger zu Hilfe nehmen.

HUFT Ein zartes Stück Schwein, das vor allem als Steak wunderbare Resultate zeitigt. Zu Streifen und in 2-mm-Scheibchen geschnitten, dann scharf angebraten, wird daraus das perfekte Geschnetzelte. Mit Pilzen, mit Rahmsauce oder auch ohne. Einfach so.

STOTZEN Er liefert eine der grössten Delikatessen: den Beinschinken. Aufgeteilt ergibt er das Eckstück (Bäggli), die Nuss und die Unterspälte. Das Eckstück (Bäggli) ergibt die perfekte Ausgangslage für ein paniertes Plätzli, ein Wiener Schnitzel oder auch «nur» ein Rahmschnitzeli. Die Nuss wird zum ebenfalls berühmten Nussschinkli geräuchert, ist aber auch für Braten, Plätzli und Fleischfondue beliebt. Die Unterspälte eignet sich vor allem für Geschnetzeltes.

HAXE Richtig weichgekocht ist die Haxe fast so gut wie die berühmten Ossibuchi. Und die Wädli werden gesalzen und gekocht zu geschmackvollen «Gnagi».

WÄDLI

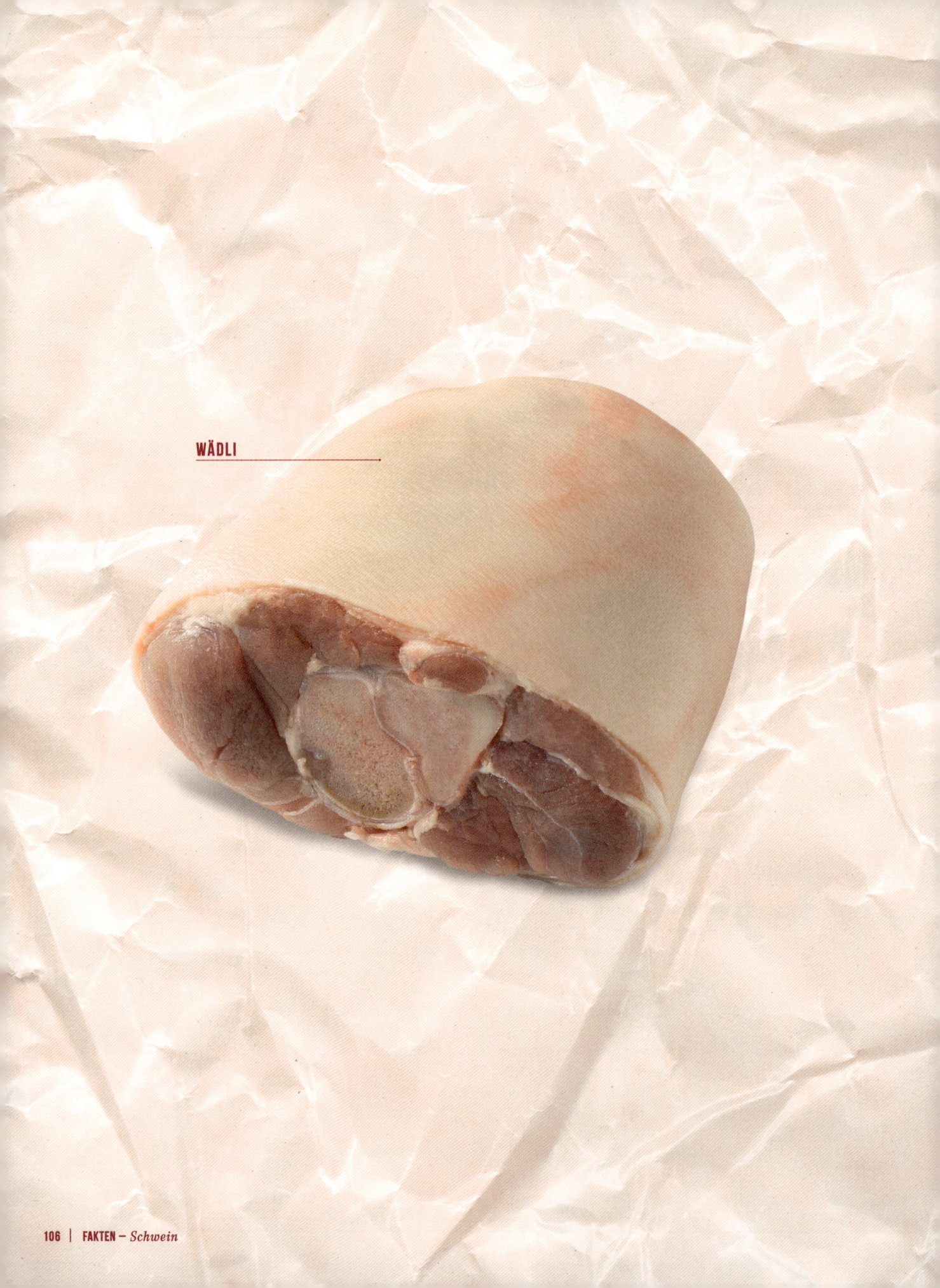

FRAGEN & ANTWORTEN

Welcher Anteil des Schweinefleisches auf dem Schweizer Markt stammt aus dem Inland? 96%

Woher stammt der Rest des Schweinefleisches auf dem Markt? Importiert werden Produkte wie Konserven und diverse Spezialitäten in der Charcuterie. Diese Importe stammen vor allem aus Europa. Durch den hohen Inlandanteil ist die Versorgungslage sehr gut.

Womit werden die Schweine in der Schweiz gefüttert? Es sind dies vor allem Getreide, Kraftfutter, Ölkuchen sowie Milch- (und Bier-)schote.

Welches ist das Schlachtalter von Schweizer Schweinen? Das Schlachtalter beträgt zwischen 100 und 120 Tagen.

Welchen Klassifizierungskriterien unterliegt dieses Fleisch? Es findet eine elektronische Kontrolle des sogenannten MFA statt, des Magerfleisch-Anteils. Sie ermittelt damit auch das Verhältnis von Knochen zu Fett zu reinem Muskelfleisch (ohne Sehnen). Der Magerfleischanteil sollte zwischen 55 und 57% des Gesamtgewichtes betragen.

Wie lauten die korrekten Bezeichnungen des Schweins, je nach Alter? Das Jungschweinchen nennt man Ferkel (oder Jager). Daraus wird das Mastschwein. Ein weibliches Schwein, das Junge wirft, ist ein Mutterschwein (im Volksmund Mohre), das männliche Schwein heisst Eber.

Die häufigsten Schweinefleischrassen der Schweiz: Es sind dies die Schweine der Rassen: Schweizer Landrasse und Schweizer Edelschwein, Duroc und Pietrain.

GUT ZU WISSEN

Was bei der Produktion der Lebensmittelverarbeitung abfällt, lässt sich – veredelt – als wertvolles Tierfutter weiter verwerten. Gerade Schweine profitieren besonders von dieser «Nahrungsmittelergänzung». Der Ölkuchen, der bei der Herstellung von Raps- oder Sonnenblumenöl abfällt, gehört dazu, aber auch die Molke, wie sie beim Käsen anfällt. Selbst die Rüstabfälle der Gemüseverarbeitung (Schalen usw.) werden dazu genutzt.

Schweine erhalten wie alle Nutztiere in der Schweiz ausschliesslich gentechnisch unveränderte Futtermittel. Diese sind zudem frei von Hormonen und Antibiotika zur Leistungssteigerung.

Das Schwein ist ein Allesfresser. Gefüttert wird es vor allem mit Schweizer Futtergetreide und mit Nebenprodukten aus der Lebensmittelverarbeitung. Solche Nebenprodukte fallen immer mehr an. Über die Schweinehaltung werden sie ökologisch sinnvoll verwertet.

Zwei Drittel aller Schweine leben in der Schweiz in besonders tierfreundlichen Stallhaltungssystemen (BTS) und mehr als die Hälfte haben regelmässig Auslauf ins Freie (RAUS).

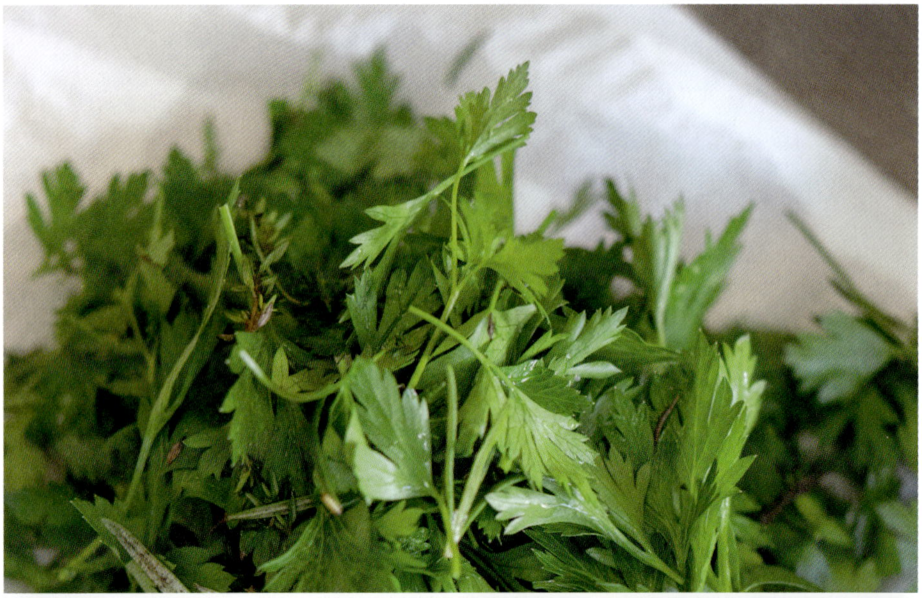

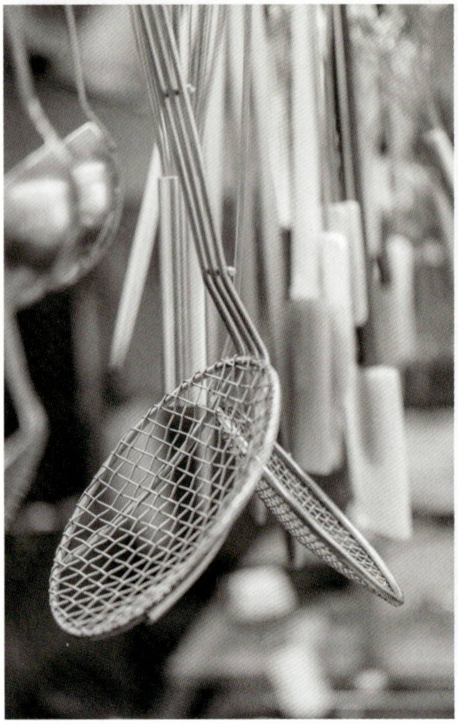

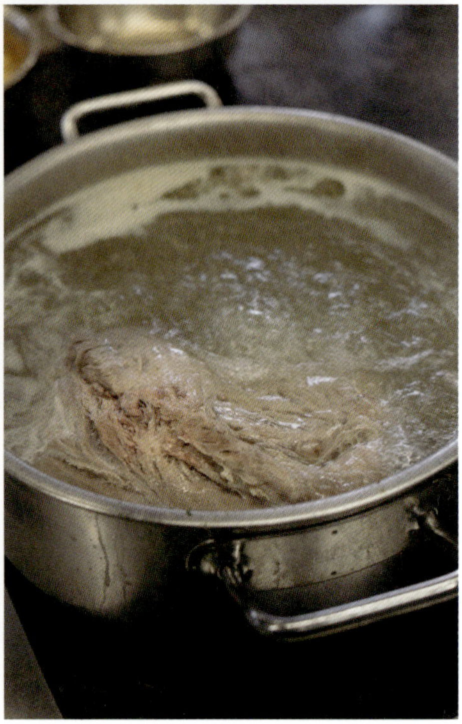

SULZTERRINE AUS GESOTTENEM SCHWEINEFLEISCH

Für 4 Personen

Was uns Markus Wicki hier zeigt, ist eine Lektion in Küchendenken. Wie wird aus etwas Gutem etwas anders Gutes? Am Anfang wird wohl das Problem der Reste gestanden haben. Das heisst: Der Koch oder die Köchin hatten von diesem oder jenem oder beidem zu viel. Ein wenig Nachdenken half. Und so wurde daraus eine echte, sommerliche Fleischterrine. Ein wenig knuspriges Brot dazu und ein Glas kühlen Weisswein ... oder ein Bier. Und die Welt ist nicht nur in der Küche in Ordnung.

ZUTATEN

- 1 kg Schweinehals (auch Brust, Huft und Huftdeckel, Haxen oder Laffe möglich)
- 1 Karotte, geschält, halbiert
- 100 g Sellerie, geschält, in Stücken
- ½ Lauch, Weisses und Grünes, ganz
- 1 Gewürznelke
- 1 Wacholderbeere, gequetscht
- 1 Lorbeerblatt
- grob zerstossener, schwarzer Pfeffer
- Salz

- 2 gepökelte Schweinshaxen, ohne Schwarte (sogenanntes Eisbein)
- 1 Zwiebel, in Stücken
- 1 Karotte, in Stücken
- 1 Gewürznelke
- 1 Lorbeerblatt
- 1 Wacholderbeere
- Gelatineblätter (pro Deziliter Bouillon rechnet man 1 Gelatineblatt)

Gemüsevinaigrette

- Brunoise von je 100 g Rüebli, Sellerie, Zwiebel, Lauch
- etwas Rapsöl
- Gewürzsalz
- etwas Weissweinessig
- etwas Olivenöl

VORBEREITUNG

Den Schweinehals in heisses Wasser legen und einmal aufkochen. Herausheben und das Wasser abgiessen. Das Fleisch kalt abspülen und reservieren.

Erneut Wasser zum Sieden bringen. Das Fleisch hineinlegen und bis zur halben Garzeit köcheln lassen. Erst jetzt die Gemüse, Gewürznelke, Wacholderbeere, Lorbeer, Salz und Pfeffer beigeben. das Fleisch ca. 60 Minuten weich garen, Nadelprobe machen, dann in der Brühe erkalten lassen.

Die gepökelten Schweinshaxen mit Gemüsen und Gewürzen in ca. 90 Grad heisses Wasser legen und zum Köcheln bringen. Dort für 1,5 Stunden halten. In der Brühe erkalten lassen.

Die Gelatineblätter in etwas kaltem Wasser einweichen.

Den Hals und die Haxe aus den Brühen heben, abtropfen lassen.

Die passierte Bouillon des Halses erhitzen. Die Gelatineblätter aus dem Wasser nehmen, ausdrücken und unter Rühren mit einem Schwingbesen in der Bouillon auflösen. Diese in ein Becken voller Eiswürfel stellen und langsam abkalten. Wenn das Gelée fester wird (aber noch nicht fest ist!), nochmals etwas erwärmen und verwenden.

FORTSETZUNG >

Fortsetzung

ZUBEREITUNG

1 | Eine Terrinenform kalt ausspülen und mit Klarsichtfolie auslegen. Die Folie soll grosszügig über die Ränder der Terrinen hängen.

2 | Das Siedfleisch (Schweinehals) in dünne Tranchen schneiden und mit diesen den Boden der Form belegen. Den Knochen aus den Haxen entfernen und das Fleisch quer zur Faser dünn aufschneiden und als nächste Schicht darauflegen. Abwechselnd diese beiden Fleischsorten einschichten, bis die Form voll ist.

3 | Das Gelée, das jetzt nicht mehr flüssig, aber auch nicht fest ist, vorsichtig über dem Fleisch einfüllen. Die Terrine immer wieder etwas auf die Unterlage aufklopfen, damit Luftblasen entweichen können.

4 | Die Terrine kalt stellen und, wenn das Gelée fest geworden ist, mit den überhängenden Teilen der Klarsichtfolie bedecken.

5 | Für die Gemüsevinaigrette die Gemüsebrunoise in einem Hauch Rapsöl anziehen, mit dem Gewürzsalz abschmecken und mit Essig und Öl aufschwingen. Etwas ziehen lassen.

ANRICHTEN

Die gefüllte Terrine kurz auf halbe Höhe in heisses Wasser stellen. Dann die Terrine auf ein Holzbrett stürzen.

Die Terrine mit einem in heissem Wasser erhitzten Messer in 1,5 cm dicke Tranchen schneiden. Mit der Gemüsevinaigrette und garniert mit Cherry-Tomaten auftragen.

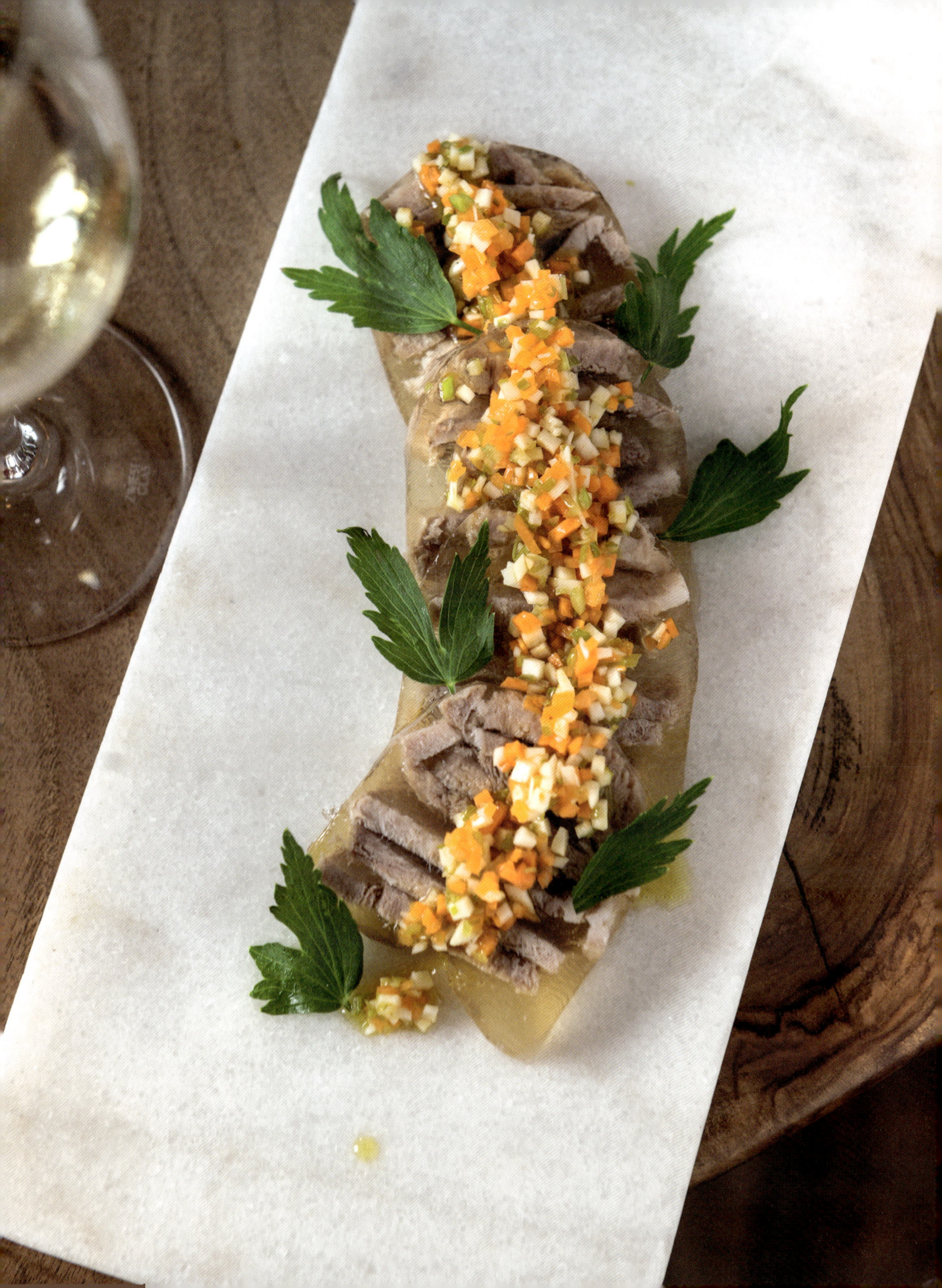

SCHWEINEMETT MIT VARIATIONEN

Für 4 Personen

Was bei uns allenfalls als fettes, feincremiges «Mettwürstchen» auf den Zvieritisch kommt, kennt Norddeutschland als recht grob gehacktes Schweinemett. Es ist eine Art feines Tatar vom besten Schweinefleisch. Markus Wicki verwendet dazu sogar das kostbare Filet. Was aber nur logisch ist, denn der Koch verlangt, dass Mett superfein und deshalb von Hand geschnitten auf den Teller kommt. Dass es unser Koch gleich als «Thema mit Variationen» vorschlägt … der Dank der Feinschmecker ist ihm dafür sicher.

ZUTATEN

- 600 g Schweinsfilet
- ½ Schwarzwurzel, mit der Bürste gereinigt
- Frittieröl
- Salz und Pfeffer aus der Mühle
- 1 TL Dijonsenf
- 1 Msp. Chilipulver
- 1 TL Essiggurke, fein gewürfelt
- 1 TL Kapern, fein gewürfelt
- 1 Schalotte, fein gewürfelt
- 1 Eigelb
- 1 TL Peterli, fein geschnitten
- Safran
- einige Zweige Peterli

Variante 1
- 2 reife Tomaten
- Olivenöl, Salz, Zucker

Variante 2
- 4 EL weisser Balsamico, zu Sirup eingekocht

Variante 3
- Bio-Zitrone, Olivenöl

Variante 4
- 1 mittelgrosse gekochte Rande
- 40 g Blattsalat, gut gerüstet

VORBEREITUNG

Die gut gereinigten Schwarzwurzeln schräg in feine ½ mm dicke Scheiben schneiden oder hobeln.

Im 160 Grad heissen Frittieröl knusprig backen. Auf Küchenpapier abfetten. Mit feinem Salz überstreuen. Reservieren.

Das Schweinsfilet in sehr feine Tranchen schneiden (1–2 mm), dann in feine Streifen und zuletzt alles sehr fein würfeln.

Den Balsamico sanft zu sirupartiger Konsistenz köcheln. Reservieren (siehe Variante 2).

ZUBEREITUNG

1 | Das geschnittene Schweinsfilet mit Salz, Pfeffer, Senf und einer Spur Chili würzen. Mit den Essiggurken, Kapern und Schalotten vermengen. Eigelb und den fein geschnittenen Peterli unterziehen. Es soll eine weiche und locker zusammenhängende Masse entstehen.

VARIATIONEN

1 | Das eingekochte Tomatenpüree unter das Mett mischen.

2 | Das Mett als Knödelchen auf etwas eingedickten Balsamico setzen.

3 | Etwas Bio-Zitronenzeste unter das Mett mischen. Mit Olivenöl etwas schlotzig mischen.

4 | Die geschälte und sehr fein gewürfelte oder auf der Bircherraffel geriebene Rande unter die Mettmasse mischen.

ANRICHTEN

Das im letzten Moment gemischte Mett wird auf kalte Teller platziert: entweder als Knödelchen (Quenelle) oder als runde Form wie ein normales Tatar in einem Patisseriering angerichtet. Zuletzt mit Safranfäden und Peterli garnieren.

Dazu serviert man kräftig geröstetes Bauernbrot.

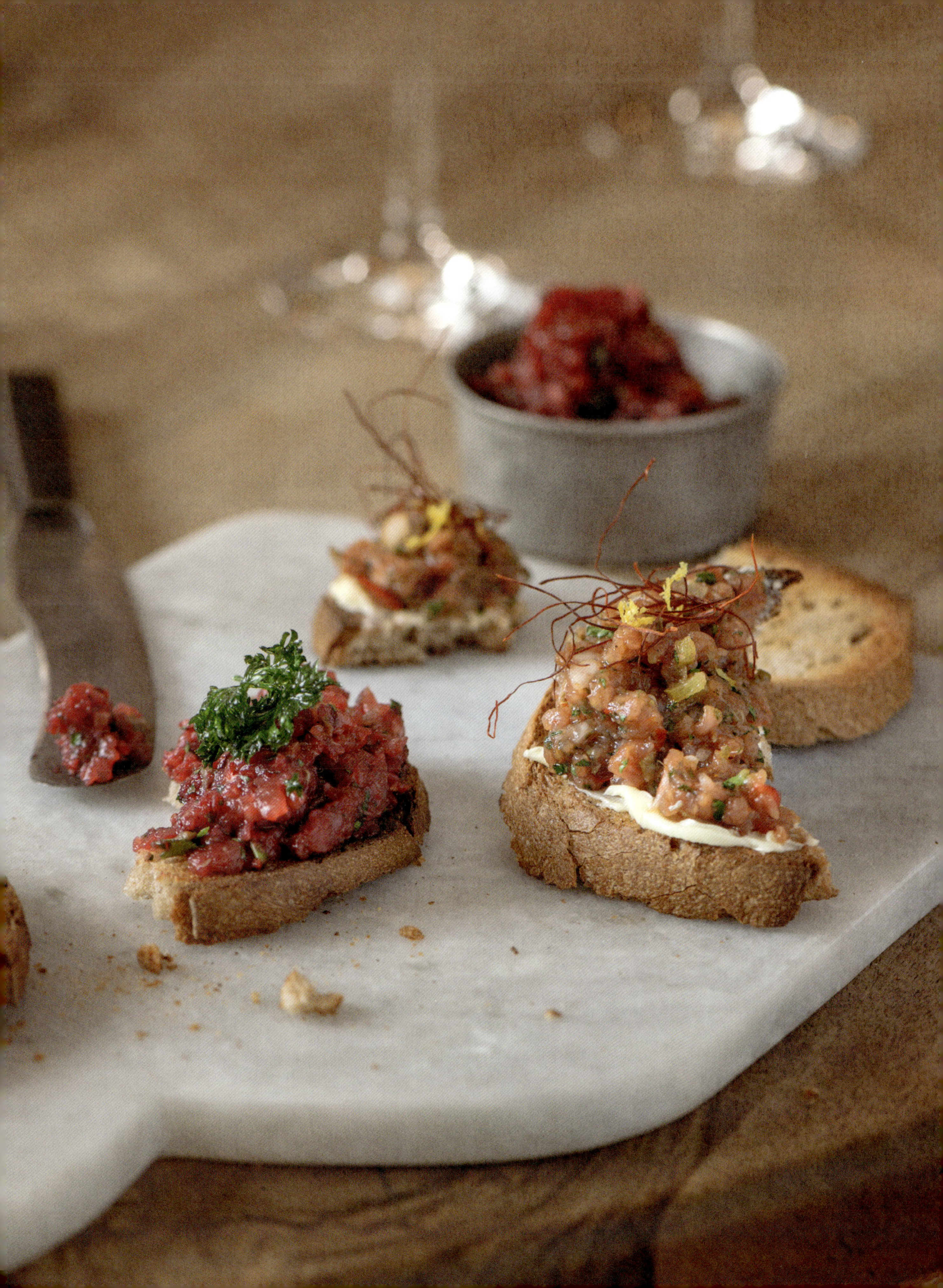

GESOTTENER SCHWEINEHALS MIT VINAIGRETTE UND BROTSALAT

Für 4–6 Personen

Die Chinesen kochen ihr Schweinefleisch genauso oft, wie sie es braten. Mit der entstandenen Bouillon verfeinern sie ihre besten Gerichte. Etwas, was ein europäischer Koch niemals tun würde. Weil er es nicht kennt. Nicht weiss, wie fein so ein Schweinefleischgericht sein kann, wenn man es mit europäischem Küchenwissen anrichtet … Hier ist das Rezept. Nachmachen ist erlaubt und eine Erfahrung wert.

ZUTATEN

- 1 kg Schweinehals (auch Brust, Huft und Huftdeckel, Haxen oder Laffe möglich)
- 1 Karotte, in Stücken
- 100 g Sellerie, in Stücken
- ½ Lauch, Weisses und Grünes
- 1 Gewürznelke
- 1 Wacholderbeere, zerdrückt
- 1 Lorbeerblatt
- grob zerstossener, schwarzer Pfeffer
- Salz

Brotsalat

- 4 Scheiben dunkles Brot, 2 cm dick, in Würfeln
- 2 EL Olivenöl
- 2 EL Butter
- ½ Gurke, geschält oder ungeschält, mit oder ohne Kerne, in 2 mm dicken Scheiben
- 10 Cherry-Tomaten, gewaschen, halbiert
- Salz und Pfeffer aus der Mühle
- etwas weisser Balsamico
- etwas Olivenöl
- 2 EL Basilikumblätter

VORBEREITUNG

Das Fleisch in heisses Wasser legen und einmal aufkochen. Herausheben und das Wasser abgiessen. Das Fleisch kalt abspülen und reservieren.

Für den Brotsalat das Brot in gleichmässige Würfel schneiden. In einem grosszügigen Gemisch aus Olivenöl und Butter rundum goldgelb braten. Das Innere der Brotwürfel soll weich bleiben. Gurkenscheiben und Cherry-Tomaten-Hälften mischen. Mit Salz, Pfeffer und dem Balsamico mischen. Mit Olivenöl ergänzen.

ZUBEREITUNG

Erneut Wasser zum Sieden bringen. Das Fleisch einlegen und bis zur halben Garzeit, also ca. 50 Minuten, köcheln lassen. Erst jetzt Gemüse und Gewürze zugeben.

ANRICHTEN

Den Tomaten-Gurkensalat mit den Brotwürfeln vermengen. Mit den Basilikumblättchen locker überstreuen.

Das Siedfleisch in dicke Tranchen schneiden. Auf warme Teller legen und mit dem Salat anrichten.

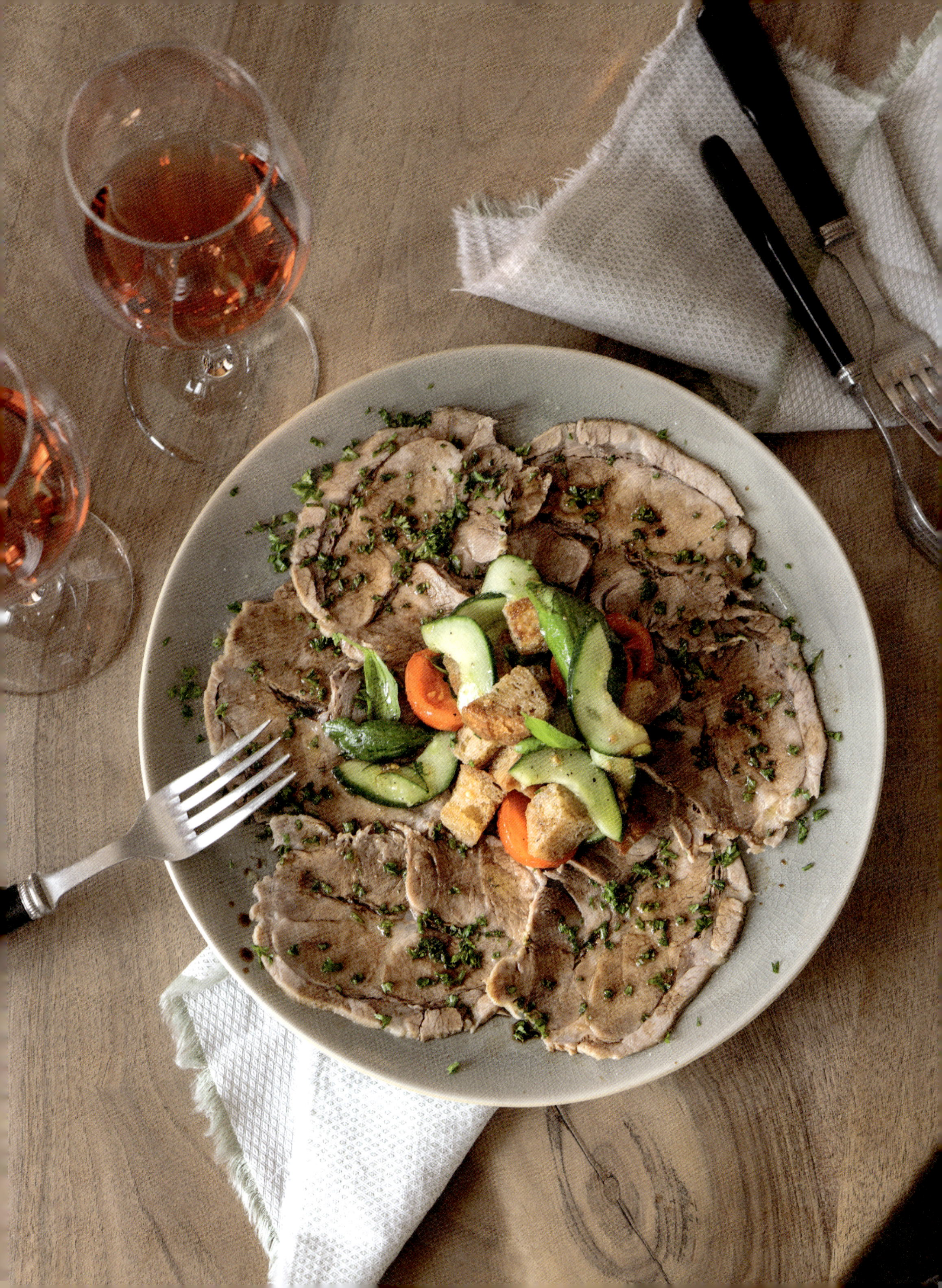

SCHWEINSFILET IM TEMPURATEIG AN SWEET-AND-SOUR-SAUCE

Für 4 Personen

Saftiges Fleisch und eine Knister-Knusper-Hülle. Heiss auf dem Teller und rasch in die unübertreffliche süss-saure Sauce aus Wickis Küche getunkt … das schmeckt bekannt und absolut unbekannt im gleichen Moment. Was es ja soll. Schliesslich trifft sich hier unsere europäische Alltagsküche mit Japan und China zugleich.

ZUTATEN

- 600 g Schweinsfilet, in 3 cm grosse Würfel geschnitten
- Gewürzsalz
- Mehl
- 20 g Rapsöl
- 20 g Butter

Sweet-and-sour-Sauce
- 8 Shitakepilz-Köpfe, fein gescheibelt
- etwas Sesamöl
- 1 Zwiebel, in 1 cm grosse Würfel geschnitte
- 2 Knoblauchzehen, fein gewürfelt
- je ¼ Peperoni, gelb, grün, rot in 1 cm grossen Stücken
- Zucker
- 1 Bio-Orange, Zeste und Saft
- 1 dl Ketchup (als Alternative frisch eingekochtes Tomatencoulis)
- Reisessig
- etwas rote Thai-Curry-Paste (Alternative: Koriander-, Kreuzkümmel- und Ingwerpulver)
- Gewürzsalz

Tempurateig
- 100 g Weissmehl
- 1 Päckli Backpulver
- 100 g Maizena oder Epifin
- 1 Ei
- ½ TL Salz
- 1,2 dl eiskaltes Wasser

Ausserdem
- Frittieröl
- frisch gestossener Kreuzkümmel
- Gewürzsalz

VORBEREITUNG

Für die Sweet-and-sour-Sauce werden erst die Shitakescheiben in wenig Sesamöl angedünstet. Sie sollen wenig Farbe annehmen. Zwiebel, Knoblauch und Peperoni zugeben. Würzen. Etwas Zucker, die Orangenzesten und den Orangensaft zugeben. Alles aufkochen. Erst dann das Ketchup (oder Tomatencoulis) zufügen. Mit etwas Wasser verlängern und alles reduzieren. Etwas Reisessig zufügen. Hat die Sauce den gewünschten Reduktionsgrad erreicht, abschmecken und reservieren.

Für den Tempurateig das Mehl mit dem Backpulver und der Speisestärke mischen. Das Ei mit dem Wasser und dem Salz aufschlagen. Mit dem Schneebesen das Eigemisch nach und nach sehr innig unter die Mehlmischung rühren. Es sollen keine Klümpchen entstehen. Den Teig für 30 Minuten quellen lassen. Er sollte leicht rinnen. Wenn er zu dick gerät, mit wenig Wasser verlängern.

ZUBEREITUNG

1 | Die Schweinsfiletwürfel würzen, mehlieren und das überschüssige Mehl in einem Sieb abschütteln. Rasch in etwa Rapsöl mit Butter rundum anbraten. Nochmals in Mehl wenden und auf lauwarm abkalten lassen.

2 | Das Frittieröl auf 170 Grad erhitzen. Die Fleischwürfel durch den Tempurateig ziehen und im heissen Öl ca. 7 Minuten goldgelb backen. Noch immer heiss mit Gewürzsalz und frisch gestossenem Kreuzkümmel bestreuen.

ANRICHTEN

Die Tempurawürfel heiss auf heissen Tellern anrichten und die Sauce in einer gesonderten Schale servieren. Als Beilage passen Reis oder Reisnudeln perfekt.

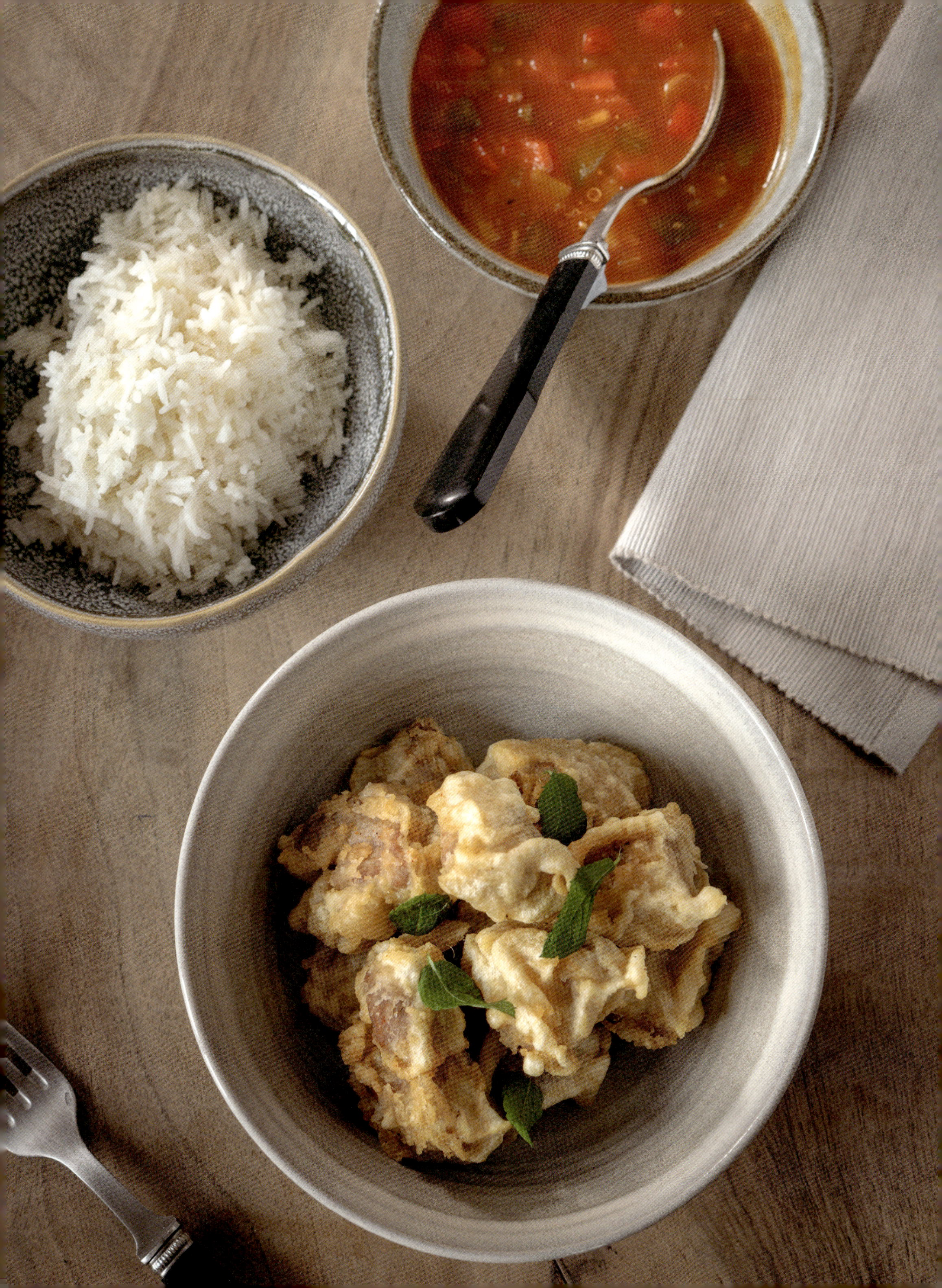

SCHWEINEHALS, BEI NIEDERTEMPERATUR GEGART

Für 4 Personen

Wenn die Bauern einst frühmorgens aufs Feld gingen, stellten ihre Frauen einen gut verschlossenen Topf mit Fleisch in die noch heisse Asche. Darin sott und schmorte, briet und kochte bei stetig fallender Temperatur, was Zeit brauchte: Die etwas weniger zarten Stücke vom Schwein, aber auch Suppenhühner, die man auf diese Weise zum Coq au Vin verwandelte, das Irish Stew vom Schaf oder eine Estouffade vom Rind. Kam man müde und hungrig vom Feld zurück, war das Essen fertig und schmeckte ... grossartig! Die Küchenneuzeit hat dieses Verfahren technisch präzise gemacht und als Niedergarmethode verfeinert. Was damals toll schmeckte, tut es auch heute noch.

ZUTATEN

- 1 kg Schweinehals
- Gewürzsalz (s. S. 136)
- 20 g Rapsöl
- 20 g Butter
- 1 Karotte
- 1 Zwiebel
- 1 Stück Lauch
- 1 Stück Sellerie
  alle Gemüse in 2 cm grosse Würfel geschnitten
- Tomatenpüree
- 1,5 dl Rotwein
- 1 TL Maizena

VORBEREITUNG

Den Bratofen auf 80 Grad vorheizen.

Das Fleisch rundum grosszügig mit dem Gewürzsalz einreiben.

ZUBEREITUNG

1 | Das Fleisch in einer Bratenpfanne im heissen Öl-Butter-Gemisch rundum anbraten. Den Braten herausheben und reservieren.

2 | Die Gemüse im restlichen Fett anrösten. Das Tomatenpüree zugeben und auch dieses anbraten. Alles mit dem Rotwein ablöschen und diesen zu Saucenkonsistenz fast gänzlich verkochen lassen. Mit etwas in kaltem Wasser angerührtem Maizena binden.

3 | Den Braten auf ein passendes Blech, eventuell mit Alufolie bedeckt, legen. In den Bratofen einschieben und für 11 Stunden bei 80 Grad garen.

4 | Den Braten herausheben und locker zugedeckt an der Herdseite reservieren.

ANRICHTEN

Den Braten in 1 cm dicke Tranchen schneiden. Auf heissen Tellern anrichten. Mit etwas Bratensauce überträufelt zu Bratkartoffeln, geschmortem Fenchel, Kartoffelstock etc. auftragen.

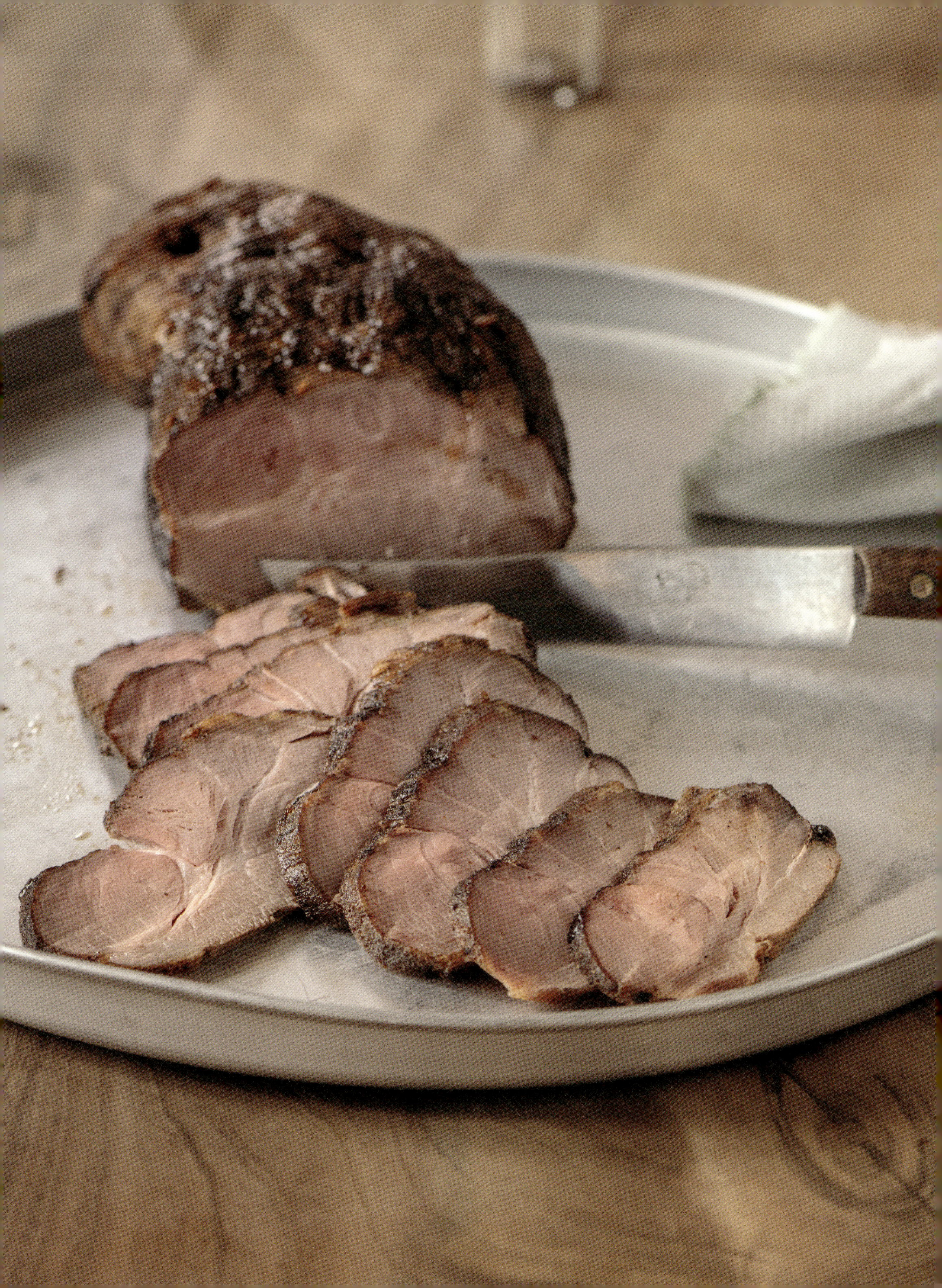

BLUTWURST, WIE HANS STUCKI SIE MACHTE

für 6 Personen

Wenn die Gäste davon sprachen, bekamen sie glänzende Augen … Mann wie Frau. Denn was Hans Stucki, die Küchenlegende vom Basler «Bruderholz», seinen Gästen als Amuse-Gueule präsentierte, war nichts anderes als «unerreichbar». Geschöpft aus dem Schatz seiner Jugend im Berner Seeland. Verfeinert durch die Erfahrungen seiner Wanderjahre und vollendet durch seine unvergleichbare Küchenintelligenz. Ja. Das gibt es. Markus Wicki, ehemaliger Chef des «Bruderholz», verrät uns, weshalb.

ZUTATEN

- 2 m gereinigte Rinderdärme (vom Metzger), über Nacht in Weisswein eingelegt
- 300 g Lauch, gebleicht
- 20 g Schweinefett, geschmolzen (frisch aus Schweineflomen, wenn möglich …)
- 7 dl Vollmilch
- 3 dl Crème double
- 10 g frische Kräuter (Majoran, Thymian), fein gehackt
- 2 g Muskat
- 30 g Salz
- 5 g weisser Pfeffer aus der Mühle
- 1 l frisches Schweineblut (vom Metzger)

VORBEREITUNG

Die Därme mit einem sehr scharfen Messer in 25 cm lange Stücke schneiden. Diese auf der einen Seite mit Küchenschnur zubinden. Parat halten.

Wenn man den Schweinsflomen selbst auslässt: Diesen in einem hohen Topf langsam erhitzen. Ist der Flomen geschmolzen, passieren und das Fett weiterverwenden.

Den gut gewaschenen Lauch entweder durch die feinste Scheibe eines Fleischwolfs drehen oder ihn so fein wie irgendwie möglich hacken. Den Lauch in dem Fett andünsten. Stets mit einer Holzkelle bewegen. Der Lauch soll auf gar keinen Fall anbräunen oder gar anbrennen.

Unter Umrühren die heisse Milch und den Doppelrahm untermischen. Die Pfanne vom Herd ziehen und die fein gehackten frischen Kräuter und die Gewürze beifügen. Das Schweineblut unter stetem Umrühren mit einem Schwingbesen unterschlagen.

Einen sehr grossen Topf zu ⅔ mit Wasser füllen und dieses auf 80 Grad (Thermometer!) erhitzen (keinesfalls höher).

ZUBEREITUNG

1 | Die Blutwurstmasse in einen Milchkrug oder Ähnliches geben. Der Krug sollte einen guten Ausguss besitzen, der die Fülle nicht anzieht.

2 | Um die Blutwursthüllen abzufüllen, braucht es zwei (!) Personen: Die zweite Person hält mit der einen Hand die eine Seite der Öffnung, mit den Fingern der anderen Hand hält sie diese Öffnung offen. Die Person, die die Blutwürste aus dem Krug einfüllt, rührt immer wieder die Blutwurstmasse um, damit die Mischung eine Mischung bleibt und sich die festeren Bestandteile nicht am Boden des Krugs absetzen. Ist die Blutwurst zu ⅔ gefüllt, setzt die erste Person den Krug ab und verschnürt die obere Öffnung des Darms.

3 | Die fertige Blutwurst wird dann vorsichtig ins heisse Wasser gelegt und soll dort 25 Minuten pochieren. Vorsichtig herausheben und heiss servieren oder abgekaltet in einem Hauch Butter, noch besser in ein wenig Schweinefett, sanft brätеln und so wieder erhitzen.

ANRICHTEN

Blutwurst mit heissem Apfelmus, Kartoffelstock oder Gemüseallerlei servieren. Zur gebratenen Blutwurst wird gerne eine Beilage aus geschmolzenen, karamellisierten Zwiebelringen oder eine Zwiebelsauce gereicht.

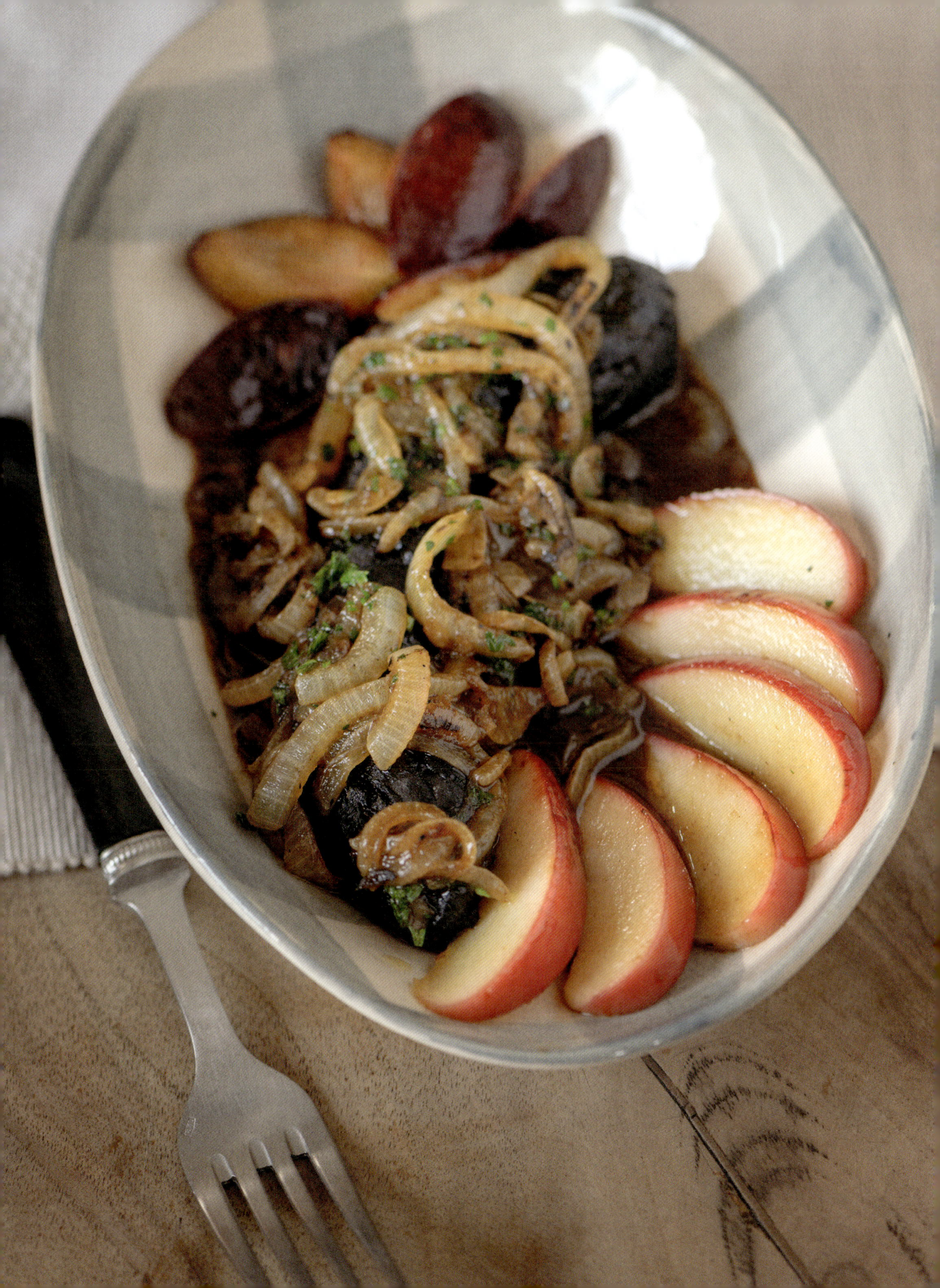

EINE KULINARISCHE REISE VON PEKING ÜBER LYON UND PARIS BIS NACH ZÜRICH

von Michael Merz

Die Schweinswädli tiefrot, wie die Sauce. Schlotzig, saftig glänzend und doch mit kross-knuspriger Kruste. Ein Duft, so appetitlich, dass sämtliche Säfte sofort im Mund zusammenliefen. Und dann – eben – die Sauce … Peking. Ein Peking der Vorgeschichte, so scheint es heute. Es waren die 1970er-Jahre und die Crème de la Crème von Frankreichs Köchen war nach China eingeladen worden. Michel Guérard, Paul Bocuse, Jean Troisgros und Alain Chapel. Dazu einige Journalisten. Es wurden 10 unglaubliche Tage, nicht nur weil zu jenen Zeiten alles so neu für jeden von uns war, auch, weil es nun, so viele Jahre zurück in der Erinnerung, wie eine Zeitreise in ein anderes Jahrtausend erscheint.

Die Köche wurden wachsam begleitet, waren meist in einer einzigen Gruppe versammelt. So, wie ein Trupp von Schafen dauernd von Hüterhunden umkreist wird, standen die Betreuer stets in der Nähe. Sie übersetzten was und wie sie es gerade wollten oder verstanden. Also sprachen die Franzosen untereinander Französisch und die Begleiter Chinesisch. Oder ein englisches Chinesisch, dass sie wohl für Französisch hielten. Alle waren auch sonst ein bisschen frustriert, denn was nutzten ihnen die unglaublich virtuos angerichteten fremden Speisen, wenn sie alle kalt waren auf dem Teller vor uns. Bocuse war wie immer der Mann der Idee. Und so schlichen die Köche spät nach Mitternacht – es muss der dritte oder vierte Tag ihres Aufenthalts gewesen sein – über die Hintertreppe des Hotels hinaus in die Nacht, in der Hoffnung, endlich etwas Freiheit auf einem Strassenmarkt in der Riesenstadt zu finden.

Man hatte die Gäste davor gewarnt, irgendwelche Speisen irgendeiner Strassenküche auch nur zu versuchen. Aber was war das für eine Warnung angesichts der Dinge, die da warteten? Nicht nur die fremden Gemüse, die lebendigen Fische und anderen Tiere, die hier, quasi als À-la-Minute-Küche, angeboten wurden. Die Garküchen, so einfach sie waren, sandten einen unglaublichen Schwall fremder, dichter, überaus appetitanregender Düfte aus. Die Farben, die fremden Zutaten, die so geschäftigen Menschen, die sie auf verhaltene Art beobachteten und die ihnen vorsichtig zulächelten. Man konnte nicht widerstehen … Und so ass auch ich zum ersten Mal «red cooked meat», rot gekochtes Fleisch. Schweinefleisch, um genau zu sein. Eines der allerklassischsten Chinagerichte, das es aber auch für Huhn und Fisch gibt. Dessen Geheimnis nicht nur das lange Schmoren in viel Sauce ist, sondern eben auch das Würzen mit Ingwer, zweierlei Sojasaucen, hellem Kandiszucker und viel Knoblauch. Nicht zu reden von Sternanis und Konsorten.

Das Resultat war dann in den nächsten Tagen eine doppelte Mannschaft von Betreuern und noch mehr kalter Charcuterie auf dem Teller, wie es Bocuse nannte. Aber klar profitierten alle Köche irgendwie von dieser Reise. Guérard kam mit der Idee für das aufgefächerte Dekorieren der Speisen auf dem Teller nach Hause. Eine Idee, die weltweit Furore machte. Bei den Gebrüdern Troisgros wurde nun die Entenbrust nicht mehr in dicken Schrägtranchen, sondern in feine Längscheiben, den sogenannten Aiguilettes, aufgeschnitten. Chapel nahm sich Sternanis und Ingwer als Gewürze sehr zu Herzen und legte von da an chinesische Ravioli in sein Pot-au-Feu de pigeon. Und sicher hatte sich sogar die kulinarische Welt der Journalisten damit verändert.

Nun war Schweinefleisch für uns alle und für die Franzosen schon immer das Fleisch der Bürger, der Bauern und der armen Leute gewesen. Allenfalls in Form von Schinken hatte es die fernen Höhen des Adels erreicht. Und – das vergisst man immer wieder – in der kunstvollen Form der Terrinen und Patés. Die französische Haute Cuisine hat daraus dann eine absolute Meisterschaft entwickelt. Sie verpackte nicht nur Trüffel und Gänseleber in einfache Terrinen, sondern perfektionierte auch die meisterhaft geschichtete und in eigens dafür erfundene Teige verpackte Paté en croute. Was wären diese ohne die schimmernd weissen, saftigen Würfel von feinem Schweinespeck? Was wären diese überhaupt ohne die sie umfassende, schützende Schicht hauchdünn geschnittenen Schweinerückenspecks? Was wäre denn der berühmte Schmorbraten Bœuf à la mode ohne diese erste Tranche Rückenspeck im tiefen Pfannengrund, auf die alles einge-

schichtet wird? Die das Gericht während des langen Garens von fast sechs Stunden vor dem Anbraten schützt, feucht hält und der Sauce die unvergleichliche Sämigkeit verleiht?

Oh Schweinefleisch! Wie sehr würdest du mir und meinem Leben fehlen, wenn es dich nicht gäbe. Und wie sehr müssen wir Kunden, Profi- und Hobbyköche, die Züchter und Viehbauern dafür sorgen, dass dieses Fleisch in allerbester Qualität heranwachsen kann. Klar, in meiner etwas sehr fernen Jugendzeit war es ganz normal, gutes Schweinefleisch zu essen. Nicht nur, weil wir solches in unserer Metzgerei anzubieten hatten, auch, weil es – so wollten es damals noch die Zeiten – einen Schweinestall gab, in dem immer wieder vier Tiere heranwuchsen. Es waren auch die Zeiten, in denen in meinem Dorf noch sehr viele Bauernhöfe lagen. Wenigstens ihre Wohnhäuser und Ökonomiegebäude standen noch kreuz und quer zwischen den Häusern, auch wenn es für sie durch Wohnblocks und grössere Überbauungen immer etwas enger wurde.

Die Winter, in denen wir Kinder auf dem Weg zur oder von der Schule an einer zünftigen Bauernmetzgete vorbeikamen, sind jedenfalls noch sehr präsent. Bauer Suter, Liechti und Dubach hatten irgendwann den Störmetzger geladen, obwohl wir Kinder nicht allzu nahe ans blutige Geschehen durften, weil Frau Suter oder Frau Dubach mit der Aufgabe betraut waren, unseren Kindertrupp mit einem Stallbesen wegzuscheuchen … Ich sehe noch heute, wie der Dampf aus der Brühwanne in die kalte Winterluft aufsteigt, in der das tote Schwein durch die Bauern von seinen Borsten befreit wurde. Wie es danach, in zwei Hälften geteilt, auf das Zerteilen wartete, während die Frauen des Hauses zusammen mit dem Metzger die Blutwürste befüllten, verschnürten und pochierten.

Viele Jahre später gab es dann ein weiteres, unvergessliches Schlachtfest. Es waren die «Fêtes de la Saint-Cochon», die Monsieur Chapel jeweils Anfang Februar mit seinen Freunden feierte. Eine Woche nach den Ferien, bevor das Haus wieder seine Türen aufmachte, lud der Koch seine besten Freunde, Winzer, Köche, Lieferanten zum Schlachtfest. Die grossen Winzer Henri Jayer, Gérard Chave, der alte Herr Ramonet, Jules Chauvet, der Weinweise aus dem Haut Beaujolais, und seine Schüler waren mit dabei. Dann – natürlich – Georges, der Metzger des Hauses, Père Lancelot, der die Gemüse für das Restaurant anbaute, und viel andere.

Es war wohl, was man ein bukolisches Fest nennen muss. Drei Tage, in denen aus der Sau alles wurde, was man aus so einem Tier überhaupt kochen kann. Von der Blutwurst über Salami bis hin zu Braten, Patés, Gelées, panierten Schweinefüsschen, Speck, Schinken, ausgelassenem Schweinefett. Selbstverständlich auch Rillettes, die beim Ausschwitzen des Fettes zurückbleiben und die mit etwas Fett, Salz und Gewürzen vermischt einen unglaublich guten, geradezu süchtig machenden Brotaufstrich ergeben. Nichts blieb. Was nicht gegessen wurde, wurde verschenkt und fand seinen Weg in die Taschen der Freunde, wenn sie zu ihren Höfen zurückkehrten. Was man dazu getrunken hat? Die Weine, die diese grössten Burgunder- und Côte-du-Rhône-Winzer in ihrem Handgepäck mitgebracht hatten.

Es gibt auch ein Buch, das es in diesem Zusammenhang zu empfehlen gilt. Erstaunlicherweise stammt auch dieses aus England und glücklicherweise ist das bereits 1967 erschienene Werk erneut aufgelegt worden. Jane Grigson hat es geschrieben und es trägt den Titel «Charcuterie and French Pork Cookery» – «Die Wurstmacherei und die Schweinefleisch-Küche der Franzosen» müsste die Übersetzung lauten.

Ein unglaubliches Kompendium an Rezepten. Es beginnt mit den bemerkenswerten Worten: «Es kann gesagt werden, dass die Zivilisation Europas erst durch das Schwein möglich wurde. Es war leicht zu domestizieren, war quasi der Aasgeier der Haushalte und der Dörfer, hat die Gegend dazu von Gestrüpp und Unterholz befreit, die Wälder von den Eicheln leer gefressen und war trotzdem mit einem Schweinekoben zufrieden – und ist darüber hinaus, gekocht oder eingesalzen, von Kopf bis Fuss eine erfreuliche Sache.» Dass es dieses Wundertier nicht wirklich bis in die Haute Gastronomie schaffte, war wohl doch seiner allgemeinen Nützlichkeit geschuldet. Aber die Küche der Regionen, die Bauernküchen und schliesslich jene der Hausfrauen haben damit unzählige Gerichte geschaffen.

Gustav Zumsteg, der legendäre Besitzer der «Kronenhalle», war ja auch ein bedeutender Zürcher Seidenherr in Paris geworden. Seine Firma «Abraham» entwickelte Stoffe mit und für die wichtigsten Modehäuser der Zeit. Und war er guter Laune, dann lud er wichtige Kundschaft und Mitarbeiter gerne in die Brasserie «Lipp» am Boulevard Saint-Germain, vis-à-vis vom «Café Flore» und «Les Deux Magots», zum Abendessen ein. Stets orderte er Kasseler Rippenspeer mit Linsen – geräucherte, gekochte Schweinerippchen auf einem saftigen Linsengemüse. Bistroküche halt. Küche mit Schweinefleisch. War Herr Zumsteg in Zürich, dann ass er am Freitag in seinem Lokal an der Rämistrasse jeweils ... Kasseler mit Linsen. Was denn sonst?

«SCHLOTZIG, SAFTIG GLÄNZEND UND DOCH MIT KROSS-KNUSPRIGER KRUSTE. EIN DUFT, SO APPETITLICH ...»

GERÄUCHERTES SCHWEINSSTEAK NACH MARIA UND FRANZ KOCH

*Für ca. 3,5 kg Geräuchertes
(der Gewichtsverlust liegt bei ca. 1/3)*

Als die Welt noch in Ordnung war, der Bauer um vier Uhr früh aufstand, um ein paar Aren Wiese zu mähen, waren Znüni und Zvieri feste Bestandteile im Tagesablauf eines Landwirts. Die Zeiten haben sich geändert. Glücklicherweise. Aber ein Zvieri wie dieser, im Schatten einer Pergola wilder Reben oder unter dem Vordach einer Gartenlaube, bleibt ein sommerlicher Traum, der sich erfüllen lässt. Denn erst kommt die Arbeit …

ZUTATEN

- 5 kg Schweinscarré, ca. 4 Stück, pariert, aber immer noch von einer dünnen Fettschicht bedeckt
- 300 g Salz
- 1 EL Pökelsalz oder «Council Konserv Salz» (beides in einer Drogerie, Apotheke oder beim Metzger erhältlich)
- 1 EL schwarzer Pfeffer, frisch gemahlen
- 1 Knoblauchzehe, frisch durchgepresst
- getrocknete Kräuter nach Wahl: Majoran, Thymian, Rosmarin usw.
- ca. 1 dl Cognac
- 1 Medizinalspritze (aus der Drogerie oder Apotheke)

ZUBEREITUNG

1 | 1. TAG Eine Handvoll Salz mit dem Pökelsalz vermischen. 5 dl Wasser aufkochen und das Salzgemisch darin auflösen. Erkalten lassen.

2 | Das Fleisch mit kaltem Wasser abwaschen. Gut mit Küchenpapier trocknen und dann im Raum stehen lassen, damit das Fleisch komplett trocknet.

3 | Die Spritze mit der vorbereiteten Salzlake füllen und jedes Carré an vier Orten damit «impfen»: vordere, hintere Schnittstelle und oben und unten (Fettseite, Knochenseite).

4 | Pfeffer, Knoblauch und Kräuter mit dem restlichen Salz mischen und die Carrés damit kräftig einreiben.

5 | Die Carrés in eine Box, in die sie perfekt passen, satt einfüllen. Mit dem restlichen Salzgemisch überstreuen. Das Salzwasser, das vom «Impfen» übrig geblieben ist, darübergiessen. Zudecken und an einem kühlen Ort (Keller) für eine Nacht bei 4–8 Grad reifen lassen.

6 | 2.–6. TAG Die Carrés in der Box wenden und erneut so satt wie möglich einlegen. Mit so viel frisch gekochtem und abgekaltetem Wasser übergiessen (es kann auch destilliertes Wasser sein), dass das Fleisch vom Wasser vollständig bedeckt ist. Den Cognac darübergiessen. Alles erneut zudecken und am kühlen Ort weitere 4–6 Tage durchziehen lassen.

FORTSETZUNG >

Fortsetzung

RÄUCHERN

Die Carrés aus der Lake heben und kalt abwaschen. Erneut mit Küchenpapier trocknen. Mit einer Küchenahle/Spickahle oder einer Küchengabel an einem Ende jeweils 2 Löcher stechen. Durch diese Löcher Hanf-Küchenschnüre ziehen und zu Schleifen verknoten. Die Carrés an den Schleifen für 1 Tag an einem kühlen Ort (Keller, Kühlschrank) aufhängen.

In einer Rauchkammer ein Feuerchen aus Fichtenholz entzünden und dieses zur Glut niederbrennen lassen. Jetzt frische Weisstannenzweige auf die Glut legen und die Carrés über den entstehenden Rauch hängen, allerdings mit einem möglichst grossen Abstand zur Rauchquelle (bis zu 6 Metern!). Dies ist die sogenannte Kaltrauchmethode, bei der das Räuchergut in einem Rauchklima von ca. 15–25 °C kalt geräuchert wird.

Dieser Vorgang sollte während 2–4 Tagen täglich vier Mal wiederholt werden. Man beendet den Räuchervorgang je nach persönlicher Vorliebe und Farbe der Carrés.

Die Carrés belässt man danach in der Rauchkammer. Sie reifen dort während 2–3 Wochen nach.

REIFEPRÜFUNG

Diese erfolgt durch Fingerdruck. Man nimmt dazu das Fleischstück zwischen Daumen und Zeigefinger und drückt das Fleisch leicht zusammen. Reifes Rauchfleisch ist nicht hart, aber auf gar keinen Fall lappig. Es besitzt eine Festigkeit, die sich mit jener eines à point gebratenen Entrecôtes vergleichen lässt.

ANRICHTEN

Dieses Rauchfleisch wird stets hauchdünn aufgeschnitten weiterverwendet. Dazu servieren Sie am besten dünne Scheiben eines Sauerteigbrotes, aber auch St. Galler Bürli, Pain Paillasse, Kernenbrot, Hausbrot oder Pumpernickel passen perfekt. Sie bestreichen eine Tranche mit etwas Käsereibutter und belegen alles mit den Carrétranchen. Besser geht nicht.

Eine andere Möglichkeit: Servieren Sie die Carrés als Beilage zu einem gemischten Blattsalat, der mit einem Nuss- oder Beerendressing angemacht wurde. Reiben Sie etwas frischen Meerrettich darüber (kann auch eingerollt werden). Belegen Sie eine Carrétranche mit einer dünnen Scheibe Bergkäse und rollen Sie alles wie ein Cornet tütenförmig ein. Weiter können Zwiebelringe, Scheibchen von Essiggurken, Rucola, dünne Tomatenscheiben und auch Basilikumblätter mit eingerollt werden. Servieren Sie das Ganze auf einem Holzbrett.

Dazu passen hervorragend Dörrfrüchte, Früchtebrot, Senffrüchte, Apfelwein oder Most, weisse Apéroweine, Prosecco, Champagner oder rote Landweine.

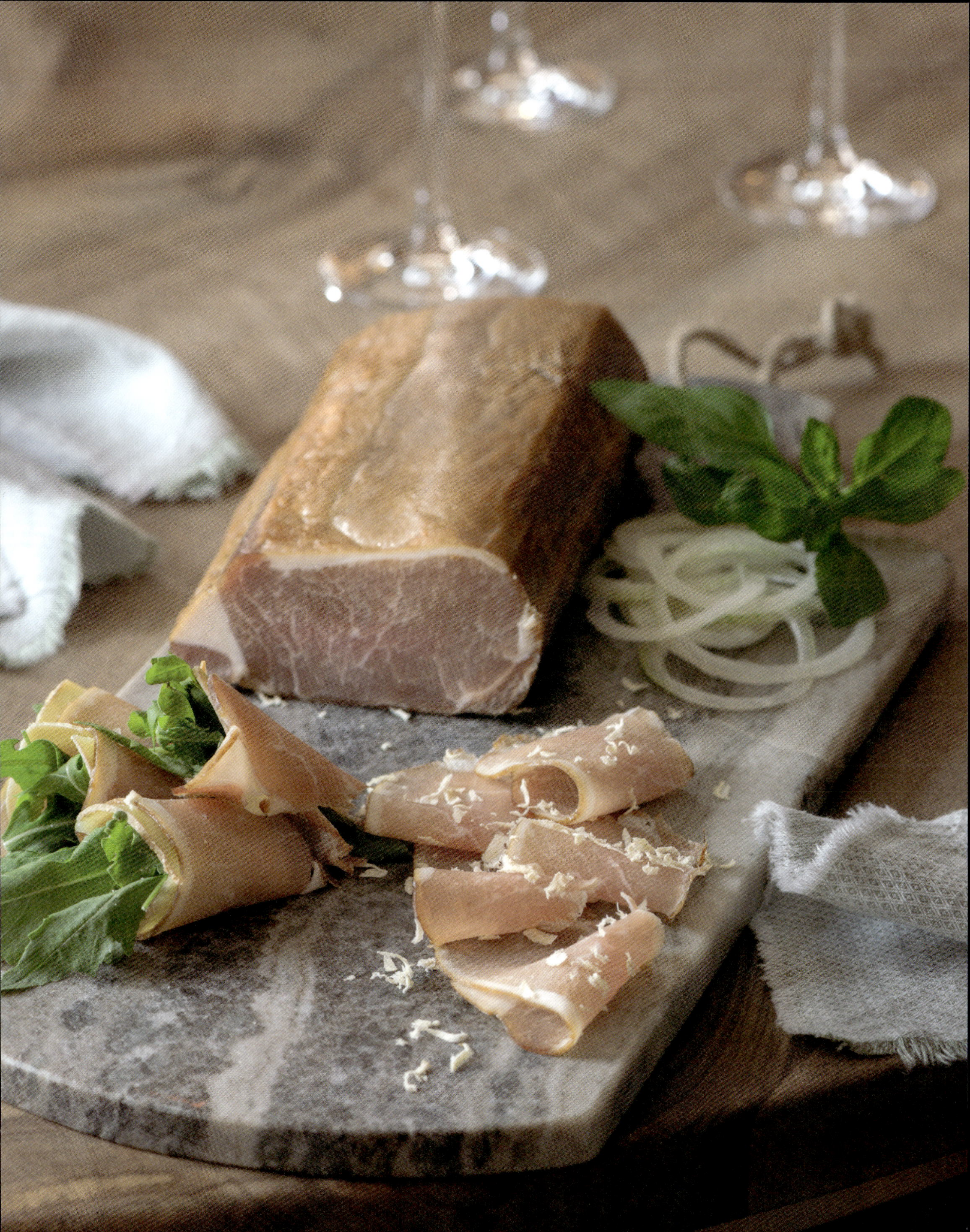

SCHWEINSHAXE, MIT HONIG GEBRATEN

Für 4 Personen

Und noch einmal China. Wenn auch in einer überaus eleganten Variation auf das Thema süss-saures Schweinefleisch. Aber um so vieles raffinierter als die bayerische Schweinshaxe oder das traditionelle Eisbein. Nichts dagegen, aber wenn etwas mit dem gleichen Aufwand besser werden kann, dann sollte man sich dieses Besser gönnen!

ZUTATEN

- 2 Schweinshaxen, ohne Schwarte (ungesalzenes Wädli, von der Schwarte befreit)
- 1 Zwiebel, in Stücken
- 1 Karotte, in Stücken
- 1 Gewürznelke
- 1 Lorbeerblatt
- 1 Wacholderbeere
- Honig, erwärmt und damit flüssig gemacht
- 20 g Rapsöl
- 20 g Butter
- Gewürzsalz oder Salz und Pfeffer aus der Mühle

Preiselbeerkompott
- 100 g Zucker
- 250 g Preiselbeeren

Ausserdem
- Meerrettich, frisch
- Johannisbeergelée
- Dijonsenf

VORBEREITUNG

Die Schweinshaxen mit Gemüsen und Gewürzen ca. in 90 Grad heisses, gesalzenes Wasser legen. Zum Köcheln bringen. Für 1,5 Stunden dort halten. Dann die Haxen vorsichtig herausheben und rundum gut mit Küchenpapier trocknen. Grosszügig mit Honig einpinseln.

Für das Kompott den Zucker in einem Pfännchen schmelzen lassen. Erreicht es das dunkelgelbe Stadium vor dem braunen Karamellstadium, die gut gewaschenen Preiselbeeren zufügen und alles zusammen einkochen. Wenn die Preiselbeeren ihren Saft lassen, den Deckel auflegen und die Pfanne zur Seite ziehen. Reservieren.

ZUBEREITUNG

1 | Den Bratofen auf 150 Grad vorheizen

2 | Die eingepinselten Haxen würzen und im mit Butter heiss gemachten Öl rundum anbraten. In einem Schmortopf in den vorgeheizten Bratofen schieben und dort in ca. 30 Minuten fertig braten. Immer wieder mit Honig einpinseln.

ANRICHTEN

Das Preiselbeerkompott in einem Töpfchen in die Tischmitte stellen. Mit Meerrettich, Senf und Johannisbeergelée begleiten.

Den Knochen aus den Haxen entfernen, das Fleisch quer zur Faser in 3 mm dicke Tranchen schneiden und auf warmen Tellern anrichten.

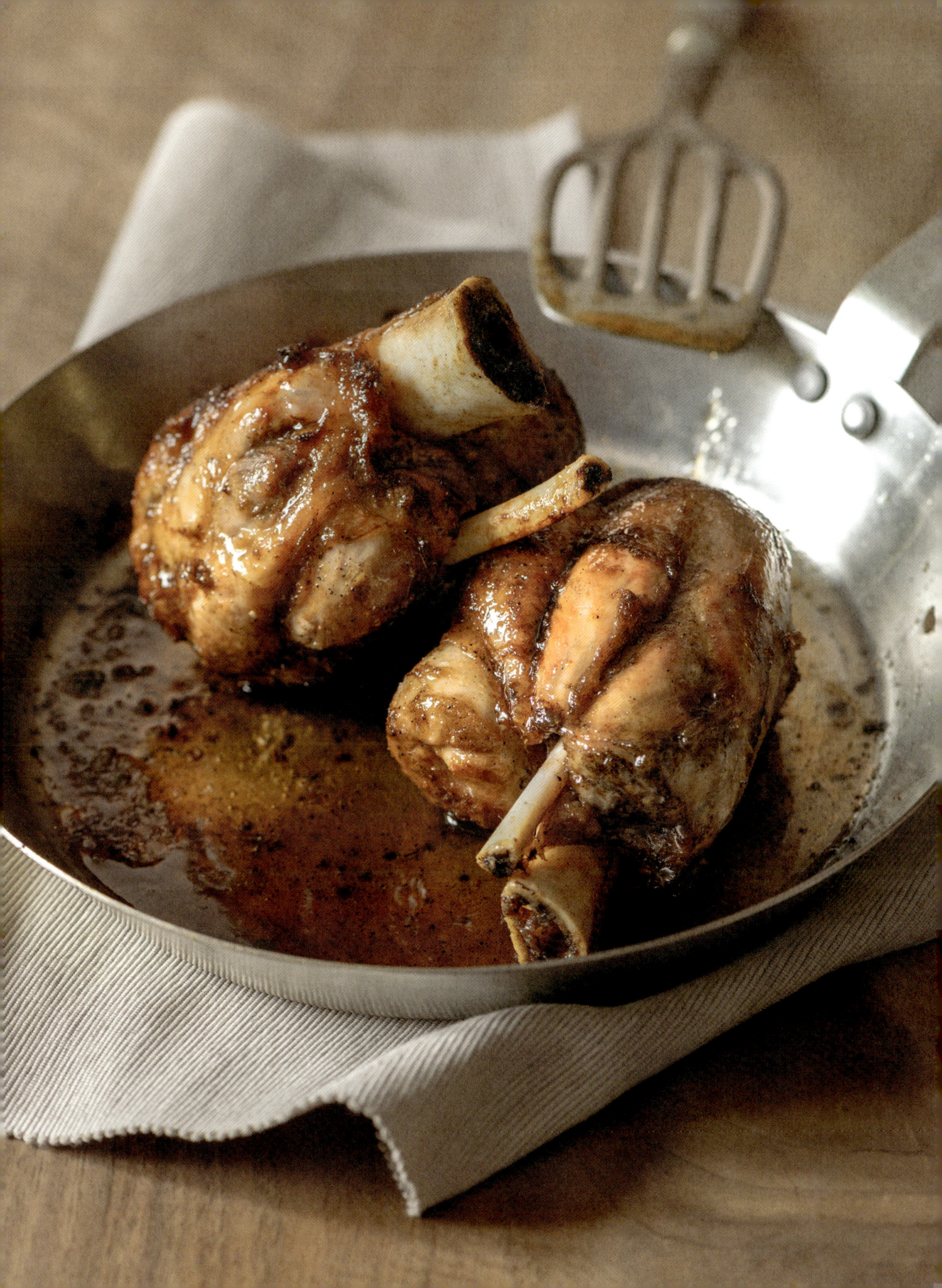

GEWÜRZSPECK MIT SCHWARTEN-KNUSPERKRUSTE

Für 4 Personen

Die moderne Küche setzt auf dem Teller gerne verschiedene Konsistenzen möglichst appetitlich gegeneinander. Da trifft dann das Schlotzige auf Festes, das Weiche auf Knuspriges. Und weil Köche gewohnt sind, alles, was sie verkochen, auch zu verbrauchen, wird aus einer ungeliebten Schweineschwarte eine knusprige Zugabe zum lange in raffinierter, moderner Weise gekochten saftig-aromatischen Speck.

ZUTATEN

- 1 kg Speck, mit Schwarte, ohne Knorpel, ungesalzen, sogenannter grüner Speck
- Mischung nach persönlichem Gutdünken aus:
  Koriandersamen
  Kreuzkümmelsamen
  schwarzer Pfeffer aus der Mühle
  Lebkuchengewürz
  rote Thai-Curry-Paste
  Sojasauce, süss
  Sesamöl
- etwas Paniermehl
- etwas Rosmarin, frisch
- etwas Thymian, frisch
- Gewürzsalz (s. S. 136)

VORBEREITUNG

Die Koriander- und Kreuzkümmelsamen zerstossen und mit den restlichen Gewürzen, der Paste, der Sojasauce und dem Sesamöl vermengen. Den Speck grosszügig damit einreiben.

Das Fleisch in einen kochfesten Vakuumbeutel einschweissen. Allfällig überschüssige Gewürze und Paste mit in den Beutel geben. Den Bratofen auf 65 Grad vorheizen.

Den Beutel auf ein passendes Blech legen, in den Bratofen einschieben und dort 24 Stunden sanft garen oder den Beutel in eine passende Pfanne legen, mit Wasser auffüllen und einen Tauchsieder, dessen Temperatur man regeln kann, hineinlegen. Diesen auf 65 Grad einstellen. Den Speck auf diese Weise für 24 Stunden sanft garen.

ZUBEREITUNG

1 | Nach dem Garen den Vakuumsack öffnen, den Speck herausnehmen, die Schwarte lockern und dann mit der Hand abziehen oder wegschneiden.

2 | Die Schwarte klein würfeln (3 mm) und in einem sehr leistungsfähigen Mixer sehr fein mixen. Nach und nach das Paniermehl sowie den fein geschnittenen Rosmarin und Thymian untermixen. Es soll eine zähe Masse entstehen.

3 | Den Backofen auf 70 Grad vorheizen.

4 | Diese Masse auf ein Backpapier streichen. Ein zweites Backpapier darüberlegen und die Masse nun auf ca. 1,5 mm Dicke auswallen. Das obere Backpapier abziehen. In den leicht offenen Backofen einschieben und dort während ca. 12 Stunden knusprig trocknen.

5 | Die Knusperkruste in appetitliche Stücke brechen.

6 | Den Speck in ca. 1 cm dicke Tranchen schneiden. Mit etwas Gewürzsalz überstreuen. Mit einem Hauch Rapsöl bestreichen. In der Grillpfanne oder auf dem Holzkohlegrill auf beiden Seiten markieren.

ANRICHTEN

Eine Gewürzspecktranche auf warmen Tellern zu einem Rahmsauerkraut anrichten. Mit einem Stück Knusperkruste garnieren.

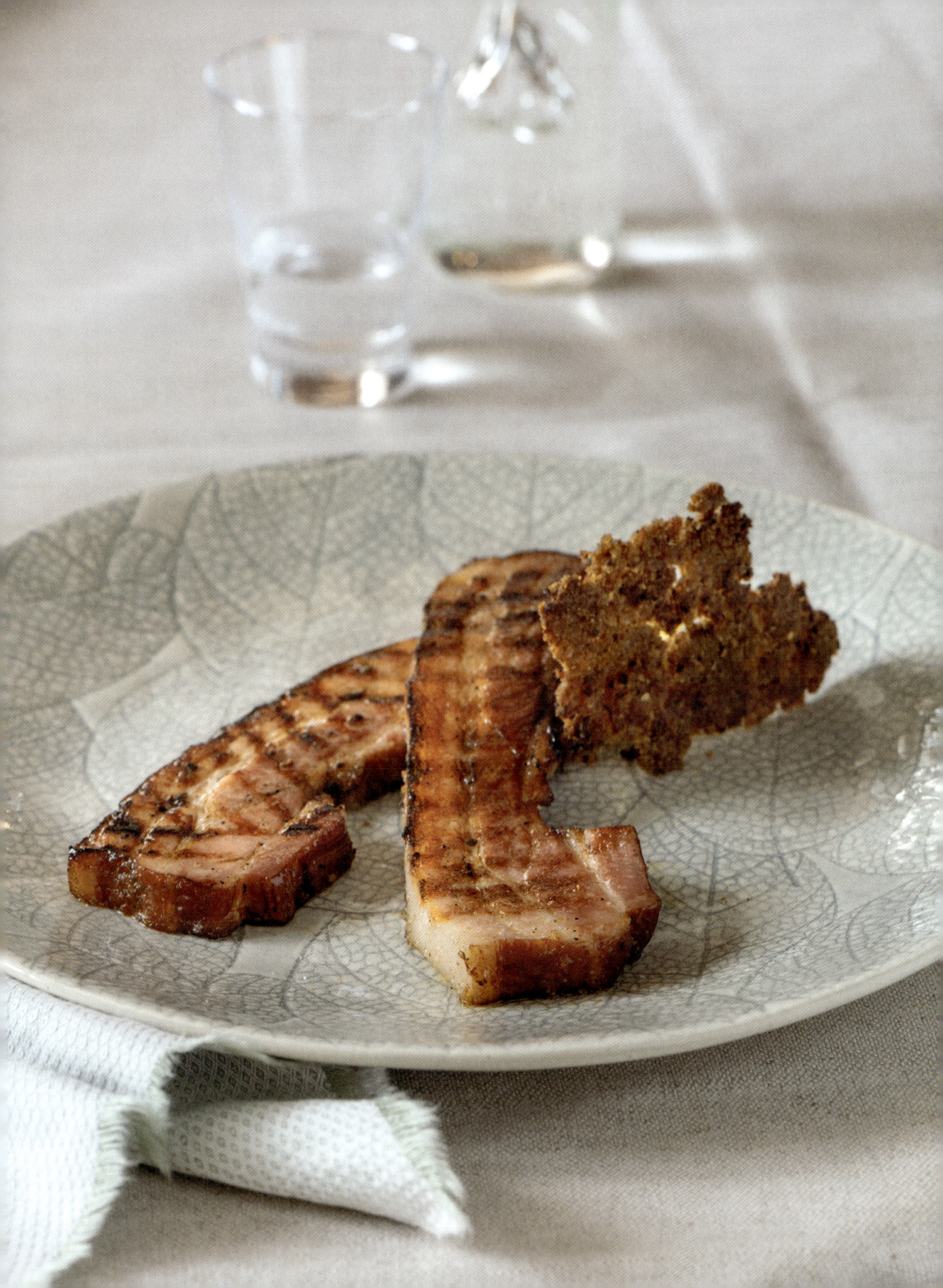

GESCHNETZELTES SCHWEINSHÜFTCHEN AN PILZRAHMSAUCE MIT RÖSCHTI

Für 4 Personen

Das eine ohne das andere geht nicht. Wo Geschnetzeltes draufsteht, muss auch Röschti dabei sein. Für Markus Wicki ist das eine sogenannte «rohe Röschti» und für Geschnetzeltes nimmt er kein Kalbfleisch, sondern das kräftigere Schweinefleisch von der Huft. Es ist ein zwar feinfaseriges, aber doch substanzielles Fleisch. So entsteht ein wunderbares Gericht, das Finesse mit Kraft verbindet. Rustikalität mit Eleganz.

ZUTATEN

- 560 g Schweinefleisch von der Huft
- 200 g Champignons (oder andere Pilze der Saison: Morcheln, Steinpilze, Shitake etc.)
- Gewürzsalz
- Rapsöl
- Butter
- Weissmehl
- 1 EL Zwiebel oder Schalotte, fein gewürfelt
- 1 dl Kalbsfond, braun
- 3 dl Rahm
- wenig Cognac oder Weisswein
- Gewürzsalz
- 1 EL Prezzemolo, fein geschnitten

Röschti

- 920 g Kartoffeln, fest auskochend, geschält
- schwarzer Pfeffer, Salz
- 80 g Schweinefett
- 50 g Butter

VORBEREITUNG

Die Schweinshuft entlang der mittleren Sehne zweiteilen. Die Sehne herauspräparieren. Die beiden Stücke mit der Faser in Längsstücke schneiden, dann quer zur Faser Stücke von 3 mm Dicke schneiden.

Die Champignons in Spalten schneiden. Reservieren.

Die Kartoffeln auf der Röschtiraffel raffeln. Roh salzen und pfeffern und danach mit der Hand kräftig ausdrücken.

ZUBEREITUNG

1 | Für die Röschti entweder eine grosse Pfanne oder noch besser kleinere Portionenpfännchen heiss werden lassen. Das Schweinefett hineingeben und die Kartoffeln darauf verteilen. Nach einigen Minuten die Butter über die Kartoffeln verteilen. Ist die Röschti unten goldgelb gebacken, wenden und auch die andere Seite goldgelb braten.

2 | Das Fleisch mit dem Gewürzsalz kräftig würzen, etwas mehlieren. Das Öl und dann die Butter in einem Pfännchen kräftig erhitzen und das Fleisch in kleinen Portionen kurz anbraten. Herausnehmen und locker mit Alufolie bedeckt reservieren.

3 | Die Champignons in der gleiche Pfanne gut anbraten (allenfalls noch etwas mehr Rapsöl und Butter zugeben). Die Zwiebelwürfelchen zugeben. Nochmals mit Gewürzsalz würzen. Mit dem Kalbsfond aufgiessen und aufkochen. Den Rahm zugeben. Auf die gewünschte Saucenkonsistenz einköcheln.

4 | Mit Cognac oder Weisswein vorsichtig abschmecken. Das Fleisch in die Sauce legen und alles durchrühren. Auf keinen Fall darf das Gericht zum Kochen kommen! Mit Prezzemolo überpudern.

ANRICHTEN

Je eine Röschti (oder ein Stück der grossen Röschti) auf heisse Teller legen. Mit schwarzem Pfeffer bestreuen. Etwas vom Geschnetzelten dazu schöpfen und sofort auftragen.

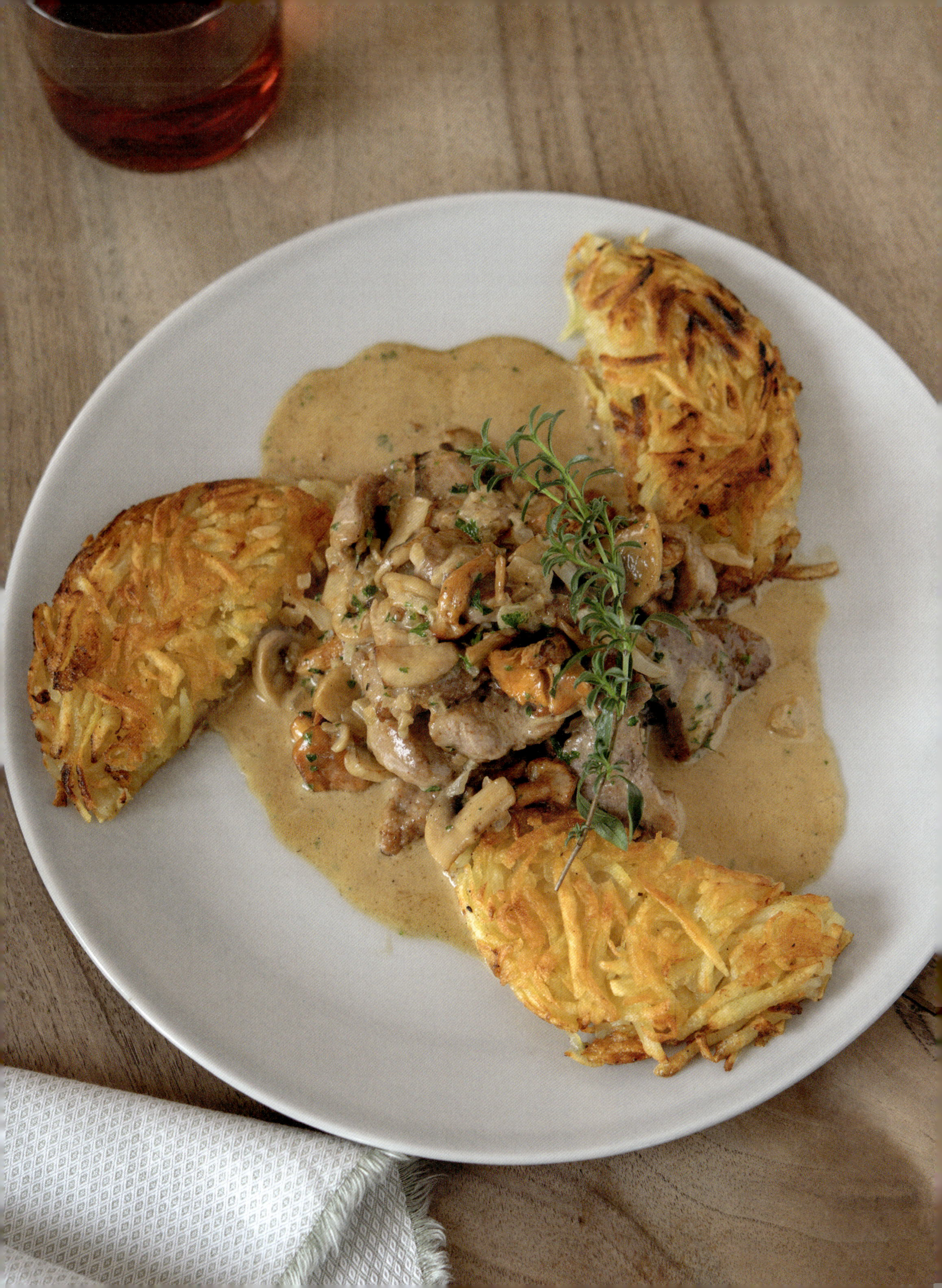

GESCHMORTE SCHWEINSBRUSTSCHNITTEN MIT POMMERY-KARTOFFELPÜREE

Für 4 Personen

Wie kann man Nachhaltigkeit anders beschreiben als durch dieses Rezept? Ein Stück Fleisch, das wir allenfalls gesalzen und geräuchert kennen, wird hier zum überaus feinen Sonntagmittagessen. Mit einer sämigen Sauce im Seeli im pfiffig aufmontierten Kartoffelstock. En Guete mitenand.

ZUTATEN

- 1 kg Schweinsbrust, am Stück, ungesalzen
- Salz und Pfeffer aus der Mühle oder Gewürzsalz
- etwas Weissmehl
- 25 g Rapsöl
- etwas Butter
- 400 g Wurzelgemüse (Rüebli, Sellerie, Zwiebel), in 7 mm grosse Würfel geschnitten
- 1 Knoblauchzehe, ganz
- 1 l brauner Kalbsfond (oder Bratensauce oder mit etwas Wasser aufgelöstes Tomatenpüree)
- 5 dl Rahm (1)

Kartoffelpüree

- 1 kg Kartoffeln, mehlig auskochend
- 3 dl Milch
- etwas Rahm (2)
- 50 g Butter
- Salz und Muskatnuss frisch aus der Mühle
- etwas Olivenöl
- 2 EL Moutarde de Pommery
- frische Käuter nach Belieben

VORBEREITUNG

Die Schweinsbrust quer zur Länge in 16 dicke Tranchen schneiden. Diese einmal falten und mit etwas Küchenschnur am Ende zusammenbinden.

Diese Paketchen sehr kräftig würzen und im Weissmehl wenden. Das überschüssige Mehl abklopfen.

Die Schweinebrustpaketchen im heissen Öl, dem etwas Butter beigegeben wurde, rundum anbraten. Reservieren.

ZUBEREITUNG

1 | Das Wurzelgemüse und den Knoblauch in der gleichen Pfanne, in der die Brustschnitten angebraten wurden, andünsten. Würzen und ebenfalls reservieren.

2 | Den Bratsatz mit dem Kalbsfond ablöschen. Die Schweinsbrustschnitten hineinlegen. Für ca. 45 Minuten zugedeckt köcheln. Die reservierten Gemüse dazulegen. Nochmals ca. 15 Minuten köcheln. Dann das Fleisch und die Gemüse aus der Sauce stechen und reservieren.

3 | Den Kalbsfond etwas reduzieren, aber nicht zu sehr. Rahm (1) beigeben und auf Saucenkonsistenz einköcheln. Sauce passieren und aufmixen. Abschmecken.

4 | Die Sauce über Fleisch und Gemüse geben. Alles ziehen lassen.

5 | Für das Püree die geschälten Kartoffeln in kaltem, gut gesalzenem Wasser aufsetzen und weich kochen. Würfeln und im offenen Backofen bei 50 Grad etwas trocknen lassen.

6 | Milch, Rahm (2) und Butter einmal aufkochen. Etwas Muskatnuss dazureiben. Kartoffelwürfel durch die Kartoffelpresse direkt hineinpressen.

7 | Mit dem Schneebesen zu Püree rühren. Abschmecken. Den Senf unterrühren und mit etwas Olivenöl nachwürzen.

ANRICHTEN

Die Schnur von den einzelnen Brustschnitten entfernen. Auf jeden Teller etwas Kartoffelpüree geben und je zwei Brustschnitten dazubetten. Mit etwas Sauce umgiessen und alles mit gehackten Kräutern überstreuen.

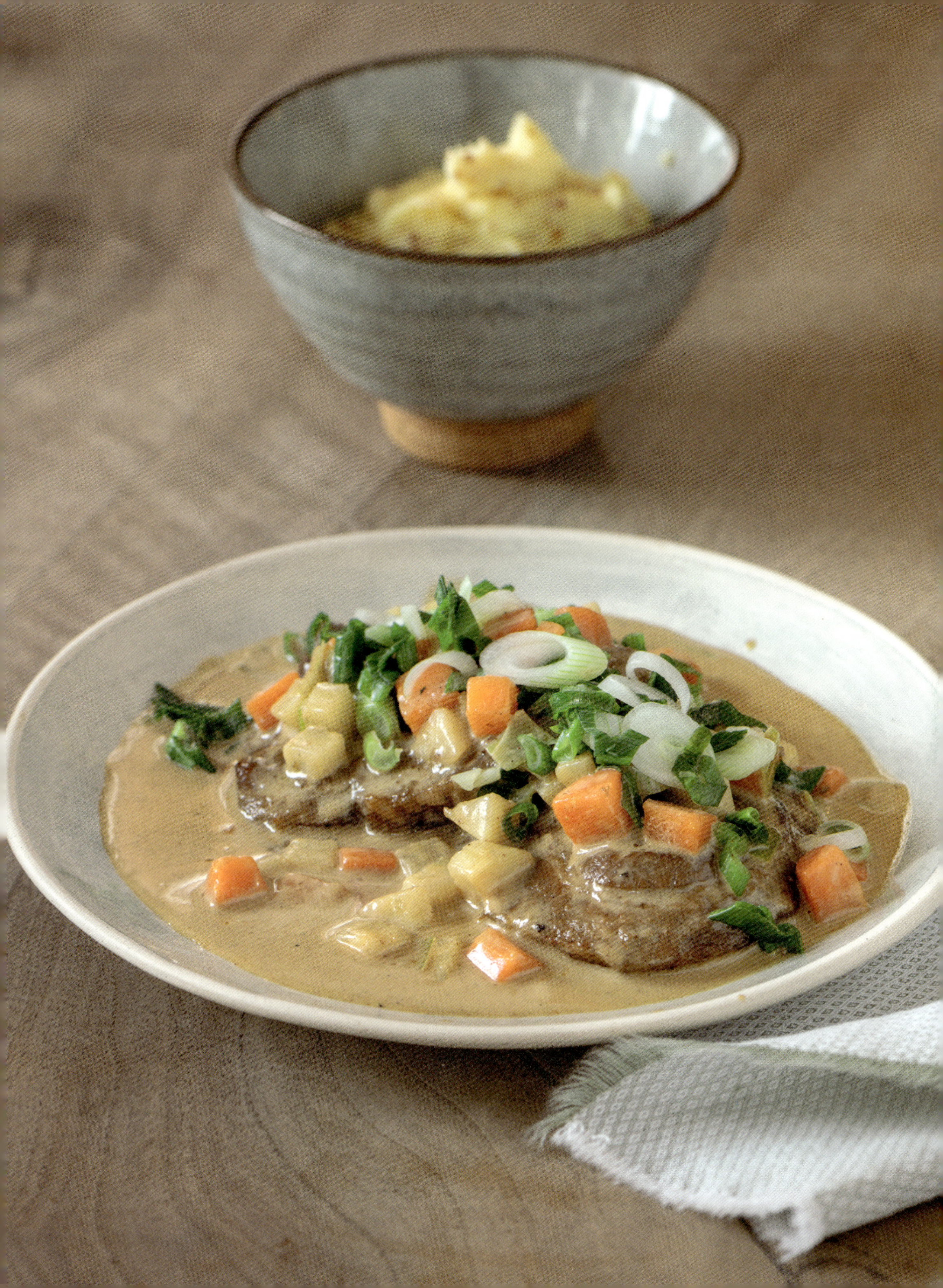

SCHWEINSHACKBRATEN, HACKBÄLLCHEN ODER BURGER

Für 4 Personen
(ergibt 1 Hackbraten, 24 Hackbällchen, 4 bis 8 Burger)

Das, was man einen «All-Time-Favorite» nennt. Nichts ist mit einem wahrhaft guten, saftigen, chüschtigen Hackbraten zu vergleichen. Nicht die etwas grobe Struktur, die unter den Zähnen eine Fülle von Aromen entwickelt. Nicht der Duft all der Kräutchen und Gewürze, die sich ihm innig einverleibt haben, was das Fleisch und seine sämige Sauce in ganz neuen Kombinationen wieder erstehen lässt. Ja, diese Sauce. Macht Arbeit, aber schmeckt!

ZUTATEN

- 500–600 g Schweinefleisch, mittelgrob gehackt
- 4 EL Paniermehl (selbst gemacht aus getrocknetem Brot)
- etwas Milch
- 3 EL Peterli, fein geschnitten
- 1 Zwiebel, fein gewürfelt
- 1 Knoblauchzehe, gepresst
- etwas Rahm
- 1 Ei (fakultativ)
- 1 EL Senf, scharf
- etwas Gewürzsalz (hausgemacht, siehe unten)
- etwas Kreuzkümmel
- Salz und Pfeffer aus der Mühle
- Rapsöl
- Butter

Brauner Jus
- 800 g Kalbsknochen (oder halb Kalb, halb Schwein)
- wenig Rapsöl
- etwas Knoblauch, gewürfelt
- 100 g Lauch, grob geschnitten
- je 250 g Röstgemüse aus Rüebli, Sellerie, Zwiebel, grob gewürfelt
- Tomatenpüree
- Salz
- 2 TL Maizena

Gewürzsalz
80 % Salz, 5 % Paprika edelsüss, 10 % schwarzer Pfeffer aus der Mühle, 5 % Curry, dazu getrocknete, fein gerebelte italienische Kräuter wie Thymian oder Majoran nach Belieben

VORBEREITUNG

Für den braunen Jus werden erst die Knochen im 220 Grad heissen Bratofen rundum angebraten. Dies geschieht am besten ohne viel Fettstoff. Wenig Rapsöl reicht für den Beginn völlig.

Knoblauch, Lauch und Röstgemüse zu den Knochen geben und ebenfalls rundum anrösten. Dann das Tomatenpüree zufügen und dieses etwas anrösten. Salzen. Alles mit Wasser auffüllen, sodass es knapp bedeckt ist, und nun verkochen lassen. Insgesamt soll dreimal Wasser zugeschüttet und verkocht werden. Das letzte Mal nur bis zu ¼. Dieser Jus wird abpassiert, entfettet und schliesslich mit wenig Maizena, das in wenig kaltem Wasser aufgelöst wurde, gebunden. Der Jus sollte eine leicht sossige Konsistenz besitzen.

Für den Hackbraten das Paniermehl mit etwas Milch zu einem nicht zu dünnen Päschteli mischen. In einer grossen Schüssel sämtliche Zutaten bis und mit Kreuzkümmel vereinen (inklusive des Paniermehls). Alles sehr sanft, innig, aber nicht zu fest vermengen. Abschmecken und ein Bällchen davon rundum anbraten. Verkosten und die Würze der Masse allenfalls nochmals angleichen. Den Braten in die gewünschte Form bringen. Mit nassen Händen aussen glattstreichen und kühl stellen. Wenn Sie Hackbällchen machen, diese formen und ebenfalls kalt stellen. Burger zu gut 1 cm dicken Steaks formen und kalt stellen.

FORTSETZUNG >

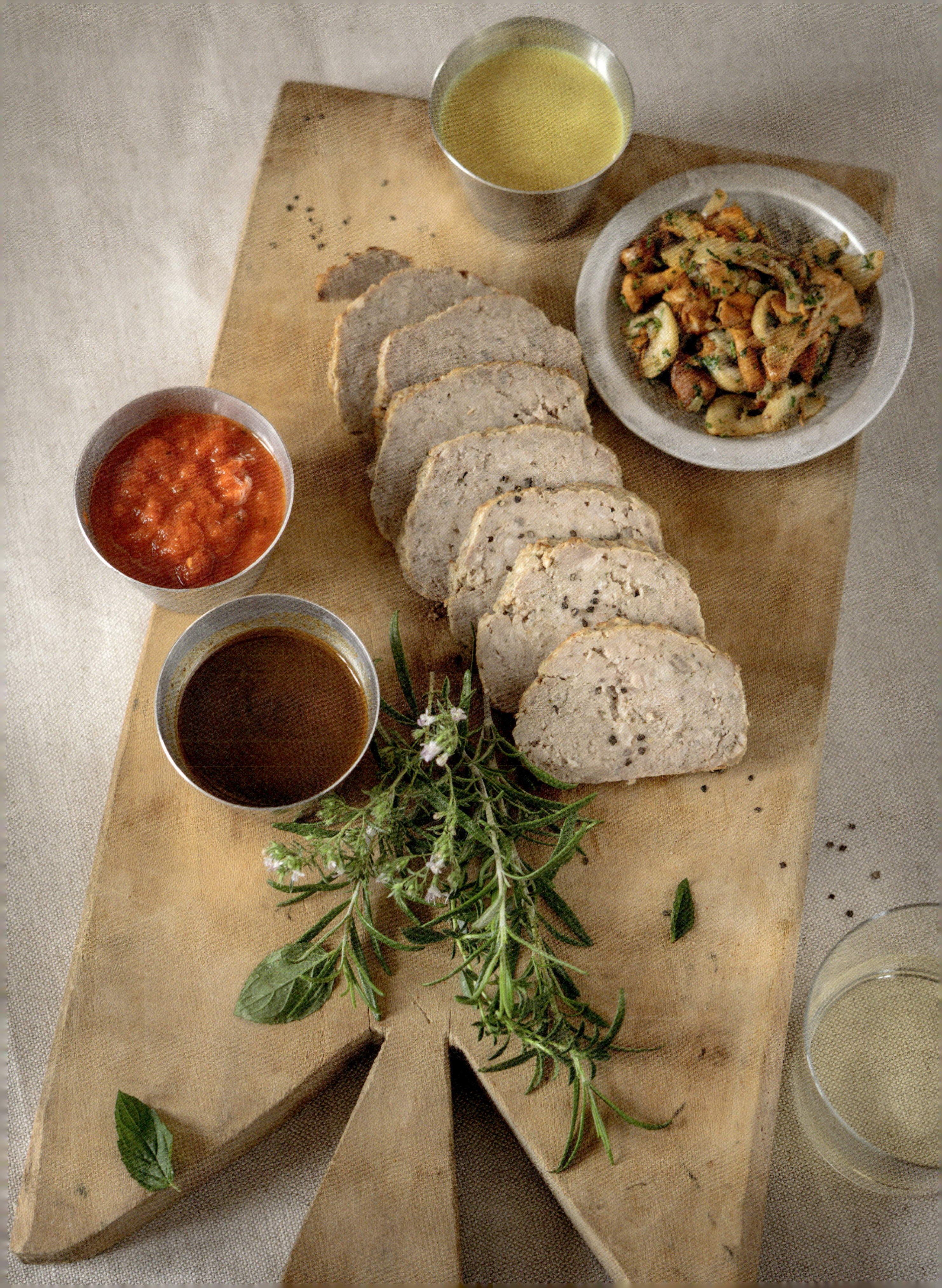

Fortsetzung

ZUBEREITUNG

1 | Die Hackbällchen in etwas Rapsöl mit wenig Butter rundum braten. In etwas braunem Jus, etwas Tomatensauce oder einer Currysauce servieren.

2 | Den Burger auf beiden Seiten in Sonnenblumenöl anbraten. Das Fleisch muss durchgebraten sein. In einem der Höhe nach halbierten und getoasteten Bunny mit etwas Essiggurke oder rohen Gurkenscheiben und etwas Tomate servieren.

3 | Den Hackbraten in einem 200 Grad heissen Bratofen in einer vorher aufgeheizten Bratenschüssel in etwas Rapsöl mit etwas Butter rundum anbraten. Vorsichtig wenden. Beträgt die Kerntemperatur 55 Grad (Fleischthermometer), wird der Braten allenfalls mit etwas braunem Jus ergänzt und heiss serviert.

VARIANTE

3 | Sie braten den Hackbraten auf dem Herd in einer Pfanne an, vollenden ihn mit etwas braunem Jus. Hat die Kerntemperatur 55 Grad erreicht, den Braten für einen Moment durchziehen lassen und auftragen.

4 | Der Braten kann kalt aufgeschnitten und zu einem Salat aufgetragen werden. Auch Burger und Hackbällchen können, einmal gebraten, kalt aufgetragen werden.

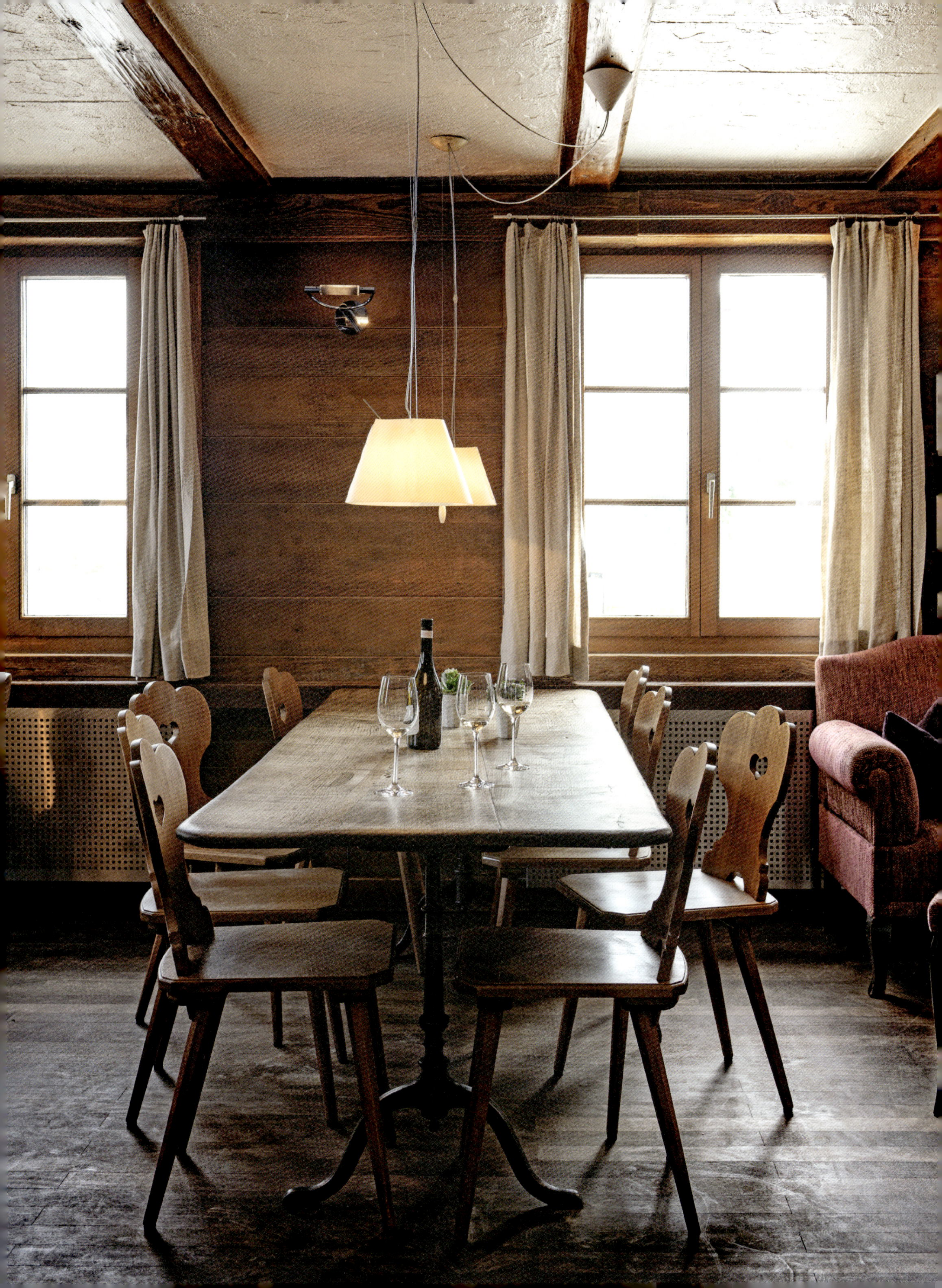

MARKUS WICKI

Restaurant und Hotel Hirschen | Oberkirch LU

«Ich bin mit der Küche meiner Mutter aufgewachsen. Sie hat das Regiment im ‹Hirschen› von ihrer Schwiegermutter übernommen und, wenn jene für ihre Fische aus dem Sempachersee und eine rustikale Innereienküche bekannt geworden ist, so hat meine Mutter Maria dieses Angebot in die Richtung der gutbürgerlichen Sonntagsküche ausgeweitet.»

Wieso er selbst Koch geworden ist? «Ich wollte unbedingt etwas mit meinen Händen tun» und: «Ich war einfach zu faul, um gerne in die Schule zu gehen», aber auch, dass ihn seine Eltern zu keiner bestimmten Berufswahl drängten, hatte einen Einfluss darauf. Die Entscheidung habe er selber treffen müssen.

Er wurde und blieb Koch, weil er – Glück oder Zufall? – nach der Lehre zu einer ganzen Reihe von ausserordenlichen Küchenchefs jener Tage kam. Da ist Dario Ranza als Erster zu nennen. Dann sein Küchenfreund Gerd Reber, der ihm von Stucki erzählte und ihn unbedingt zu diesem bringen wollte. Doch dahin führte erst der Umweg über den legendären Max Kehl in Zürich. Im «Chez Max» bekam er vor dem Vorstellungsgespräch erst einmal ein ganzes Menü vorgesetzt, um danach von Max mit «Wie hat es Ihnen denn geschmeckt?» befragt zu werden. «Genial» war die klare Antwort und gerne trat der Luzerner bereits ein paar Tage später seinen Dienst in Zollikon am Zürichsee an.

Rasch wird er in eine Chefposition befördert. Schon ist er aber auf dem erneuten Absprung. Hans Stuckis legendäres «Bruderholz» ist die ersehnte, nächste Station.

Auch dort war der junge Mann bald «in command» und es hätte noch lange so weitergehen können, hätte sich Markus Wicki nicht auch die Administration gastronomischer Betriebe erarbeiten wollen. Was er 3 Jahre lang tat. Schon damals muss ihm die Idee für ein eigenes Kongresshotel, wie er es gerade baut, vorgeschwebt haben. Erzählt hat er das allerdings niemandem.

Erst kam er 1997, als 33-jähriger Mann, nach Hause, übernahm das Haus und plante in seinem Inneren den grossen Schritt ins neue Zeitalter des «Hirschen». Der wird seit 2016 gebaut. Anfang 2019 ist Eröffnung.

Was er dann in seinem Restaurant serviert? «Das Essen im ‹Hirschen› soll authentisch sein. Im Grunde genommen einfach. Für den Gast kein Rätsel, sondern verständlich auf den ersten Blick und mit dem ersten Schnuppern als frische Küche erkennbar. Es gibt, was es gibt. Meine Heimat ist die Zentralschweiz und sie ist das Zentrum meiner Küche. Sie steht auf der Basis der französischen Küche, hat mediterrane Einschläge, dazu Einflüsse aus der Region und deren täglichem Angebot an erstklassigen Produkten.»

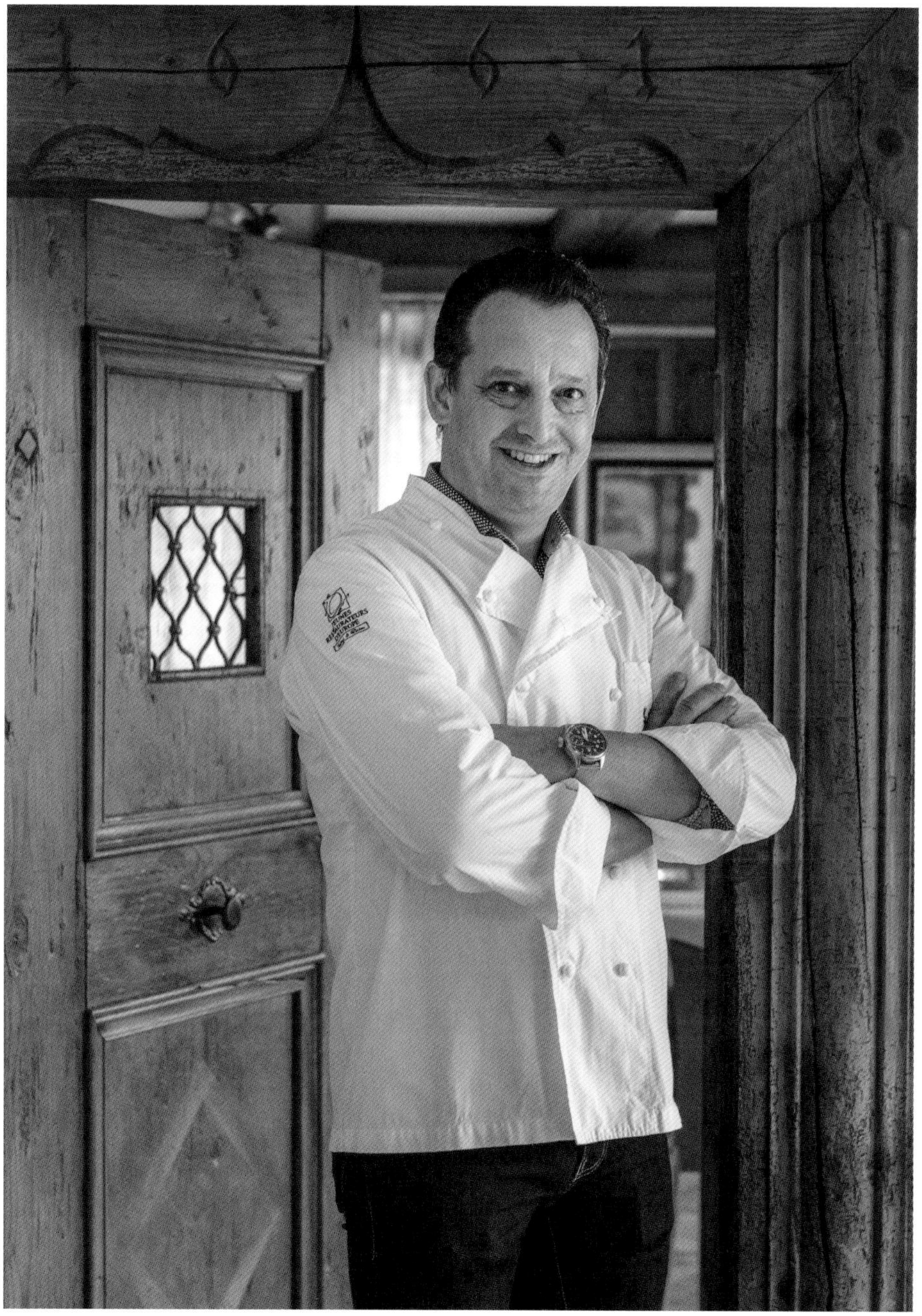

GEFLÜGEL

Rezepte von Dario Ranza

ES WAR EINMAL EIN SONNTAGS- ESSEN...

Es gibt eine Sage im Greyerzerland und sie hat, so wie alle Sagen, einen wahren Kern. Sie entspringt dem 10. Jahrhundert, als die Grafschaft Greyerz noch zum Burgund gehörte. Eine prachtvolle und reiche Region im reichen und prachtvollen Herzogtum der Burgunder. Und so geht die Geschichte:

Der damalige Graf von Greyerz hatte eine Geliebte, Luce war ihr Name. Ein wunderschönes, aber leider armes Mädchen von niedrigem Stand. Keine Partie für einen Grafen und schon gar nicht für einen verheirateten. Doch das spielt hier keine Rolle. Wohl aber, dass die beiden nicht voneinander lassen konnten. So quartierte sich die schöne Luce am Fusse des Schlossberges in einem kleinen Häuschen ein, wartete auf ihren Herrn und Geliebten und ... züchtete Hühner.

Emmanuel Haar erzählt diese Geschichte. Er sitzt in seinem Wohnzimmer und schaut dabei durch die Fenster des Hauses direkt auf das Schloss, das bloss ein paar Kilometer entfernt liegt. «Als wir unsere Hühnermast an diesem Ort hier eröffneten, fiel mir diese Geschichte ein. Und so heisst mein Unternehmen ‹La Belle Luce›».

Nun ... Herr Haar ist keine Luce und die Grafen von Greyerz gibt es längst nicht mehr. Herr Haar ist auch verheiratet und Vater eines Sohnes. Doch auch er umsorgt Hühner. Mastpoularden sollen sie werden. Und die Geschichte des Herrn Haar ist zudem die Geschichte einer Ambition, eines Ehrgeizes, die allerfeinsten Mastpoularden unseres Landes zu produzieren. Dazu hat er sich eine alte, burgundische Hühnerrasse ausgesucht. «La poularde noir» – Die schwarze Poularde.

«Das Poulet war lange Zeit das Sonntagsessen par excellence», sagt Dario Ranza, der berühmte Koch vom «Principe Leopoldo» in Lugano. Er sitzt vor dem Restaurant, für das er so wunderbar kocht, und lächelt. «Wissen Sie, mir fällt dazu immer wieder eine Geschichte ein. Unsere Familie hatte einen Freund, der fuhr unglaublich gerne zum Camping. Dazu lud er auch uns ein und so fuhren meine Eltern mit ihm und uns Kindern jeweils am Sonntag aufs Land. Dort stellten wir, das war der Wunsch unseres Freundes, nicht nur das Zelt auf, wir suchten auch Holz und machten damit ein prächtiges Feuer, vor dessen Hitze unser Freund eine Poularde am Spiess briet. Unter diesen Sonntagsbraten stellte er eine Platte mit Tomaten. Das heisse Fett des Huhns tropfte darauf, während die Tomaten köchelten. Dann bereitete unser Gastgeber auf einem kleinen Kocher Nudeln zu, die er dann mit den Tomaten vermischte – es war ein fantastisches Essen!»

Schon erzählt der Küchenchef weitere Geschichten. Etwa, wie seine Pouletgerichte entstehen oder wie seine Gäste darauf reagieren. Etwa, dass im Restaurant des «Principe Leopoldo» noch ganze gebratene oder pochierte Hühner bei Tisch aufgetragen und kunstgerecht tranchiert werden. «Manchmal weiss ich nicht, ob unsere Gäste so eine gebratene Poularde oder Pintade bestellen, weil sie diese Gerichte so mögen, oder ob sie sie bestellen, weil unser Maître diese so elegant für sie aufschneidet.»

Nur allerbeste Herkunft garantiert für ihn auch die allerbesten Resultate. Allein schon wenn man so ein Poulet berühre, spüre man dessen Qualität und augenblicklich denke man auch an die Arbeit, die es brauchte, um eine solche Qualität zu erreichen. «Allerdings», sagt er, «müssen es freilaufende Hühner sein, denn nur diese liefern allerbeste Resultate. Sie besitzen ein etwas festeres Fleisch als die Poulets aus den Grossmästereien. Es gibt dazu aber ein Problem. Viele der heutigen Gäste wissen nicht mehr, dass dieses festere Fleisch kein Nachteil, sondern ein Zeichen für beste Qualität ist.»

Wer zu Emmanuel Haar fährt, sieht zuerst wohl die drei Alpakas, die auf den Wiesen zwischen den Hühnerställen grasen. Schon traben die schwarzen, kaum hüfthohen Tiere heran. Sie stellen ihren Kopf stolz gegen die Fremden, spielen mit ihren Ohren, um ja nichts zu verpassen, und die kleinen Hufe treten und trappeln dazu nervös. Ein Esel und ein Pony grasen auf einem der Hügel hinter den Geflügelställen. Dazwischen laufen die lackschwarzen Hühner um die fahrbaren Ställe. Alle paar Wochen ziehen diese zu neuen Plätzen auf dem Gelände um. Neues Gras muss her. Neues Land, auf dem die Hühner den ganzen Tag scharren und picken können. Emmanuel Haar: «Hühner besitzen ja keine Zähne, also fressen sie nicht nur Würmer oder Käfer, Gräser und Kräuter, sondern eben auch kleine Steinchen. Die nutzen sie zur besseren Verdauung.» Das Wiesland ist ausserdem bis ins Erdreich durch elektrische Zäune vor dem listigen Fuchs gesichert.

Zwei Hektar Land besitzt «La Belle Luce», und selbst wenn kaum je das ganze Land genutzt wird, so braucht es so viel, um die etwa 800 Hühner nicht nur mit Gras und Umland zu versorgen. Auch verlangt das eidgenössische Agrargesetz diese Grösse, um den im Betrieb anfallenden Hühnermist aufnehmen zu können. Und nicht zu vergessen: Für die fahrbaren Ställe muss auch immer genügend frisches Land parat liegen, damit sich ein bereits benutzter und abgegraster Fleck regenerieren kann. «Einmal auf dem neuen Stück Land, senken wir die Ställe ab. Dann leben die Hühner direkt auf der Erde. Das hält sie gesund.»

Emmanuel Haar: «Sie müssen sich vorstellen, dass die befruchteten Eier aus Frankreich kommen, vor ihrer Reise nach Bern genau kontrolliert werden, ehe sie dann in Belp bei Bern ausgebrütet werden. Die Tiere kommen als Küken zu uns.» Es sei eine alte Hühnerrasse, kaum je mit anderen gekreuzt und deshalb sehr widerstandsfähig. Darüber hinaus liefere sie ein wirklich aromatisches Fleisch. Einziger Minuspunkt in der Aufzucht: «Die hiesigen, sehr kalten und dazu noch feuchten Monate Februar und März, aber wir verwenden trotzdem kaum Medikamente. Wir versuchen so natürlich wie möglich zu arbeiten, kurieren die Tiere mit Kräutern, Essig … Der Doktor kommt selten – glücklicherweise.»

Morgens um sechs beginnt die Arbeit. Dann werden die Ställe geöffnet, damit die Tiere ins Freie können. Wasser muss nachgefüllt, das Futter kontrolliert, die Tiere beobachtet werden. «Wir füttern nur Mehle der Mühle von Romont. Es ist eine Mischung aus Weizen, Mais, wenig Soja. Dazu kommen Spelzen, das sind wertvolle Teile der Kornhüllen. Sonst nichts!» Dario Ranza: «Es ist ganz klar das Futter und natürlich die Rasse, die über den Geschmack des Fleisches, jeden Fleisches, entscheiden.» Er wartet einen Moment, ehe er sagt: «Und man sollte die Haltung dieser Tiere nicht vergessen. Die Luft, die Freiheit, die sie

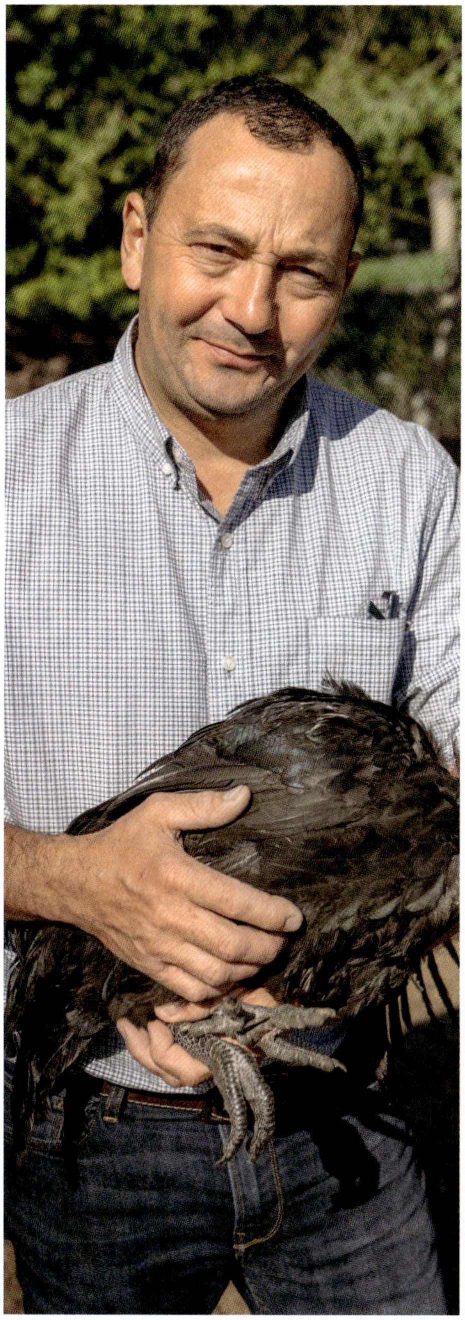
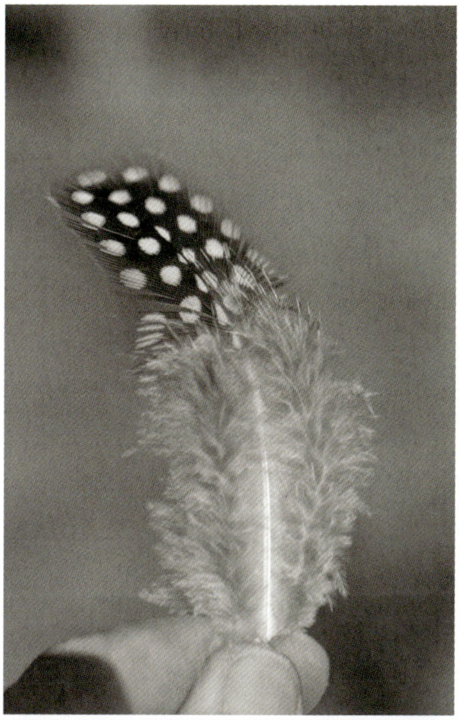
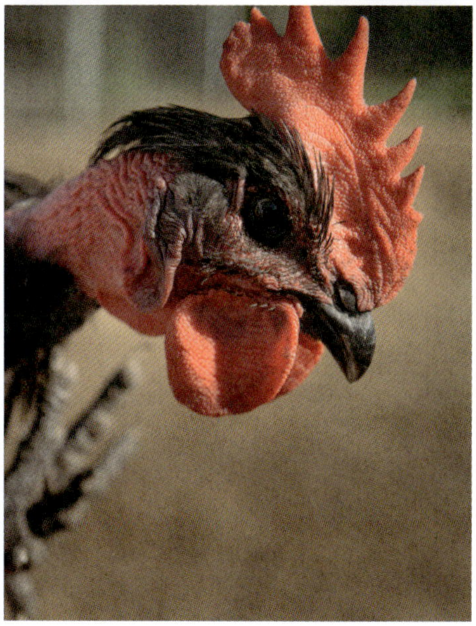

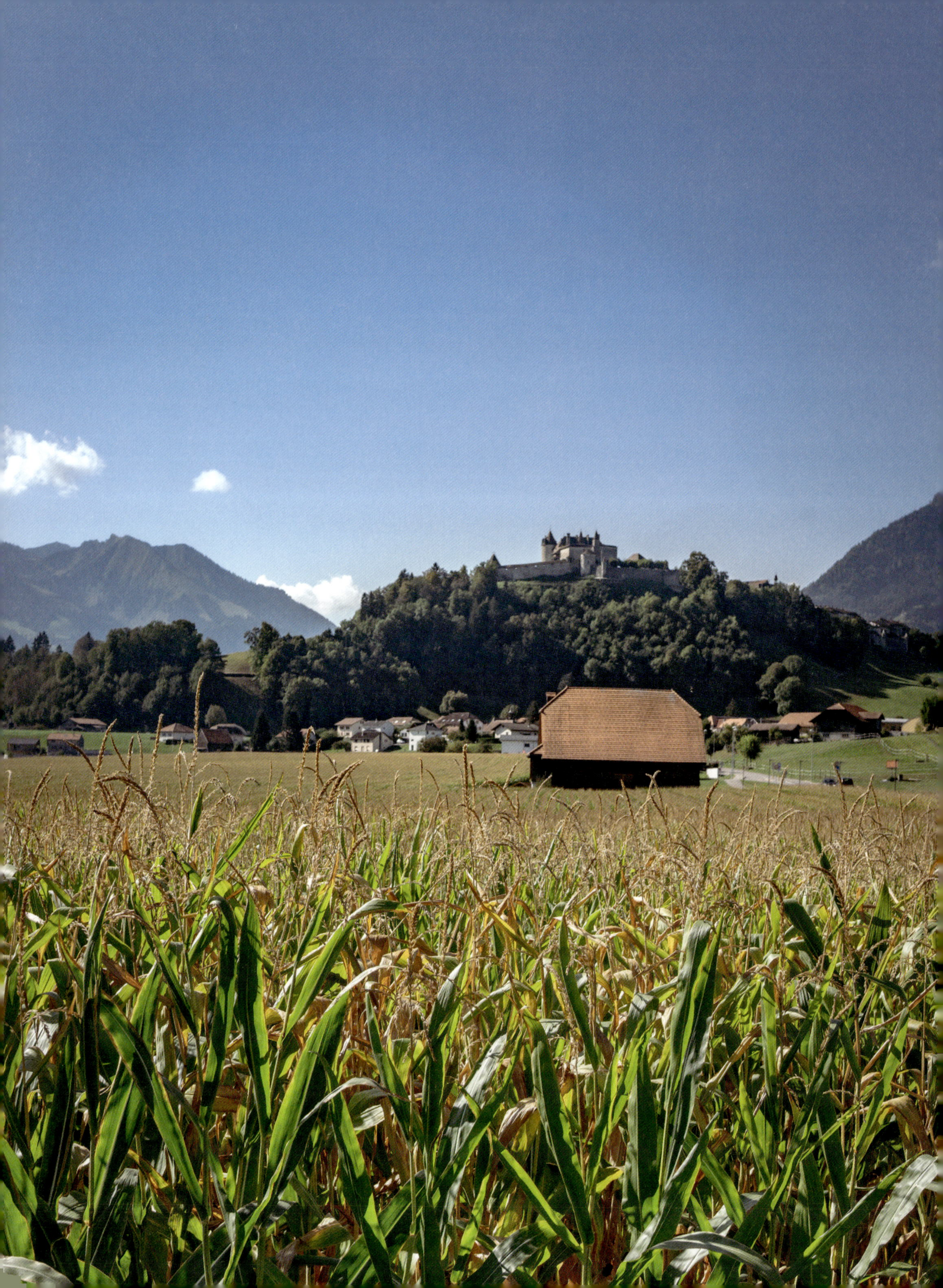

haben, die Sorge, die ein Geflügelhalter ihnen schenkt.»

Emmanuel Haar: «Wir mästen Weibchen und Männchen miteinander. Die Männchen wachsen schneller und entwickeln rasch eine vollfleischige Brust. Ihre Schenkel sind – weil sie viel laufen – rotfleischig. Das bedeutet, dass ihr Fleisch zwar wirklich voller Geschmack ist, aber auch, dass es beim Garen etwas länger braucht. Und dass die Hitze, mit der man diese Schenkel brätelt oder schmort, nicht zu hoch sein darf.»

Zwei Wochen vor ihren weiblichen Kolleginnen kommen die Männchen dann ins kleine Schlachthaus der «Belle Luce». Weibchen erreichen das ideale Schlachtgewicht etwas später. Mit 1,5 bis 1,6 Kilogramm Gewicht liefern sie sowieso rund 300 Gramm weniger Fleisch als die männlichen Tiere. Monsieur Haar ergänzt: «Wenn die weiblichen Tiere zu legen beginnen, werden sie nicht nur fetter, sondern ihr Fleisch bekommt mehr Ausdruck, schmeckt besser.»

Lange hat sich der Züchter mit dem delikaten Problem des Schlachtens geplagt, denn er empfand das Schlachten in fremden Betrieben als nicht richtig. Alleine der Transport mache den Tieren seiner Meinung nach zu viel Stress, die Fleischqualität verändere sich damit. Das waren die Gründe, weshalb er ein eigenes Schlachthaus erstellen wollte. Aber: Für einen Kredit war sein Betrieb zu klein. Für die Banken war er kein «richtiger» Geflügelbauer. Für eine Empfehlung des Agrar-Departements des Bundes musste er aber als Geflügelbauer eingestuft sein, auch um einen Zuschuss zu bekommen. «Oh», seufzt Haar, «war das kompliziert.»

Doch irgendwann bekam er den dringend benötigten Kredit. Jetzt hat er für sehr viel Geld (gute 400'000 Franken) ein kleines Schlachthaus installiert. Blitzblank ist dieses. Hier verarbeitet er mit seinen drei Mitarbeitern an die 200 Hühner in der Woche. An alles hat er dabei gedacht. So verbringen die Tiere ihre letzte Nacht bereits im Gebäude, werden sogar mit leiser Musik beschallt, um an diesem ungewohnten Ort ohne Angst zu sein. «Die Tiere sind nicht gestresst, dadurch hat ihr Fleisch eine ganz andere Qualität.»

Klar isst Herr Haar Fleisch von den eigenen Tieren. Er hat mit einem Küchenfreund (als ehemaliger Koch kennt er viele andere Köche) eine ganze Menge Geflügelgerichte ausprobiert, damit er diese Rezepte mit Gastronomen und Hobbyköchen austauschen kann. Am besten schmeckt ihm dabei jene Poularde, die erst einmal 40 Minuten in einer Geflügelbouillon bei 55 bis 58 Grad gegart wird. Danach kommt die Poularde aus dem Sud, wird getrocknet, soll noch einen kleinen Moment durchziehen, ehe sie in aufschäumender Butter rundum kurz gebraten wird. «Seien Sie grosszügig mit der Butter. Übergiessen sie die Poularde immer wieder mit dem heissen, aufschäumenden, nach Karamell duftenden Fett. Wenn dann das Hühnchen rundum eine schöne Kruste besitzt – so nach 4 oder 5 Minuten – tragen Sie es ihren Gästen auf. Der Genuss ist gross und damit auch der Erfolg!»

«Ich glaube in der Küche nicht an die Revolution», sagt Dario Ranza. «Ich glaube an die Evolution. Zum Beispiel haben wir unseren Bœuf à la ficelle, das Rindsfilet am Schnürchen, immer in Wein gekocht. Eines Tages beschloss ich, das auch mit einer Entenbrust zu versuchen. Als ‹Magret de canard au vin rouge› steht es jetzt in unserem Menü. Was das Poulet betrifft …?» Herr Ranza scheint mit seinen Gedanken für einen Moment weit weg zu sein. Vielleicht sogar in der Vergangenheit. Beim sonntäglichen Camping mit seinen Eltern … Dann sagt er: «Ein schönes Poulet, mit einigen Kräutern und etwas Knoblauch mariniert, dann auf dem Grill ganz simpel am Spiess gebraten im eigenen Fett! Es gibt nichts Besseres!»

HUHN / POULET

Seine ersten Spuren finden wir in Ostasien, in der Gegend des heutigen Malaysia. In den folgenden Jahrtausenden hat sich das Federvieh – fliegend, eierlegend und sich stetig in seiner Grösse und dem Federkleid wandelnd – rund um die Welt verbreitet. Es teilt sich in Rassehühner, die man züchtet, pflegt und ausstellt, und das sogenannte «Wirtschaftshuhn», das seiner Eier und seines Fleisches wegen gezüchtet wird.

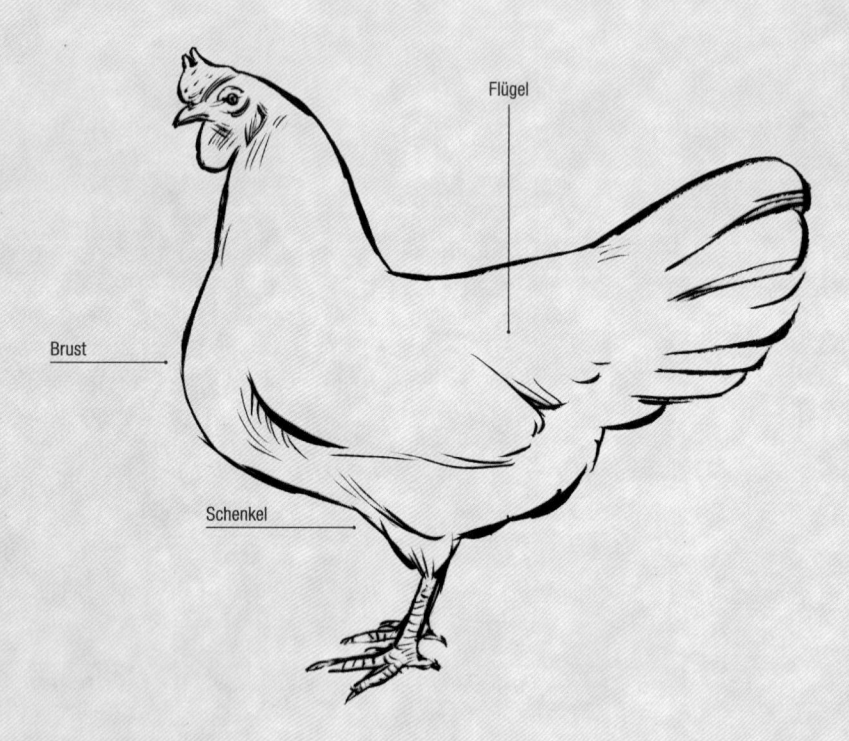

DAS GANZE HUHN Es kann gefüllt werden, wird meist aufgebunden und gebraten oder in einer kräftigen Hühnerbouillon sanft pochiert. In 6 bis 8 Teile aufgeteilt ist es die Basis für ein Poulet-Ragout.

BRUST Das meistverkaufte Hühnchenstück. Sie wird heutzutage stets ohne Knochen verkauft. Mit Haut ergibt sich ein genauso knuspriges wie saftiges Stück Fleisch für eine Person. Ohne Haut wird es am Stück gebraten oder in Schnitzelchen geschnitten und genauso rasch in der Pfanne sautiert. Ausgeklopft kommt es auf den Grill und wird während kurzer Zeit kreuzweise markiert. Als Fitness-Mahlzeit liegt es, mit einem Spritzer Zitronensaft gewürzt, auf dem grünen Salat. Paniert macht es, in Butter knusprig gebraten, Furore. Pouletbrust kann zu Geschnetzeltem geschnitten und verkocht werden. Es schmeckt insbesondere zu einer Pilzrahmsauce unübertrefflich.

SCHENKEL Hühnerteile, die ein längeres Garen erfordern. Basis für herrliche Brühen oder knusprig gebraten.

UNTERSCHENKEL Rechnen Sie pro Person zwei Stück. Angebraten und danach im Rotwein geschmort ist dies zwar kein Coq au Vin, aber es schmeckt köstlich.

OBERSCHENKEL Wird nach langem und sanftem Garen saftig und zart. Die perfekte Ausgangslage für einen Coq au Vin, ein Hühnercurry, ein sogenanntes weisses Hühnervoressen oder ein tomatiges, knoblauchlastiges Marengo.

FLÜGELI Serviert man die Brust am Knochen, ist das Flügeli mit dabei. Als Einzelstück kommt es kaum auf den Tisch, aber in einer Vielzahl frittiert als Pouletflügeli, die sogenannten «Chicken Wings», sehr wohl.

SOT-L'Y-LAISSE Das Austernstück. Zwei kleine Filetstücke aus dem Rücken. Sie liegen in einer kleinen Vertiefung des Rückenknochens, wie die Austern in der Schale, und schmecken sagenhaft zart und saftig. Wie die Übersetzung des französischen Namens sagt: «Dumm ist, wer dieses Stücklein zurücklässt.»

FRAGEN & ANTWORTEN

Welcher Anteil des Geflügelfleisches auf dem Schweizer Markt stammt aus dem Inland? 57,9 %

Woher stammt der Rest des Pouletfleisches auf dem Markt? Brasilien, Osteuropa, Frankreich und Deutschland.

Wie werden die Tiere in der Schweiz gehalten? Über 95 % der Mastpoulets werden unter besonders tierfreundlicher Stallhaltung (BTS) gehalten, 6,5 % geniessen regelmässigen Auslauf ins Freie unter dem RAUS-Programm.

Welchen Kontrollen unterliegt dieses Fleisch? Sowohl dem Lebensmittelhygienegesetz, wie auch jenen über Tierschutz und Tierwohl.

Welche Qualitätsparameter müssen diese Pouларden erfüllen? Es zählt dabei der visuelle Aspekt des Schlachtkörpers, wie dessen weisse Farbe und das ideale Gewicht des angebotenen Geflügels als Ganzes und in Teilen.

In welchem Alter werden Poulets aus Grossproduktionen geschlachtet? Im Alter von 25 bis 30 Tagen. Die Schlachtungen finden in Grossbetrieben von Micarna und Bell statt.

Wie lauten die korrekten Bezeichnungen des Mastpoulets je nach Alter? Poulet ist der Sammelbegriff des Brathuhns. Coquelet / Bratpoulet (Griller) / Mais-Poularde. Dazu kommen die einzelnen Pouletteile und das Suppenhuhn.

GUT ZU WISSEN

Das Futter für unser einheimisches Poulet ist GVO-frei und enthält keine Hormone und Antibiotika zur Leistungssteigerung.

Masthühner haben Anrecht auf Tageslicht und mindestens acht Stunden Dunkelphase an einem Stück. Über 95 % profitieren von einem sogenannten Wintergarten, der den Tieren etwa $1/5$ zusätzliche Grundfläche ausserhalb des Stalls verschafft.

Schweizer Fleisch lässt sich von der Ladentheke zurück zum Schlachtbetrieb und von dort aus bis in den Geburtsbetrieb zurückverfolgen. Jedes Tier hat somit seine genau geführten Nachweisdokumente.

POULETBRUST

ENTE

Der glanzvolle Braten für zwei, wenn es sich um eine **CANETTE**, also einen weiblichen Jungvogel handelt. Am Spiess vor dem Feuer geröstet. In der Bratenpfanne im Bratofen in kurzer Zeit knusprig gebraten und dann lange und sanft zur perfekten Saftigkeit gezogen. Die Brust in köstliche Längstranchen geschnitten, die Schenkel nachgegart und in einem zweiten Gang zu einem pfiffigen Salat mit vielen Bitterkräutern aufgetragen.

MASTENTEN sind viel schwerer und gehören, weil sie viel älter sind, lange geschmort. Ein perfektes Wintervergnügen. Zum Beispiel anstelle einer grossen Gans als Martini-Ente. Als Galantine wird das gute Stück erst ausgebeint, dann gefüllt und aufgerollt, pochiert oder gebraten. Kalt in Scheiben aufgeschnitten, mit dem eigenen Gelée angerichtet … Eine Vorspeise, die niemand jemals vergisst.

BRUST Sie kommt bereits vom Knochen gelöst in den Verkauf. Allerdings trägt sie dann als Magret de canard eine gehörige Portion Fett auf sich. Deshalb wird sie auf der Hautseite lange und sanft gebrätelt. So verliert sie viel von diesem Fett, gart sanft und langsam durch, muss auf der zweiten Seite nur noch sehr kurz angebraten werden. Auch hier: Durchziehen ist ein Muss! Eines der wenigen Fleischstücke, die sich sogar zu Hause selbst salzen und trocknen lassen. Kommt als Entenrohschinken auf den Tisch. Vom Fett befreit lässt sich daraus ein rasches Geschnetzeltes braten. Das überflüssige Fett auslassen und zum Braten von Kartoffeln benutzen. Mit einzigartigem Resultat.

SCHENKEL sind für ein Entenragout der richtige Ausgangspunkt. Sie werden auch im eigenen Fett sanft geschmort und als Vorrat im Glas ins eigene Fett verpackt. Lagern an einem kühlen Ort und im eigenen Fett langsam erwärmen.

FRITTIERTE POULETFLÜGELI

Für 4 Personen

Würde irgendjemand annehmen, dass Pouletflügeli anders schmecken könnten wie – eben – Pouletflügeli? Und doch sind Dario Ranzas «Flügeli» so unerhört gut, saftig, chüschtig, ja sogar einzigartig, dass damit gleich ein ganz neues Kapitel der Easy Kitchen eröffnet werden müsste!

ZUTATEN

- 1 kg Pouletflügeli
- 1 dl Olivenöl Extra Vergine
- 30 g Thomy-Senf
- 50 g Mehl
- 4 Eier, aufgeschlagen
- Salz und Pfeffer aus der Mühle
- 400 g Paniermehl
- 2 l Frittieröl

Curry-Limetten-Marinade
- 15 g Madras Curry
- ½ Limette, Saft und Zeste

Rosmarin-Marinade
- 20 g Rosmarin, geschnitten
- 20 g Paprika edelsüss

Honig-Marinade
- 20 g Honig
- 20 g Sojasauce

Zitronen-Marinade
- 1 Bio-Zitrone, Saft
- 10 Tropfen Tabasco
- 5 Tropfen Worcestersauce

Kerne
- 30 g Sonnenblumen- oder Mohnsamen, geschrotet
- 30 g geröstete Kürbiskerne, geschrotet
- 30 g Sesamkörner, schwarz und weiss
- 30 g Mandelstifte

VORBEREITUNG

Die Pouletflügeli umdrehen, dabei den feinen Knochen entfernen und den grösseren, stärkeren belassen. Olivenöl und Senf mischen und die Flügeli darin marinieren. Darauf achten, dass der Knochen sauber bleibt, damit man das Flügeli beim Essen mit den Fingern halten kann.

ZUBEREITUNG

1 | Das Kilo Flügeli in 4 Portionen von gleicher Anzahl teilen. Jede Portion mit einer der 4 Marinaden bedecken.

2 | Das Paniermehl auf 4 Teller verteilen und mit je einer Sorte Kerne mischen.

3 | In einem weiteren Teller die Eier aufschlagen, mit Salz und Pfeffer würzen.

4 | Die Pouletflügeli nun im Mehl wenden, durch das Ei ziehen, dann in einer Kernenmischung panieren und sanft andrücken. Dabei begleitet:

- **Curry-Marinade** die Sonnenblumenkerne oder Mohnsamen
- **Rosmarin-Marinade** die Kürbiskerne
- **Honig-Marinade** die Sesamkörner
- **Zitronen-Marinade** die Mandelstifte

5 | Nun die Flügeli im 170 Grad heissen Öl 5 Minuten ausbacken, herausheben, auf Küchenpapier abtropfen lassen und im 170 Grad heissen Ofen heiss halten.

ANRICHTEN

Mit verschiedenen Saucen auf der Basis einer guten Mayonnaise servieren. Zum Beispiel vermischt mit Wasabi-Paste, Balsamicoessig oder Sambal Oelek. Auch eine Sauce tartare passt.

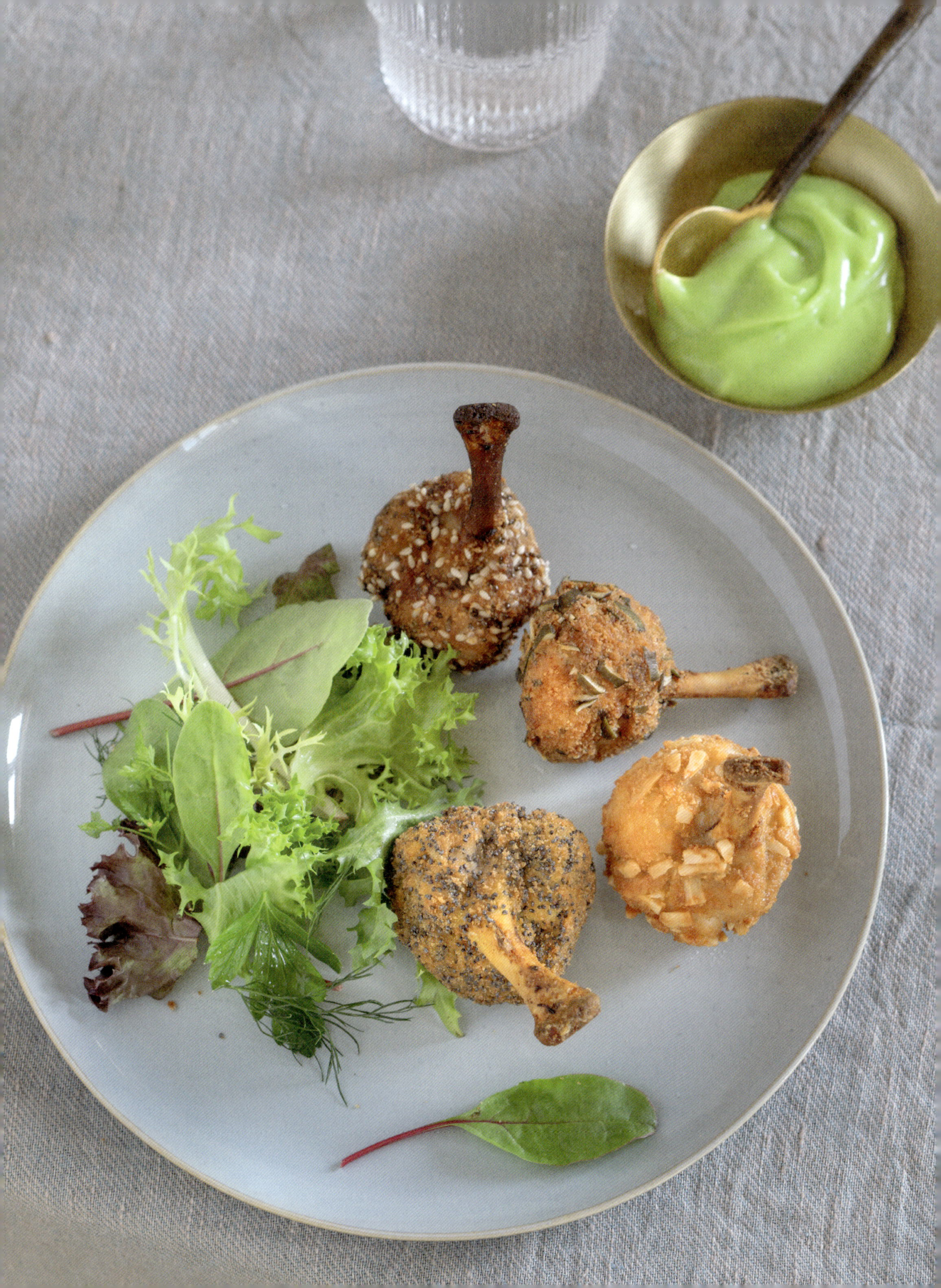

GEFLÜGELCRÈME-SUPPE IM STIL VON LADY CURZON

Für 4 Personen

Und nicht vergessen: Die beiden Sot-l'y-laisse in der Rückenvertiefung über den Schenkeln ... ein Gericht wie aus ferner Zeit. Benannt nach dem ehemaligen Vizekönig von Indien, Lord Curzon. Bei einem solchen Taufpaten – beziehungsweise seiner ersten Ehefrau Mary Victoria, Lady Curzon, – muss auf einem solchen Gericht nicht nur «Indien» drauf stehen, sondern auch drin sein. Eine mit köstlichem Curryschaum überbackene Hühnerbouillon.

ZUTATEN

- 80 g Pouletbrust (ohne Haut)
- 50 g Zwiebel
- 50 g Sellerie
- 40 g Weisses vom Lauch
- 20 g Sonnenblumenöl
- 1,5 l Geflügelbouillon
- 40 g Reismehl
- 30 g kalte Milch
- 120 g Rahm (2)
- 12 g Salz
- 1 Prise Pfeffer, weiss, gemahlen
- 30 g Butter
- ½ Bio-Zitrone, Saft

Curry-Eigelb-Crème
- 2 Eigelb
- 20 g Madras-Curry
- 150 g Rahm (1)

ZUBEREITUNG

1 | Zwiebel, Sellerie und Lauch waschen und in 1 cm lange und 2 mm dicke Würfel schneiden.

2 | Die Eigelbe mit dem Currypulver aufschlagen, sodass eine sämige Masse entsteht. Den Rahm (1) aufschlagen und ihn – er sollte zwar luftig sein, aber immer noch rasch rinnen – unter das Curry-Eigelb ziehen.

3 | Die Zwiebel- und Lauchwürfel im Sonnenblumenöl anziehen. Wenn sie angenehm duften, die Selleriewürfel zugeben. Alles nochmals 1 Minute anziehen. Mit der heissen Geflügelbrühe auffüllen und aufkochen.

4 | Die Pouletbrust hineingeben und bei sehr, sehr schwacher Hitze ca. 20 Minuten pochieren. Herausheben und reservieren.

5 | Die Bouillon wieder aufkochen. Das Reismehl in der kalten Milch auflösen und beides heftig unter die Bouillon schlagen. Jetzt den Rahm (2) unterschlagen und alles 10 Minuten durchkochen. Aufmixen und durch ein Sieb passieren.

6 | Nochmals aufkochen und abschmecken. Die Butter unterschlagen und mit etwas Zitronensaft pfiffig abschmecken.

ANRICHTEN

Die Geflügelbrust in 1 cm grosse Würfel schneiden und in Suppentassen verteilen. Mit Suppe auffüllen und die Curry-Eigelb-Crème auf die Suppe verteilen. Unter dem Infrarotgrill bei leicht geöffneter Bratofentüre kurz leopardenscheckig überbacken. Sofort auftragen.

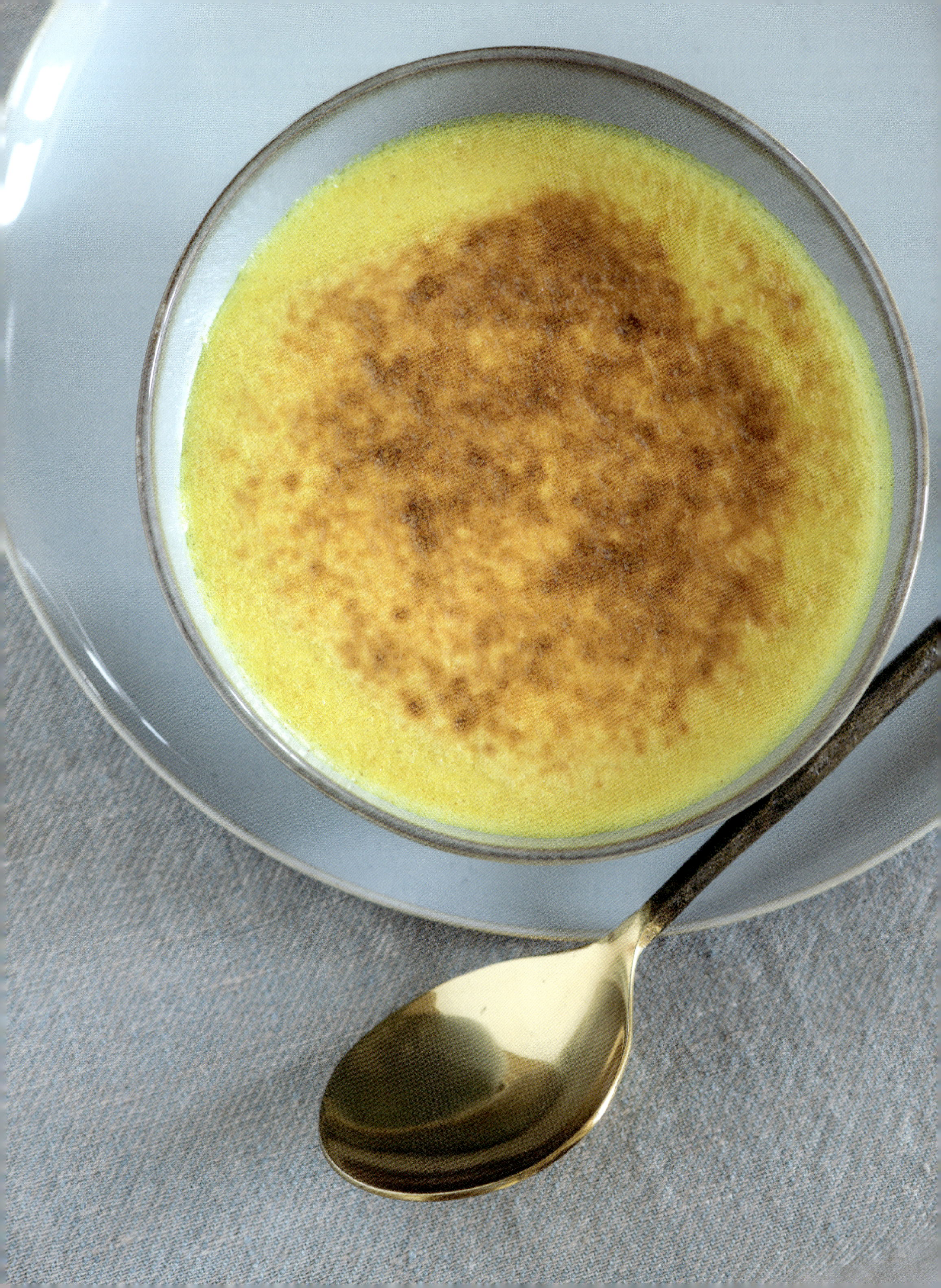

FRICASSÉ VON PFAFFENSCHNITTCHEN MIT BÄRLAUCH UND MORCHELN

Für 4 Personen

Feinschmecker kennen jenes kleine Fleischstück aus dem Rücken des Hühnchens, das sich «Sot-l'y-laisse» nennt, auch als «Austernstück» oder «Pfaffenschnittchen». Unter diesen Namen hat es auch im deutschen Sprachraum Küchenkarriere gemacht – um irgendwann quasi vergessen zu werden. Dario Ranza verfeinert dieses delikate Stückchen vom Huhn zu einem Ragout mit frischen Morcheln und einem würzigen Bärlauchpüree. Mehr Frühling geht nicht.

ZUTATEN

- 560 g Sot-l'y-laisse
- 10 g Salz
- 1 Prise schwarzen Pfeffer
- 20 g Mehl
- 20 g hoch erhitzbares Sonnenblumenöl

Morchelragout
- 160 g frische Morcheln (30 g getrocknete Morcheln)
- 1 dl Schlagrahm
- 20 g Schalottenwürfel
- 20 g Butter
- 20 g Moutarde de Pommery
- 100 g trockener Weisswein
- 20 g Brandy
- 200 g brauner Geflügelfond oder Bratensauce
- 3 Tropfen Zitronensaft

Bärlauchpüree
- 10 Bärlauchblätter, frisch
- 15 g Olivenöl

VORBEREITUNG

Die Morcheln von ihrem Stiel befreien und fünfmal in frischem Wasser waschen. Dann je nach Grösse halbieren oder vierteln. Nochmals mit kaltem Wasser überbrausen und mit Küchenpapier gut trocknen.

Den Rahm zu etwa ⅔ aufschlagen. Er soll noch rinnen, aber luftig sein. Reservieren.

Den gewaschenen und von seinen Stielen befreiten Bärlauch zusammen mit dem Olivenöl im Mixer pürieren. Reservieren.

ZUBEREITUNG

1 | Die Pfaffenschnittchen kräftig würzen und im Mehl drehen. In ein Sieb geben und das überschüssige Mehl gut abschütteln. Das Sonnenblumenöl in eine heisse Pfanne geben. Die Pfaffenschnittchen auf beiden Seiten rasch (ca. 90 Sekunden) anbraten. Zum Abtropfen an einem warmen Ort in ein Sieb geben.

2 | Die Schalotten in der gleichen Pfanne in der Butter anziehen. Wenn sie den scharfen Duft verlieren, die Morcheln hinzufügen und auch diese unter stetigem Wenden anziehen. Wenn sie angenehm duften, mit dem Pommery-Senf, dem Weisswein und dem Brandy ablöschen. Einköcheln und dann mit dem Fond brun auffüllen. Auch diesen um die Hälfte einköcheln. Den nur leicht angeschlagenen Rahm in die Sauce mengen und aufkocheln. Abschmecken. Mit etwas Zitronensaft und dem Bärlauchpüree vermengen.

3 | Ganz zum Schluss das Fleisch in die Morchelsauce legen. Nicht mehr kochen!

ANRICHTEN

Butternudeln oder Trockenreis auf den Teller geben und das Fricassé in deren Mitte schöpfen.

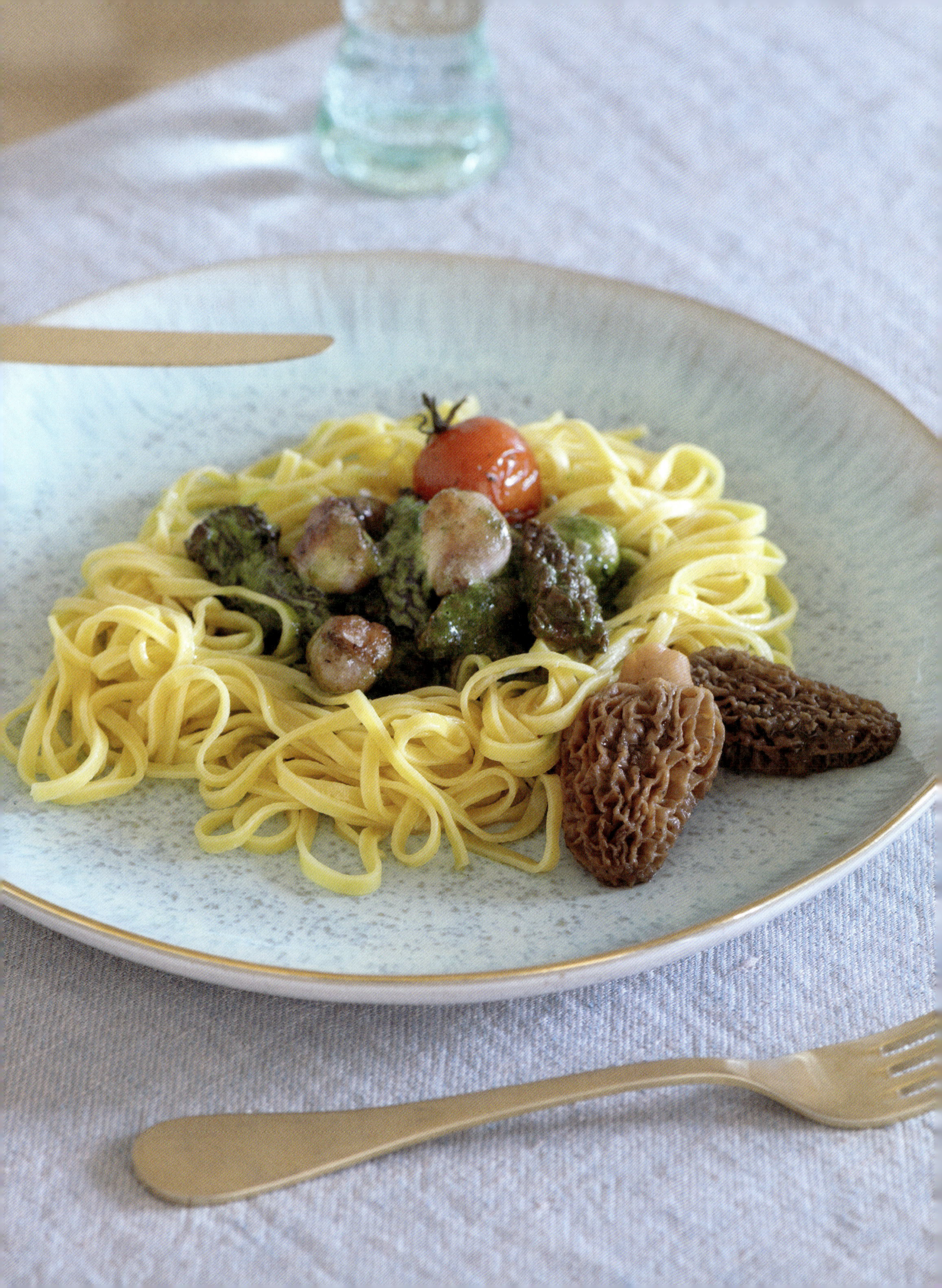

SANFT GEBRÄTELTE POULARDE MIT EIERSCHWÄMMCHEN

Für 4 Personen

Die grosse, wunderbare und – fast vergessene – Kunst des Poelierens: des sanften Garens im und über dem Gemüsedampf. Nicht spektakulär, was das Anrichten bedeutet. Voll spektakulär, wenn es um den zarten Geschmack, die sensationell zarte und saftige Struktur des Fleisches geht.

ZUTATEN

- 1 Poularde à 1,6 kg, aus dem Greyerzerland oder Rheintal
- Salz, Pfeffer
- ½ Bio-Zitrone, Saft
- 20 g Olivenöl extra vergine (1)
- Matignon aus:
  60 g Zwiebeln
  50 g Rüebli
  40 g Sellerie
- 10 g Rosmarin
- 10 g Salbei
- 1 Thymianzweiglein
- 60 g Butter, zerlassen
- 1,5 dl Weisswein, trocken (1)
- 1 dl Marsala
- 3 dl brauner Geflügelfond

Eierschwämmchen
- 200 g Eierschwämmchen, halbiert oder geviertelt
- 30 g Olivenöl extra vergine (2)
- 1 Knoblauchzehe, ganz, ungeschält
- Salz, Pfeffer
- 0,5 dl Weisswein (2)
- 20 g Peterli

VORBEREITUNG

Den Gabelknochen am Ende der Brust über dem «Hinterausgang» auslösen und entfernen. Die Poularde kalt auswaschen und trocknen. Aufbinden.

Für das Matignon die Gemüse rüsten und in 4–5 mm grosse Würfel schneiden. Die Kräuter waschen und trocknen. Die Eierschwämmchen von Erde befreien und beschneiden. In einem Sieb mit kaltem Wasser kurz abbrausen. Trocknen.

Den Peterli waschen, trocknen und die Stängel wegschneiden. Die Blätter fein schneiden.

ZUBEREITUNG

1 | Den Bratofen auf 160 Grad aufheizen.

2 | Die Poularde salzen und pfeffern und mit etwas Zitronensaft einpinseln.

3 | Eine Schüssel, die nicht viel grösser sein darf als die hineingelegte Poularde, auf einer Herdplatte heiss werden lassen, das Olivenöl (1) hineingeben und das Matignon mit den Kräutern darin anziehen. Die Poularde auf das Matignon setzen und mit der zerlassenen Butter bepinseln. In den Bratofen schieben. Den Deckel auflegen und die Poularde während 30 Minuten alle 4 Minuten mit dem entstehenden Bratensaft übergiessen.

4 | Den Deckel entfernen und das Gericht für weitere 10 Minuten offen garen. Nun bekommt die Poularde etwas, aber nicht zu viel Farbe.

5 | Die Poularde herausheben und mit etwas Alufolie belegt im offenen Bratofen bei 70 Grad warm halten.

6 | Das aufschwimmende Fett auf dem Bratensaft mit einem Esslöffel entfernen. Den Weisswein (1) zugiessen und alles um ⅔ reduzieren. Den Marsala zugeben und auch diese Mischung um ⅔ reduzieren. Mit dem Geflügelfond aufgiessen. Aufkochen und durch ein feines Spitzsieb abgiessen. Den aufgefangenen Bratensaft abschmecken.

7 | Für die Eierschwämmchen in einer heissen Bratpfanne das Olivenöl (2) mit dem ungeschälten Knoblauch erhitzen. Die Pilze (kleine ganz, die grösseren halbiert oder geviertelt) darin anziehen und garen. Würzen. Wenn sie kräftig duften, mit dem Weisswein (2) ablöschen und etwas einkochen. Mit dem Peterli vermengen. Den Knoblauch entfernen.

ANRICHTEN

Die Poularde wird von der Schnur befreit und ganz präsentiert. Dann wird sie tranchiert, und jedem Gast wird eine Hälfte der Brust und der Schenkel vorgelegt. Rundum Eierschwämmchen und konfierte Tomaten auslegen. Das Fleisch mit dem Bratensaft übergiessen.

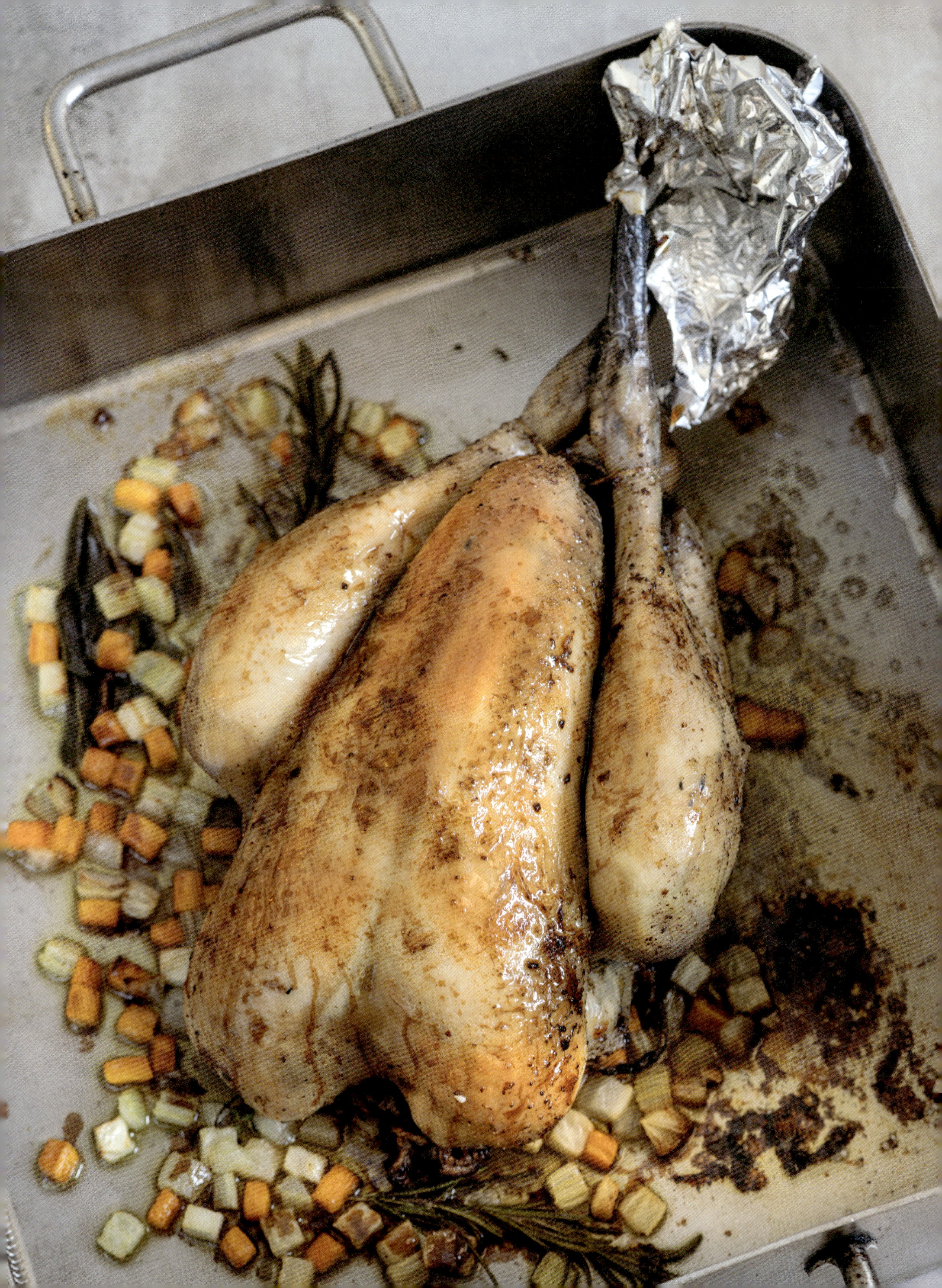

DREIERLEI VOM POULET AM SPIESSCHEN

Für 4 Personen

«Nose to Tail» vom Poulet ist nicht so einfach, weil das Fleisch von der Brust so anders gewachsen ist als jenes von den Schenkeln. Die grosse Küche aber kennt Mittel und Wege, aus beidem echte Köstlichkeiten zu zaubern. Nach sorgfältiger Vorbereitung liegen beide Fleischarten auf dem Grill – aber unterschiedlich gewürzt und unterschiedlich lange. Genau richtig für die warmen Tage, wenn die Genüsse gerne etwas handfester sein dürfen.

ZUTATEN

- 1 Poulet à 1,4 kg (z. B. Maispoulet aus dem Rheintal)
- 1 Zwiebel
- 1 Peperoni
- 8 Tranchen Räucherspeck, dünn geschnitten
- 400 g neue Kartöffelchen
- 80 g Kefen
- 20 g Taggiasca-Oliven
- 80 g Weisswein
- 30 g weisser oder schwarzer Sesam
- 60 g Sauce tartare
- 10 g Sambal Oelek
- 20 g Öl, mit Ingwer und Zitronengras parfümiert

Marinade Schenkel und Flügelchen
- Salz und Pfeffer aus der Mühle
- 30 g Olivenöl, extra vergine
- 20 g Dijonsenf
- 10 g Paprika
- 10 g Curry
- 20 g Rosmarin
- ½ Bio-Zitrone

Marinade Brüstchen
- 20 g Sojasauce
- 30 g Kokosmilch
- 30 g Joghurt, nature

VORBEREITUNG

Beide Brüste vom Knochenkörper lösen. Schenkel genauso. Beides ohne Haut weiterverarbeiten. Flügelchen ablösen. Die Spitzen entfernen, jedes am Gelenk teilen und mit der Haut verwenden.

Marinieren der Schenkel und Flügelchen: Die Schenkel in 2 cm grosse Würfel schneiden. Zusammen mit den Flügelchen in der Marinade aus Pfeffer, Olivenöl, Senf, Paprika, Curry, Rosmarin und Zitronenzeste drehen und für 24 Stunden ziehen lassen.

Marinieren der Brüstchen: Die Brüstchen in Tranchen von ca. 15 Gramm schneiden. Immer 8 Stück auf ein Spiesschen stecken. Mit Sojasauce würzen und in eine Mischung der Kokosmilch mit dem Joghurt legen.

Zwiebeln schälen und vierteln. Die gewaschene Peperoni vierteln und Kerne entfernen.

Speckscheiben halbieren. Die Kartöffelchen waschen. Die Kefen in feine Streifchen schneiden.

FORTSETZUNG >

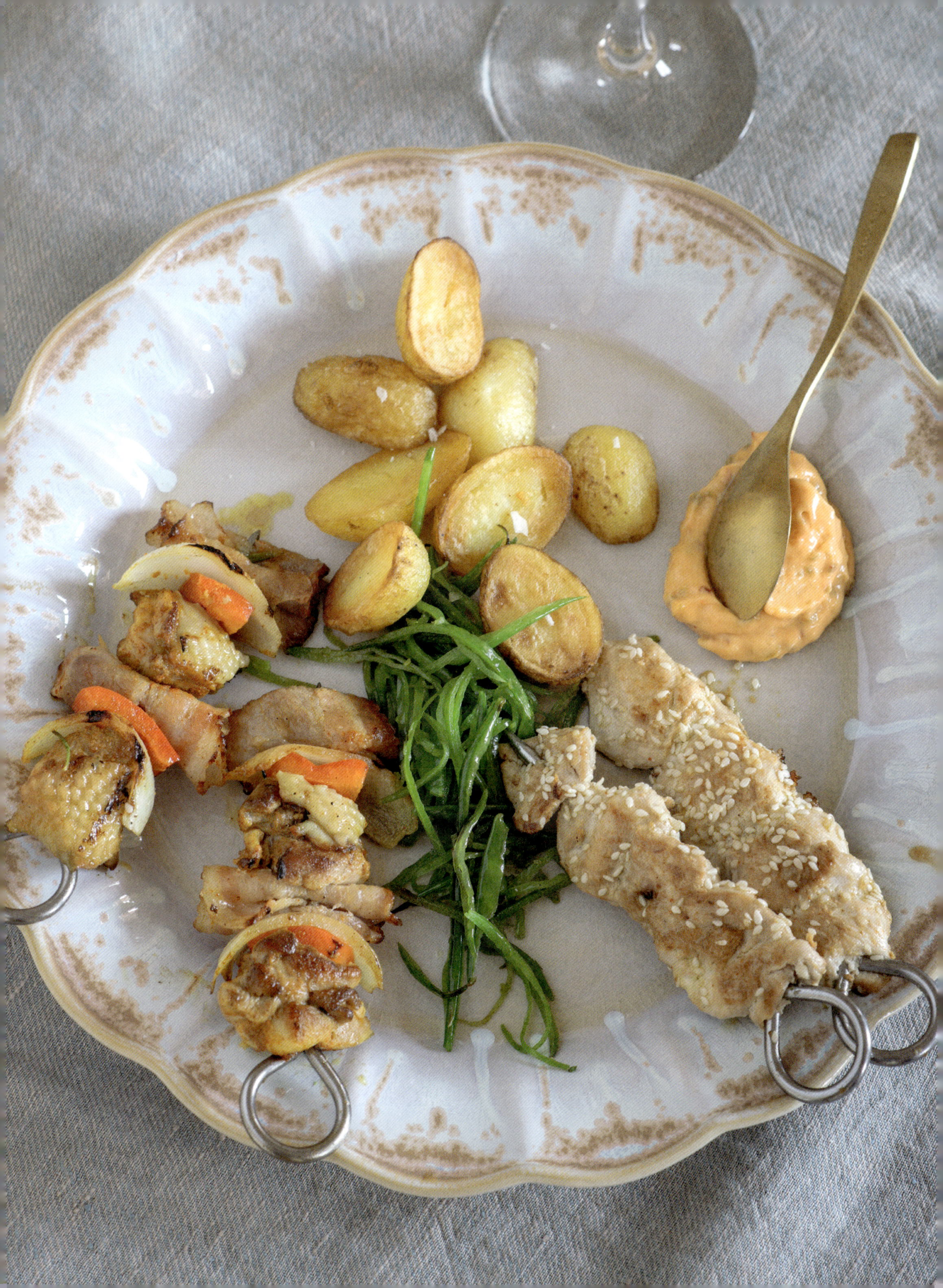

Fortsetzung

ZUBEREITUNG

1 | Den Grill Ihrer Wahl auf höchste Grillhitze vorheizen.

Kohlegrill: Die Kartöffelchen in eine blecherne Tarteform legen, mit Alufolie bedecken und für ca. 30 Minuten unter die Glut schieben.

Deckelgrill: Die Kartoffeln in der Tarteform bei geschlossenem Deckel für ca. 20 Minuten auf die höchste Höhe über die Glut legen.

Bratofen: Selbstverständlich lassen sich die Kartoffeln auch, mit etwas Sonnenblumenöl eingerieben, im heissen Bratofen backen. Welche Möglichkeit Sie auch immer wählen: Zum Schluss legen Sie die gebratenen Kartoffeln in eine feuerfeste Glasform, drehen sie in der restlichen Marinade der Schenkel und geben Oliven und Weisswein darunter.

2 | Das Fleisch aus den jeweiligen Marinaden heben. Marinaden reservieren. Das Schenkelfleisch und die Flügelchen abwechselnd mit den halben Specktranchen, den Zwiebel- und Peperonistücken auf vier Spiesschen stecken. Mit Salz und Pfeffer würzen.

3 | An einen Platz auf dem Grill legen, an dem bloss mittlere Hitze herrscht (Kohlegrill: an der Seite, auf keinen Fall über der Glut; Gasgrill: abseits der Flamme; Elektrogrill: mittlere Hitze wählen). Die Spiesschen sollen etwa 20 Minuten garen. In dieser Zeit werden sie immer wieder mit der restlichen Marinade bepinselt.

4 | Die Brustspiesschen würzen und ebenfalls abseits der grossen Hitze auf dem Grill ca. 10 Minuten garen. Jetzt nochmals mit der Marinade bepinseln, mit Sesam rundum einpudern und nochmals 2 Minuten nachgaren.

5 | Die Sauce tartare mit dem Sambal Oelek vermischen.

6 | Die Kefenstreifchen im Ingwer-Zitronengras-Öl heftig anziehen. Zugedeckt zur Seite ziehen.

ANRICHTEN

Die Kartoffeln und die Spiesschen mit dem Schenkelfleisch auf eine grosse Platte legen. Die Brustfleischspiesschen auf eine Platte auf das Kefen-Gemüse legen.

Die pikante Sauce tartare separat in einem Schälchen reichen.

VARIATION VON POCHIERTER POULARDE

Für 4 Personen

Und noch einmal «Nose to Tail». In asiatischer Manier ein fein gewürztes Süppchen samt Einlage, dann nach französisch eleganter Art an einer elegant-samtenen Sauce. Und doch beginnt das Rezept mit «Alles in den gleichen Topf»! Praktischer geht nicht. Köstlicher sowieso nicht.

ZUTATEN

Pochierte Poularde
- 1 Poularde à 1,6 kg, (z. B. Greyerzer Schwarzfuss-Poularde)
- 80 g schwarzer Trüffel (wenn dieser Saison hat)
- Bouquet garni aus: 350 g Zwiebel 180 g Lauch 160 g Stangensellerie
- Gewürzsäckchen: 2 frische Lorbeerblätter 1 Gewürznelke 20 g feines Salz 6 Pfefferkörner, weiss
- 2,5 l Wasser
- 5 dl Weisswein
- 1 Prise Chilipfeffer

Suppe
- 80 g Rüebli
- 60 g Sellerie
- 20 g Olivenöl extra vergine (oder mit Ingwer und Zitronengras aromatisiertes Sonnenblumenöl)
- 2 Frühlingszwiebeln
- 40 g Weisses vom Lauch
- ½ Peperoni, gewürfelt
- 2 Stängel Zitronengras
- 1 l Hühnerbouillon
- 20 g Butter (1)
- 40 g frischer Ingwer, geschält
- 1 dl Schlagrahm
- 20 g frischer Koriander

Sauce
- 30 g Butter (2)
- 30 g Knöpflimehl (für Allergiker Reismehl)
- 6 dl Hühnerbouillon
- Salz und Pfeffer aus der Mühle
- 2 dl Schlagrahm
- ½ Zitrone, Saft
- Salz und Pfeffer aus der Mühle
- ½ Bund glatter Peterli

VORBEREITUNG

Den Gabelknochen, über dem Hals und vor den Brustknochen gelegen, von innen entfernen. Das Geflügel mit kaltem Wasser gut waschen und trocknen.

Wenn Sie schwarzen Trüffel einsetzen, schneiden Sie diesen in 1 mm dicke Scheibchen, lösen die Haut vom Hals her über der Brust und schieben diese Trüffelscheiben über die Brust und die Aussenseite der Schenkel unter die Haut. Die Poularde aufbinden.

Ein Bouquet garni aus den geschälten Zwiebeln, dem Lauch und dem Stangensellerie machen. Aus den Gewürzen ein Gewürzsäckchen binden.

Für die Suppe Rüebli und Sellerie in 2,5 mm dicke Stäbchen schneiden. Die Zitronengrasstängel mit der Breitseite eines Messers quetschen.

Den Peterli waschen und trocknen. Die Stängel entfernen und zum Bouquet garni geben. Die Blätter für die Sauce fein schneiden.

FORTSETZUNG >

Fortsetzung

ZUBEREITUNG

1 | In einer sehr grossen, passenden Pfanne Wasser, Wein, Bouquet garni und Gewürzsäckchen mit dem Chilipfeffer zum Kochen bringen und dort während 20 Minuten halten. Die vorbereitete Poularde hineinlegen und mit einem Teller oder einem feuchten Tuch beschweren, damit das Geflügel stets komplett von der Brühe bedeckt ist. Die Poularde soll während 50 Minuten sanft köcheln (max. 82 Grad). Die aufschwimmenden Fettaugen immer wieder mit einem Suppenlöffel abschöpfen.

2 | Das Geflügel aus der Brühe heben, die Schenkel lösen und wieder in die Bouillon legen. Den Poulardenrest, mit etwas Alufolie gut bedeckt, an der Herdseite durchziehen lassen.

3 | Für die Sauce die Butter (2) zerlaufen lassen und das Mehl darin unter Rühren mit einem Holzlöffel anrösten, ohne dass es Farbe annimmt. Mit 6 dl der heissen Hühnerbouillon ablöschen und 12 Minuten köcheln lassen. Mit Salz und Pfeffer abschmecken und den Schlagrahm unterziehen. Nochmals kurz aufstossen lassen und mit dem Zitronensaft auffrischen. Durch ein feines Spitzsieb passieren und die fein geschnittenen Peterliblätter unterziehen.

4 | Die Poulardenbrüstchen von den Knochen lösen. Die Haut entfernen (nicht, wenn Sie die Poularde getrüffelt haben). Die Haut und die Karkasse kommen in die Bouillon zurück.

ANRICHTEN

Die Brüstchen schräg halbieren. Diese entweder zu Trockenreis oder Kartoffelstock auf heissen Tellern anrichten und grosszügig mit der Sauce überziehen.

Die Suppe in einem zweiten Gang auftragen. Dafür die Schenkel aus der Brühe heben. Die Haut entfernen und das Fleisch in Streifen schneiden.

Die Frühlingszwiebeln und das Weisse vom Lauch der Länge nach halbieren, im Olivenöl anziehen. Die Rüebli- und Selleriestäbchen ebenfalls zugeben und anziehen. Die Peperoni und das gequetschte Zitronengras zufügen. Mit 1 l Geflügelbouillon auffüllen. Alles 6 Minuten köcheln. Die Gemüse sollen noch einen leichten Biss besitzen.

Jetzt die Butter (1) unter die Suppe ziehen, den geriebenen Ingwer und die Schenkelstreifen untermischen. Abschmecken, das Zitronengras entfernen und alles nochmals kurz kräftig aufkochen. Den Rahm unterziehen. Die Suppe in Tassen anrichten und mit dem fein geschnittenen Koriander bestreut auftragen.

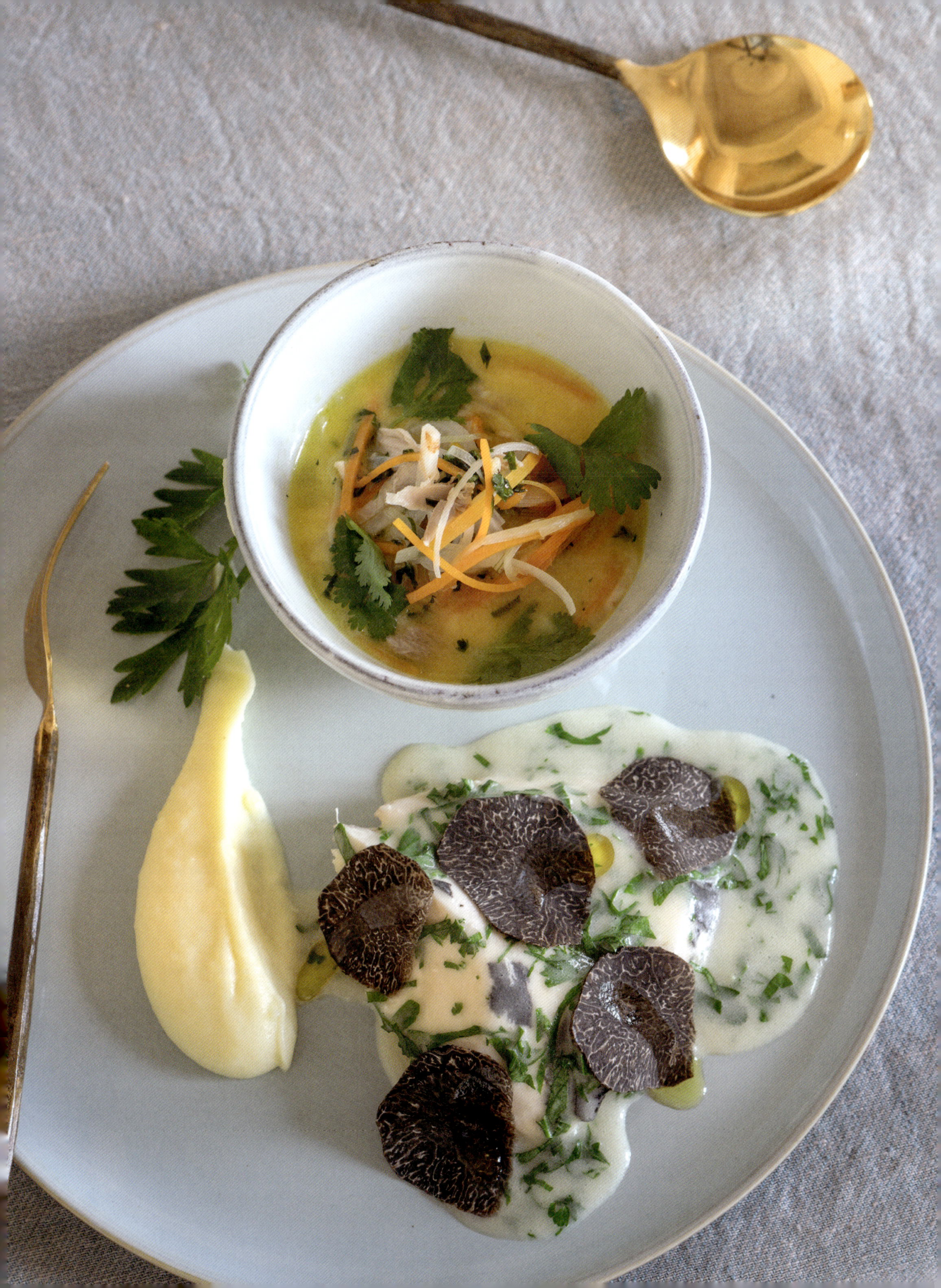

POULARDE IM SALZMANTEL MIT EINER NANTESER BUTTERSAUCE

Für 4 Personen

Paul Bocuse hat ein ähnliches Gericht in sein dickes Kochbuch «La Cuisine du Marché» aufgenommen. Ein Gericht, das wir vielleicht für Fisch, aber kaum für Geflügel kennen und deshalb davor viel Respekt, vielleicht sogar Angst haben. Dabei ist es von bestechender Einfachheit. Und – wenn Sie einmal das bestmögliche Poulet gekauft haben – ein überaus eigenständiger, köstlicher, sogar spektakulärer Genuss.

ZUTATEN

- 1 schwarzfüssige Schweizer Poularde
- 30 g Butter
- 1 Rosmarinzweig
- ½ Bio-Zitrone
- 1 Thymiansträusschen
- 10 g Salbei
- 10 g Rosmarin
- 1,3 kg Gros Sel (grobes Meersalz)
- 1,6 kg Küchensalz
- 10 g schwarzer Valle-Maggia-Pfeffer
- 100 g Weisswein (1)
- 30 g Eiweiss, flüssig

Sauce
- 150 g Weisswein (2)
- 50 g Schalottenwürfel
- 40 g Rahm
- genügend Butter, eiskalt
- Salz und Pfeffer aus der Mühle
- ½ Bio-Zitrone, Saft
- 2 Tropfen Worcester-Sauce

VORBEREITUNG

Den Backofen auf 180 Grad vorheizen.

Die Poularde innen und aussen kalt und gründlich waschen. Austrocknen. In den Bauchraum Butter, Rosmarinzweig und Zitrone geben. Entweder die beiden Öffnungen mit Zahnstochern oder mit Küchenschnur oder mit etwas Alufolie perfekt verschliessen.

Thymian, Salbei und Rosmarin gut waschen und trocknen. Die Schalotte sehr fein schneiden.

Die beiden Salzsorten gut miteinander vermischen. Den Pfeffer, den Weisswein (1) und das leicht geschlagene Eiweiss untermischen.

ZUBEREITUNG

1 | Ein Backblech mit Küchenpapier belegen. Darauf ⅓ der Salzmischung zu einem Hügel anrichten. Die Hügelspitze etwas abflachen und Thymian, Salbei und Rosmarin hineinlegen. Darauf die Poularde mit den Schenkeln nach oben setzen. Gut darauf achten, dass die beiden Körperöffnungen wirklich gut verschlossen sind.

2 | Den Rest der Salzmischung darübergeben und alles zu einem recht kompakten Berg formen. Die Poularde soll komplett bedeckt sein. Auf der Höhe der Brust einen Holzspiess einstecken. So kann man bei Unsicherheit allenfalls den Fleischthermometer bis zur Poularde einführen und deren Gargrad kontrollieren. Alles in den heissen Backofen schieben und für 60 Minuten backen. Herausziehen und an der Herdseite für ca. 10 Minuten durchziehen lassen.

3 | Für die Nanteser Butter wird der Weisswein (2) zusammen mit den Schalottenwürfel um ⅔ reduziert. Den Rahm unterrühren, aufkochen und die eiskalten Butterwürfel unterschlagen. Die Sauce bindet sich cremig und wird mit Salz, Pfeffer, etwas Zitronensaft und einigen Tropfen Worcestersauce abgeschmeckt.

ANRICHTEN

Das ganze Prachtstück auf dem Blech auftragen und präsentieren. Das Salz mit einem grossen Löffel aufbrechen und die Poularde herausheben. Mit einem Pinsel von allenfalls hängen gebliebenen Salzkristallen befreien. Die Poularde tranchieren und das Fleisch auf einem grosszügigen Spiegel von Nanteser Sauce auslegen. Dazu Peterlikartoffeln, Spargeln oder ein Selleriepüree servieren.

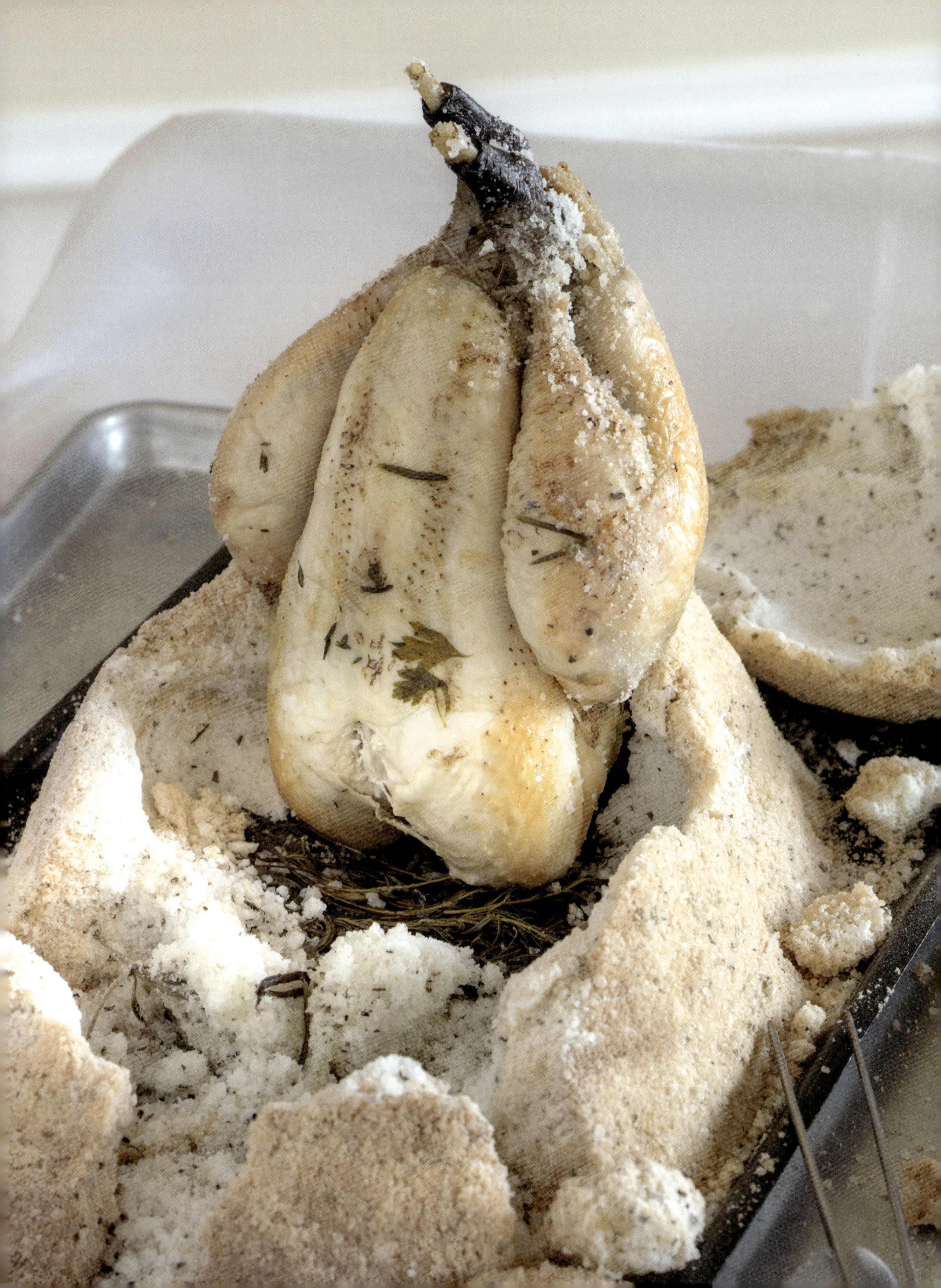

WAS GESTERN NICHT SCHMECKTE, SCHMECKT HEUTE FANTASTISCH!

von Michael Merz

Vieles ist mein «Lieblingsfleisch». Aber Geflügel … Das ist irgendwie über alle gastronomischen Erfahrungen des Lebens hinweg das Nonplusultra geblieben. Dabei hatte ich lange Zeit kein Interesse daran, ass es nicht. Und das hat seine Geschichte. Sie beginnt damit, dass ein kleiner Bub seine Grossmutter beobachtet. Sie ist angezogen, wie Omas in den 1950er-Jahren angezogen sind: Dunkelblau und schwarz. Und klar: Über allem hängt vorne eine Schürze. Üblicherweise lang und weiss. Aber an diesem Tag trug Emilie eine Art Berufsschürze, dunkel.

Ich sehe also, wie Grosi vom Haus weg, gegen den Hühnerhof hingeht. Sie geht bedächtig, wie immer. Sie trägt in der rechten Hand einen Gertel, ein sensenartiges Messer. Bei uns war dieser Gertel stets mit der Spitze tief in den Scheitstock eingeschlagen. Kinderhände hätten ihn niemals herauszuziehen vermocht. Er diente Vater zum virtuosen Schneiden von Anfeuerspänen für die Räucherkammer und – in unserem Fall – für Grossmutters Gang zum Hühnerhof. Hatte sie Geburtstag, gab es Huhn. Das schlachtete und rupfte sie selber.

Das Suppenhuhn wurde jeweils in einer mächtigen Suppenschüssel aufgetragen. Goldgelb schwappte darin die Brühe. Glänzende Fettaugen schwammen auf dieser. Orangerot dümpelten Rüeblistücke darin. Allenfalls etwas Lauchgrün machte das kulinarische Bild etwas fröhlicher, sicher appetitlicher. Allerdings nicht für mich, denn aus der Suppe ragten zwei blasse Hühnerbeine. Mir grauste davor. Appetit hatte ich keinen. Doch seltsamerweise blieb mir der Duft der Suppe in der Nase. Jede Hühnerbouillon muss sich an dieser salzigen, runden Süsse messen lassen.

Etwas später, ich bin wohl 17 Jahre alt. Es sind Sommerferien. Wir sind in Locarno und beim Abendessen wird gebratene Poularde aufgetragen. Ein Schenkel wird auf meinen Teller gelegt. Er ist goldbraun, saftig, zart und ich geniesse ihn, als hätte ich nie etwas anderes gegessen. Bis mir einfällt, dass ich genau dieses Fleisch eigentlich gar nicht mag. Vorbei. Wenig später esse ich zum ersten Mal Ente. Das Restaurant heisst «La Tour d'Argent» und liegt in Paris im obersten Stockwerk eines Hauses an der Seine. Aus den Fenstern sieht man direkt auf die Île de la Cité und Notre Dame. Die Spezialität des Hauses sind Enten und im ganz Speziellen der berühmte Canard à la presse. Es ist ein Ausflug in eine inzwischen versunkene Welt der Gastronomie. Scharen von Kellnern, Horden von Assistenten, Weinkellner, die noch etwas von ihrem Metier verstehen und deshalb den richtigen und nicht den teuersten Wein empfehlen. Das Essen? Eine Reise in die Vergangenheit der Grande Cuisine. Etwas zu reich in Portion und Buttergehalt. Die Kombination von grosser Küche und einer gewissen Leichtigkeit sind zwei Welten, die erst mit der «Nouvelle Cuisine» zu Beginn der 70er-Jahre zusammenkommen werden.

Ich sitze also an diesem legendären Ort. Mag sein, dass so viel Eleganz auch die Geschmacksknospen etwas vernebelt ... Und doch ist dieser Abend bis heute in meiner Erinnerung so präsent, als sei es gestern gewesen. Die Ente wird ruckzuck in der Küche angebraten und kommt dann innen leicht warm und noch sehr roh zum Tisch. Einer der Kellner befreit sie virtuos von Schenkeln und Brüsten. Die verbleibenden Knochen werden mit einem schweren Messer gehackt und kommen in die Entenpresse. Dieser Apparat wurde in diesem Restaurant drei Generationen zuvor erfunden und steht schwer, silbern und sehr im Stil der Belle Époque geschmiedet bei Tisch und empfängt die Ladung blutiger Knochen. Der Maître dreht am grossen Rad der Presse, entsaftet so quasi die Knochen. Ein rosa-bräunlicher Saft fliesst in eine dafür unter den Apparat gestellte Schüssel. Silbern auch sie. Natürlich.

Die Schenkel hat man zum Nachbraten in die Küche zurückgeschickt. Die Brüstchen liegen warm. In Butter angezogene Gewürze und Schalotten werden erst mit etwas Wein und Cognac zur Sauce verkocht, schliesslich mit dem «Knochensaft» verlängert und legiert. Löffel für Löffel kommt sie dann über die Schnitzel der Entenbrüste. Die durch und durch gegarten Schenkel werden eine Viertelstunde später, auf einem frischen Salat mit Bitterkräutern gemischt, angerichtet. Selbst die klassisch reichhaltige Grande Cuisine wusste, was Verdaulichkeit bedeutet!

Es ist eines der seltsamsten Phänomene der grossen Küche und ihrer Köche von heute, dass diese sich mit vielen Worten von der französischen Küche distanzieren, sich aber immer wieder durch deren kulinarische Errungenschaften, genau dieser kulinarischen Vergangenheit, inspirieren lassen und sich damit schmücken. Sie schmoren Fleisch in Plastiksäcken sous-vide, was nichts anderes heisst als «schmoren». Allerdings unter Vakuum und mit einem gustativ ziemlich uninteressanten, recht mageren Ergebnis. Dieses peppen sie meist durch stark reduzierte Saucen auf. Diese wiederum kommen in Technik und Zusammensetzung allesamt aus der klassischen Küche und werden auf der Basis von sogenannten Fonds, Jus und vor allem Glaces gezogen. In der Grande Cuisine bilden sie die geschmackliche Folie, auf der ein weiterer Geschmack (jener des Hauptbestandteils des Gerichts) präsentiert und damit überhöht wird. Heute liefern diese Saucen in vielen Gerichten die einzige nennenswerte Geschmacksnuance. Wir wollen nicht bestreiten, dass sous-vide-gekochtes Fleisch zart und oft sehr saftig ist. Aber das ist klassisch gebratenes Fleisch auch. Wenn man es richtig behandelt. Der Schlüssel dazu ist einfach: Präsenz am Herd.

Es wäre Frédy Girardet, dem zu Recht weltberühmten und gerühmten Koch, niemals eingefallen, seinen «Canard confit au citron vert» anders zu verkochen als auf klassische Art und Weise. Rundum gebraten, dann immer wieder mit der vorher perfekt gezogenen, diskret aber unverkennbar limettigen Sauce übergossen. Lackglänzend dunkelbraun, umwabert von einem Duft ... zum Verrücktwerden. Vor dem Service schliff sein Maître Louis Villeneuve wie stets seine Tranchiermesser zu japanischer Superschneidkraft. Jetzt schnitt er, mit Gabel und besagtem Messer bewaffnet, erst die Schenkel weg, dann die Brust in hauchfeine Längstranchen. Etwas von der unglaublichen Sauce wurde danach darübergelöffelt. Was für ein Duft da dem Gast in die Nase stieg! Auch dies ist im Übrigen eines der Qualitätsmerkmale der ganz grossen Küche: Sie duftet beim Auftragen. Was aufgewärmte Gerichte kaum oder gar nicht zustande bringen. Ganz zu schweigen davon, was die Gerichte danach auf der Zunge auslösen. Der Geschmack frischer Küche besitzt eine Klarheit und Komplexität zugleich. Gerade weil diese in heutigen Star-Koch-Gerichten an der Basis so oft fehlt, sind deren Gerichte häufig überwürzt oder zu salzig konzentriert. Oder wie es der von mir viel und gerne zitierte Hans Stucki sagte: «Die Köche von heute können nicht mehr würzen. Sie meinen, das mache man einfach so, und vor allem: Abschmecken mache sich von selbst.»

In Girardets Entengericht war die Balance der Aromen perfekt. Der Duft bezauberte. Der Geschmack entzückte mit seiner Klarheit und Raffinesse, das Fleisch hatte Biss, Geschmack und Saftigkeit zugleich. Ich habe dieses Gericht auch heute noch «auf der Zunge»! Ein kulinarischer Massstab.

Aber was wäre das alles ohne jenen Mann, der mir über Jahre nicht nur das Geniessen, sondern auch das Kochen beigebracht hat? Ein Franzose. Der von mir oft, gerne und dankbar zitierte Alain Chapel. Ein strenger Meister seines Fachs. Ein Mann, der als schwierig galt und der sich als ganz besonders einfach und ungeheuer grosszügig erwies. Vor allem mit seiner Präsenz und seinem Wissen. Nicht umsonst sind über 150 Sterne-Köche durch seine Küche gezogen. Namen wie Alain Ducasse, Harald Wohlfahrt, Pierre Gagnaire, die beiden Reithbauers aus Wien oder der unvergleichliche Rudi Obauer aus Werfen hinter Salzburg sind darunter. Chapel gilt heute noch, lange nach seinem Tod, als Massstab der kulinarischen Dinge. Er brachte «das grosse Produkt» in die Spitzenküche zurück.

Was das heisst? Die Nouvelle Cuisine hat verschiedene Väter. Paul Bocuse, der mit seinem Instinkt für das Marketing der Bewegung eine interessierte Öffentlichkeit verschaffte, Michael Guérard, der mit seiner freien Art des Anrichtens auch die Freiheit auf dem Teller proklamierte, Jean Troisgros, einer beiden Troisgros-Brüder, dessen Küchenkunst nicht nur leichtere, sondern auch überaus intensiv aromatisierte Saucen möglich macht. Chapel schliesslich predigte erneut die À-la-Minute-Küche, forderte, diese ernst zu nehmen. Das frischeste, das allerbeste Produkt musste schnellstmöglich, nach den präzisesten Regeln der Kunst verkocht und möglichst rasch aufgetragen werden. Dafür stand der Mann wirklich jeden zweiten Tag um 5.30 Uhr auf, um die kleinen Märkte von Lyon nach Produkten abzusuchen. Nicht genug damit, wollte er auch wissen, woher diese stammten. Also besuchte er die Gärtner, Bauern, Fischer, Geflügelzüchter … Und er wollte nicht nur wissen, woher seine Produkte stammten. Er wollte auch erfahren, wie diese heranwuchsen. Die «petits légumes» – die winzig kleinen Gemüse, kamen durch ihn in die internationale Küche. Es hatte ihn schade gedünkt, diese beim Ausdünnen der Beete überflüssig gewordenen Gemüse einfach zu entsorgen. Er verwendete in seinem Restaurant nur unpasteurisierte Butter, denn diese öffnet Geschmackswelten. Frischkäse kam von einer Bauersfrau im Nachbardorf und das Brot wurde von einem Bäcker gebacken, der die dazu benötigte Hefe aus wildem Rebensaft selbst zog. So begegnete ich auch dem besten Geflügel jener Tage. Den Bressehühnern von Madame Sabin-Mutin.

Viel ist über die blaubeinigen, weissfedrigen Hühner der Bresse geschrieben worden. Ihr Fleisch schmecke kräftiger und seine Struktur sei fester als das anderer Hühner.

Sicher ist: Zu Beginn steht eine Hühnerrasse, die nicht zum Legen, sondern zur Fleischproduktion ausgesucht wurde. Klar ist auch: Selbst heute sind die Mastbetriebe von relativ überschaubarer Grösse. Damals, in den fernen 1970er-Jahren, gab es noch eine Unzahl von handwerklichen Kleinbetrieben, in denen gleichzeitig bloss ein paar Hundert dieser Tiere herangezogen wurden. Sie lebten länger als vergleichbare Tiere. Die legendären Kapaune etwa schlüpften im Januar, verloren ihre «Männlichkeit» im Juni und warteten bis in den Dezember, um dann, 3 bis 5 Kilogramm schwer, als lange und langsam geschmorter Weihnachtsbraten zu enden.

Aber Zeit ist nur die eine Zutat zur Superpoularde. Die andere ist die Nahrung. Madame Sabin-Mutin fütterte ihre Tiere persönlich. In Milch eingeweichtes Brot und eingeweichter Weizen waren die Grundnahrung. Den Rest suchten sich die Tiere im Freien, auf den Wiesen um Madames alten Bresse-Bauernhof. Was immer vor ihre Schnäbel geriet. Die Hühner wurden handzahm gehalten; oft mit der Hand gefüttert. Kam ihre letzte Stunde, gingen sie zutraulich zu Madame und … hingen etwas später kopfüber in der Küche des Hauses. Das Blut wurde aufgefangen. Daraus entstand die Sanquette, eine Art Blutwurst in Omelettenform.

Der Begriff der Nose-to-Tail-Küche ist eben viel älter als die modische Version aus der Londoner Küche von Fergus Henderson. Aber immerhin: In seinem Restaurant «St. John» in den Spitalfields wird nicht nur das Brot selbst gebacken und der Salat selbst gerüstet. Im Restaurant, das einst eine Lachsräucherei war, kann man den Köchen bei der Arbeit zusehen und ordern, was es sonst nirgends gibt: Knusprig frittierte, salzige Schweineschwarte zum Brunnenkressesalat, das Suppenhuhn mit Gemüsen und Pesto. Aus den Hühnern von

> «DER GESCHMACK ENTZÜCKTE MIT SEINER KLARHEIT UND RAFFINESSE, DAS FLEISCH HATTE BISS, GESCHMACK UND SAFTIGKEIT ZUGLEICH.»

Madame Sabin-Mutin kochte Alain Chapel, was bis heute Legende geblieben ist: Die in der Schweineblase gegarte Poulette mit einer Sauce albufera. Ein typisches Gericht der regionalen Küche, dessen Rezept ursprünglich aus dem Buch «La Table au pays de Brillat-Savarin» stammt, das im 19. Jahrhundert von einem Notar, Lucien Tendret verfasst worden war, und das von Chapel für die heutige Zeit adaptiert wurde. Eine lange gewässerte Schweinsblase umschliesst dabei das mit Madeira, Cognac und Gewürzen marinierte, getrüffelte Hühnchen. Alles kommt in heisse Hühnerbouillon, bläht sich zum Ballon, schwimmt halb auf. So gart die Poulette im eigenen Dampf, wird zusätzlich parfümiert von den Aromen, die durch die Haut in die Blase dringen. Bei Tisch aufgetragen, tranchiert, mit Gemüsen angerichtet und von einer samtenen, mit Gänseleber gebundenen Sauce bedeckt, hat sie tausende von Gästen des Restaurants nicht bloss entzückt, sondern deren Geschmacksknospen markiert. Jedes andere Hühnchengericht muss sich von diesem Moment an damit messen.

GEBRATENE ENTE

Für 4 Personen

Eine der ganz grossen und viel zu wenig bekannten Köstlichkeiten der ganz grossen Küche. Einfach zu kochen, wenn man das beste Ausgangsprodukt hat – und das richtige Rezept. Der legendäre Basler Sternekoch Hans Stucki hätte wohl alleine von diesem Gericht gut leben können! Ein Restaurant, wie es Dario Ranza bekocht, ebenso. Auch Ihre Gäste werden genau dafür wiederkommen!

ZUTATEN

- 1 Ente, ca 1,8 kg, ohne Innereien und Abschnitte
- Salz und Pfeffer aus der Mühle
- 10 g Rosmarin, als Zweig
- ½ Bio-Zitrone, gewaschen
- 40 g Wasser
- 30 g Olivenöl, extra vergine
- 20 g Butter (1)
- Matignon aus:
  60 g Zwiebel
  50 g Rüebli
  40 g Sellerie
- 1 EL Tomatenpüree
- Salz und Pfeffer aus der Mühle
- 20 g Butter, eiskalt (2)
- etwas Madeira oder Cognac
- 30 g Butter (3)

ZUBEREITUNG

1 | Die gut gewaschene und getrocknete Ente innen und aussen mit Salz und Pfeffer würzen. Diese Gewürze gut in die Haut massieren. Den Rosmarin und die Zitronenhälfte in den Bauchraum der Ente stecken. Die Ente über die Flügel und die Schenkel je mit einer einfachen Schlaufe aufbinden.

2 | Den Bratofen auf 180 Grad vorheizen.

3 | Die Ente in eine passende Bratenschüssel legen. Das Wasser rundherum eingiessen. Die Brust und die beiden Seiten mit Olivenöl einpinseln. Für 12 Minuten in den heissen Bratofen einschieben. Die Ente alle 4 Minuten mit dem Wasser in der Bratenschüssel übergiessen. Nach 12 Minuten auf die eine Seite auf einen Schenkel legen. Nach 14 Minuten auf den zweiten Schenkel legen. Immer wieder alle 4 Minuten übergiessen. Zum Schluss nochmals 4 Minuten auf den Rücken legen. Die erste Butterhälfte (1) zufügen, das Matignon und das Tomatenpüree zufügen. Die Ente so oft wie möglich mit dem sich entwickelnden Fond übergiessen.

4 | Die Ente aus dem Bratofen nehmen und auf einem Holzbrett, locker mit etwas Alufolie bedeckt, etwa 10 Minuten durchziehen lassen.

5 | Die Sauce durch ein Sieb passieren und einköcheln, bis sie sich leicht bindet. Abschmecken und mit der eiskalten Butter (2) heftig aufschlagen. Allenfalls mit einem Tropfen Madeira oder Cognac raffinieren.

ANRICHTEN

Die ganze Ente auftragen und die beiden Schenkel vom Körper trennen. Diese für 15 Minuten in den heissen Bratofen in etwas Butter (3) zurücklegen und durch und durch garen. Immer wieder wenden und übergiessen.

Die beiden Brüste von den Knochen lösen und entweder in 2 mm dicke, schräge Scheiben oder in ca. 8 mm dicke schräge Tranchen schneiden. Auf heisse Teller legen. Rotkohl und Bratkartoffeln, Saisongemüse oder eine sommerliche Ratatouille dazu anrichten. Im letzten Moment das Fleisch mit etwas Sauce nappieren. Sofort auftragen.

Die Schenkel in einem zweiten Gang auftragen. Dann entweder als halbierte Oberschenkel ganz oder von den Knochen gelöst und das Fleisch in Streifen geschnitten zu einem pfiffig abgeschmeckten Salat servieren. Man kann dieses Fleisch auch zerzupfen und, mit der Sauce vermengt, zu etwas Kartoffelstock servieren.

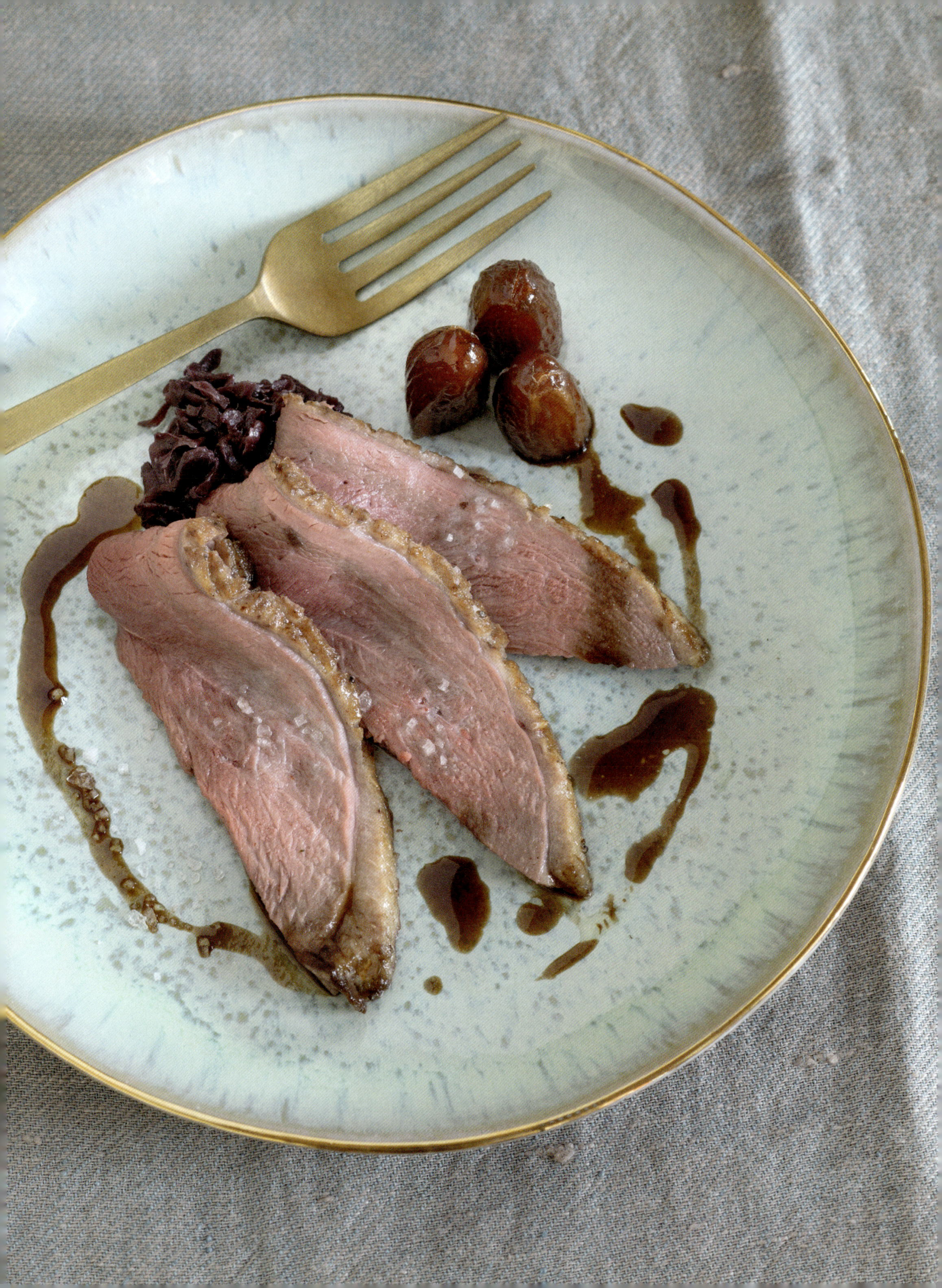

RAVIOLI MIT ENTENFLEISCHFÜLLUNG

Für 4 Personen

Man könnte derart gefüllte Pasta unter «köstliche Kleinigkeiten» einordnen, wenn diese Teigkissen nicht dermassen gut schmecken würden, dass man davon kaum genug bekommen kann. Nichts, was so gut schmeckt, darf irgendwann und irgendwie unter irgendwelchen Umständen eine Kleinigkeit genannt werden!

ZUTATEN

Füllung
- 2 Entenschlegel, zusammen ca. 350 g, mit Knochen gerechnet
- 20 g Sonnenblumenöl
- 60 g Zwiebel, gewürfelt
- 50 g Rüebli, 1 cm grosse Würfel
- 40 g Sellerie, 1 cm grosse Würfel
- 5 g frische Salbei oder Thymian
- 20 g Tomatenpüree
- 1 dl Merlot
- 2 dl Bouillon
- 1 Ei (2)
- 20 g Parmesan, gerieben (1)
- Salz und Pfeffer aus der Mühle

Teig
- 100 g Weizenmehl
- 100 g Hartweizengriess
- 2 Eier (1)
- 1 Prise Salz
- 20 g Olivenöl, extra vergine

Ausserdem
- 1 Ei (3)
- 15 g Salz
- 30 g Butter
- 1 Thymianzweiglein
- 30 g Parmesan, gerieben (2)

ZUBEREITUNG

1 | Aus den beiden Mehlsorten einen Berg zusammenschütten. In der Bergspitze eine Mulde formen. Die Eier (1) aufschlagen, nach und nach das Salz und das Öl unterschlagen. Diese Mischung in die Mehlgrube schütten und mit zwei Fingern nach und nach erst einen Teig mischen und diesen dann kräftig kneten. Der Teig soll nach anfänglicher Härte weich und geschmeidig werden. Den Teig in Klarsichtfolie einschlagen und ca. 30 Minuten im Kühlschrank ruhen lassen.

2 | Den Bratofen auf 120 Grad vorheizen.

3 | Für die Füllung die Entenschlegel kräftig würzen und im heissen Sonnenblumenöl beidseitig anbraten. Zwiebel, Rüebli, Sellerie und Salbei/Thymian zufügen, gut anziehen und zum Schluss das Tomatenpüree beigeben. Nach ca. 3 Minuten, in denen das Gemüse immer wieder gewendet wird, das ausgeschwitzte Fett mit einem Löffel aus der Kasserolle entfernen. Den Wein zugiessen. Wenn dieser köchelt, die Bouillon zuschütten.

FORTSETZUNG >

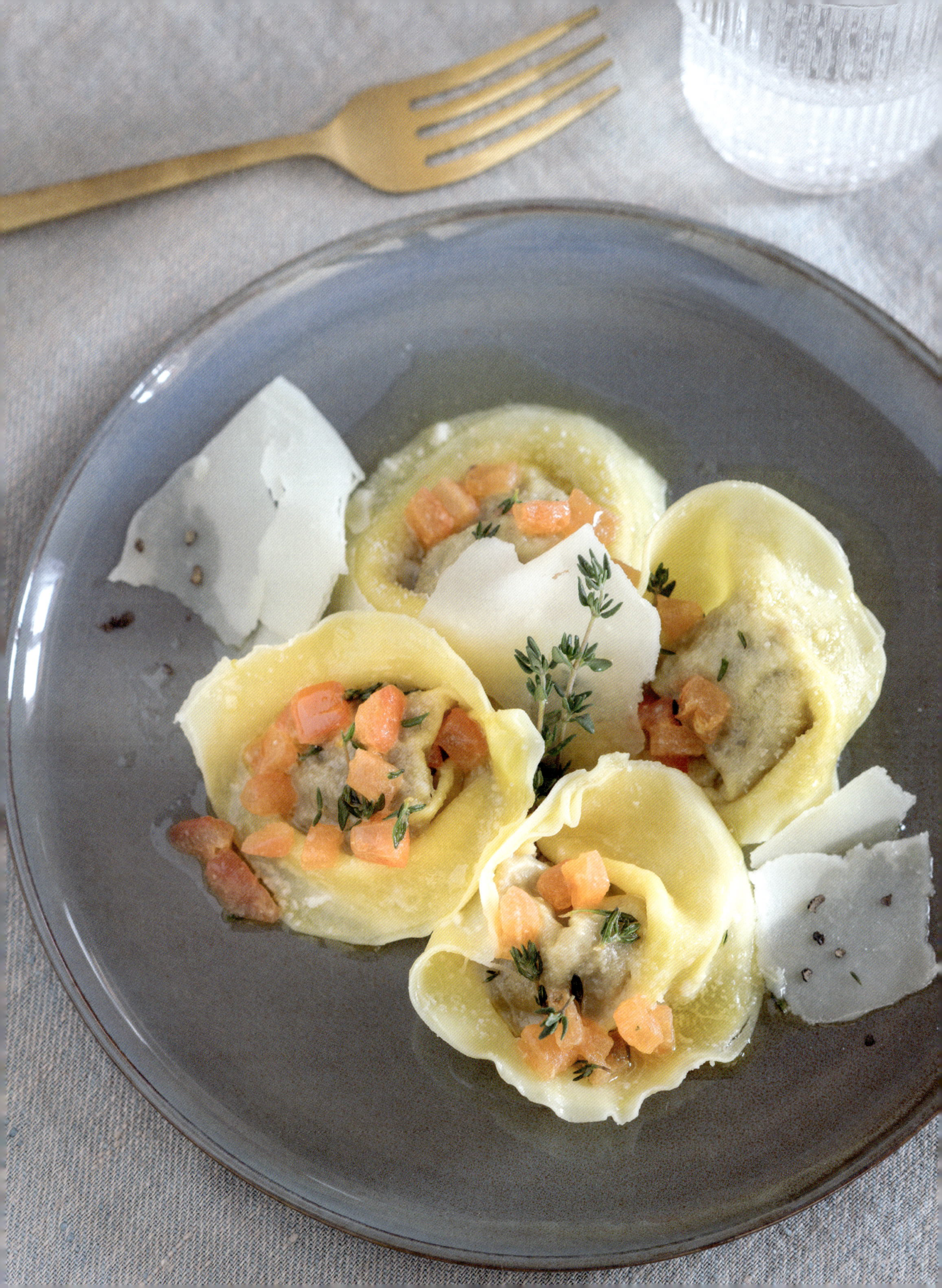

Fortsetzung

ZUBEREITUNG

4 | Die zugedeckte Kasserolle in den Bratofen schieben und dort 2 Stunden belassen. Ab und an die Entenschlegel begiessen und wenden. Sie sollen sehr gut gegart sein. Aus dem Ofen nehmen, auskühlen.

5 | Die Haut von den Entenschlegeln ablösen. Das Fleisch mit einer Gabel zerzupfen. Dabei die Gemüse auch zerdrücken. Man kann diesen Arbeitsvorgang auch mit einem Mixer besorgen. Zum Schluss das Ei (2) untermischen und mit dem Parmesan vermengen. Abschmecken.

6 | Den Ravioliteig auf der Teigwalzmaschine auf die geringste Dicke auswalzen. Dieses Teigband auf einer mit wenig Hartweizengriess bestreute Arbeitsfläche auslegen. Mit einem Glas oder einem Ausstecher von ca. 10 cm Durchmesser runde Teigscheiben ausstechen. Die Ränder mit wenig zerschlagenem Ei (3) bestreichen.

7 | Je 20 g der Entenfleischfüllung in die Mitte jeder Teigscheibe legen. Die Hälfte der Teigscheibe über die Füllung klappen und die beiden Ränder mit zwei Fingern gut zusammendrücken.

ANRICHTEN

Genügend Wasser zum Kochen bringen. Pro Liter 15 g Salz zugeben. Die Ravioli ins Wasser legen und, wenn diese wieder aufsteigen, herausheben. Abgetropft in der aufschäumenden Butter, der man etwas Thymian beigegeben hat, wenden. Auf heissen Tellern anrichten mit geriebenem Parmesan (2) servieren. Man rechnet für eine Vorspeise mit 4–5 Ravioli, als Hauptgang mit 6–7 Ravioli pro Person.

AM KNOCHEN GEBRATENE ENTENBRUST MIT EIERSCHWÄMMLI UND OLIVEN

Für 4 Personen

Ausgelöste Geflügelteile sind ungeheuer praktisch und es wäre dumm, sie nicht als «für die moderne Küchen perfekt» zu bezeichnen. Aber um wie viel besser ein am Knochen gebratenes Stück Fleisch schmeckt, lässt sich hier exemplarisch demonstrieren. Denn dieser Knochen, auf dem die Entenbrust liegt, pumpt während des Bratens zusätzlichen heissen Saft ins Fleisch. Dieses gart deshalb nicht nur saftiger, sondern das Resultat schmeckt einfach besser.

ZUTATEN

- 1 Ente von ca. 1,6–1,8 kg, kochfertig
- Salz und Pfeffer aus der Mühle
- 50 g Sonnenblumenöl
- 10 g Rosmarinnadeln
- Matignon aus:
  60 g Zwiebeln
  50 g Rüebli
  40 g Sellerie
- 20 g Tomatenpüree
- 1 dl Rotwein
- 1 l Wasser
- 1 Lorbeerblatt
- 20 g kalte Butter
- etwas Cognac oder Madeira
- 10 g Kastanienhonig
- 10 g Apfelessig
- 10 g Valle-Maggia-Pfeffer

Eierschwämmchen

- 240 g Eierschwämmchen
- wenig Sonnenblumenöl
- 1 Knoblauchzehe, ganz, geschält
- 20 Taggiasca-Oliven
- Salz und Pfeffer aus der Mühle
- 30 g glattblättriger Peterli

VORBEREITUNG

Ihr Metzger soll die Schenkel von der Ente schneiden (sie dienen etwa zur Füllung der Ravioli auf Seite 174), dazu die Flügelchen und das Rückgrat herausschneiden. Lassen Sie sich die Knochen mitgeben und ziehen Sie in der üblichen Weise eine schöne Entensauce daraus.

Mit einer Pinzette allfällige Federchen und Federkiele entfernen. Die restliche Ente mit kaltem Wasser waschen und trocknen.

Zwiebel, Rüebli und Sellerie in 1 cm grosse Würfel schneiden. Peterli von den Stielen befreien und die Blätter fein schneiden.

Die Eierschwämmchen beschneiden und mit kaltem Wasser überbrausen. Auf Küchenpapier gut abtrocknen.

Den Honig mit dem Essig auflösen.

FORTSETZUNG >

Fortsetzung

ZUBEREITUNG

1 | Den Bratofen auf 180 Grad vorheizen. Eine Bratenschüssel einschieben und ebenfalls heiss werden lassen. Die ausgelösten Flügelchen und Entenknochen hineinlegen.

2 | In einer Pfanne 2 Liter Wasser zum Sieden bringen. Die «Entenbrust» für eine Minute darin untertauchen. Abgiessen und in kaltem Wasser abkalten. Abtrocknen und mit einem spitzen Messerchen die Haut überall leicht einstechen. Mit Salz und Pfeffer grosszügig würzen.

3 | In einer Pfanne die beiden Brüste in heissem Sonnenblumenöl anbraten. Dann mit dem Rosmarin in die Bratenschüssel geben. Diese wieder in den Bratofen zurückschieben. 14 Minuten darin belassen. Das Fleisch immer wieder mit dem ausgelaufenen Fett übergiessen.

4 | Das Geflügel herausnehmen und an der Herdseite, mit einer Alufolie belegt warm halten. Für die Eierschwämmchen wenig Sonnenblumenöl in einer Teflonpfanne erhitzen. Die geschälte, aber ganze Knoblauchzehe zusammen mit den trockenen Pilzchen darin anziehen. Die Oliven beigeben. Mit Salz und Pfeffer würzen und die Knoblauchzehe entfernen. Mit etwas geschnittenem Peterli überstreuen. Warm halten. Nicht mehr kochen!

5 | Die Gemüse in die Bratenschüssel geben und kurz anziehen. Das Tomatenpüree zufügen und nach ca. 2 Minuten möglichst viel des Bratenfetts aus der Bratenschüssel schöpfen. Nun auf dem Herd erst mit dem Wein und nach dem Aufkochen mit Wasser auffüllen. Das Lorbeerblatt beigeben. 20 Minuten köcheln lassen. Durch ein Sieb passieren und dann auf Saucenkonsistenz einköcheln. Abschmecken. Mit kalter Butter heftig aufschwingen. Allenfalls mit etwas Cognac oder Madeira interessanter machen. Sauce nicht mehr aufkochen. Im heissen, aber nicht kochenden Wasserbad reservieren.

6 | Den Infrarotgrill ihres Bratofens auf Höchststufe stellen.

ANRICHTEN

Die Entenbrüste mit dem Honigessig lackieren. Unter den heissen Infrarotgrill schieben und die Haut knusprig braten. Dies muss im offenen Bratofen geschehen. Die Brüste auslösen und in schräge, ca. 8 mm dicke Tranchen schneiden. Mit dem Valle-Maggia-Pfeffer bestreuen. Zusammen mit den Eierschwämmchen anrichten. Allenfalls ein oder zwei Ravioli dazulegen und alles mit etwas Sauce umgiessen.

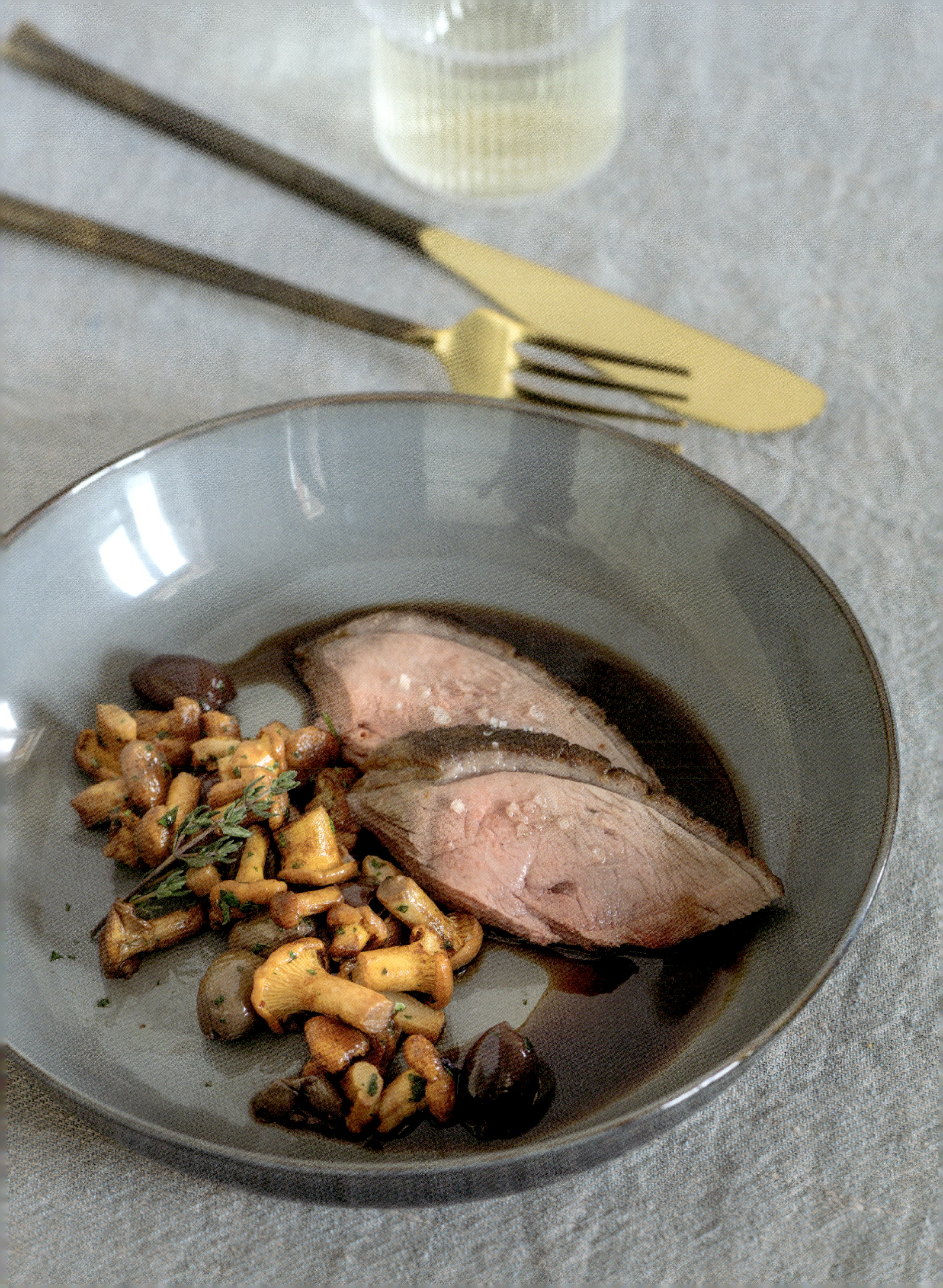

STROGANOFF VON DER ENTE

Für 4 Personen

Stroganoff war in der Welt der Feinschmecker «das Gericht» der 1950er- und 1960er-Jahre. Die Oberkellner zauberten es den Gästen bei Tisch vor. Rindsfiletfleisch brutzelte, Flammen loderten, Wein zischte und cremige Saucen blubberten zum guten Ende appetitlich in der Pfanne. Alleine deshalb kamen die Gäste immer wieder in jene Restaurants zurück, die Stroganoff auf diese Weise zubereiteten. Die Zeiten haben sich geändert. Und doch ist, wie es in der Gastronomie so geht, Stroganoff wieder zurück. Diesmal aus den köstlichsten Stücken der Ente.

ZUTATEN

- 700 g Entenbrust
- 200 g kleine, weisse Champignons
- ½ Zitrone
- 10 g Sonnenblumenöl, hoch erhitzbar (1)
- etwas Salz
- 160 g rote Peperoni
- 10 g Mehl
- 20 g Sonnenblumenöl, hoch erhitzbar (2)
- 20 g Butter (1)

Sauce

- 20 g Butter (2)
- 60 g Schalotten, fein gewürfelt
- 20 g Paprika, edelsüss
- 40 g Brandy
- 1,5 dl Rotwein
- 2 dl Fond de volaille, dunkel
- 80 g Schlagrahm
- Salz und Pfeffer aus der Mühle
- 2 Tropfen Tabasco
- 40 g Sauerrahm
- 30 g Peterli

ZUBEREITUNG

1 | Bratofen auf 180 Grad vorheizen.

2 | Allfällige zurückgebliebene Federkiele aus der Haut der Entenbrust ziehen, die Haut abziehen und die Sehnenansätze des Fleisches entfernen. In Würfel von 1,5 cm Seitenlänge schneiden.

3 | Die gut gewaschenen und gereinigten Champignons zusammen mit etwas Zitronensaft im heissen Sonnenblumenöl (1) anziehen. Leicht salzen. Zudecken. Nach 3 Minuten zur Seite ziehen und abkalten lassen. Vor dem Weiterverwenden vierteilen. Den verbleibenden Fond für die Sauce verwenden.

4 | Die gewaschenen Peperoni im Bratofen auf den Grill legen. Wenn die Schoten rundum angeröstet sind, in einem Gefäss mit etwas Alufolie bedecken und abgekaltet die Haut und die Kerne entfernen. Das Fleisch in 3 cm lange Streifen schneiden.

5 | Das Fleisch mit etwas Mehl bestreuen, würzen und in der stark erhitzten Pfanne in Sonnenblumenöl (2) anbraten. In der Halbzeit die Butter (1) zufügen. Das Fleisch herausnehmen und in einem Sieb abtropfen lassen. Einige Minuten ziehen lassen.

6 | Für die Sauce in dieser immer noch heissen Pfanne die Butter (2) aufschäumen lassen, die Schalotten anziehen und alles mit Paprika bestreuen. Den Brandy zugiessen, und wenn dieser aufkocht, den Wein zugeben. Einköcheln und mit dem Enten- oder Geflügelfond auffüllen. 5 Minuten köcheln.

ANRICHTEN

1 | Erst die Champignons, dann die Peperonistreifen und schliesslich den Schlagrahm zur Sauce geben. Mit Salz und Pfeffer und wenig (!) Tabasco abschmecken. Das Fleisch zufügen. Durchziehen lassen, aber auf gar keinen Fall kochen! Mit Trockenreis oder Butternudeln anrichten. Im letzten Moment einen Löffel Sauerrahm und fein geschnittene Petersilie über das Fleisch geben.

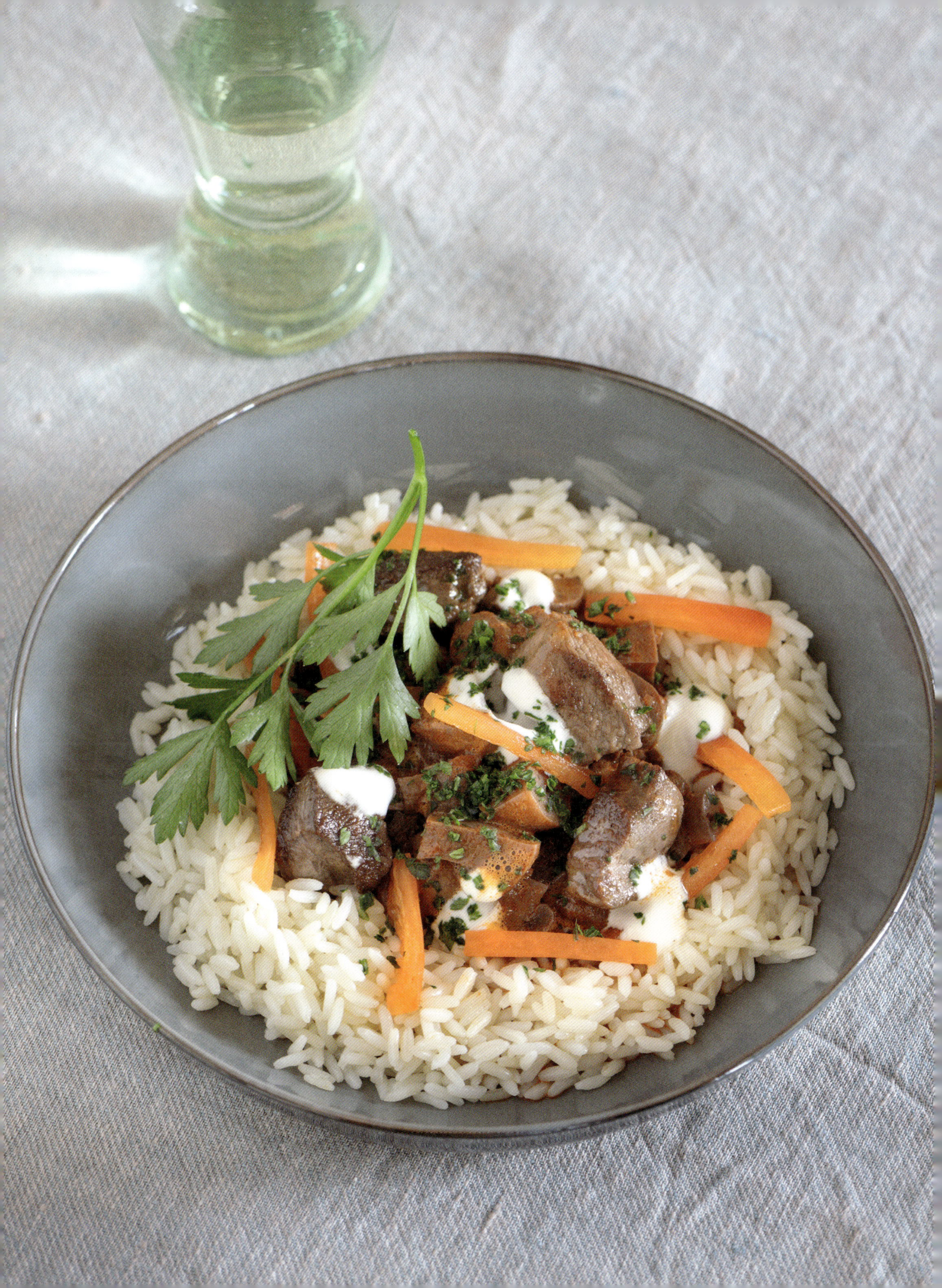

ENTENBURGER À LA GOURMAND

Für 4 Personen

Nichts gegen einen Burger. Aber ein echter Hamburger muss es schon sein! Viel schieres Fleisch, raffiniert gewürzt und vor allem perfekt gebraten. Diesmal als Variation eines saftigen, aber nicht fetten Fleischtätschli aus den besten Stücken der Ente. Dazu krosser Speck von der Entenbrust. Kulinarisch überglänzt von einer raffiniert fruchtig-frischen Mayonnaise. Niemand, der gerne gut isst, bekommt davon je genug.

ZUTATEN

- 640 g Entenfleisch (Brust oder Oberschenkel), ohne Haut, Fett und Sehnenansätze
- 80 g dünne Tranchen geräucherte Entenbrust
- 1 Endivie Belge (Brüsseler)
- 80 g Mayonnaise
- ½ Bio-Orange, gewaschen, Saft und Zeste
- ¼ Zitrone, gewaschen, Saft und Zeste
- 12 g Salz (1)
- 1 Prise schwarzer Pfeffer
- 20 g grobkörniger Senf (Moutarde de Pommery)
- 40 g Sonnenblumenöl, hoch erhitzbar
- 1 Prise Salz (2)
- 20 g Blütenhonig
- 100 g Camembert, in 2 mm dicken Längsscheiben
- 4 Ciabatta- oder Burgerbrote

ZUBEREITUNG

1 | Die Endivie aufblättern und waschen. Gut trocknen.

2 | Die Mayonnaise mit etwas Zitronen- und Orangenzeste sowie dem Orangensaft aromatisieren.

3 | Das Entenfleisch hacken und mit Salz (1), Pfeffer und Moutarde de Pommery mischen. Die Masse zu 1 cm dicken, etwas länglichen Burgern formen.

4 | Die Burger im heissen Sonnenblumenöl je 2 Minuten anbraten. Herausnehmen und für einen Moment an der Herdseite durchziehen lassen.

5 | Die Endivienblätter in die noch heisse «Burgerpfanne» geben und sie wenden, salzen (2), mit dem Zitronensaft und dem Honig vermengen.

6 | Die geräucherten Entenbrustscheiben anbräteln.

7 | Das Brot in Hälften schneiden, die untere Hälfte mit den Endivienblättern belegen. Die Mayonnaise darauf kleckern und je einen Burger daraufsetzen. Mit Camembert belegen und eine oder zwei der gebratenen Entenbrustscheiben darüberlegen. Die zweite Brothälfte darauflegen.

ANRICHTEN

Den «Burger» attraktiv in eine Papierserviette einschlagen. Sofort auftragen.

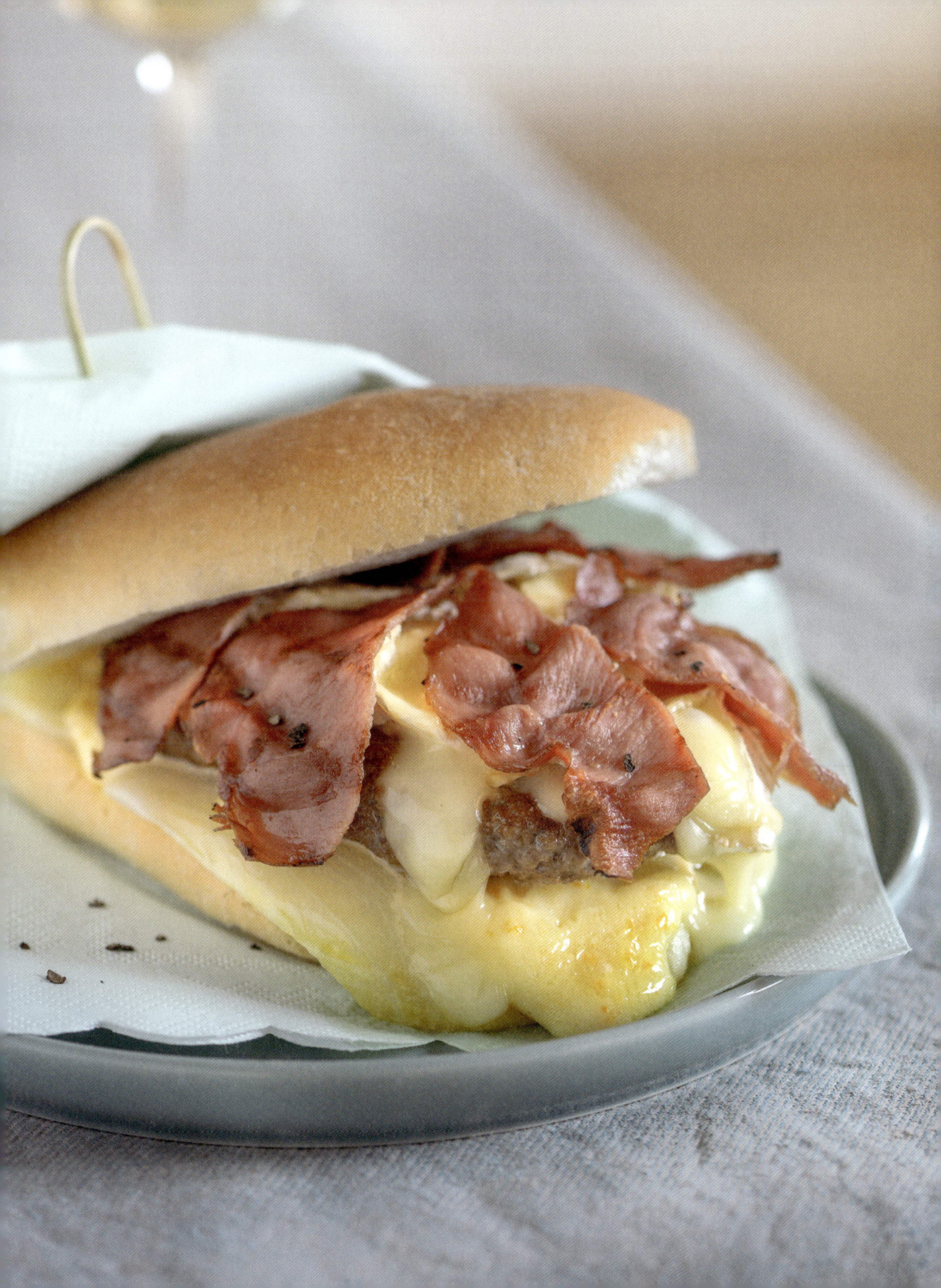

IN MERLOT POCHIERTE ENTENBRUST MIT EINEM LINSENRAGOUT

Für 4 Personen

Esau, so steht es in der Bibel, hat sein Erstgeburtsrecht für ein Linsengericht eingetauscht. Nun sind Linsengerichte meist nicht nur rustikaler Natur, sondern auch nicht besonders feine Küche. Ausser man kennt, so wie unser Koch, jeden nur denkbaren Küchentrick, um aus einem solchen Gericht auch die verstecktesten Struktur- und Geschmacksnuancen herauszuholen. Dann tauscht man dafür sogar sein Erstgeburtsrecht ein.

ZUTATEN

- 4 Magret de Canette (Jungentenbrüste von weiblichen Jungenten), Gesamtgewicht ca. 600 g
- 5 dl Merlot
- 5 dl Geflügelbouillon
- 100 g feine Schalottenwürfelchen (1)
- 2 Lorbeerblätter
- 1 Thymianzweiglein
- 2 dünne Ingwerscheiben
- 10 Pfefferkörner, schwarz
- etwas Olivenöl, extra vergine
- etwas Fleur de Sel

Linsen
- 200 g Puy-Linsen, grüne Linsen
- 50 g rote Linsen
- 20 g Schalottenwürfelchen (2)
- 20 g sehr feine Rüebliwürfel (Brunoise)
- 20 g Butter
- 20 g Moutarde de Meaux
- 200 g Pochierfond der Entenbrüste oder Hühnerbouillon
- 1 dl Rahm
- Salz und Pfeffer aus der Mühle

VORBEREITUNG

Die grünen Linsen für ca. 3 Stunden einweichen (am besten über Nacht).

ZUBEREITUNG

1 | Für die Entenbrüstchen den Wein und die Bouillon zusammen aufkochen. Schalottenwürfel (1), Lorbeer, Thymian, Ingwerscheiben und schwarze Pfefferkörner hineinwerfen. Den Topf zugedeckt zur Seite ziehen und 15 Minuten ziehen lassen.

2 | Den Sud zum Sieden bringen, die Entenbrüstchen einlegen. Der Sud darf jetzt nicht mehr zum Sieden kommen! 12 Minuten vor dem Köcheln halten (85 Grad) und nach dem Garen die Innentemperatur der Brüstchen messen (54 Grad). Aus dem Sud heben und, locker mit Alufolie bedeckt, für 7–8 Minuten ruhen lassen.

3 | Die roten Linsen 3 Minuten in siedendem Wasser blanchieren. Abgiessen.

4 | Die Schalotten (2) zusammen mit der Rüebli-Brunoise in der Butter anziehen. Moutarde de Meaux zufügen und mit heisser Bouillon oder dem Merlotsud ablöschen. Die eingeweichten grünen Linsen zugeben und alles 6 Minuten köcheln. Jetzt die blanchierten roten Linsen zufügen und alles nochmals 6 Minuten köcheln. Den Rahm beigeben, mit Salz und Pfeffer abschmecken.

ANRICHTEN

Linsen wie ein Beet auf heisse Teller schöpfen. Die Entenbrüstchen in 8 mm dicke Tranchen schneiden und darauf betten. Einige Tropfen Olivenöl und eine Prise Fleur de Sel darübergeben.

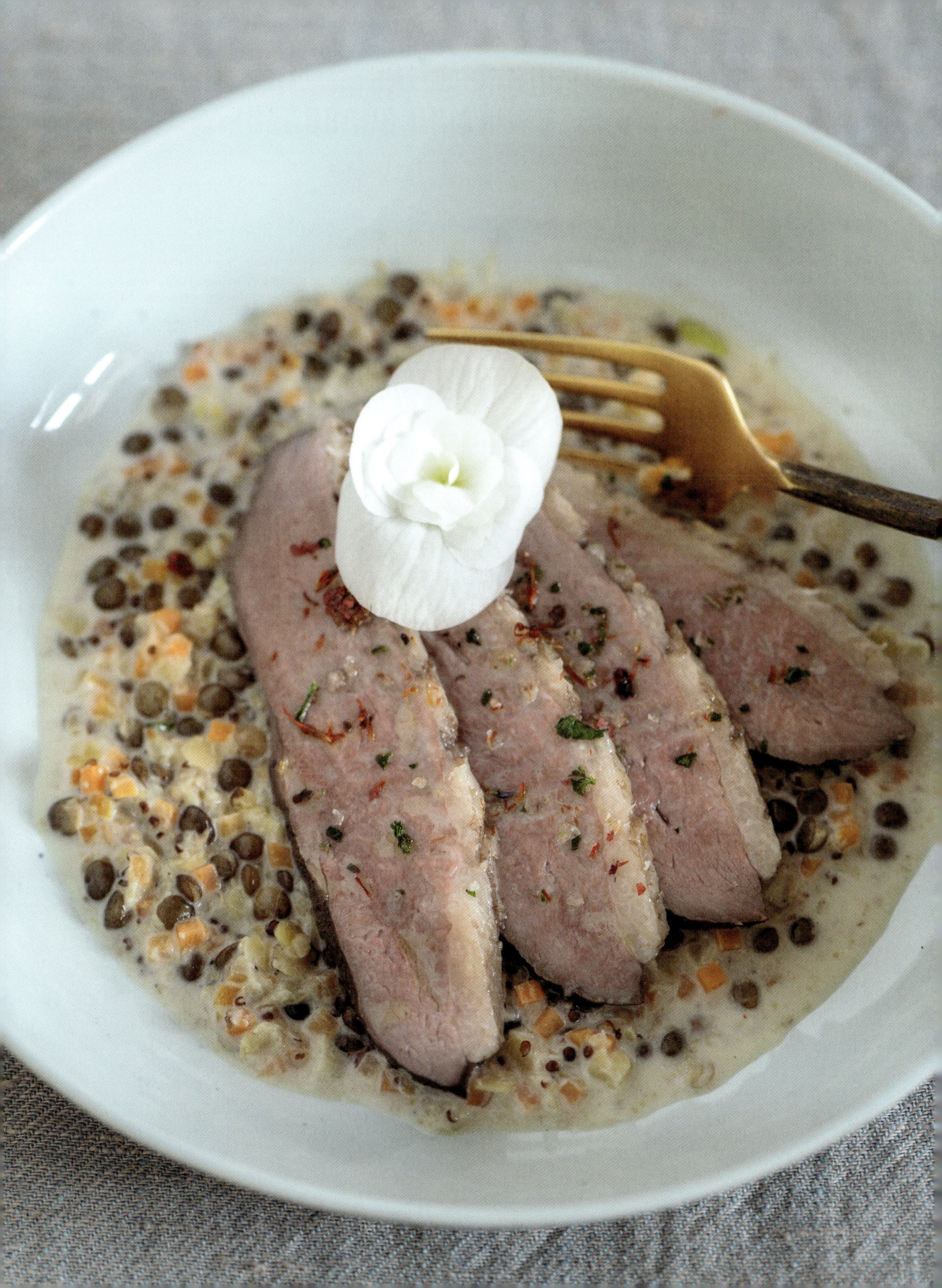

ENTENBALLOTINE MIT ROTWEINBIRNEN UND GORGONZOLA

Für 4 Personen

Und dann: Die ganz grosse «Grande Cuisine». Nicht nur ein Gericht, das man genau und gut vorbereiten muss, sondern auch eines, das dem Geniesser, dem Gourmand, dem Gourmet, eine Zeitreise erlaubt. Zurück in die Belle Époque, als Gerichte nicht nur äusserst kunstfertig aussehen, sondern auch noch ganz toll schmecken mussten! Und weil sich schon damals die Gäste immer noch Neueres, noch Spektakuläreres wünschten, gibt es dieses Gericht nicht nur als warmes Gericht, sondern auch als kalte Vorspeise. Genauso von der Ente wie vom Poulet, dem Perlhuhn, ja sogar von der Wachtel!

ZUTATEN

Ballotine
- 1 Ente à 1,8 kg, küchenfertig
- Mirepoix aus:
  60 g Zwiebeln
  50 g Rüebli
  40 g Sellerie
- Sonnenblumenöl
- 40 g Olivenöl, extra vergine
- Salz und Pfeffer aus der Mühle
- 40 g Butter (1)
- 50 g Marsala (1)
- 50 g Rotwein
- 400 g dunkler Hühnerfond
- 100 g Rahm
- 10 g Gorgonzola
- 1 Bündel Schnittlauch
- 20 g getrocknete Steinpilze

Füllung
- 140 g gehacktes, mageres Kalbfleisch
- 140 g gehacktes Schweinefleisch (Wurstfleisch)
- 250 g getrocknete Marroni, eingeweicht
- 250 g Milch
- 6 g Salz
- 150 g Grünkohl
- 15 g geschnittener Peterli
- 30 g Butter (2)
- 20 g Schalottenwürfelchen
- 1 Zweiglein Rosmarin
- 40 g gekochte Champignon, gehäckselt
- 100 g gekochter Schinken, gewürfelt
- 20 g Marsala
- 50 g Weisswein
- 30 g geriebener Parmesan
- 1 Ei
- 15 g geröstete Pinienkerne
- Salz und Pfeffer aus der Mühle

Rotweinbirne
- 2 Williamsbirnen
- 200 g Wasser
- 200 g Merlot
- 80 g Rohrzucker
- ½ Zimtstängel
- ½ Sternanis-Krone
- 1 Lorbeerblatt
- ¼ Orangenzeste

VORBEREITUNG

Lassen Sie sich die Ente vom Metzger als Ganzes ausbeinen. Das heisst, die Karkasse wird vorsichtig, ohne die Haut zu verletzen, aus ihrer Hülle geschält. Die Knochen der Oberschenkel werden ebenfalls von innen entfernt. Wenn Sie es selber versuchen möchten, dann geben Sie sich Zeit und arbeiten Sie mit einem kleinen, spitzen, sehr scharfen Messer.

Die Knochen klein hacken. Reservieren.

Die Marroni in der Milch und dem Salz garen und, sind sie weich, in der Milch abkalten lassen.

Den Grünkohl in feine Julienne schneiden, in siedendem Salzwasser für einen Moment blanchieren und sofort in kaltem Wasser abschrecken. Abtropfen und gut ausdrücken.

FORTSETZUNG >

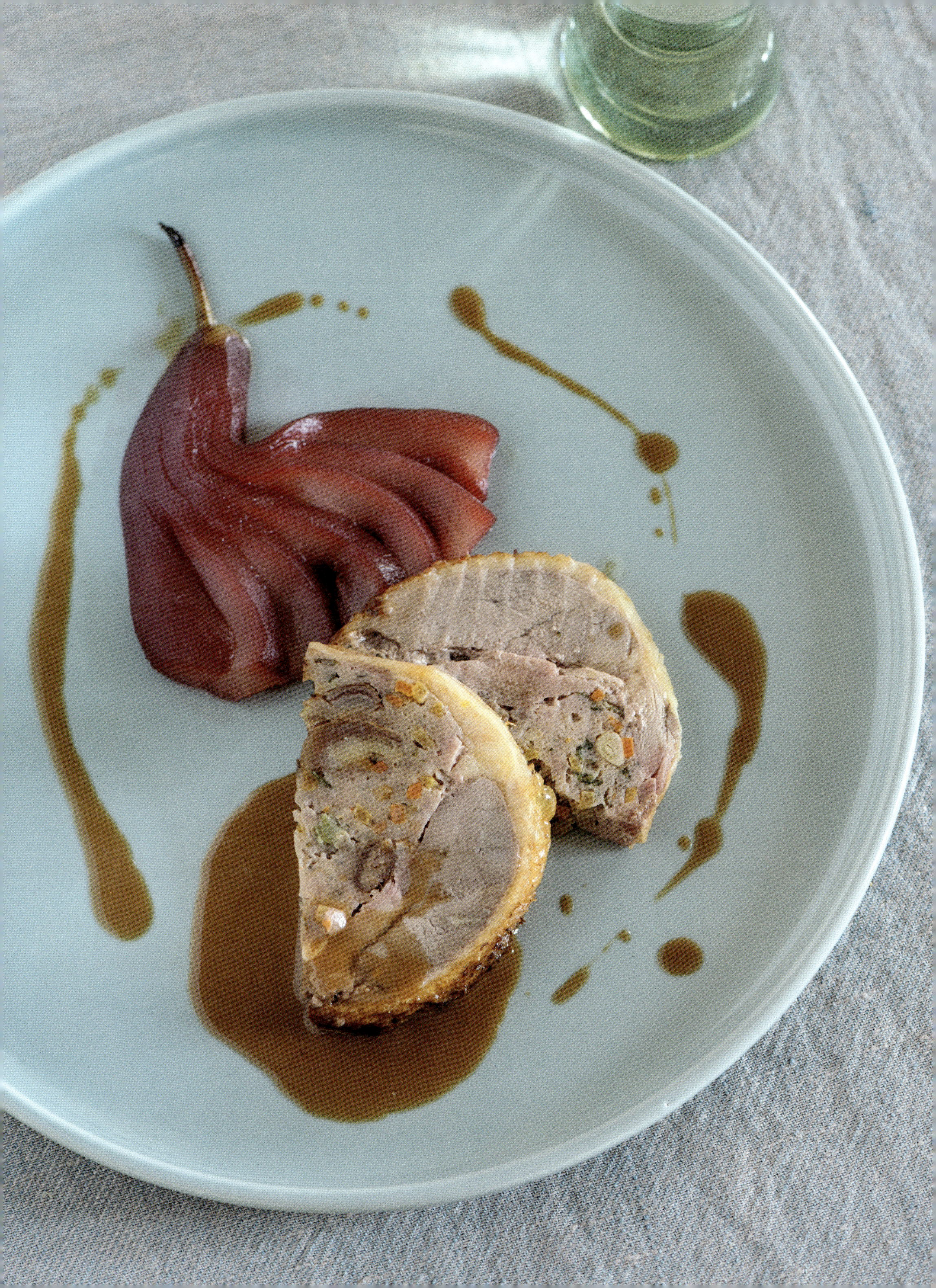

Fortsetzung

VORBEREITUNG

Den Peterli waschen, entstielen und fein schneiden. Die Steinpilze in wenig Wasser einweichen.

Die Birnen schälen, der Länge nach halbieren und das Kerngehäuse herausstechen. Aus Wasser, Merlot, dem Rohrzucker, Zimtstängel, Sternanis, Lorbeer und der Orangenzeste einen Sirup kochen. Ziehen lassen.

ZUBEREITUNG

1 | Für die Füllung die Schalottenwürfelchen und den Rosmarin in der Butter (2) anziehen, den Champignonhäcksel zufügen, ebenso die Schinkenwürfelchen. Alles gut anziehen und mit Marsala (1) ablöschen. Aufköcheln und mit dem Weisswein ergänzen. Fast völlig einkochen. Auf einen Teller schütten. Abkalten lassen.

2 | Sämtliche Zutaten für die Füllung vermengen. Als Letztes kommen die Marroni dazu; sie sollten nicht zu stark zerstückelt werden. Abschmecken.

3 | Die «Entenhülle» mit dieser Farce füllen. Alles so gut wie möglich auf ursprüngliche «Entenform» massieren. Die beiden Enden mit etwas Küchenfaden zunähen. Den Bratofen auf 160 Grad aufheizen.

4 | Für die Ballotine eine passende Bratenschüssel heiss werden lassen und die Knochen in einem Hauch von Sonnenblumenöl rundum anbraten. Das Mirepoix und die abgetropften Steinpilze zufügen und auch dieses unter Wenden anziehen. Alles zu einem ovalen Berg legen. In dessen Mitte eine kleine Grube formen.

5 | Die Ballotine gut würzen und mit etwas Olivenöl rundum einmassieren. Auf den Knochen-Gemüse-Berg in die Grube setzen. Das Einweichwasser der Steinpilze eingiessen. Die Ballotine soll den Boden der Bratenschüssel nicht berühren. Sie gart also nur im Dampf.

6 | Das Gericht für 90 Minuten in den Bratofen schieben. Immer wieder übergiessen. 20 Minuten vor dem Garende die Butter rundum schmelzen lassen. Den Marsala (2) in zwei Malen zuschütten. Dann in zwei Malen den Rotwein. Die Ballotine immer wieder mit dem entstehenden Sud übergiessen.

7 | Die Birnenhälften im vorbereiteten Sirup weich kochen. Im Sud reservieren.

8 | Die Ballotine, die eine herrliche, goldbraune Kruste haben sollte, herausheben. Mit etwas Alufolie locker belegt an der Herdseite warm halten. Den Bratenfond entfetten. Mit dem Hühnerfond aufgiessen. 10 Minuten köcheln lassen. Alles abpassieren. Den Rahm unterrühren. Alles auf die Hälfte einköcheln. Gorgonzola mit Schwingbesen unterschlagen. Dabei auflösen. Mit Schnittlauchröllchen vermischen.

ANRICHTEN

Die ganze Ballotine auf einem Saucenspiegel mit den gescheibelten, zu Fächern geformten Birnen präsentieren. Jeder Gast erhält 1–2 Tranchen Ballotine auf einem Fächer aus Birnenscheiben.

Dazu gebratene Kartoffeln, Rotkohl etc. servieren. Allerdings ist die Sauce sehr reichhaltig und genügt mit dem Fleisch und den Birnen vollständig.

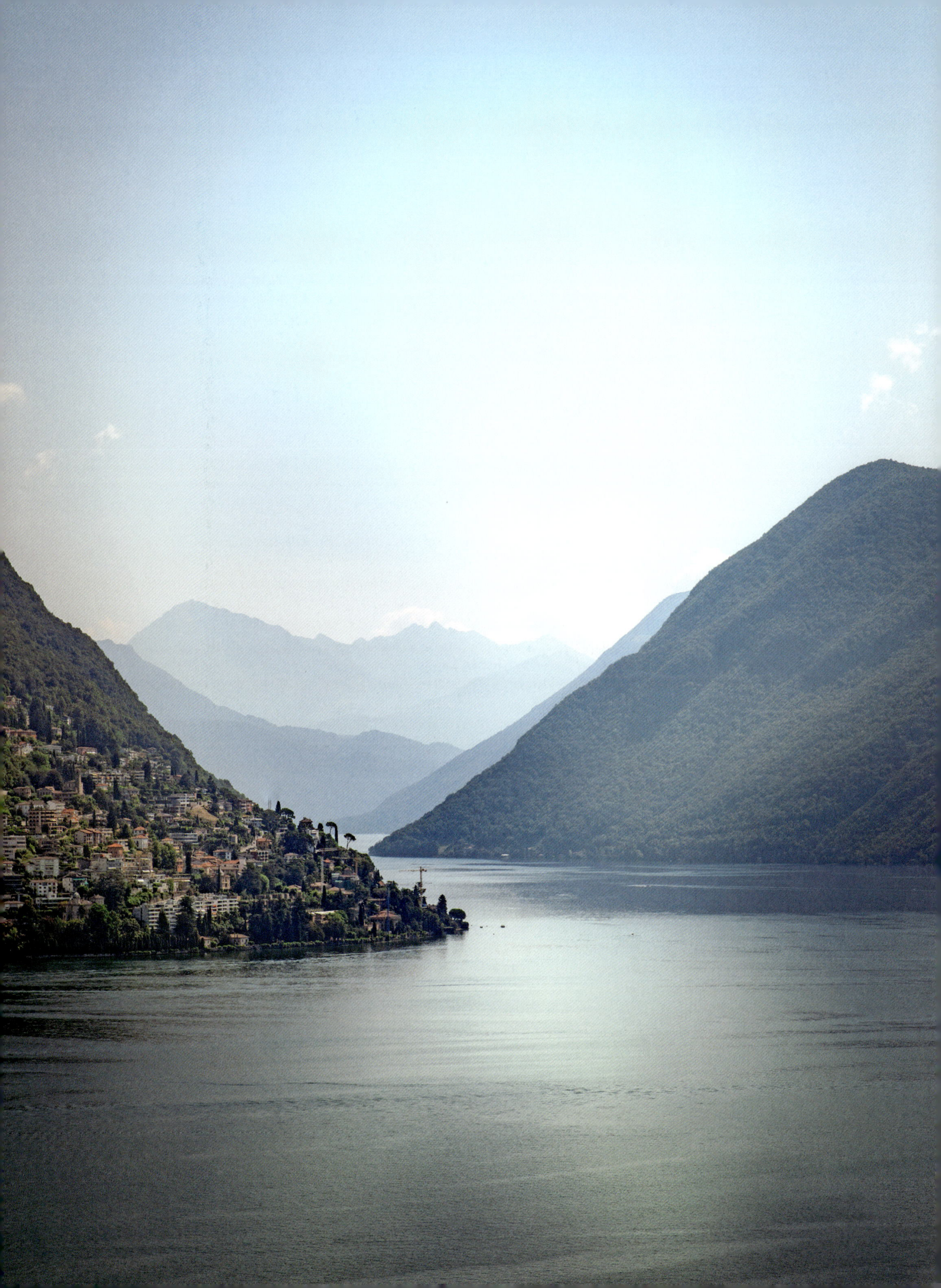

DARIO RANZA

Villa Principe Leopoldo | Lugano TI

Er ist der stillste unter den grossen Schweizer Spitzenköchen. Das mag daher kommen, dass er seit 1990 als Chef der Küchen in der «Villa Principe Leopoldo» amtet und ihm übermässige Selfpromotion zutiefst suspekt ist. Was für einen Mann mit den Kenntnissen und dem Können von Dario Ranza kein Problem ist. Er beherrscht die klassische und regionale Küche aus dem Effeff, und was man heute an moderner Küche liefert, inspiriert ihn zu eigenen Gerichten. Sie zeichnen sich alle durch Leichtigkeit, Farbigkeit und umwerfende Aromatik aus.

Es ist ein weiter Weg, den Dario Ranza bis dahin zurückgelegt hat. In der italienischen Provinz Bergamo ist er 1956 geboren. Erst als 10-jähriger Bub kommt er zu seinen Eltern nach Genf. Ein Immigrantenkind, das später seinen Berufsweg quer durch die Sprachregionen der Schweiz machen wird.

Weshalb er Koch wurde? «Ich weiss es nicht. Meine Eltern hätten mich lieber weiter in der Schule gesehen.» Er habe einfach lieber gearbeitet. Er habe ja seine Eltern gesehen, wie diese immer gearbeitet hätten. Und – natürlich – sei da die Mutter gewesen, die, wann immer sie Zeit fand, für die Familie gekocht habe. «Ich machte also eine Küchen-Stage, mochte, was ich antraf und … wurde Koch.»

Was nun in den Erzählungen des Herrn Ranza folgt, sind Lobpreisungen seiner Lehrmeister, seiner Chefs und seiner Kollegen. Es sind dazu die renommierten Stationen, der Ruf seines Könnens, die ihn auf den Stufen der Küchenkarriereleiter hochklettern lassen und ihn mit 23 bereits zum Souschef werden lassen. Und doch: «Es gab eines Tages den Punkt, wo ich spürte: Ich kann nicht mehr. Es ist das berühmte Kochdilemma: Ich liebe meinen Beruf, aber ich will nicht mehr jeden Tag und sowieso nicht jeden Abend arbeiten. Ein Kollege weiss Rat. ‹In einer Kantine gibt es eine freie Stelle.› Ich ging dahin. Ich machte die Türe im Parterre des Hauses auf, roch bereits, was im ersten Stock gekocht wurde, hörte den Lärm dieser Küche und wusste: ‹Hier werde ich niemals arbeiten!›»

Jetzt weiss Dario Ranza, wohin er gehört. Sucht etwas Passendes. Findet schliesslich mit 26 Jahren, was er sucht: Ein gutes Hotel, das gute Produkte verarbeitet. Er weiss: «Hier will ich arbeiten. So will ich arbeiten.»

Die weiteren beruflichen Stationen des Dario Ranza sind schnell erzählt. Er wird Sous Chef, danach Chef in den Küchen des «Olivella al Lago». Dann fragt das «Principe Leopoldo» an, und: «Jetzt bin ich bald 30 Jahre da.»

1990 macht er noch den eidgenössisch diplomierten Küchenchef. «Ich hatte stets gedacht, dass ich das nie schaffen würde. Aber es ging. Zwar bin ich nicht besser geworden, aber es hat mir innere Kraft gegeben.» Ganz besonders setzt er sich für den Nachwuchs ein. In seiner 20-köpfigen Brigade gibt es immer ein paar Jungköche, die – das ist die Überraschung – zwei oder sogar drei Jahre bleiben. «Sie mögen, wenn sie zu mir kommen, über viele Küchendinge eine andere Vorstellung haben. Aber wenn sie uns zum Schluss verlassen, dann verstehen sie, dass wir mit den besten Produkten arbeiten, dass unsere Küche die fabelhafte Basis für ihre Zukunft ist und dass die Stimmung in unserer Brigade einzigartig ist.»

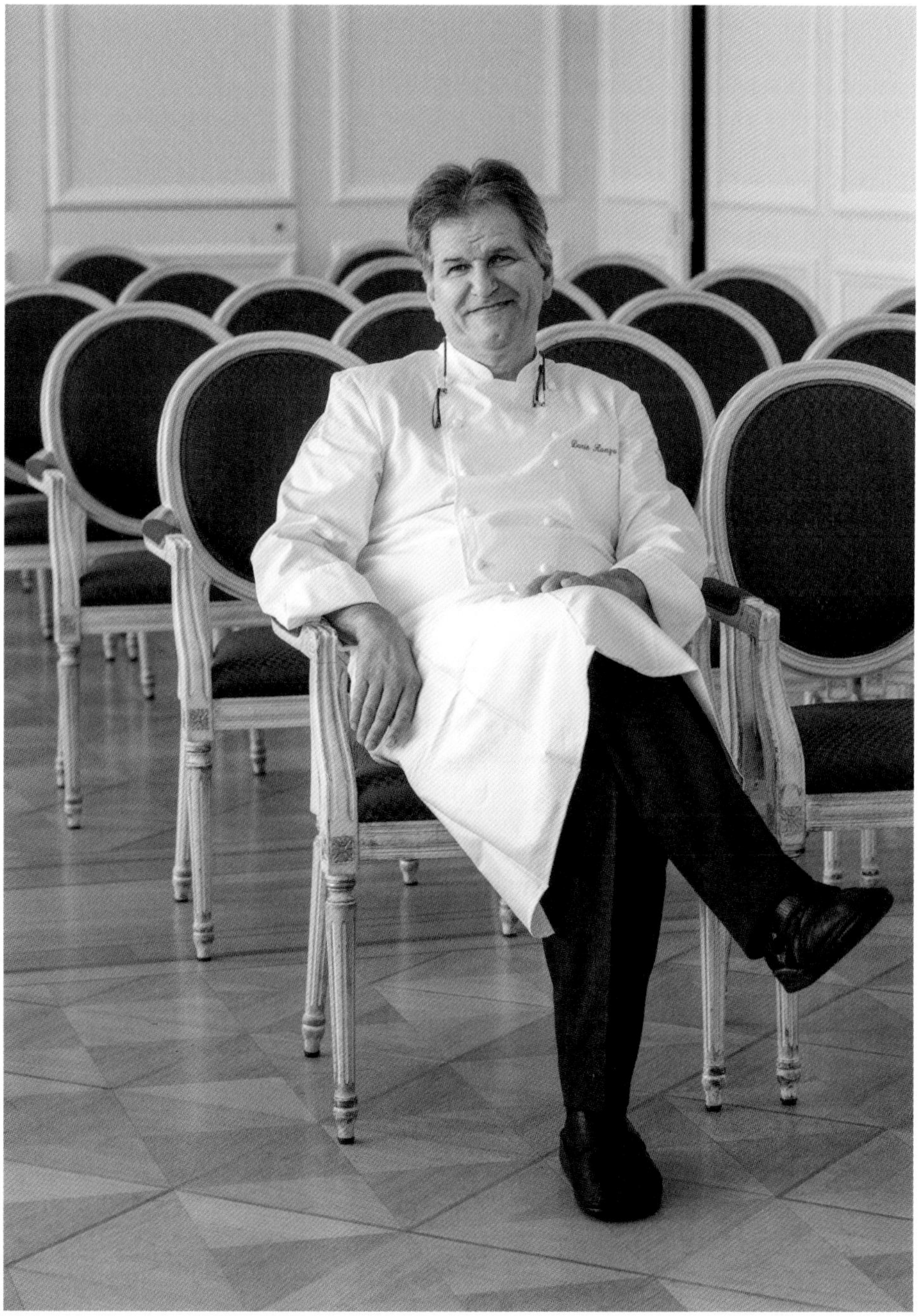

LAMM

Rezepte von Manuel Reichenbach

WO DER RHEIN ENT- SPRINGT

Die Surselva, das Tal und die Gegend des Vorderrheins, sind nicht wirklich ein Touristengebiet. Der Verkehr dünnt sich nach Ilanz fast schon dramatisch aus. Die Bergwände rücken auf eine etwas bedrückende Art gegen den Talgrund zusammen. Die Dörfer auf den Höhen scheinen freundlicher, sonniger, als jene im Talgrund. Gegen den Oberalp zu fahren, zum Lukmanier hoch oder nach Disentis, bietet für den schnellen Tourismus offenbar keine allzu grossen Verlockungen. Und auch die Menschen sind hier anders. Auf eine freundliche Art diskret. Und zugleich auf erstaunliche, ruhige Art offen. Es scheint, als habe man hinter Laax eine Zeitschranke durchfahren und sei in einer Zeit vor unserer Zeit gelandet.

Zwei dieser Surselver treffen sich. Der eine, Urban Giger, ist Schreiner, bewirtschaftet aber auch ein Bauerngütlein hinter Ilanz. Der andere, Manuel Reichenbach, ist Koch und Besitzer der «Casa Tödi». Er ist nach seinen Wanderjahren ins Elternhaus nach Trun zurückgekommen und führt das stattliche Haus seit 2010. Die kulinarische Welt spricht inzwischen in sehr lobenden Worten von ihm. Er hat auch einen zweiten Betrieb in Laax eröffnet, das «Peaks», wo er eine ganz andere, sehr städtische, weltläufige Küche anbietet. Sein kulinarisches Zuhause ist aber sicher Trun. Da, wo er seine Familie hat: die Frau, die Kinder, die Eltern. Hier backt er das Brot selber, im Hühnerhof sammelt er die Eier ein und jätet den Garten. Vor allem aber kocht er so gut, dass immer mehr Feinschmecker ins Tal zu ihm fahren. Wo er Lammfleisch verkocht, das ausschliesslich aus der Gegend kommt und von Urban Gigers Lämmern stammt.

Es ist ein Tag im Spätfrühling. Urban, ein sicherlich zwei Meter grosser Mann, wohnt mit seiner Familie nur wenige Schritte von der kleinen Bahnstation Waltensburg entfernt. Waltensburg heisst auf Romanisch «Vuorz» (schliesslich sind wir hier auf sprachlich stolz verteidigtem rätoromanischem Gebiet). Manuel sitzt bei ihm in der Wohnküche und knabbert ein Stück Bündner Nusstorte. Urbans Frau hat sie gebacken.

Der grosse Schnee dieses Jahres hat die Gegend verwaschen kahl hinterlassen. Das gelbbraune Gras zeigt erstes, scheues Grün. Man habe derart viel Schnee gehabt, sagt Urban, dass dieser sogar den Schafstall auf der anderen Seite der Bahngleise bis zum ersten Stock der Scheune eingepackt habe. «Der Fuchs hat bei dieser Gelegenheit sogar versucht hineinzukommen.» Er lacht. Es ist ein gutmütiges Lachen. Man könnte darin sogar eine gewisse Sympathie für den schlauen Räuber erkennen.

Urban Giger ist also Schreiner. «Aber nur zu 80%. Die restliche Zeit über bin ich Bauer», sagt er. Und als Bauer scheint er ziemlich erfolgreich. «Ich liebe die Arbeit in der Natur. Aber nur Bauer hätte ich nie sein können. Der Existenzdruck in diesem Beruf ist heutzutage enorm.» In der Remise hinter dem Haus stehen Traktor und Ackergeräte in Reih und Glied. Urban lacht: «Alles die modernste Technik … von vor 50 Jahren.» Im kleinen Hühnerhof gackern und kratzen

Hühner in allen Farben und Scheckungen auf dem knapp aufgetauten Boden. Dahinter mümmeln Schafe und Lämmer erste Grasspitzen. Der Bock steht abgesondert bei einem hochträchtigen Schaf. Der Vorderrhein rauscht hinter einer dichten Hecke. Von der Strasse her legen Autos ihre Geräusche darüber und darunter. In unserem Rücken fährt ab und an ein rotes Züglein dem Oberalp zu.

«Ich bin in einem kleinen Dorf aufgewachsen», beginnt Urban Giger. Er wartet für einen Moment, scheint unschlüssig, ob er darüber reden möchte. Erzählt dann aber doch von seiner Kindheit, dem kleinen Dorf in dem er aufgewachsen ist. Davon, dass die ganze Familie einander helfen musste, um das Bauerngütlein, das der Vater neben seinem Beruf als Chauffeur hatte, über die Runden zu bringen. «Andere gingen in die Badi. Wir mussten arbeiten.» Es gab da auch einen alten Nachbarn, der noch zwei Kühe und zwei Geissen hatte. Und kam im Frühling die Maiensäss-Zeit, musste der kleine Urban mit. Hinauf in die Wiesen rund um die Hütte, die der alte Mann dort oben bewirtschaftete. «Ich war 5 Jahre alt und lebte wochenlang dort oben. Wir machten Käse, kochten, reparierten und stellten Zäune. Später, wenn die Tiere hinauf auf die dritte Stufe, die Alp, kamen, stieg der alte Mann wieder ins Tal, und ich mit ihm.» Urban Giger überlegt. Hühner gackern, wieder saust ein Züglein vorbei. «Alles war da oben Handarbeit. Glauben Sie mir: Es war hart.» Heute, sagt er, habe er selber so ein Maiensäss. Und er geniesse es. Käse fabriziere er allerdings keinen. Schliesslich fahre er heute nicht zu Berg, um das Gleiche zu erleben, wie in der Vergangenheit. «Aber ich mache Heu, zäune die Schafe ein, schlage Holz und habe dieses Jahr das Dach neu geschindelt. Zum zweiten Mal in 25 Jahren. Ich gehe auf das Maiensäss, um zu arbeiten. Das Leben dort oben ist hart. Auch heute noch.»

Begonnen hat die Zusammenarbeit mit Manuel Reichenbach, weil Urbans Frau ihm hofeigene Eier anbot. Und weil das eine mit den Eiern zum anderen mit den Lämmern führte. Und so wären wir wieder bei der Frage, weshalb er so kategorisch ausschliesslich mit dem Lammfleisch aus Vuorz arbeitet. Manuel atmet tief ein. Man merkt, dass jetzt eine etwas längere Geschichte folgen wird. Aber: Man hört ihm gerne zu, wenn er erzählt, weshalb er Koch geworden ist. «Wobei, die Tragweite dieser Entscheidung war mir nicht klar. Wie soll sie das auch sein, mit 15 Jahren?» Aus Manuel wird also ein Kochlehrling in einer noch wirklich grossen Brigade. «So lernte ich sämtliche Posten einer klassischen Küche kennen.» Er wandert danach quer durch die Schweiz. Der «Bürgenstock» mit Armin Amrein ist darunter, auch Roland Pierroz' Haus in Verbier. «Es war ein Alter, in dem man alles eingesogen hat.» Ein Erweckungserlebnis? «Hatte ich nicht.» Oder doch? Er erzählt von der Neueröffnung eines Lokals, bei der er mitwirken durfte. «Es gab da Versace-Teller, die das Stück über 1'000 Franken gekostet hatten. Ich war echt beeindruckt. Aber nach einer Weile merkte ich: Da kommt einfach zu wenig!» Wo kommt also mehr?

Der junge Reichenbach hat Glück im Unglück. Einerseits ist er Teil der Brigade von Anton Mosimann, als der sein Schweizer Debüt versucht, und scheitert. Aber Mosimann vermittelt ihn zu Gordon Ramsay, dem Londoner Superkoch. «Es war BUMM! Voller Einsatz – oder du bist weg.» Er arbeitet im legendären «Connaught» unter Ramsays genauso legendärem Chef Markus Waering. «Eine extrem harte und faszinierende Zeit. Unsere Brigade hat alles gegeben.» Er lächelt, als er sagt: «Das war der Punkt, an dem ich erkannte: So ist Kochen.»

«Noch ein Erlebnis hat mich geprägt. Mit meinem Kollegen Diego haben wir ausserhalb Londons einen Lieferanten besucht.

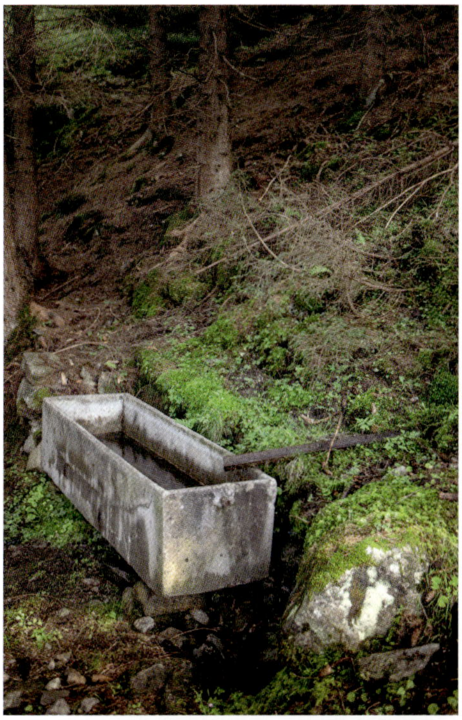
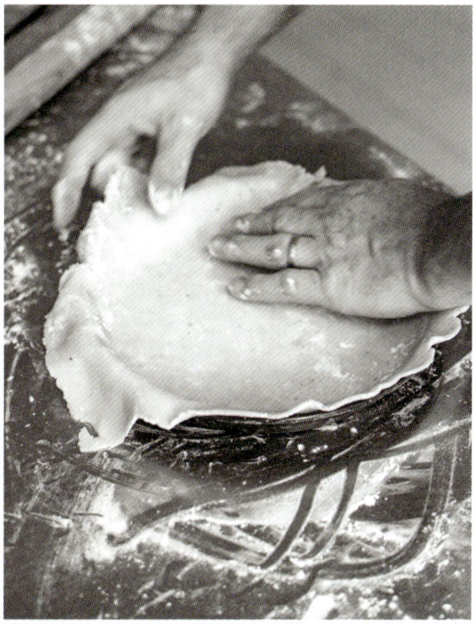
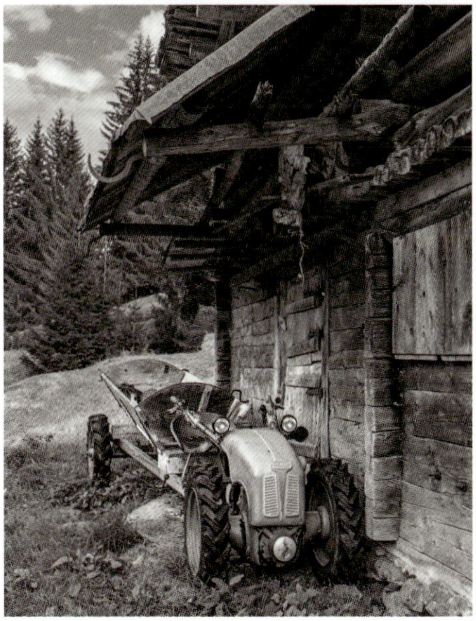
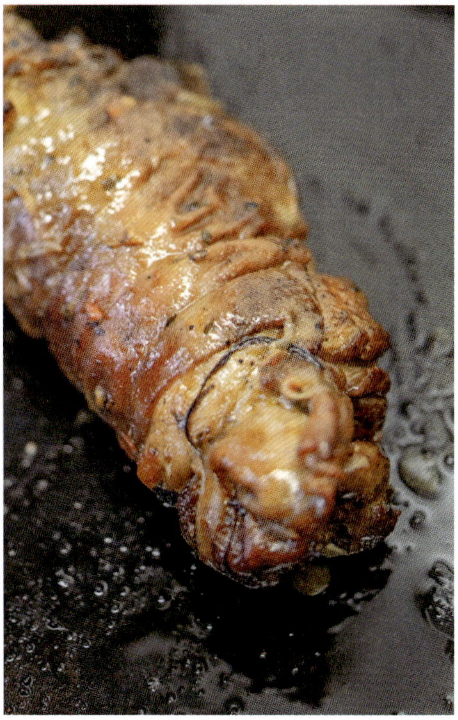

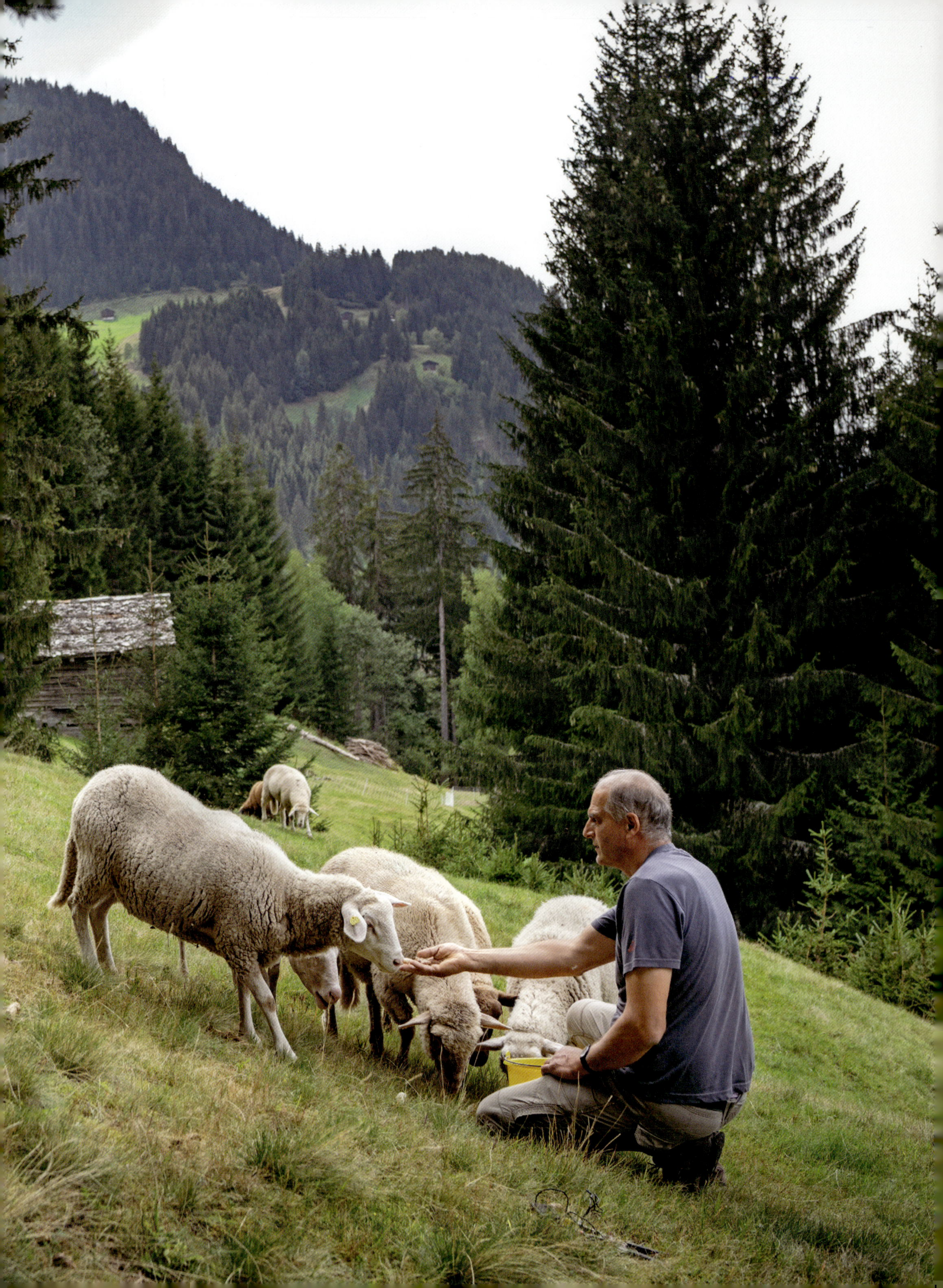

Einen fleischverarbeitenden Betrieb. Diese Sauberkeit und die Präzision haben mich sehr beeindruckt.» Aber noch mehr erstaunten ihn die Führungen für Kinder durch diesen Betrieb. Sie sollten sehen und verstehen, woher Fleisch kommt. Nein, das Schlachten habe man nicht gezeigt, aber das Auslösen des Fleisches. Die verschiedenen Stücke, die dabei entstünden. Und man habe auch gezeigt, wie sich die Tiere in der Natur bewegten. Dass sie im Freien lebten, sogar Wasser aus den Flüssen trinken würden. Manuel lacht. «Ich schaute Diego an und der meinte: ‹Ich weiss, dass so etwas in der Schweiz ganz normal ist. Aber hier in England …›»

«Schauen Sie», sagt Manuel jetzt, «wie die Gigers ihre Tiere halten, gefällt mir sehr.» Urban lächelt ein wenig, als der Koch erzählt, wie respektvoll Urban mit den Schafen und Lämmern umgehe. «Sie haben das KAGfreiland-Label. Artgerechte Haltung fordert dieses. Und artgerecht halten sie ihre Tiere.» Und fügt an: «Urban sagt mir, wenn er seinen wirklichen Aufwand rechnen würde, sich die Schafhaltung nicht lohnen würde.»

Die Gigers übernahmen, als sie ihr Häuschen kauften, auch die Tiere von den vorherigen Besitzern. Gänse waren dabei. Sie kamen bald weg. Wollschweine hielten sie dann, aber nur eine Weile. Auch die Geissen mussten verschwinden. Was blieb, waren Schafe und Hühner.

Dann kommt die Frage, die jeder jedem Bündner Viehbauer stellt. «Und der Wolf?» Urban Giger streckt den einen Arm weit aus, zeigt auf die gegenüberliegende Bergflanke, sagt: «Es gibt einen. Besser: Es hat ihn gegeben. Irgendwann ist er weggewandert oder eingegangen. Bislang blieben wir von einem neuen Wolf verschont.» Trotzdem lässt er seine Tiere nur in eingezäunten Gebieten grasen. Diesen Frühsommer oben bei der Ruine der Jörgenberg-Burg. Später ginge es dann zum ersten Mal mit den Tieren auf eine Alp bei Brigels. Schönes Futter gebe es da. Der Ort sei nicht mit Tieren überbesetzt. «Aber der Weg da hinauf ist ziemlich gefährlich.»

Herr Giger hat 25 Schafe und einen Bock. Was rund ums Jahr zu etwa 25 Lämmern zusätzlich führt. Gefüttert werden sie mit Gras, Heu, Raufutter und selbstangebauter Gerste. «Mein Kraftfutter.» Es wird von ihm auf den selbstgepflügten und geeggten Acker gesät, dann gepflegt, geerntet und sogar selbst gebrochen. «Ich weiss, was ich den Tieren verfüttere. Lese ich die Geschichten rund um Soja in den Drittweltländern, dann …», er sucht nach Worten, sagt: «… löscht es mir ab.»

Für seine Küche kauft Manuel immer ganze Tiere. «Ich schaue sie mir genau an.» Sie sollen, so sagt er, nicht zu jung und nicht zu alt sein. Um 7 bis 8 Monate sei wohl das richtige Alter. Dann hätten sie die perfekte Grösse. «Milchlamm? – Das ist zu wertvoll, als dass man es mehr als einmal im Jahr essen sollte.» Er atmet tief. Überlegt. Schaut über den Brillenrand und meint: «Das ist das, was man ein grosses Produkt nennt. Das muss man mit Verehrung und Verstand geniessen.»

«Wir in der ‹Casa Tödi› haben gelernt, lokal zu denken. Das ist, was uns und unsere Küche ausmacht.» Jetzt lacht er ein entspanntes, fröhliches Lachen, lehnt sich dabei etwas im Stuhl zurück. «Ich hole um zehn Uhr morgens die Randen aus dem Garten und am Abend serviere ich sie meinen Gästen. Das Lamm hat auf den Alpweiden der Gegend gelebt. Ich verkoche es von Kopf bis Gigot. Ich kenne seinen Produzenten. Ich weiss, was es gefressen hat. Ich weiss, es hatte ein gutes Leben. Das ist Nachhaltigkeit. Glauben Sie mir. Das spürt man auch auf dem Teller.»

LAMM

*Das Lamm ist ein junges Schaf bis zum Alter von circa 12 Monaten.
Solange es sich nur von Muttermilch ernährt, darf es Milchlamm genannt werden.*

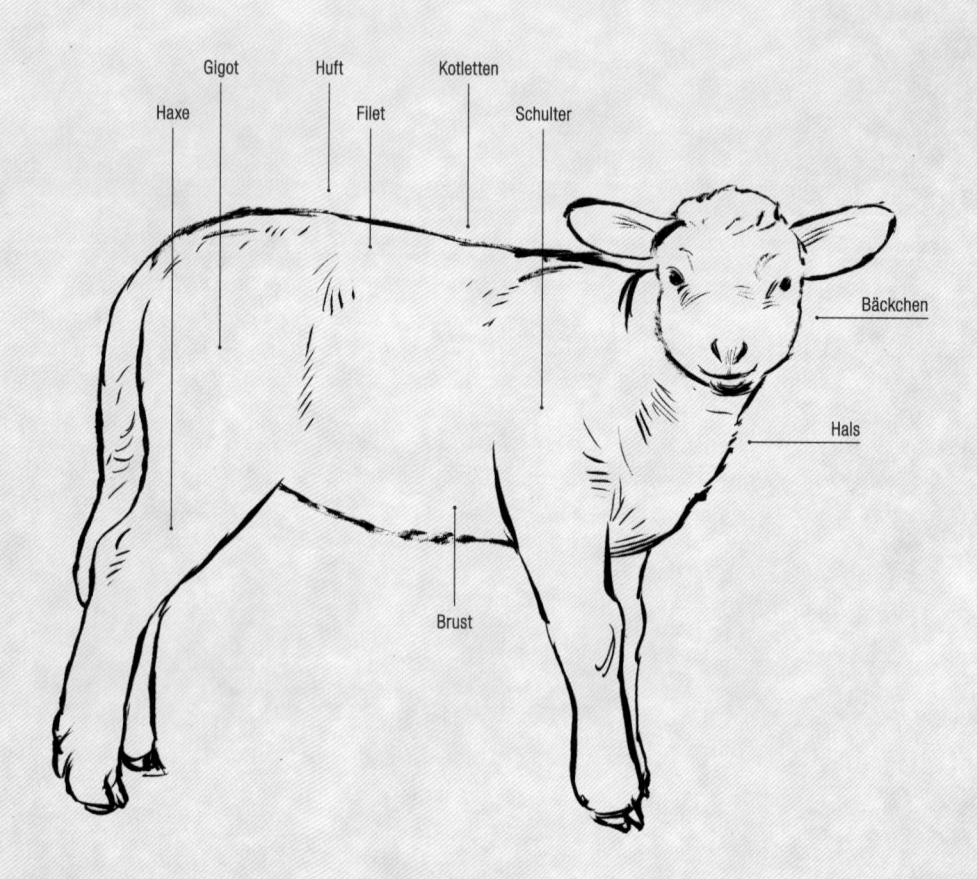

Haxe — Gigot — Huft — Filet — Kotletten — Schulter — Bäckchen — Hals — Brust

BÄCKCHEN Geschmort eine Köstlichkeit. Aber: Etwas klein, und deshalb liegen pro Gast meist zwei Lammbäckchen auf dem Teller.

HALS Daraus lassen sich herrliche Eintopfgerichte (Irish Stew, Moussaka usw.), herzhafte Lammcurrygerichte, Voressen oder Ragouts kochen, gehackt gibt es saftige Fleischkuchen und Burger.

SCHULTER / LAFFE Am Knochen ein perfekter Braten. Ob aus dem Ofen, vom Grill oder vor dem Feuer zubereitet, spielt dabei keine Rolle. Das ausgebeinte Fleisch kann aufgerollt zum Braten werden, in grosse Stücke geschnitten wird es zum Voressen und in ca. 40-g-Würfel geschnitten ist es Ausgangspunkt für einen Navarin, ein mit viel jungem Gemüse gekochtes Ragout.

BRUST Aufgerollt ein kleiner Grillbraten. Am Stück auf dem Grill geröstet, in Tranchen geschnitten das perfekte Knusperstück zum Salat. Das klassische Emmentaler Lammvoressen wird ebenfalls aus Fleisch von der Brust und dem Hals zubereitet.

LAMMKOTELETTEN Einzeln ruckzuck gebraten oder gegrillt, dann gargezogen das perfekte Fingerfood. Paniert eine echte Köstlichkeit. Am Stück, als Rack, der schnelle Braten aus der Pfanne für zwei. Immer sollte die schützende Fettschicht auf dem Fleisch bleiben. Sie knuspert köstlich und hält das Fleisch saftig.

LAMMRÜCKEN / FILET Am Knochen gebraten ist der Lammrücken der Lammbraten der Grande Cuisine. Ausgelöst ein elegantes Bratenstück für je zwei Personen. Ein Stück, das gerne als «Filet» verkauft wird, das es nicht ist. Denn: Das Filet liegt unter dem Knochen. Es ist viel kleiner, so dass es pro Person eher zwei oder drei Stück braucht, um den Hunger zu stillen. Dieses Filet ist so superzart, dass es sich perfekt für das «Kürzestbraten» im Wok eignet.

HUFT Ein ideales Ein-Mann-Portionenstück. Perfekt aus der Pfanne. Perfekt vom Grill. Ganz aufgetragen und bei Tisch tranchiert, auf Salat, auf Gemüse, auf dem Gratin angerichtet.

GIGOT Das grosse Lammbratenstück. Als dicke Tranche mit Knochen kommt es auf den Grill und liegt dann bei jedem Gast einmal im Teller. Als ganzes, grosses Stück wird es im Bratofen gebraten und kommt entweder saftig-rosa oder durch und durch, während sehr langer Zeit gegart vor die Gäste. (Die Franzosen nennen letzteres dann Gigot à la cuillère – das Gigot, das man mit dem Löffel isst). Ausgebeint und wie ein einziges grosses Fleischstück ausgebreitet, nennt es sich Gigot à la papillon und wird auf dem Grill in kurzer Zeit auf beiden Seiten knusprig. Es liegt danach etwas länger an der Seite der Glut, um durchzuziehen und zart zu werden.

LAMMHAXE Der obere Teil der Hinterhand des Lamms. Geschmort, in einer sämigen Rotweinsauce das perfekte Wintergericht.

BÄCKCHEN

FRAGEN & ANTWORTEN

Welcher Anteil des Lammfleisches auf dem Schweizer Markt stammt aus dem Inland? 38 %

Woher stammt der Rest des Lammfleisches auf dem Markt? 62 % stammen aus Australien, Neuseeland und Irland.

Womit werden die Lämmer in der Schweiz gemästet? Es sind dies vor allem Gras, Heu und Silogras. Dazu sogenannte Maiswürfel und Kraftfutter nach Bedarf.

Welchen Klassifizierungskriterien unterliegt dieses Fleisch? Auch diese finden nach den Normen des CH-Tax-Klassifizierungssystems statt, das als einziges Klassifizierungssystem der Welt auf den lebendigen wie auch den toten Tierkörper angewandt wird.

Wie lauten die korrekten Bezeichnungen des Lamms, je nach Alter? Tiere der Schafgattung werden in Kategorien LA (Schlachtlämmer bis zu einem Alter von ca. 10 bis 12 Monaten), SM (ältere Schafe) und WP (Weidelämmer) eingeteilt. Lammfleisch ist ein rotes Fleisch, das von Gras fressenden Tieren stammt. Das sogenannte Milchlamm ist vor allem um Ostern und Pfingsten im Angebot. Es ist ein Junglamm, das noch fast ausschliesslich mit Milch ernährt wurde. Als Faustregel gilt: Ein Lamm ist ein Jungschaf bis zum Alter von 12 Monaten. Danach ist es ein Schaf.

Apropos Schaf Schaffleisch wird in der Schweiz äusserst selten angeboten. Andere Kulturen jedoch ziehen Schaffleisch jenem des Lamms vor. Es sind dies vor allem die Länder im vorderasiatischen und nordafrikanischen Raum, aber auch viele asiatische Länder. Schweizer Schaffleisch wird in Convenience-Produkten wie Kebab, Merguez u. Ä. veredelt.

GUT ZU WISSEN

Staatliche Anreize wie die BTS/RAUS Direktzahlungen, dazu Labelprogramme wie Coops Naturafarm und Migros' Terrasuisse, führen zu Tierhaltungssystemen, die deutlich über jenen der Tierschutzgesetzgebung liegen.

Die Schaf- und Rinderhaltung in der Schweiz ist auf Nachhaltigkeit ausgerichtet. Auch basiert die Aufzucht der Tiere auf Raufutter, und praktisch alle Landwirtschaftsbetriebe arbeiten nach dem ökologischen Leistungsnachweis ÖLN. So ergibt sich eine erfreuliche Schweizer Ökobilanz. Sie ist in vielen Teilen besser als jene anderer Länder.

Bei den Tierbesetzungen sind die Höchststände pro Betrieb gesetzlich geregelt. Das Resultat sind bäuerlich geprägte Betriebe mit einer moderaten Anzahl von Tieren.

DEVILLED KIDNEYS

Für 4 Personen

Einmal mehr muss es geschrieben und gesagt sein: Die englische Küche ist bei Weitem nicht so schrecklich, wie es ihr immer wieder nachgesagt wird. Sie ist leider im letzten Jahrhundert, nach dem Abstieg des Weltreichs zur Regionalmacht, verkommen. Wie wunderbar die Gerichte dieser Nation einst schmeckten, lässt sich mit «Devilled Kidneys» fast schon im Handumdrehen beweisen. Sie suchen ein rasches Gericht mit Pfiff? Hier ist es.

ZUTATEN

- 6 Lammnieren, von Fett und Sehnen befreit und längs geteilt
- 3 EL Weissmehl
- 1 TL Cayennepfeffer
- 1 TL englisches Senfpulver (Colmans)
- Salz und Pfeffer aus der Mühle
- 2 Scheiben Sauerteigtoast
- 1 grosszügiger Würfel Butter
- Worcester Sauce
- etwas Geflügelfond (s. S. 204)

VORBEREITUNG

Die längs halbierten Nierchen weisen in ihrem Inneren weisse, fette Knorpel auf. Diese werden vor dem Braten entfernt – entweder mit einem Scherchen oder einem kleinen scharfen und spitzen Messer.

Das Mehl mit dem Cayennepfeffer, dem Senfpulver sowie Salz und Pfeffer vermischen.

Die Nierenhälften im letzten Moment vor dem Anbraten in diesem Gewürzmehl drehen. In einem Sieb das überschüssige Gewürzmehl abschütteln.

ZUBEREITUNG

1 | Eine passende Bratpfanne sehr heiss werden lassen.

2 | Die Sauerteigbrotscheiben halbieren und knusprig toasten.

3 | Die Butter in der Pfanne schmelzen und aufschäumen lassen. Die Nierchen darin sehr vorsichtig (Achtung, es kann spritzen!) in die Pfanne legen. Die Pfanne dann stets etwas hin und her rücken, damit das Fleisch nicht am Pfannenboden ansitzt. Nach 2 Minuten wenden und für nochmals ca. 2 Minuten bräteln. Kräftig mit Worcestersauce ablöschen und sofort mit dem Geflügelfond auffüllen und aufköcheln.

ANRICHTEN

Die Toasthälften je auf einem heissen Teller anrichten.

Die gut abgetropften Nierchen auf den vorbereiteten Toasts anrichten. Locker mit Alufolie bedeckt warm halten.

Die Sauce heftig auf gewünschte Saucenstärke reduzieren. Abschmecken, über die angerichteten Toasts giessen und sofort auftragen.

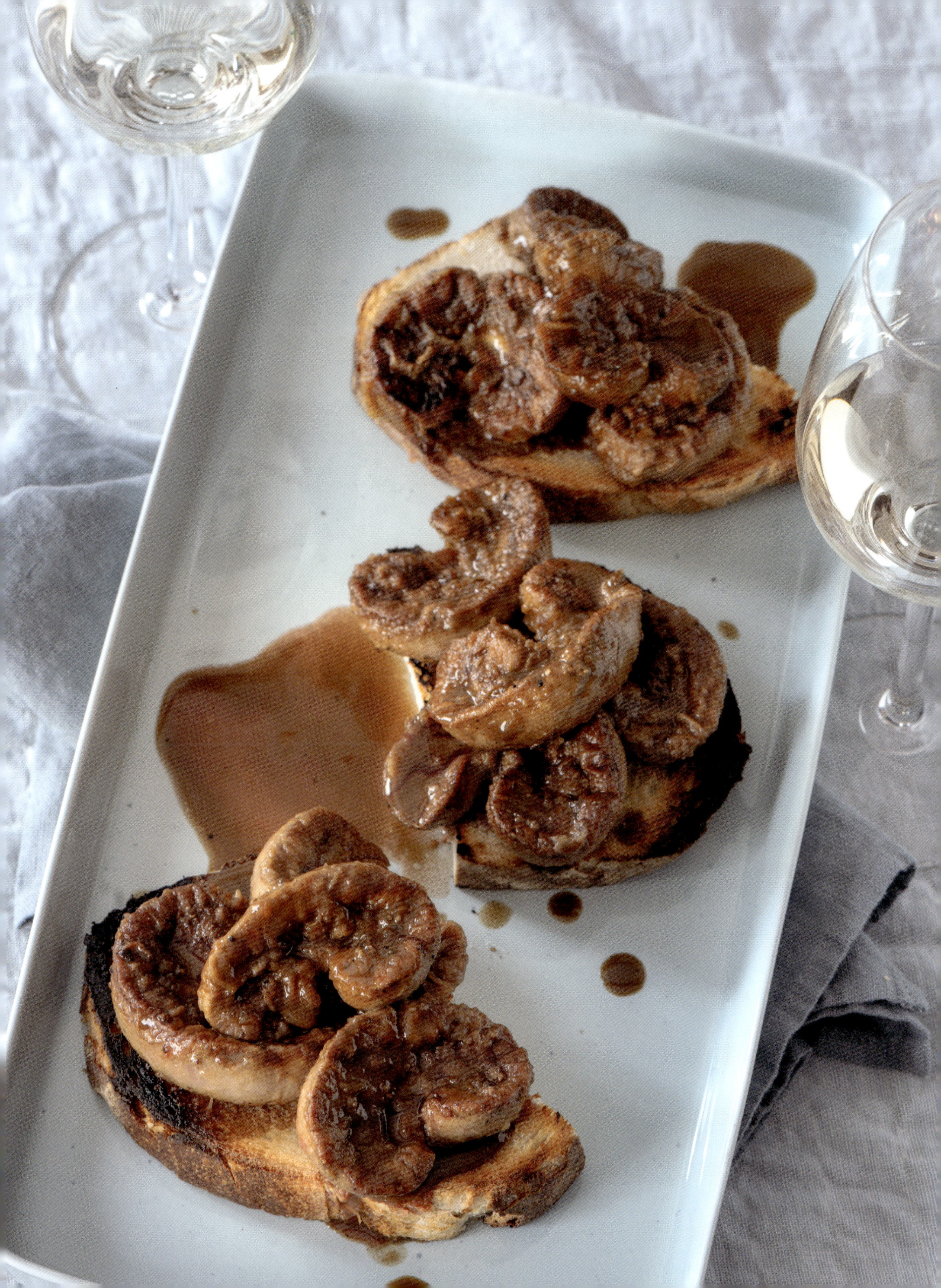

NAVARIN VOM LAMM MIT FRÜHLINGSGEMÜSEN

für 6–8 Personen

Jeder Koch weiss es: Lammschulterfleisch ist vielleicht nicht so feinfaserig wie Lammrücken oder Filet, aber richtig gekocht schmeckt es wunderbar kräftig und saftig wie kein anderes Stück vom Lamm. Kein Wunder, köchelten die Berner Landfrauen im Emmental daraus ihr Schaf-Verdämpf, was nichts anderes ist als ein Voressen. Durch die Zugabe von Safranfäden wurde daraus das fast schon weltberühmte «Emmentaler Lammvoressen». Die Italienerinnen der Emilia-Romagna reichern ihr Lammvoressen mit schwarzen Oliven an und die provençalischen Hausfrauen stellen eine Daube d'Agneau in die Tischmitte, wenn es gilt, der Familie etwas besonders Gutes zu kochen. Der Navarin aber ist in seiner saftigen Zartheit und mit den vielen feinen Gemüsen der eleganteste Spross dieser Küchenabteilung.

ZUTATEN

- 2 ¼ kg Lammschulter, ohne Knochen, von Fett und Sehnen befreit, in 4 cm grossen Würfeln
- Salz und Peffer aus der Mühle
- Erdnussöl
- 7,2 dl Kalbsfond
- 7,2 dl Geflügelfond
- Mirepoix (1) aus:
  140 g Zwiebeln
  140 g Karotten
  210 g Lauch
  in groben Würfeln
- 1 ganze Knoblauchknolle, ausgelöst, geschält; ältere Exemplare halbieren und Keimling entfernen
- je 3 Zweige Thymian und Peterli
- 12 Pfefferkörner, schwarz
- 2 Lorbeerblätter, frisch

Kalbs- und Hühnerfond

- Knochen des betreffenden Fonds
- Mirepoix (2) aus:
  Rüebli, Sellerie, Lauch, Zwiebel (je ⅕ des Gewichts der Knochen)
- Bouquet garni aus Thymian, Lorbeerzweiglein, Peterlistängeln und -kraut

Gemüse

- je 16 Babykarotten und Babynavets
- 2 EL Salz
- 4 Lorbeerblätter
- 24 Pfefferkörner, schwarz
- 4 Thymianzweige
- 4 neue Kartoffeln, klein (ca. 6 cm lang und 2 cm Durchmesser)
- 1 EL Salz
- ¼ EL Pfefferkörner, schwarz
- 2 Thymianzweige
- 1 Lorbeerblatt
- 2 Knoblauchzehen, ungeschält, gequetscht
- 12 Bärlauchblätter
- 225 Favabohnen, ausgelöst, geschält
- 120 g Erbsen
- Salz
- 2 TL Peterli, fein geschnitten
- Fleur de Sel

VORBEREITUNG

Für die beiden Fonds Knochen mit kaltem Wasser bedecken, zum Kochen bringen (nicht anbraten!). Dann Mirepoix (2) und das Bouquet garni zugegeben. Alles erneut zum Kochen bringen und für ca. 5 Stunden leise simmernd unter dem Kochpunkt halten. Die Brühen abgiessen und auf ca. ⅕ des ursprünglichen Volumens reduzieren.

Nie salzen, weil das Gericht, dem der Fond zufügt wird, meist bereits etwas gesalzen wurde. Fonds lassen sich hervorragend tiefkühlen und später verwenden.

FORTSETZUNG >

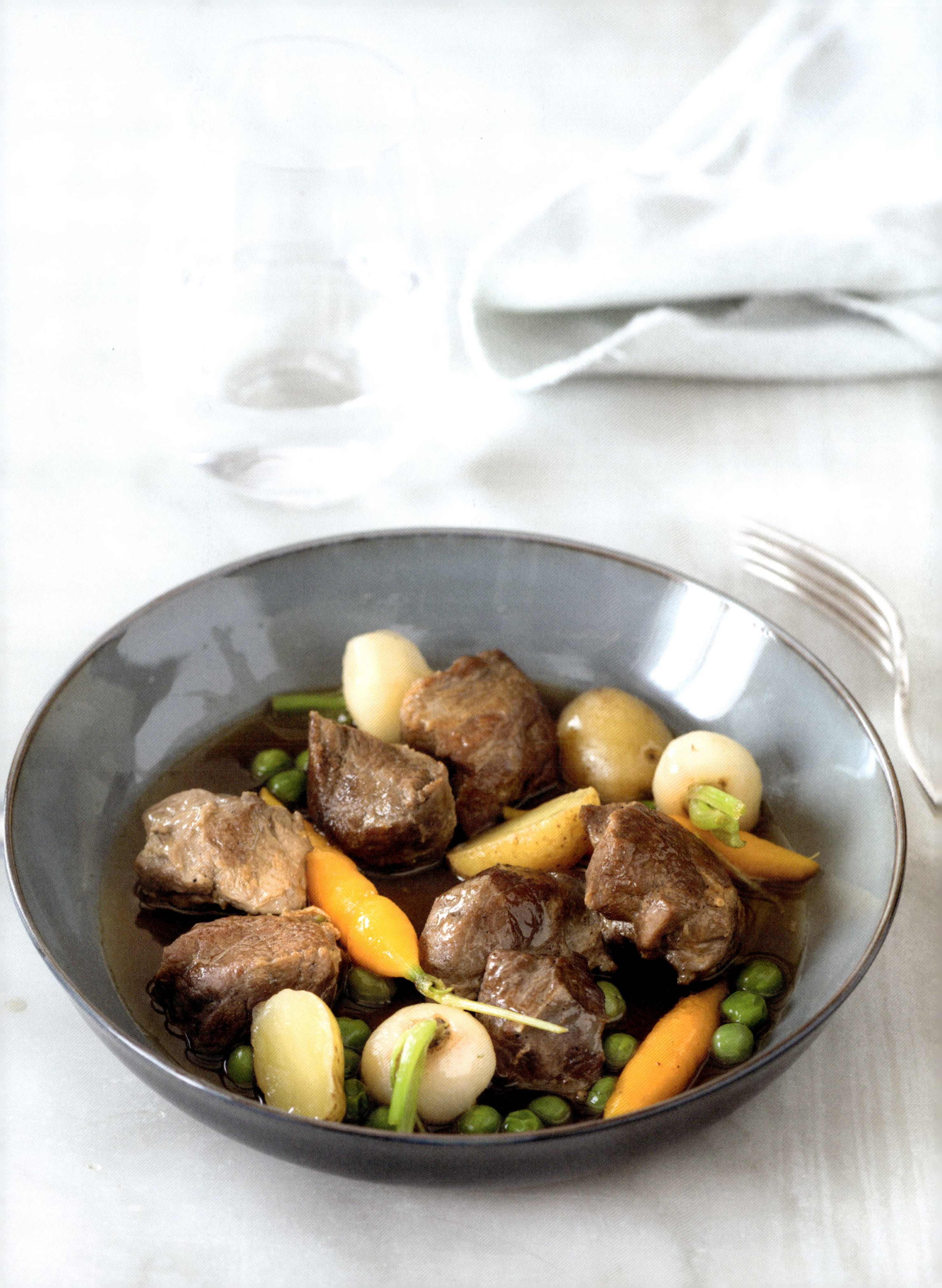

Fortsetzung

ZUBEREITUNG

1 | Den Bratofen auf 175 Grad erhitzen. Ein Backblech mit Backpapier belegen.

2 | Das Fleisch gut pfeffern und salzen. Im Erdnussöl rundum anbraten. Dann die Würfel auf das Blech auslegen.

3 | Kalbs- und Geflügelfond erhitzen.

4 | Eine grosse feuerfeste Schüssel mit Mirepoix (1), Knoblauchknolle, Thymian und Peterli, Pfefferkörnern und Lorbeerblättern belegen. Diese Schicht mit einem grossen, feuchten Passiertuch abdecken; überhängende Enden umfalten. Das Tuch soll das Gemüse nach oben dicht abschliessen.

5 | Das angebratene Lammfleisch auf dieses Tuch betten und die heissen Fonds darübergeben. Das Fleisch soll ganz bedeckt sein. Die Schüssel in den Bratofen einschieben und die Temperatur auf 160 Grad senken. Das Gericht 1 ½–2 Stunden darin belassen. Achtung! Die Flüssigkeit soll nicht zu rasch verdampfen! Um dies zu verhindern, das Fleisch mit einem passend zugeschnittenen Backpapier belegen, sobald es aus der Flüssigkeit auftaucht. Ist das Fleisch bei einer Nadelprobe weich, das Gericht aus dem Bratofen nehmen.

6 | Das Fleisch in einen passenden, feuerfesten Topf legen. Das Passiertuch auswaschen. Die Garflüssigkeit zweimal durch ein sehr feines Sieb passieren. Die Gemüse entsorgen.

7 | Nun die Garflüssigkeit aufkochen und aufschwimmende Fettaugen mit einem Löffel entfernen. Die Fleischstücke damit übergiessen. Alles zugedeckt abkühlen lassen.

8 | Die Karotten und Navets schälen. In zwei separaten Pfannen mit kaltem Wasser bedecken und mit je der Hälfte der Lorbeerblätter, Pfefferkörner, Thymianzweige und Salz aufkochen. Ca. 5 Minuten köcheln lassen. Sind die Gemüse weich, abgiessen und zugedeckt reservieren.

9 | Die gewaschenen Kartoffeln in 1 cm dicke Scheiben schneiden. In einer grossen Pfanne auslegen und mit Salz, Pfeffer, Thymian, Lorbeer und Knoblauch bestreuen. Bis ca. 2 cm über den Kartoffelscheiben mit kaltem Wasser aufgiessen. Während 10–15 Minuten sanft köchelnd weich garen. Abgiessen, Gewürze entfernen und die Kartoffelscheiben auskühlen lassen.

10 | Bärlauch, Favabohnen und Erbsen nacheinander im gleichen kräftig gesalzenen Wasser kurz aufkochen. Abgiessen und in Eiswasser abschrecken. Abgetropft weiterverwenden.

11 | Den Bratofen auf 190 Grad vorheizen.

12 | Die Garflüssigkeit separat nochmals erhitzen und das Fleisch zu ¾ damit bedecken. Im Bratofen während 5–10 Minuten erwärmen.

13 | Die Karotten und Navets zugeben und alles sanft untereinanderheben. Erneut 5–10 Minuten im Bratofen durchwärmen. Jetzt Bärlauch, Favabohnen und Erbsen untermischen. Alles erneut im Bratofen durchwärmen.

ANRICHTEN

Den heissen Navarin mit dem geschnittenen Peterli bestreuen, auftragen und in tiefen Tellern anrichten. Etwas zusätzliche Sauce darübergiessen und alles mit einer Prise Fleur de Sel bestreuen.

Zu diesem Gericht braucht es wegen des mitgegarten Gemüses keine Beilage.

FLEISCHKUCHEN NACH TRUNSER ART

Für 4 Personen

Es mag sein, dass in früheren Zeiten Köche und Hausfrauen Fleischkuchen aus ganz praktischen Gründen erfanden. Auf diese Weise liessen sich allerlei Abschnitte und Reste toller Fleischstücke zu einem durchaus eleganten Gericht verarbeiten. Dass es dann sofort auch Schlaumeier gab, die weniger Gutes und Richtiges unter einer Teigkruste versteckten … ist menschlich und … dumm.

Für alle aber, die herzhaftes und originelles Essen lieben, sind salzige Pies, Gâteaux und Kuchen genau das Richtige. Von den marokkanischen Pastillas und den balkanisch-türkisch-griechischen Kreationen unter dem tausendblättrigen Brik-Teig gar nicht zu reden!

ZUTATEN

Mürbeteig
- 400 g Weissmehl
- 2 g Salz
- 200 g kalte Butter, in 1 cm grossen Würfeln
- 1 Ei
- etwas eiskaltes Wasser

Fleischfüllung
- 500 g gehacktes Lamm (von Hals und Brust)
- 4 EL Rapsöl
- 2 g Salz
- Pfeffer
- 1 gehörige Prise frische Thymianblätter
- je 100 g geschälte Kartoffeln, Rüebli, Pastinaken und weisse Rübchen, ½ cm gross gewürfelt
- 4 g Knoblauch, geschält und fein geschnitten
- Meersalz und Pfeffer aus der Mühle
- 20 g Butter
- 200 g Zwiebel, gewürfelt
- 8 g Weissmehl
- 6 dl Geflügelfond (s. S. 204)

Ausserdem
- 2 Eigelb
- 1 EL Wasser

ZUBEREITUNG

1 | Für den Teig das Mehl in eine Schüssel der Teigknetmaschine zu einem Berg sieben. Das Salz darüberstreuen. Die Butterwürfel ebenfalls auf dem Mehl auslegen. Die Maschine soll nun alles ca. 1 Minute lang langsam kneten. Es sollen feine Brösmeli entstehen.

2 | Das Ei hineinschlagen und nun während des Knetens so viel kaltes Wasser nach und nach zufügen, bis der Teig kompakt wird und sich zur Kugel formt. Achtung: Der Teig soll sich festigen, aber nicht hart sein, weil er sich sonst nicht auswallen lässt und bricht.

3 | Die Teigkugel in eine Klarsichtfolie einschlagen und für ca. 60 Minuten kühl stellen.

4 | Für die Füllung das Gehackte 60 Minuten vor dem Anbraten aus der Kühle nehmen und ausbreiten, sodass es Raumtemperatur annehmen kann.

5 | Das Rapsöl in eine sehr heisse Pfanne geben. Sofort kleine Portionen Hackfleisch darin anbraten. Die Portionen gut voneinander entfernt hineinlegen, damit nicht zu viel Hitze verbraucht wird und das Fleisch Saft zieht und darin siedet, anstatt zu braten. Das Hackfleisch auch nicht auseinanderstossen, ehe es nicht gut angebraten ist. Erst dann mit Salz, Pfeffer und Thymianblättchen würzen.

FORTSETZUNG >

Fortsetzung

ZUBEREITUNG

6 | Das angebratene Hackfleisch in ein Sieb geben und so das Fett abtropfen lassen.

7 | Das Fett zurück in die Pfanne geben und die Kartoffelwürfel darin für ca. 3 Minuten anbraten. Knoblauch-, Rüebli-, Pastinaken- und Rübchenwürfel zugeben. Mit Salz und Pfeffer würzen. 5 Minuten garen. Das Gemüse im Sieb abtropfen lassen.

8 | Das erneut abgetropfte Fett mit der Butter zurück in die Pfanne geben. Bei mittlerer Hitze die Zwiebeln zufügen und diese 3–4 Minuten anziehen, bis ein angenehm süsser Duft aufsteigt. Gehacktes und Gemüse zugeben und mischen.

9 | Durch ein Sieb Weissmehl darüberstäuben. 1 Minute wenden und rösten. Nach und nach den Geflügelfond untermengen. Die Hitze erhöhen und alles zum Kochen bringen. Für die nächsten 10 Minuten am leisen Köcheln halten. Vom Herd ziehen und abkalten lassen.

10 | Den Backofen auf 200 Grad vorheizen. Eine Kuchenform mit mindestens 2,5 cm hohem Rand ausbuttern und leicht mit Mehl bestäuben.

11 | $^2/_3$ des Teigs auf 2–3 mm Dicke auswallen und die Kuchenform damit auslegen. Mit einer Gabel den Boden leicht einstüpfeln, allerdings nicht bis auf den Boden durchstechen, weil sonst die Sauce durch diese Löcher in die Form rinnt und dort verbrennt!

12 | Die kalte Füllung in die Form einfüllen und in der Höhe ausgleichen.

13 | Aus dem Rest des Teigs einen Deckel von leicht grösserem Durchmesser als die Kuchenform auswallen. Über die Füllung legen und die Ränder gut miteinander verbinden und zusammenkneifen. Den Deckel einige Male mit der Gabel einstechen. Dieses Mal dürfen die Löcher bis zur Füllung reichen, damit der dort entstehende Dampf entweichen kann.

14 | Die Eigelbe mit dem Wasser verrühren und den Kuchen mit dieser Mischung bestreichen. In den unteren Teil des Backofens schieben und in ca. 30 Minuten backen. Sollte der Deckel zu dunkel backen, eine Alufolie darüberlegen.

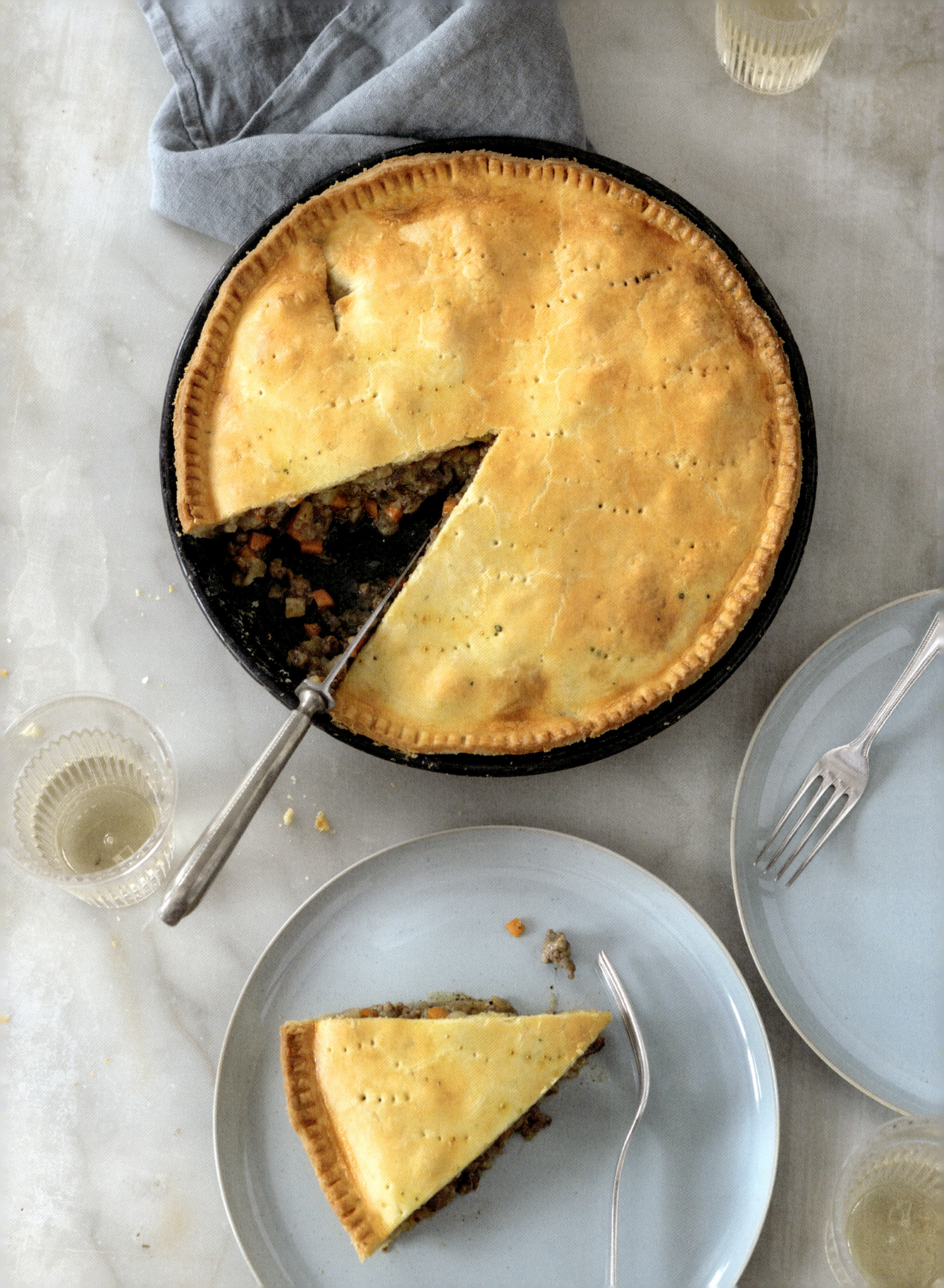

ATLAS

von Michael Merz

Das Feuer in der Grube war niedergebrannt. Höllenhitze stieg auf. Das frisch geschlachtete Schaf hing kopfüber, aus der Decke geschlagen und ausgenommen im Schatten eines Baumes. Selim mischte Pfeffer, Cumin, Koriander und Knoblauch ins Smen, das Butterfett. Er rührte gut Salz in die Paste und schmierte damit das Schaf grosszügig innen und aussen ein. Drei Männer räumten Asche und Kohle von den glühenden Steinen, legten das Schaf darauf, deckten es mit ein paar Palmwedeln ab, schütteten das Feuerloch zu. Wir warteten im Schatten einiger Hausmauerreste. Wir warteten lange, während die Sonne sich langsam zum Horizont hinabsenkte.

Seit vielen Jahren hatte ich mir diesen Besuch bei den Berbern im Hohen Atlas gewünscht. Man nennt sie «die blauen Männer», weil das blaue Tuch, das sie tragen, im Laufe der Zeit auf ihre Haut abfärbt. Jetzt, nach den Wochen in der marokkanischen Sahara, war mein Wunsch Wirklichkeit geworden. Ein Mechoui, ein im Erdofen gegartes Lamm, sollte unsere Reise vollenden. Ein Mechoui als Dank an die Männer, die uns begleitet, geführt und geschützt hatten. Es würde unser Abschied sein.

Stunden später sassen wir in der Runde. Es war Nacht geworden. Die Kühle der Berge machte sich langsam bemerkbar. Auch deshalb brannte ein Feuer in der Mitte unserer Runde. Ein paar Funzeln leuchteten im Dunkel. Man hatte die Grube geöffnet, den grossen Braten vorsichtig herausgehoben und in unsere Mitte gelegt. Mit den Fingern rissen wir das heisse Fleisch von den Knochen. Es war zart und saftig, unglaublich aromatisch und machte mit jedem Bissen Lust auf einen nächsten. Gespräche waren in Gang gekommen. Irgendwann begann einer der Männer zu singen. Andere klatschten im Rhythmus dazu. Eine kleine Trommel fiel ein. Andere Männer begannen mitzusingen. Es wurde eine lange und unvergessliche Nacht.

Ich bin in einem Haus aufgewachsen, in dem es neben einem Pferd und Schweinen auch Schafe gab. Ich erinnere mich, wie sie zum Ende des Alpsommers wieder in ihren Ställen standen. Unter der dichten Wolle dick, rund und fett. Und ich erinnere mich, wie einige der Tiere im Laufe der nächsten Wochen verschwanden. Ich weiss auch, wie sehr ich den Duft und den Geschmack von gebratenem Schaffleisch hasste. So sehr widerstrebte mir dieses Fleisch sogar, dass es mich würgte. Ein Gericht allerdings machte die Ausnahme: Irish Stew. Meine Mutter kochte es überaus sanft und lange aus perfekt entfettetem Fleisch. Zusammen mit vielen Zwiebeln, Kartoffeln und wenig getrockneten Steinpilzen entstand so ein unglaublich delikates Ragout. Nein, Weisskohl war nicht dabei. Was wir Schweizer Häfelichabis nennen, mochte ich nicht.

Lammfleisch? Das kam viel später. Und klar, es brauchte Frankreichs Küche, um mich davon zu überzeugen. Und ein ganz besonderes Restaurant: «l'Ousteau de la Baumanière». Die amerikanische Zeitschrift «Holiday» hatte darüber berichtet. In vielen bunten Farben wurde dort der Ort unter den roten Felsen von Les Baux geschildert. Sein Besitzer, Monsieur Thuillier, war über 50 Jahre alt gewesen, kein Gastronom, schon gar kein Koch, als er mitten im Krieg die verlassene Ruine in den Alpilles gefunden hatte. Trotzdem begann der ehemalige Buchhalter diesen Ort nach seinen Ideen um- und aufzubauen: Ein Restaurant mit einigen Zimmern, rund um einen riesigen Swimmingpool gelegen, zugewachsen und geschützt von vielen Bäumen, Sträuchern und Blumen. Nichts als Küchenklassiker standen auf der Menükarte des Hauses. Küchenklassiker, denen Monsieur Thuillier mit gnadenloser Perfektion neues Leben eingehaucht hatte. Da gab es etwa einen Loup de mer, den man mit einem kräuterigen Fischschaum füllte und dann im Blätterteig backte. Oder ein gefülltes, gebratenes Täubchen nach provenzalischer Art mit viel, viel Knoblauch. Vor allem aber gab es Gerichte aus provenzalischem Lamm. Kotelettchen, Bries, und vor allem das Gericht, das «Holiday» gezeigt hatte: Gigot d'agneau en croûte. Eine mit gebratenen Lammnierchen, Lamm- und Schweinehack, Champignons und Trüffeln gefüllte Lammkeule. Auch sie in Blätterteig gepackt und gebacken. Im Ganzen wurde es vor die Gäste getragen, tranchiert und zum Gratin dauphinois angerichtet. Es war klar: Dieses Gericht musste ich essen. Und ich wollte es auch kochen können. Das Kochen misslang gründlich. Das Essen im Tal von Les Baux gelang recht viel später wunderbar. Vielleicht auch, weil im Publikum oft Stars vom Filmfestival Cannes oder vom Musikfestival Aix-en-Provence sassen. Die Ambiance ... Kurz: Ich erlebte ein Mahl in einem Restaurant in seiner Blütezeit. Und klar: Jetzt mochte ich Lammfleisch.

Ich ass jetzt öfters Gigot aux flageolets im «Chez la Vieille» oder im «Chez les Anges» in Paris. Das Gigot stets noch etwas rosa, damit chüschtig und saftig. Weil man das Fleisch über einer Schüssel mit den Bohnen fertig gebraten hatte, besassen die Böhnchen – getränkt vom Bratensaft des Gigots – ein überaus interessantes, zuckrig-salziges Aroma. Später, im Restaurant von Paul Bocuse in Collonges bei Lyon, drehte sich ein Gigot d'agneau im Riesenkamin vor einem prasselnden Feuer. Keine Frage, davon musste ich essen. Man tranchierte es bei Tisch und lud saftige Scheiben Lammfleisch auf meinen Teller. Bei seinem Freund und Konkurrenten Alain Chapel gab es ein Milchlamm-Gigot auf jungen, geschmolzenen Zwiebeln und einem Tomatenfondue. Bei «Ami Louis» in Paris serviert man bis heute jedem Gast ein ganzes Gigot, wenn man das Gericht bestellt. Im «La Colombe d'Or» in Saint-Paul-de-Vence hing ein mächtiges Gigot an einer nassen, eng aufgezwirbelten Schnur vor der Glut, drehte sich langsam in der Hitze. Einmal nach links, einmal nach rechts. Mein verehrter Hans Stucki servierte ab und an ein Gigot à l'anglaise, ein in einer Würzbrühe pochiertes und perfekt rosa gekochtes Lammgigot. Mit einer umwerfenden Meerrettichsauce und vielen à l'anglaise separat gekochten Suppengemüsen.

Jetzt begann ich Unterschiede in den Fleischqualitäten zu bemerken. Wenn man in der Weinkunde vom Terroir spricht, jenen Geschmacksnuancen in besonderen Weinen, die auf die Erde, in denen die Reben wachsen, zurückzuführen sind, kann man diese Lehre im ganz Besonderen auch bei Schafen und Lämmern nachvollziehen. Da gibt es jene Tiere, die auf den Weiden am stürmischen Atlantik grasen. Auf

Wiesen, die bei extremen Wasserhöhen und Springfluten immer wieder vom Meer eingenommen werden. Da wachsen dann nicht nur gewöhnliche Gräser, sondern auch Grasarten, die nur dort gedeihen, wo Meerwasser hingelangt. Das Fleisch dieser Tiere ist tiefrot und von vielen kleinen Fettpunkten durchschossen. «Persillé» nennt dies die Metzger- und Küchensprache. Diese weissen Flecken treten so wild und zufällig im Fleisch auf, als hätte man diese so zufällig darübergestreut, wie man es bei gewissen Speisen eben auch mit gehackter Petersilie tut. Das Sisteron-Lamm wiederum weidet in den provenzalischen Alpen. Es sind karge Trockenweiden volle Maquis-Gestrüpp, auf denen vor allem viele holzige Kräuter gedeihen. Thymian, Rosmarin, wilder Majoran, Salbei, Lorbeer. All diese Kräuter knabbern die Tiere und so schmeckt denn auch ihr Fleisch unglaublich würzig. Eine Qualität, die auch Lammfleisch aus den nördlichen Hügeln der Pyrenäen besitzt. Ich begann langsam zu verstehen. Weshalb hatten meine Eltern ihre Schafe auf die Alpweide geschickt? Wenn die Weiden im Mittelland abgefressen waren, fanden sie dort nicht nur viel saftiges Futter, sondern sie frassen dort auch die wilden Kräuter und Blumen der Magerweiden. Solche Lämmer und Schafe zeigen ein herrlich frisch-rotes Fleisch unter einer dicken, schneeweissen Fettdecke. Es brät sich saftig und unglaublich aromatisch aus. Es schmeckt zwar kräftig, aber niemals vulgär. Die Erinnerung an das Schaffleisch in meiner Jugend begann zu verblassen. Und dann gab es noch einen weiteren, besonderen Abend.

Die Plongeurs, die Abwascher, sind in einem Restaurant der besten Klasse unglaublich wichtig, denn solche Restaurants servieren ihre Gerichte auf besonders feinem Porzellan. Nicht nur, weil dieses die Speisen besser präsentiert, sondern weil sie auf solchen Tellern auch besser schmecken. Je sorgfältiger also diese Abwascher damit umgehen, desto weniger entsteht ein Bruch, weniger Geschirr geht kaputt. Ein Restaurant kann also durch erstklassige Hilfskräfte viel Geld sparen. Bei Chapel in Mionnay bei Lyon gabs dafür am Ende des Sommers ein Dankeschön.

Dann machten sich die beiden algerischen Tellerwäscher an die Arbeit, hoben eine grosse Grube aus, sammelten schwere Wackersteine und endlos viel Holz. An einem der letzten warmen Montagabende, wenn das Restaurant geschlossen hatte, luden sie zum Mechoui. Fast 50 Angestellte lagerten dann auf der Wiese vor Chapels Privathaus um ein mächtiges Feuer, fingerten das zarte Fleisch von den Knochen zweier Schafe, tranken kühlen Roten und freuten sich auf das Dessert. Es gab stets einen süssen Couscous, wie ihn Chapel während seiner Militärzeit in Tunesien kennengelernt hatte und wie er ihn an diesem Abend für seine Angestellten kochte. Einen Couscous, wie ihn in Marokko die Frauen bekommen, wenn sie ein Kind zur Welt gebracht haben. Mit Milch angemacht, gespickt mit gerösteten Mandeln, schweren, süssen Rosinen und Datteln, von einem Hauch Zimtzucker überstäubt … Aber das ist eine andere Geschichte.

> «ALL DIESE KRÄUTER KNABBERN DIE TIERE UND SO SCHMECKT DENN AUCH IHR FLEISCH UNGLAUBLICH WÜRZIG.»

GEBRATENES LAMMGIGOT MIT KNOBLAUCH UND ROSMARIN

für 8–10 Personen

Der grosse, der ganz grosse Braten. Nicht so sehr, weil dieses Stück Fleisch für viele Gäste reicht. Gross, weil es für einen so wahrhaft grossformatigen Braten im Grunde genommen keine gültige Beschreibung gibt. Ausser: Er ist für sich genommen bereits ein Fest und macht aus jeder Mahlzeit, an der er aufgetragen wird, ein Fest. Klar. Die Tafelrunde muss sich darauf einlassen. So ein Gigot mit seinen wohl 30 Knoblauchzehen jagt manchem Gast etwas Angst ein. Die sich aber ganz einfach vertreiben lässt. Rosa Knoblauch hat als Jungknoblauch noch keinen Keimling und dieser ist beim reifen Knoblauch, der etwas später geerntet wird, die Ursache des Übels. Diese Keimlinge sind nämlich reich an Schwefelverbindungen, und sie sind es, die die uns bekannten Duftspuren hinterlassen. Was sie nicht können, wenn sie nicht vorhanden sind. Oder wenn man diesen Keimling entfernt! Ausserdem: Das lange Garen verkocht die meisten dieser Schwefelverbindungen sowieso. Sie verschwinden. Das, was dann zum Schluss vom mächtigen Braten übrig bleibt – wenn überhaupt –, wird am nächsten Tag wie Aufschnitt in feinen Tranchen aufgetragen. Mit Brot, Cornichons, scharfem Senf und etwas kühlem Rotwein. Noch Fragen?

ZUTATEN

- 1 Lammgigot à ca. 3 kg
- 2 Knoblauchknollen, geschält
- 1 Bund Rosmarinzweige
- 2 dl Olivenöl
- 2 g Salz
- 5 mittelgrosse Rüebli, geschält
- 3 mittelgrosse Zwiebeln, geschält
- 5 dl Geflügelfond (s. S. 204)
- 1 TL Maizena
- Salz und schwarzer Pfeffer aus der Mühle

VORBEREITUNG

Den Metzger bitten, das Huftgelenk aus dem Gigot zu lösen, damit das Tranchieren des Bratens leichter fällt.

Das Lammgigot 2 Stunden vor dem Anbraten aus der Kühle nehmen. Raumtemperatur annehmen lassen.

ZUBEREITUNG

1 | Die Knoblauchzehen schälen, der Länge nach halbieren. Besitzen sie einen Keimling, diesen entfernen. Die Rosmarinzweige in kleinere, vielleicht 3–4 cm grosse Stücke schneiden.

2 | Den Bratofen auf 180 Grad vorheizen.

3 | Mit einem sehr scharfen, spitzen, kleinen Messer in das Gigotfleisch rundum kleine Einschnitte schneiden und stechen. In diese Einschnitte jeweils eine Knoblauchhälfte und ein Stück Rosmarin stecken. Das Gigot mit der Hälfte des Olivenöls bedecken und mit Salz würzen.

FORTSETZUNG >

Fortsetzung

ZUBEREITUNG

4 | Rüebli und Zwiebeln auf ein Backblech geben und darüber ein Gitter legen, das Gigot darauf platzieren. Alles in die untere Hälfte des Bratofens schieben. Die Hitze nach ca. 10 Minuten, wenn das Fleisch Farbe bekommen hat, auf 170 Grad senken. Das Gigot für ca. 90 Minuten garen. Die Gemüse unter dem Fleisch dabei ab und an wenden, damit sie ebenmässig angeröstet werden. Mit dem Fleischthermometer die Innentemperatur des Fleisches messen:

- Bei 55 Grad Innentemperatur ist das Fleisch saignant gebraten. Es ist noch leicht blutig.
- Bei 65 Grad Innentemperatur ist das Fleisch à point gebraten. Es ist auf den rosa Punkt gebraten.
- Damit das Fleisch durch und durch gebraten ist, benötigt es ca 2 ½ Stunden.

5 | Das Fleisch aus dem Bratofen nehmen und auf einem passenden Teller, mit etwas Alufolie locker bedeckt, durchziehen und ruhen lassen.

6 | Das Blech mit den Gemüsen auf den Herd auf eine genügend grosse Herdplatte legen. Den Geflügelfond zuschütten. Alles zum Köcheln bringen. Braten- und Saucensatz mit einem passenden Holzlöffel aufrühren und auflösen. Maizena mit sehr wenig kaltem Wasser anrühren und dieses in der köchelnden Sauce auflösen. Für einen Moment köcheln lassen. Alles durch ein feines Sieb passieren. Möglichst viel Saucenflüssigkeit aus den Gemüsen pressen. Was an Fleischsaft während der Ruhephase aus dem Gigot ausgetreten ist, rühren Sie ebenfalls unter. Zum Schluss mit Salz und Pfeffer abschmecken.

ANRICHTEN

Das Gigot auf einem passenden Schneidebrett auftragen. Die Sauce in einer Saucière danebenstellen. Das Fleisch tranchieren und auf heisse Teller legen. Als Beilage passt ein Gratin dauphinois perfekt. Jeder nimmt sich so viel Sauce, wie er mag.

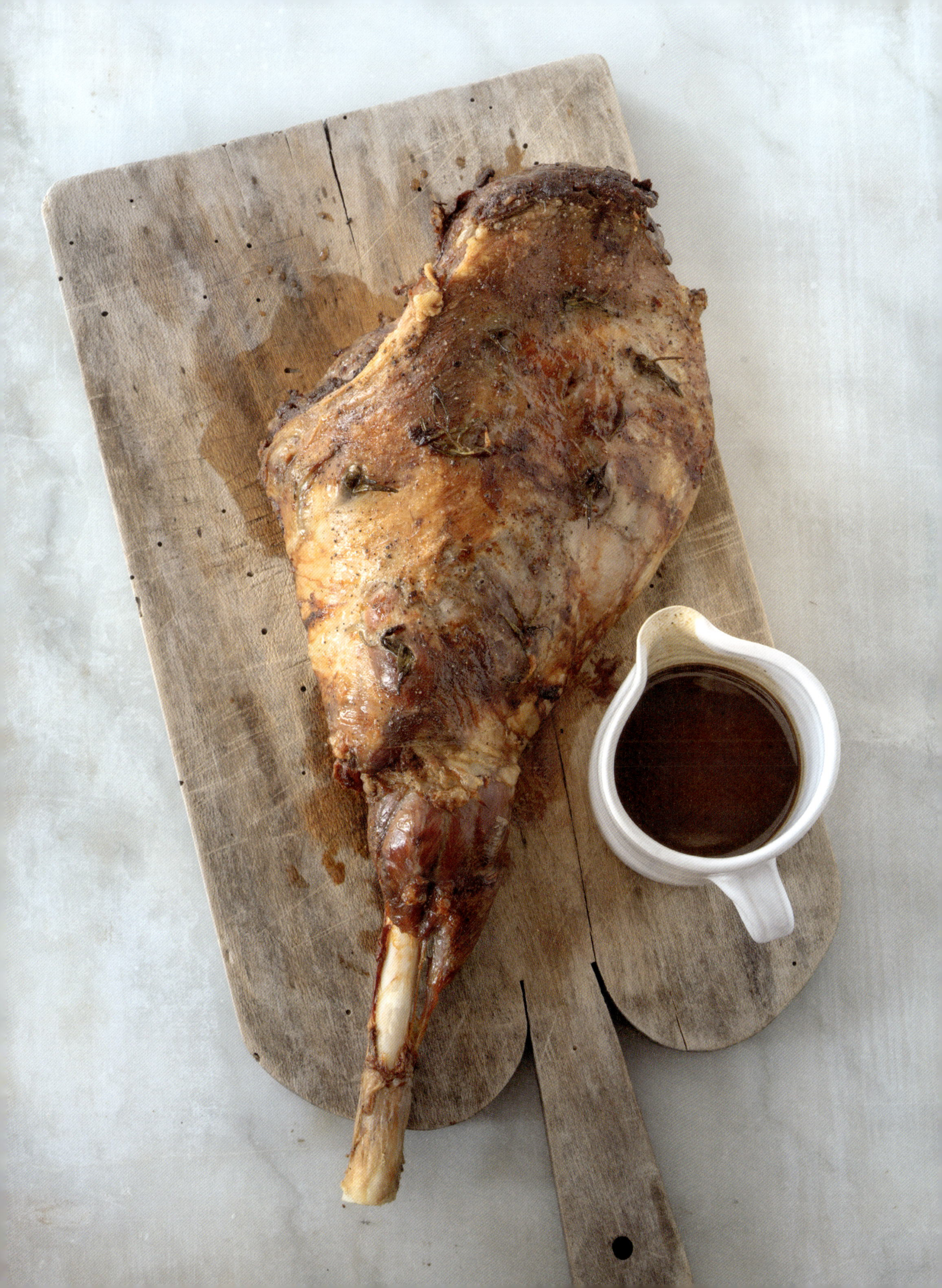

GESCHMORTE LAMMHAXEN

Für 4 Personen

Essmoden kommen und gehen. Geschmorte Gerichte mit einem tiefgründigen Sossenbad bleiben beliebt. Manchmal – wenn es die Mode will – verschwinden sie zwar etwas aus dem täglichen Angebot. Dann – wie in diesen Jahren – tauchen sie wieder auf und verzaubern mit ihrer grosszügigen Chuscht jeden Gourmet. Klar ist: Solche Gerichte brauchen Zeit. Zeit, mit dem Metzger ein Wörtchen zu reden, damit er die Haxen organisiert. Zeit, das Gericht zu kochen. Und ja, es braucht vor allem auch Zeit, so ein Gericht zu geniessen. Kluge Köchinnen und Köche köcheln einen ganzen Topf davon. Tiefgekühlt wartet die zweite Hälfte auf einen erneuten triumphalen Einsatz.

ZUTATEN

- 4 Lammhaxen
- Salz und Pfeffer aus der Mühle
- 2 EL Olivenöl
- 100 g Rüebli
- 100 g Lauch
- 70 g Sellerie
- 70 g Zwiebeln
- 6 Knoblauchzehen, ganz, geschält
- 30 g Ingwer, frisch, geschält, fein gewürfelt
- ½ TL Pfeffer, schwarz
- 1 TL Kümmel
- 6 Thymianzweiglein
- 3 Lorbeerblätter, frisch
- 2 Zweige Rosmarin
- etwas abgeriebene Schale einer Bio-Zitrone
- 3 dl Rotwein
- 1 l Lammfond (s. unten)

VORBEREITUNG

Zuerst einen Lammfond herstellen, wie dies Silvia Manser auf Seite 56 mit ihrem Kalbsfond tut. Anstatt Kalbsknochen verwenden sie Lammknochen.

Lammhaxen 60 Minuten vor dem Anbraten Raumtemperatur annehmen lassen.

ZUBEREITUNG

1 | Den Bratofen auf 135 Grad aufheizen.

2 | Die Haxen kräftig mit Salz und Pfeffer würzen. Die Gewürze ein wenig einmassieren.

3 | Die Haxen in der Schmorpfanne rundum im Olivenöl in ca. 8 Minuten anbraten. Aus dem Schmortopf heben und in einem Sieb abtropfen lassen.

4 | Das überschüssige Fett aus der Pfanne leeren, dann die gewürfelten Gemüse bis und mit Zitronenschale in die Pfanne geben. Alles gut anziehen und unter öfterem Wenden fast dunkelbraun karamellisieren.

5 | Mit dem Rotwein ablöschen, die Haxen auf das Gemüsebett legen und mit so viel Lammfond auffüllen, dass dieser auf halber Höhe der Haxen steht. Auf dem Herd zum Köcheln bringen. Dann zugedeckt in den Bratofen schieben. Während 3 Stunden köcheln. Ab und zu den Flüssigkeitsstand kontrollieren. Dieser sollte nie unter die halbe Höhe der Haxen fallen.

6 | Die weich geschmorten Haxen vorsichtig aus der Sauce heben. In einer passenden Schüssel deponieren und mit Klarsichtfolie bedecken, damit sie nicht antrocknen. Die Sauce durch ein feines Sieb passieren und auf die gewünschte Saucenkonsistenz einkochen. Abschmecken.

ANRICHTEN

Je eine Lammhaxe auf einem flachen, heissen Teller anrichten. Zum Beispiel mit Kartoffelstock begleiten und bei Tisch die Haxe mit genügend Sauce nappieren.

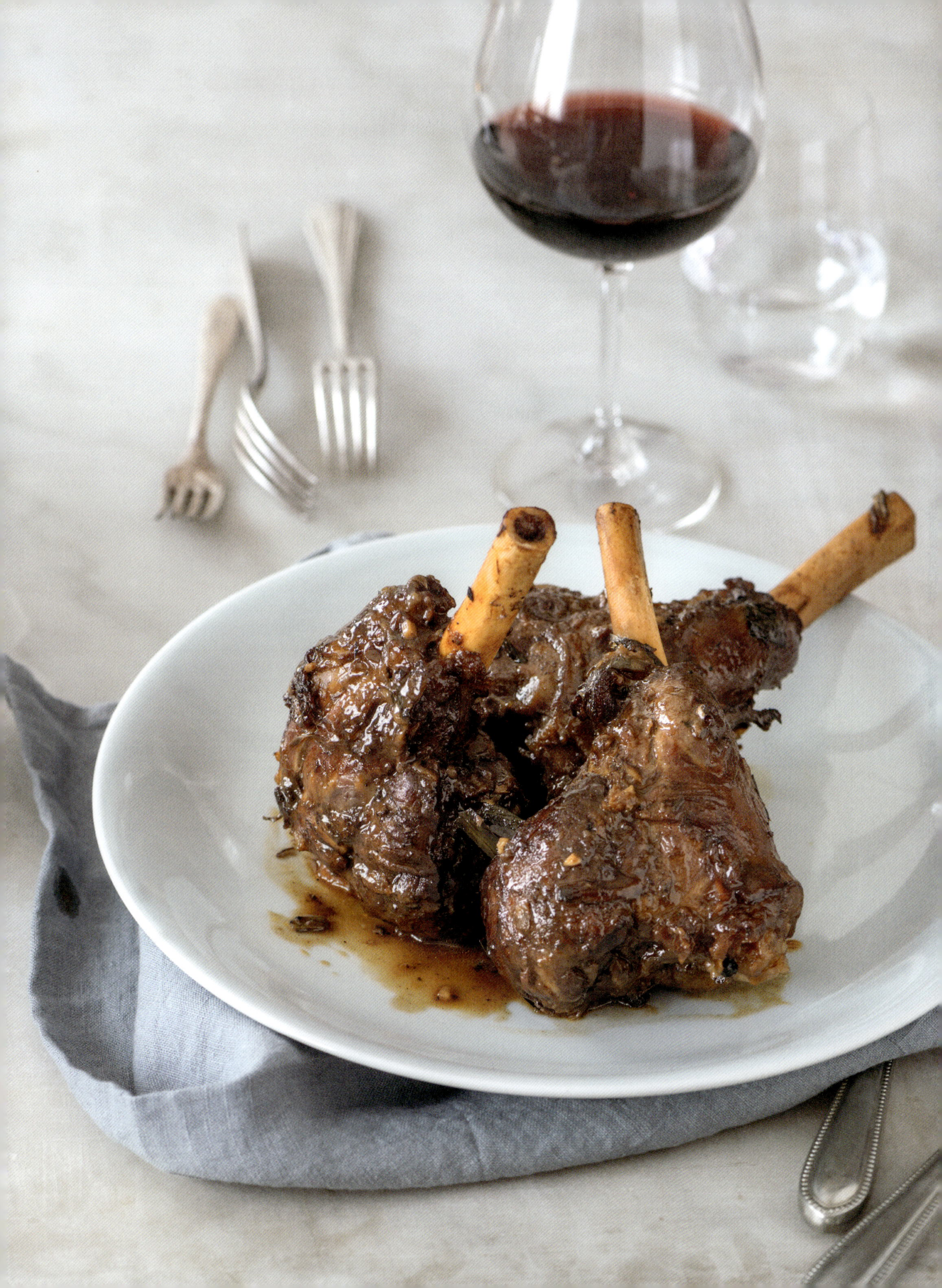

GEBRATENE LAMMKOTELETTEN IN DER KRÄUTERKRUSTE

Für 4 Personen

Es gab Zeiten, da waren Lammgerichte à la provençale das chicste Essen, das man sich gönnen wollte. Dass die visuell so ansprechende Kräuterkruste das Fleisch aber meist fast hermetisch abschloss und das darunterliegende Fleisch damit durch und durch garte, die so appetitlich rosa Farbe des Fleisches verschwand – dazu viel Geschmack und alle Saftigkeit – konnte nicht das kulinarische Ziel sein. Mit diesem Rezept von Manuel Reichenbach wird das Unmögliche möglich. Die lockere Kräuterkruste backt im bloss einen Spalt weit geöffneten Backofen. Danach darf das Fleisch für einen Moment ruhen und kommt so rosa, saftig und chüschtig auf den Tisch. So, wie es muss.

ZUTATEN

- 4 Lammracks mit je 3 Knochen und einer dicken Fettschicht, die Knochen sollen vom Metzger perfekt geputzt sein.
- 30 g Olivenöl (2)
- 2 Knoblauchzehen, ungeschält und flach gequetscht
- 6 Thymianzweige
- 15 g Butter
- 2 EL Dijonsenf

Kräuterkruste
- 1 Bund Rosmarin
- 2 Bund Thymian
- 1 Bund glatter Peterli
- 500 g Mie de Pain
- 80 g Olivenöl (1)
- Salz und schwarzer Pfeffer aus der Mühle

ZUBEREITUNG

1 | Für die Kruste die Kräuter waschen, trocknen und zupfen. Die Blätter zusammen mit der Mie de Pain in den Mixer geben und aufmixen. Sind die Kräuter fein geschnitten und ebenmässig in den Brotbröseln verteilt, nach und nach das Olivenöl (1) untermixen. Kräftig mit Salz und Pfeffer würzen.

2 | Den Bratofen auf 190 Grad vorheizen.

3 | Die Fettdecke der Lammracks mit einem sehr scharfen Messer gegenläufig schräg einschneiden, sodass ein attraktives Rhombenmuster entsteht.

4 | Das Fleisch mit Salz und Pfeffer sehr kräftig würzen.

5 | Eine ofengängige Bratpfanne sehr heiss werden lassen, das Olivenöl (2) zugeben und die Lammracks mit der Fettschicht nach unten einlegen. Knoblauch, Thymian und Butter zufügen. Erst so, dann von allen Seiten gut anbraten. Immer wieder mit heissem Bratfett übergiessen.

6 | Die Pfanne mit den Lammracks, Fettseite nach unten, für 5 Minuten in den heissen Bratofen schieben. Die Pfanne herausnehmen, Racks auf einem Gitter für 2 Minuten abtropfen lassen.

7 | Jetzt das Fleisch mit Senf bepinseln und mit der Kräuterkruste panieren. Diese gut andrücken.

8 | Das Fleisch mit der panierten Seite nach oben auf ein Blech legen und dieses wiederum für 7–9 Minuten in den heissen, leicht geöffneten Bratofen einschieben. Danach offen an der Herdseite für etwa 7 Minuten durchziehen lassen.

ANRICHTEN

Die Racks auf einem Schneidebrett auftragen. Mit einem scharfen Messer zwischen den einzelnen Rippenknochen aufschneiden. Auf heisse Teller legen und mit Saisongemüse oder einer Ratatouille servieren.

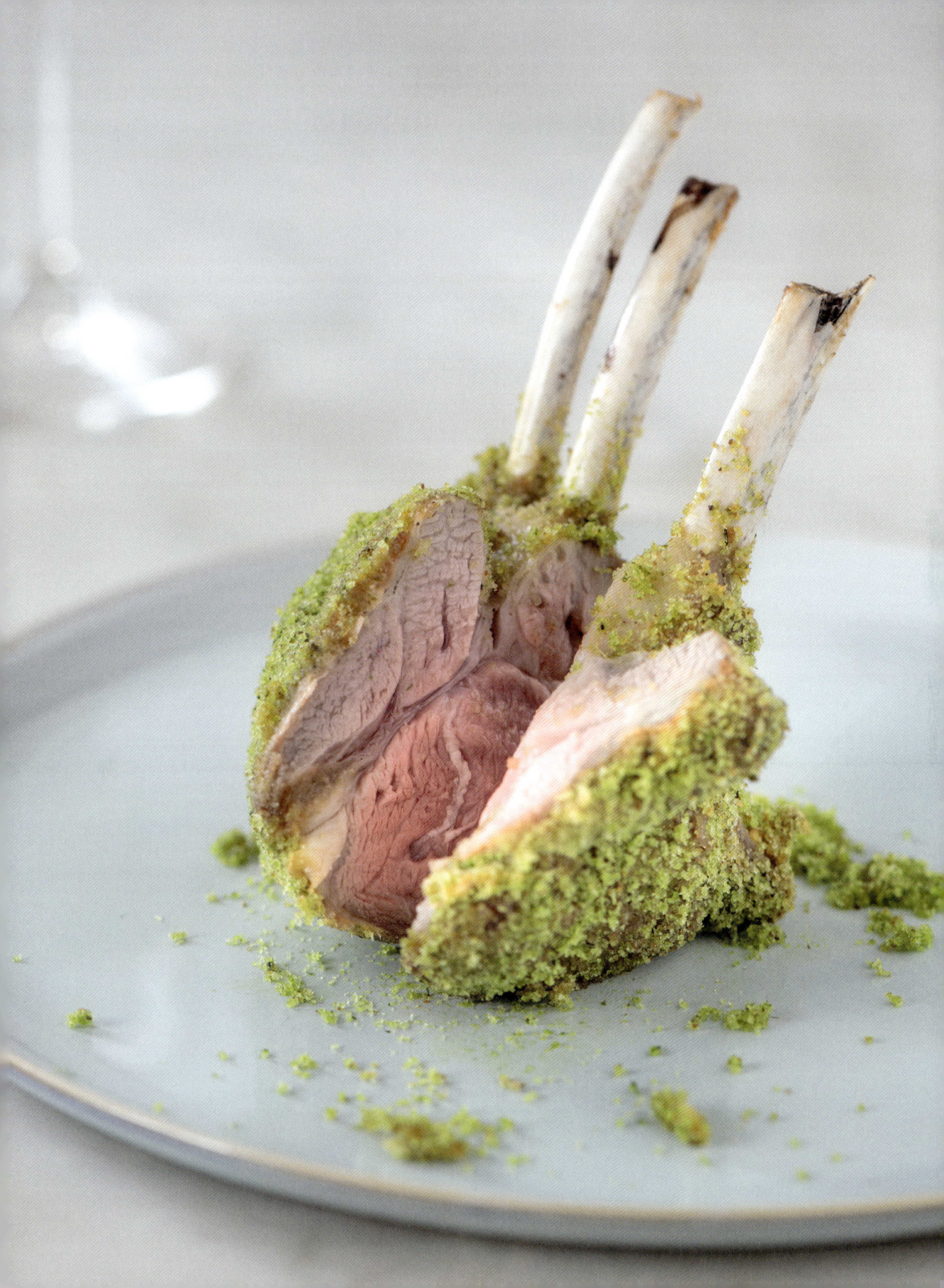

LAMMBRUST, GEFÜLLT UND SANFT GESCHMORT

Für 4 Personen

Die kulinarische Geschichte von Aschenputtel. Ein Fleischstück, das kaum jemand kennt, weil es für die grosse Küche als ungeeignet gilt. Dabei hat die Lammbrust schon einmal als «Epigramme d'Agneau» Karriere gemacht. Erst wird sie gebraten, verliert dabei einen Grossteil ihres Fetts und kommt dann – mit einem Hauch Senf bestrichen, danach paniert – unter den glühenden Infrarotgrill. Heiss, knusprig und saftig knuspert sie dann unter den Zähnen der wahren Feinschmecker. Die verraten dies aber kaum jemandem und so bleibt das Gericht ein ganz grosses Küchengeheimnis. Bis jetzt.

ZUTATEN

- 2 Lammbrüste, ausgebeint, à 500–600 g
- Salz und Pfeffer aus der Mühle
- 2 EL Oregano, getrocknet (1)
- 1 EL Chiliflocken (Pili-Pili) (1)
- 2 Bio-Zitronen, Zesten (1)
- 14 Anchovisfilets, abgetropft
- 30 g Olivenöl
- 1 grosse Zwiebel, gescheibelt
- 2 Knoblauchzehen, ungeschält und zerdrückt
- 1 Prise Chiliflocken (2)
- 1 Prise Oregano, getrocknet (2)
- ½ Zitrone, Zeste (2)
- 2 EL Kapern, abgetropft
- 2 EL Taggiasca-Oliven, entkernt
- 3,5 dl Weisswein
- 400 g Tomaten, gewürfelt

ZUBEREITUNG

1 | Die Lammbrüste mit der Innenseite, also der Seite, aus der die Knochen entfernt wurden, nach oben auf eine Unterlage legen und mit Salz und Pfeffer gut würzen. Wenden und auch die Aussenseiten gut würzen. Erneut auf die Innenseite zurückwenden. Die Fleischinnenseite mit dem Oregano (1) bestreuen und mit Chiliflocken (1) nach Belieben würzen. Die Gewürze etwas einmassieren. Die Zesten der Zitronen (1) frisch über das Fleisch reiben.

2 | Jedes Brüstchen mit 7 Anchovisfilets belegen.

3 | Die Lammbrüstchen nun sehr eng und damit zu fester Struktur zusammenrollen und mit Küchenschnur fest aufbinden.

4 | Den Bratofen auf 170 Grad aufheizen.

5 | Eine ofengängige Pfanne hoch erhitzen, das Olivenöl zugeben und die Lammbrüstchen darin in 8–10 Minuten rundum braten. Das Fleisch herausheben und an der Herdseite locker mit etwas Alufolie bedeckt reservieren.

6 | Zwiebeln und Knoblauch in die Pfanne geben und unter Wenden und Umrühren anziehen. Steigt ein süsser, runder Duft auf, Chiliflocken (2), Oregano (2) und die Zitronenzesten (2) darüberreiben. Alles mischen und zum Duften bringen.

7 | Kapern zufügen und mit mehr Hitze braten, sodass sie knusprig werden und aufplatzen. Die Oliven zufügen und alles mit dem Weisswein ablöschen. Aufkochen, vom Pfannenboden aufkratzen und unter Rühren auflösen, was an Bratfond da ist. Die Flüssigkeit fast völlig einkochen.

8 | Erst jetzt die Tomatenwürfel zugeben. Alles gut umrühren und vermengen. Allenfalls nachwürzen.

9 | Die Lammbrüstchen auf das Gemüse legen und zugedeckt in den 170 Grad heissen Bratofen schieben. In 2–2 ½ Stunden weich schmoren. Abschmecken.

ANRICHTEN

Die Lammbrüstchen aus der Sauce heben und auf einem Schneidebrett für einen Moment ruhen lassen. Die Schnur entfernen. Das Fleisch mit einem sehr scharfen Messer oder Sägemesser in dicke Tranchen schneiden.

Die recht feste, aber gut rinnende Sauce in eine tiefe ovale Schale ausgiessen und die Brustscheiben darauf anrichten. Sofort auftragen.

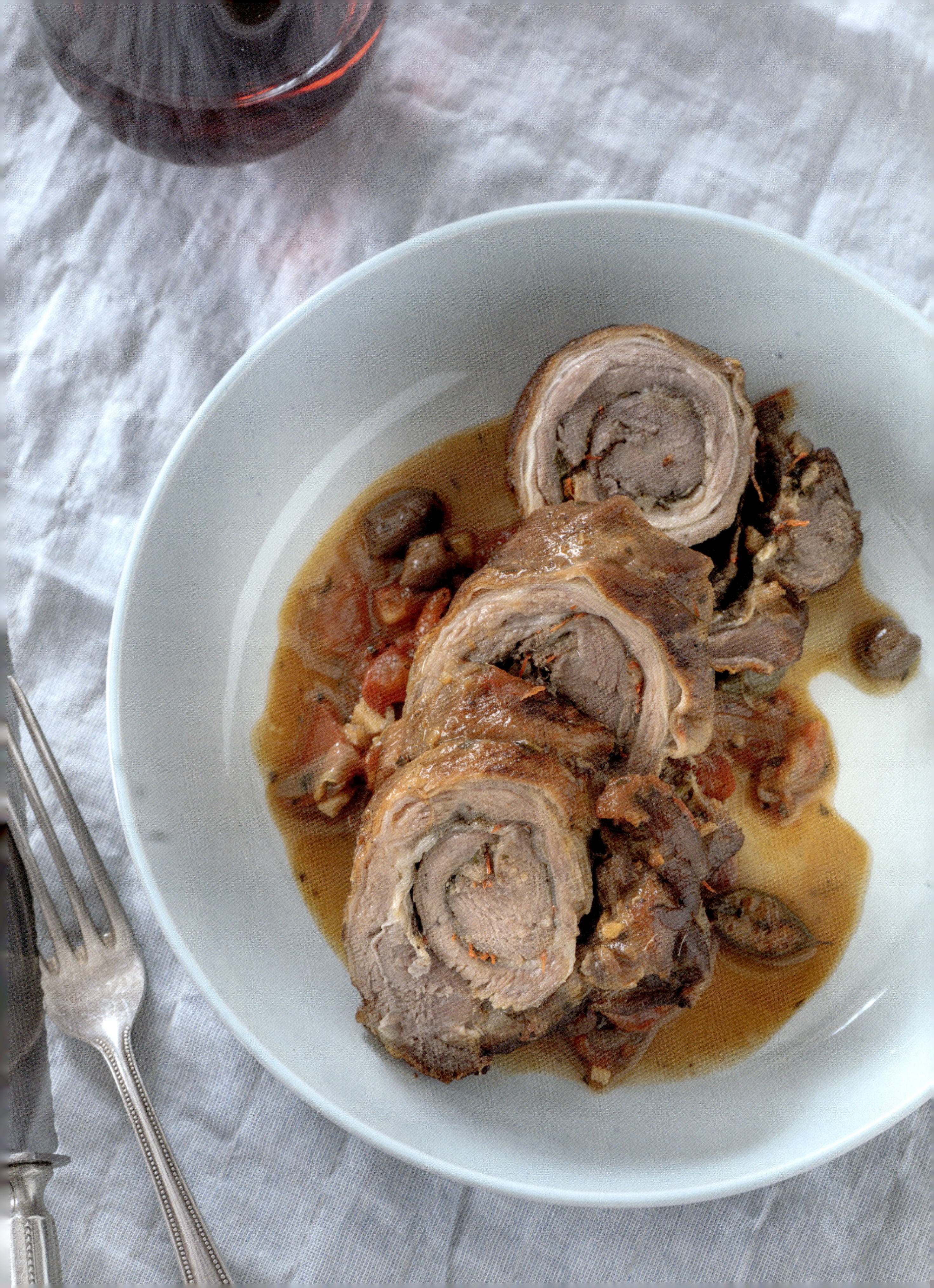

MANUEL REICHENBACH

Casa Tödi | Trun GR

Er war in London im Jahr 2002 und im Tal des Vorderrheins, so sagt er heute, «kamen die Berge herunter». Die Natur hatte zugeschlagen. Manuel Reichenbach: «Ich musste einfach nach Hause!» Und so brach der junge Koch mit 26 Jahren seine Wanderschaft in der grossen Welt der Gastronomie ab. Bald danach arbeitete er in der «Casa Tödi» seiner Eltern.

Weiss er denn, weshalb er Koch geworden ist? «Die Entscheidung kam sehr schnell. Ich war 15 und da muss man doch wissen, was man sein ganzes Leben macht. Ich dachte Koch, sagte es auch. Mir war natürlich nicht klar, was für eine Tragweite dieser Beruf für mein Leben haben würde.»

Zuerst macht Manuel seine Lehre im nahen Laax. Das Hotel war kulinarisch nichts Besonderes, wenn man das Angebot betrachtet. «Aber gut war es schon. Und die Brigade war so gross, dass ich sämtliche Posten einer Küche durchgehen konnte und mir damit eine solide Basis legen konnte.» Später bringt ihn Armin Amrein auf dem Bürgenstock zum ersten Mal mit einer Küche zusammen, in der andere Gerichte entstehen, als jene der klassischen Küche. Danach gibt es Beat Bolliger in Klosters und schliesslich Roland Pierroz in Verbier. «Ich war in einem Alter, in dem ich alles aufgesogen habe.»

Aber er sagt auch noch etwas anderes: «Ein Erweckungserlebnis, nachdem ich gesagt hätte ‹So will ich kochen!›, hatte ich nicht.» Dafür arbeitet er an Stellen, an denen er sieht, wie er es auf gar keinen Fall machen möchte. Schliesslich fährt der Bündner nach London und … findet beim legendären Gordon Ramsey Arbeit. Zum ersten Mal ein Drei-Sterne-Haus. «Es war Spitze. Und ich wusste: Entweder schaffst du das oder du bist weg.» Es sind die Zeiten, in denen die englische Hochküche die kulinarische Entwicklung dominiert. London ist das Finanzzentrum der Welt und die Spitzenrestaurants erkochen sich damals nicht nur eine zahlungskräftige Kundschaft, sondern höchste Lorbeeren. «Es war eine extrem harte Zeit. Und extrem faszinierend. Damals lernte ich, alles zu geben, was ich hatte!»

Dann ist er zurück in der Heimat und übernimmt 2010 das Haus der Eltern, ein wunderbares, altes Haus. «Eine ehemalige Relais-Station der Post.» Hier habe man die Pferde gewechselt, die Nacht verbracht und klar, hier habe man dann auch etwas gegessen. «Das, was gerade auf dem Herd stand. Es war mit Sicherheit gut, meistens sogar sehr gut.» Das ist die Basis, die sogenannte DNA, mit der Manuel in den täglichen Kampf um Kundschaft zieht. Die Produkte der Gegend sind wenige. «Aber dafür sind die Randen, die man verkocht, 5 Minuten früher im Garten geerntet worden.» Er kauft sich ganze Rinder. Sie stammen von einem Bauernhof im gleichen Dorf. Also kennt er das Produkt und verarbeitet nur dieses.

Reichenbach hat inzwischen einen zweiten Betrieb. Das «Peaks» in Laax. Zweimal im Jahr ist dort Saison. Dann serviert er den Gästen eine lineare, moderne Küche. Mit grossem Erfolg. Sogar die Stammkundschaft seiner «Casa Tödi» hat sich damit vergrössert. «Ich möchte, dass mein Elternhaus eine Adresse für echt gutes Essen ist.» Was könnte man da noch hinzufügen?

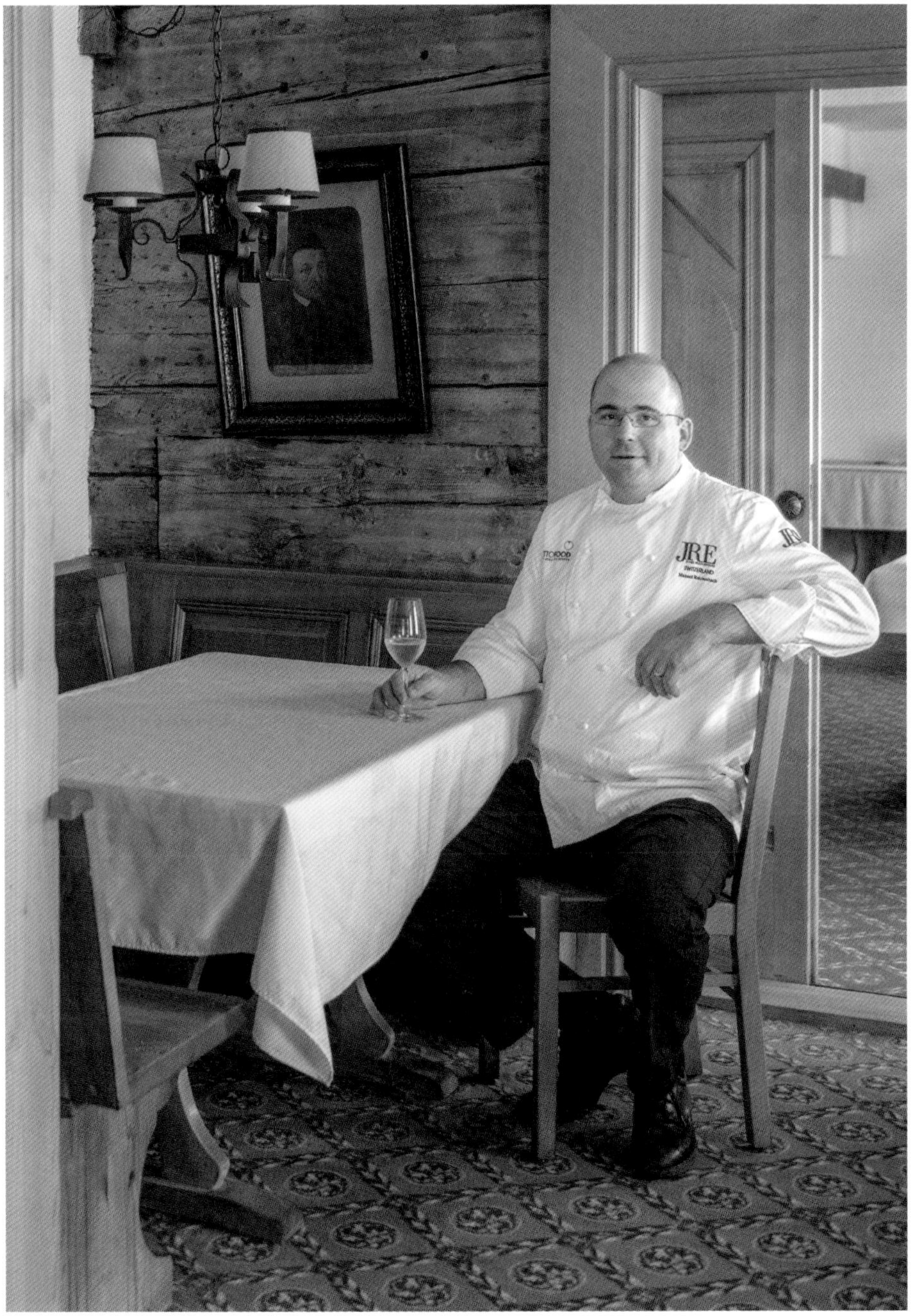
JRE

WILD

Rezepte von Martin Dalsass

AUS DER FREIEN NATUR IN DEN TOPF

Drei Männer treffen sich in der kleinen Stube im Eingang von Martin Dalsass' Restaurant in St. Moritz.

Der eine, Daniel Godli, ist nicht nur Wildhüter, sondern auch als Bezirkschef verantwortlich für die Gebiete Oberengadin und Bergell. Damit steht er sieben weiteren Wildhütern vor, die genauso wie er für das Erfassen des Wildbestandes zuständig sind, was die Zahl und den Zustand der Tiere betrifft. Und ist der Zustand einzelner Tiere bedenklich, erlösen die Wildhüter diese Tiere durch einen Schuss. «Wir sind also keine Jäger!», sagt Godli. Keinesfalls vergessen darf man aber auch, was Godli als «den Interessenkonflikt zwischen Jägern und Nichtjägern» bezeichnet. «Da sind einerseits die Freizeitaktivitäten der Nichtjäger, die das Wild in seiner Ruhephase stören, und andererseits gibt es da ein besonders ärgerliches Phänomen unserer heutigen Zeit: Jeder redet jedem einfach rein!»

Bei ihm sitzt Martin Dalsass. Ein renommierter Koch, der nach langen Jahren im Tessin nach dem fabulösen St. Moritz gekommen ist und der hier das «Talvo by Dalsass» führt, leitet … und der als Koch der absoluten Spitzenklasse nicht nur eine ungebremste Liebe zur Wildküche besitzt, sondern diese auch in Perfektion ausübt. «Klar liebe ich Reh, Hase und Hirsch, doch am allerliebsten arbeite ich mit allem, was Federn hat.» Das weiss auch seine verwöhnte Kundschaft und für diese sucht sich der Meisterkoch die jeweils passenden Grundprodukte zusammen. Federn inklusive.

Auch am Tisch sitzt Andrea Dalsass. «Der junge Dalsass» ist der ältere der beiden Söhne von Martin und arbeitet als Frontmann im Restaurant der Familie. Und: Er jagt seit drei Jahren selbst. «Es mag seltsam klingen, aber ich liebe Tiere sehr und könnte ihnen kein Leid antun. Sehe ich hier im Haus eine Spinne, dann nehme ich sie vorsichtig auf und trage sie ins Freie … Doch als wir hier rauf ins Engadin kamen, da sagte mein Vater: ‹Wenn du im Engadin akzeptiert werden willst, dann musst du Jäger werden. Basta!›»

So sitzen denn die drei im «Talvo». Eine grosse Platte mit getrockneten Bündner Spezialitäten steht in der Mitte des Tischs. Darauf liegen nicht nur Martin Dalsass' selbstgemachte Salami oder die unvergleichliche, hausgemachte Mortadella, sondern alles, was das Bündnerland an Trockenfleisch liefert. Schinken, Salsiz … Es ist Daniel Godli, der den Reigen an Geschichten in Schwung hält, wenn er von seiner Jugend erzählt, davon, dass sein Vater Störmetzger gewesen sei, und er diesen halt so oft wie möglich auf seinen Einsätzen von Hof zu Hof begleitet habe. «Es war für mich bereits als Kind eine ganz normale Sache, dass man einem Tier das Leben nimmt, um davon zu essen. Klar ist schon, dass dies nichts Alltägliches sein kann. Aber man muss es lernen. Man muss es beherrschen, wenn man es tut, und man darf es nur tun, wenn man es kann!»

«Ich», sagt Andrea Dalsass, «bin der erste Jäger unserer Familie. Und bevor ich mich damit beschäftigt habe, war ich auf eine erstaunlich Weise naiv. Ich wusste einfach nichts. Das Reh war zum Beispiel für mich das Junge vom Hirsch. Mir war aber eines klar: Wenn ich Jäger werden will, dann will ich als Erstes wissen, weshalb man jagt.» Zwei Jahre lang habe er sich damit beschäftigt, Kurse besucht, präzises Schiessen erlernt, Theorie gepaukt, die Wildprodukte studiert. «Die Natur ist ein Zusammenspiel von zahllosen lebenden Organismen. Zu erkennen, wie etwa der Wald auf ein ‹zuviel› oder ein ‹zuwenig› an Wild reagiere, erkläre im Grunde genommen eben auch die heutige Jagd. Und dann, sagt der junge Dalsass, seien da auch noch die 50 vorgeschriebenen Hegestunden gewesen, in denen er als Jägeranwärter in der Natur gearbeitet habe. Zäune zu bauen, Wälder aufzuräumen, Massnahmen gegen Wildfrass umzusetzen, Wiesen zu mähen, um Heu für die Winterfütterung der Tiere zu machen ... Das alles habe ihn nicht nur näher an die Natur und ihren Lauf gebracht, sondern schliesslich auch zum Jäger werden lassen. «Das Erste, was ein Jäger dem Tier entgegenbringen muss, ist der Respekt. Das hat man nicht einfach. Das muss man lernen.»

Die Bündner Jagd sei ja bekanntlich sehr kurz, sagt Daniel Godli. «Sie geht Anfang September auf, macht nach 10 Tagen für eine Woche Pause, um nochmals eine Woche zu dauern. Im Oktober ist Niederjagd, also Jagd auf die kleinen Tiere wie Hasen und Wildvögel. Für den Rest des Jahres ist allenfalls noch eine Nachjagd möglich.» Wenn bei Hirsch und Reh zu wenige Tiere geschossen worden seien. Nein, sagt er noch, Sommerjagd gebe es hier oben keine. Das halte die Jagdzeit nicht nur kurz, sondern damit würden auch die Tiere für den Rest des Jahres zutraulicher. «Die Tiere haben dann Ruhe vor uns Menschen.» Ausser eben die Freizeitaktivitäten der Nichtjäger stören die Ruhezeit.

Wie streng diese Regeln nicht nur im Engadin eingehalten werden, weiss der Koch. Er liebt ja nicht nur die Wildküche. Er muss sich diese Produkte auch organisieren. Schweizweit tut er das. Denn wenn etwa der Birkhahn nur im kleinsten Masse geschossen werden dürfe – «und auch nur die Männchen!» –, dann reichen diese Exemplare aus der Region kaum, um die Gäste zu bedienen. Also bekomme er auch welche aus dem Wallis. «Da darf ein Jäger pro Saison drei Stück schiessen.» Und dann zählt er auf, was es während der Jagdzeit an Herrlichkeiten zu verkochen gibt. Er schwärmt von der Wildente: «Ein wenig Quark vor dem Braten in den Bauch gefüllt ... Das mildert den strengen Geschmack!» Er weiss, wie herrlich eine Rehleber schmeckt. Aber: «Noch viel grossartiger ist die Leber vom Steinbock. So zart, wie Gelatine!» Und den Wildhasen ... Oh ja. Aus dem muss Lièvre à la royale werden. Das Rezept? Sie finden es auf den nächsten Seiten.

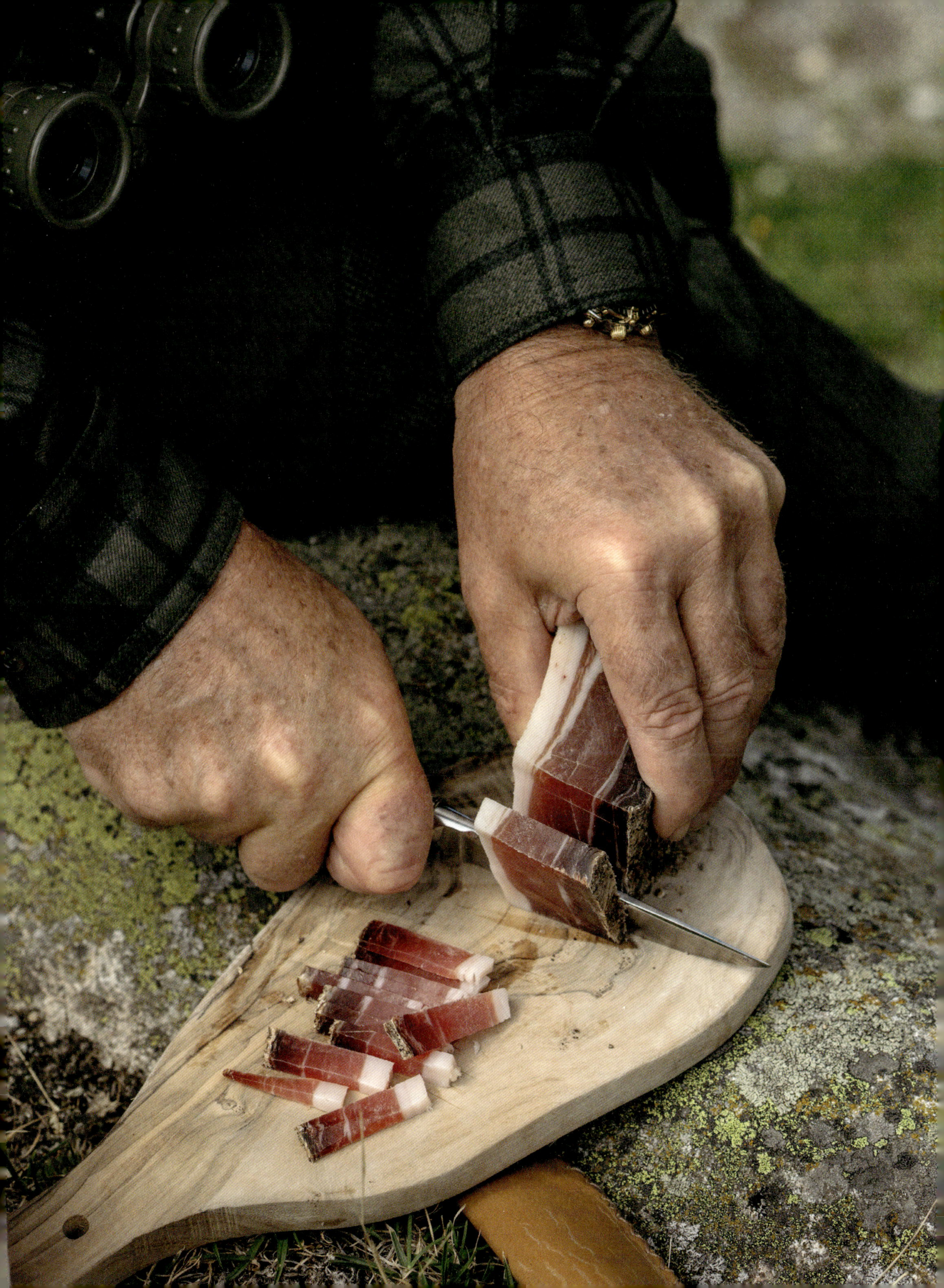

WILD

Der Begriff «Wild» umfasst Säugetiere und Vögel, die gejagt werden. Die Summe dieser Tiere ist nicht gleichzusetzen mit der grossen Kategorie der «Wildtiere», die völlig frei, also «wild» leben.

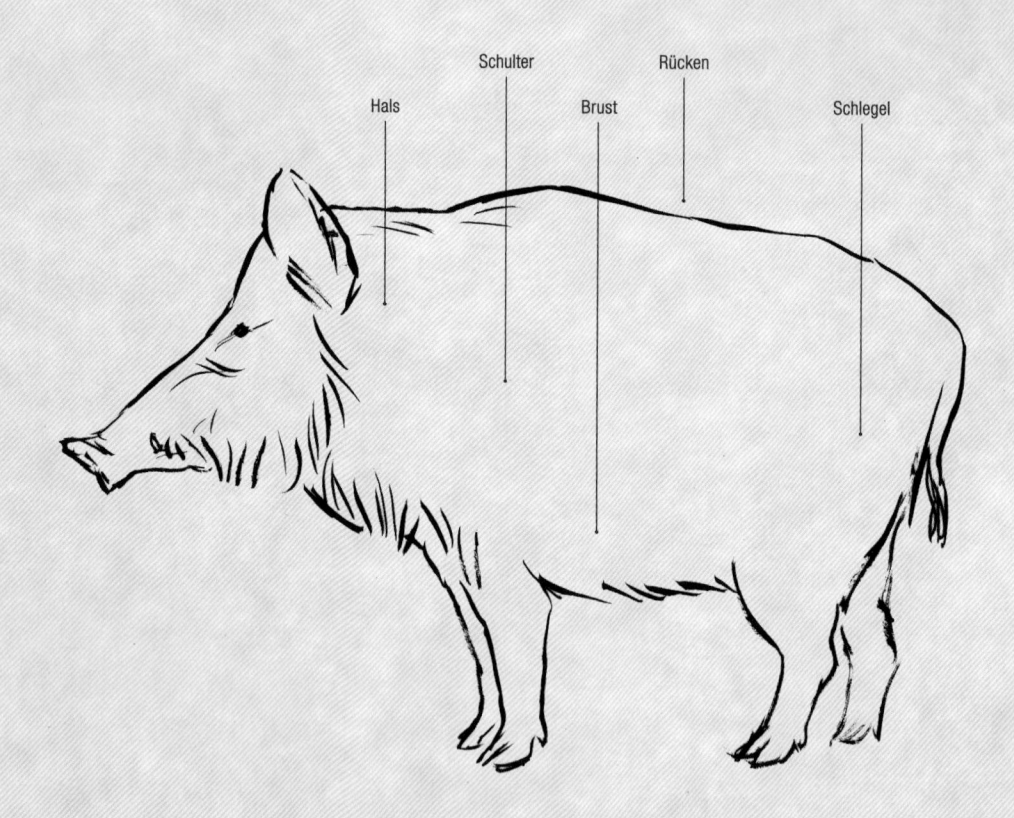

Hals — Schulter — Brust — Rücken — Schlegel

WILDSCHWEIN Sogenanntes Schwarzwild. In aller Leute Munde, weil es zu viele davon gibt und man sie inzwischen rund um das Jahr erlegen darf. Alles, was über ein Jahr alt ist, gilt als zäh und allzu kräftig im Geschmack. Dieses Fleisch endet meist in Wildpfeffer-Mischungen. Alles was unter einem Jahr alt ist, wird Frischling genannt und gilt als das einzig richtige Wildschweinfleisch, um es zu verkochen.

Wildschwein eignet sich für Braten. Das heisst Hals, Rücken und Schlegel sind die passenden Stücke. Vorderteile wie Laffe und Brust finden in einer Essigmarinade eingelegt als Pfeffer Verwendung.

Frischlingskoteletten und vom Rücken geschnittene Steaks sind grillgeeignet. Aus dem Schlegel lassen sich Schnitzel und Geschnetzeltes braten.

Schulter · Brust · Rücken · Schlegel

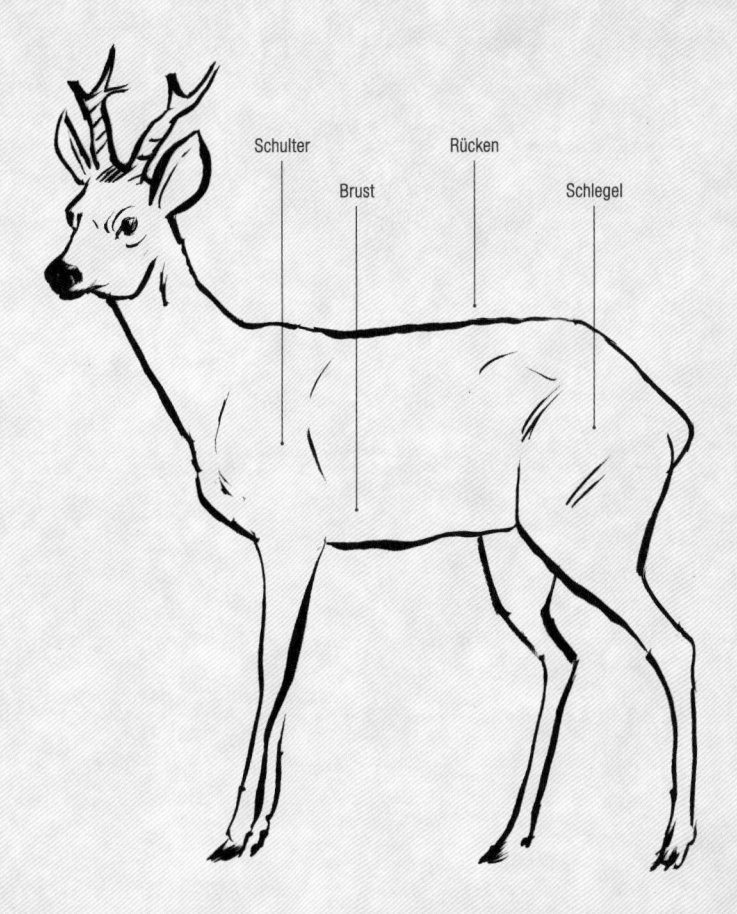

REH wird meist im ersten Jahr erlegt, weil sein Fleisch danach grobfaserig und damit zäh und trocken wird. Rehfleisch ist sehr fettarm und wurde deshalb in früheren «Küchenzeiten» mit Schweinerückenspeck gespickt, um es saftig zu halten. Heutzutage wird Rehfleisch aus den besten Stücken sehr präzise auf den knapp rosa Punkt gegart, das heisst an der schmalen Grenze zum Rohzustand des Fleisches hin. Dafür eignet sich der Rücken und der Schlegel, den man, wie beim Schaf, Gigot nennt.

Rehschulter und Brust werden vor allem für Rehpfeffer verkocht. Genauso das Fleisch von erlegten älteren Tieren.

Da die Nahrung der Rehe sehr kräftig ist, weil sie aus Grünereien und Baumschösslingen besteht, hat ihr Fleisch auch einen kräftigen und harzigen Aspekt. Rehfleisch wird deshalb nicht mit vielen zusätzlichen Gewürzen «interessanter» gemacht. Salz und Pfeffer, vielleicht etwas Wachholder, genügen völlig.

Die Innereien des Rehs sind die einzigen Innereien vom Wild, die verkocht werden. Rehbeuschel, wie ihn der deutsche Meisterkoch Eckart Witzigmann machte, ist eine Legende.

HIRSCH Kein Schalenwild wie das Reh, sondern Rotwild. Mächtige Tiere, die in Rudeln durch dichte Wälder streifen. In der Schweiz vor allem in den Grenzgegenden von Gebirge zu flachem Hügelland lebend. Ob junge oder ältere Exemplare: Hirsch muss abhängen und damit eine etwas zartere Fleischstruktur erreichen. Junge Tiere bis zu etwas drei Jahren sind zart und deshalb für die gleichen Gerichte geeignet wie Rehfleisch.

Keule · Rücken · Bauchlappen · Vorderläufe

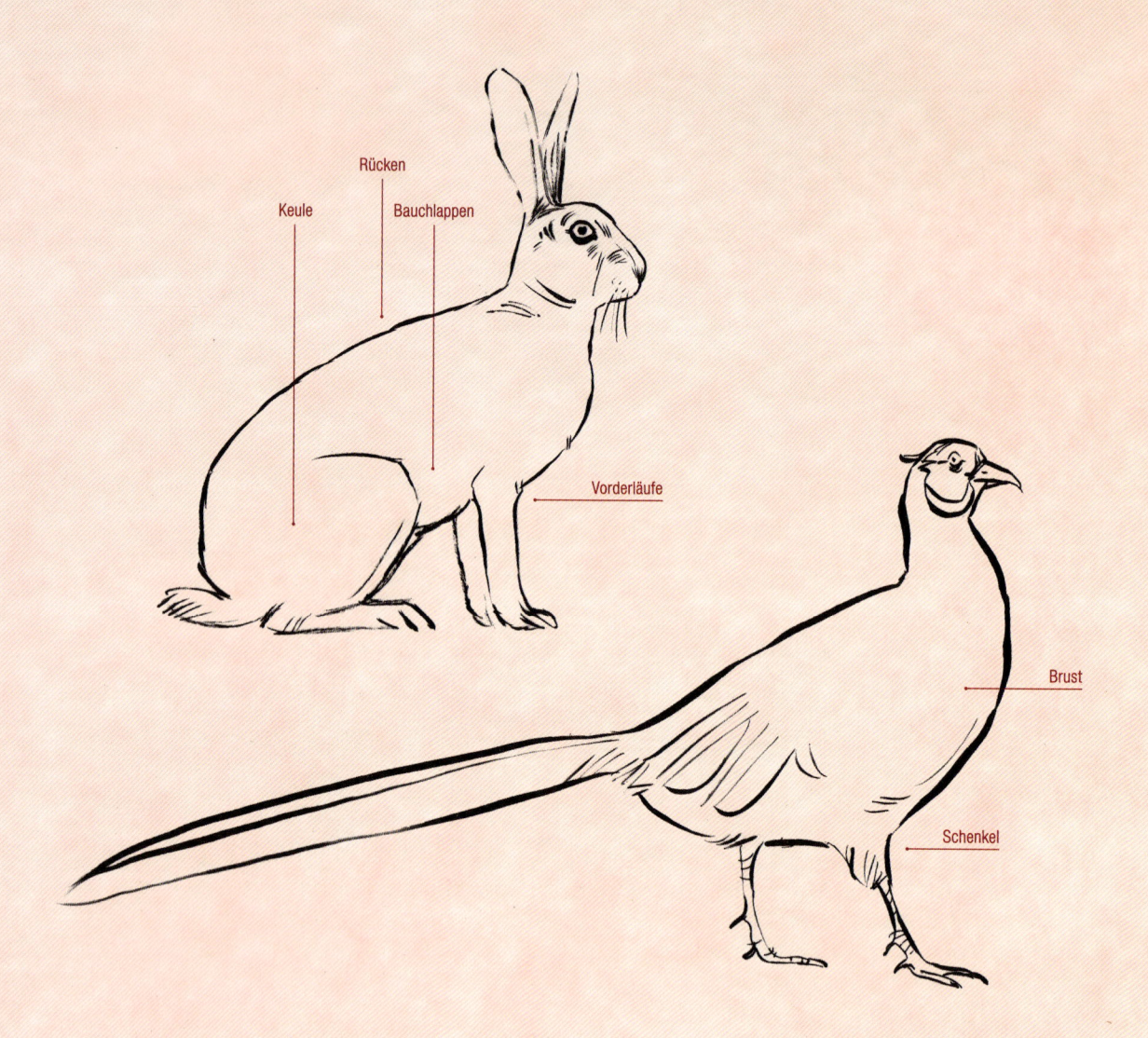

Brust · Schenkel

HASE Ein kostbarer Genuss, auch weil Hasen eigentlich nur sehr jung verkocht werden sollten. Aber auch, weil das perfekte Braten dieses Fleisches eine enorme Kenntnis der Materie erfordert. Weil das Garen auf den rosa Punkt so schwierig ist, kommt Hasenrücken meist durch und durch gegart und damit staubtrocken auf den Teller. Die Keulen werden meist lange durchgebraten, also geschmort, aufgetragen. Der Rest des Fleisches, also Vorderläufe, Bauchlappen, dazu Herz, Lunge und Leber werden im «Gericht der Gerichte», dem Lièvre à la royale verkocht. Martin Dalsass verrät Ihnen das Rezept auf Seite 252.

FASAN Manche Jäger behaupten, dass der Fasan aus China nach Europa eingeführt worden sei, und deshalb nicht hierhergehöre. Sei es wie es sei: Es gibt den Fasan quer durch Europas Galerienwälder, in dichten Waldrändern und Gebüschhainen. Er wird gejagt und gezüchtet. Ganz oder als sogenannter «Coffre», also die Brüste noch auf dem Restbrustknochen, verkauft. Das erhält die Saftigkeit im Brustfleisch und bringt zusätzliche Aromenkraft hinein. Die Schenkel werden meist in Wildpasteten verwendet, denn sie garen schnell hart und trocken aus.

BIRKHAHN Lebt im Hochgebirge und in den moorigen Landschaften der mittelhohen Berge. Frisst, was er dort findet, und das sind vor allem Knospen, Beeren, Austriebe, Eicheln … und deren Aromen findet man in seinem Fleisch. Wird ganz gebraten und aufgetragen. Aus den eher zähen Schenkeln entstehen Füllungen und Teile von Wildpasteten.

WILDTAUBE Junge Tauben werden ganz gebraten, gegrillt, pochiert oder zu einem Ragout verkocht. Sie besitzen eine köstliche Brust und werden vor allem deshalb verspeist. Ältere Wildtauben sind Basis für Kraftbrühen.

WILDENTE Junge Tiere werden ganz gebraten oder zumindest für ihre Brust verkocht. Ihre Haut kann recht kräftig schmecken und wird vor dem Braten oft abgezogen. Als Wildragout, ein sogenanntes Salmis, kommt die Wildente auch als etwas älteres Exemplar auf den Tisch. Oft, nachdem die einzelnen Teile in einer kleinen Beize aus Öl und Wein mariniert wurden.

FRAGEN & ANTWORTEN

Welcher Anteil des Wildfleisches auf dem Schweizer Markt stammt aus dem Inland? Etwa 30 %

Woher stammt der Rest des Wildfleisches auf dem Markt? Jährlich werden etwa 3'400 Tonnen Wildfleisch importiert. Es stammt heute aus der ganzen Welt. Europäische Importe kommen vor allem aus Österreich, Frankreich, Deutschland und den Ostländern.

Womit wird Zuchtwild in der Schweiz gefüttert? Echtes Wild wird nur in seltenen Fällen gefüttert (etwa in strengen Wintern). Es wird immer über die Jagd erlegt. Es darf sich nicht Bio nennen, weil man nicht kontrollieren kann, welche Nahrung es frisst. Zuchtwild – in der Schweiz ist es hauptsächlich Damwild – lebt meist in grossen Gehegen und erhält während der ganzen «Mast» Ergänzungsfutter. Es wird auf traditionelle Weise hygienisch geschlachtet. Zuchtwild frisst neben dem Grün- und Raufutter auch zusätzliche Kraftnahrung. Zuchtwild, das mit kontrollierter Bio-Nahrung gefüttert wird, darf sich Bio-Wild nennen.

Welchen Kontrollen unterliegt dieses Fleisch? Erlegtes Wild unterliegt für den privaten Verbrauch durch den Jäger dessen eigener Kontrolle. Jagdwild ist eindeutig zu kennzeichnen und durch eine fachkundige Person zu untersuchen, sofern es nicht für den Eigengebrauch verwendet wird.

In welchem Alter wird Wild erlegt? Es wird meist bis zum zweiten Lebensjahr erlegt, weil danach das Fleisch dieser Tiere grobfaserig und damit zäh und trocken gart.

Wie lauten die korrekten Bezeichnungen des Rehs und des Hirsches?
- Weibliches Reh: Rehgeiss
- Männliches Reh: Rehbock
- Weiblicher Hirsch: Rottier
- Männlicher Hirsch: Hirsch, Rothirsch

HIRSCHENTERÔTE

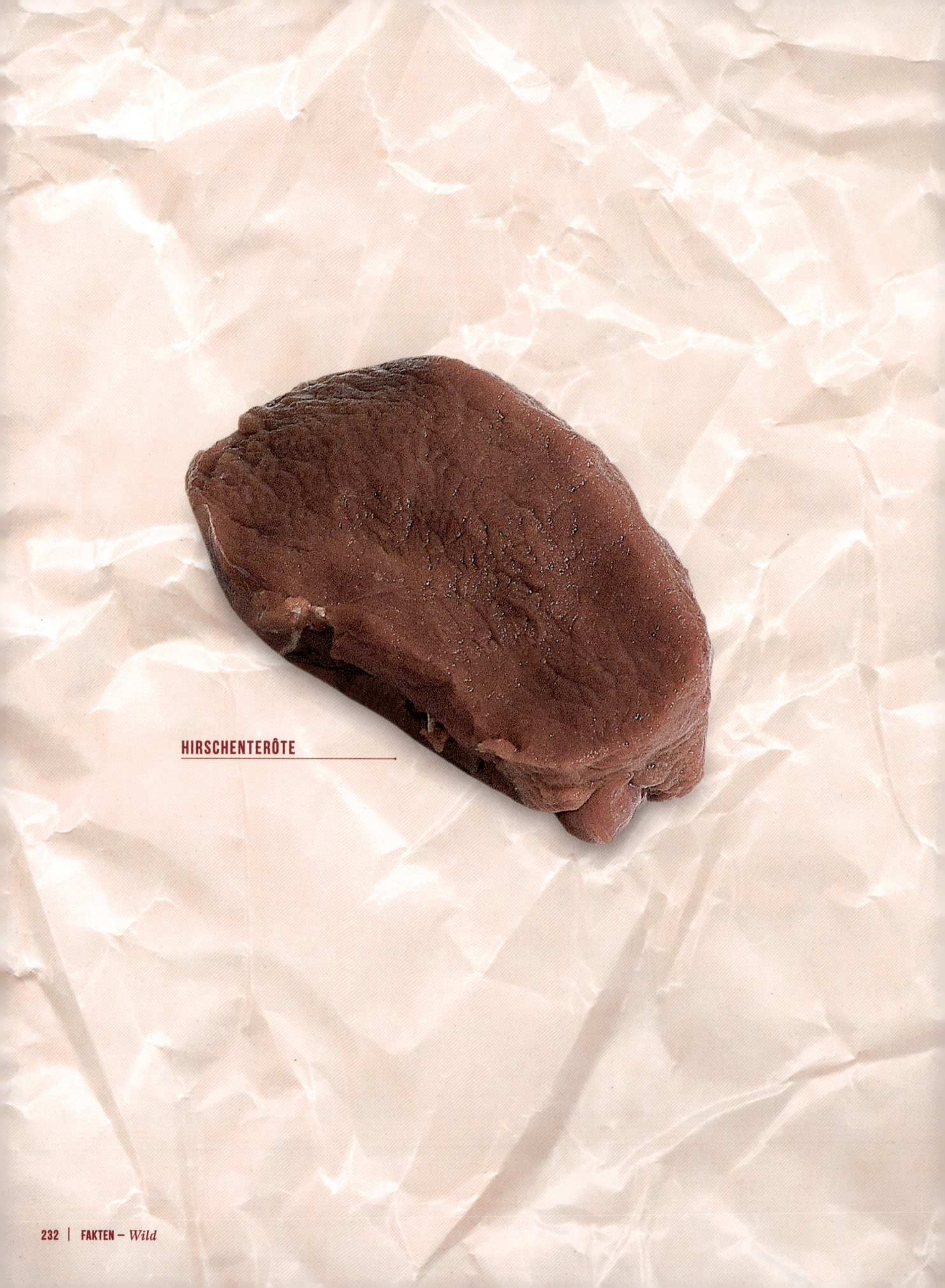

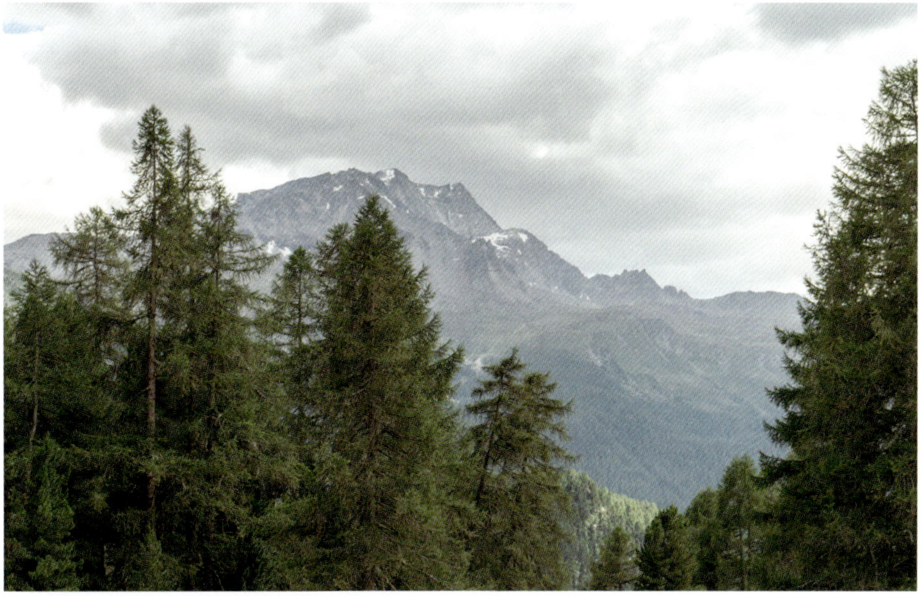

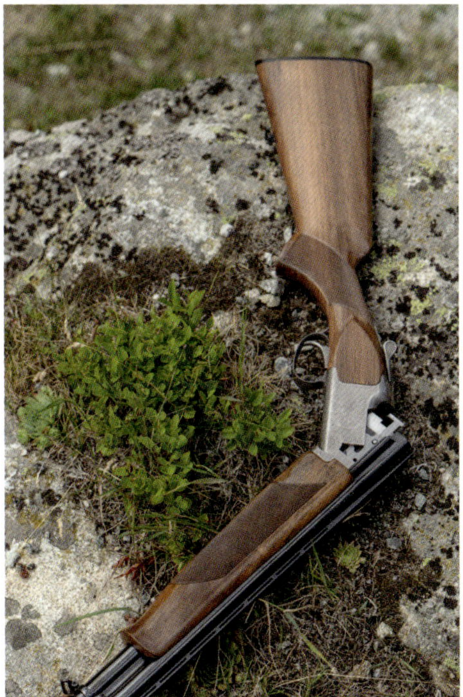

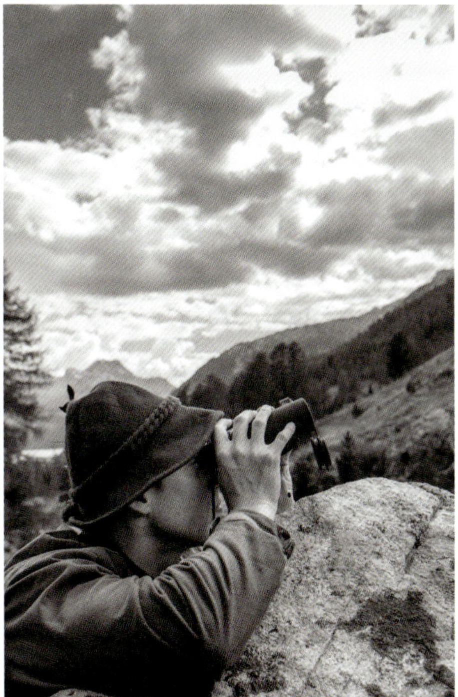

REHTATAR MIT HASELNUSSÖL, BURRATA UND GRANATAPFEL

Für 4 Personen

Was kein Koch noch vor 30 Jahren für möglich gehalten oder gar gewagt hätte: ein Gericht aus rohem Rehfleisch. Das ist heute möglich. Denn was immer heute Jäger erlegen, unterliegt einer strengen Kontrolle. Was dann so ein Tartar aus Rehfleisch möglich macht. So mischt sich der leicht harzige und doch süsse Geschmack des Rehs mit einem Hauch Haselnuss und einem Verdacht von frischen Kräutern. Und weil Rehfleisch so extrem mager ist, liegt etwas weiche, fette Burrata mit auf dem Teller. Fruchtiger Saft von Granatapfel umspielt das Ganze und unter den Zähnen knuspern die Granatapfelkerne.

ZUTATEN

- 320 g Rehfleisch von Rücken oder Hüftchen
- 1 reifer Granatapfel
- 80 g Burrata
- Blätter von 1 Thymianzweiglein
- Haselnussöl
- Olivenöl
- Salz und Pfeffer aus der Mühle
- etwas frisch gerüstete Salatblätter
- etwas ganz normale Vinaigrette

ZUBEREITUNG

1 | Den Granatapfel erst zwischen den beiden Händen quetschen und drücken, damit die Haut mürbe wird. Halbieren und die jetzt locker sitzenden Kerne mit einem Kaffeelöffel herauskratzen. Allfällige weisse Reste der Kammern entfernen.

2 | Die Burrata mit dem Messer klein würfeln und etwas feiner hacken.

3 | Das Rehfleisch von sämtlichen Sehnen und allfälligem Fett befreien. Mit dem Messer erst in feine Würfel schneiden und dann mit einem sehr scharfen Messer etwas feiner hacken. Auf keinen Fall quasi pürieren!

4 | Die gezupften Thymianblättchen mit einem sehr scharfen Messer fein schneiden und sofort unter das Fleisch mischen. Dieses mit etwas Haselnussöl, das mit wenig Olivenöl verlängert und damit milder gemacht wurde, mischen. Mit Salz und Pfeffer kräftig abschmecken. Sofort auftragen, da die Gewürze sonst in das Fleisch einziehen und es damit fast ungewürzt schmeckt!

ANRICHTEN

Auf kalte Teller wird etwas Burrata ausgestrichen. Das Tatar kommt zum Knödel oder zur Scheibe geformt darauf. Etwas Salat liegt daneben und wird mit Vinaigrette beträufelt. Das Gericht mit einigen Granatapfelkernen umlegen. Sofort auftragen.

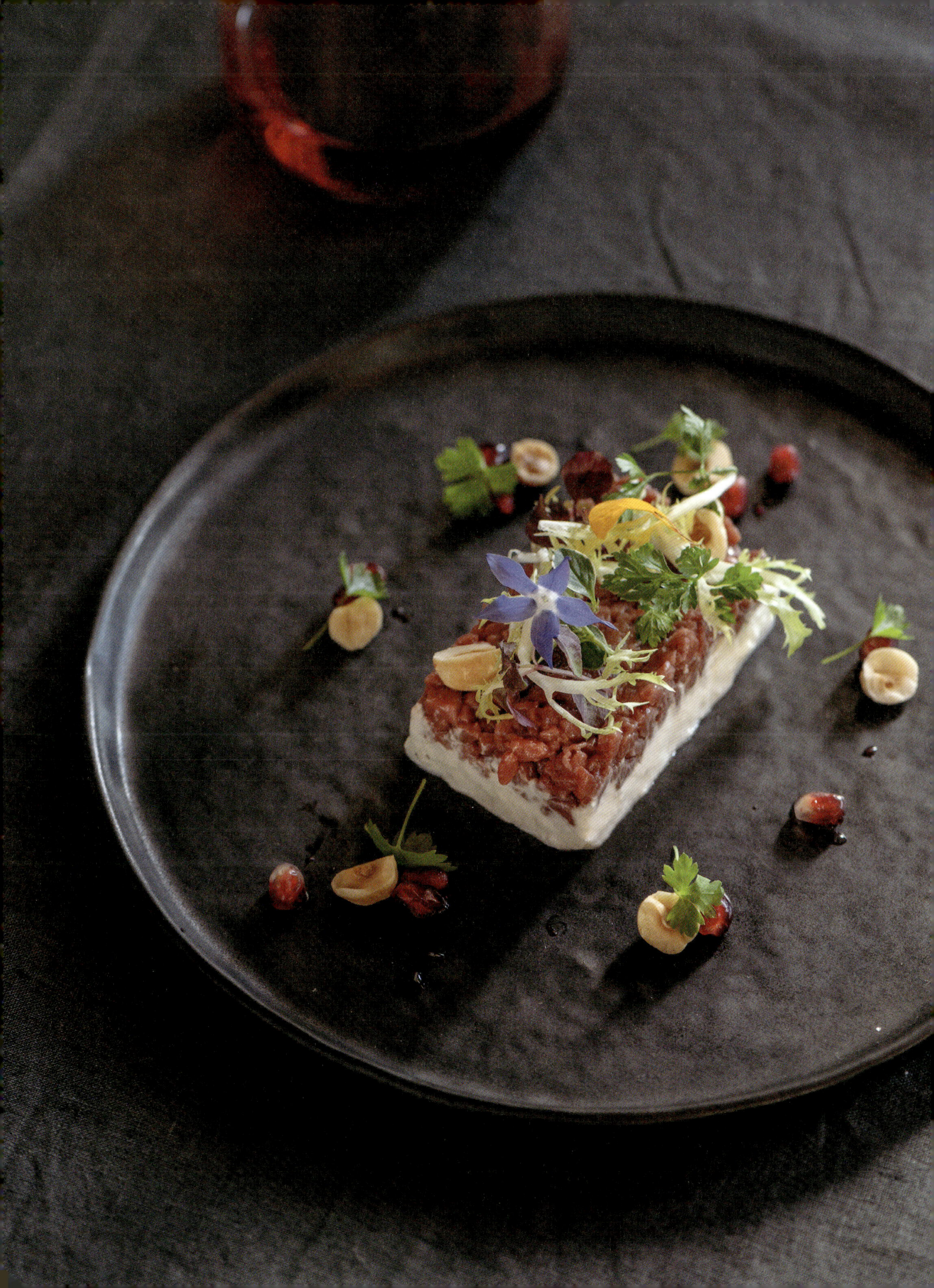

FASANENMOUSSE

Für 4 Personen

Er ist kein europäisches Wild. Engländer und Franzosen haben Fasanen aus Asien, am notabelsten aus China, nach dem Kontinent gebracht und hier ausgesetzt. Die Rufe der Hähne während der Brunst: Laute, die eher an metallenes Kratzen denn an Tierlaute erinnern. Das bunte Gefieder mit den langen, wippenden Federschwänzen, wenn diese männlichen Tiere auf der Suche nach Weibchen durch das hohe Gras schreiten. Aber genauso gibt es Erinnerungen an Fasan Souvaroff, wie ihn Raymond Oliver im «Grand Véfour» im Pariser «Palais Royale» kochte. Oder die Paté de Faisan im Restaurant Alain Chapel in Mionnay. Eine hohe, runde Becherpastete, eine dunkle, mit noch dunklerem Fasanenfleischwürfeln gesprenkelte Köstlichkeit. Bei «Chez l'Ami Louis» in Paris gibt es im Herbst und Winter eine Chartreuse, gebratene Fasanenfleischstücke in einer kunstvoll wie ein Mosaik arrangierten Hülle aus farbigen Gemüsen. Wollte man das Ding essen, musste man es zerstören. Man tat es gerne!

ZUTATEN

- 1 Fasan oder ca. 340 g Fasanenfleisch ohne Haut und Knochen (Brust und Keulen)
- 100 g Brustfleisch vom Truthahn
- Salz und Pfeffer aus der Mühle
- Weinreduktion: 4 cl Portwein oder Madeira, Knoblauch, Thymian, Rosmarin
- etwas Butter
- 5 cl Geflügelfond
- 2 Blatt Gelatine
- 150 g Entenleber
- 1 Löffel Preiselbeer-Marmelade
- ein Hauch Balsamicoessig
- 10 cl Rahm, geschlagen

Apfelchutney
- 2,5 cl Weissweinessig
- 2,5 cl Apfelsaft
- 1 geschälter Apfel, in 3 mm grossen Würfelchen
- wenig Butter
- ½ cm geschälte Ingwerwurzel

ZUBEREITUNG

1 | Den Bratofen auf 200 Grad vorheizen.

2 | Die Fasanenbrüste und Keulen mit Salz und Pfeffer würzen. In Sonnenblumenöl kurz allseitig anbraten. Dann Haut und Knochen aus dem Fleisch lösen. Es sollte noch rosa sein.

3 | Die Zutaten für die Weinreduktion aufkochen und auf die Hälfte (also 2 cl) reduzieren.

4 | Die Truthahnbrust in 1 cm grosse Stücke schneiden und diese in einem Hauch aufschäumender Butter rasch auf allen Seiten anbraten. Das Fleisch sollte rosa bleiben. Würzen. Reservieren.

5 | Den Geflügelfond leicht erwärmen. Die Gelatineblätter erst kalt einweichen, dann in den Fond geben und auflösen.

6 | Das Fasanen- und Truthahnfleisch mit der Entenleber, den Preiselbeeren, dem Balsamico und dem Geflügelfond fein mixen. Nach und nach die Weinreduktion untermixen. Diese Masse durch ein Haarsieb streichen.

7 | Die fast gänzlich abgekaltete Masse mit dem geschlagenen Rahm vermengen.

8 | Eine passende Form mit etwas Klarsichtfolie auslegen. Die Fasanenmousse einfüllen. Die Form einige Male kräftig auf eine Unterlage klopfen, damit allfällige Luftblasen aus der Mousse entweichen. Die Folie über der Mousse zusammenfalten. Im Kühlschrank über Nacht fest werden lassen.

9 | Für das Apfelchutney Weissweinessig und Apfelsaft aufkochen. Die Apfelwürfel in wenig Butter anschwitzen. Ingwerwurzel dazureiben. Alles mit dem «Apfelsud» ablöschen und einen Moment aufkochen. Zimmerwarm servieren.

ANRICHTEN

Mit einem heissen Esslöffel Quenelles aus der Mousse stechen. Auf kalten Tellern anrichten, etwas Apfelchutney dazugeben und mit gerösteten Weissbrotscheiben auftragen.

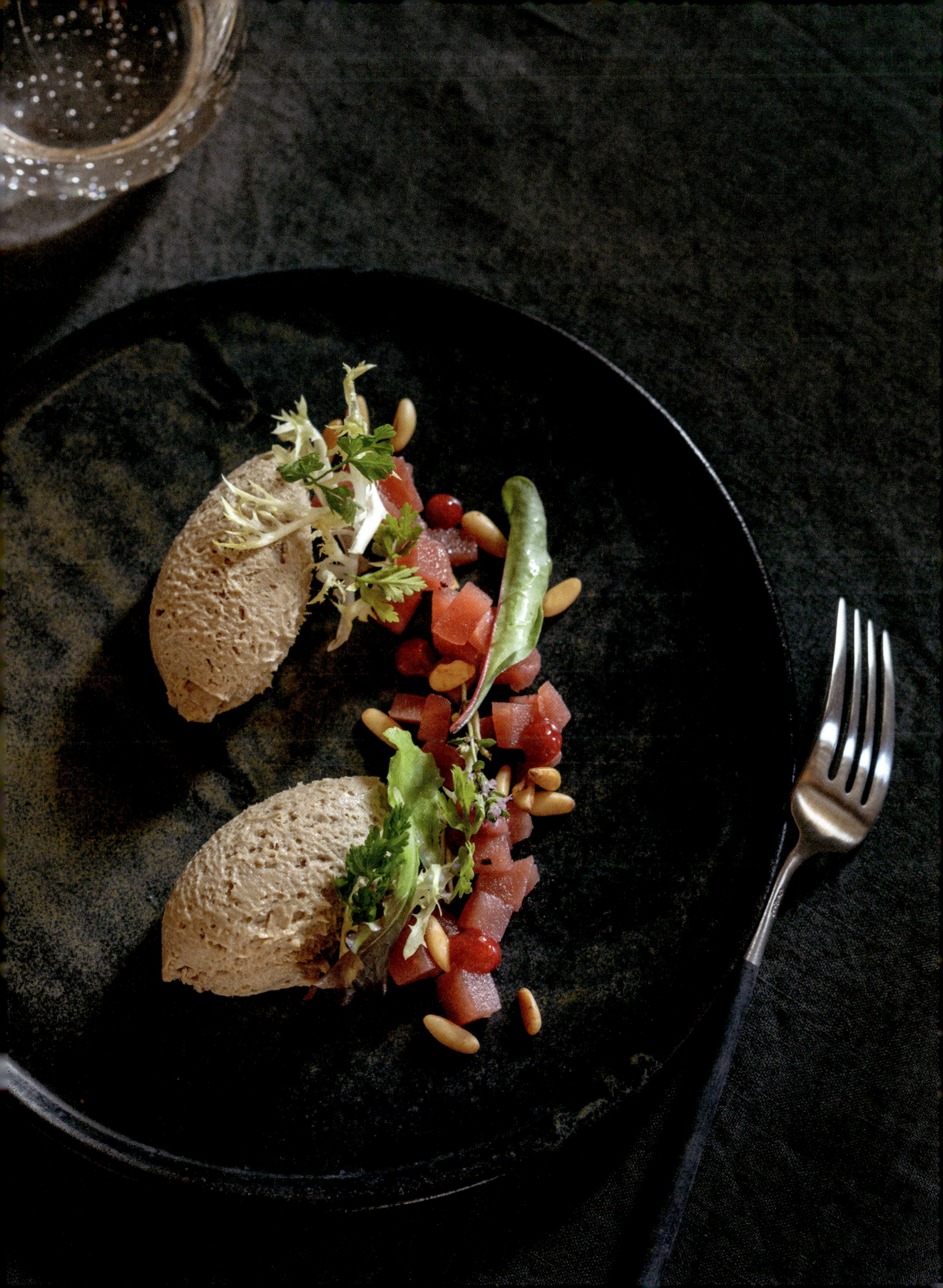

POT-AU-FEU VON DER WILDTAUBE MIT EIERSCHWÄMMCHEN

Für 4 Personen

Die Schweizer Küche kennt Taubengerichte nur in der Romandie und ... dem Berner Mittelland, weil die Bärn-Burger eben ihre Küche gerne mit etwas französischer Esskultur aufpolsterten ... Wildtauben sind im Geschmack etwas prononcierter als junge Haustauben. So wird aus der Hühnerbrühe eine überaus kraftvolle und eigenständige Taubenbrühe und diese umspielt das pochierte Wildtaubenfleisch als reduzierte und mit Butter grosszügig gebundene Consommé. Eigentlich wie ein überaus köstliches Saucenbad. Da darf kein Tropfen verloren gehen und zum finalen Stippen muss genügend knuspriges Weissbrot auf den Tisch!

ZUTATEN

- 2 Wildtauben à ca. 450 g (pfannenfertig)
- 1 l Hühnerfond
- 8 kleine neue Kartoffeln, ungeschält
- 20 g grüne Bohnen
- 8 grüne Spargelspitzen
- 8 Babykarotten
- 8 Babyläuchlein
- 120 g frische Eierschwämmchen
- etwas Mehl
- etwas Olivenöl
- 1 Bund Estragon, fein geschnitten
- 200 g Butter
- Salz und Pfeffer aus der Mühle
- etwas frischer Kerbel

ZUBEREITUNG

1 | Die gerupften und ausgenommenen Wildtauben waschen und gut trocknen. In 40–60 Minuten Raumtemperatur annehmen lassen. Mit etwas Küchenfaden aufbinden.

2 | Den Hühnerfond aufkochen. Die Wildtauben in die Brühe versenken und sie nun für 10–12 Minuten leise köchelnd (keinesfalls siedend!) garen. Herausheben und in Alufolie eingepackt ruhen lassen. Den Hühnerfond auf etwa die Hälfte einkochen.

3 | Kartoffeln, Bohnen, Spargelspitzen, Babykarotten und Babyläuchlein rüsten und separat in gut gesalzenem Wasser garen. Herausheben, in kaltem Wasser abschrecken und gut abgekaltet und abgetropft weiterverwenden.

4 | Die Eierschwämmchen in mit wenig Mehl verquirltem Wasser einlegen, etwas bewegen und sofort wieder herausheben. Abspülen und auf Küchenpapier gut getrocknet weiterverwenden. Erst im letzten Moment in einem Hauch heissem Olivenöl anziehen. Sofort anrichten.

5 | Die Wildtauben auspacken und häuten. Die Schenkel vom Körper schneiden, die Brüste vom Knochen heben.

6 | Den reduzierten Fond aufkochen, den fein geschnittenen Estragon zufügen und alles mit dem Mixstab pürieren. Nach und nach die Butter untermixen. Abschmecken.

ANRICHTEN

Alles in heissen tiefen Tellern anrichten. Erst die Gemüse mit den Eierschwämmchen, dann das Fleisch darauf anrichten. Wenig Kerbelblättchen daraufgeben. Den Suppenfond bei Tisch auf halbe Höhe des Gerichts eingiessen.

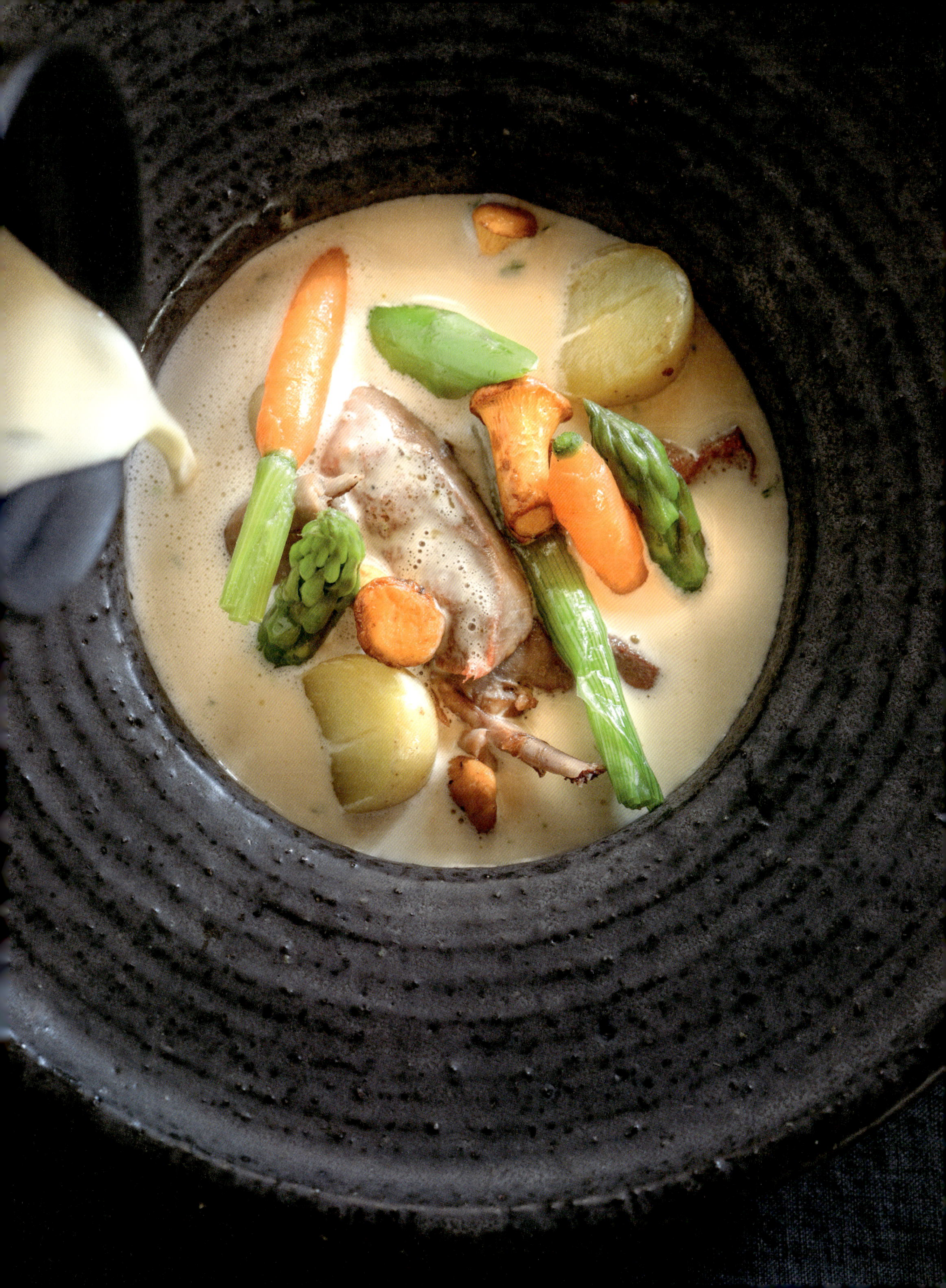

WILDSCHWEIN IM MANTEL AUS HERBSTTROMPETEN

Für 4 Personen

Sie sind schlau. Sie laufen endlose Strecken auf der Suche nach der besten Nahrung. Sie sind auf der Suche danach so rücksichtslos, dass sich der Jäger mit ihnen befassen muss – und sie sind trotzdem so erfolgreich, dass es mehr Wildschweine gibt denn je! Sie sind die legendären Jagdtrophäen des Mittelalters und zieren seit vorgriechischen Zeiten erst Göttersagen, dann die Tafel der Könige. Das Fleisch junger Tiere ist fabelhaft. Niemals roh genossen, aber gesotten oder gebraten eine Köstlichkeit. Das in Essig und Wein eingelegte Fleisch der älteren Wildschweine dampft mit unvergleichlicher Kraft als Pfeffer in der Tischmitte. Der Schinken vom Wildschwein schliesslich ist für ganz wenige reserviert. Ein Hauch Olivenöl darüber. Ein Verdacht von frisch gestossenem schwarzem Pfeffer. Unvergesslich.

ZUTATEN

- 400 g Wildschweinrücken, ohne Fett
- Salz und Pfeffer aus der Mühle
- etwas Olivenöl
- Gemüse für 4 Personen Karotten, Lauch, Bohnen
- 120 g frische, ausgelöste Erbsen
- Salz
- 1 dl Rahm
- 50 g Herbsttrompeten, getrocknet
- etwas Butter
- etwas Rosmarin
- etwas Thymian

ZUBEREITUNG

1 | Das Fleisch für etwa 1 Stunde aus der Kühle nehmen und Raumtemperatur annehmen lassen.

2 | Die Gemüse rüsten und in viel stark gesalzenem, siedendem Wasser blanchieren. Noch leicht knackig aus dem Wasser heben und in eiskaltem Wasser abschrecken. Abgetropft weiterverwenden.

3 | Den Bratofen auf 220 Grad vorheizen.

4 | Die Erbsen in viel stark gesalzenem, siedendem Wasser für 3 Minuten kochen. Abgiessen und in eiskaltem Wasser abschrecken. Abgetropft weiterverwenden.

5 | Den Rahm aufkochen und, wenn er leicht bindet (nach 1–2 Min.), die Erbsen dazugeben. Aufkochen und mit dem Stabmixer pürieren. Allenfalls durch ein feines Sieb passieren. Abschmecken. Warm halten.

6 | Die Herbsttrompeten mit dem Mixstab staubfein pulverisieren. Das Fleisch würzen und darin wälzen. Es soll völlig davon bedeckt sein! Das Fleisch in wenig heissem Olivenöl in 1–2 Minuten rundum anbraten. Im Bratofen in 8–10 Minuten fertig garen. Dazu braucht es keinen Fettstoff!

7 | Das blanchierte Gemüse in aufschäumender Butter kurz wenden und damit erwärmen.

ANRICHTEN

Auf einem heissen Teller etwas Erbsenpüree ausstreichen, je eine dicke Tranche Wildschweinrücken nochmals schräg teilen und attraktiv auf das Püree legen. Mit etwas Gemüse umlegen und mit Rosmarin und Thymian dekorieren. Sofort auftragen.

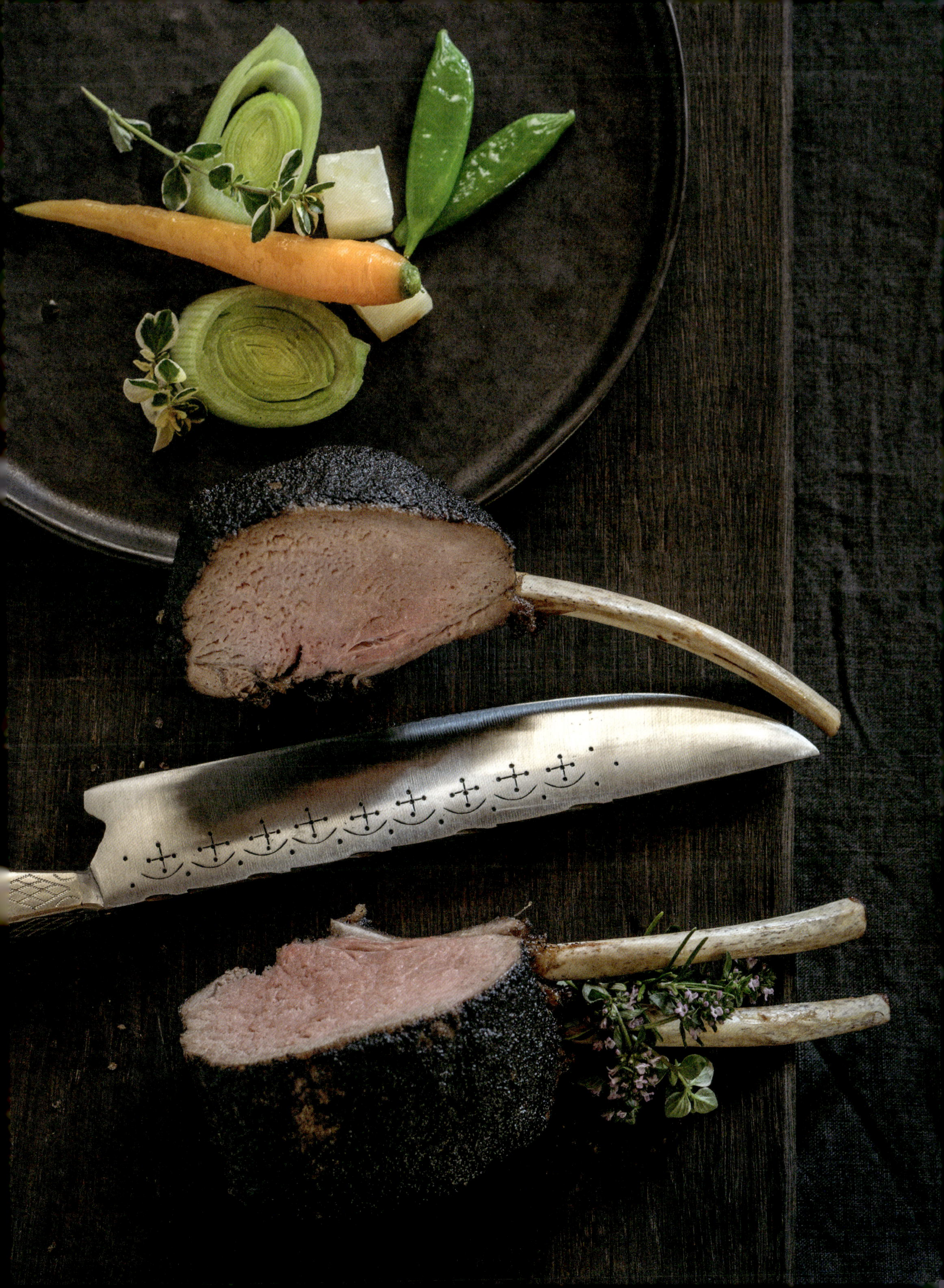

LES DOMBES: DIE WILDNIS VOR DER HAUSTÜRE

von Michael Merz

Es beginnt in der Idylle des grünen Jonerfelds. Da, wo der holprige Weg von der Kapelle her durch den Wald ins Freie geht. Ich sitze neben meinem Vater auf dem Bock seines Pferdewagens. Das Rössli kennt die gerade Strecke und so geht es im flotten Trab voran. Vater sitzt neben mir, die Zügel in der Rechten, die Geisel in der Linken, wippt im Takt der Holpersteine, über die der Wagen rattert. Rechts geht es nun über einen Feldweg, zu einer offenen Scheune, in der «der Villiger» haust. Ein Einsiedler ist der. Er hat Frau und Kind verloren und sich, so hatte mir Mutter erklärt, von den Menschen zurückgezogen. Ab und an arbeitet er als Tagelöhner. Er ist geschickt und hat auch für uns Dienste erledigt. Den Hühnerhof erbaute er in seiner ganzen hölzernen Pracht. Echte Zimmermannskunst, alles fest gefügt. Unzerstörbar fast, bis heute. Vater steigt vom Wagen, sucht Villiger, da bricht aus dem nahen Gehölz der Teufel los. Knallen, Rufen … Ein Reh springt aus dem Holz, hetzt übers Feld und fällt. Das erste Mal Jagd.

Später hängt das Tier ausgeweidet in unserem Schlachthaus, Vater schlägt es ein, zwei Tage später aus der Decke. An mehr erinnere ich mich nicht. Aber bald danach beginne ich mich für Küche zu interessieren und da taucht denn auch schon der Rehrücken Baden-Baden auf. Hans Stucki, der renommierte Koch aus Basel, nannte diesen einmal «Fruchtsalat», weil ihn die Beilagen von pochierter Birne, Johannisbeergelee und klassischer Wildsauce eher lächerten als amüsierten. Was aber seinen Freund Max Kehl nicht daran hinderte, einen ausgelösten Rehrücken aus der Sommerjagd mit einem ganzen Arrangement von exotischen Früchten aufzutragen. Das Fleisch bloss kurz angebraten und allenfalls leicht durchgewärmt, Ananas, Kiwi und Mango genauso roh. Keine Sauce. Wein? Schwierig. Das Gericht? Nicht simpel, sondern einfach. Und grossartig.

Die «Kronenhalle» zu ihrer Glanzzeit: Die Brasserie voll bis unters Dach. Das Licht blitzt. Die Menschen dicht gedrängt rund um die Tische und alle bester Laune. Der Geräuschpegel hoch, aber eben auch genau richtig. Frau Zumsteg stochert an ihrem Stock durch das Gewühle. Gustav, ihr Sohn, hat sich hinter den gewaltigen Blumenbuketts der legendären Maria Binder versteckt.

Gualtiero Marchesi, der italienische Küchenrevolutionär, sitzt in der Tischrunde. Sieben Männer, eine Frau. Pietro, der langgediente Maître des Hauses, zeigt seine Künste. Service à table. Rehrücken ist geordert und so liegt er angebraten auf einer Silberplatte, wird präsentiert, kommt auf eine kleinere Platte, um durchzuziehen, die grosse silberne jedoch steht nochmals über der Flamme bei Tisch. Der Bratensatz gehört mit Cognac aufgelöst, auch flambiert wird, ehe diese kleine Grundglace mit Wildfond verlängert wird. Tranchiert kommt das Fleisch auf die Teller, zusammen mit Rotkraut und Spätzle. Marchesi lächelt. Er hat die Hotelfachschule in Luzern besucht. Vor Jahrzehnten. Er kennt dieses Ritual und er weiss, wie sehr sich die Küche seitdem verändert hat. Vor allem seine und damit die italienische. Es schmeckt trotzdem. Der Burgunder fliesst.

Es ist ein Sonntagmorgen im Spätherbst. Paul Bocuse fährt in Mionnay bei Alain Chapel vor. Beide Köche sind Jäger. Bocuse züchtet Labrador-Hunde und hat seinem Freund Alain ein Exemplar aus dem jüngsten Wurf geschenkt. Nemo. Auch er muss mit ins Gefährt. Wir steigen also in den alten Mercedes des Weltküchenmeisters und fahren auf Entenjagd in die Dombes, dem weiten, fast noch wilden Gebiet nördlich von Lyon gegen Bourg-en-Bresse hin gelegen. Ein Gebiet voller Teiche, Tümpel und sogar Seen, dazu Moore und Wälder. Vor allem aber sind alle diese Gewässer von Bäumen und Büschen umstanden. Im Laufe der Jahrzehnte fast so wild ineinander verflochten wie die berühmten Hecken in England. Hier wuselt und kriecht, was die Natur hergibt. Auch Wachteln, Fasane und die Canards colverts, die berühmten Wildenten mit dem grünen Kragen, leben hier.

So sitzen wir denn in einem wohl getarnten Unterstand, den sich Paul Bocuse von seinem Bauern bauen liess. Ja, Bocuse besitzt auch einen Bauernhof, einen, wie es sich für diesen sehr speziellen Menschen gehört, sehr weitläufigen Hof. Damit ist er auch Herr über einige der zahllosen Dombes-Tümpel und Seen. Sein Pächter sorgt für Ordnung. Auch für diesen Unterstand. Wir sitzen. Schauen. Geniessen nach einer Weile die selbstgemachte Salami, etwas Rohessspeck zu frischem Brot, dazu einen Coup de Beaujolais, einen Schluck kühlen Rotwein, der eine ganze Weile in einem kühlen Bach hinter uns dümpelte. Die Zeit vergeht. Schweigen. Kleine Bemerkungen, wenn sich die Natur und damit die Tiere, die hier leben, bewegt. Sagen wir es so: An diesem Tag haben die beiden jagenden Köche kein besonderes Glück. Bloss einige Enten sind die Ernte des Ausflugs. Aber mir scheint, dass das Zusammensein der beiden, der stumme Dialog zwischen ihnen, fast wichtiger ist als die Beute selbst.

Später sitzen wir an einem kleinen See. Hier hat sich Bocuse in drei Bauwagen wohnlich eingerichtet. Alles provisorisch, weil es selbst für ihn in Naturgebieten keine Baubewilligungen gibt. Man klappt jeweils eine Längsseite eines Wagens herunter und schon sieht man in ein Schlafzimmer, einen Salon und eine Küche. Hier köcheln jetzt die beiden grossen der Kochkunst einen Repas du midi. Dann sitzen wir am Wasser, essen, trinken und schweigen, blinzeln in die Wintersonne. Nur ab und zu zeigt einer der beiden irgendwo in die Natur. «Schau, ein Eisvogel! – Dort, eine Schnepfe. – Hast du das Wildkaninchen gesehen?» Erst am Abend geht es zurück Richtung Lyon. Alle sind müde. Ausser Nemo. Alain Ducasse erzählt von seiner Zeit bei Alain Chapel. Er berichtet über das, was es auch in Frankreich längst nicht mehr gibt. Über die Küche der Petites oiseaux, die Küche mit den kleinen Vögelchen. Verboten seit den späten 70er-Jahren. Aber damals ... Der Jäger und Fallensteller ist wie jeden Dienstag in Mionnay vorbeigekommen und hat geliefert. Chapel hängte die Vögel in den Reiferaum. Es waren viele. Ducasse sah sie und wusste: Für die Zahl der Kenner, die dafür ins Restaurant kommen werden, waren es zu viele. «Aber Herr Chapel, wer soll das denn alles essen?» Darauf sein Chef: «Auch der Jäger muss leben können!» Er bereitete sie dann für seine Köche zu. Sie sollten lernen, wie so etwas schmecken muss. Einige Jahre später war der französische Staatspräsident regelmässiger Gast in Mionnay. Was er ass? Die verbotenen Vögelchen ... Wer das Verbot später erlassen hat? Eben seine Partei.

Rund ums Jahr gab es bei Alain Chapel Wildtauben. Vor allem ein Gericht: das Pot-au-feu von Wildtauben. Jagt man solche, weiss der Jäger nicht, ob er ein bejahrtes oder ein junges Exemplar erwischt. Das ist dann das Risiko des Kochs. Deshalb köchelt unser Koch aus den alten, zähen Exemplaren erst eine kräftige Consommé, um darin dann die zarten Täubchen garzuziehen. Serviert wurden die ausgelösten rosa Brüstchen auf einem Mischgemüse von Weisskohl und Karotten. Gekocht in Taubenbrühe. Fast ein einfaches Hausfrauengericht, das zum Schluss noch ein letztes Bad in der Consommé bekam. Wahre grosse Küche ist stets nachhaltig. Nichts geht verloren. Auch weil eine solche Küche nicht nur die besten Produkte, sondern dazu auch viele Arbeitsstunden braucht. Dabei ist dann die Kreativität des Chefs gefragt.

So ging Chapel eines Abends im Kühlraum am Topf mit der Taubenconsommé vorbei. «Diese war so bernsteinfarben tief und transparent appetitlich. Ich musste davon kosten. Ein Löffelchen war gut. Das zweite uninteressant. Und so stellte ich mir ganz automatisch die Frage: Wie konnte ich daraus etwas Besseres, etwas Gültiges machen?» Chapel lässt am nächsten Tag einige Sternanis-Kronen in den heissen Sud fallen und diesen danach kalt werden. Extraktion nennt sich dieser Vorgang, bei dem die Aromastoffe ohne jede Bitternote aus holzigen Gewürzen gezogen werden. Danach schmeckte die Taubenconsommé schon interessanter. Bloss: Reichte dies für ein eigenes Gericht? «Wie wäre es», fragte sich der Koch, «wenn man jeden Bissen dieses Gelees mit etwas anderem kombinieren würde?» Gedacht, versucht, getan. In einem tiefen Teller, auf einem köstlichen Beet Taubengelee, lagen nun ein paar Küchenkleinigkeiten. Frische Schnittlauchhalme, ein Löffelchen Crème fraîche, ein gebratenes Kaninchen-Nierchen, iranischer Kaviar, ein gebrätelter Karpfenmilcher, der Schwanz eines Süsswasserkrebschens (der köstlichen Pattes rouges), darauf ein Kerbelblättchen. Ein kulinarischer Paradiesgarten. Eine Küchenlegende Alain Chapels.

Philippe Rochat bei der Arbeit zuzusehen war ein Vergnügen und zugleich auch kein Vergnügen. Jede Handbewegung sass. Die Konzentration war körperlich zu spüren. Aber auch: Geschah irgendetwas, was ihn irritierte, ein lautes Wort, ein falsches Wort, ein ungeschickter Koch, ein missratenes Gericht, explodierte der Mann wie ein Vulkan. Noch zu Zeiten von Frédy Girardet sass ich oft in der alten Küche von Crissier. Ein kleines wackeliges Tischchen in einer Ecke war für Besucher, Freunde und Journalisten reserviert. Girardet hatte auch bestimmt, dass der jeweilige Koch eines Gerichts dieses auch zu servieren hatte. Dann kamen die weiss gekleideten kochenden Herren (kochende Frauen waren in Crissier kaum je zu sehen) mit dem angerichteten Teller zu mir und legten das Gericht vor. Es ergab sich immer ein kleines Gespräch. So habe ich viele zukünftige Spitzenköche kennengelernt. Und Philippe.

Als er dann das «Hôtel de Ville» übernahm, wurde der kleine Ecktisch durch einen grösseren, ovalen, aus Kunststein ersetzt. Gleich daneben war der Pass, die Durchreiche. Dort stand Rochat während des Service, warf ein kritisches Auge auf die Teller, korrigierte dies oder jenes. schickte Teller zurück, die ihm zu wenig perfekt gekocht schienen, legte hier noch ein Kräutchen zurecht, bevor die Gerichte in Richtung Saal fortgetragen wurden. Ab und an lachten wir über einen ausgetauschten Witz, am Ende des Service setzte

«ES WAR IMMER ANDERS. UND TROTZDEM AUF WUNDERBARE WEISE AUCH IMMER DASSELBE.»

er sich sogar für einen Moment zu mir, ehe er sich auf die Tour zu den Gästen in den Saal aufmachte. Am Morgen hatten wir miteinander die Fische für den Tag geholt und danach in der Wildabteilung des Händlers vorbeigeschaut. Wildhasen waren angeliefert worden. Wir sprachen über dieses Produkt, Philippe liess sich einige ausgewählte Exemplare mitgeben. An diesem Tag ass ich zum ersten Mal Lièvre à la royale auf die Art, wie sich Philippe das altehrwürdige Gericht für unsere Zeit zurechtgedacht hatte und wie er es seit einigen Wochen kochte. Viele Köche hatten das Gleiche versucht. Ich hatte das knoblauchlastige, püreeartige Gericht auch bei Bocuse, Michel Guérard und in Paris bei Joël Robuchon gegessen. In Crissier wurde daraus ein Gericht voller Kraft und Eleganz. Selbst die mit Hasenblut gebundene Sauce besass eine aromatische Frische und Leichtigkeit, wie ich sie seitdem kaum jemals wieder gegessen habe. Als ich viele Jahre später zum letzten Mal bei Philippe ass, hat er mir das Gericht noch einmal serviert. Von Benoît Violier, der es für mich zu kochen hatte. Und der es mir wiederum einige Monate später servieren liess. Von Franck Giovannini, jenem ausserordentlichen Koch, der dann auf Violier folgte. Es war immer anders. Und trotzdem auf wunderbare Weise auch immer dasselbe.

Eine ganz kleine Geschichte zum Nachschlag. «Le Figaro», die grosse französische Zeitung, feierte Jubiläum und lud deshalb die Crème de la Crème der französischen Intellektuellen, Künstler und Politiker auf eine ganz spezielle Kreuzfahrt durch das Mittelmeer ein. Man hatte den grössten Kreuzer zu einem Luxus-Liner für nur 800 Gäste umgebaut und bot nicht nur Landausflüge, Konzerte, Auftritte von berühmten Schauspielern und Ballette an. Omar Sharif leitete das Bridge-Tournier und Alain Chapel kochte mit seiner und der Brigade des «Negresco» aus Nizza, deren Chef Jacques Maximin den Souschef machte.

Ich kehrte nach dem Landgang in Ägypten etwas früher nach Suez zurück, es war bereits Nacht geworden. Das Essen war auf Mitternacht angesetzt, wenn alle Gäste wieder aus Kairo zurück sein würden. Ich ging über die ausgelegten Flösse zum Schiff, das Fallreep hinauf, und suchte meinen Freund Chapel, der zurückgeblieben war. Ich fand ihn schliesslich mutterseelenallein in der Küche, wo er Wildhasen-Rücken briet. «Was tust du denn hier?», fragte ich erstaunt. Da schaute er mich etwas nachsichtig an und meinte: «Das Braten von Hasenrücken ist etwas vom Schwierigsten, das es gibt. Und weil es, sollte es misslingen, sowieso an mir hängen bleibt, mache ich es von Anfang an selber.» Die Hasenfilets an einer kleinen Pfefferrahmsauce waren – natürlich – perfekt. Die Geschichte davor ... interessierte an diesem Abend niemanden.

GEBRATENER BIRKHAHN AUF ZWEI ARTEN

Für 4 Personen

Nachhaltig soll Küche sein. Das ist die grosse Forderung an Köche. Nachhaltig, das ist die Forderung der Köche an die Produzenten ihrer Produkte, soll auch die Produktion sein. Was bei Wild etwas komplizierter ist, weil die freie Natur nicht einfach liefert und schon gar nicht alles in genügender Menge. So ist der Birkhahn ausserhalb der Jagdzeit streng geschützt, und kommt die Jagd, darf er nur in sehr restriktiver Menge erlegt werden. Sogar in sehr restriktiver Menge! Was es dann noch braucht, ist ein Koch wie Martin Dalsass, der diese Jagdbeute zu höchster Köstlichkeit verkocht. Mit höchstem Respekt. Ohne Rest. Nachhaltig eben.

ZUTATEN

- 1 Birkhahn, jung, ca. 1,2–1,3 kg
- Salz und Pfeffer aus der Mühle
- 1 Zweig Rosmarin
- 1–2 Zweiglein Thymian
- 100 g Butter
- 2 dl brauner Geflügeljus
- 2–3 ganze Wacholderbeeren
- 60 g Entenleber, roh

Sauerkraut

- 500 g Sauerkraut
- 1 grosse Zwiebel, grob geschnitten
- etwas Erdnuss- oder Sonnenblumenöl
- 2 dl Weisswein
- 3–4 Wacholderbeeren
- 2–3 schwarze Pfefferkörner
- 1 frisches Lorbeerblatt
- 2 dl Geflügel- oder Rinderbouillon
- 1 kleine Kartoffel, mehlig auskochend

ZUBEREITUNG

1 | Für das Sauerkraut die Zwiebel im heissen Öl anbraten. Dabei immer wieder bewegen, sodass die Zwiebel nicht anbrät. Steigt ein runder, sanfter Duft aus der Pfanne, das Sauerkraut zugeben. Alles mischen und dabei auflockern. Mit dem Weisswein ablöschen. Wenn dieser aufkocht, die Gewürze zugeben und alles mischen. Zugedeckt leicht köcheln, bis der Weisswein seine Schärfe verloren hat, dann mit der Bouillon auffüllen. Kommt diese zum Köcheln, allenfalls mit etwas Wasser auffüllen, bis das Sauerkraut bedeckt ist. Alles halb zugedeckt auf sehr tiefer Kochstufe weich kochen; das Gericht soll knapp kochen. Das Sauerkraut immer wieder wenden und dabei den Stand der Flüssigkeit kontrollieren, damit nichts ansetzt. Zum Schluss sollte kaum noch Flüssigkeit übrig sein.

2 | Jetzt die geschälte Kartoffel in das Sauerkraut reiben. Mischen und das Gericht noch so lange kochen, bis die Kartoffel sich quasi aufgelöst hat. Abschmecken.

3 | Den gerupften Birkhahn innen und aussen pfeffern und salzen. Die Kräuter in den Bauch füllen. Eine nussgrosse Menge Butter dazugeben und den Vogel kompakt mit Küchenschnur aufbinden. Mindestens 60 Minuten in der Küche offen liegen lassen, damit der Birkhahn Zimmertemperatur annehmen kann.

FORTSETZUNG >

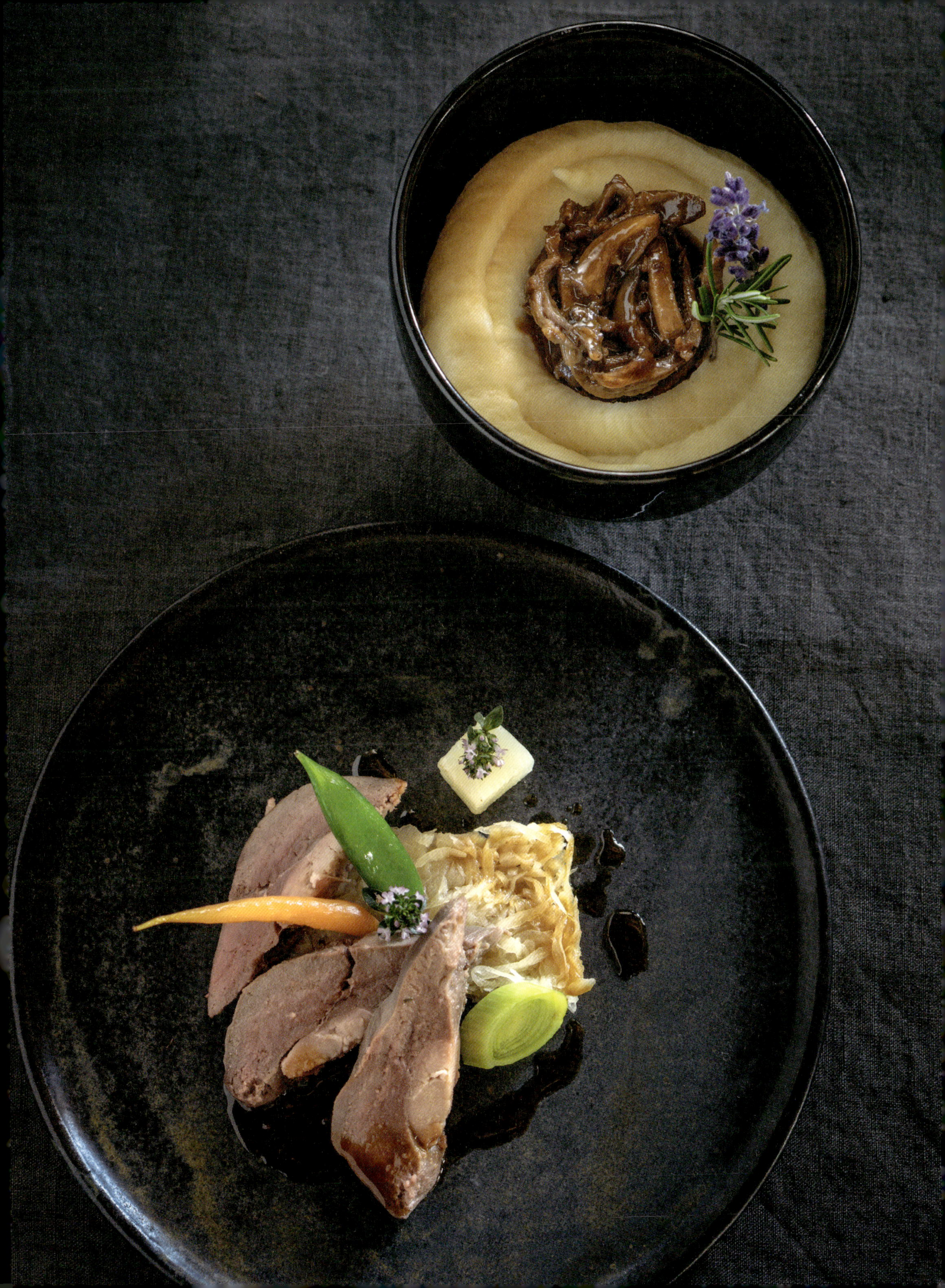

Fortsetzung

ZUBEREITUNG

4 | Den Bratofen auf 200 Grad vorheizen. Das Bratgeschirr ebenfalls in den Bratofen stellen. Etwas Butter (ca. 10 g) in der heissen Bratkasserolle aufschäumen lassen und den Birkhahn erst auf der einen Seite, dann auf der anderen Seite für 5 Minuten im Bratofen anbraten. Auf den Rücken legen und die Brust nochmals 5 Minuten Farbe annehmen lassen. Herausnehmen und mit einer Alufolie locker zugedeckt für 2–3 Minuten ruhen lassen.

5 | Den Bratofen auf 50 Grad herunterschalten. Den Geflügeljus aufköcheln.

6 | Erst die Keulen vom Körper abtrennen, dann die Brust auslösen und auf dem Gitter über einem warmen Teller mit etwas Alufolie bedeckt ruhen lassen. Den Bratofen leicht offen lassen! Die Keulen und Flügelchen des Birkhahns von der Haut und den Knochen befreien. Die Knochen mit einem Küchenbeil zerhacken. Das ausgelöste Fleisch in 2–3 mm breite Streifchen schneiden. Locker zugedeckt ruhen lassen.

7 | Die zerhackten Knochen mit den Wacholderbeeren in den Geflügeljus geben und sanft köchelnd auskochen. Nach ca. 10 Minuten passieren.

8 | Diese Basissauce zusammen mit der Entenleber und etwas Butter mit dem Mixstab pürieren und aufmixen. In einem Pfännchen warm halten. Das geschnetzelte Fleisch von Keulen und Flügeln daruntermischen. Das Gericht darf auf gar keinen Fall mehr kochen!

ANRICHTEN

Die restliche Butter in einer Pfanne aufschäumen lassen und die ausgelösten Brüste darin kurz erhitzen und wenden. Auf gar keinen Fall mehr als nur leicht anbraten! Auf etwas Sauerkraut anrichten und sofort auftragen.

Das Geschnetzelte in einem zweiten Gang separat auftragen.

WILDENTENBRUST IM POLENTAMANTEL

Für 4 Personen

ZUTATEN

Zweifelsohne liebt Martin Dalsass die grossen Aromen aus der Natur. Und er spielt mit diesen überaus meisterhaft. Da ist das Fleisch der Wildente. Kraftvoll, ja sogar eigensinnig eigenständig. Blind zu erkennen mit ihrer kräftigen Bitternote, die durch die gemüsig-süssen Wirzblätter gemildert und durch die knusprige Polentahülle in eine völlig neue Geschmacksdimension gehoben wird. Grosse Worte. Hohe Erwartungen. Alle erfüllt.

- 4 ausgelöste Brüstchen von Wildenten, also ohne Knochen
- Salz und Pfeffer aus der Mühle
- 4 grosse Wirsingblätter
- Sommergemüse nach Wahl: Kefen, Ackerbohnen, Buschbohnen, Frühlingslauch, Minikarotten usw., gerüstet, blanchiert
- wenig Sonnenblumen- oder Erdnussöl
- 40 g Butter (2)
- 1 Thymianzweig, Blättchen
- 1 Rosmarinzweig, Blättchen
- Butter (3, 4)
- 4 Thymianzweiglein zum Garnieren

Entenfond
- Wildenten- und Entenkarkassen
- 80 g Mirepoix aus Karotte, Lauch, Sellerie, Zwiebel
- schwarze Pfefferkörner
- 1 Lorbeerblatt, frisch
- 1 Gewürznelke
- etwas Salz

Polenta
- 250 g Polentamehl, gelb, normaler Mahlgrad
- 7 dl Wasser
- 2 dl Milch
- etwas Butter, flüssig (1)
- Salz und Pfeffer aus der Mühle

ZUBEREITUNG

1 | Für die Polenta das Wasser mit der Milch und der flüssigen Butter (1) aufkochen. Kräftig würzen und das Polentamehl unter Umrühren mit einem Holzlöffel einfliessen lassen. 1 Stunde lang köcheln. Immer wieder langsam rühren. Die Polenta darf ansitzen, aber nicht anbrennen!

2 | Die fertige Polenta in einem Gefäss abkalten lassen. Dazu wird sie mit Klarsichtfolie überspannt, damit sich keine Kruste entwickeln kann. Wird lauwarm weiter verwendet.

3 | Das Fleisch ca. 40 Minuten vor dem Anbraten aus der Kühle nehmen. Raumtemperatur annehmen lassen.

4 | Den Bratofen auf 250 Grad aufheizen.

5 | Die Wirsingblätter in stark siedendes, stark gesalzenes Wasser einwerfen. Nach dem Wiederaufwallen herausheben und in kaltem Wasser abschrecken. Abtropfen lassen. Vor dem Verwenden abtupfen und möglichst trocken weiter einsetzen.

FORTSETZUNG >

Fortsetzung

ZUBEREITUNG

6 | Die gerüsteten Sommergemüse separat in stark gesalzenem, siedendem Wasser garen, abschrecken und gut abgetropft reservieren.

7 | Für den Entenfond die Entenknochen zusammen mit dem Mirepoix und Pfeffer, Lorbeer und Gewürznelke in einer Pfanne versammeln. Dann alles mit Wasser auffüllen und für ca. 40 Minuten köcheln. Immer wieder den aufsteigenden Eiweissschaum abschöpfen. Die Flüssigkeit sollte bloss simmern und nicht mehr kochen! Erst zum Schluss mit wenig Salz abschmecken. Den Fond passieren und auf ca. 1/3 einkochen. Kurz vor dem Servieren nochmals abschmecken.

8 | Wenig Öl in einer Bratpfanne heiss werden lassen. Die Butter (2) einwerfen. Schäumt sie auf, die gut gewürzten Wildentenbrüstchen auf beiden Seiten heiss und kurz anbraten. Aus der Pfanne nehmen und mit etwas Rosmarin und Thymianblättchen belegt in die Wirsingblätter einpacken.

9 | Die Polenta auf eine starke Klarsichtfolie auf ca. 3 mm Dicke ausstreichen. Je eine Entenbrust darauflegen und mithilfe der Klarsichtfolie – wie bei einem Apfelstrudel anheben und die Polenta so um das Brüstchen legen – einwickeln. Achtung: Beide Enden zusammendrücken und «versiegeln», ehe man die Klarsichtfolie ganz entfernt! Die Polentakruste mit etwas flüssiger Butter (3) bestreichen.

10 | Die so eingepackten Brüstchen auf ein mit etwas Küchenpapier belegtes Blech legen. In den heissen Bratofen einschieben und in ca. 10 Minuten fertig backen.

11 | Alle vorgegarten Gemüse in etwas aufschäumender Butter (4) wenden und damit erhitzen. Abschmecken.

ANRICHTEN

Die Wildentenbrüstchen schräg in zwei Teile teilen und in der Mitte von heissen Tellern anrichten. Die Gemüse rundum auslegen. Mit einem Thymianzweiglein dekorieren. Etwas Sauce rundum verteilen. Den Rest der Sauce in einer Saucière gesondert reichen.

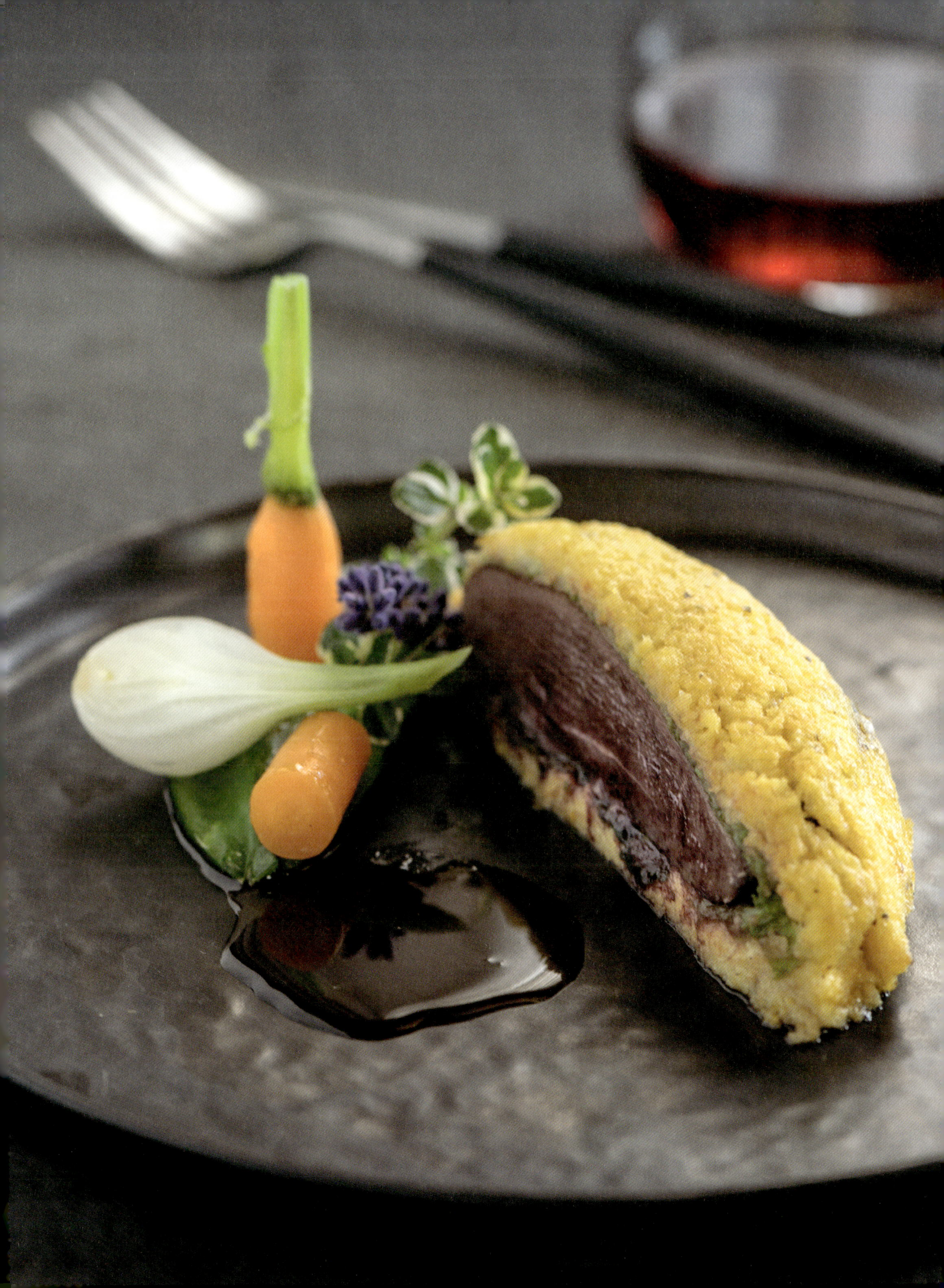

WILDHASE À LA ROYALE

Für 4 Personen

In unseren Breiten wird der Wildhase immer rarer. Nicht bloss der vielen Strassen wegen, die seinen Lebensraum durchschneiden, sondern vor allem der Füchse und Katzen wegen, die seine Brut gnadenlos dezimieren. Wo es aber noch freie Gegenden abseits menschlicher Siedlungen gibt, in Schottland, in Polen, in Südosteuropa, gedeiht er gut und liefert im Herbst, was wahrhaft einzigartig schmeckt: gebratenen Wildhasenrücken an Portweinsauce. Wildhasenragout in Weinsauce. Gefüllten Wildhasen. Und natürlich das Gericht aller Wildhasengerichte: Lièvre à la Royale. Martin Dalsass hat sich damit befasst. Mit Erfolg!

ZUTATEN

- 1 Wildhase à ca. 3 kg, noch in der Decke
- Salz und Pfeffer aus der Mühle
- 100 g Scheiben von geräuchertem Bauchspeck, 3 mm dick
- 1 Karotte
- ½ Sellerieknolle
- 1 dl Rotweinessig, frisch, nicht alt
- 1,5 l Rotwein, kräftig
- 120 g Lardo
- 5 Knoblauchzehen
- 20 Schalotten
- 200 g frische Entenleber
- 2 EL Balsamicoessig

ZUBEREITUNG

1 | Den Wildhasen aus der Decke schlagen (das macht auch Ihr Delikatessenhändler oder Metzger). Den Kopf entfernen. Von den Innereien das Herz und die Leber zurückbehalten. Keulen und Schultern vom Rücken trennen.

2 | Den Bratofen auf 140 Grad vorheizen

3 | Die Fleischteile des Wildhasen kräftig würzen. Den Boden einer Bratenkasserolle mit einer Schicht der Bauchspeckstreifen belegen. Die angebratenen Hasenteile darauflegen. Das in grobe Stücke geteilte Gemüse darum herum verteilen. Essig und 1 Liter des Rotweins darüber ausgiessen. Den schweren Deckel auflegen und alles für ca. 2 ½ Stunden in den Bratofen schieben.

4 | In einem Mixbecher den Lardo, die rohe Leber und das rohe Herz des Hasen mixen. Den Knoblauch und die Schalotten zufügen und nochmals alles zu einem dicken Püree zerkleinern.

5 | Die Kasserolle aus dem Bratofen heben. Die Hasenstücke herausheben. Den Rest des Kasserolleninhalts durch ein feines Sieb passieren. Die im Sieb verbleibenden Teile sehr gut auspressen.

6 | Die Kasserolle auf den Herd stellen und die restlichen 5 dl Wein darin aufkochen. Den passierten Hasenfond zufügen und die Innereienmixtur unterrühren. Die Hasenstücke zurück in diese Mischung legen. Den Deckel auflegen und alles zurück in den Bratofen geben. Dort für 1–1 ½ Stunden fertig garen.

7 | Die Fleischstücke aus der Kasserolle fischen und sämtliche Knochen und Sehnensansätze daraus entfernen. In der Zwischenzeit schwimmt das Fett in der Saucenbasis der Kasserolle obenauf. Dieses erst mit einem Löffel abschöpfen. Den Rest der kleinen Fettaugen mit Küchenpapier absaugen.

8 | Die Entenleber in 1 cm grosse Würfel schneiden. Diese in die Sauce geben und mit dem Mixstab untermixen und damit die Sauce emulgieren. Von jetzt an darf sie auf gar keinen Fall mehr kochen, weil sie sich sonst trennt. Die Sauce mit einem Spritzer Balsamico abschmecken. Allenfalls nachsalzen. Das Hasenfleisch zerzupfen und in die Sauce geben. Alles für einen kurzen Moment ziehen lassen. Auftragen.

ANRICHTEN

Martin Dalsass serviert dazu eine Selleriemousse oder ein Kartoffelpüree. Rotkraut wird ebenfalls gerne dazu aufgetragen.

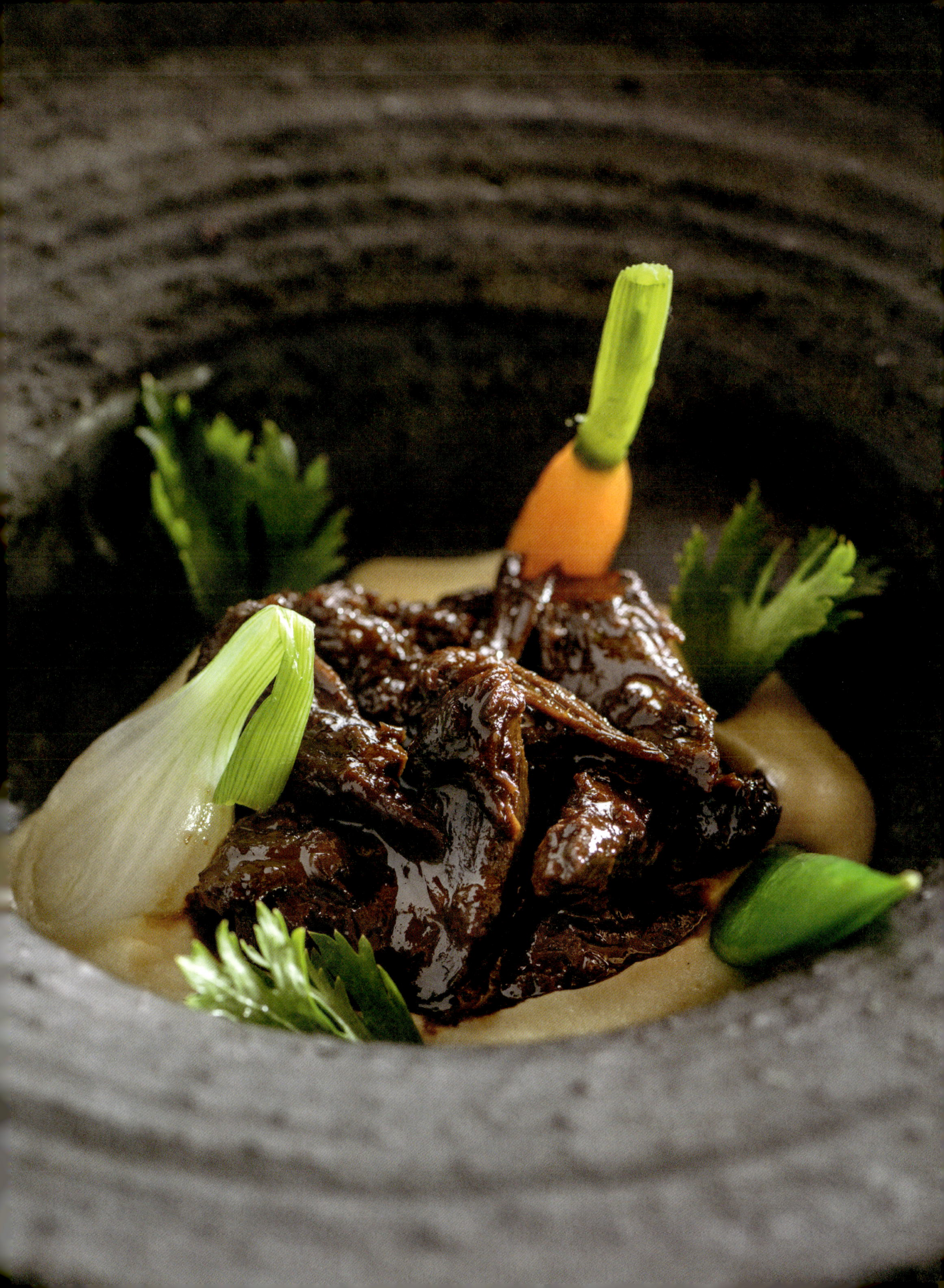

MARTIN DALSASS

Talvo by Dalsass | Champfèr – St. Moritz GR

«Ich wäre gerne Marmorist geworden. Mit Stein zu arbeiten, war meine Traum. Aber mein zukünftiger Meister erkrankte und ein Hotel im Nachbardorf suchte einen Küchenlehrling. Also kaufte Vater zwei Kochjacken und zwei Kochhosen. Ich begann meine Lehre und habe vier Monate lang alles andere getan, nur nicht gekocht. Aber ans Aufgeben war nicht zu denken. Die Hosen und Jacken hatten 100'000 Lire gekostet. Das war damals viel Geld.»

Martin Dalsass wurde 1956 im Südtirol geboren. Mit 19 Jahren war die Lehre beendet und so ging der junge Mann in die Welt. Direkt in die Schweiz, um genau zu sein, nach Gstaad. 4½ Jahre später zog er weiter. Locarno und dort das «La Palma» waren sein Ziel.

So weit, so unspektakulär. Martin Dalsass arbeitete und kochte, was er konnte: Klassische Küche. «In diesem Hotel gab es allerdings noch ein zweites Restaurant. Das ‹Coq d'Or›, für das Gérard Perriard einen Michelin-Stern erkocht hatte. Mensch, war das ein guter Koch!»

Erst aus den Augenwinkeln, dann immer offener interessierte sich der Südtiroler für das Wirken des Starkochs. Und dieser sah dieses Interesse mit Wohlgefallen. Es kam, wie es kommen musste. Eines Tages brätelte und köchelte Perriard ein Kalbsfilet an einer Foie-Gras-Sauce. «Probier mal», sagte Perriard und schob Dalsass ein Eckchen Fleisch mit Sauce zu … «Da ist mir alles klar geworden. Perriard machte aus den gleichen Zutaten, wie ich sie hatte, etwas ganz anderes. Etwas durch und durch Wunderbares. Das wollte ich auch können!»

Martin Dalsass mag ja in der Schule, wie er sagt, der beste im Heimgehen gewesen sein. Er mag ja auch eine ganze Weile nicht mit der allergrössten Leidenschaft gekocht haben. Aber jetzt, nach diesem Urerlebnis, waren die Wegmarken plötzlich ganz andere. «Perriard hatte mir ein Licht aufgesteckt.»

Als Küchenchef in Gstaads «Bellevue» erringt er fünf Jahre lang die ersten gastronomischen Lorbeeren. «Mir ging es gut. Ich kochte mit einer kleinen Brigade. Alles lief wie geschmiert und federleicht. Ich war mehr auf dem Tennisplatz wie anderswo!»

Also musste sich etwas ändern, und so finden wir den jungen Mann samt seiner jungen Frau 1985 im Tessin. Dort werden die beiden 26 Jahre lang das «Santabbondio» in Sorengo führen. Sie erleben schöne Zeiten. Harte Zeiten. Okay, sie erleben mehr harte als gute Zeiten … «Aber», sagt er dazu, «wir haben nie jemanden entlassen und wir haben jede Rechnung bezahlt.»

Dann aber, 2011, kommen die Dalsass' mit ihren zwei Söhnen nach St. Moritz. Die Unternehmer Peter Spuhler und Michael Pieper haben das «Talvo», ein überaus renommiertes Restaurant in Champfèr gekauft. Martin Dalsass bekommt das Haus zur Pacht. Hier kocht er, was wohl die Summe seines Küchenlebens ist: «Eine Küche der grossen Produkte.» Wunderbar linear verarbeitet er diese. Belässt ihnen ihre besten Geschmäcker, begleitet sie mit wenigen, aber perfekten Beilagen. Frisch werden die Dinge hier gekocht und frisch kommen sie vor die Gäste. Es sind die wunderbaren Gerichte eines Kochs, der von sich selbst sagt, dass er hier glücklich sei.

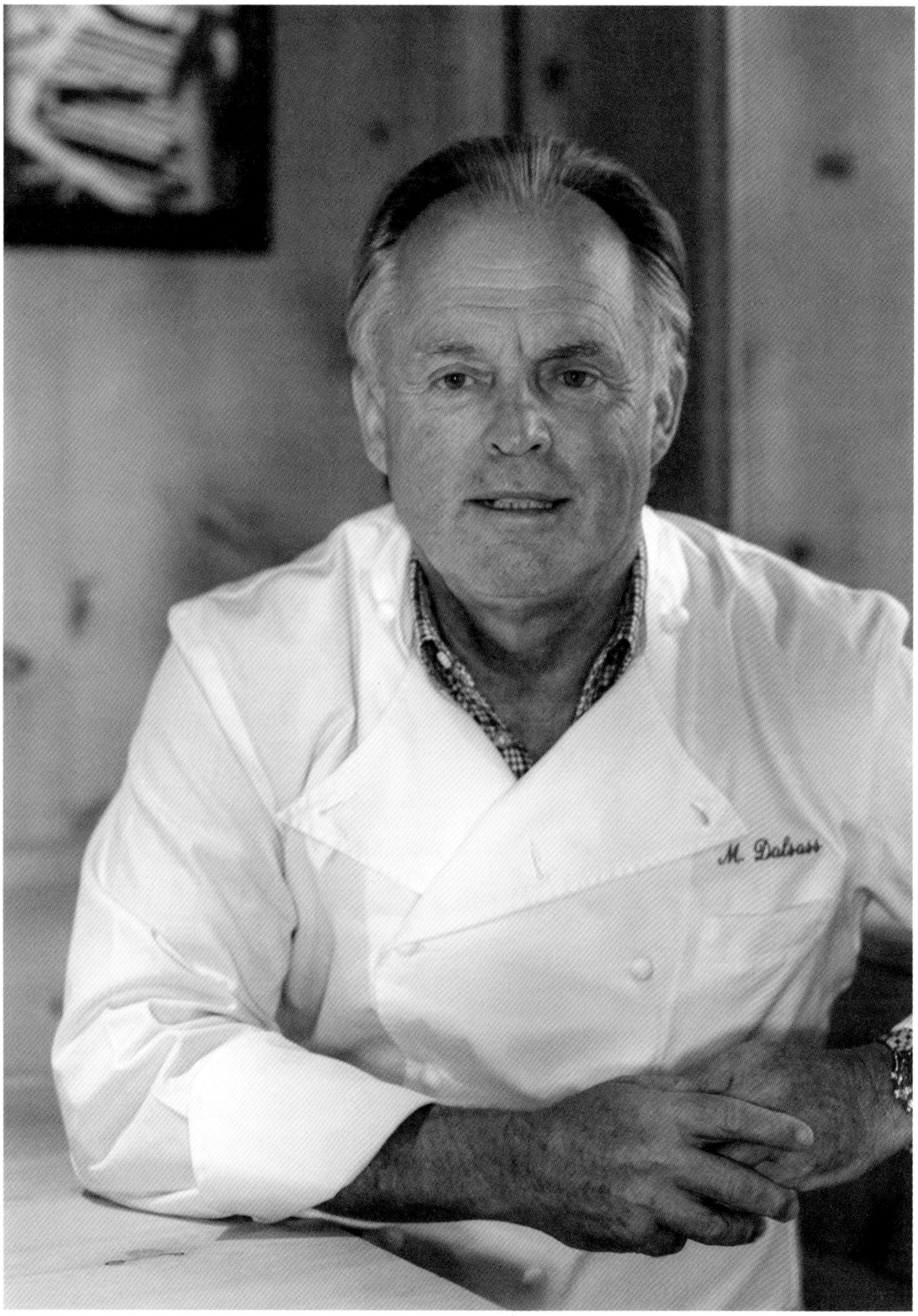
M. Dalsass

TRUTHAHN
KANINCHEN

Rezepte von Markus Burkhard

WAS FLEISCH-QUALITÄT AUSMACHT

«Die Post brachte das Paket. Darin das Kaninchenfleisch. Nur leicht im Plastiksack eingeschlagen, keinesfalls durch das Abziehen der Luft, das Vakuum, pickelhart zusammengepresst und damit nicht und nie mehr wirklich zart zu kriegen! Da wusste ich: Dieses Produkt wird mir Freude machen. Und bald auch meinen Gästen.» Das Gesicht von Markus Burkhard überfliegt selbst in der Erinnerung daran ein Lächeln. Er fügt an: «Ich hatte ja das Fleisch noch nicht einmal verkocht. Aber als ich dies dann tat, wusste ich sowieso, dass diese Kaninchen nichts mit den sonst gemästeten, angebotenen Produkten gemeinsam haben.»

Um dem Geheimnis dieser Qualität allerdings auf die Spur zu kommen, mussten wir uns auf eine Reise ins Appenzellerland aufmachen. Einmal mehr hatte Philip Fässler dabei seine Hände im Spiel. Denn einfach ist es nicht, so herausragendes Kaninchenfleisch zu finden. Der Metzger und Erfinder des Labels «Appenzellerfleisch» fühlt sich als Scout für Qualitätsfleisch auch für das Kleinvieh zuständig – wenn man ihn danach fragt. So fahren wir dann eines Mittags zusammen auf den Hirschberg bei Appenzell, zu Anna Fritsche-Abegg, einer Appenzellerin, wie sie im Buche steht. Fleissig. Tüchtig. Schlagfertig.

Das Haus. Ein typisches Bauernhaus der Gegend. Erst das Wohnhaus. Viele blitzende Fenster in Reihen, zur Sonne und dem Säntis hingewandt, dann, ans Wohnhaus anschliessend, der Stall. Die Sonne und das Alter haben die Holzfassade der Gebäude dunkel gebrannt. Blumen vor dem Haus grüssen das helle Licht des Spätfrühlings und davor, unter einem flachen Gitterkäfig, mümmelt ein schwarzpelziges Kaninchen halbhohes Gras. Bestimmt, aber freundlich hatte uns Frau Fritsche in den Stall gebeten, wo ihr Mann genauso freundlich grüsste, während er diesen sauber machte.

Dann standen wir im ehemaligen Schweinestall. Luftig und hell ist dieser. Die alten, grossen Schweinekoben mit ihren halbhohen Mäuerchen sind jetzt den Kaninchen reserviert. Streu und Raufutter liegen darin. In einer Ecke eine Art Verschlag, wohin sich die Tiere zurückziehen können. Es gibt Wasser. «Mastkaninchen bekommen Mastfutter. Das kauft man sich. Aber darüber hinaus gibt es die Gartenabfälle, all das Kraut, das bei den Gemüsen abfällt. Und sonst? Ich sagte es schon: Dazu füttern wir Rauhfutter. Gut so. Die Kühe fressen das sowieso nicht besonders gerne – solange sie etwas Besseres haben.» Frau Fritsche lacht ihr helles und trockenes Lachen und bittet uns in ihre Küche. Kaffee gefällig? Lieber Wasser? Schon läuft der Wasserhahn und ein kühles, volles Glas steht vor den Gästen. Nein, so lieb und brav, wie Kaninchen ausschauen, sind sie nicht unbedingt. Da gibt es schon Dominanzkämpfe unter den «Böcken», wie Anna Fritsche die männlichen Kaninchen nennt. Wichtig ist auch, dass man die Jungtiere im richtigen Zeitpunkt vom Züchter bekommt. Und auch die eigenen Jungen – so ein Kaninchenwurf kann zwischen 6 und 12 junge Karnickel umfassen – muss man umsorgen. Raum müssen die Tierchen haben. Keinesfalls soll ihr Stall nass oder dreckig sein. «Das mag kein Tier», sagt die Bäuerin, «wir Menschen würden das ja auch nicht mögen.»

Philip Fässler hockt mit am Tisch und ordnet die Mastergebnisse für Kaninchen ein. «Fett dürfen sie haben. Aber sie sollen nicht fett sein. Fett über die Nieren: Ja. Auf dem Rücken: Nein! Hell soll dieses Fett sein, weich aber nicht lumpig, trocken und hellweissrosa. Frau Fritsche ergänzt: «Nach etwa einem halben Jahr Mast sind die Tiere schlachtreif. Sie wiegen dann 2 bis 2 ½ kg. Die einen essen wir. Die anderen bekommt der Philip – wenn er dann nicht sagt: ‹Mein Gott! Wem soll ich die denn wieder verkaufen!›»

Bäuerin und Metzger lachen. Die Frage, ob es Frau Fritsche nicht weh tue, wenn die Tierchen wegkämen, wird von ihr klar beantwortet: «Bei aller Liebe kann man diese Tiere nicht ewig haben. Ich habe Freude daran. Ich mäste sie gut. Aber dann gebe ich sie auch zum Metzger. Kaum sind sie weg, kommen wieder Junge.»

Szenenwechsel. Der Zürichsee an einem herrlichen Tag. Wädenswil liegt unten am Wasser, wie aus einem anderen Jahrhundert, hingeschüttet wie ein Spielzeugdorf. Neubauten ziehen sich den Hang empor, unterbrochen von diesem und jenem Blätz Land und Wäldchen. Nur da, wo Johannes Bachmann seinen alten Bauernhof hat, stehen noch Reihen von Hochstammbäumen im «Bomgart», dem Baumgarten. Auch dies ein Rest 19. Jahrhunderts. Daneben ein Stall. Wohl aus den 70er-Jahren. Und dann, ein Blick hoch den Hang hinauf, gegen die Krete hin, liegen die beiden neuen, seine neuen Bauernhäuser. Herr Bachmann hat ausgesiedelt und sich damit einen grossen Traum erfüllt. «Vor einem Jahr sind wir hinaufgezogen», sagt er und schaut uns nicht ohne Stolz an. «Einen Freilaufstall hat er sich gebaut, für seine Galloway-Rinder», fügt Markus hinzu. «Er findet es spannender, diese Rasse aufzufüttern, als das allgemein bekannte Grauvieh.»

Wir schauen wieder zum «Bomgart», ein letzter, dunkelgrüner Blätz Land, bestanden von wunderbar gepflegten Obstbäumen. Ein hölzerner Nistkasten für Hummeln steht dabei. Die pummeligen Tierchen brummen emsig in die darin eingelegten Röhren ein und wieder aus. Gleich daneben hat Johannes Bachmann seine Truthühnerzucht angelegt. Sie ist nicht gross. Aber gross genug für unseren Koch, der sich – genauso wie für Kaninchen – eben auch für das Fleisch der mächtigen Vögel interessiert. «Es begann damit, dass ich Johannes immer die Innereien, also die Lebern der Tiere, abgenommen habe. Ich finde, damit kann Grossartiges gekocht werden. Und ich finde es erschreckend, dass ausser mir offenbar niemand mehr mit diesen Lebern etwas anzufangen weiss. Es ist …», er sucht nach Worten – und findet eines: «... beschämend.»

«Seit ich auf den Beinen stehen kann», sagt Herr Bachmann, «bin ich Bauer. Den Betrieb hier habe ich mit 28 Jahren übernommen, mit 30 Jahren gekauft. Ich begann mit 7 Hektar Land und heute sind es 28 Hektar.» Er schweigt. Sagt dann: «Ich weiss, dass diese Neubauten wahnsinnige Kosten verursachten. Aber was wir Bauern tun, das machen wir eben auch mit viel Idealismus. Es ist eine grosse Sache, wenn man in meinem Alter Haus und Stall neu baut. Aber …», er legt eine Pause ein. Seine Hände kneten die Luft, als könnte er daraus seine nächsten Worte herauswinden. Schliesslich sagt er: «Wenn man diesen Beruf ausübt, dann muss man doch auch ein wenig an das Bauern glauben!»

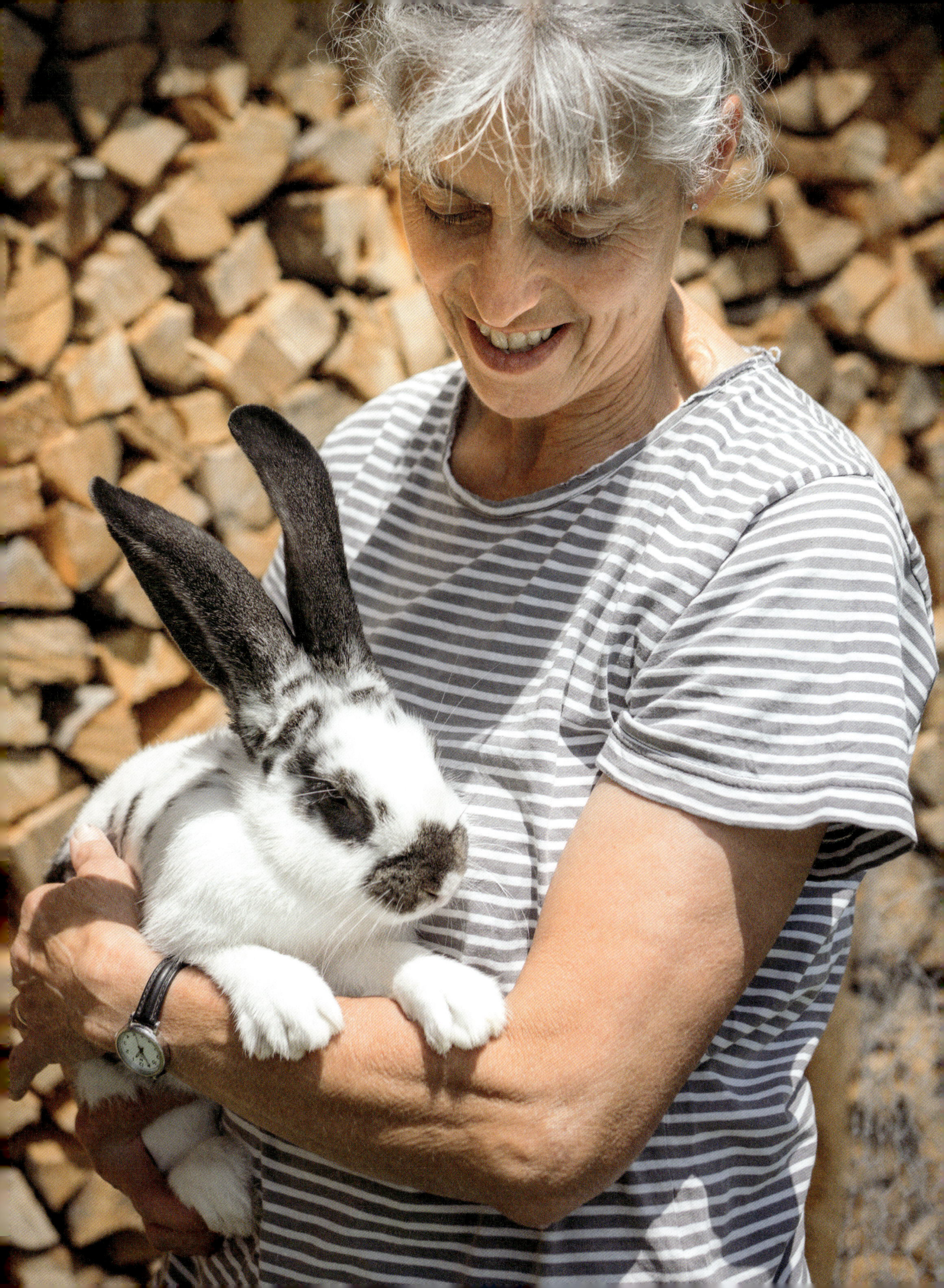

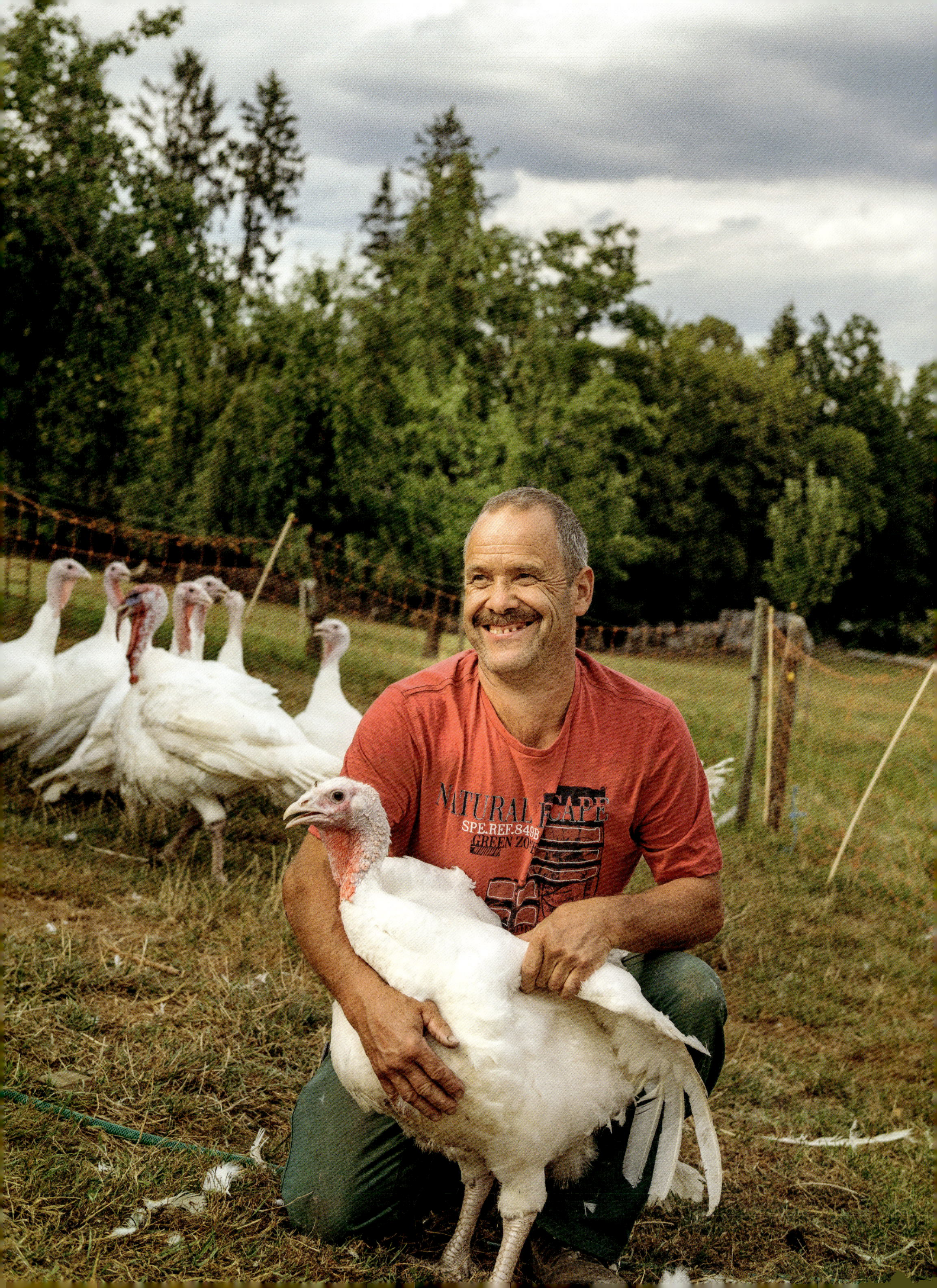

Jetzt gerät er in Fahrt. Sagt, dass die Landwirtschaft neue Wege suchen und finden müsse. Und wenn man gefunden habe, woran man glauben könne, dann müsse man eben auch den Versuch wagen. «Wir haben schon viel gemacht. Und wir haben schon mit vielem wieder aufgehört.» Er lacht tonlos. «Weiss der Gugger, was wir schon versucht haben. Eine Zeitlang haben wir Perlhühner gezüchtet. Dann hat sich der Metzger geweigert, sie weiter abzunehmen. Damit war dieses Projekt gestorben.» Ein Schnaufer. Er zeigt zum Truthennen-Gehege hinüber. Truthennen liefern gutes Fleisch. Ausserdem seien diese körperlich so einfach zusammengesetzt, dass sie sich – einmal tot – gut zerlegen liessen.

«Die Brust ist mächtig. Sie liefert Schnitzel, Braten, die Schenkel ein Voressen ...» Ja, diese Schenkel. Sie seien halt voller Sehnen. Wer diese nicht entferne, mühselig herausziehe und wegschneide, erlebe beim Essen schon unangenehme Überraschungen. «Doch macht man es konsequent, entstehen daraus zarte Trutenspiessli. Die verkaufen sich super!»

Nur zweimal im Jahr, im Frühling und im Herbst, mästet Bachmann die mächtigen Tiere. Bis zu 11 kg sind sie dann. «Die Männchen sogar noch ein Stück schwerer.» Auch bei Bauer Bachmann kommen die befruchteten Eier aus Frankreich und auch zu ihm kommen sie erst, wenn sie in Belp ausgebrütet und sechs Wochen in Quarantäne gelebt haben. Es müsse immer bewiesen sein, dass die Tiere gesund seien. «In den vier Monaten danach wachsen sie dann von circa 1,7 kg Gewicht auf ihr Schlachtgewicht. Auch sie leben, wie das Geflügel im Greyerzerland, in einem fahrbaren Stall. Auch sie werden von elektrischen Anlagen in Zaun und Erde vor dem Fuchs geschützt. Auch sie scharren im Gras nach Würmchen und Steinchen. Und auch sie verbringen die Nacht im Stall. Der schlaue Fuchs ...

«Für mich», sagt der Koch, «ist Johannes ein vorbildlicher Bauer. Was nicht heisst, dass wir nicht auch schon zusammengerasselt sind.» Er lacht ein wenig hilflos, als er dazusetzt: «Aber das hatte ich noch mit jedem Lieferanten.» Das ist eben Markus Burkhard. Er sucht sich die schönsten Produkte der Region und braucht dazu die besten Bauern. Und die haben ausnahmslos die schönsten und besten Produkte, weil sie genauso starrköpfig wie der Koch selber sind. Aber das schreckt ihn nicht. «Ich möchte solche Leute wie den Johannes dahin führen, wo ihnen klar wird, dass es nichts bringt, einem Tier ein gutes Leben zu verschaffen, sie zu einem Ausnahmeprodukt zu machen. Es lebt draussen. Es bekommt die beste Nahrung. Es hat ein gutes Leben. Dann macht irgendein Fabrikant oder ein mieser Koch ein Sch...produkt daraus. Das kanns nicht sein. Alles ist da, um daraus ein Topprodukt zu machen. Also machen wir es doch!»

KANINCHEN

Das Kaninchen gehört zur Familie der Hasen. Seine Bezeichnung «Haushase» sagt, was es ist: Ein im Haus grossgezogener Hase. Ursprünglich kleiner als der Wildhase, heute auf grössere Grösse gezüchtet. Er besitzt im Gegensatz zum wilden Hasen, der rotes Fleisch hat, weisses Fleisch.

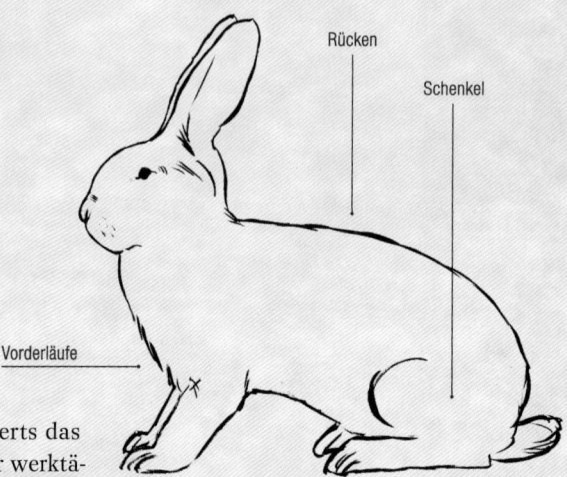

Rücken
Schenkel
Vorderläufe

Seit etwa Mitte des 19. Jahrhunderts das Fleisch der Armen. Dann jenes der werktätigen Bevölkerung. Kaninchenställe in Hinterhöfen und auf Balkonen lieferten, was sonst unerschwinglich war: Fleisch. Weil aber auch Fleisch modischen Esssitten unterliegt, entschwand damit das feine, weisse Fleisch des Kaninchens aus dem Repertoire der Haute Cuisine. Vor gut 50 Jahren gab es dann eine Renaissance, weil Fremdarbeiter aus dem Süden damit gerne ihren Sugo bereicherten und damit auch gerne ein Ragout kochten. So begann man im Kielwasser der Pouletzuchten auch Zuchten für Kaninchen aufzubauen. Nicht immer zum Vorteil des Kaninchens und der Konsumenten … Jetzt – von kleinen Kaninchenzüchtern herangezogen – hat dieses Fleisch wieder seine kleineren und grösseren Auftritte im Kreise der guten, sogar grossen Küche.

Der **RÜCKEN** wird ausgelöst und gebraten zu Bohnengemüse gereicht. Die **SCHENKEL** pochiert und mit einer cremigen Senfsauce nappiert. Die **VORDERLÄUFE** als Voressen alla italiana mit Tomaten und Knoblauch. Das ganze Kaninchen vom Knochen gelöst und aufgerollt als Sonntagsbraten.

FRAGEN & ANTWORTEN

Woher stammt das Schweizer Kaninchenfleisch? 680 Tonnen sind Eigenproduktion. 1'600 Tonnen beträgt der Gesamtkonsum der Schweiz. Die Importe stammen aus Ungarn, China, Frankreich und Italien.

Womit werden Kaninchen gefüttert? Sie erhalten ein spezielles Kraftfutter, Raufutter, allenfalls Gras beim Aussenauslauf.

Was sind dabei die Qualitätsmerkmale von Kaninchenfleisch? Die Haltung ist massgebend. Geschlachtet soll ihr Fleisch hellrosa, fest, nicht wässerig sein, mit leichtem Glanz, trocken zum Anfassen in einer guten Konsistenz. Ein gewisses Deckfett sollten sie aufweisen. Aber nicht zu viel. Alter: maximal sechs Monate.

TRUTHENNE

Truthuhn kommt ursprünglich aus Nordamerika und gilt als der grösste Hühnervogel. Besonders amerikanische Züchtungen werden riesengross: Männchen, sogenannte Truthähne, bis zu 20 kg, Weibchen, sogenannte Truthennen, sind etwas kleiner und werden bis zu 14 kg schwer. In Europa kommen auch Truthühner mit etwa 3 bis 4 kg Fleischgewicht in den Handel.

Brust

Schenkel

Ein sagenhaftes Tier, aus dem fernen Amerika importiert. Kein Wunder nennen es die Wiener «Indian». Ein riesenhaftes Tier, wenn es ausgewachsen ist. Als Jungtier mit 2,5 bis 3 kg Gewicht eine Delikatesse. Gefüllt und bei niedrigen 130 Grad lange und sanft gebraten. Als Voressen die stets etwas schwierigen **SCHENKEL**. Auch sie – erst von den zähen Sehnen befreit – lange und sanft gebraten, dann mit oder ohne Sauce gargezogen. Die ausgelöste **BRUST** wird wie ein besonders delikater Braten bei tiefer Temperatur sanft und lange gargezogen. Dann heiss oder kalt, dick oder dünn aufgeschnitten, dazu einen Hauch Senf als Zvieri.

FRAGEN & ANTWORTEN

Woher stammt das Truthahnfleisch? Etwa ein Drittel der konsumierten Truthühner wird in der Schweiz produziert.

Womit werden Truthühner gefüttert? Wenig Rohfaser, Körnermais, Gerste, Hirse, Acker- und Sojabohnen. Gras bei Aussenauslauf.

Welchen Kontrollen unterliegt dieses Fleisch? Der Veterinär kontrolliert grössere Mengen. Für Eigengebrauch gilt dies nicht.

Was sind die Qualitätsmerkmale von Truthühnerfleisch? Es gelten die gleichen Voraussetzungen zur Haltung wie für Hühner (Freilaufstall direkt auf der Erde, Auslauf im Freien, Kraftfutter, Gras). Truthühner werden in der Schweiz eher jünger geschlachtet als im Ausland. Ihr Brustfleisch soll, wie jenes der Kaninchen, hellrosa sein, jenes der Schenkel etwas dunkler. Die Hennen werden etwas früher geschlachtet als die Hähne.

KANINCHENSCHENKEL

TRUTENBRUST

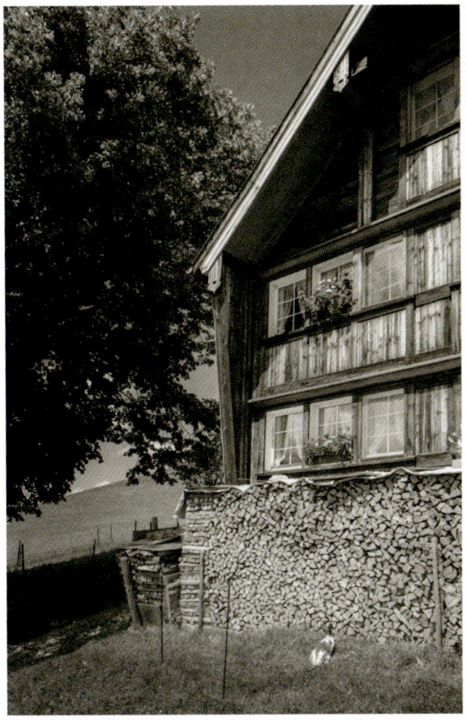

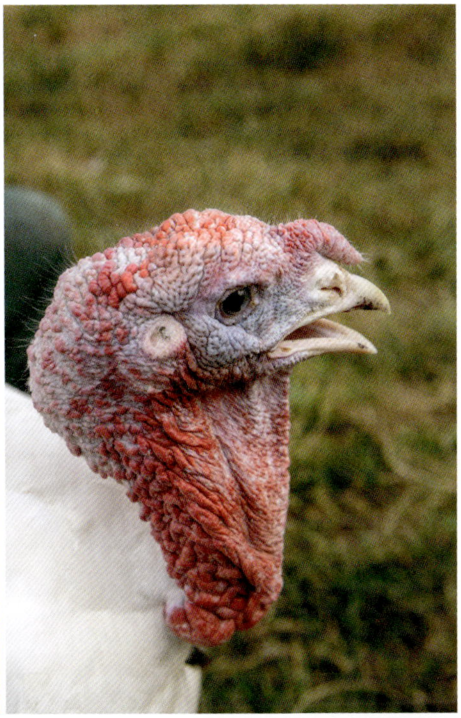

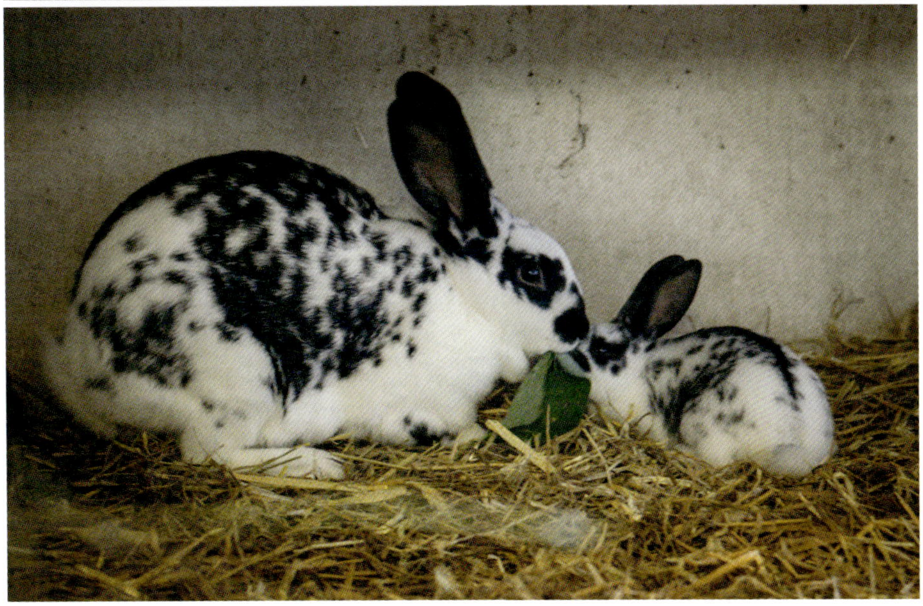

TRUTHAHNPARFAIT

Für 4 Personen

Fixfertig gekauftes Leberparfait ist das, was jedes Kind zu Tränen bringt und vom Tisch treibt. Selbst gemachtes Parfait hingegen lässt die Tischrunde erst nach mehr und danach nach dem Rezept fragen! Das Rezept ist keine Hexerei. Aber: Die Leber muss topfrisch sein. Das ist die erste unabdingbare Kondition. Dann muss das Rezept genau befolgt werden. Das ist die zweite. Drittens sollten Sie das Brioche selbst fabrizieren. Es stammt aus einem sehr berühmten Haus und kein kommerziell gekneteres Brioche schmeckt auch nur annähernd so gut wie unseres.

ZUTATEN

- 250 g Truthahnleber
- 100 g Zwiebeln
- 100 g Süsswein (Ratafia oder Port)
- 25 g Cognac
- 100 g Ei
- 7,5 g Salz
- 1 g Pökelsalz
- 200 g geklärte Butter
- 1 Prise schwarzer Pfeffer
- Fleur de Sel

Brioche

- 200 g Mehl
- 100 g Milch
- 20 g Zucker
- 8 g Salz
- 20 g Hefe
- 2 Eigelb
- 65 g Butter, weich

ZUBEREITUNG

1 | Für das Parfait die fein geschnittenen Zwiebeln mit dem Süsswein köcheln und dabei auf 1¼ dl reduzieren. Mit den restlichen Zutaten bis und mit Pfeffer sowie Leber fein mixen. Diese Masse mit einer Kelle oder einem Gummispatel durch ein feines Sieb passieren. Gut abschmecken.

2 | Den Bratofen auf 70 Grad vorheizen.

3 | Die passierte Masse in Weck- oder Bügelgläser füllen. Gut verschlossen in ein Wasserbad von 68 Grad stellen und für 30 Minuten im geschlossenen Bratofen pochieren.

4 | Die Gläser aus dem Bratofen nehmen und das Wasserbad nach und nach mit vielen Eiswürfeln abkalten (damit die Gläser nicht zerspringen).

5 | Für das Brioche sämtliche Zutaten – ausser der Butter – in einem Rührwerk auf langsamster Stufe für 10 Minuten kneten. In dieser Zeit die Butter mit einem Holzlöffel weich schlagen. Dann die weiche Butter zur gekneteten Masse geben und alles für weitere 15 Minuten bei langsamster Knetgeschwindigkeit im Rührwerk kneten. Teig mit einem feuchten Küchentuch bedeckt an einem warmen Ort für ca. 45 Minuten gehen lassen. Er sollte sein Volumen verdoppeln.

6 | Den Teig mit blossen Händen zusammenschlagen und erneut für 45 Minuten zugedeckt gehen lassen. In die passende Backform (Gugelhopf-, Cake- oder Kuchenform) geben. Die Form auf einer harten Unterlage gut aufklopfen, damit allfällige Luftblasen aus der Masse entweichen. Nochmals für 20 Minuten leicht zugedeckt gehen lassen.

7 | Den Backofen auf 170 Grad vorheizen.

8 | Die Form für ca. 17 Minuten in die untere Hälfte des heissen Backofens schieben. Die Türe möglichst geschlossen lassen. Herausnehmen und das Brioche aus der Form klopfen. Allenfalls auf der Seite liegend für weitere 2–4 Minuten nachbacken. Erkalten lassen.

ANRICHTEN

Das Brioche in 1 cm dicke Tranchen schneiden und in einer trockenen Pfanne oder im Toaster beidseitig goldgelb backen.

Je eine Briochetranche auf einem kalten Teller anrichten und eine Nocke des Parfaits daraufsetzen. Mit einer Prise Fleur de Sel bestreut auftragen.

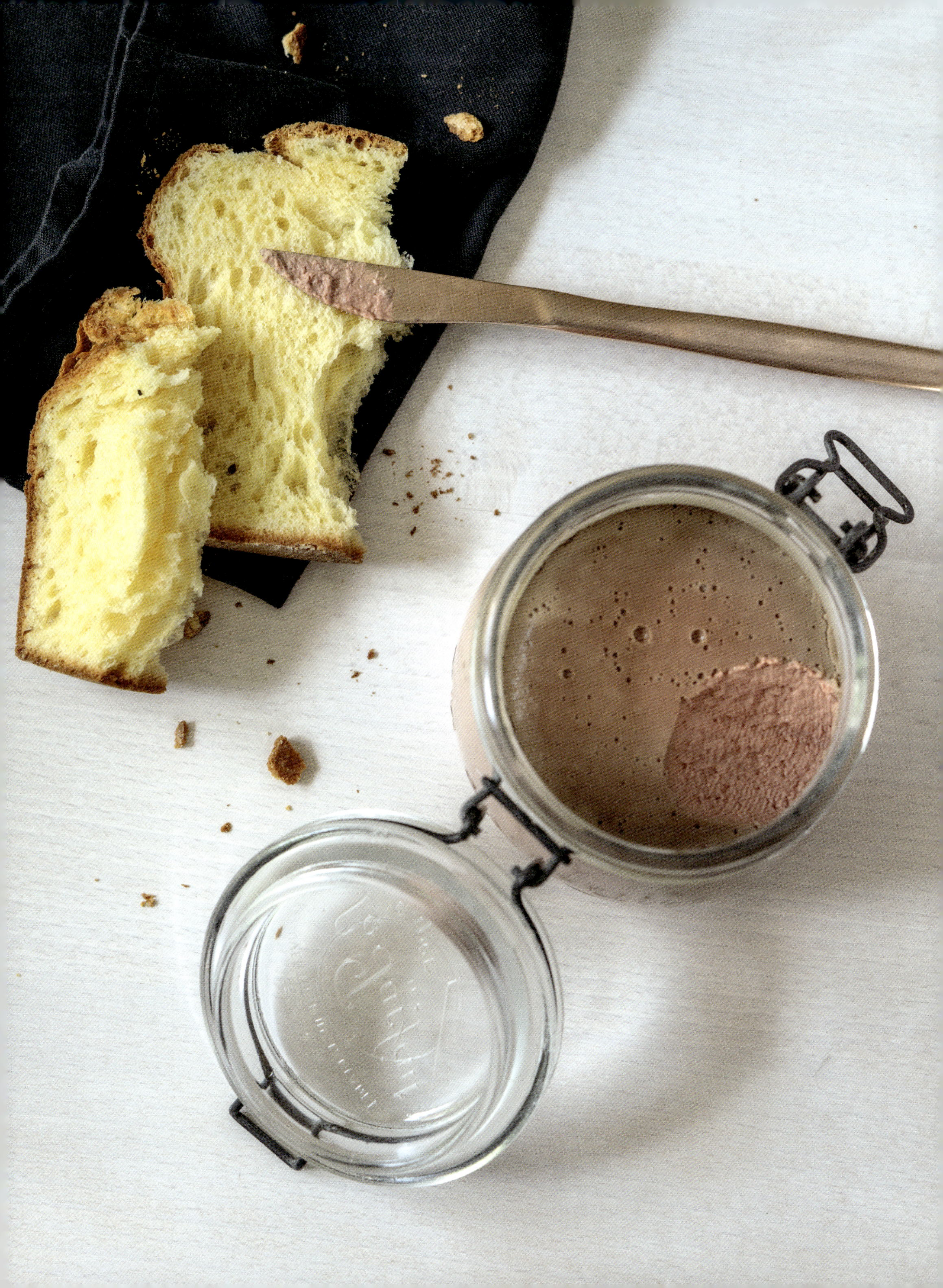

GESCHNETZELTER TRUTHAHN

Für 4 Personen

Das Geheimnis von zartem Truthahngeschnetzeltem? Dass man akzeptiert, dass mageres Fleisch nur dann zart wird, wenn man es rasch anzieht, sogar kaum angart und bis kurz vor dem Anrichten an der Herdseite reserviert. Es kommt erst dann in die Sauce, wenn diese – fast – vollendet ist. Und wird auf gar keinen Fall und auch nicht in Ausnahmen noch einmal gekocht. Jedes Fleisch, nicht nur jenes des Truthahns, wird dabei nämlich spänig und trocken.

ZUTATEN

- 800 g Truthahnbrust, ohne Haut
- 30 g Morcheln
- 1,2 kg Favebohnen (Fève oder Puffbohnen), ganz, ergeben 180 g geschälte Bohnen
- 20 g Butter (1)
- 12 g Salz
- 100 g Butter (2)
- 100 g Schalottenwürfel
- 4 g Mehl
- 100 g Noilly Prat oder ein anderer trockener Vermouth
- 100 g Geflügelfond
- 90 g Rahm
- 100 g Crème fraiche
- Salz, Cayennepfeffer
- 30 g Kerbel, gezupfte Blätter

VORBEREITUNG

Die Morcheln sehr gut reinigen und überbrausen. Auf Küchenpapier abtrocknen und halbieren.

Die Favebohnen aus der Schale lösen, blanchieren, abschrecken und dann von der zähen Aussenhaut befreien. Zusammen mit den Morcheln in Butter (1) dünsten. Reservieren.

ZUBEREITUNG

1 | Das Fleisch der Brust fein schneiden. Mit Salz würzen. In Butter (2) kurz andünsten. Das heisst, das Fleisch darf keine Farbe annehmen und ist damit noch nicht völlig durchgegart. Aus der Pfanne nehmen und reservieren.

2 | Schalottenwürfel in der verbliebenen Butter glasig dünsten. Etwas Mehl darübersieben. Wenden und alles mit Vermouth ablöschen. Aufköcheln und etwas reduzieren.

3 | Geflügelfond beigeben. Aufkochen und alles einige Minuten köcheln lassen. Rahm und Crème fraiche zufügen. Aufkochen.

4 | Erst jetzt kommt das Fleisch in die Sauce zurück. Nicht mehr aufkochen, weil es sonst faserig gart! Kräftig mit Salz und Cayennepfeffer abschmecken. Die gezupften, ganzen Kerbelblättchen darüberstreuen – sie werden erst beim Anrichten etwas unter das Gericht gezogen. So behalten sie ihr fein-nussiges Aroma. Sofort auftragen.

ANRICHTEN

Zu Trockenreis, Kartoffelstampf, Spinatpüree usw. anrichten.

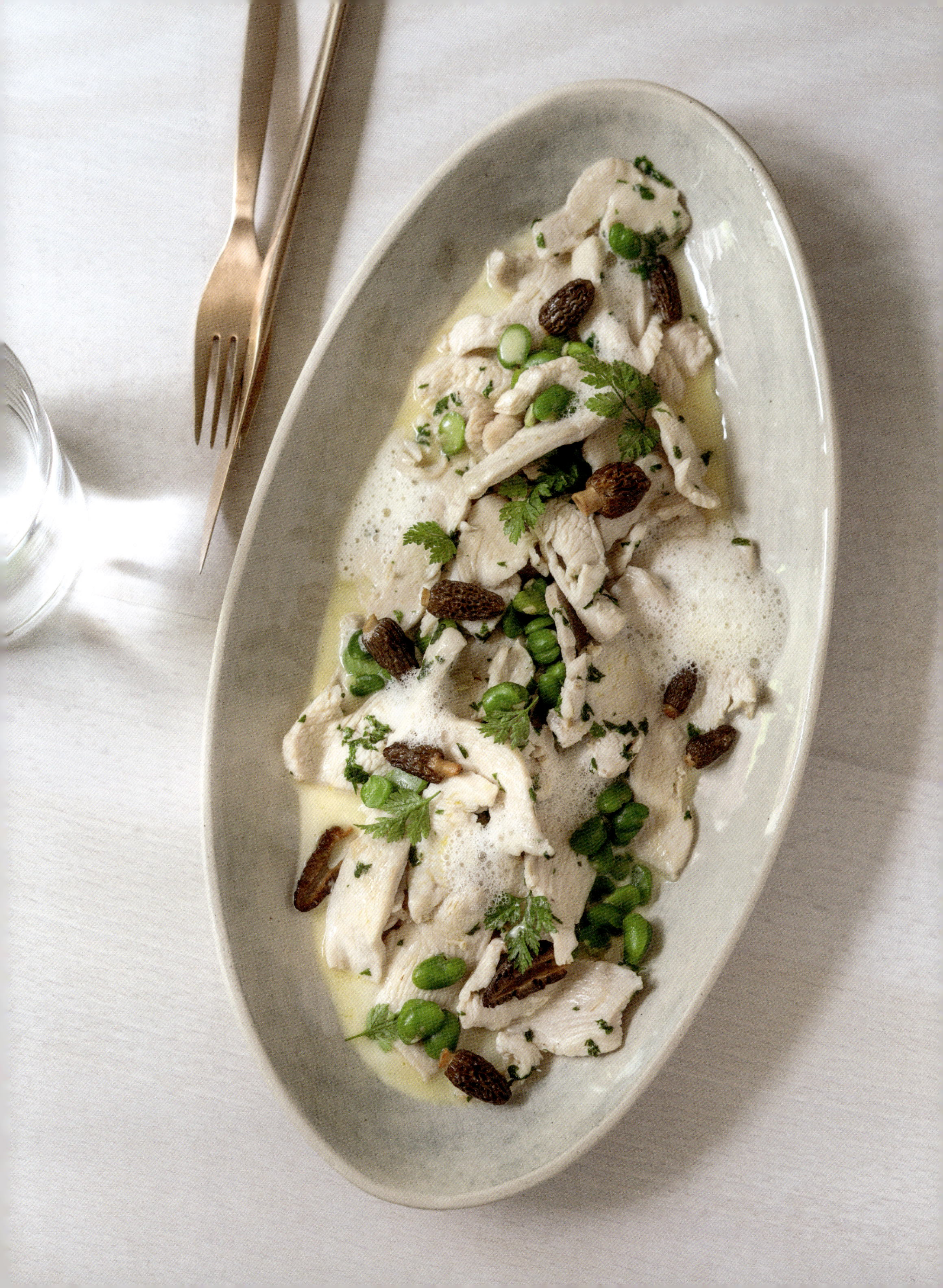

KANINCHENTERRINE

Für 4 – 6 Personen
oder für eine Terrinenform von 35 cm Länge

Eine fast verlorene Kunst, der Markus Burkhard hier huldigt. Patés und Terrinen sind jene vergessenen Köstlichkeiten, die jetzt wieder auf fast jedem Menü besonders ambitiöser Köche zu finden sind – aber leider kaum den klassischen Vorgaben entsprechen. Die da sind: Fabelhaft durchwachsenes Fleisch vom Schwein als Basis, denn die Terrine soll saftig sein und vollaromatisch schmecken. Dazu die richtige Portion namengebendes Fleisch … Also bei einer Rehterrine das Fleisch vom Reh, bei einer Wachtelterrine jenes von Wachteln und hier das kräftige Fleisch vom Kaninchenschenkel. Besser geht nicht.

ZUTATEN

Terrine
- 1 kg Kaninchenschenkel, ausgelöst noch ca. 680 g Fleisch
- 180 g Schweinskopfbacken
- 250 g Schweinsrückenspeck
- 200 g Kaninchenleber, grob gewürfelt
- 50 g Baumnusskerne
- 1 g Chilipulver
- 0,2 g Muskatnuss, frisch gerieben
- 0,7 g Macispulver
- 12 g Salz
- 50 g Sherry, trocken
- 10 g Noilly Prat
- 3 g Marc
- 3 g Salbeiblätter, frisch
- 3 g Majoranzweige, frisch

Auslegen der Form
- 90 g Spickspeck (auch Rückenspeck genannt), vom Metzger auf der Aufschnittmaschine in 1 mm dicke Scheiben geschnitten
- 110 g Kaninchenfilet

Vinaigrette
- 5 g Senf
- 35 g Apfel-Balsamico
- 10 g Apfelessig
- 50 g Baumnussöl
- 25 g Rapsöl
- 3 g Salz
- 15 g Geflügelfond
- 5 g Schnittlauch
- Salz, Pfeffer

Salatbeilage
- 2 Kopfsalate oder junger Lattich

VORBEREITUNG

Für die Terrine die Kaninchenschenkel, die Schweinsbacken, den Rückenspeck und die Kaninchenleber in Würfel von etwa 3 cm Seitenlänge schneiden. Zusammen mit sämtlichen anderen Zutaten von den Baumnüssen bis zu den Majoranzweigen mindestens 2 Stunden marinieren. Vor dem Weiterverwenden die Kräuterzweige und Blättchen entfernen.

Die Terrinenform mit den dünn geschnittenen Spickspeckscheiben dicht auslegen. Die Scheiben sollen über den Terrinenrand hängen; sie werden zum Schluss über die Füllung geklappt.

FORTSETZUNG >

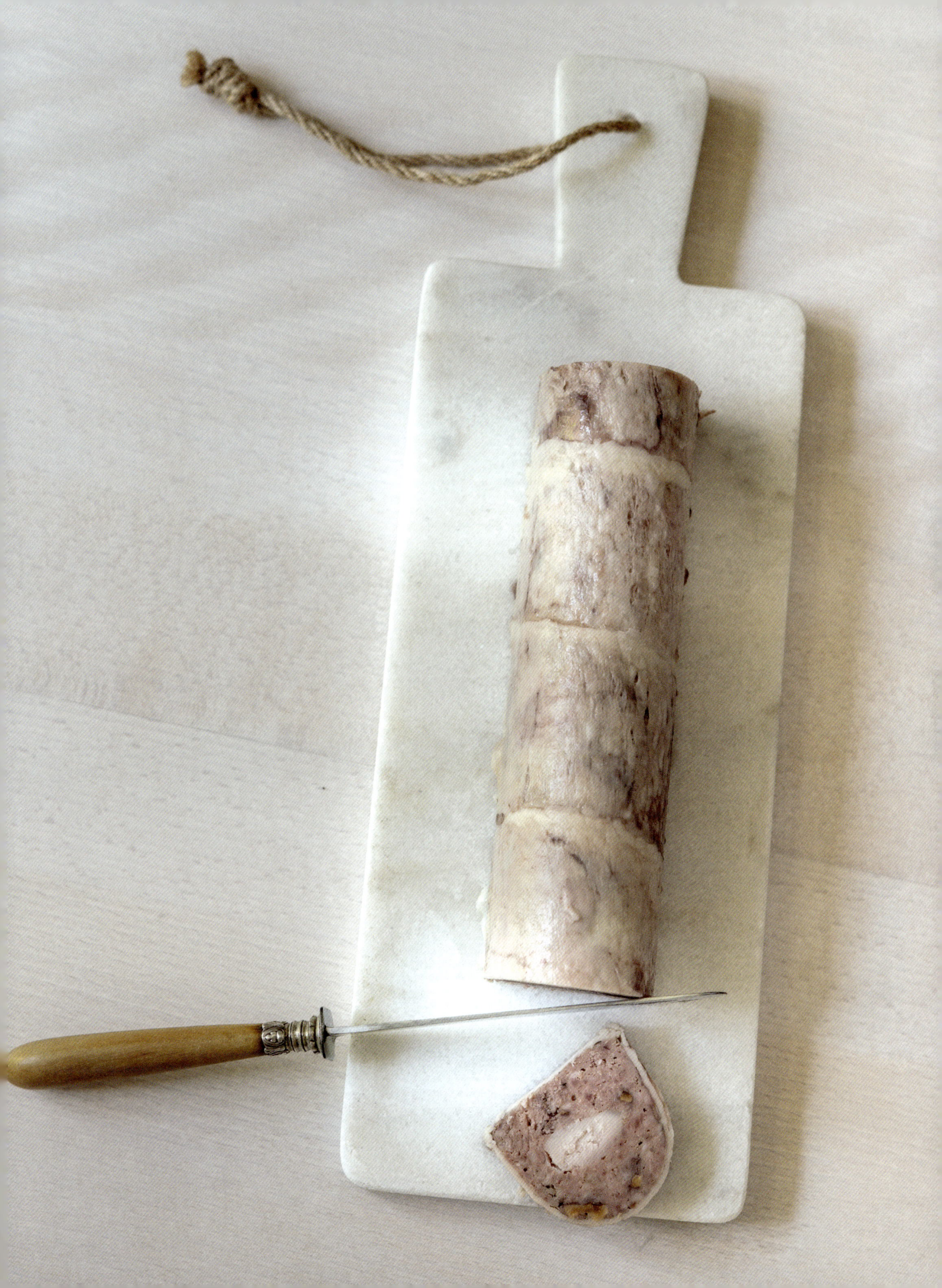

Fortsetzung

ZUBEREITUNG

1 | Den Backofen auf 110 Grad aufheizen. In einer Pfanne genügend Wasser zum Sieden bringen.

2 | Die Hälfte der Kaninchenmasse in die Form füllen und mit einem nassen Gummispatel ausstreichen. In die Mitte der Länge nach die Kaninchenfilets auslegen. Mit der zweiten Hälfte der Fleischmasse bedecken und ebenfalls mit dem nassen Gummispatel ausstreichen. Die Spickspeckscheiben über die Masse klappen.

3 | Die Terrinenform in eine passende Schüssel mit hohem Rand stellen. Bis auf ¾ der Höhe mit heissem Wasser auffüllen, in den Backofen schieben. Die Terrine für 47 Minuten pochieren. Herausnehmen und die Terrinenoberfläche mit einem passenden Gewicht – z. B. einem passenden Stück Karton, mit Alufolie umwickelt und mit Konservendosen oder einem schweren Küchengerät belegt – beschweren. Abkalten lassen.

ANRICHTEN

Die Terrine aus der Form lösen und in Tranchen von 1,2–1,5 cm schneiden.

Für die Vinaigrette die Zutaten miteinander verrühren. Im letzten Moment den fein geschnittenen Schnittlauch untergeben. Kräftig abschmecken.

Die Salatherzen der Länge nach halbieren. Auf kalte Teller legen. Eine Scheibe Terrine dazu betten. Den Salat mit etwas Vinaigrette beträufeln.

Dazu reicht man etwas geröstetes Bauernbrot oder frisches, knuspriges Weissbrot.

POCHIERTE KANINCHENSCHENKEL AUF EINEM TRINXAT

Für 4 Personen

Der baskische Trinxat ist zwar nur die Beilage zum köstlich saucigen Kaninchenfleisch, aber diese Galette ist eben auch der kulinarische Rahmen, in dem der Kaninchenschenkel viel besser schmeckt. Klar, dass wir Markus Burkhards Beispiel folgen und auch den Pochiersud selber fabrizieren. Es gibt viele Abkürzungen, die man in der Küche machen könnte, die gute Köche aber einfach nicht machen! Dieser Fond ist eine davon. Er macht den Unterschied.

ZUTATEN

- 4 Kaninchenschenkel, mit Knochen

Trinxat
- 10 g Knoblauch, fein geschnitten
- 50 g Sonnenblumenöl
- 250 g Kartoffeln, geschält, mehlig auskochend, in groben Würfeln
- 150 g Federkohl, in 2–3 mm breite Streifen geschnitten
- Salz

Pochiersud
- 500 g Kaninchenknochen (z. B. vom Kaninchenrollbraten und den Vorderschenkeln; allenfalls Hühnerknochen verwenden)
- 2 l Wasser
- je 50 g Brunoise von Sellerie, Rüebli und Lauch
- 40 g Zwiebelwürfel
- 6 g Salz
- 1 Lorbeerblatt

Sauce
- Kaninchenfond
- 330 g Rahm
- 100 g Butter
- 5 g Zitronenthymian, gezupft

VORBEREITUNG

Für den Trinxat den Knoblauch im heissen Sonnenblumenöl kurz frittieren. Der Knoblauch darf ein wenig golden werden.

Die Kartoffeln im Salzwasser weich garen. Abgiessen und etwas ausdampfen lassen.

Den Federkohl im siedenden Salzwasser kurz blanchieren. Abgiessen und in kaltem Wasser abschrecken. Abgetropft weiterverwenden. Dann mit den Kartoffeln und dem Knoblauch innig zusammenstampfen.

Trinxatmasse 2 cm dick auf einem Blech ausstreichen. Über Nacht kalt stellen. Mit einem Küchenpapier zudecken und mit einem weiteren Blech beschweren, so dass die Masse festgepresst wird. Am nächsten Tag in die gewünschten Formen schneiden (Kreis, Quadrate etc.). Mit Klarsichtfolie bedeckt reservieren.

Für den Pochiersud die Kaninchenknochen in kaltes Wasser geben und aufkochen. Die aufschwimmende Eiweissmasse immer wieder abschöpfen. 60 Minuten köcheln.

Die Gemüse und Gewürze zugeben. Nochmals alles während 60 Minuten vor dem Kochen halten. Abpassieren. Diesen Fond reservieren.

FORTSETZUNG >

Fortsetzung

ZUBEREITUNG

1 | Den Fond zum Sieden bringen, die Kaninchenschenkel hineinlegen und darin während 35 Minuten leise köchelnd pochieren. Bei einer Nadelprobe dringt die Nadel mit bloss leichtem Widerstand ins Fleisch.

2 | Den Bratofen auf 60 Grad vorheizen.

3 | Kaninchenschenkel aus dem Fond heben und zugedeckt im Bratofen warm halten.

4 | Für die Sauce den Fond auf etwa 1/6 seines Volumens einkochen. Ihn dann mit dem Rahm aufmixen und mit Butter zu einer sämigen, leicht fliessenden Sauce aufmixen. Abschmecken.

5 | Die Trinxat in etwas Sonnenblumenöl und Butter beidseitig etwas anbraten. Nicht zu heftig braten, weil die Galetten sonst zerfallen. Im leicht offenen Bratofen warm halten.

6 | Kurz vor dem Servieren die gezupften Zitronenthymianblättchen unter die Sauce geben.

ANRICHTEN

Die Trinxat auf heisse Teller legen. Je einen Kaninchenschenkel daraufbetten, mit gehörig Sauce nappieren und die Trinxat damit umgiessen.

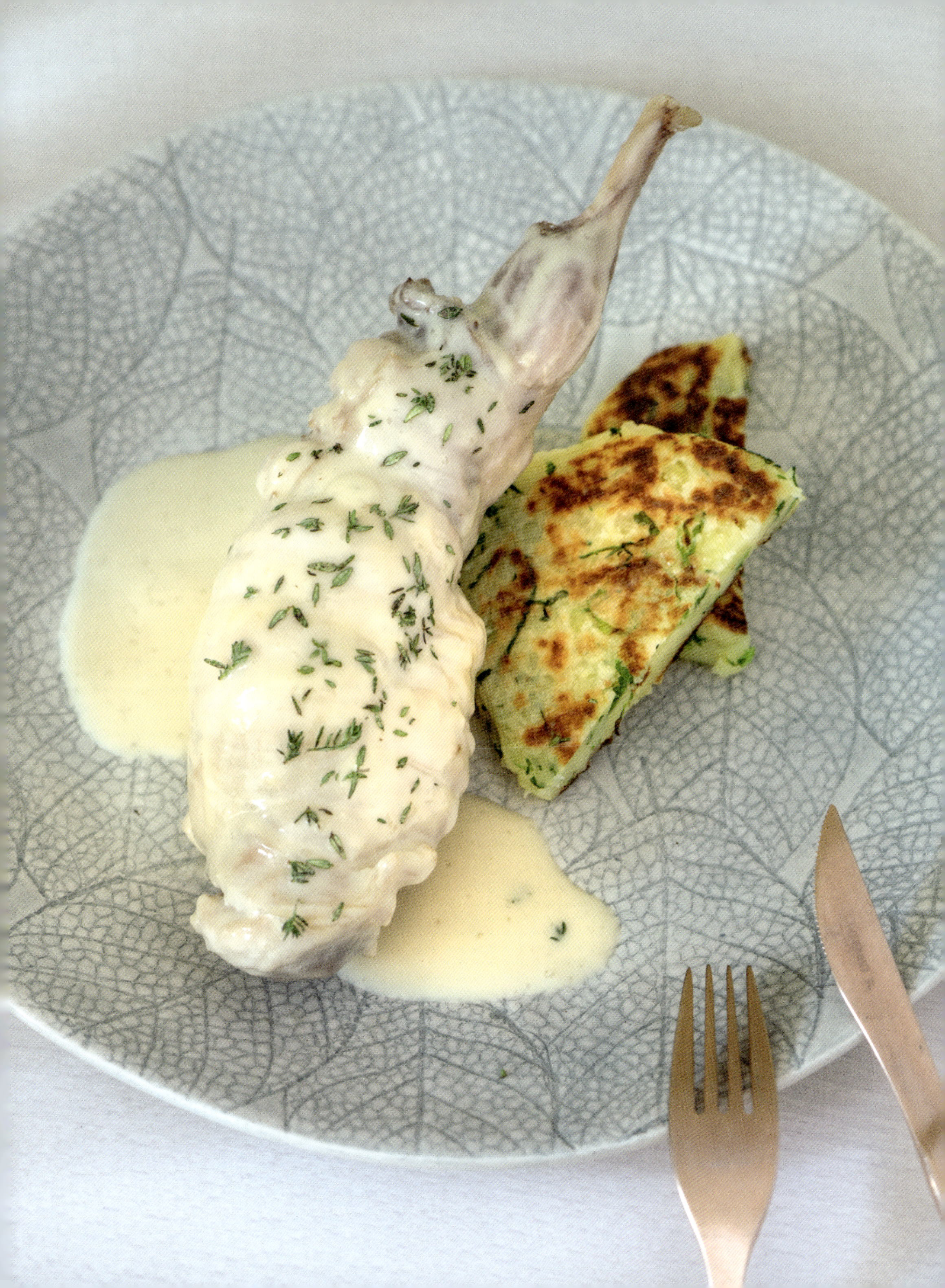

AUCH KLEINVIEH KANN SCHWIERIGKEITEN MACHEN

von Michael Merz

Hundertfünfzig Kilometer dem Hudson entlang, hinauf ins Land, liegt rechterhand Barrytown. Freitagabend von Midtown Manhattan sind es etwa drei Stunden bis hierher. Sonntagnacht zurück knapp zwei. Beide Male, klar, mit Stau. So ist das eben. Manchmal fuhren wir nicht dahin. Die Staus vor den Ferien ... Manchmal fuhren wir früher. Manchmal kamen wir später zurück. Und manchmal blieben wir für zehn Tage. Etwa vor Thanksgiving, dem vierten Donnerstag im November. Danach werden die Läden vor die Fenster gehängt, und auch die Eingangstüre verrammelt. Die Herbststürme kommen unweigerlich und bis Weihnachten ist kein weiteres Wochenende geplant.

Thanksgiving war der Tag, an dem wir den Gottesdienst in der hölzernen Kirche mit den zwei unterschiedlichen Türmen und der feuerwehrroten Türe besuchten, obwohl wir keine Methodisten sind. Gegen zehn Uhr morgens spazierten wir von unserem American Clapboard House hinüber zur Kirche. Vorher hatten wir den Truthahn in den Ofen geschoben. Um vier Uhr nachmittags, beim Eindunkeln, wenn die Gäste kamen, war er parat. Gefüllt mit Äpfeln und Kastanien, umlegt von gebackenen Äpfeln. Die Cranberrysauce stand in der grossen Sauciere dabei. Ein dunkler Roter blitzte in der Karaffe auf dem mit Äpfeln, Birnen, Nüssen und Kürbissen dekorierten Tisch.

Nun muss man wissen, dass ich als Schweizer Bub vorher niemals Truthahn gegessen hatte. Später diesen versuchte und niemals vergessen werde, wie trocken er schmeckte. Ich würde mich hüten, je wieder davon zu essen. Ich hatte also jeden denkbar gültigen Vorbehalt vor dem ersten Thanksgiving. Aber ... Dieser Truthahn schmeckte saftig und aromatisch. Auch die Tischrunde genoss jeden Bissen. Zurück in der Schweiz wollte ich das kulinarische Bekehrungswunder wiederholen. Allein einen frischen Truthahn zu finden, erwies sich als unmöglich. Allenfalls tiefgekühlt waren diese erhältlich. Dann eben nicht.

Auch Kaninchen blieben mir lange ein fremdes Fleisch. Die herzigen Tiere an der landwirtschaftlichen Ausstellung wollten nicht zu den Gerichten passen, die italienische Fremdarbeiter in ihren Küchen zusammen kochten. Diese rochen fantastisch nach Sugo und Rosmarin, Thymian und Pilzen. Aber gegessen hätte ich sie nie. Weil ... unsere Metzgerei bot zwar vom Donnerstag bis Samstag Kaninchenfleisch an. Aber selber gegessen hätten wir es nicht. Vater weigerte sich, sagte: «Es reicht, wenn ich es anbiete.» Dabei waren diese Kaninchen von unglaublicher Qualität. Die Bäuerinnen eines kleinen Weilers, er heisst «im Loch», mästeten die Tiere für uns. Sie fütterten sie mit Milchbrot, altem Brot, Raufutter, Maiskörnern. Die Tiere hatten Auslauf ins Grüne. Sie waren gross und schwer, ihr Fleisch rosa und das reichliche Fett um die Nieren so weiss wie die Milch, die sie genährt hatte. Nichts zu machen. Vater wollte nicht. Wir assen keine Kaninchen!

Mit dem Truthahn war es leichter. Erst waren es die Hühner der Bresse, der französischen Gegend nördlich von Lyon, aus der die berühmtesten Poularden der grossen Küchenwelt kommen. Und weil mein bester Küchenfreund Alain Chapel von dort kam und sein bester Freund wiederum Paul Bocuse war, besuchte ich in ihrem Gefolge dort nicht nur Geflügelzüchter, sondern überall in der Gegend jene «Foires», Ausstellungen, an denen dieses Geflügel an Wettbewerben prämiert wurde. Vor allem Truthennen, die kleineren, weiblichen Tiere der Gattung.

Bocuse mochte vor allem die Tiere aus der Gegend von Crémieu, einem Städtchen im Tal der Isère gegen Savoyen hin gelegen, Chapel blieb jenen der Bresse zugetan. Er suchte sich seine Tiere vor allem in Montrevel-en-Bresse zusammen. Eines seiner legendären Rezepte gart die getrüffelte und aufgebunde Truthenne im Dampf einer mit viel Weisswein verlängerten Hühnerbouillon, aus der zum köstlichen Schluss eine buttrige Sauce entsteht. Kollege Bocuse jedoch erinnerte sich eines Tages an ein Rezept aus seiner wilden Jugendzeit und lud uns dazu an seinen Teich ein. Natürlich war auch diese Trute getrüffelt, was angesichts dessen, dass diese Tiere nach einem guten Leben von fast einem Jahr traditionellerweise immer im Spätherbst auf den Tisch kommen, völlig normal ist. Nicht ganz normal hingegen war die Art, wie sie Bocuse vorbereitet hatte. Er hatte das Geflügel erst mit einer üppigen Mischung aus Schweine- und Trüffelhack gefüllt, Trüffelscheiben unter die Haut über der Brust geschoben, es in ein feuchtes Küchentuch eingewickelt und in ein weiteres Tuch gehüllt. Endlich in einen alten Mehlsack gesteckt, wurde das gute Stück schliesslich für zwei Tage in der Erde vergraben. Danach garte er den dank der vielen Trüffel sehr kostbaren Vogel so, wie Freund Chapel es getan hatte, über dem Dampf einer kräftigen Kalbsbouillon.

Gab es zwischen den beiden also einen Wettbewerb? Klar. Aber beide assen gerne, was jeweils der andere gekocht hatte. Beide lobten den anderen, weil – so sagte Bocuse – Chapel der viel kultiviertere Koch sei. «Nicht umsonst habe ich bei ihm das beste Essen meines Lebens gegessen.» Oder wie Chapel sagte: «Paul ist wie die Natur. Mit seiner Urkraft überwältigt er jeden. Jeden Gast und … jede Frau!»

Kaninchenfleisch hatte und hat es noch viel schwerer in der grossen Küche. Es wird bis heute den Ruch des Uninteressanten, der Armenküche, einfach nicht los. Obwohl es immer wieder tolle Spitzenköche damit versucht haben. Im Londoner «La Tante Claire» hat etwa Pierre Koffmann für dieses Fleisch eine kulinarische Bresche zu schlagen versucht. Er kommt ja ursprünglich aus Frankreichs Südwesten, einer sehr ruralen Landschaft, und hat deren Produkte nicht nur in sein grosses Herz geschlossen, sondern sie immer wieder in seinen Gerichten propagiert. Nun ist jedoch ein Kaninchen für die kleine Tafelrunde ein zu grosses Hauptgericht, für eine grössere Tischrunde aber zu klein. Also füllt der Drei-Sterne-Koch ein Kaninchen mit einem Gemisch aus Kräutern und den gehackten Innereien, brätet dieses lange und sanft in viel Gänsefett. Man kann so ein Gericht arg bäuerlich nennen. Wer es jedoch gegessen hat, heisst es königlich.

Einer, den ich für seine Fähigkeiten, komplexe Küchenprobleme erfolgreich zu vereinfachen, sehr bewunderte, war Gualtiero Marchesi. Dass er keine grossen Fleischstücke mehr kochen wollte, war bedauerlich, aber erklärbar. Marchesi begriff sehr früh, dass die heutigen Feinschmecker lieber acht kleinformatige Gänge geniessen wollen, als drei mächtige Gerichte in der alten, elaborierten Manier. Dass er aufs Kaninchen kam, ist also logisch. Nicht nur, weil «il coniglio» italienische Küche fast symbolisieren könnte, auch, weil er deren Küchenproblem erkannt hat. «Niemand würde sich darüber wundern, dass ein Kalbskotelett anders gekocht werden muss als eine Kalbshaxe oder -brust. Sie kommen vom gleichen Tier, sind aber grundlegend verschiedene Fleischarten. Das Kaninchen jedoch wird als Einheit wahrgenommen. Was, wenn man dieses als ein einziges Gericht kocht, wiederum zu einem verkochten, trocken gekochten und sogar hart gekochten, aber kaum je zu einem einzigen, perfekt gegarten Gericht führt. Die Lösung ist einfach: Vorderteile werden geschmort, der Rücken kurz gebraten, die Schenkel langsam gebraten oder pochiert.» Solches hat sich mit Sicherheit auch Alain Dutournier vorgenommen. Auch er ein Mann aus Frankreichs Südwesten. Nicht umsonst heisst sein erstes Restaurant hinter der Pariser Bastille «Au Trou Gascon». In diesem «Gascogner Loch» begegnete ich seiner fabelhaften Küche am Ende der 1970er-Jahre. Dann zog ich als Gast mit ihm weiter, als er ins «Carré des Feuillants» wechselte. Zwar ist das neue Restaurant ein Luxuslokal und das genaue Gegenteil seines anderen Restaurants, nämlich mondän, dem nahen Machtzentrum des Elysée und der Place Vendôme zugewandt, aber es ist eben auch sehr erdgebunden, klassisch geblieben. Also stand und steht immer noch ab und an der «Cul de lapereau retour des Indes» auf dem Menü. Dieses Gericht aus dem hinteren Teil eines Kaninchens, gewürzt mit sämtlichen denkbaren Currys des Ostens, verbindet alles, was Dutournier kann und will. Den perfekten Umgang mit dem feinen Fleisch und der intelligente Einsatz der Gewürze.

«MAN KANN SO EIN GERICHT ARG BÄUERLICH NENNEN. WER ES JEDOCH GEGESSEN HAT, HEISST ES KÖNIGLICH.»

Was mich zum allerbesten Truthahngericht meines gesamten kulinarischen Lebens bringt. Ich ass es in einem Riad in Taroudant, dem Haus einer marokkanischen Freundin, die nach langer Karriere in der Welt der Juwelen nach Hause zurückgekehrt war. Ein Riad ist nicht nur ein Haus, sondern ein Haus mit Innenhof, das heisst also auch ein stattliches Haus von einer gewissen Grösse. Es ist ein Haus wie ein Kosmos. Man kann darin leben, ohne je auf die Strasse zu müssen. Vor allem aber werden diese Häuser, auch wenn die Besitzer nicht anwesend sind, vom Personal weitergeführt, als wären die Besitzer noch da. Nahema, eine überaus grossherzige Frau, hatte uns erwartet und so sassen wir am ersten Abend zum gemeinsamen Abendessen nicht im Hof, sondern auf dem Dach zusammen. Der Abend begann spät und endete früh. So wie dies Festessen in Marokko eben tun … Höhepunkt des Mahls war eine Truthenne. Nie werde ich den mit Couscous gefüllten, in einem grossen Bratentopf angebratenen, dann sanft geschmorten Vogel vergessen. Vor allem die mit Zimt, Safran und Honig verfeinerte Sauce, die den Braten duftend und glänzend überzog. Und ja: Ich habe oft daran gedacht, dieses Gericht selbst einmal zu kochen. Aber … soll ich es sagen? Ich hatte den Mut nicht. Ich habe in meinem ganzen Leben nie einen Truthahn gekocht.

ESTOUFFADE
GESCHMORTES KANINCHENRAGOUT

Für 4 Personen

Ganz Norditalien, von Genua bis zur französischen Grenze, kennt «Stufato», den Schmorbraten auf Gemüse. Dass so ein Gericht an der Grenze nicht haltmacht, sondern jenseits zu ganz neuen Ausprägungen findet, zeigt die Estouffade von Markus Burkhard. Es entsteht aus Kaninchenfleisch und Gemüse. Vor allem aber aus einem Jus, dessen Basis Knochen von Kaninchen und Kalb sind. Was so ein Jus vermag, wird jedem klar, der das Gericht geniessen darf. Besseres aus einer Bauernküche ist kaum möglich.

ZUTATEN

Jus
- 450 g Kaninchenknochen
- 200 g Kalbsknochen
- 200 g Kalbsfüsse, in Scheiben
- 100 g Öl
- 100 g Rüebli, grob gewürfelt
- 100 g Sellerie, grob gewürfelt
- 100 g Zwiebeln, grob gewürfelt
- 35 g Tomatenkonzentrat
- 250 g Weisswein
- 4 l Wasser

Estouffade
- 800 g Kaninchenragout, ohne Bein, in 4 cm grossen Würfeln
- 100 g Perlzwiebeln, geschält
- 10 g Salz
- 80 g Sonnenblumenöl
- je 100 g Matignon von Sellerie und Rüebli
- 20 g Tomatenpüree
- 80 g Sherry
- 1 l Jus
- 5 g Majoran, frische Blättchen

VORBEREITUNG

Für den Jus die Kaninchenknochen sowie die Kalbsknochen und -füsse mit kaltem Wasser absprühen und sehr gut abgetropft weiterverwenden.

Im Öl langsam rundum anbraten. Zwiebeln, Rüebli und Sellerie beigeben und unter Wenden mitrösten. Das Tomatenkonzentrat zugeben und ebenfalls anrösten. Mit Weisswein 3-mal ablöschen, das heisst: Jedes Mal, wenn der Wein praktisch verkocht ist, den nächsten Schluck Wein dazugeben. Schliesslich mit dem Wasser auffüllen und alles für mindestens 2–3 Stunden köcheln. Die Flüssigkeit immer wieder abschäumen.

Alles durch ein Tuch passieren und danach mindestens um die Hälfte reduzieren. Der Fond soll kräftig (aber ungesalzen!) schmecken.

Die Perlzwiebelchen in siedendes Wasser werfen und sofort wieder herausheben. Abgetropft können sie nun sehr leicht geschält werden.

FORTSETZUNG >

Fortsetzung

ZUBEREITUNG

1 | Den Bratofen auf 110 Grad vorheizen.

2 | Das in grosse Würfel geschnittene Kaninchenfleisch kräftig salzen. In einer Gusseisenpfanne im Sonnenblumenöl rundum und gleichmässig in ca. 10 Minuten anbraten.

3 | Die vorbereiteten Rüebli und Sellerie beigeben und mitrösten. Tomatenpüree beigeben und ebenfalls anrösten. Dann alles mit dem Sherry ablöschen und fast gänzlich reduzieren.

4 | Den Jus beifügen und alles zugedeckt in den heissen Bratofen bei 110 Grad einschieben. Nach 45 bis 60 Minuten die Temperatur auf 160 Grad erhöhen und weitere 15 Minuten abgedeckt fertig garen.

5 | Das Fleisch herausstechen und locker mit etwas Alufolie belegt warm halten. Den Jus auf ¾ seines Volumens reduzieren. Abschmecken und die fein geschnittenen Majoranblättchen unterrühren.

ANRICHTEN

Bei Tisch aus der Bratschüssel auf heisse Teller zu Kartoffelpüree schöpfen.

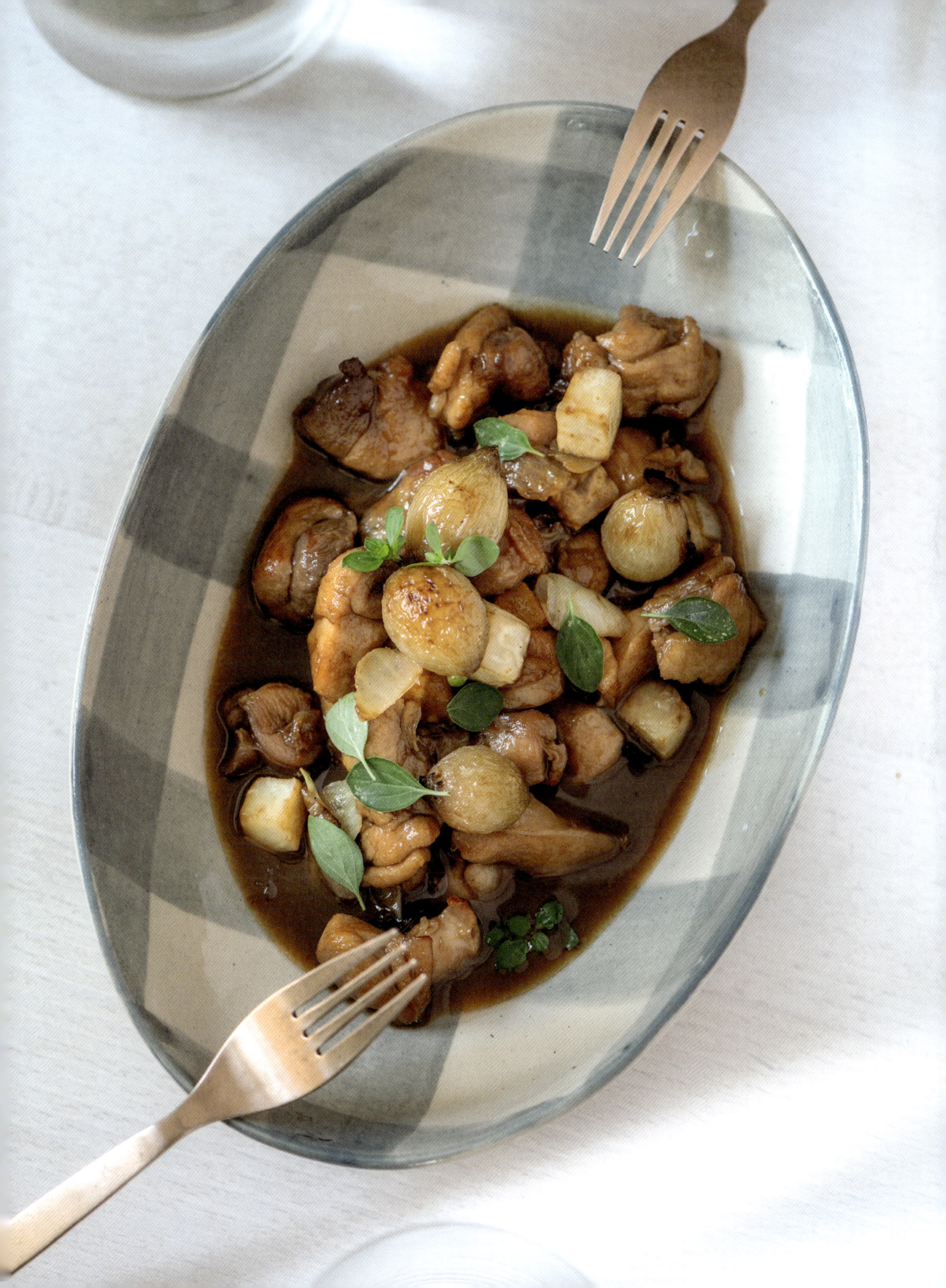

KANINCHEN-ROLLBRATEN

Für 4 Personen

Ein ungeliebtes Stück Fleisch. Anders lässt sich das Vorderteil eines Kaninchens küchentechnisch nicht bezeichnen. Es besitzt viele Knochen, ist ungleichmässig dick und oft nur sehr dünn von Fleisch bedeckt. Daraus etwas Besonderes zu kochen braucht Fantasie und Können. Diese haben Markus Burkhard geholfen, daraus etwas absolut Köstliches zu köcheln. Auf ganz einfache Art. Höchste Küchenkunst!

ZUTATEN

- 1 Kaninchenvorderteil, Laffe, Rücken und Bauchlappen
- 4 g Salbeiblätter, frisch
- 50 g Lardo, in 1 mm dünne Scheiben geschnitten
- 50 g Sonnenblumenöl
- 150 g Kalbsfüsse, in Scheiben
- 1 kg Kaninchenknochen
- 20 g Knoblauch
- Matignon von je 50 g Zwiebeln, Karotten und Sellerie
- 20 g Tomatenkonzentrat
- 100 g Noilly Prat
- 500 g Kaninchenfond, braun (s. S. 279)

VORBEREITUNG

Vom ausgebreiteten Kaninchen die beiden Vorderschenkel/Schultern abtrennen, ebenso die beiden Schlegel. Die Knochen aus dem so entstandenen Bauchlappen und vom Rücken lösen. Alles mit einem Fleischklopfer leicht plattieren. Die Innenseite mit den Salbeiblättern belegen. Mit den Lardoscheiben bedecken. Alles satt zusammenrollen und diese Rolle mit Küchenschnur gleichmässig sehr fest verschnüren.

ZUBEREITUNG

1 | Den Kaninchenbraten in der Bratenschüssel im heissen Sonnenblumenöl anbraten. Herausnehmen und locker mit Alufolie zugedeckt reservieren.

2 | Den Bratofen auf 160 Grad vorheizen.

3 | Die Kalbsfussscheiben, Kaninchenknochen und dann den Knoblauch sowie Zwiebel-Rüebli-Sellerie-Matignon im restlichen Fett anbraten. Den Braten auf diese Mischung setzen und alles für 15 Minuten zugedeckt im vorgeheizten Bratofen braten. Den Braten erneut herausnehmen und reservieren.

4 | Die Pfanne auf den Herd setzen. Das Tomatenpüree zu den Gemüsen geben und etwas anziehen. Mit Noilly Prat ablöschen. À sec einkochen. Den Kaninchenfond zugeben. Aufköcheln und auf ca. 1/3 des Volumens reduzieren.

ANRICHTEN

Den Rollbraten von den Küchenschnüren befreien. In ca. 1 ½ cm dicke Scheiben schneiden und diese zu Polenta oder Selleriepüree auf heisse Teller anrichten. Mit etwas Sauce umgiessen. Sofort auftragen.

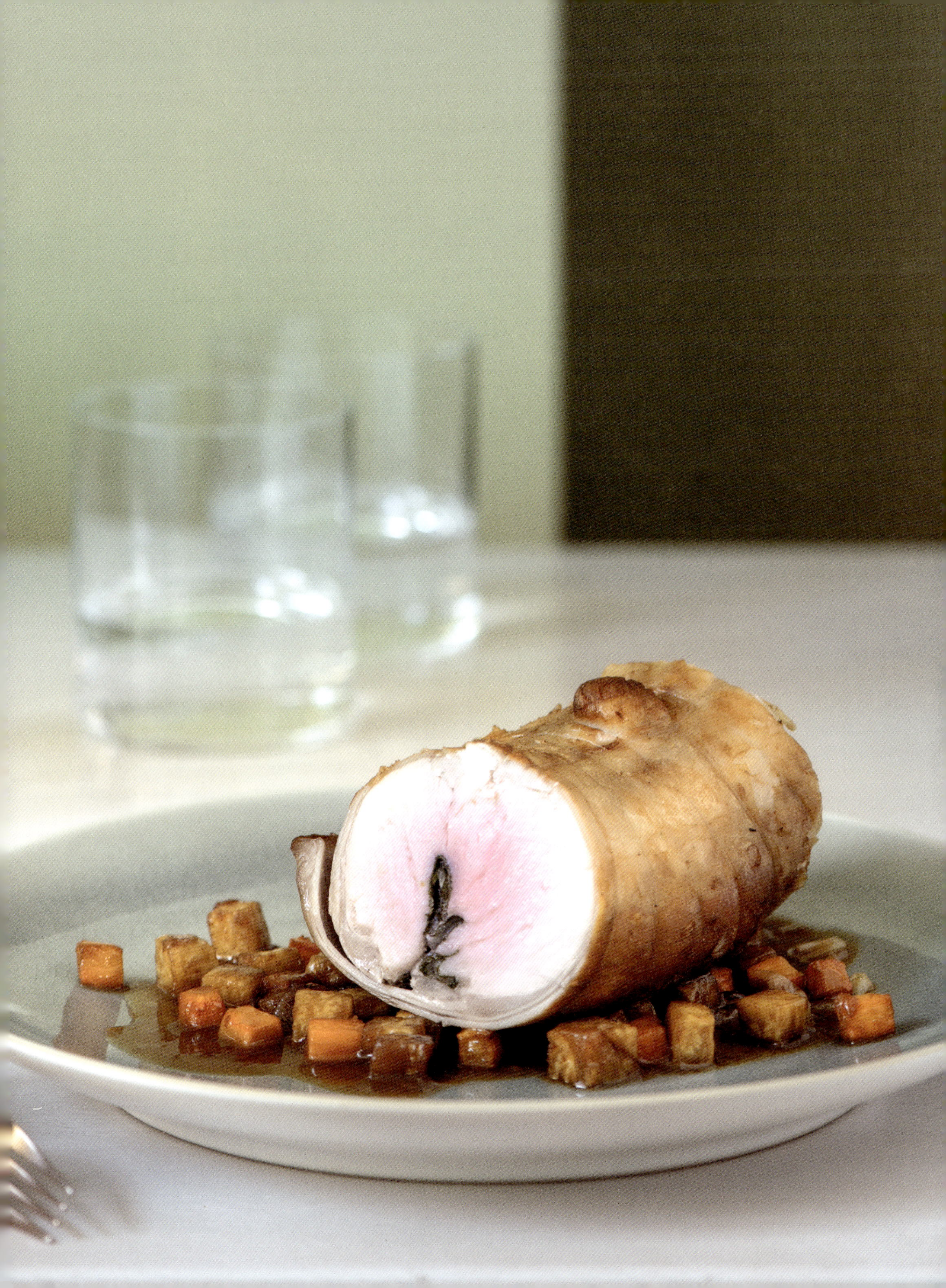

GERÄUCHERTES KANINCHENFILET MIT ERBSEN-ESPUMA UND CHIPS

Für 4 Personen

Räuchern ist nicht nur eine hervorragende alte Konservierungsmethode. Räuchern verleiht dem Räuchergut auch zusätzliches Aroma. Was die moderne Küche nutzt. Und all die Grillfans, die nicht nur Fleisch auf den heissen Eisenstäben markieren und garen, sondern das gute Fleisch zusätzlich aromatisieren, indem sie es mit einer Haube abdecken. Allerdings räuchert die moderne Küche ihre Produkte natürlich nicht so kräftig, wie dies in einem Metzgerei- oder Bauernkamin mit Schinken und Speck geschieht. Sie verleiht Fleisch mit zarten Aromen eine genauso zarte, zusätzliche Geschmacksnote. Davon profitieren weisse Fleischarten, also Geflügel, Fisch, Austern und Kaninchen, ganz besonders.

ZUTATEN

- 4 Kaninchenfilets (ausgelöste Rückenstücke) à ca. 100 g
- 24 g Zucker
- 20 g Sel à l'ancienne de Bex oder Fleur de Sel
- 4 g Senfsamen
- 0,5 g Minze, getrocknet
- 100 g Räucherspäne (Buchenspäne, erhältlich beim Metzger oder im Freizeitshop).

Erbsenchips
- die reservierte Erbsenhaut, (getrocknet und pulverisiert) = 25 g Erbsenpulver
- 25 g Mehl
- 25 g Eiweiss
- 25 g Butter
- 2 g Salz

Erbsenpüree
- 400 g Erbsen
- 160 g Geflügelbouillon
- 8 g Salz

Erbsen-Espuma
- 80 g Erbsenpüree
- 50 g saurer Halbrahm
- 35 g Eiweiss
- 1 g Cayennepfeffer
- Salz

Erbsensalat
- 200 g Erbsen, ausgelöst, von der Erbsenhaut befreit, die Erbsenhaut ebenfalls reservieren

Vinaigrette
- 20 g Apfelbrunoise (Würfelchen von 2 mm Grösse)
- 10 g Verjus
- 20 g Apfelessig
- 3 g Salz
- 60 g Rapsöl
- 100 g Crème fraiche
- 2 g Estragon
- 3 g Minze

Ausserdem
- 12 g Kapuzinerkresse
- 5 g Vogelmiere

VORBEREITUNG

Für das Fleisch Zucker, Salz, Senfsamen und Minze mischen. Die Kaninchenfilets darin wälzen und für ca. 1 Tag zugedeckt an der Kühle marinieren.

Oder das Fleisch mit den Zutaten vakuumieren und für 24 Stunden an der Kühle marinieren.

Die reservierte Erbslihaut, die beim Vorbereiten des Erbsensalats übrig bleibt, trocknen (im leicht offenen, 80 Grad warmen Backofen). Mit dem Mixstab pulverisieren. Dieses Pulver durch ein feines Sieb passieren.

FORTSETZUNG >

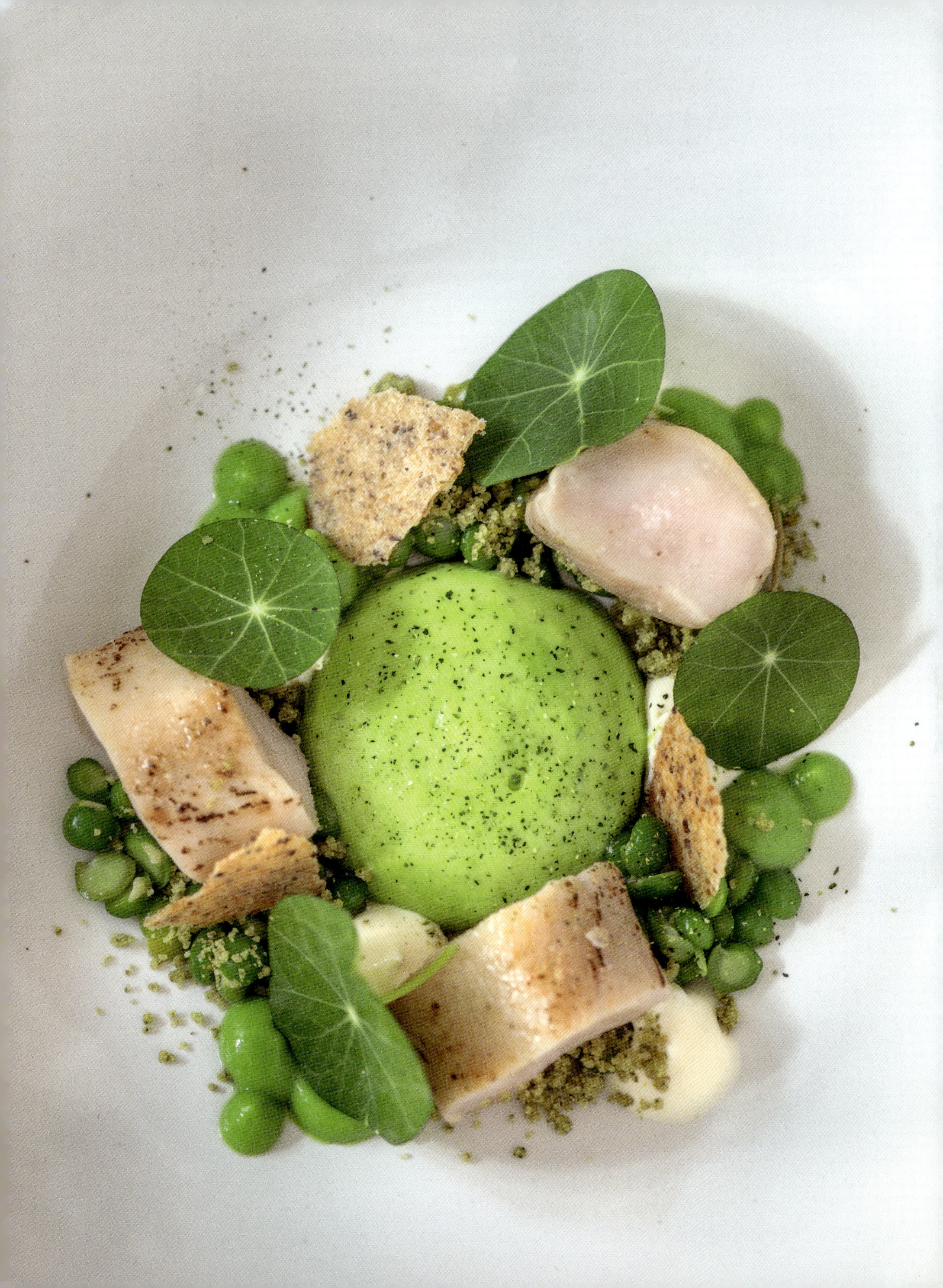

Fortsetzung

ZUBEREITUNG

1 | Für die Erbsenchips die getrocknete Erbsenhaus, Mehl, Eiweiss, Butter und Salz zu einem glatten Teig mischen. Diesen auf einer Silikonmatte ca. 1 mm dick ausstreichen und mit einer zweiten Silikonmatte zudecken. Im Tiefkühler während 5 Minuten gut durchkühlen.

2 | Den Backofen auf 135 Grad vorheizen.

3 | Die obere Matte von den Erbslichips abziehen und die Chipsmasse auf der unteren Matte in den Backofen schieben. In ca. 35 Minuten backen. Herausnehmen und die Chipsmasse von der Silikonmasse ziehen. Abkalten lassen.

4 | Für das Erbsenpüree Erbsen, Bouillon und Salz im Thermomix zu glattem Püree mischen (das geht auch in einem gewöhnlichen Mixer). Von dieser Masse 150 g zugedeckt reservieren.

5 | Für die Espuma das restliche Püree mit dem sauren Halbrahm und dem Eiweiss innig vermischen. Mit Salz und Cayenne pfiffig abschmecken. In eine Siphonflasche (z. B. Kisag) füllen. Verschliessen und mit Kisag-Kapseln befüllen. Gut schütteln und kalt stellen.

6 | Die Kaninchenfilets aus der Marinade nehmen.

7 | In einer Räucherpfanne die Räucherspäne aufschichten und anzünden. Den Deckel auflegen, damit das Feuer erstickt und die Späne langsam vor sich hin motten und so Rauch entwickeln. Jetzt die Filets auf ein Gitter über dem Rauch legen und zugedeckt für ca. 7 Minuten räuchern. Herausnehmen und locker bedeckt reservieren.

8 | Für die Vinaigrette sämtliche Zutaten ausser den Kräutern unter heftigem Schlagen emulgieren. Erst zum Schluss die fein geschnittenen Kräuter untermengen.

ANRICHTEN

Die ausgelösten rohen Erbslihälften mit der Vinaigrette vermengen. Die geräucherten Kaninchenhälften in schräge Tranchen schneiden.

Auf kalten Tellern erst Erbslipüree ausstreichen, dazu etwas Erbslisalat setzen und diesen mit einem Erbsenchip garnieren. Das Fleisch dazulegen, mit Erbsli-Espuma dekorieren, mit Vogelmiere und Kapuzinerkresse garnieren.

RAVIOLI, GEFÜLLT MIT KONFIERTEM FLEISCH VOM TRUTHAHNSCHENKEL

Für 4 Personen

Glücklicherweise ist die Hysterie rund um tierische Fette abgeflaut. Und glücklicherweise wissen wir heute, dass es sich dabei – so wie bei allen Dingen unseres Lebens – immer um die Frage des Masses dreht. Tierische Fette besitzen nämlich nicht nur gewöhnliche Brutzelfähigkeiten. Sie verleihen den Produkten, die man mit und in ihnen gart, eben auch zusätzlichen Geschmack. Konfiert man gar Fleisch in diesen Fetten, gart es ganz besonders saftig und chüschtig.

ZUTATEN

- 800 g Entenfett (oder Hühnerfett, Geflügelfett, geklärte Butter, also Butterfett)
- 2 Truthahnschenkel à 650 g
- 3 Knoblauchzehen (ca. 30 g)
- 5 g Salz
- 2 g Rosmarin, abgezupfte Nadeln
- 3 g Salbei, abgezupfte Blättchen
- 4 g Bohnenkraut, abgezupfte Blättchen

Pastateig
- 500 g Mehl
- 250 g Ei
- 5 g Salz
- 16,5 g Olivenöl

Füllung
- 20 g Butter (1)
- je 15 g Brunoise von Lauch, Sellerie, Rüebli
- 40 g Zwiebeln, gewürfelt
- 75 g Sherry
- 7 g Salz
- 1 g Cayennepfeffer
- 100 g Frischkäse
- 4 g Bohnenkraut, frisch

Sauce
- 1 l Geflügelfond
- 250 g Butter (4)
- Salz
- Cayennepfeffer

Spinat
- 20 g Butter (2)
- 400 g Spinat
- Salz

Steinpilze
- 20 g Butter (3)
- 250 g Steinpilze
- Salz

VORBEREITUNG

Entenfett schmelzen. Dazu gibt man das aus der hinteren und vorderen Bauchhöhle ausgelöste Fett gut gewaschen und abgetupft in ein Pfännchen und lässt das Fettgewebe langsam, langsam, bei niedrigster Temperatur, schmelzen. Ganz zum Schluss die kaum noch auffindbaren Zellhäute entfernen und das Fett durch ein Sieb in einen geeigneten Topf passieren. Abkalten lassen. Kühl und möglichst verschlossen aufbewahren.

Für den Pastateig Mehl, Salz, Ei und Olivenöl zu einem glatten Teig kneten. Diesen in Klarsichtfolie einwickeln und für mindestens 1 Stunde kühl stellen.

Für die Sauce den Hühnerfond sehr langsam auf ein Fünftel seines ursprünglichen Volumens einköcheln.

FORTSETZUNG >

Fortsetzung

KONFIEREN

1 | Den Bratofen auf 120 Grad vorheizen. Das passierte Entenfett in eine passende Schüssel geben und das Fett im Ofen schmelzen lassen.

2 | Die Trutenschenkel kräftig salzen und in einer passenden Pfanne auf beiden Seiten 4 Minuten kräftig anbraten. Zusammen mit den ungeschälten, mit einer breiten Messerklinge flach gequetschten Knoblauchzehen und dem Rosmarin, Salbei und Bohnenkraut ins Entenfett geben. Für ca. 2 Stunden zugedeckt im Bratofen konfieren.

3 | Die Schenkel herausheben. Gut abgetropft von der Haut befreien und das Fleisch von den Knochen zupfen. Mit Klarsichtfolie zudecken und parat halten.

RAVIOLI UND BEILAGEN

1 | Für die Füllung Zwiebel und Brunoise in der Butter (1) anziehen. Mit dem Sherry ablöschen und diesen fast vollständig einkochen lassen. Würzen. Mit dem Frischkäse und dem gezupften Bohnenkraut vermengen. Das Trutenfleisch zufügen und alles zu einer glatten Masse rühren.

2 | Den Ravioliteig durch die Teigwalze treiben und nach und nach auf die dünnste Stufe auswalzen. Das Teigband auf eine leicht bemehlte Unterlage legen. Je 1 gehäuften TL der Füllung in regelmässigen Abständen (8–10 cm) auf die untere Hälfte des Teigbandes legen. Die obere Hälfte darüberklappen und den Teig rund um die Füllung sehr gut andrücken, sodass sämtliche Luft aus dem Inneren der Ravioli entweicht.

3 | Mit einer runden oder eckigen Ravioliform (es kann auch ein passendes Glas sein) die Ravioli ausstechen. Die Ravioli nochmals mit den Fingern oder einer Gabel rundum gut andrücken.

4 | In einem grossen Topf Wasser zum Kochen bringen.

5 | Für den Spinat in einer Pfanne Butter (2) heiss werden lassen. Den viermal gewaschenen und gut abgetropften Spinat darin zusammenfallen lassen und mit Salz abschmecken.

6 | In einer weiteren Pfanne Butter (3) schmelzen. Die gut gereinigten und der Länge nach halbierten Steinpilze in der aufschäumenden, schon leicht dunkelgelben Butter kräftig anziehen und garen. Gut mit Salz würzen.

7 | Das stark siedende Wasser kräftig salzen. Die Ravioli hineinlegen. Die Temperatur sofort zurückschalten; das Wasser sollte jetzt nur noch schwach weiterköcheln – wallt das Wasser zu stark auf, zerfallen die Ravioli und ihr Inhalt fliesst ins Wasser. Schwimmen die Ravioli auf, mit einer Schaumkelle einsammeln und in einer Schüssel abtropfen lassen. Locker zudecken.

8 | Den reduzierten Hühnerfond nach und nach mit so viel kalter Butter (4) heftig aufschlagen, dass eine sämig-samtene Sauce entsteht. Diese kräftig abschmecken. Die Ravioli hineinlegen und unter Pfannenschwenken mit der Sauce vermengen.

ANRICHTEN

Steinpilze und Spinat auf heissen Tellern anrichten. Ravioli attraktiv darüber- und dazulegen. Mit etwas Sauce zusätzlich überträufeln.

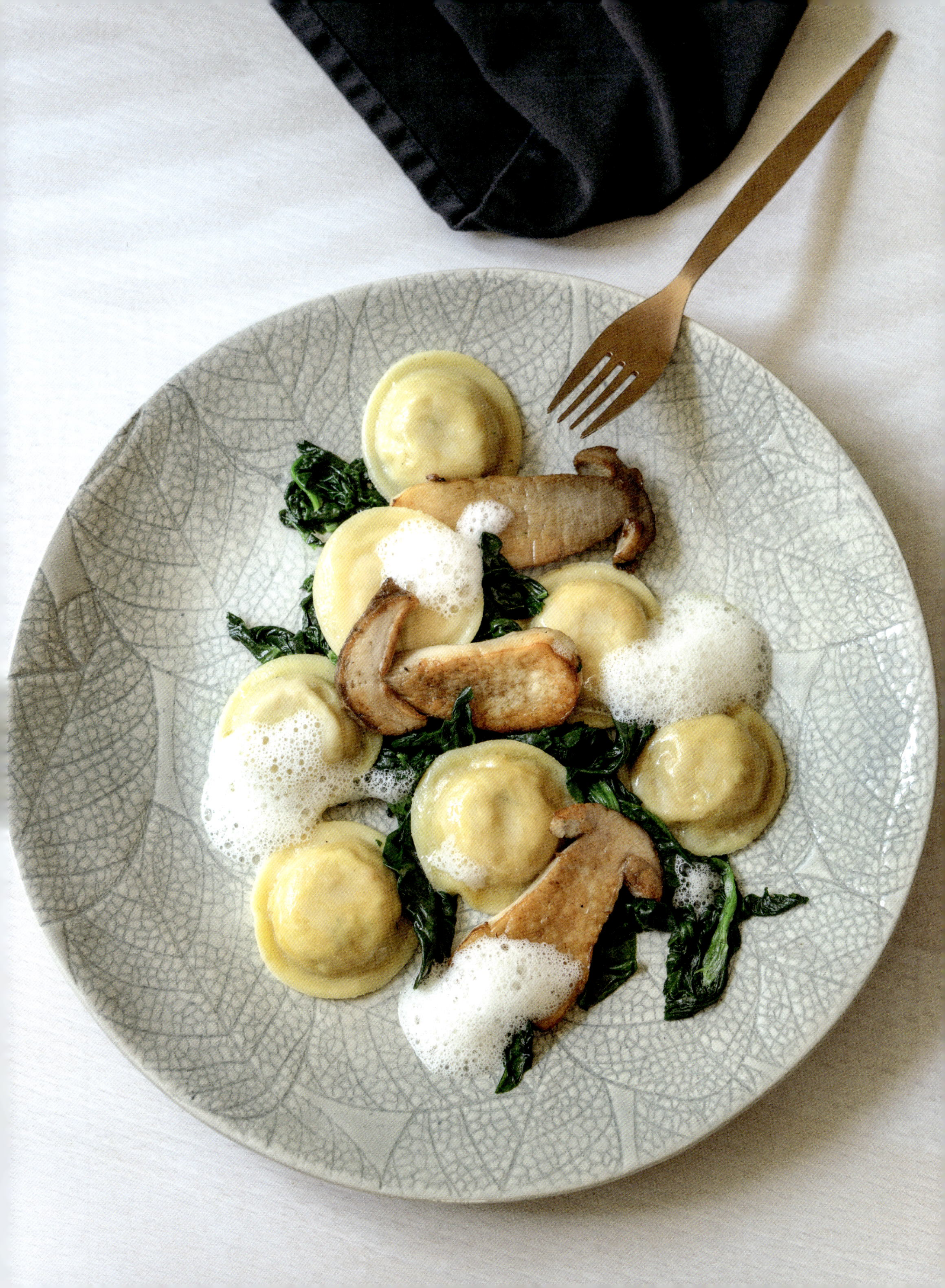

POELIERTER TRUTHAHN

Für 4 Personen

Das Geheimnis des perfekten Truthahns ist keines: Man muss ihn sorgfältig vorbereiten, dann liebevoll unter steter Aufsicht knapp garen und schliesslich superfrisch, noch einmal köstlich knusprig gebrätelt, stante pede vor die Gäste bringen und vor diesem Kennerpublikum das Fleisch tranchieren. Und dann die Sauce! Wenn Ihnen die Buttermenge gar mächtig vorkommt, gibt es nur die eine Lösung: Sie köcheln diese Sauce so, wie sie Markus Burkhard vorschlägt – oder Sie fabrizieren besser gar keine Sauce.

ZUTATEN

- 600 g Truthahn, der sogenannte Coffre, das heisst die Brüste auf den Knochen, aber ohne Schenkel und Rückgrat (beim Metzger bestellen)
- 250 g Butter (1)
- Salz
- 15 g Knoblauchzehen, geschält, halbiert, der Keimling entfernt
- Matignon von je 150 g Sellerie, Rüebli, Zwiebeln

Sauce

- 80 g Weisswein
- 300 g Geflügeljus
- 200 g Butter (2)

ZUBEREITUNG

1 | Den Bratofen auf 130 Grad vorheizen.

2 | Die zimmerwarme Butter (1) schaumig-cremig schlagen.

3 | Den Truthahn-Coffre salzen und mit der Butter gleichmässig einstreichen.

4 | Eine passende Gusseisenpfanne mit Knoblauch und Matignon belegen, den Truthahn mit der Brust nach oben daraufsetzen. Den Deckel auflegen und alles in den Bratofen einschieben. Ca. 2 Stunden braten. Alle 15 Minuten mit der ausgeschwitzten Bratflüssigkeit arrosieren.

5 | Den Deckel entfernen. Die Temperatur auf 160 Grad erhöhen und nochmals maximal 20 Minuten braten. Die Brüste sollten dann eine leichte Kruste besitzen. Truthahn herausnehmen und bei ca. 50–60 Grad, mit etwas Alufolie locker bedeckt, im offenen Bratofen warm halten.

6 | Für die Sauce die Bratenpfanne auf den Herd stellen. Erhitzen. Mit dem Weisswein ablöschen und alles praktisch à sec einköcheln. Den Geflügeljus zugeben. 10 Minuten köcheln lassen. Passieren, abschmecken und in einer Saucière anrichten.

7 | Die Butter (2) aufschäumen lassen. Darin den Truthahn-Coffre leicht knusprig braten.

ANRICHTEN

Die Brüste von den Knochen lösen. In schräge, knapp 1 cm dicke Scheiben schneiden. Mit Gartengemüsen nach Wunsch auf heisse Teller legen. Mit der Sauce umgiessen und etwas nappieren.

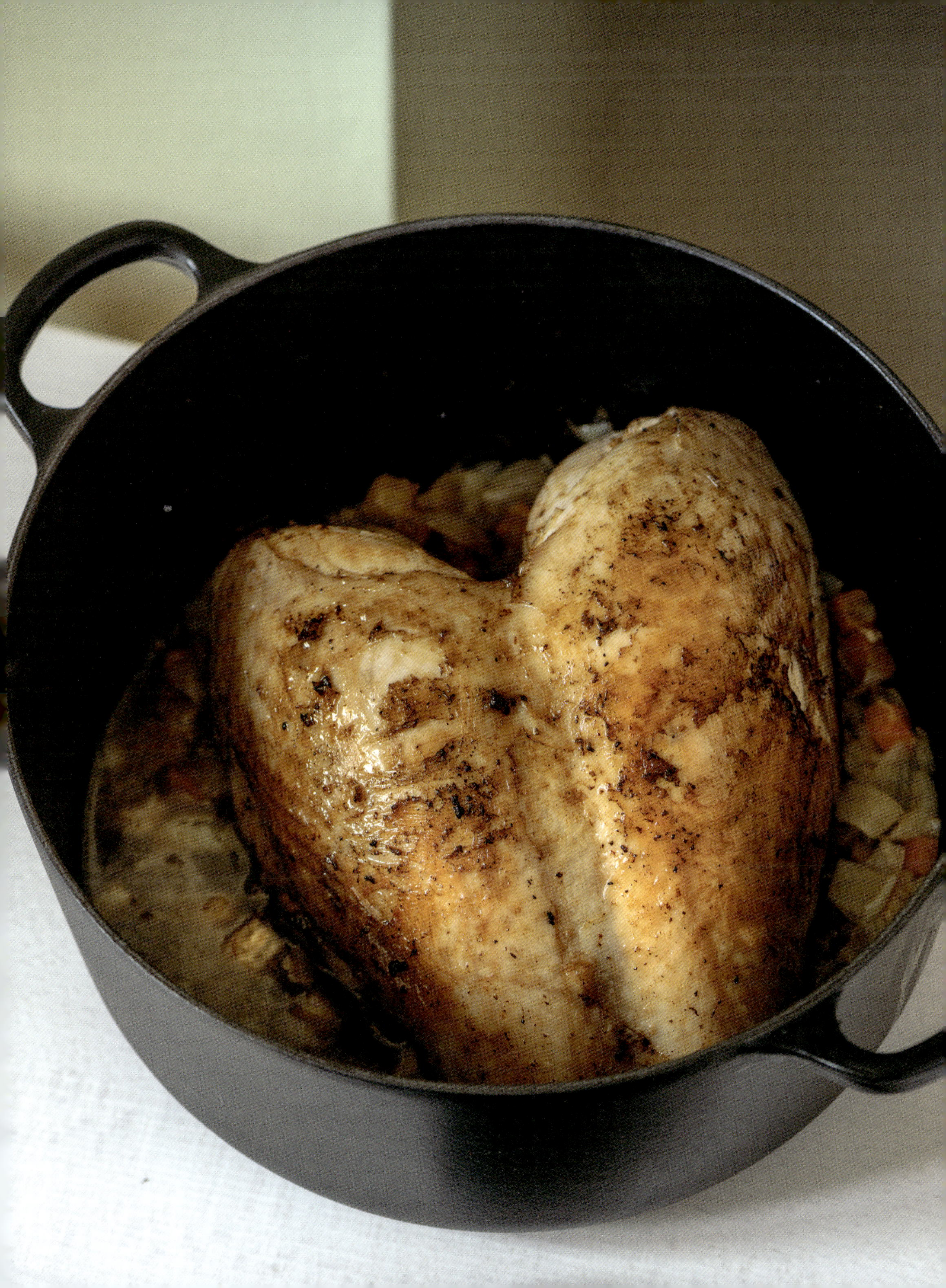

MARKUS BURKHARD

Restaurant Jakob | Rapperswil SG

Ein Satz, der Markus Burkhard charakterisiert? «Mein Vater war Direktor bei der Ausgleichskasse in Bern und ein richtiges Arbeitstier – so wie ich eines bin – wenn auch anders.»

Weshalb er Koch wurde? «Ich komme aus einer verfressenen Familie. Mutter hat immer gut gekocht. Essen hatte bei uns einen hohen Stellenwert.» Aber die erste Wahl wäre schon Mechaniker gewesen, wenn er diesen Beruf nach dem Schnuppern nicht «ein wenig blöd» gefunden hätte. «Erst als ich dann als Koch geschnuppert hatte, begriff ich: Ein Mechaniker zieht die Schraube immer in der gleichen Richtung an und löst sie in der Gegenrichtung. Beim Koch hingegen … gibt es so etwas einfach nicht!»

So geht er also in die Kochlehre, lernt bei einem altgedienten Küchenchef das ganze ABC des Küchenkönnens. «Danach wusste ich auch, wie man einen Schweinsfuss anständig im Ofenrohr braisiert.» Und voller Bewunderung setzt er noch dazu: «Einisch in meinem Leben möchte ich sagen, dass ich so gut bin wie Roland Albert Sollberger, mein Lehrmeister von damals!»

Es gibt in der Folge fast nichts, was Markus Burkhard auf seinem Karriereweg nicht als Küchenposten absolviert oder als Bruch dazu unternommen hätte. Da gibt es die Grossküche des «Hotel Park» in Gstaad mit ihren gut 30 Küchen. Da gibt es den wunderbaren Chef Franz Faeh. «Eine beeindruckende Persönlichkeit.» Danach habe er etwas Zeit «verlaueret». Einen Bio-Betrieb wollte er kennenlernen. Doch: «Ich empfand den Bio-Spirit als schlimm. Es kann doch nicht sein, dass die unpasteurisierte Butter ranzig stinkt, aber man findet, das sei in Ordnung, schliesslich sei sie ja bio!» Ein tiefes Schnaufen. Dann sagt er: «Ich mag Topprodukte, denn die machen Freude und man kann damit unglaubliche Resultate erreichen – mit einfachstem Kochen!»

Es gibt viele Stationen der Wanderschaft durch gute und grosse Küchen, auch eine Zeit bei Jacky Donatz im «Sonnenberg». «Eine spannende Persönlichkeit, die ich gut in Erinnerung behalte.» Auch David Martinez gehört zu jenen Köchen, die ihn beeidruckten. «Er hat mir eine Küche gezeigt, die ich bis dahin nicht gekannt hatte: Die katalanische Kultur der Tapas. Und dann die Grossküche im ‹Clouds› mit den 37 Köchen – das hat mich schwer beeindruckt.»

Aber auch diese Zeit hat ein Ende. Wieder bummelt Burkhard ein wenig vor sich hin. Dann trifft er seine Wahl. Es wird das «Jakob» in Rapperswil. 2015 fängt er dort als 33-Jähriger an. Zwei Jahre später feiert ihn GaultMillau Schweiz als «Entdeckung des Jahres».

Burkhard weiss genau, was er will. Er kocht auf klassischer Basis. Ohne Chichi und übermässige Dekorationen. Er kauft lokal und allenfalls regional ein. Rindfleisch kommt in ganzen Vierteln, wird selbst zerteilt und trockengereift sowieso. Ob Geflügel oder Gemüse, ob Kaninchen oder Karotten, Markus Burkhard will wissen, woher die Dinge kommen und wie die Produzenten dieser Produkte aussehen und was sie denken. Und er will, dass die Gäste, die ins «Jakob» kommen, nicht kommen, weil es gerade «in» ist, sondern weil man bei ihm gut isst. Noch besser: Besser isst!

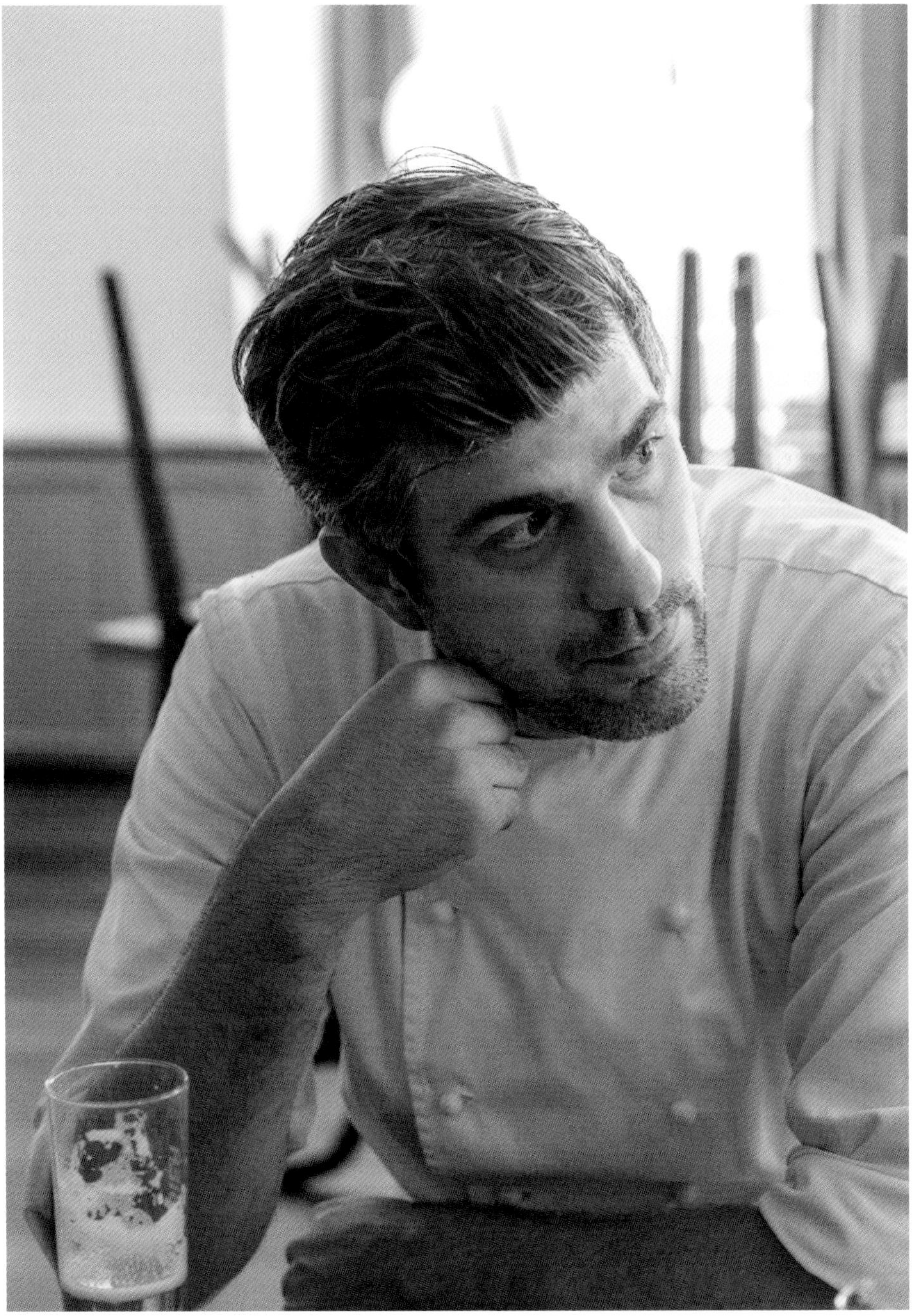

WÜRSTE

*Wurstrezepte von Markus Bühler,
mit Beilagen gekocht von Markus Burkhard*

HORT DER BESTEN SCHWEIZER WÜRSTE

Hoch über dem jähen Abbruch des «Grossen Hallauer Rebbergs» steht «Sankt Moritz», die alte Kirche der Hallauer. Prachtvoll geht der Blick von hier aus in die Weite, auf die grosse im Dunst des Sommertags liegenden Ebene, die ins Blau verschwimmenden Bergketten links und rechts am Horizont. Wilchingen, Trasadingen, Osterfingen und Schleitheim heissen die Orte am Nordrand der Schweiz, der sich von hier aus nach allen Seiten ausdehnt. Weinorte, seit Jahrhunderten bekannt, ja sogar berühmt. Unterhalb des Gotteshauses – anders kann es gar nicht sein – liegt als Herzstück der Gegend, das Weinbauerndorf der Weinbauerndörfer: Hallau. Nicht einmal einen Katzensprung unterhalb der Kirche hat sich Werner Pfistner sein Haus gebaut. Mitten in den Rebbergen.

Da sitzt er nun im Schatten einer Pergola und eines Sonnenschirms am langen Tisch. Sein zwei Jahre älterer Bruder Willi und der junge Markus Bühler haben sich dazugehockt. Ein Trio, das einen auf den ersten Blick seltsam anmutet. Man weiss, dass diese drei recht ungleichen Männer die interessantesten Würste der Schweizer Neuzeit produzieren. Angesichts dessen, dass die Ostschweiz sich doch allgemein als das Wurstparadies unseres Landes einen grossen Namen gemacht hat, erstaunt es also nicht. Es ist also auch nicht verwunderlich, dass die berühmte Hallauer Schinkenwurst der Legende nach nicht nur in Hallau erfunden wurde, sondern auch noch in den Räumen der einstigen Metzgerei Pfistner. Aber «neue Würste»? Diese drei?

Da sitzen sie also. Die einen ausgebildete Metzger und hochangesehene Wurster, Meister ihres Fachs. Der andere ein junger Mann, der erst Lebensmitteltechnologie studierte, dann aber zu Physiotherapie wechselte und irgendwann den Virus des Wurstmachens einfing. Sie sitzen, trinken ein Mineralwasser oder eine Apfelschorle. Und wollen befragt werden.

Was ist eine Wurst?
Werner: Das Grösste, was es gibt. Für mich eine Sache mit Bedeutung, weil ich mit Willi zusammen in der Metzgerei unserer Eltern aufgewachsen bin …

Willi: … und wir von jung an mithelfen mussten. Sie müssen sich vorstellen, dass Wursten damals nicht auf dem technischen Niveau von heute stattfand. Man hat die Würste noch mit einer Spritze gestossen, die mit Wasserdruck lief. Auch konnte man diese Würste und Würstchen nicht wie heute automatisch gleich schwer fabrizieren. Jedes Stück musste gewogen werden, und war es zu schwer, dann musste das «Zuviel» wieder aus der Wurst rausgedrückt werden. Das war unsere Arbeit.

Was macht denn eine gute Wurst aus?
Willi: Eine gute Wurst herzustellen, ist eine Kunst. Und weil ich meistens in der Wursterei war, habe ich mit den Jahren ein gewisses Know-how erlangt. Alles muss

stimmen. Das Aussehen. Der Biss. Das Aroma. Sieht so eine Wurst alt oder frisch aus? Und wenn man sie verkostet, dann muss die Qualität überzeugen.

Werner: Eine Wurst muss gut schmecken. Sonst isst man sie besser nicht! Und das darf ich sagen: Unsere waren gut. Willi hat gewurstet. Dann habe ich ein sogenanntes Grünmuster von ihm verlangt, eine noch nicht gebrühte, also noch rohe Wurst. Und hat sie geschmeckt, habe ich ihn gelobt. Das ist, was ich kann: Eine gute von einer schlechten Wurst unterscheiden.

Und Sie Herr Bühler?
Markus: An Würste erinnere ich mich vor allem, weil mir meine Mutter diese auf die Schulreise mitgab. Es waren die gängigen Produkte, also Kalbsbratwurst oder Cervelat. Und ich muss es jetzt gleich sagen: Ich war damals, und auch noch lange danach, kein Wurstfan. Ich fand Würste geschmacklich alle gleich. Irgendwie ... schmeckten alle wie Fleischkäse und die Füllung sah auch so aus. Langweilig war das. Ich weiss nicht, wie es kommen konnte, dass ich Wurst eines Tages ein wahnsinnig cooles Produkt fand.

Aber irgendwann muss ja geradezu ein Erweckungserlebnis stattgefunden haben ...?
Markus: Das beginnt ganz woanders. Ich hatte, quasi als Hobby, mit Nudelproduktion angefangen. Es war die Zeit, während der ich Lebensmitteltechnologie studierte und später Physiotherapie. Ich experimentierte, versuchte etwa den Teig interessanter zu machen. Aber das funktioniert sehr schlecht. Ich musste es einsehen: Nudeln sind ein Produkt, das für mich zu filigran ist.

... mich interessieren sowieso die Würste!
Markus: Sie begannen mich zu faszinieren. Ich suchte mich im Internet fast zu Tode auf dem Weg zu einem gültigen Wurstrezept. Ich entdeckte den Fleischwolf für Zuhause, kaufte Fachbücher, experimentierte ... Die Sache kam ins Rollen.

Ohne die Pfistners?
Markus: Ohne die Pfistners. Es begann im November 2013. Ich wurstete, aber die Würste waren irgendwie nicht saftig. Die Konsistenz stimmte nicht und ich war unzufrieden. Also schrieb ich die Metzgereien von Schaffhausen an. Aber niemand antwortete ... ausser dem Zunftmeister, dem Christian Beck. Der lud mich zum nächsten Zunftbott ein, der Zusammenkunft der Schaffhauser Metzger. Es wurde April und so habe ich den Werner getroffen.

Und...?
Markus: Der sagte einfach: «Komm doch einmal bei uns vorbei. Dann schauen wir.»

Dachten Sie nicht:
Wieder einer, der einen Vogel hat?
Werner: Sicher nicht. Vielleicht ein Schöngeist, dachte ich. Aber auch: Ein total kreativer Typ. Ich spürte, dass der eine Mitteilung an uns hatte. Vor allem: Er hatte einen ganz konkreten Wunsch: Er wollte jemanden treffen, der das ganze Know-how rund um Wurst und Würste hatte. Das waren wir.

Was war denn der Unterschied zu einem gelernten Metzger und Wurster?
Werner: Man findet kaum noch jemanden in unserer Branche, den man begeistern kann. Alle kommen, machen und ... mehr nicht. Und das ist zu wenig. Ich muss auch sagen, dass ich geflucht habe, weil er kein Metzger ist, sondern so ein Bürolist. Aber trotzdem hat er mich beeindruckt. Ich sagte mir: Gut. Probieren wirs doch.

Was dachten denn Sie, als Ihnen
Ihr Bruder von diesem Projekt erzählte?
Willi: Schauen wir einmal, wie das ausgeht ... Er war ja nicht am Blitz ausgebildet worden. Zuschauen ja. Aber daran arbeiten? Nein.

Dann kam das berühmte 1. Mal.
Willi: Er hatte, das muss man zugeben, ein sehr gutes, theoretisches Wissen. Meine Aufgabe war es, ihm Praxis beizubringen. Etwa, wie man an einer Wurstspritze arbeitet. Das sieht kinderleicht aus und ist … eine miese Sache, wenn es einem jede zweite Wurst verjagt! Unterdessen hat er unglaubliche Fortschritte gemacht. Jetzt überholt er mich dann bald.

Und?
Willi: Er ist immer noch am Überholen!

So kamen sie 2014 zu den Pfistners nach Hallau.
Markus: Das war ein halbes Jahr, bevor die Pfistners ihr Geschäft schlossen. Ich schaute zwei-, dreimal zu. Ich sah den Laden in Betrieb. Megaspannend auch dieser Teil der Metzgerei. Vor allem war ich selbst ja zu 90% ein gewöhnlicher Konsument gewesen. Und Konsumenten nehmen nur allzu gerne die Fassade für den Inhalt. Bei den Pfistners gingen mir deshalb die Augen auf.

Was heisst denn das?
Markus: Ich beschäftigte mich mit der Frage: Welches Fleisch braucht es für eine gute Wurst? Ich hatte bisher mein Fleisch beim Grossverteiler gekauft. Das war einmal zu mager und einmal zu fett. Kurz: Die Wurstfüllungen sind auseinandergefallen. Der Werner sagte: Die schmeckt wie ein Besen.

Willi: Man kann auch sagen: furztrocken.

Werner: Es ging um das Verhältnis von Fleisch zu Speck. Er brachte also seine Würste zu uns. Wir machten Kochproben und diskutierten dann über das Ergebnis. Das war der Anfang.

Und das heisst?
Werner: Wir sind für die Fleischzusammenstellung zuständig. Es soll eine brauchbare Wurst werden. Und die Zutaten kommen vom Markus. Darauf hatten wir nie einen Einfluss.

Markus: Sie haben mir bei der Gewürzauswahl nie reingeredet. Auch wenn sie ab und an ein wenig die Nase gerümpft haben. «Spinnsch eigentlich? Was tust du denn da hinein? Das wird doch viel zu scharf!» – Nein. Sie hielten sich raus.

Und Sie, Willi?
Willi: Markus macht Trendwürste.

Werner: Und das ist gut. Bratwürste und Cervelat machen alle. Seit vielen Jahrzehnten. Die einen sind zu billig. Die anderen sind zu teuer. Aber speziell sind sie alle nicht!

Das ist hart!
Werner: Die alten Produkte haben noch alle ihre Berechtigung. Man darf nicht vergessen: Es werden, soviel ich weiss, noch immer jede Woche 2 Millionen Cervelats gegessen. Wenn die Würste gut sind, okay.

Willi: Man muss nicht verändern, was gut ist. Unsere Hallauer Schinkenwurst hat unser Vater 30 Jahre lang produziert, der Werner und ich nochmals 40 Jahre lang. Wir haben die Rezeptur nicht ein einziges Mal verändert.

Was vor 70 Jahren toll schmeckte, schmeckt auch heute noch?
Willi: Man nimmt einen Bissen und der Mund muss sich geradezu mit «Schinken» füllen. Und erst im Abgang darf dann der Kümmel etwas aufscheinen. So muss eine Topwurst meiner Meinung nach schmecken. Das Geheimnis ist ganzer, ungemahlener Kümmel. Dass wir auch eine Spur Phosphat gebraucht haben, ist keine Schande. Das braucht es, weil sonst die Wasserbindung der Wurst ungenügend wäre. Also: Wir haben es gemacht. Wir haben es am untersten Limit gemacht, und: Wir haben es deklariert.

Jetzt arbeiten Sie mit Markus zusammen, leiten ihn durch die handwerklichen Teile des Wurstens. Wie ist das?
Willi: Ich habe Freude.

Nie daran gezweifelt?
Willi: Nie. Er hat bereits aus seinem Studium der Lebensmitteltechnologie relativ viel von der Wurst und dem Wursten verstanden. Das Praktische habe ich ihm bislang mitgegeben und gebe es ihm immer noch mit. Die Rezepturen ...? Ich meine, er arbeitet mit Kräutchen und allem möglichen Dingsbums ... Das gibt bereits in der Vorbereitung unglaublich viel Arbeit. Aber ich sehe es. Ich schmecke es. Und: Mir gfallts!

Und Sie?
Werner: Ich liebe das Wursten über alles. Aber in unserem Betrieb musste ich andere Funktionen übernehmen, weil der Willi wursten wollte. Sagen muss ich auch: Wäre das mit dem Markus in unserer Zeit passiert, das wäre genial gewesen. Schauen Sie: Die Würste der Grossverteiler sind von einer unglaublichen Banalität. Alles ist standardisiert und mit billigen Füllstoffen stabilisiert. Der Preisdruck! Es muss billig sein.

Die Folgen sind klar ...
Werner: Der Landjäger schmeckt zum Schluss genau gleich wie der Aufschnitt. Es ist ein salziger Einheitsbrei ohne Charakter.

Wo sehen Sie sich denn?
Markus: Ich bin auf einem guten Weg. Und ich möchte endlich davon leben können!

Also?
Markus: Wurst, das ist im Moment meine Gangart und als nächstes denke ich, möchte ich mich mit der Rohwurst abgeben. Das ist eine schwierige Sache! Die Schwierigste!

Willi: Es gäbe da ja noch Kurse ...

Markus: Rohwurst ist eine unglaubliche Herausforderung. Ich denke da an einen tollen Pancetta – an alle diese wunderbaren Rohess-Produkte. Und in dem ich daran denke, denke ich auch an meinen Weg bis zu euch. Ich muss es immer wieder sagen: Ich hatte mit euch beiden ein Megaglück.

Stellen Sie sich vor, der Markus Bühler wäre vor 40 Jahren zu euch gekommen?
Werner: Ich hätte ihn arbeiten lassen und dann selber nur noch Betriebsführungen gemacht und gesagt: So, Bühler, mach! Die drei lachen. Trotz aller Unterschiede ein verschworenes Männertrüppchen. Hart, aber herzlich. Dann prosten sie einander zu. Mit Mineralwasser und Schorle.

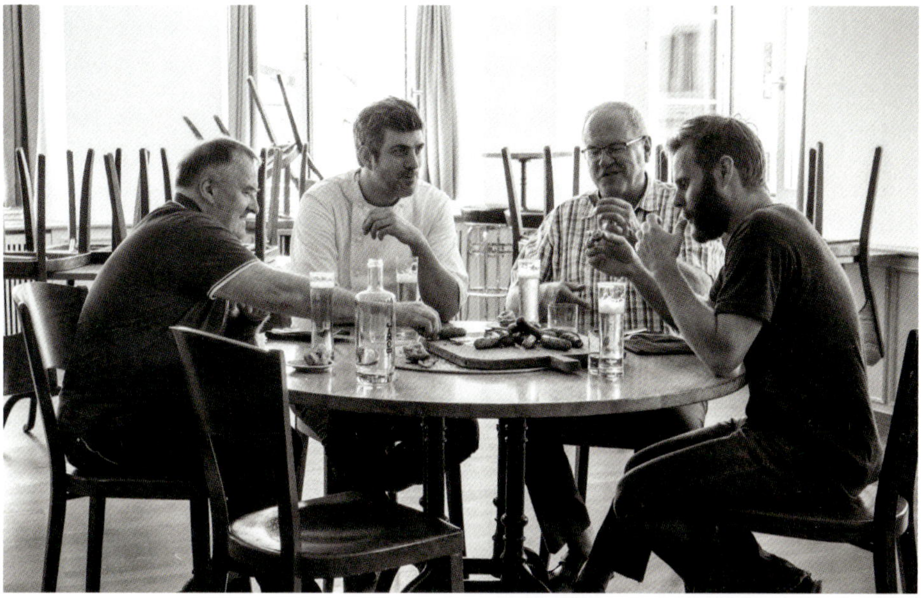

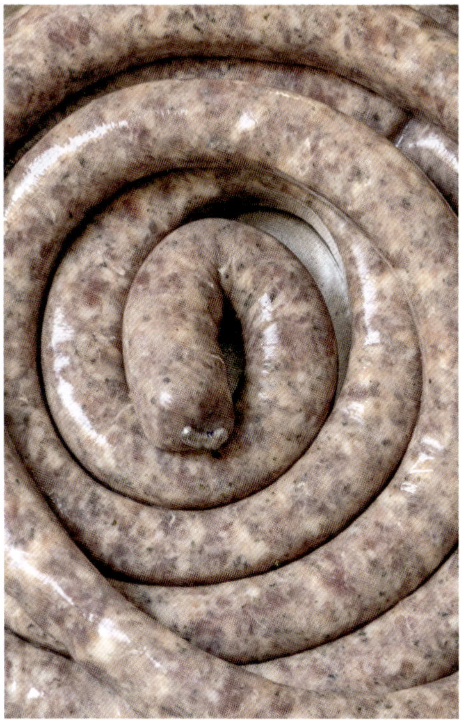

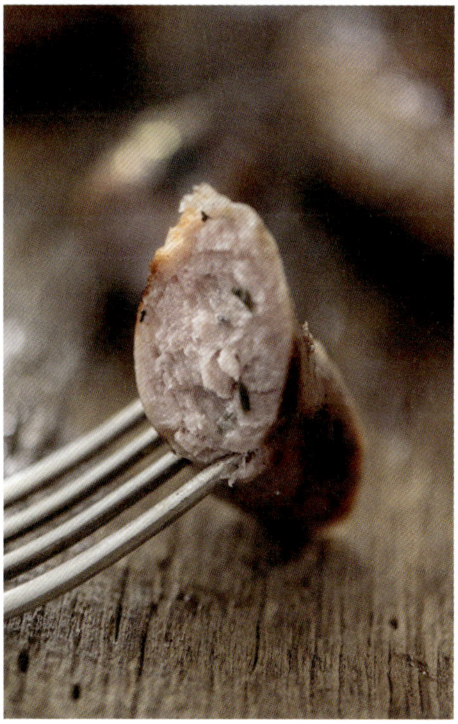

WURST

Was man wissen und besitzen sollte, bevor man sich hinter das Wursten macht.

DAS FLEISCH Es wird in nicht zu grobe Stücke geschnitten verwendet. Es wird von zu viel Fett und allen Sehnen befreit. Als Fettzugabe wird Schweinehalsspeck verwendet.

DIE GEWÜRZE Sie müssen von allerbester Qualität sein. Das bedeutet: beste Herkunft und unbedingte Frische. Sie werden stets minutiös – am besten mit der Gewürz-, Apotheker- oder Briefwaage – abgewogen. Sie werden möglichst im letzten Moment gemahlen. Der Mahlgrad ist ausserordentlich wichtig. Grober Pfeffer zum Beispiel würzt völlig anders als fein ausgemahlener. Die Zugabe von Zwiebeln oder Knoblauch ist je nach Wurst verschieden. Fein geschnitten bringen sie in gewisse Würste eine zusätzliche, appetitliche Beissstruktur. Für andere Würste müssen sie so fein wie ein Püree sein. Dann werden sie durchgepresst oder fein gemixt.

DER FLEISCHWOLF Es gibt Haushaltgeräte, die einen genügend kräftigen Fleischwolf treiben können. Wolfgeräte sind als Aufsatz zu Haushaltsgeräten und als separate Geräte erhältlich. Die Leistung von 2 kg Fleisch pro Minute ist ein gültiger Anhaltspunkt. Normalerweise werden die passenden Lochscheiben mitgeliefert. Fehlende Lochgrössen können meist nachbestellt werden. Für die Brätherstellung (unsere Rezepte verlangen kein Brät) gibt es den sogenannten «Tischblitz», der sich auf einem stabilen Tisch installieren lässt. Mixer vom System «Robot-Coupe» sind zwar sehr effizient, erwärmen sich jedoch ohne Eiszugabe sehr schnell – und damit die zu bearbeitende Brätmasse, die sich dann trennt. Das Fleisch sollte circa 30 Minuten vor dem Wolfen im Tiefkühler anfrieren. So wird es beim Wolfen nicht klebrig-schmierig. Wenn Sie keinen oder nur einen kleinen Tischwolf besitzen, dann bitten Sie Ihren Metzger, das Fleisch durchzulassen.

DIE DÄRME In unseren Rezepten werden nur Naturdärme verwendet. Diese bekommt man beim Metzger auf Vorbestellung. Därme kommen eingesalzen und deshalb recht trocken auf den Markt. Sie werden daher in lauwarmem Wasser für mindestens 2 Stunden eingelegt und, gut abgetropft und zwischen den Fingern ausgestreift, weiterverwendet. Werden die Därme auf das Rohr des Brätabfüllers (Wurstspritze) gestreift, sollten sie noch etwas feucht sein. Man hält sie kurz unter den Wasserhahn, lässt etwas Wasser einlaufen und streift dieses dann durch den Darm wieder aus.

DAS FÜLLEN – DAS SOGENANNTE «STOSSEN» – DER WURST Auch dafür gibt es Haushaltsgeräte, die einen Zusatzaufsatz zum Füllen, dem sogenannten Stossen, der Wurst besitzen. Sie funktionieren für eine Füllmasse von etwa 1 kg Gewicht sehr gut. Um Würste zu stossen, braucht es nicht nur Vorsicht, sondern Übung, Übung, Übung. Es ist für einen Anfänger ein Ding der Unmöglichkeit, Würste einfach «mal so schnell» zu fabrizieren. Man beginnt langsam und nicht nur sehr vorsichtig, sondern sorgfältig, fast schon liebevoll. Echt: Übung macht den Meister! Es gibt auch sogenannte Hand-Wurst-Füller. Wenn Sie sich so einen kaufen möchten, dann sollten Sie sich einen aus Chromstahl und keinesfalls aus Plastik besorgen. Der lohnt sich nicht. Eine praktische Lösung des Wolfens ist: Lassen Sie sich – sagen wir einmal – 5 kg Fleisch vom Metzger vorbereiten und von diesem in der verlangten Lochscheibengrösse durchdrehen. Das A und O des Füllens, also des Stossens, ist: Erst muss eine kleine Menge in den Darm, hinter dieser Menge wird dann der Endknopf der Wurst gemacht. So gerät keine überflüssige Luft in die Wurst. Den Darm und die Wurst, die sich unter Ihrer Hand füllt, sollten Sie nicht wirklich fest packen oder festhalten. Die Wurst sollte, durch die eingestossene Füllung bewegt, eher aus Ihrer Hand weggleiten. Weil eine Wurst zwei Enden hat, wird das eine Ende zuerst 3–4-mal in die eine Richtung gedreht, bis das erste Ende entsteht, dann das zweite Ende in die Gegenrichtung. So ist die Wurst richtig verschlossen und die nächste kann gefüllt werden. Arbeiten Sie langsam, vorsichtig, fast zärtlich. Die Wurst wird es Ihnen danken!

DIE FRISCHE WURST Eine frisch gestossene Wurst kann 2–3 Tage kühl gelagert werden. Dann muss sie jedoch zwingend verbraucht werden. Produzieren Sie 20 Würste, brauchen aber bloss 14 – kein Problem. Verpacken Sie die übrigen Würste in einen Plastiksack unter sehr leichtem Vakuum und tiefkühlen Sie sie. Beim Auftauen nehmen Sie die Würste aus dem Sack und legen Sie in der Küche aus. 2 Stunden bei Raumtemperatur, und die Würste können wie frisch produzierte verwendet werden.

HYGIENE Wer mit rohem Fleisch oder rohen Fleischprodukten arbeitet, muss an die Hygiene höchste Anforderungen stellen: Vor der Arbeit muss alles perfekt sauber sein.

Nach der Arbeit wird alles mit heissem Wasser und Seife gereinigt und mit Desinfektionsmittel nachgereinigt. Die Arbeit mit rohem Fleisch muss zwingend in kühlen oder gar kalten Räumen stattfinden. Ganz besonders sorgfältig müssen die Arbeitsgeräte gereinigt werden. Gerade Wolf, Messer, Mixer, Mischer und Stossgerät müssen einwandfrei mit heissem Wasser, Seife und Bürste gereinigt werden. Selbst kleinste Ecken und Nuten müssen perfekt gesäubert werden. Desinfektionsmittel zum Schluss ist Pflicht.

GANZ WICHTIG
Die Kühlkette, die vom rohen Fleisch beim Metzger ausgeht und bei Ihnen im Kühlschrank mit den fertigen Würsten endet, darf nie unterbrochen werden. Je besser und perfekter diese Kühlkette ineinandergreift, desto sicherer ist der Genuss Ihrer Würste.

WURST
Es gibt drei Typen von Würsten:

1 | Fleischerzeugnisse zum Rohessen. Es sind Erzeugnisse, die aus rohen Materialien hergestellt werden, die streichfähig oder getrocknet, gereift, dann schnittfähig geräuchert oder ungeräuchert, mit oder ohne Edelpilzbelag in den Verkauf kommen (Salami etc.).

2 | Fleischerzeugnisse, die grob zerkleinert und mit Salz und Gewürzen aromatisiert roh verkauft werden. Sie werden vom Käufer zu Hause vor dem Genuss gebrüht. Beispielsweise rohe, sogenannte «grüne» Schweinsbratwurst, Saucisson Vaudois (eine Rohwurst mit halb abgebrochener Reifung, kalt geräuchert), Appenzeller Siedwurst (fein geblitzt, «grün») etc.

3 | Fleischwaren, die roh hergestellt, dann gebrüht werden (also vorsichtig gekocht). Brühwürste sind: Cervelat, Kalbsbratwurst, Wienerli etc. Sie können auch aus gekochten Materialien bestehen und dann als Kochwürste deklariert werden (Streichleberwurst, Blutwurst, Leberwurst etc.).
Würste sind in Hüllen abgefüllte Fleischwaren. Diese Hüllen können Naturdärme, Kunstdärme und sogenannte Naturdärme aus Collagen-Material sein.
- Würste in Naturdärmen können gebraten oder sanft gegart werden.
- Würste in Kunstdärmen können sanft gegart werden.
- Würste in Naturdärmen aus Collagen können gekocht, aber nicht gebraten werden.

SALSICCIA

Für 1 kg Rohmasse

Die Urwurst. Ob in der Schweiz, in Italien oder Frankreich – sie ist mit kleinen Abweichungen in Gestalt, Inhalt und Würze überall zu finden. Eine herrliche Bratwurst, die aber an der Küchenfront genauso gut und gerne für Hackbällchen oder zum Sugokochen antritt. Und was – so wie bei allen Würsten – wichtig bleibt: Man brätelt nicht bei Höllenhitze und brüht nicht in siedendem Wasser!

ZUTATEN

- 800 g Schweinefleisch (von der Schweinslaffe, auch Schulter genannt), in Voressenstücke von ca. 60–70 g geschnitten
- 200 Halsspeck (beim Metzger vorbestellen)
- 20 g Salz, feinkörnig

Gewürzmischung

- 3,5 g schwarzer Pfeffer, grob geschrotet
- 4 g Fenchelsamen, frisch in einer fettfreien Pfanne geröstet
- 2 g Muskatnuss, frisch gerieben
- 1,5 g Chilischote, getrocknet, zerstossen
- 3 g Knoblauchzehen, sehr fein geschnitten

Därme

Schweine- oder Schafsaiten, 2–3 Meter lang, mit einem Durchmesser von 28–30 mm (beim Metzger vorbestellen)

VORBEREITUNG

1 | Das Schweinefleisch durch die 10-mm-Scheibe des Fleischwolfs drehen. In eine grosse Schüssel geben.

2 | Den Halsspeck in Stücke von 4–5 cm Grösse schneiden und auch diese durch den Fleischwolf (Scheibengrösse: 5 mm) treiben. Den Speck zum Fleisch in die grosse Schüssel geben.

3 | Das Salz mit sämtlichen Gewürzen mischen und über die Fleisch-Speck-Mischung streuen. Wiederum alles mit der Hand miteinander vermischen. Mindestens 5 Minuten kneten und mischen, bis eine Art Bindung entsteht, das Fleisch und der Speck aneinanderklebt und kompakt wird. Gutes Zeichen: Die Fleischmasse bleibt an den Fingern kleben.

4 | Diese Masse in die Abfüllanlage geben.

WURSTEN

1 | Den vorbereiteten Darm über das Füllrohr streifen. Die Würste auf ein Gewicht von 70–120 g stossen. Die einzelnen Würste entweder abbinden oder mit einer Drehbewegung beider Hände gegenläufig abdrehen.

2 | Die Wurstschlange vor dem Braten oder Sieden in die einzelnen Würste aufschneiden. Braten oder brühen bei 70–75 Grad.

Dazu passen Kartoffelgnocchi, direkt aus dem Sud, mit etwas Kräuterpesto angemacht. Dazu Peterli, Verveine, Kerbel, Basilikum und ganz, ganz wenig Jungknoblauch mit etwas Olivenöl mixen, schmeckt mit Salz und Cayennepfeffer pfiffig abschmecken. Etwas vom Gnocchi-Kochwasser kommt darunter und diese Mischung wiederum zu den Gnocchi. Zwei-, dreimal drehen und auftischen.

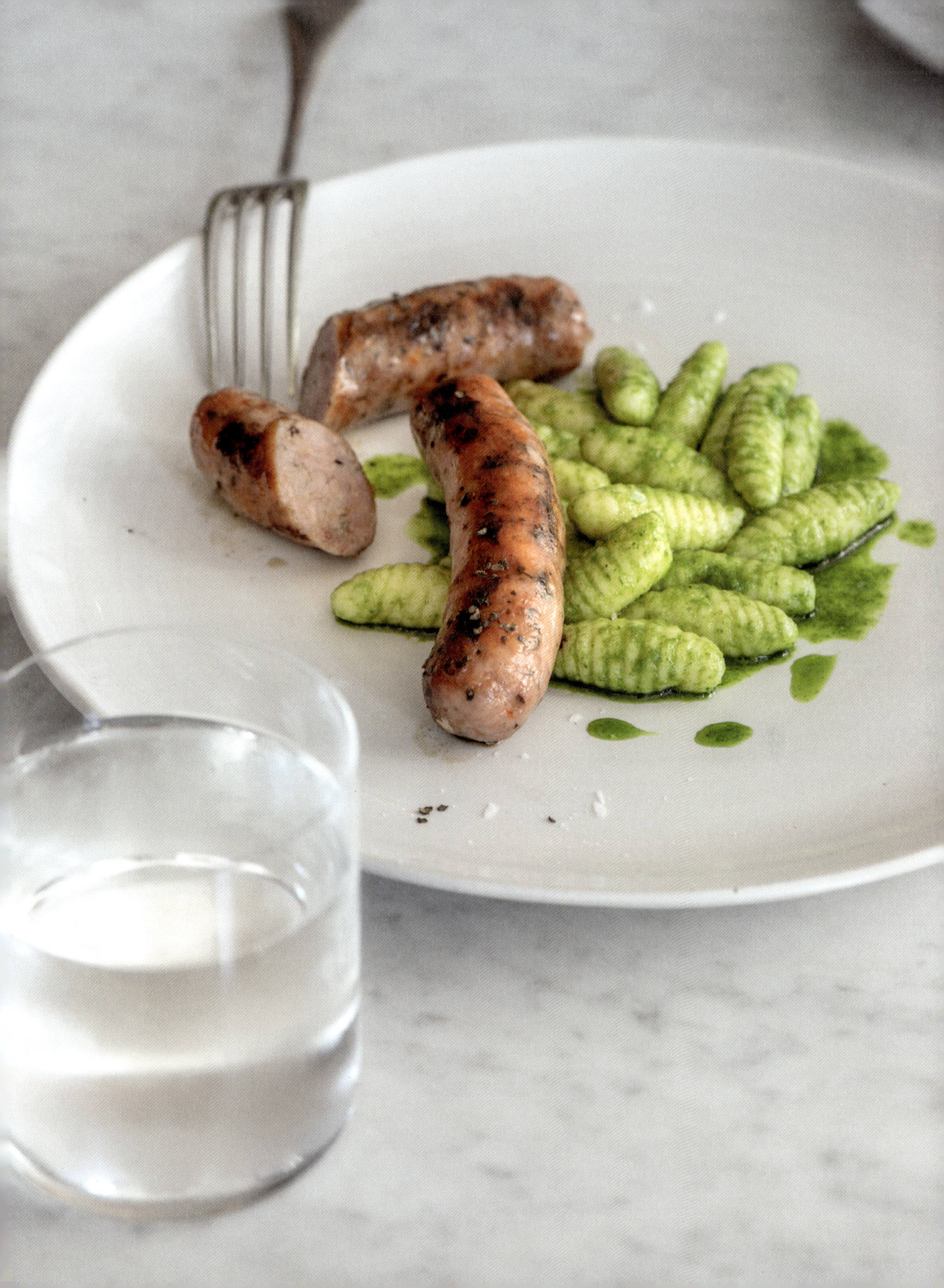

BÖLLE-BIERWURST

Für 1 kg Rohmasse

Was passt am allerbesten zur Wurst, die einen Schluck Bier intus hat? Klar: ein schlotziger Kartoffelsalat. Dann geht die kleine, trockene Bitternote der Wurst mit der pikanten Süsse der Kartoffel die perfekte Verbindung ein. Kann man mehr verlangen? Ja. Ein kühles Bier!

ZUTATEN

- 800 g Schweinefleisch von der Laffe (Schulter), in Voressenstücke von ca. 60–70 g geschnitten
- 200 Halsspeck (beim Metzger vorbestellen)
- 22 g Salz, feinkörnig

Gewürzmischung
- 3 g schwarzer Pfeffer, fein und frisch gemahlen
- 1 g weisser Pfeffer, fein und frisch gemahlen
- 3 g Zucker, fein
- 15 g glattblättriger Peterli, frisch, fein geschnitten
- 90 g Zwiebeln, fein geschnitten (von Hand)
- 0,75 dl Bier

Därme
Schweine- oder Schafsaiten, 2–3 Meter lang, mit einem Durchmesser von 28–30 mm (beim Metzger vorbestellen)

VORBEREITUNG

1 | Das Schweinefleisch durch die 10-mm-Scheibe des Fleischwolfs drehen. In eine grosse Schüssel geben.

2 | Den Halsspeck in Stücke von 4–5 cm Grösse schneiden und auch diese durch den Fleischwolf (Scheibengrösse: 5 mm) treiben. Ebenfalls in die grosse Schüssel geben.

3 | Das Salz mit der gesamten Gewürzmischung über das Fleisch geben und während ca. 5 Minuten mit den Händen mischen. Wenn die Mischung an den Fingern kleben bleibt, die Fleischstücke sich verkleben, kann die Masse verarbeitet werden.

4 | Diese Masse in die Abfüllanlage geben.

WURSTEN

1 | Den vorbereiteten Darm über das Füllrohr streifen. Die Würste auf ein Gewicht von 70–120 g stossen. Die einzelnen Würste entweder abbinden oder mit einer Drehbewegung beider Hände abdrehen.

2 | Die Wurstschlange vor dem Braten oder Sieden in die einzelnen Würste aufschneiden. Bei 70 bis maximal 75 Grad brühen.

Diese Wurst begleitet ein Salat aus blauen und weissen, fest kochenden Kartoffeln. Diese in der Schale kochen, schälen und dick scheibeln. Fein geschnittene Zwiebeln und etwas Knoblauch andünsten, mit etwas heisser Geflügelbouillon verdünnen und alles mit wenig Rapsöl und Apfelessig zu einem Sösschen mischen. Abschmecken und die Kartoffeln damit übergiessen. Sanft unterheben. Immer wieder – aber nicht zu oft! – wenden und für eine Weile ziehen lassen. Zuletzt fein gewürfelte Cornichons untermischen. Kurz vor dem Anrichten fein geschnittenen Peterli und Schnittlauch darüberstreuen. Bei Raumtemperatur servieren.

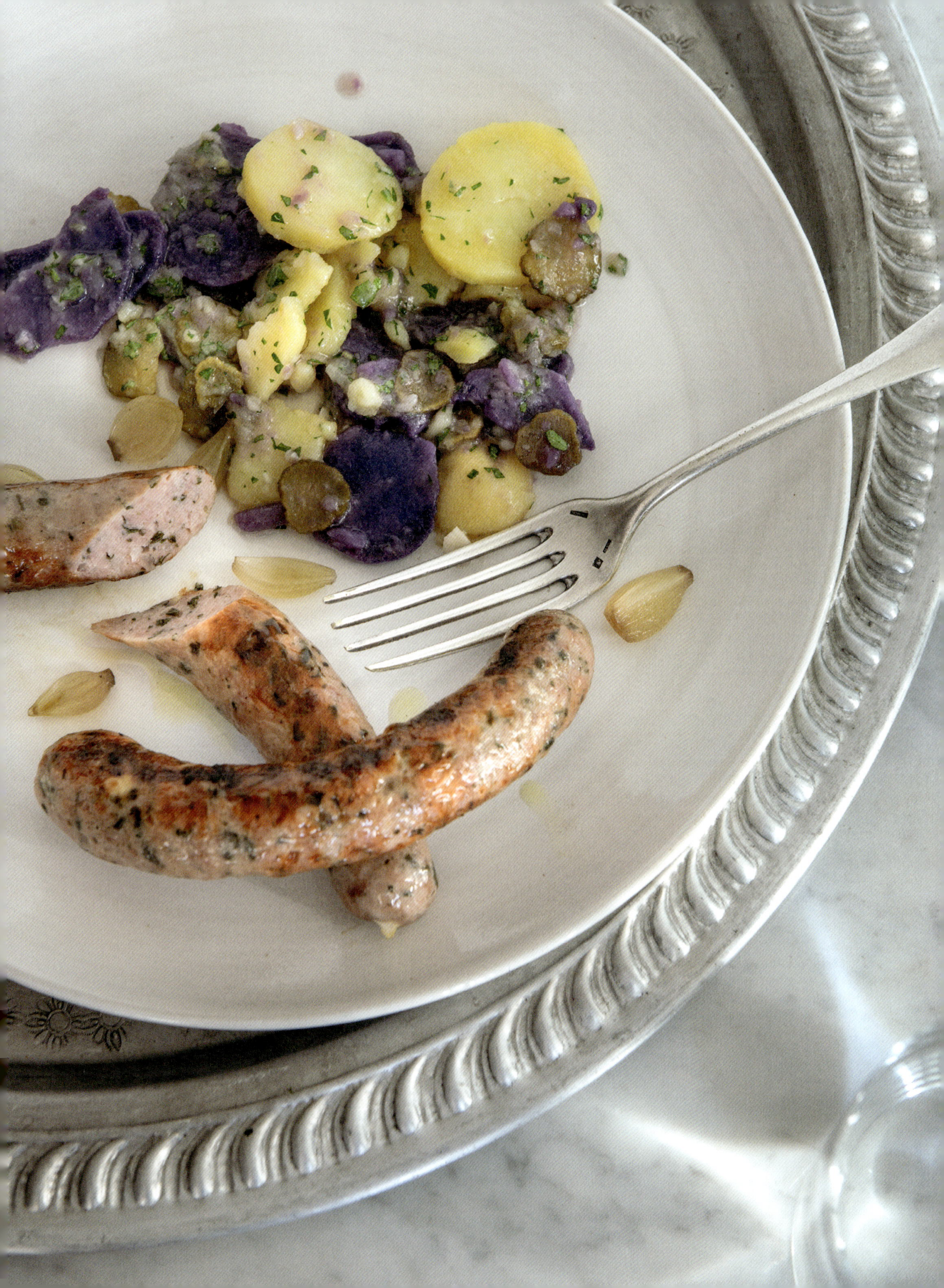

BLAUBURGUNDERWURST

Für 1 kg Rohmasse

Eine Wurstfülle von beeindruckender Struktur und kulinarischer Substanz. Nicht nur sanfte Fleischigkeit im Biss, sondern saftige Weinseligkeit auf der Zunge. Das federleichte Kartoffelschäumchen begleitet dieses kulinarische Wurstwunderwerk perfekt.

ZUTATEN

- 400 g Schweinefleisch von der Laffe (Schulter), in Voressenstücke von 60–70 g geschnitten
- 400 g Rindfleisch, auch dieses kann aus der Laffe kommen und in Voressenstücke geschnitten sein. Sämtliche Sehnen müssen entfernt werden
- 200 g Halsspeck (beim Metzger vorbestellen)
- 20 g Salz, feinkörnig

Gewürzmischung
- 6 g schwarzer Pfeffer, grob gestossen (concassé)
- 10 g glattblättriger Peterli, fein geschnitten
- 3 g gezupfte, frische Thymianblättchen, fein geschnitten

Gemüsemischung
- 2 EL Butter
- 50 g Sellerie, fein geschnitten
- 50 g Rüebli, fein geschnitten
- 10 g Zwiebel, fein geschnitten
- 1 Knoblauchzehe, gepresst
- 3 dl Blauburgunder

Därme
Schweine- oder Schafsaiten, 2–3 Meter lang, mit einem Durchmesser von 28–30 mm (beim Metzger vorbestellen)

VORBEREITUNG

1 | Erst die Gemüsewürfelchen in der aufschäumenden Butter anziehen und unter stetem Wenden so weit garen, bis ein angenehm süsser Duft aufsteigt. Mit dem Rotwein ablöschen, aufköcheln und dann leise simmernd auf die Hälfte der Flüssigkeit reduzieren. Abkalten und erst dann weiterverwenden.

2 | Das Schweinefleisch durch die 10-mm-Scheibe des Fleischwolfs drehen. In eine grosse Schüssel geben.

3 | Das Rindfleisch durch die 3-mm-Scheibe des Fleischwolfs drehen. Zum Fleisch in die Schüssel geben.

4 | Den Halsspeck in Stücke von 4–5 cm Grösse schneiden und auch diese durch den Fleischwolf (Scheibengrösse: 5 mm) treiben. Ebenfalls in die grosse Schüssel geben.

5 | Mit dem Salz und den Gewürzen bestreuen und während ca. 5 Minuten kneten, bis die Masse an den Fingern hängen bleibt und etwas zusammenpappt.

6 | Jetzt die Weinreduktion untermengen.

WURSTEN

1 | Den vorbereiteten Darm über das Füllrohr streifen. Die Würste auf ein Gewicht von 70–120 g stossen. Die einzelnen Würste entweder abbinden oder mit einer Drehbewegung beider Hände abdrehen.

2 | Fakultativ: Die Blauburgunderwurst kann für ca. 1 Stunde im Heissrauch bei 50 Grad geräuchert werden.

3 | Die Wurstschlange vor dem Brühen bei 70–75 Grad in die einzelnen Würste aufschneiden.

Diese Wurst kann auch sanft und lange angebräten werden: Etwas blättrig geschnittene Champignons dazugeben, die Wurst aus der Pfanne nehmen und locker zugedeckt reservieren. Mit etwas Wasser, Wein oder Bouillon ablöschen. Aufkochen. Die Wurst zurücklegen und alles sanft köcheln, bis die Wurst eine sonst unerreichte Saftigkeit und Weichheit erreicht.

Dazu passt Kartoffel-Mousseline. Dafür werden Kartoffeln, mehlig kochend, geschält, geschnitten und 20 Minuten gewässert. Kochen, etwas trocknen lassen, passieren. Dann nach Belieben heisse Milch mit Butter mischen und unter die Kartoffeln heben. Das Püree durch ein Sieb streichen, um es weiter zu verfeinern. Auftragen.

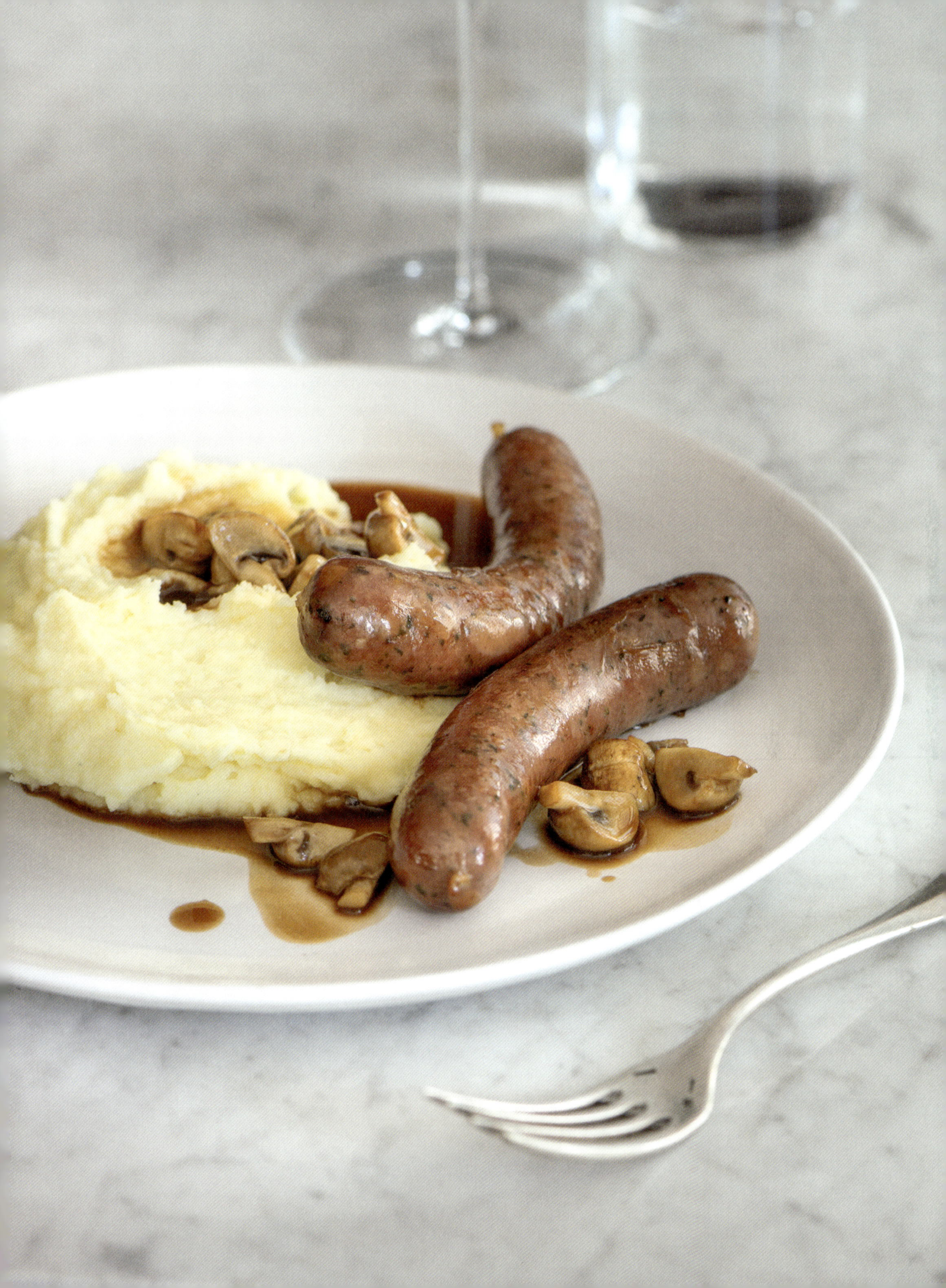

SEPPETONI, KÖNIG DER WURSTER

von Michael Merz

Klein gewachsen. Dünn, fast schon dürr, noch besser vielleicht sehnig-zäh. Unglaublich behände. Im Gesicht eine gewaltige Nase. Darüber ein wacher, aber auch stets vorsichtiger Blick. Ein breiter Mund mit dünnen Lippen. Oft mit einem verkniffenen Lächeln. Wann immer möglich, hing eine brennende Zigarette am Mund. Eigentlich hiess er Josef, aber es dauerte keine zwei Tage, da war er für uns alle Seppetoni und das blieb der Appenzeller über alle Jahre hinweg, bis zum letzten Tag, an dem die Metzgerei meines Vaters in andere Hände überging. Dann nahm auch er seinen Hut und entschwand zu neuen Ufern. Wie genau er zu uns gefunden hat, weiss ich nicht. Er war eines Tages da, übernahm die Wursterei mit Elan und wurde sofort Oberbefehlshaber über alles, was damit zusammenhing. Vater liess ihn gewähren, denn er selbst liebte zwar gute Würste, aber er liebte den Beruf des Wursters nicht besonders. Er war lieber in der Natur, bei den Bauern, wo, wie er sagte, das Fleisch wuchs. Ich muss noch etwas festhalten: Seppetoni verehrte meinen Vater und hätte, das fanden wir alle rasch heraus, sich für ihn vierteilen lassen. Und Vater liess ihm seinerseits, so wie die ganze Verantwortung, auch jedes Lob, das bald für Seppetonis Würste über den Ladentisch kam.

Was wir erst viel später erfuhren: Seppetoni war ohne Eltern aufgewachsen. Er war als Verdingkind auf einen Bauernhof gekommen. Muss man mehr sagen? Vielleicht das: Er muss ein sehr lebhaftes Kind gewesen sein, das in seiner Freizeit in einem grossen Fass hauste. Dessen Rand war so hoch, dass es der kleine Bub nie geschafft hätte, daraus zu entkommen …

Seppetoni wusste einfach alles über das Wursten. Er verlangte nach dem besten Kirsch, schüttete diesen dann grosszügig über das noch schlachtwarme Fleisch alter Sauen, sogenannten Mohren, wenn dieses für die Produktion von Waadtländer Saucissons parat stand. Seine Moschtbröckli dufteten unglaublich würzig und appetitlich, wenn sie am Donnerstag aus dem Rauch kamen. Sie mussten, das fiel allerdings nicht in den Aufgabenbereich des Wursters, innerhalb von drei Tagen verkauft werden. Die so kraftvoll nach Knoblauch und anderen Gewürzen schmeckenden Fleischbrocken hingen eben frei im Raum und trockneten damit rasch aus. Sie wurden nicht in Plastik vakuumiert und damit geschmacklich erstickt. Apropos Knoblauch: Cervelats wurden mit frischem Knoblauch gewürzt und nicht bloss mit Pulver aus den getrockneten Knollen. Kamen die Würste frisch aus dem Brühwasser, tröpfelte der Appenzeller einige Tropfen Sonnenblumenöl in seine Handflächen und streichelte damit die noch warmen Würste. So überflog sie ein Glanz, den die Würste anderer Metzgereien nicht hatten. Kurz und gut. Seppetoni kannte jedes Rezept und sowieso jeden Trick.

Dann kam das Wunder der Kalbsbratwürste. Da trafen sich dann die Philosophie von Seppetoni und jener meines Vaters. Der eine (mein Vater) wollte keine alte Ware in seinem Geschäft. Deshalb bezahlte er zum Beispiel seine Viehhändler und Bauern noch am Schlachttag. Es war immer dasselbe Ritual. Hatte der letzte Lieferant sein Geld bekommen, wischte sich Vater die Hände in einer Art stillem Klatschen und sagte: «Von jetzt an verdienen wir die ganze Woche Geld.» Und machte er am Samstagabend seinen Kontrollgang durch das leere Schlachthaus, die leere Abstandhalle und schliesslich den Kühlraum für die Tagesware, so waren diese ganz oder wenigstens fast leer. Dann meinte er: «Nächste Woche beginnen wir neu.»

Seppetoni seinerseits wurstete nur so viel, wie er glaubte, dass von seinen Würsten verkauft werden würde. Bald wurde allerdings die Nachfrage nach seinen Kalbsbratwürsten gross und grösser. So kam es im Frühling und Sommer immer mehr vor, dass er an den Wochenenden drei-, vier- oder sogar fünfmal frische Kalbsbratwürste fabrizieren musste. Bald gab es sogar Reservationslisten. War vom Kalb kein Wurstfleisch mehr da, war Schluss. Einfach so.

Wichtig ist vor allem aber eines: Seppetoni war glücklich. Kaum dass die schweren Maschinen in der Wursterei wummerten, hörte man ihn singen. Es ging ihm offensichtlich gut.

Unerhörtes war in unserer Metzgerei geschehen: Waren Würste bislang eher Beigemüse des Fleischverkaufs gewesen, war Fleisch jetzt oft das Beigemüse beim Wurstverkauf. Die Kalbsbratwürste waren auch wahrhaftig sagenhaft. Sie dufteten beim Braten auf dem Grill oder in der Pfanne appetitlich, sauber und nicht fettig-vulgär. Gebraten besassen sie eine feine, hellbraun-goldene Kruste, keine dick verbrannte Haut. Man konnte sie auch – quasi als der ultimative Kalbsbratwursttest – auseinanderbrechen, wie fleischgewordene Grissini. Ein leises Knistern begleitete diese Handlung. Kein Tröpfchen Fett floss aus. Der Schnitt (in diesem Fall der Bruch) war sauber, weiss, das Brät fest und doch locker. Die Wurst besass unter den Zähnen eine Art diskrete Saftigkeit. Der Geschmack: Kalb und Milch und ein Verdacht von Gewürzen. Was ich deshalb seit den Tagen mit Seppetoni weiss: Ja, es gibt die Wurst als ein Gesamtkunstwerk!

Allerdings gab es dann doch eine Wurstdisziplin, in der Vater unschlagbar war: Tessiner Spezialitäten. Salami, sogenannter grobkörniger Nostrano, und Lughanetti, die knubbeligen Schwartenwürstchen, die man früher nach der Metzgete fabrizierte. Beide hatte er im Reisegepäck seines Tessiner Jahrs nach Hause in die Deutschschweiz mitgebracht. Die eine wünschte sich die italienische Kundschaft, die andere die Heimweh-Tessiner. Die Schwartenwürstli wurden gesotten und zu Salzkartoffeln aufgetischt oder wie Schweinsbratwürste langsam gebraten und mit geschmolzenen Zwiebeln zur Polenta angerichtet. Die Salame zum Zvieri schnitt man in dicke Tranchen und servierte sie auf einem Brett zu knusprigem Brot und einem Schluck saftigem Roten. Weich waren diese Salamescheiben, herrlich grob rot-weiss gescheckt. Unter den Zähnen erst fast wie Kautschuk, aber nach ein paar Bissen lösten sie sich wunderbarerweise in vollendete, buttrige Zartheit auf. Salzig, würzig, kraftvoll. Und vielleicht muss man auch die Landjäger erwähnen. Geräuchert, gepresst, getrocknet. Sie liessen sich superleicht von ihrer pergamentdünnen Aussenhaut befreien. Man schnitt sie in schräge, dünne Scheiben. Sie dufteten und machten Appetit auf immer mehr.

Man muss wissen, dass Trockenwürste die Königsdisziplin im Wurstolymp sind. Sie sollten ausser etwas Salz, Zucker und Gewürzen nichts Weiteres als Fleisch und etwas Speck enthalten, dazu während ihrer Reifezeit an einem dunklen und kühlen Ort immer von etwas kühlem Durchzug umspielt werden. Nur so reifen sie in perfekter Balance zwischen Trockenheit und Feuchtigkeit auf den besten Punkt hin. Fest, aber nicht hart. Trocken, aber im Biss immer noch saftig. Nicht salzig, sondern würzig.

Fuhr man mit Monsieur Bocuse von seinem Haus und Restaurant in Collonges-au-Mont-d'Or zu seinem See in den Dombes, fuhr man erst über die Kettenbrücke des nahen Neuville, dann durch die Hügel gegen Bourg-en-Bresse, in die Dombes, einer Gegend mit tausenden Tümpeln, Teichen und Seen, Wäldern und Wäldchen, Bächlein und Bächen. Auf dem Weg in sein privates Freizeitparadies stoppte Paul Bocuse regelmässig vor einem Bauernhof und ging ins Haus. Sein «Allo!» dröhnte durch die Gänge des Hauses. Irgendwo antwortete eine Stimme. Die Begrüssung war herzlich aber nicht überschäumend. Schon sass man bei Tisch. Ein «Petit Jesus» wurde in die Tischmitte gestellt, eine salamiähnliche Trockenwurst aus der Gegend. Wie ein Säugling kunstvoll verschnürt, erinnert sie die Bauern offenbar an ein gewickeltes Kleinkind namens Jesus … Jetzt also als Trockenwurst. Auch hier schnitt das Messer behände durch die Wurst, das Brot dazu langte man sich aus einem Körbchen, eine Flasche Roter kreiste rundum und füllte die Gläser. 30 Minuten später rumpelte Bocuse in seinem uralten tabakbraunen Mercedes weiter. Der Bauernhof, das habe ich erst Jahre später erfahren, gehörte ihm.

Kein Wurstlexikon der Welt ist ohne Blutwurst vollständig. Die Deutschen und Franzosen fabrizieren sie fest und essen sie fast schon trocken. Die Franzosen schneiden auch dicke Tranchen davon ab und brätlen diese sanft und lange in etwas Schweinefett. Die Schweizer kennen Blutwürste als gargezogene Würste mit einer Art Blutflan in ihrem Inneren. Sie werden heiss oder gebraten gegessen. Gebrätelte Blutwürste kommen im fetten Schweinsdarm in die Bratpfanne. Hulda Zumsteg, die legendäre Wirtin der «Kronenhalle», wünschte sich ein- oder zweimal im Winter von meinem Vater solche Blutwürste. Gebrätelt kamen sie dann mit einem frischen, heissen Apfelmus auf den Tisch. Ein Glas Bordeaux musste auch dabeistehen. Hulda Zumsteg: «Es muss ein Wein sein, so mild wie Milch.» Der grosse Champion der Blutwürste in neuerer Küchenzeit bleibt für mich Hans Stucki, die Basler Küchenlegende. Im Berner Seeland in eine Bauernbeiz hineingeboren, fand er im Lauf der 80er-Jahre zu einigen der familieneigenen Rezepte zurück. Nein, die berühmten Kutteln an Rahmsauce seiner Mutter mochte er nicht kochen. «Ich hasse Kutteln!», meinte er lakonisch auf Nachfrage. Aber Blutwürste mussten sein. Nicht klein und putzig, wie diese manche seiner Berufskollegen und Kolleginnen in den 70er- und 80er-Jahren anrichteten, sondern als herzhafte, nicht zu grosse Portion für die Gäste. Die etwas grösseren Exemplare waren für seine Freunde reserviert. In einem Paketchen kamen sie per PTT zu den erwählten Gästen. Ihr Geheimnis? Vielleicht: «Unsere Seeländer Bauernfrauen wussten schon, dass gebleichter Lauch feiner schmeckt und fast spurlos und zarter verkocht als gewöhnliche Zwiebeln!»

Ich weiss, dass es Schweizer Köche gibt, die für das Rezept der Stucki-Blutwürste ziemlich alles gegeben hätten. Sie finden es im Buch. Markus Wicki, der sich mit dem Kapitel Schweinefleisch befasst, war in Hans Stuckis «Bruderholz» Küchenchef. Gibt es eine bessere Empfehlung? Für das Rezept, den Koch und seinen Schüler?

WEIDEPOULET-WURST

Für 1 kg Rohmasse

Man könnte diese Kreation leichterdings unter dem Begriff «Nachhaltigkeit» laufen lassen. Schliesslich präsentiert sich diese Wurst als ingeniöse Totalverarbeitung von Pouletschenkelfleisch. Zum Schluss bleiben die Knöchelchen zurück und das Bedauern, dass eine solche Wurst nur zwei Enden hat.

ZUTATEN

- 800 g Pouletschenkelfleisch (ohne Knochen, ohne Haut), in Stücke von ca. 50 g geschnitten
- 200 g Poulethaut, grob geschnitten
- 23 g Kochsalz

Gewürzmischung

- 3 g Rosmarin, frische Nadeln, fein geschnitten
- 3 g schwarzer, gemahlener Pfeffer
- 2 g Muskatnuss, frisch gerieben
- 2 g frisch abgeriebene Zeste von einer Bio-Orange
- 1,5 g Chiliflocken, getrocknet (Piri-Piri)
- 1,5 g Paprika, edelsüss
- 10 mg Safranpulver
- 1 Knoblauchzehe, ohne Keimling, durchgepresst

Därme

Schweine- oder Schafsaiten, 2–3 Meter lang, mit einem Durchmesser von 28–30 mm (beim Metzger vorbestellen)

VORBEREITUNG

1 | Das Pouletfleisch durch die 8-mm-Scheibe des Fleischwolfs drehen. In eine grosse Schüssel geben.

2 | Die Poulethaut grob schneiden und danach durch den Fleischwolf (Scheibengrösse: 3 mm) treiben. Zum Pouletfleisch in die grosse Schüssel geben.

3 | Das Salz und die Gewürze mischen und dann über das gewolfte Pouletfleisch streuen. Mit beiden Händen die Fleischmasse innig mischen. Bleibt sie an den Fingern kleben und pappt sie in sich zusammen, kann sie weiterverwendet werden.

WURSTEN

Den vorbereiteten Darm über das Füllrohr streifen. Die Würste auf ein Gewicht von 70–120 g stossen. Die einzelnen Würste entweder abbinden oder mit einer schwingenden Drehbewegung beider Hände abdrehen.

FORTSETZUNG >

Fortsetzung

BRÜHEN

1 | In einem genügend grossen Gefäss genügend Wasser auf die Temperatur von 75 Grad bringen. Diese mit dem Thermometer präzise kontrollieren!

2 | Die Würste in dieses heisse Wasser einlegen und nun die Wassertemperatur (die ja durch die kalten, eingelegten Würste gesunken ist) vorsichtig wieder auf 75 Grad zurückbringen. Dort für 15–20 Minuten halten. Das Wasser auf gar keinen Fall höher erhitzen.

3 | Die gebrühten Würste herausheben und in kaltes Leitungswasser legen. Keine Eiswürfelzugabe! Während ca. 10 Minuten abkühlen. Wenn die Würste herausgehoben werden, sind sie noch leicht warm. Das an den Würsten haftende Wasser soll trocknen.

ANMERKUNGEN

Diese Würste können genauso gebraten, grilliert oder bei 70–75 Grad gebrüht werden.

Brühen heisst nicht Sieden. Die Würste ziehen also bei 75 Grad gar. Würde man sie sieden, würde der Darm platzen und die Masse ins Brühwasser ausfliessen.

Poulethaut ist kein normales Angebot im Delikatess-Shop, und beim Grossverteiler bekommen Sie diese überhaupt nicht. Aber: Der Geflügelhändler im Comestibles-Laden kann sie Ihnen bestellen. Die Poulethaut ersetzt das Schweinefett in «normalen» Würsten.

Ein Grillgemüse soll diese Wurst begleiten. Also werden rote Peperoni, rote Zwiebel, Aubergine und Knoblauch rundum gegrillt, und zwar so lange, bis sie perfekt weich sind. Dann kommt die verbrannte Aussenhaut weg und das Fruchtfleisch wird in Streifen gezupft. Der Knoblauch wird aus der Hülle gedrückt und mit etwas Olivenöl, Sherryessig, Salz und etwas Chilipulver (am liebsten superpfiffige Espelette) angemacht und über das angerichtete Gemüse gegeben. Mit gestreifelt geschnittenem Peterli bestreut auftragen.

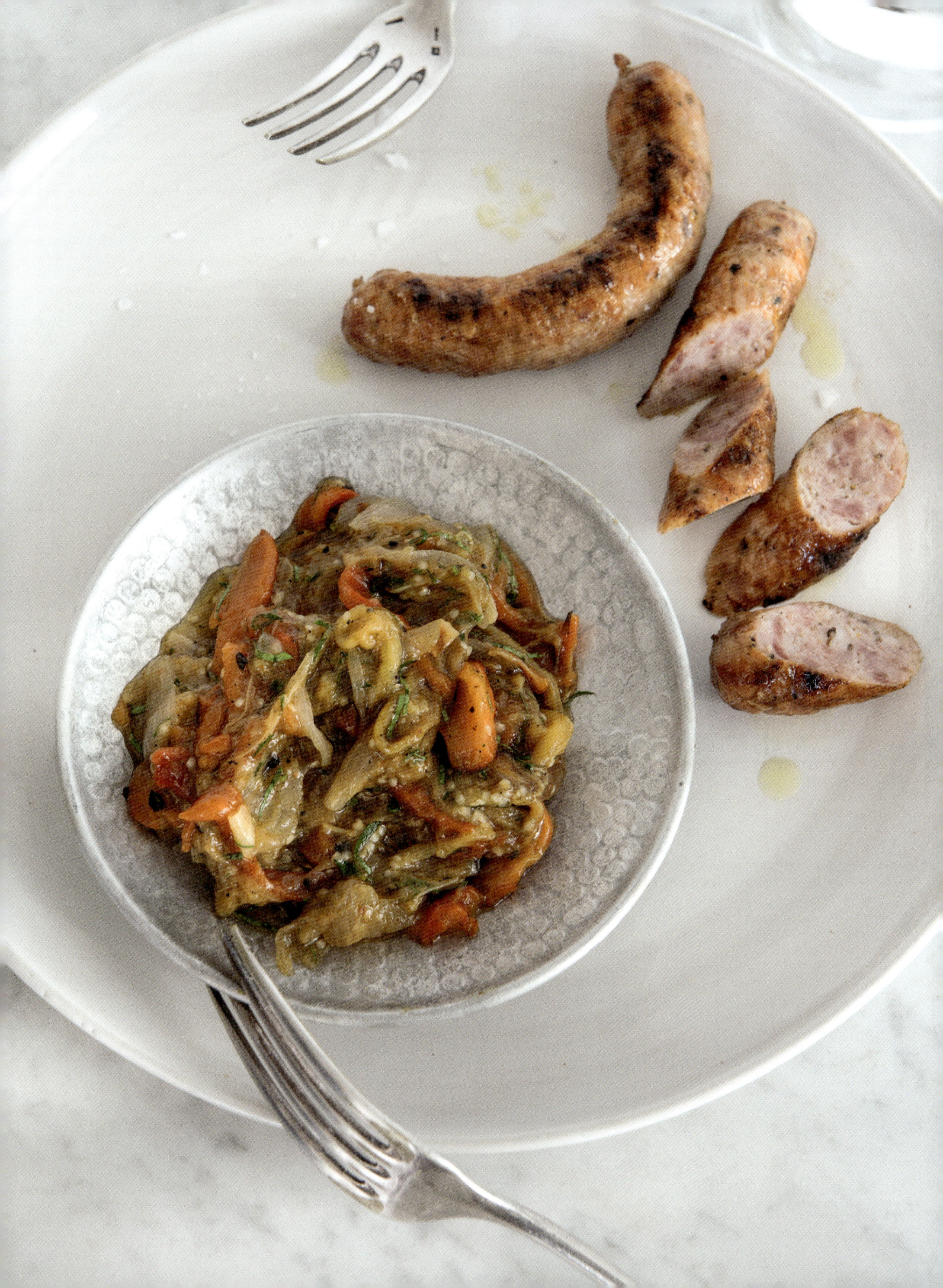

THAI-WURST

Für 1 kg Rohmasse

Wenn es einen Beweis für die kreative Ernsthaftigkeit von Markus Bühler gibt, dann diese Wurst. Alles, was man als Wurstliebhaber fürchten müsste, ist als Gewürz in dieser Wurst vorhanden. Aber das Resultat ist zum kulinarischen Ende eine hochelegante Europäerin mit einer interessanten thailändischen Geschichte …

ZUTATEN

- 800 g Schweinefleisch von der Laffe (Schulter), in Voressenstücke von 60–70 g geschnitten
- 200 g Halsspeck (beim Metzger vorbestellen)
- 21 g Salz, feinkörnig

Gewürzmischung
- 5 g frisches Zitronengras, fein geschnitten
- 5 g frischer Koriander, mittelfein geschnitten
- 4 g frische Thai-Chili, grob geschnitten
- 4 g frischer Knoblauch, fein geschnitten, ohne Keimling
- 3 g frische Kaffir-Limettenblätter, sehr fein geschnitten

Därme
Schweine- oder Schafsaiten, 2–3 Meter lang, mit einem Durchmesser von 28–30 mm (beim Metzger vorbestellen)

VORBEREITUNG

1 | Das Schweinefleisch durch die 10-mm-Scheibe des Fleischwolfs drehen. In eine grosse Schüssel geben.

2 | Den Halsspeck in Stücke von 4–5 cm Grösse schneiden und auch diese durch den Fleischwolf (Scheibengrösse: 5 mm) treiben. Ebenfalls in die grosse Schüssel geben.

3 | Das Salz mit der Hand unter die Fleischmischung heben.

4 | Die faserigen Aussenblätter des Zitronengrases entfernen, die verbleibenden weissen Teile ohne Wurzel sehr fein schneiden. Die ganzen Korianderpflanzen (inklusive Wurzel) sehr gut reinigen. Alles mittelfein schneiden. Die Thai-Chili-Schoten inklusive der Kerne grob schneiden. Den Knoblauch schälen und, wenn nötig, den Keimling entfernen; sehr fein schneiden, ebenso die die Kaffir-Limettenblätter. Sämtliche Kräuter unter das Fleisch mengen und dieses ca. 5 Minuten lang mit den Händen kneten, bis die Masse an den Fingern hängen bleibt und etwas zusammenpappt.

WURSTEN

1 | Den vorbereiteten Darm über das Füllrohr streifen. Die Würste auf ein Gewicht von 70–120 g stossen. Die einzelnen Würste entweder abbinden oder mit einer Drehbewegung beider Hände abdrehen.

2 | Die Thai-Würste braten oder bei 70–75 Grad brühen.

Für den Beilagensalat zuerst Kichererbsen über Nacht in Wasser einlegen. Am nächsten Tag abgiessen und in frischem Wasser aufsetzen. Richtig weich köcheln, ohne dass sie dabei zerfallen. Abgiessen und bei Raumtemperatur abkalten lassen.

Sellerie, Rüebli und Paprika in feine Streifchen schneiden. Zwiebelwürfel in wenig Butter anziehen oder kurz in Wasser aufkochen, abgiessen. Tomaten schälen, entkernen und würfeln. Etwas Rapsöl heiss werden lassen und die gut abgetropften Kichererbsen darin anbraten. Die Tomatenwürfel untermischen. Mit Sherryessig und Rapsöl und etwas Verjus anmachen. Würzen. Ein wenig sehr fein geschnittenes Zitronengras, noch weniger Koriander und andere Kräuterschnipsel unterziehen. Zum Schluss die rohe Gemüsejulienne unterheben. Alles nochmals abschmecken und auftragen.

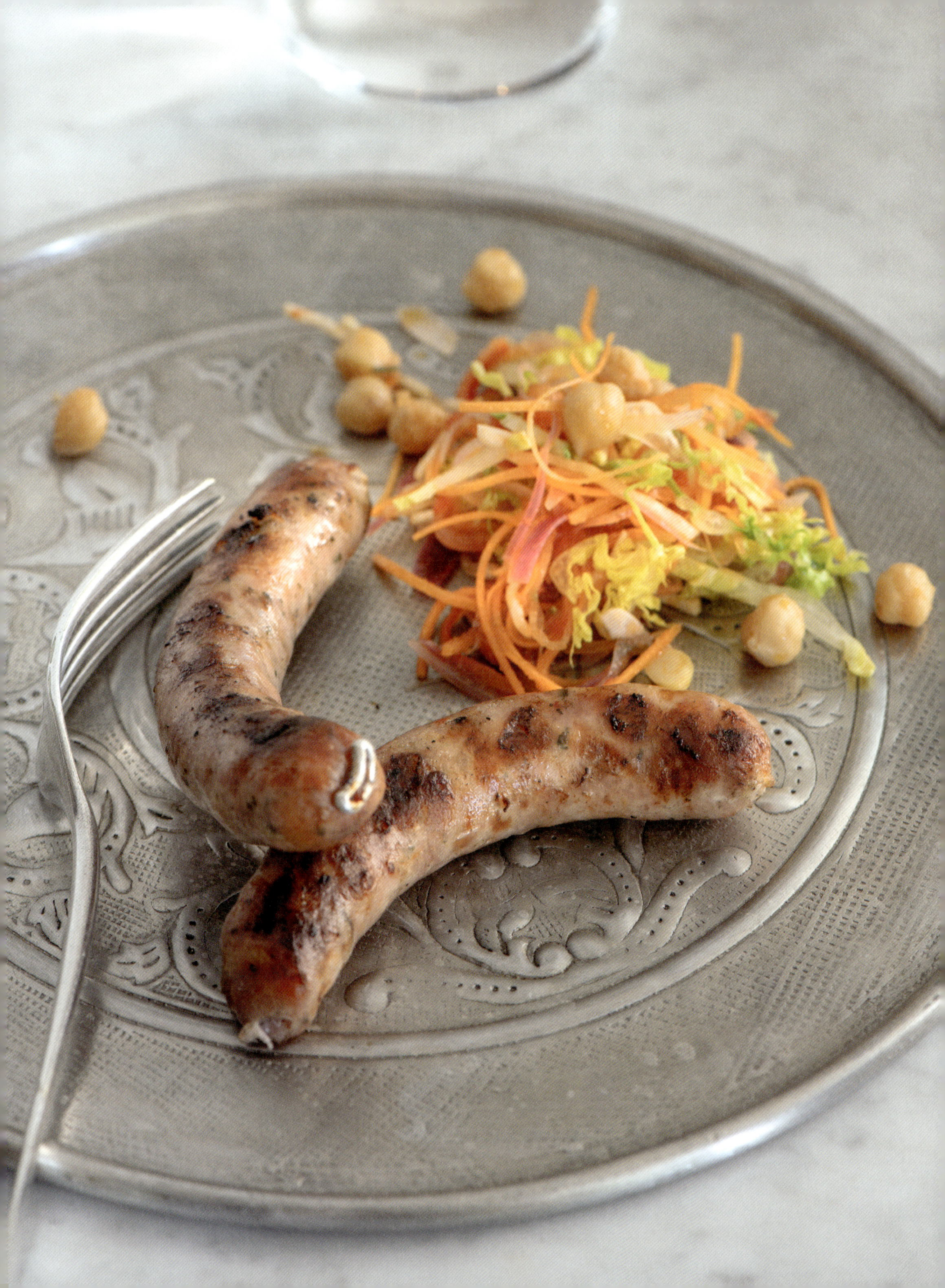

RIESLINGWURST

Für 1 kg Rohmasse

Die Finesse einer grossen Traube zeigt sich in dieser Kreation aus dem Hause Bühler-Pfistner. Saftig der Biss, appetitlich der Anschnitt, absolut perfekt und köstlich der Geschmack und die Art, wie der Riesling in dieser Wurst eingebunden wird.

ZUTATEN

- 800 g Schweinefleisch von der Laffe (Schulter) in Voressenstücke von 60–70 g geschnitten
- 200 g Halsspeck (beim Metzger vorbestellen)
- 21 g Salz, feinkörnig

Gewürzmischung

- 3 g schwarzer Pfeffer, grob zerstossen (concassé)
- 1,5 g Muskatnuss, frisch gerieben

Gemüsemischung

- 1 EL Butter
- 15 g Sellerie, grob geschnitten
- 15 g Lauch, weisse und hellgrüne Teile, grob geschnitten
- 7 g Zwiebeln, grob gewürfelt
- 4 dl Riesling, trocken

Därme

Schweine- oder Schafsaiten, 2–3 Meter lang, mit einem Durchmesser von 28–30 mm (beim Metzger vorbestellen)

VORBEREITUNG

1 | Das Schweinefleisch durch die 10-mm-Scheibe des Fleischwolfs drehen. In eine grosse Schüssel geben.

2 | Den Halsspeck in Stücke von 4–5 cm Grösse schneiden und auch diese durch den Fleischwolf (Scheibengrösse: 5 mm) treiben. Ebenfalls in die grosse Schüssel geben.

3 | Das Salz und die Gewürzmischung mit der Hand unter die Fleischmischung heben.

4 | Erst das Gemüsehäcksel in Sder aufschäumenden Butter <u>anziehen</u> und unter stetem Wenden so weit garen, bis ein angenehm süsser Duft aufsteigt. Das Gemüse darf nicht anbrennen. Mit dem Riesling ablöschen, aufköcheln und dann leise <u>simmernd</u> auf die Hälfte der Flüssigkeit reduzieren. Mit dem Mixstab pürieren. Kalt weiter verwenden.

5 | Diese Reduktion unter das Fleisch heben und ca. 5 Minuten mit den Händen kneten. Die Masse soll an an den Fingern hängen bleiben und etwas zusammenpappen.

WURSTEN

1 | Den vorbereiteten Darm über das Füllrohr streifen. Die Würste auf ein Gewicht von 70–120 g stossen. Die einzelnen Würste entweder abbinden oder mit einer schwingenden Drehbewegung beider Hände abdrehen.

2 | Diese Würste können genauso gebraten wie bei 70 bis maximal 75 Grad gebrüht werden.

Als Variante diese Wurst in kaltes Wasser legen, vor das Kochen bringen und dann auf unterster Stufe brühen. Fast ¾ Stunden lang! Damit die Wurst, die niemals kochen darf, wunderbar weich und saftig wird!

Dann etwas Zwiebelwürfel in wenig Butter andünsten, ein wenig Geflügelbouillon dazugeben und alles reduzieren. Vor dem Auftragen eine Kleinigkeit (!) Wurstsud dazugiessen und erneut alles reduzieren. Mit wenig Riesling abschmecken. Wenn alles auf- köchelt, das Sösschen mit wenig Butter <u>aufmontieren</u>.

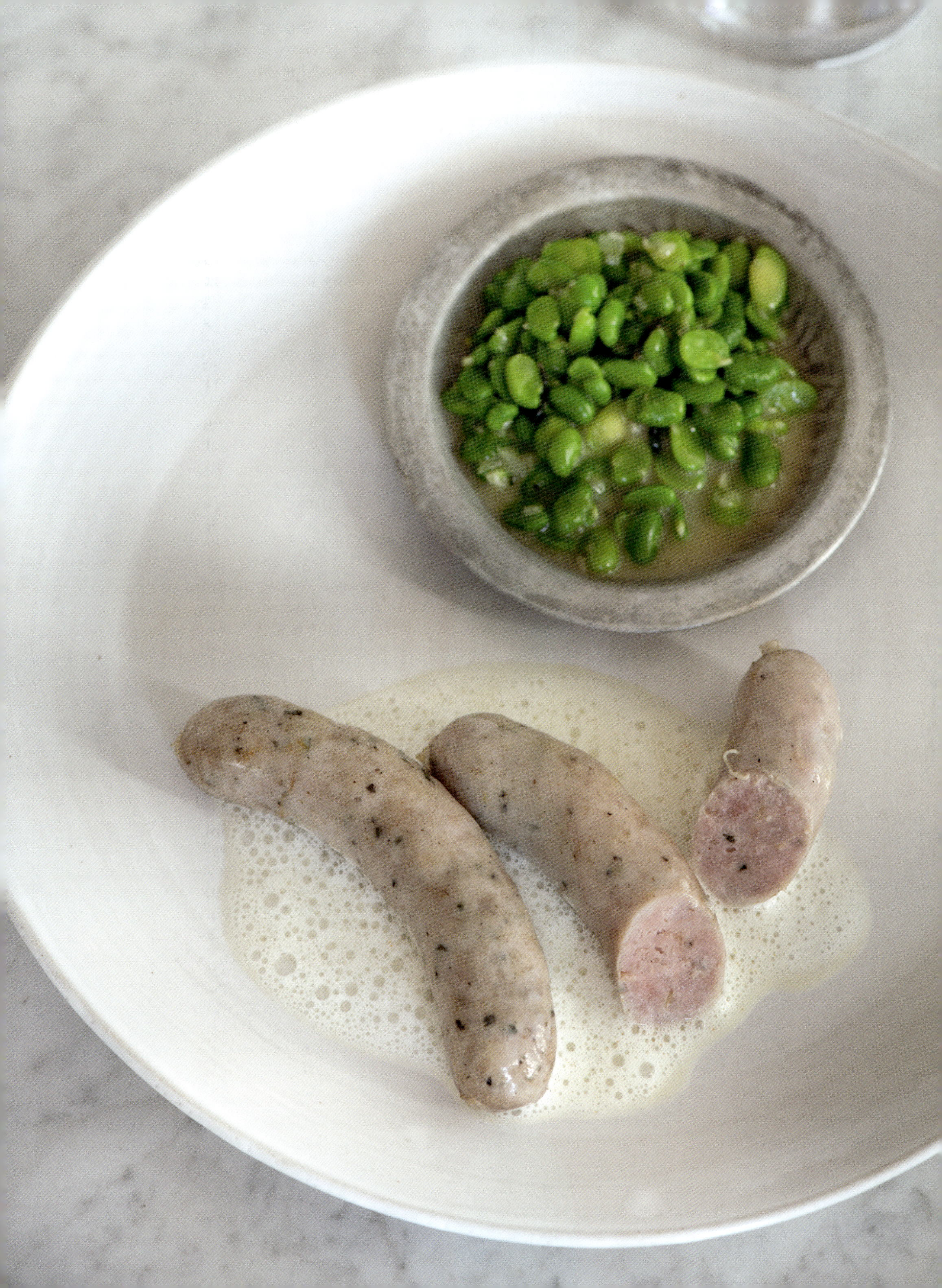

MARKUS BÜHLER

Hallau SH | Zürich ZH

Als Würste noch Würste waren, Metzgereiprodukte voller Inhalt und Ausdruck, waren die Ostschweizer Metzger- und Wursterkönige. Einer dieser «Könige» ging seinen Geschäften in Hallau und dann in Winterthur nach, verkaufte deshalb sein Hallauer Geschäft einem Herrn Pfistner. Herr Rüedi hiess dieser König, und er hat – so geht die Geschichte – die Hallauer Schinkenwurst erfunden. Er übergab sein Rezept dem Nachfolger, einem Herr Pfistner.

Metzger Pfistner hatte zwei Söhne: Willi, heute 72 Jahre alt, und sein zwei Jahre jüngerer Bruder Werner. Nach 30 Jahren väterlicher Geschäftstätigkeit übernahmen die Brüder gemeinsam das Geschäft. Der eine, Werner, zuständig für die Gesamtheit des Betriebs und zusammen mit seiner Frau Elsbeth hinter der Ladentheke, Willi in der Wursterei, zuständig für wunderbare Würste. Es war eine fabelhafte Metzgerei, ein tolles Geschäft, das wunderbar lief und dessen oberstes Wunderprodukt für weitere 40 Jahre die Hallauer Schinkenwurst blieb.

2014 schlossen die Pfistners ihr Geschäft. Gerne hätte Werner das Geschäft einem Nachfolger übergeben, doch die verschiedenen Versuche schlugen fehl. Es fiel in einen Dornröschenschlaf. Aber die Geschichte ist damit nicht zu Ende. Denn …

… Markus Bühler ist ein vifer junger Mann von inzwischen 34 Jahren. Er hat einiges ausprobiert. Etwa begann der gelernte Chemielaborant ein Studium der Lebensmitteltechnik, das er abbrach, machte dann die Ausbildung zum Physiotherapeuten. Sein heutiger Beruf. Man könnte nun aus diesem Vorleben schliessen, das sich Markus Bühler gerne mit den Händen beschäftigt, und dass er dem täglichen Essen nicht völlig gleichgültig gegenübersteht. Zwei Begabungen oder Interessen, die ihn zu den beiden Pfistners brachte.

Wurst begann ihn zu faszinieren. Auch weil er, was er davon kennenlernte oder auch vorgesetzt bekam, nicht wirklich interessant fand. Und weil ihn sein Verstand und seine Fantasie bezüglich diesem Produkt auf irgendetwas anderes hinzulenken schien. So suchte er Kontakt zu jenem Metier, das sich mit Würsten abgibt, und fand: die Pfistners.

Der Rest ist schnell erzählt. Die Ideen des Markus Bühler wurden gehört. Werner Pfistner fand den jungen Mann interessant genug, um ihn in sein Haus zu Gesprächen zu bitten. Willi, der Wurstmeister, begann Markus Bühler in die Kunst der Würste einzuweihen. Seine Ideen mögen Willi vielleicht ein wenig nachdenklich gestimmt haben, aber er ging tapfer mit dem Novizen durch jede Anfangsschwierigkeit, brachte diesem etwas mehr Handwerklichkeit bei, scheuchte ihn auf die genauso gnadenlose wie notwendige Putztour nach dem jeweiligen Wursten und fand, was da zum Schluss als neue Wurst entstand, doch «chaibe interessant».

Werner Pfistner macht den Diplomaten, wenn es manchmal etwas harzt. Markus Bühler heimst erste und nächste Erfolge ein. Willi freut sich still, aber sagt nicht viel dazu, denn das ist nicht seine Art. Die Ostschweiz war immer bekannt für ihre Würste. Jetzt auch noch der Ort, an dem die Würste den entscheidenden – kulinarischen – Schritt in die Zukunft machen.

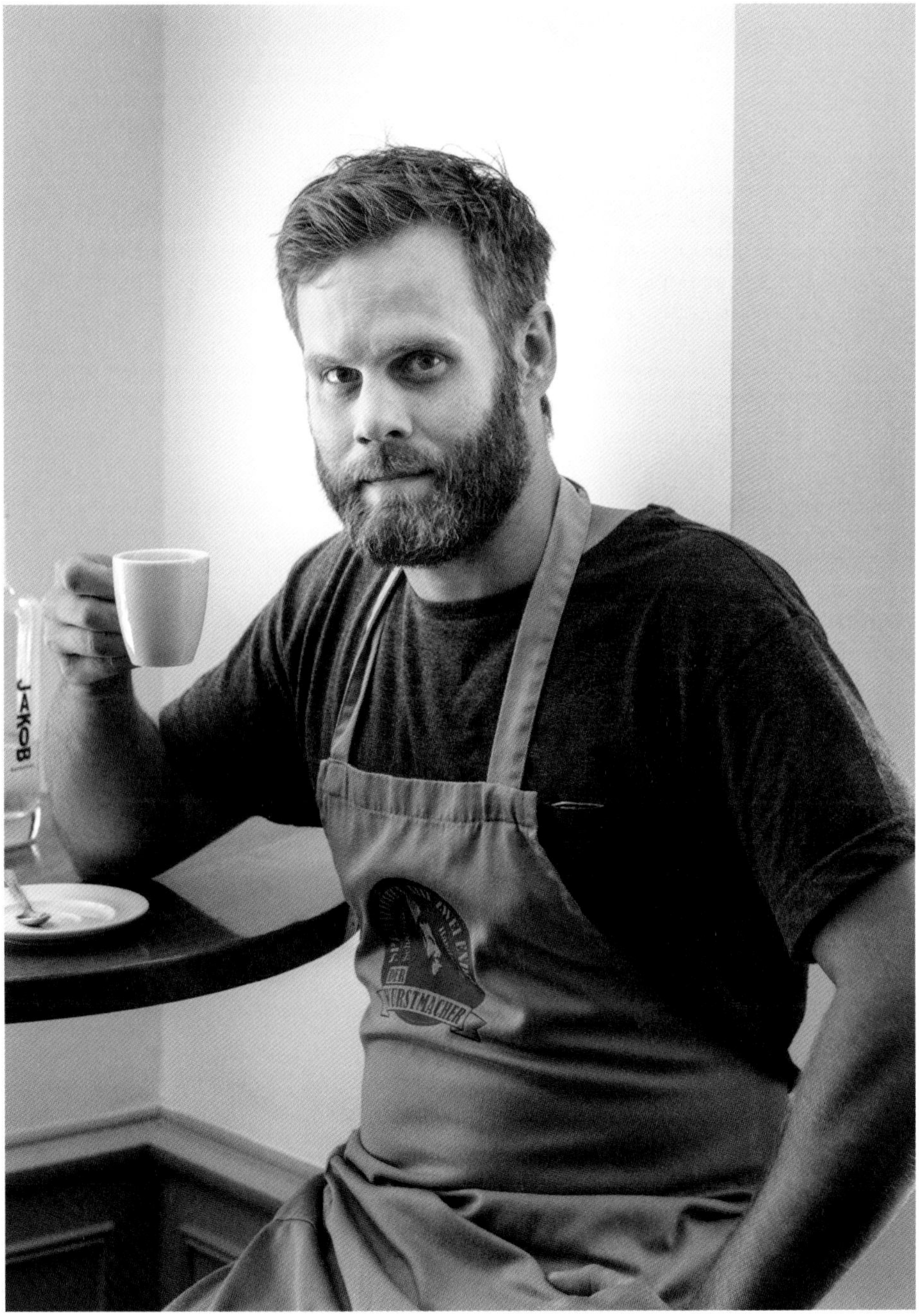
JAKOB

INNEREIEN

Rezepte von Arno Abächerli

EIN TAG IM LEBEN VON ARNO

6.30 Uhr: Das Haus liegt still. Ein neuer Tag. Noch schlafen die Gäste. Nur einer ist bereits wach. Arno, der Hausherr, hantiert in der noch dunklen Küche. Backt Brötchen auf, füllt Konfitüre in Töpfchen, schichtet Joghurtbecher zu Pyramiden, köchelt Eier in fünf Minuten zu perfekten Dreiminuten-Eiern. Reichhaltig muss so ein Frühstücksbuffet sein, frisch soll es duften, wenn der Gast mit noch schlaftrunkenen Augen zum Morgenessen aus dem Hotelzimmer der «Auberge de la Croix Blanche» kommt.

7.45 Uhr: Noch ist es dunkel. «Würde ich Licht machen, stünden die Hotelgäste auch schon da. Das geht nicht. Erst muss ich die Kaffeemaschine putzen, dann in Ruhe zwei Kaffee trinken. Nachdenken. Die Gedanken bündeln.» Dann wird Licht gemacht, es ist 8 Uhr, jetzt kommt auch Ehefrau Christa ins tägliche Spiel und die ersten Gäste tauchen auf. Christa übernimmt die Betreuung. «Und ich? Was tut ein Koch? Er geht in die Küche.»

9.00 Uhr: Jetzt kommen die vier Köche des «Croix Blanche». Arno hat sich inzwischen auf diesen Tag, die Produkte, die es für den Tagesteller braucht, eingestellt. Auch weiss er, was der Familie und den Angestellten zum Mittagessen zu kochen ist. Er übergibt an seine Equipe und wechselt ins Büro. Mails müssen beantwortet, die Menükarten geschrieben und gedruckt, Rechnungen geprüft und Telefonate gemacht werden. Erste Reservationen treffen ein. Die Liste der angemeldeten Gäste will kontrolliert sein – und natürlich auch alle anderen Dinge, die es braucht.

«Dienstagmorgen, wenn wir geschlossen haben, ist grosser Bestelltag», sagt Arno, legt die Bestellscheine auf seinem Pult nach links und die Rechnungen nach rechts. «Tägliche Bestellungen, wie ich sie in einer grossen Stadt machen könnte, sind hier, auf dem Land, ein Ding der Unmöglichkeit. Das zeigt sich gerade beim Fleisch, im ganz Speziellen bei den Innereien.» Arno wartet einen Moment, bevor er anfügt: «Das ist auch der Grund, weshalb ich nur mit einem Metzger, meinem Metzger, dem Pauli aus Murten, arbeite. Wir beide sind in der gleichen Situation: Zwei Kleinbetriebe, die vieles machen müssen, aber nicht alles machen können.»

Arno Abächerli ist nicht nur ein umsichtiger Koch, er ist auch ein sehr fähiger Handwerker. Keine Küchenabteilung, die er nicht beherrscht. Auch deshalb hat er früh damit begonnen, für seine Gäste Innereien zu kochen. Erst den inzwischen legendären Kalbskopf, dann dies und das. Immer wohl überlegt und immer mit etwas Vorwarnung. Dazu kommen selbst Stammgäste, die sonst im Restaurant der «Auberge» essen, ins einfachere Bistro. «Man muss es einfach immer wieder versuchen. Man muss Innereien anbieten. Tut man das nicht, wird sie niemand ordern. Es gibt eben inzwischen ganze Generationen von Gourmets, die Gerichte aus Innereien gar nicht kennen. Sie haben weder im Elternhaus gelernt, diese zu essen, noch sind sie ihnen im Alltag begegnet oder auf den Menükarten der Restaurants, in denen sie täglich essen und assen.»

10.00 Uhr: Arno steht mit seinen Frauen und Männern in der Küche. Die Mise en place, die Vorbereitungen fürs Mittagessen, laufen. Christa umsorgt die Frühstücksgäste. Ihr Mann sorgt fürs Mitarbeiter- und Familienessen. Der kleine Emile, Sohn des Hauses, ist in der Schule, die «Auberge» nimmt Fahrt auf. Der Metzger bekommt noch einen letzten Anruf. «Bankette können nicht aus dem Stand angerichtet werden. Wenn ich 30 kg Kalbshohrücken brauche, dann kann ich nicht anrufen und sagen: In zwei Tagen müssen die hier sein. Und zwar in Topqualität!» Am liebsten ordere er solche Mengen zwei Wochen im Voraus. «Ich will nicht die bestellte Ware auspacken und sagen müssen: ‹Jesses Gott, was mache ich denn damit?›»

12.00 Uhr: Die Zeit der Gäste. «Hochspannung in der Küche. Die dauert bis etwa um 14 Uhr. Aber so genau kann man das nie sagen. Der Gast ist König. Und solange er da ist, ist er auch – fast gänzlich – der Herr über meine Zeit.» Arno Abächerli weiss, wovon er spricht. Wenn man sieht, wie er ein Kalbsnierchen mit dem schärfsten aller Messer in Tranchen schneidet, diese ruckzuck brätelt und dann mit Schwung im Teller anrichtet. Wie er einem der Köche zeigt, wie die Tranche Kalbsleber perfekt gelingt, gar wird und doch auf den Punkt rosa und saftig bleibt. Wie er einem Gast im Bistro den Kalbskopf persönlich vorbeibringt und mit ihm für eine Minute («Mehr geht einfach nicht») ein kleines Gespräch führt ... Dann bleibt kein Zweifel: Er ist ein Gastronom der alten Sorte.

16:00 Uhr: Die Küche liegt verlassen und still. Christa umsorgt die letzten Gäste im Restaurant, denen es so gut geht, dass sie gar nicht gehen mögen. Arno sitzt in der Wohnung, jasst erst eine Runde im Internet, macht dann mit Emile die Hausaufgaben, liest Zeitung. «Nein, schlafen geht nicht. Aber aufs Sofa liegen und die Augen für einen Moment schliessen, schon.» Dann ist es schon wieder Zeit, in der Küche den Brotteig anzusetzen, damit Stunden später die Laibe geformt werden können. «Das Abendessen für das Personal um 17.30 Uhr muss ja auch noch gemacht werden.»

Wenn noch Zeit bleibt – und Zeit dafür muss immer sein – zeigt er einem neuen Koch, worauf es beim Kochen von Kalbskopf ankommt. «Das fängt schon viel früher, beim Einkauf, an. Wie muss er ausschauen? Wie soll er sich anfühlen? Erst dann kommt: Wie kocht man ihn?» Arno Abächerli hat Innereien seit seiner Kindheit nicht nur gegessen, sondern diese auch schon als Jungkoch verkocht. Er findet, dass gerade unter den jungen Köchen dafür ein gewaltiger Nachholbedarf an Wissen und Handwerk herrscht. «Sie sollen nicht nur ein Leberli oder vielleicht eine Tranche Milken verarbeiten können. Ich will, dass sie, wenn sie später einen eigenen Betrieb haben, perfekt damit umgehen können. Man kann doch nicht einen ganzen Drittel eines geschlachteten Tieres einfach entsorgen, weil niemand mehr weiss, was man damit anfängt ... und wie gut so etwas schmeckt!»

18.00 Uhr: Nochmals Mis en place zaubern. Ein Auge auf alles haben. Emile in der Wohnung besuchen und für ein paar Minuten «Vater» sein. Dann sind die ersten Gäste da und der schweisstreibende Tanz um den perfekten Genuss geht los. Für Arno endet dieser gegen 22 Uhr, wenn die Desserts ihren Auftritt haben. «Die Hauptgänge sind geschickt. Der Bub muss jetzt ins Bett.» Jetzt wird auch die Küche auf Hochglanz gebracht. So, wie jeden Tag. Danach tritt der Chef zur Kontrolle an. Ein letztes Mal.

Es ist Mitternacht, wenn Arno Abächerli zum letzten Mal an diesem Tag in die Wohnung hochsteigt. Christa wird später folgen. Sie dreht den Schlüssel im Schloss, löscht die Lichter. Dann liegt das Haus da. Es ist dunkel. Still.

323

INNEREIEN

Mit dem Begriff «Innereien» werden die essbaren inneren Organe von Schlachttieren, Wild und Geflügel bezeichnet. Nicht alle Innereien werden in allen Ländern verkocht.

DER KOPF Die grosse, klassische Küche verarbeitet ihn am Stück. Aufgerollt, pochiert oder gebraten. Fast jeder Kopf, ob vom Kamel bis hin zum Lamm, wird irgendwo in irgendeiner Küche dieser Welt ganz oder in Teilen aufgetragen. Auch in seinen Einzelteilen.

BACKEN Die grosse Mode des Moments. Eigentlich nur geschmort im Angebot, werden sie meistens vorgekocht und im letzten Moment in der Schmorsauce aufgewärmt. Das perfekte Gericht für eine Einladung unter Freunden.

ZUNGE Gesalzen, geräuchert oder ungesalzen bestellt man sie beim Metzger. Die regionale französische Küche brät sie sogar. Im Allgemeinen wird sie gesotten und kommt dann warm als Hauptgang oder kalt zum Zvieri auf den Tisch.

OHREN Die meisten Schweinsohren landen heute getrocknet als Hundefutter in den Tierläden. Dabei gelten Kalbs- und Schweinsohren gesalzen und gekocht als superfeine Kau-Kost. Dann serviert man sie zu Linsen oder Erbsen. Oder sie kommen, gekocht, paniert, danach ausgebacken, knusprig-kross mit Salat auf den Tisch.

HIRN Die vergessene Spezialität. Die Hysterie nach der Rinderwahnsinn-Welle hat diese Innerei ins «Aus» befördert. Dabei schmeckt Hirn, pochiert und in Tranchen gebrätelt, ausserordentlich fein und besitzt eine einzigartig feine, zart-feste Struktur und einen ganz eigenen, unverwechselbaren Geschmack.

MILKEN Zwei Arten gibt es davon. Die länglichen Milken, die vor allem zu Röschen aufgezupft in Ragouts Verwendung finden. Dann die fast kreisrunden, die als Herzmilken im Ganzen pochiert, dann gebraten werden. Milken werden erst pochiert, dann geschält und schliesslich sanft gebrätelt. Sie kommen leicht rosa und damit saftig auf den Tisch. Frédy Girardet schälte sie roh und brätelte sie «sur le vif», also noch roh. Solche Milken besitzen mehr Geschmack und sind saftiger.

HERZ Auch dies ein fast vergessenes Küchenprodukt. Vielleicht deshalb, weil dieses besondere Organ – so wie etwa der Tintenfisch auch – nur ganz kurz gegart oder endlos lange geschmort werden muss, um seine besten Qualitäten auszuspielen. Sonst schmeckt es ganz einfach zäh und trocken.

LUNGE / HERZ / MILZ Aus diesen Innereien köchelt die österreichische Küche den «Beuschel». Dabei werden die im Würzsud gekochten Stücke fein aufgeschnitten und in einer sämigen Sauce aufgetragen. Gehackt kommen die gekochten Stücke auch in Würsten zum Tragen.

LEBER Die am meisten verkochte Innerei. Aus irgendeinem nicht erklärbaren Grund überlebten Lebern den Bildersturm des Rinderwahnsinns. Vor allem Kalbs- und Schweinsleber werden heute noch oft verkocht. Geschnetzelt oder in Tranchen geschnitten findet sie dann Abnehmer. Die Rindsleber wird meist in Milch eingelegt, bevor sie – aromatisch etwas abgemildert – verarbeitet wird. Vor allem unsere südlichen Nachbarn – von Spanien bis in die Türkei und den Libanon – lieben Rindsleber.

NIERE Die französische Küche zählt Kalbsniere nicht zu den Innereien, sondern «zum Fleisch». Abgesehen davon ist das Verkochen dieser Innerei keine ganz einfache Sache. Erstens, weil sie meist geschnetzelt verarbeitet wird und dieses Verkochen ruckzuck geschehen muss, um ein zähes Endprodukt zu vermeiden. Zweitens, weil nur die allergrösste Frische einen Genuss ohne Beigeschmack erlaubt.

KUTTELN Dazu zählen nicht nur die vier Mägen, die Wiederkäuer besitzen. Auch Teile des restlichen Verdauungsapparats können in der Innereienküche genutzt werden. Der pfälzische Saumagen etwa, ein gefüllter, gebratener Schweinemagen, ist so ein Gericht. Es sind jene Innereien, die nur äusserst sauber und bereits gekocht in den Verkauf kommen. Auch hier ist absolute Frische Grundbedingung.

NETZ Das Bauchfell des Schweins ist für die klassische italienische und französische Küche ein grosses Hilfsmittel. Ein Hackbraten oder ein Adrio wird darin eingeschlagen und behält beim Braten nicht nur sein Fett, sondern hält das Brät locker und gleichzeitig fest zusammen. Französische Superköche schlagen ein rasch gebratenes Lammkotelett mit etwas Julienne von Gemüsen oder Trüffeln ins Netz ein und braten das Kotelett zu saftiger Köstlichkeit.

SCHWANZ Eckart Witzigmann brachte dieses Stück Innerei mit seinem gefüllten Kalbsschwanz wieder in die Haute Cuisine zurück. Immer präsent war es über die Oxtail-Suppe, an deren Anfang Stücke von einem gerösteten Rindsschwanz stehen. Ein Ragout d'oxtail ist der Höhepunkt der Eintopfküche überhaupt.

FÜSSE In der mitteleuropäischen Küche fast vergessene Innerei. Wird aber in allen Mittelmeerküchen oft und gerne verwendet. Klar eine Armenküche, aber auch ganz klar Ursprung vieler fantastisch schmeckender Gerichte. Es werden Teile vom Schaf, Lamm, Schwein und sogar Rind verwendet.

MARK Auch das Knochenmark gilt als Innerei. Es kommt vor allem in heisser Fleischbrühe pochiert auf den Tisch.

AUFGEPASST!
Alle Innereien profitieren vom Wässern in kaltem Wasser. Dies geschieht am besten über Nacht im Kühlschrank. Das Wasser sollte öfters gewechselt werden.

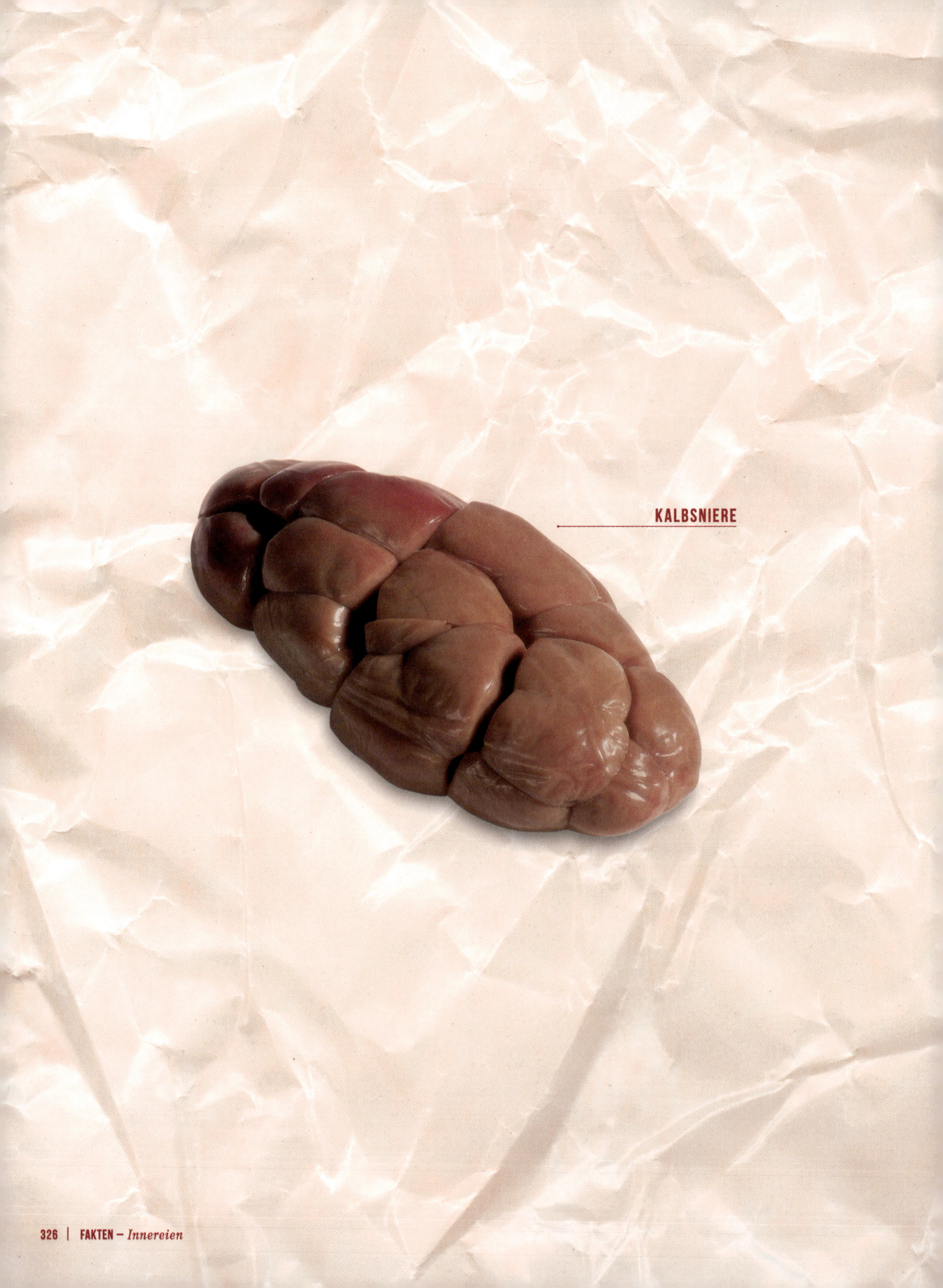

KALBSNIERE

GUT ZU WISSEN

Diese Innereien sind in der Schweiz erhältlich:

LEBER Kalbsleber ist sehr begehrt und auch schöne Rindslebern haben immer noch gute Abnehmer. (Kalbslebern sind sogar so gesucht, dass sie auch importiert werden müssen).

KALBSNIEREN Ein Spezialmarkt für den Kenner, aber gesucht.

KALBS- UND LAMMMILKEN Seit der BSE-Affäre hat sich die Nachfrage langsam aber stetig wieder etwas erholt. Aber es fehlt hier eine ganze Generation von Kennern.

KUTTELN Auch diese Innereien sind wieder gefragter, als noch vor 10 Jahren. Besonders Kalbskutteln sind sehr beliebt.

KALBSKOPF Für eine eingefleischte Schar von Liebhabern. Das aus dem Kalbskopf herausgeschnittene Bäggli findet geschmort im Moment grossen Zuspruch.

OCHSENMAUL Auch dieses durch und durch gekochte Stück Rindskopf findet immer noch und erneut seine Liebhaber.

ZUNGE Als gekochtes Kalbszüngli noch eher verlangt als die grosse Rindszunge. Gesalzen, geräuchert, dann gekocht, findet diese besonders im Winter guten Zuspruch.

«Exotische» Genüsse sind:

«GRICK» Bezeichnet Gerichte aus Lunge, Leber, Herz, Niere und Milz.

HIRN Kaum mehr zu finden und kaum jemand kann dieses noch zubereiten.

HODEN Eine überaus delikate Angelegenheit einer kleinen verschworenen Feinschmecker-Gemeinde. Am ehesten werden Lammhoden verkocht.

ANMERKUNG

Innereien sind besonders reich an Vitaminen und Nährstoffen.

Innereien sind sehr leicht verderblich und sollten nur topfrisch verkocht werden.

Weil Innereien nur in beschränkter Menge in den Verkauf gelangen, sollten sie stets in der Metzgerei vorbestellt werden.

GESCHMORTE SCHWEINSBÄGGLI MIT KARTOFFELPÜREE UND WURZELGEMÜSE

Für 4 Personen

Eine Innerei macht Mode. Spätestens seit Eckart Witzigmann, der grosse österreichische Koch, seiner verwöhnten Münchner Kundschaft Kalbsbäckchen in Rotweinsauce vorsetzte, sind Kalbsbäckchen im Repertoire fast aller Köche zu finden. Klar ist aber auch, es gibt Bäckchen von Rind, Lamm und auch Schwein, die verkocht werden können. Und dies seit vielen Jahrhunderten, denn das Gericht ist nichts anderes als ein Gericht aus der regionalen und bürgerlichen Hausfrauenküche. Man nimmt etwas, fügt etwas Weiteres hinzu und füllt schliesslich mit etwas Drittem auf. Nach langem, langem Köcheln wird abgeschmeckt. Serviert wird aus dem Topf.

ZUTATEN

- 12 Schweinsbäggli à 80–100 g
- Salz und Pfeffer
- 2 EL Sonnenblumenöl
- 5 dl Bratensauce, vom letzten Sonntagsbraten

Kartoffelpüree
- 500 g Kartoffeln, mehlig kochend (Agria, Bintje)
- Salz und Pfeffer
- 100 g Butter
- 1 dl Milch
- Muskatnuss

Wurzelgemüse
- 1 rote Karotte
- 1 gelbe Rübe (Ackerrübe)
- 1 kleiner Knollensellerie
- 1 Stange Lauch
- 50 g Butter
- 50 g Wasser
- Salz und Pfeffer

ZUBEREITUNG

1 | Bäggli würzen und im Öl gut anbraten. In eine Kasserolle geben, mit Wasser bedecken, aufkochen und während ca. 75 Minuten leise köchelnd weich garen. Im Fond auskühlen lassen. Herausnehmen, von Knorpeln und Fett befreien. Den Fond nicht für die Sauce verwenden, sondern entsorgen, da er trüb und leimig schmeckt.

2 | Für das Kartoffelpüree die Kartoffeln schälen, in Würfel schneiden und in Salzwasser weich kochen. Abgiessen und gut ausdampfen lassen.

3 | Milch mit Muskatnuss und Butter erwärmen. Die Butter darf dabei bloss schmelzen. Nicht kochen! Anschliessend die Kartoffeln durch die Kartoffelpresse in die warme Flüssigkeit drücken. Mit einem Holzlöffel gut umrühren: keinesfalls mit einem Schneebesen oder gar einem Mixstab. Abschmecken und im 60 Grad warmen Ofen zugedeckt reservieren.

4 | Für das Wurzelgemüse das Gemüse waschen, rüsten und in gleichmässige Würfel schneiden. Karotte, Rübe und Sellerie im Butter andünsten und mit dem Wasser ablöschen. Zugedeckt weich glasieren. Kurz vor Schluss den Lauch daruntermischen und alles zusammen ohne Deckel unter gelegentlichem Rühren fertig dünsten.

5 | Inzwischen die Bäggli in der Bratensauce wärmen. Es kann dafür auch eine Glace de viande, Velouté oder Béchamel verwendet werden. Das Gericht darf aber auf gar keinen Fall sieden, weil das Fleisch sonst trocken und spänig wird!

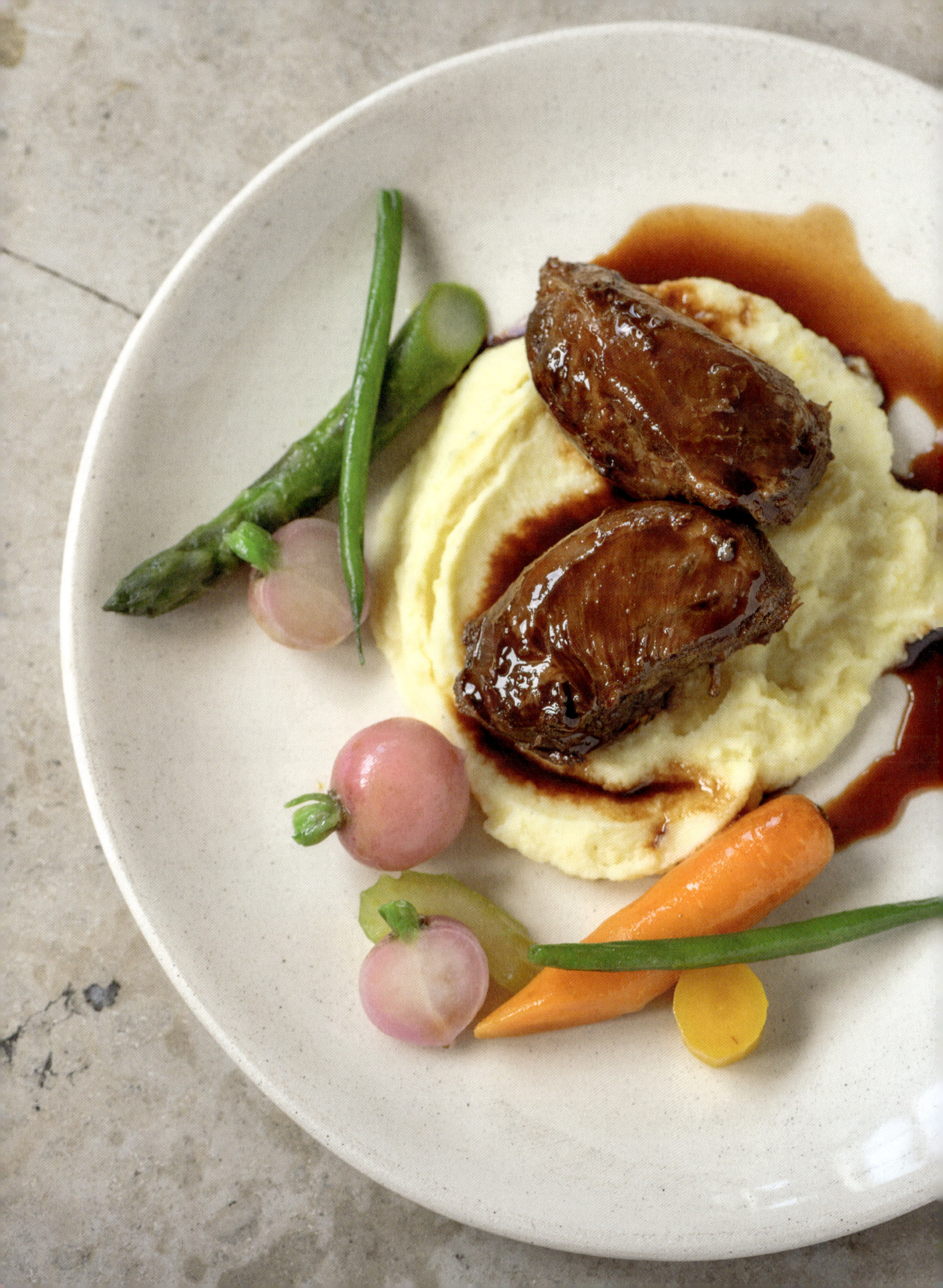

KALBSKOPF À LA MODE DU CHEF

Für 4 Personen

Erstaunlich, dass Kalbskopf so beliebt und gleichzeitig so sehr vergessen sein kann. Einerseits fusste ein Grossteil des kulinarischen Ruhms der Schweizer Köchin Rosa Tschudi auf dieser Innerei, andererseits findet man dieses Basisprodukt in keinem Angebot irgendeines Sternelokals. Die französische Hausfrauenküche brät es auch, doch am beliebtesten bleibt das Gericht gekocht und mit einer pfiffigen Vinaigrette serviert. Einst hat Arno Abächerli dieses Gericht für das «Pintli» des legendären «Vieux Manoir» gekocht. Heute serviert er es im Bistro seiner mit Stern gekrönten Auberge de la Croix Blanche – und teilt das Rezept mit uns.

ZUTATEN

- 1 Kalbskopf, vom Metzger ganz ausgelöste Maske
- Salz
- 2 Lorbeerblätter, frisch
- 10 schwarze Pfefferkörner
- 5 Nelken
- 3 Wacholderbeeren, ganz

Gemüsesud
- 1 Karotte (200 g)
- 1 Pfälzer Rübe (200 g)
- 1 kleiner Knollensellerie (200 g)
- 100 g Butter
- 1 dl Wasser
- 1 Stange Lauch (200 g)
- 1 l kräftige Bouillon (Huhn, Kalb, Rind, was immer gerade parat steht)
- 2 Zwiebeln, grob geschnitten
- 1 Bund Schnittlauch (100 g)
- 4 EL Tafelessig

ZUBEREITUNG

1 | Kalbskopf im gesalzenen Wasser mit den Gewürzen aufsetzen. Eine zweite, kleinere, mit Wasser gefüllte Pfanne daraufstellen, damit das Fleisch unter Wasser gedrückt wird. Oder den Kalbskopf mit einem kleinen, nassen Küchentuch bedecken, sodass er durch Übergiessen stets feucht ist und kochen kann. In rund 90 Minuten weich sieden. Mit einer Nadel den Garpunkt feststellen.

2 | Herausnehmen und auf einem Blech etwas auskühlen lassen. Den Kalbskopf mit Klarsichtfolie bedecken, damit er nicht antrocknet und sich verfärbt.

3 | Wenn das Fleisch eine Temperatur hat, in der man ihn mit den Händen bearbeiten kann, die Knorpel und überschüssiges Gschlüder entfernen. Wenn er ganz ausgekühlt ist, in mundgerechte, 2–3 cm grosse Stücke schneiden.

4 | Für den Sud das Gemüse waschen, rüsten und in gleichmässige, 1 cm grosse Würfel schneiden. Karotte, Rübe und Sellerie in Butter andünsten und mit dem Wasser ablöschen. Zugedeckt weich glasieren. Kurz vor Schluss den Lauch daruntermischen und alles zusammen ohne Deckel unter gelegentlichem Rühren fertig dünsten.

5 | Am Schluss den gewürfelten Kalbskopf, die Bouillon, die Zwiebeln, den Schnittlauch und den Essig zusammen mit dem Gemüse in einer Kasserolle aufwärmen. Auf gar keinen Fall köcheln! Mit Salz und Pfeffer abschmecken und lauwarm geniessen.

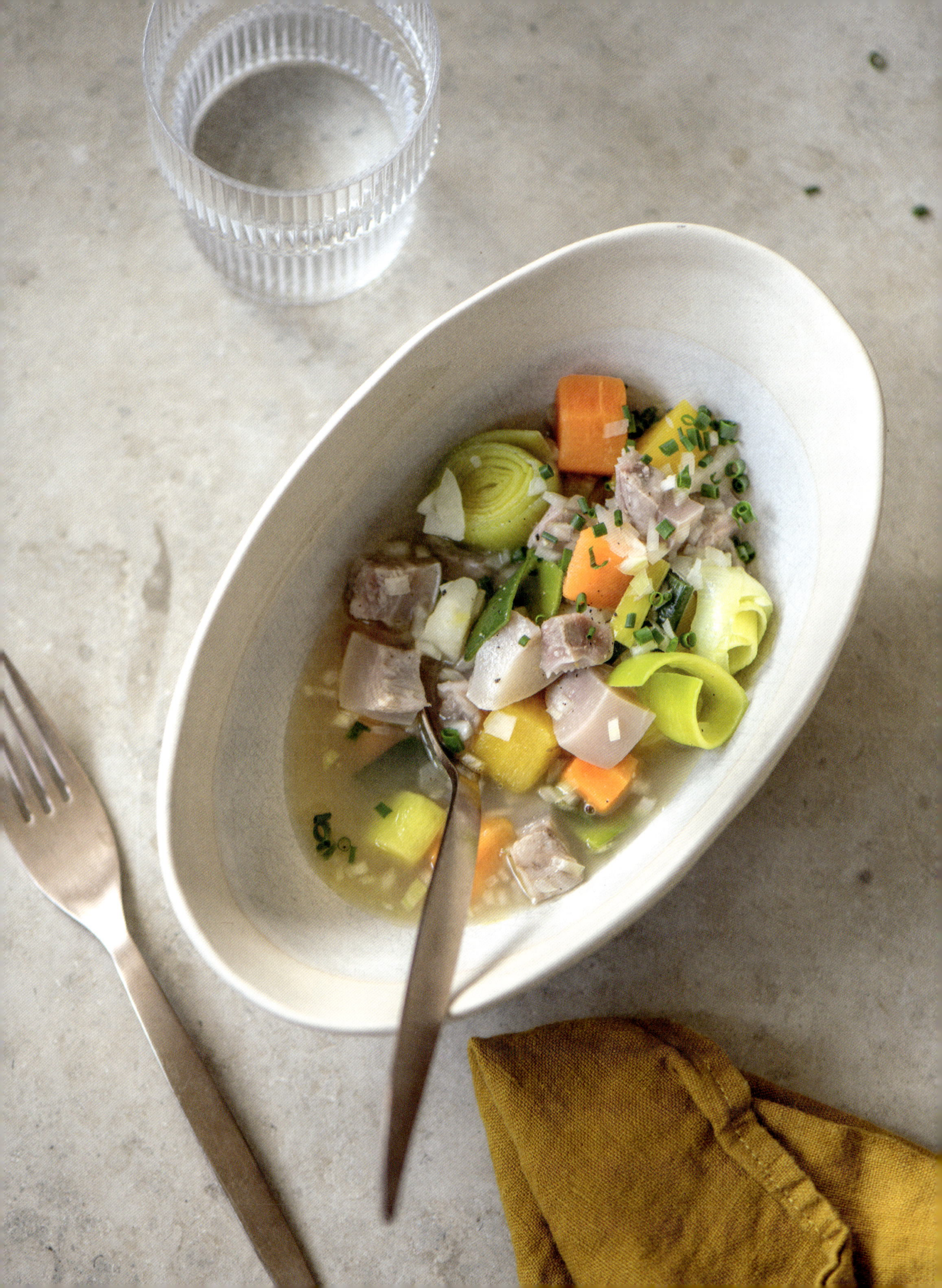

GEBRATENE KALBSMILKEN MIT APFELMEERRETTICHSUPPE

Für 4 Personen

Bis in die 1950er-Jahre gab es Fleischarten, die nur an besonderen Feiertagen verkocht wurden. Milken gehörten dazu. Der Spätwinter und das Frühjahr war ihre Jahreszeit, denn als Thymusdrüse wachsen Milken in Lämmern und Kälbern, solange diese Milch trinken. Sind die Tiere ausgewachsen, fressen sie mehr und mehr Festnahrung; werden sie geschlechtsreif, schrumpft die Drüse. Arno Abächerli sagt: «Als Jungkoch habe ich nie mit ihr gekocht, erst bei Martin Dalsass in seinem Luganeser Restaurant bin ich ihr begegnet. Man darf auch ruhig feststellen, dass in der Küche der 70er-, 80er- und 90er-Jahre Milken für eine ganze Weile als besonders chic galten.» Besonders chic waren sie in der klassischen Küche immer. Auch weil sich ihr süss-delikates Aroma mit Edelpilzen wie Morcheln, Steinpilzen und schwarzem Trüffeln ganz besonders perfekt verbindet. Es gibt eine Unzahl von Rezepten, die diese Verbindungen feiern. Jetzt, da die Küche vor lauter Trends wieder nach einer fassbaren Basis sucht, geraten Milkengerichte wieder auf die Menus von Meisterköchen. Gutes, so lässt sich hier feststellen, kommt nie wirklich aus der Mode.

ZUTATEN

- 600 g Kalbsmilken, Herzmilken
- Bouillon (Huhn, Rind etc.), heiss
- 4 EL Sonnenblumenöl
- 300 g kleine Eierschwämmchen
- Salz und Pfeffer
- 1 Bund glattblättriger Peterli (50 g), fein geschnitten

Suppe

- 4 Schalotten
- 1 Knoblauchzehe
- 20 g Butter
- 1 l Süssmost mit Kohlensäure
- 3 dl Rahm
- 1 Kartoffel, mehlige Sorte, auf der Bircherraffel fein gerieben
- 50 g geriebener Meerrettich
- Salz und Pfeffer

VORBEREITUNG

Milken gut wässern, am besten über Nacht zugedeckt im Kühlschrank ruhen lassen. Ab und zu das Wasser wechseln.

ZUBEREITUNG

1 | In einer Kasserolle die Milken mit heisser Bouillon bedecken. Einmal aufkochen. Anschliessend 20 Minuten auf kleinem Feuer leicht sieden lassen. In der Bouillon auskühlen lassen. Herausnehmen und die Haut und Fettknorpel entfernen. In mundgerechte Stücke, sogenannte Röschen, zupfen. Diese beiseite stellen.

2 | Eierschwämmchen putzen, das heisst einmal in einem Sieb kräftig abbrausen. Trocknen lassen. Oder mit einem feuchten Tuch abtupfen und abwischen. Ebenfalls beiseite stellen.

3 | Für die Suppe Schalotten und Knoblauch schälen, klein schneiden und in Butter sanft glasig dünsten. Mit dem Süssmost und dem Rahm auffüllen und 10 Minuten köcheln lassen. Geriebene Kartoffel dazugeben. 20 Minuten mitköcheln. Am Schluss den geriebenen Meerrettich hineingeben. Einmal aufkochen und 10 Minuten zugedeckt am Herdrand ziehen lassen. Durch ein feines Sieb passieren. Abschmecken, Kräftig aufmixen.

4 | Die Milkenröschen im Sonnenblumenöl goldgelb anbraten, würzen. Die Eierschwämmchen in einer zweiten Pfanne kurz sautieren, würzen und mit Peterli bestreuen.

ANRICHTEN

Die heissen Milken und Eierschwämmchen in tiefen, heissen Tellern anrichten. Erst bei Tisch mit der heissen Suppe auffüllen.

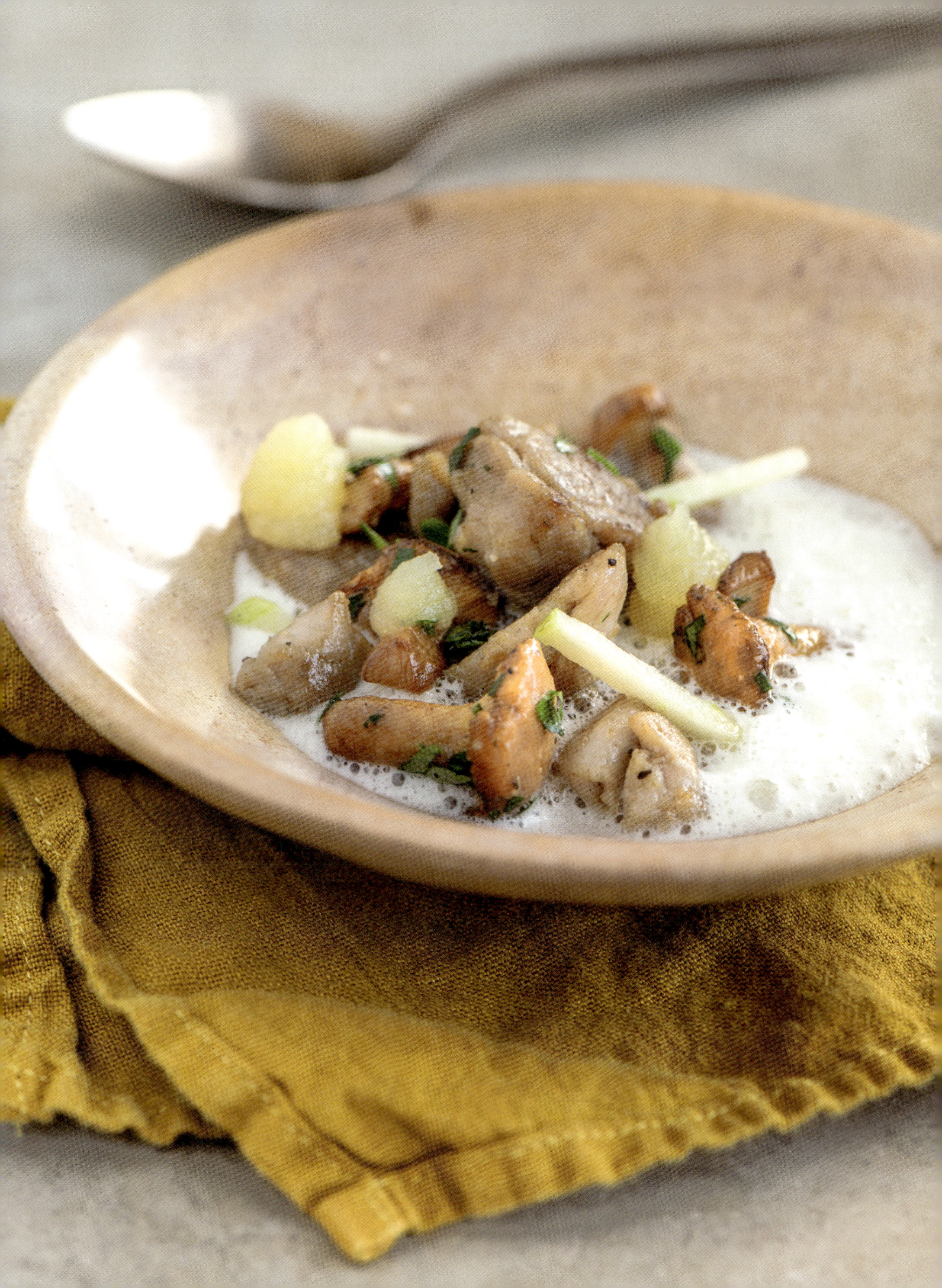

GEKOCHTE RINDSZUNGE MIT BROTVINAIGRETTE

Für 8 Personen

Die klassische und die Alltagsküche behandeln die Zunge genau gleich: Erst soll sie eingesalzen werden, dann verkocht. Nur die Bauernküche räuchert diese Innerei noch zusätzlich. Logisch, denn sie wird dadurch etwas haltbarer. Was Arno Abächerli aber nicht schätzt: «Die Zunge hat einen so fabelhaften Eigengeschmack, da stört Rauchgeschmack!» Eingesalzene Zunge gibt es – meist auf Vorbestellung – beim Metzger. Es gibt Zunge vom Rind, Schwein und Kalb. Manche Metzgereien haben auch Lammzünglein im Angebot. Kalb ist am teuersten, Lamm am günstigsten. Alle schmecken und alle schmecken verschieden. Und immer ist wichtig: Zunge muss durch und durch gekocht sein. Dann schmeckt sie genauso toll, wie sie zart und saftig ist! Gekochte Zunge wird im Piemont heiss im Bollito Misto zu Siedfleisch, gefülltem Schweinefuss und Gemüsen aufgetragen. In der Schweiz kann sie von Sauerkraut oder von gekochten, gedörrten Bohnen begleitet werden. Erkaltet wird sie hauchfein aufgeschnitten und als Antipasto oder zum sommerlichen Zvieri serviert.

ZUTATEN

- 1 Rindszunge aus dem Salz, beim Metzger ungeräuchert vorbestellen
- 2 Lorbeerblätter
- 10 Pfefferkörner
- Salz

Brotvinaigrette

- 2 harte weisse Brötchen
- 3 EL Tafelessig
- 75 g weisser Balsamico
- 75 g dunkler Balsamico
- 150 g Baumnussöl
- 150 g Olivenöl
- 10 g Salz
- 5 g Knoblauch
- 5 g Ingwer, sog. Sushi-Ingwer aus dem Glas
- 2 dl Bouillon, wenn möglich vom Rind
- 10 g Ketchup
- 5 g Senf
- 1 EL Sojasauce
- 1 Prise Zucker
- Pfeffer aus der Mühle
- 100 g geschnittener glattblättriger Peterli
- Salat zum Garnieren

VORBEREITUNG

Für die Brotvinaigrette die Brötchen in grosse Würfel schneiden. In einer Schüssel mit dem Essig beträufeln und mit einem Tuch zugedeckt über Nacht ziehen lassen.

ZUBEREITUNG

1 | Zunge im gesalzenen Wasser mit den Gewürzen weich kochen. Erst bis zum Kochen bringen und dann 3 ½–4 Stunden sanft köcheln. Die Zunge ist gar, wenn man die äussere Haut gut abziehen kann. Eine gepökelte Zunge nehmen wir, weil sie dann schön rot bleibt. Wenn man eine gewöhnliche nimmt, bleibt die Farbe eher grau und ist weniger appetitlich.

2 | Für die Brotvinaigrette die eingelegten Brötchen in kleine Würfel schneiden oder mit einer Moulinette grob zerkleinern.

3 | Aus den übrigen Zutaten von Balsamico bis Pfeffer mit dem Stabmixer eine Salatsauce herstellen.

4 | Brotkrümel mit dem Peterli und so viel Salatsauce vermengen, dass sich die Konsistenz einer Vinaigrette ergibt. Diese ist nicht dünn, aber auch nicht dick, und sie soll noch rinnen! Weil die Brotvinaigrette nach einer Weile sämtliche Flüssigkeit aufgesogen hat und damit dick und unappetitlich wird, muss die Sauce immer à la minute gemischt werden!

ANRICHTEN

Die ausgekühlte, geschälte Zunge in 1 mm dünne Scheiben schneiden (mit einer Aufschnittmaschine oder einem sehr, sehr scharfen Messer!). Mit der Vinaigrette bedecken und mit etwas Salat garnieren.

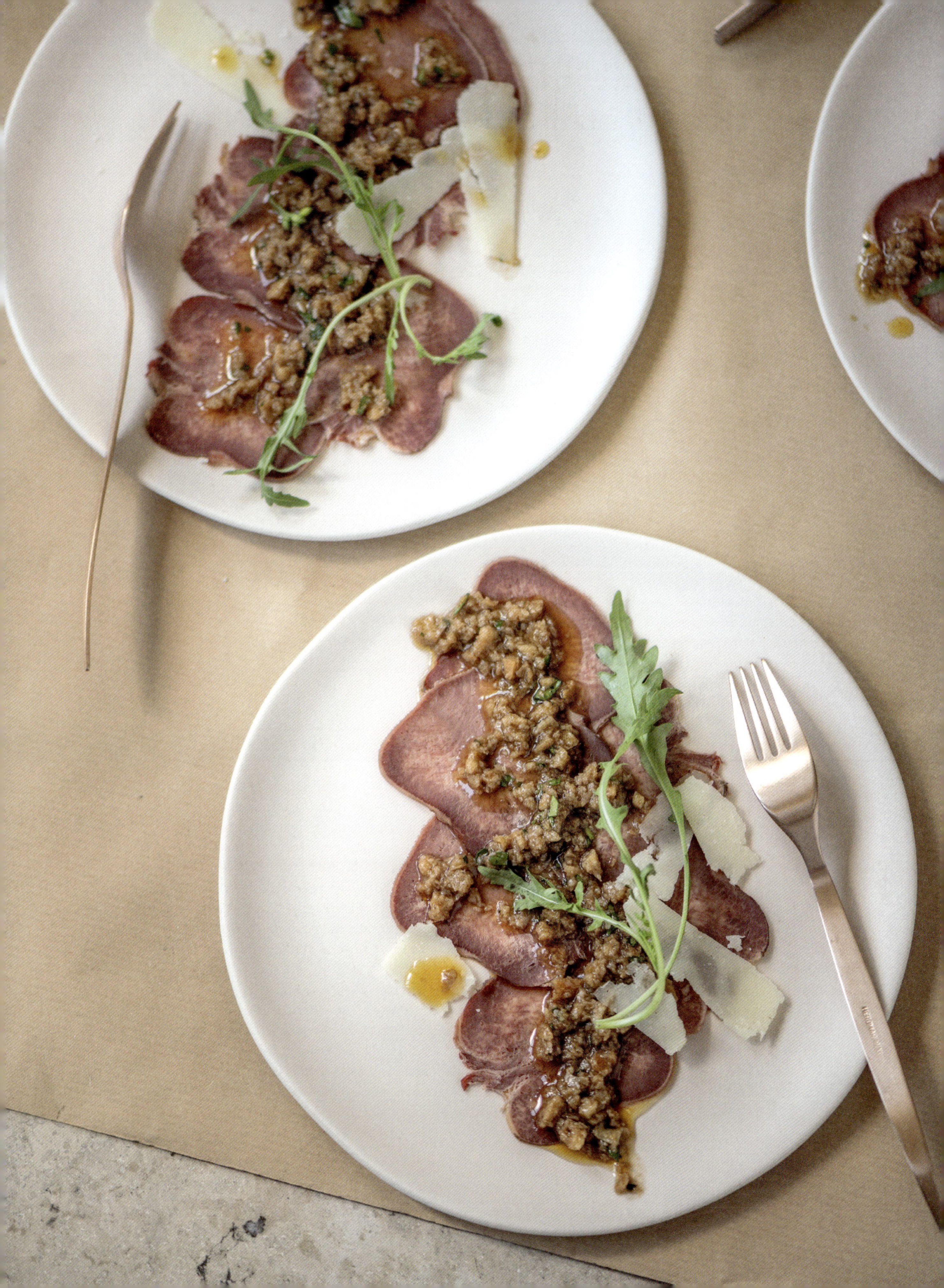

ROM

von Michael Merz

Es war Frühling. Ich war sehr jung und zum ersten Mal in Rom. Paola, Römerin, Kunsthistorikerin, meine Freundin, führte mich durch ihre Stadt. Wir standen nach Mitternacht an den Fontane di Trevi, wir waren am Strand von Ostia, stolperten über das Forum Romanum. Wir assen bei Cesarina, die damals in der Nähe der Stadtmauer ein fabelhaftes Lokal führte. «Rosati» an der Piazza del Popolo wurde unser Treffpunkt zur blauen Stunde. Ich ass bei «da Mario» zum ersten Mal gebratene Vögelchen samt ihren Innereien, knabberte die neuen Oliven des letzten Jahres und verfiel den bröselig-kross frittierten Artischocken alla giudea, wie man sie einst im Ghetto von Rom erfunden hatte. Das Leben kann wunderbar sein.

Ich weiss nicht, ob Paola damals wusste, dass ich der Sohn eines Metzgers bin und deshalb die Realitäten des Alltags und der Nahrungsmittelproduktion kenne. Ich kann mir aber trotzdem vorstellen, dass sie an jenem Morgen etwas zögerte, bevor wir in ihren Mini stiegen, um zum Testaccio zu fahren. Man kann es sich leicht machen und den Testaccio erst einmal als das sehen, als was er geboren wurde: Als ein Riesenberg zerschlagener römischer Amphoren. Man hatte sie hier am Fluss von den Schiffen geladen und – einmal geleert – zertrümmert. Auf einen Haufen geworfen. Ein Berg, den man bis heute Testaccio nennt.

Was mir meine Freundin zeigen wollte, war etwas ganz anderes: Den Schlachthof Roms und das, was sich darum herum so abspielt. Eine riesige Anlage im Neu-Renaissance-Stil, wie man sie nach der Mitte des 19. Jahrhunderts gebaut hatte und wie sie über hundert Jahre später immer noch im Betrieb war. Ein Monster, das man roch bevor man es sah. Ein Pandämonium von Schreien, Blöken, Muhen, Trappeln und Rufen. Ich war starr vor all diesen Eindrücken. Und dann sagte Paola die Worte, die ich in allen Jahren danach nie vergessen würde: Il quinto quarto. Das fünfte Viertel.

Nichts in Rom ist wirklich neu und von heute. Alles entspringt der Vergangenheit. Selbst Fleisch hat seine eigene Geschichte. Etwa jene, dass im römischen Reich ein geschlachtetes Tier nach Ständen verteilt wurde. Ein Hinterviertel, jenes mit den besten Fleischteilen, war dem Adel reserviert. Ein zweites bekamen – natürlich – die Priester, ein weiteres, ein Vorderviertel, die Bürger der Stadt, das vierte war den Soldaten reserviert. Macht ein ganzes Tier. Wo aber bleibt der fünfte Teil? Es sind die Innereien. Berechnet man das Gewicht des ganzen Tieres, dann machen Lunge, Herz, der Magen bis hin zum Schwanz ziemlich genau einen Viertel davon aus. Und dieses Viertel aus Innereien bekamen die Schlachthausarbeiter als Teil ihrer Bezahlung nach Hause mit. Und weil erstens Innereien topfrisch sein müssen, wenn sie verkocht werden, und zweitens, weil diese Arbeiter sehr schlecht bezahlt wurden, verscherbelten sie den Grossteil dieses Fleisches an die Garküchen rund um das Schlachthaus. Bis in die 1975er-Jahre. Dann schloss das Schlachthaus in den späten 1970er-Jahren seine Tore und damit verschwanden unwiederbringlich die Ristoranti und vor allem die meisten, kleinen Garküchen rund um den Testaccio.

Zurückgeblieben sind aber alle Spezialitäten der römischen Küche, die wir bis heute kennen. Es sind die Gerichte der armen Leute. Anderes als Innereien konnten sie sich nicht leisten. Anderes brachten ihre Männer nicht nach Hause. Hätten diese Gerichte überlebt, wenn es nicht allesamt Köstlichkeiten wären? Doch zurück zu Paola und unserer Exkursion durch das Testaccio von 1971. Glücklicherweise gab es damals noch Bruno, der schräg vis-à-vis vom Schlachthaus, unter einem Torbogen in einer Art Kiosk, seinen Geschäften nachging. Er sass dort hinter seinen Töpfen und brätelte uns über glühender Kohle Pajata, kunstvoll verknotete Därme von bloss mit Muttermilch aufgezogenen Lämmern. Ich übertreibe nicht, wenn ich anmerke, dass mich Paola leicht amüsiert betrachtete, als sie mir das Gericht erklärte. Wie hätten denn Sie, lieber Leser, auf die Ankündigung dieser Spezialität reagiert?

Ich habe früh in meinem Leben erfahren, dass man Essen, das man nicht kennt, niemals ablehnen sollte. Erst nach dem Probieren kann man entscheiden, ob ein Produkt, ein Gericht gut oder weniger gut schmeckt. Ob es einem ein ganzes Leben lang als Köstlichkeit – oder als Alptraum – begleiten wird!

Ich biss also in das knusprige, saftige Ding und die Welt der Innereien hatte mich gewonnen. Ich ass später in Marrakesch auf hölzerne Stäbe aufgerollte und über dem Feuer geröstet Lammdärme. Deutschland beglückte mich zum ersten Mal mit einem Saumagen. Er erinnerte mich allerdings stark an die gefüllte Kalbsbrust meiner Mutter. Beides schmeckte ausgezeichnet. Klar gab es in meiner Familie geschnetzelte Leber, vom Schwein, vom Rind und ab und an vom Kalb. Sicher waren Kalbsmilken Teil der Pastetlifüllung zu Pfingsten. Klar gab es gekochte Gnagi, Schnörrli und Schwänzli zum Znüni. Blutwurst, denn Blut gehört in die Abteilung Innereien, schreckten mich nicht. Ich hatte Jahre meiner Kindheit damit verbracht, das Bauchfett, den sogenannten Schmer, auszulassen, das heisst, dem Schweineschmer das Fett auszukochen. Dieses Fett ist wichtiger Bestandteil der wahrhaft guten Blutwurst. Aber: Rom, der Testaccio, wie ihn mir Paola zeigte, hatten mir eine Art Initialzündung verpasst. Von da an suchte ich auf den Menükarten der grossen Köche stets nach Gerichten mit Innereien.

Unbestreitbarer König dieser Küche war der Franzose Alain Chapel, unter vielen anderen der Meister der Drei-Sterne-Könige Alain Ducasse und Pierre Gagnaire. Er formte pochierte Kalbsohren zu einer Art Tüte und füllte diese mit in einer rahmigen Sauce gekochtem Ragout aus Kalbsmilken und schwarzen Trüffeln. An manchen Tagen wurde den Gästen ein gusseisernes Töpfchen aufgetragen. Man hatte es mit etwas Teig luftdicht verschlossen und so den Inhalt im Backofen gegart. Jeder Gast hatte das hart zugebackene Gefäss mit einer Gabel selbst aufzubrechen. Was für ein Duft aus dem kleinen Topf aufstieg! Er enthielt gebackene Hahnenkämme, geröstete Kaninchennierchen, pochierte Hahnenhoden und Milken. Alles in einer sündig dunkel duftenden Trüffelsauce. Kein Kartoffelstock, einfache Salzkartoffeln wurden dazu gereicht. Allerdings solche

«ICH BISS ALSO IN DAS KNUSPRIGE, SAFTIGE DING UND DIE WELT DER INNEREIEN HATTE MICH GEWONNEN.»

von der Île de Ré. Jeder Gast zerdrückte die Kartoffel mit der Gabel und mischte sie mit etwas Sauce. Es gab Gäste, die dieses Gericht gleich zweimal hintereinander bestellten. Was den Abend unendlich viel schöner, aber auch entscheidend länger machte! Und klar servierte der Koch etwa zum Amuse-Gueule einen kleinen Salat aus Wasserkresse, auf dem ganz simpel pochierte, dann geschälte und schliesslich in Nussbutter gebrätelte Lammhoden lagen. Ein Wunder an Einfachheit. Wie sagte mir Benoît Violier vom «Hôtel de ville» in Crissier über 40 Jahre später: «Wenn ich als Koch eines bedauere, dann, dass ich nicht wenigstens ein Jahr bei Chapel arbeiten konnte.»

Und ich war nicht der einzige, der solche Gerichte bei Chapel in Mionnay bei Lyon über alle Massen schätzte. Der grosse Regisseur Miloš Forman und sein Produzent Jean-Pierre Rassam schwangen sich jeden Sommer auf ihre Rennvelos und fuhren von Paris ins Restaurant von Chapel. Einziges Gepäck waren frische Unterwäsche, ein Paar Hosen, ein Hemd. In diese wechselten die beiden, wenn sie vom Fahrrad stiegen. Die Sportkleidung landete in der Wäscherei des Hotels und lag am nächsten Morgen wieder parat, wenn die beiden erneut zur Tour des Tages auf ihre Velos stiegen. Doch zurück zu den beiden Freunden vom Film. Kaum angekommen sassen diese im Speisesaal. Immer gab es als Erstes den Tablier de sapeur, das Schürzchen der Feuerwehrleute. Das ist der Name jenes Stück Leders, das französische Feuerwehrleute um ihre Hüften schnallen, damit es ihre delikatesten Teile gegen den Funkenflug und die Hitze des Feuers schützt. In der Kulinarik ist das Gericht allerdings nichts anderes als ein perfekt gekochtes, dann mit etwas Butter und Brotkrumen paniertes Stück Kutteln, das unter dem Grill seine unnachahmliche goldene Kruste erhält. Und das mit dem schärfsten Dijonsenf und einem taufrischen Salat, gemischt aus «17 verschiedenen Kräutern und Salatblättern» (Originalton Chapel), aufgetragen wird.

Innereien. Was für ein weiter Weg von den Tomatenkutteln, die meine Mutter für Vater kochte, zu den mit Trüffeln panierten Kalbsmilken im «Maxim's» von Paris. Aber das eine schmeckte nicht weniger gut als das anderes. Es waren Gerichte aus den frischesten Zutaten. Und sie standen frisch gekocht vor mir auf dem Tisch. Damals bei Bruno in Rom und viel später auch in Alain Ducasse' «Le Louis XV» in Monte Carlo. Alles, weil es vor sehr langer Zeit den quinto quarto gab.

SÜLZE VOM OCHSENSCHWANZ MIT PETERLIWURZELSUPPE

Für 8 Personen

Ochsenschwanz hat in der grossen Küche einen viel feineren Namen: Oxtail. Erst gibt es da einmal die Suppe, die aus ihm gekocht werden kann, eine Kraft-suppe namens Consommé d'Oxtail. Weil zum Schluss des Suppenziehens das namengebende Fleisch übrig bleibt, kommt es als Einlage in die mit etwa Madeira verstärkte Suppe. Nachdem es von Sehnen und Fett befreit wurde. Legendär ist das Ragout d'Oxtail, bei dem die Oxtail-stücke nicht nur angebraten werden, sondern danach mit viel Gemüse, Rotwein und Zeit zu unglaublicher Aromenkraft verkochen. So oder so ist klar: Ochsenschwanz ist kein Fleisch, das kurz und schnell gart. Ochsenschwanz gilt als Innerei, die nur lange und sanft gekocht zum unverwechselbaren und grossen Gericht wird. Arno Abächerlis Rezept raffiniert den gesottenen Oxtail zur komplexen Vorspeise: Heisse Suppe trifft kühlen Aspik mit Gemüseeinlage. Originalton Abächerli: «Ein einfaches Produkt, voll sexy präsentiert!»

ZUTATEN

- 1 Ochsenschwanz (ca. 800 g)
- 20 g Salz
- 1 Zwiebel
- 2 Lorbeerblätter, frisch
- 4 Nelken
- 10 schwarze Pfefferkörner
- 5 Wacholderbeeren, ganz
- 1 grosse rote Karotte
- 1 kleine Sellerieknolle
- ½ Stange Lauch, Weisses und Grünes
- Salz und Pfeffer
- 50 g Butter
- 0,5 dl Wasser
- 12 Blatt Gelatine
- 1 Bund (50 g) geschnittener glattblättriger Peterli

Peterliwurzelsuppe
- 500 g Peterliwurzel
- 1 Zwiebel, gewürfelt
- 2 Knoblauchzehen, gewürfelt
- 2 EL Sonnenblumenöl
- 1 l Bouillon vom Ochsenschwanz
- 2,5 dl Rahm
- 2,5 dl Milch
- Salz und Pfeffer

Ausserdem
- 4 Scheiben Toast

ZUBEREITUNG

1 | Den Ochsenschwanz in einer Kasserolle mit kaltem Wasser bedeckt ansetzen, zum Sieden bringen und dann salzen. Die Zwiebel mit Lorbeer und Nelken spicken und dazugeben. Pfefferkörner zerdrücken und mit den Wacholderbeeren ebenfalls beigeben.

2 | Den Ochsenschwanz nun langsam weich sieden, bis das Fleisch sich vom Knochen löst. Der Sud sollte auf gar keinen Fall sprudelnd kochen. Gardauer: ca. 3 Stunden.

3 | Den Ochsenschwanz herausnehmen und noch in warmem Zustand das Fleisch vom Knochen lösen. Nun werden die Fleischstücke von Fett und Knorpel befreit und in einem Gefäss unter Klarsichtfolie abgekaltet. Später, in ausgekühltem Zustand, wird das Fleisch in 3 mm grosse Würfelchen geschnitten.

4 | Die Bouillon passieren und auskühlen lassen. Ist sie kalt, den aufschwimmenden, fest gewordenen Fettdeckel entfernen.

5 | Das frische Gemüse in gleich grosse Würfel wie den Ochsenschwanz schneiden. In Butter andünsten, mit Salz und Pfeffer würzen. Mit Wasser ablöschen. Das Ganze zugedeckt weich glasieren, das heisst, die Pfanne immer wieder schwenken, damit das Gemüse rundum mit der Garflüssigkeit bedeckt wird.

FORTSETZUNG >

Fortsetzung

ZUBEREITUNG

6 | Das ausgekühlte Gemüse mit den Ochsenschwanzwürfeln gut mischen und abschmecken. In Kokotten (z. B. Espressotässchen) abfüllen.

7 | 1 Liter Ochsenschwanz-Bouillon wärmen, abschmecken. In der Zwischenzeit die Gelatine in etwas kaltem Wasser einweichen. Ausdrücken und in der heissen Bouillon auflösen. Die Bouillon etwas abkühlen lassen (20 Grad). Erst fast kalt in die Förmchen giessen. Kurz davor den geschnittenen Peterli unterziehen (so verliert er seine grüne Farbe nicht).

8 | Alles gut auskühlen lassen (am besten über Nacht). Vor dem Stürzen die Kokotten kurz in heisses Wasser tauchen.

9 | Für die Suppe die Peterliwurzeln schälen und mit Zwiebeln und Knoblauch würfeln. Alles im Sonnenblumenöl andünsten. Mit der Bouillon ablöschen und weich kochen. Rahm und Milch zugeben. Weitere 10 Minuten leicht köcheln lassen. Mixen. Abschmecken. Passieren.

ANRICHTEN

4 Toasttranchen auf die Grösse des oberen Randes der Espressotasse rund zuschneiden. In einem Hauch von Butter beidseitig hellgelb und knusprig rösten. Abkalten.

Die Toasttranchen in die Mitte eines Suppentellers legen. Je ein Ochsenschwanz-Sülzchen direkt aus der Kokotte auf den Toastsockel kippen. Bei Tisch die Suppe etwa aus einem Milchtopf rundum auf Toasthöhe eingiessen.

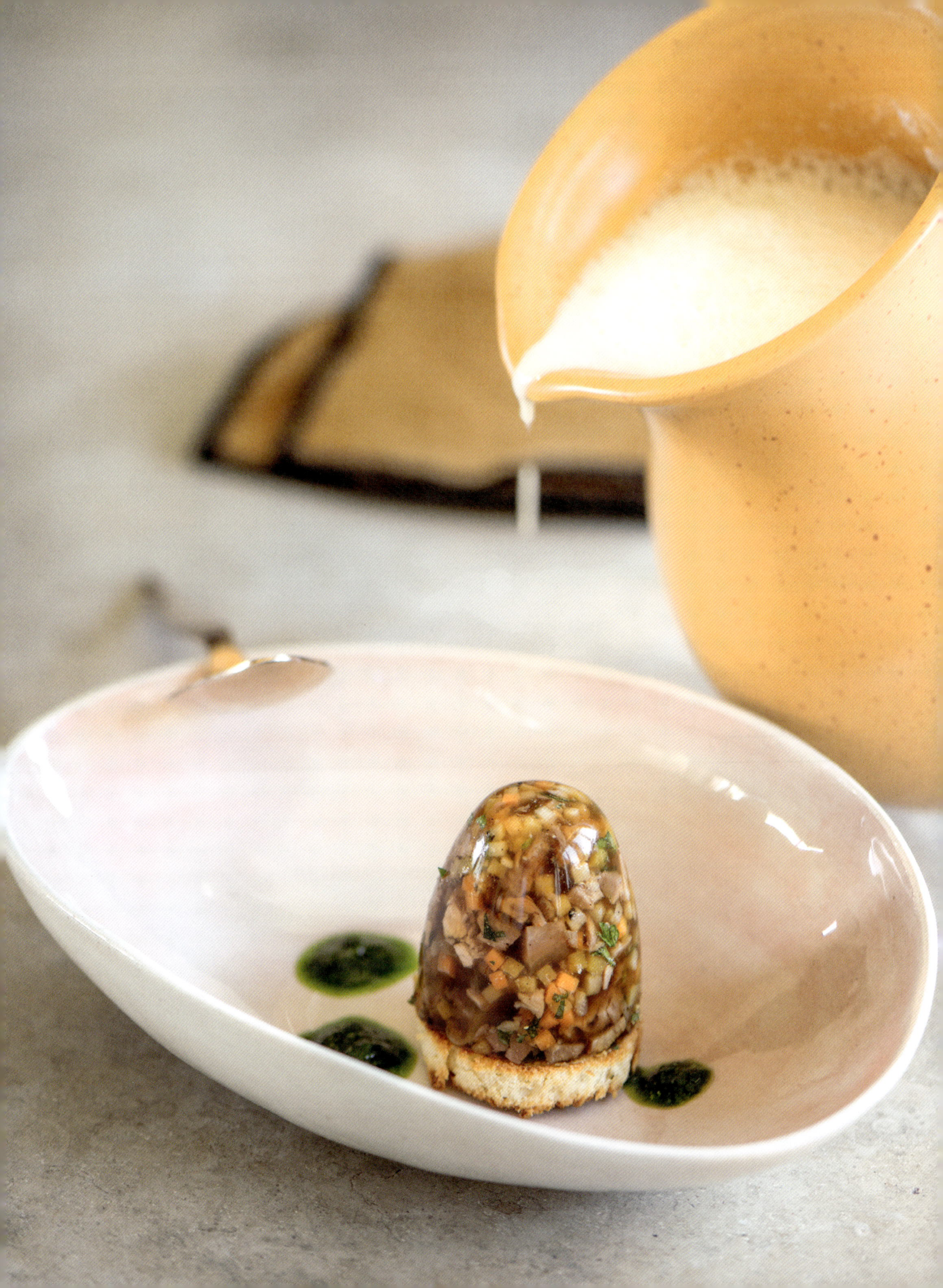

RINDSKUTTELN IN TOMATENSAUCE

Für 4 Personen

Kutteln sind ein ungeliebtes Kind der grossen Küche. Ihre Küchenvorbereitung beginnt mit der perfekten Säuberung beim Metzger, dem perfekten Kochen ebenda. Einmal in der Küche, bilden sie die perfekte Folie für grossartige Saucen und verwandeln sich damit selbst. Kutteln reagieren wunderbar auf alle, besonders aber auf ausgefallene Gewürze, also nicht nur Kümmel, sondern auch auf Cumin, Safran etc. Sie sind eine Art Chamäleon unter den Innereien. Wie bei vielen Köchen hat das Kuttelgericht von Arno Abächerli seinen Ursprung in Mutters Küche. Noch genauer: Arnos Mutter musste ihm ihr Rezept verraten, damit ihr Sohn und Küchenkönner mit diesem Gericht zufrieden war.

ZUTATEN

- 800 g Kutteln, Rind oder Kalb, egal welches Stück (fragen Sie den Metzger)
- 1 Zwiebel, gewürfelt
- 2 Knoblauchzehen, fein geschnitten
- 2,5 kg frische Tomaten, gewürfelt, mit Schale und Kernen
- 2 EL Maizena
- 1 Prise Zucker
- Salz und Pfeffer
- 1 dl Olivenöl
- 20 Stück Kümmel, je nach Vorliebe

ANMERKUNG

Die Kutteln kauft man heute bereits frisch gekocht beim Metzger. Kutteln zu kochen dauert 4–5 Stunden und dies bei öfterem Wechseln des Wassers. In einer Haushaltsküche eine Tortur. Sind sie gut gekocht, riechen sie sehr neutral. Wenn sie einen unangenehmen Duft verbreiten, wurde das Wasser zu wenig erneuert. Diesen Geruch bringt man nicht mehr weg, und man findet mit diesen Kutteln dann auch keine neuen Liebhaber für dieses Gericht (also erst daran riechen, dann verwenden oder wegwerfen oder zum Metzger zurückbringen!).

ZUBEREITUNG

1 | Selbst gekochte Kutteln in mundgerechte Streifen schneiden (½ cm breit, 3 cm lang). In einem Sieb gut abtropfen lassen. Es soll möglichst viel Saft weglaufen.

2 | Zwiebeln und Knoblauch andünsten, die abgetropften, gewürfelten Tomaten dazugeben und alles 30 Minuten köcheln lassen. Nun die Sauce durch ein grobes Sieb drücken, damit Kerne und Haut der Tomaten zurückbleiben. In die etwas ausgekühlte Sauce Maizena, Zucker, Salz, Pfeffer und Olivenöl geben und gut verrühren.

3 | Die vorbereiteten Kuttelstreifen beigeben. Alles ca. 1 Stunde auf kleinem Feuer garen.

4 | Wenn Sie eine Kümmelzugabe lieben, dann geben sie diese in den letzten 10 Minuten unter das Kuttelgericht. Anstelle der frischen Tomaten können auch Pelati verwendet werden.

ANRICHTEN

Salzkartoffeln, mit etwas frischem Schnittlauch bestreut, passen als Beilage sehr gut dazu.

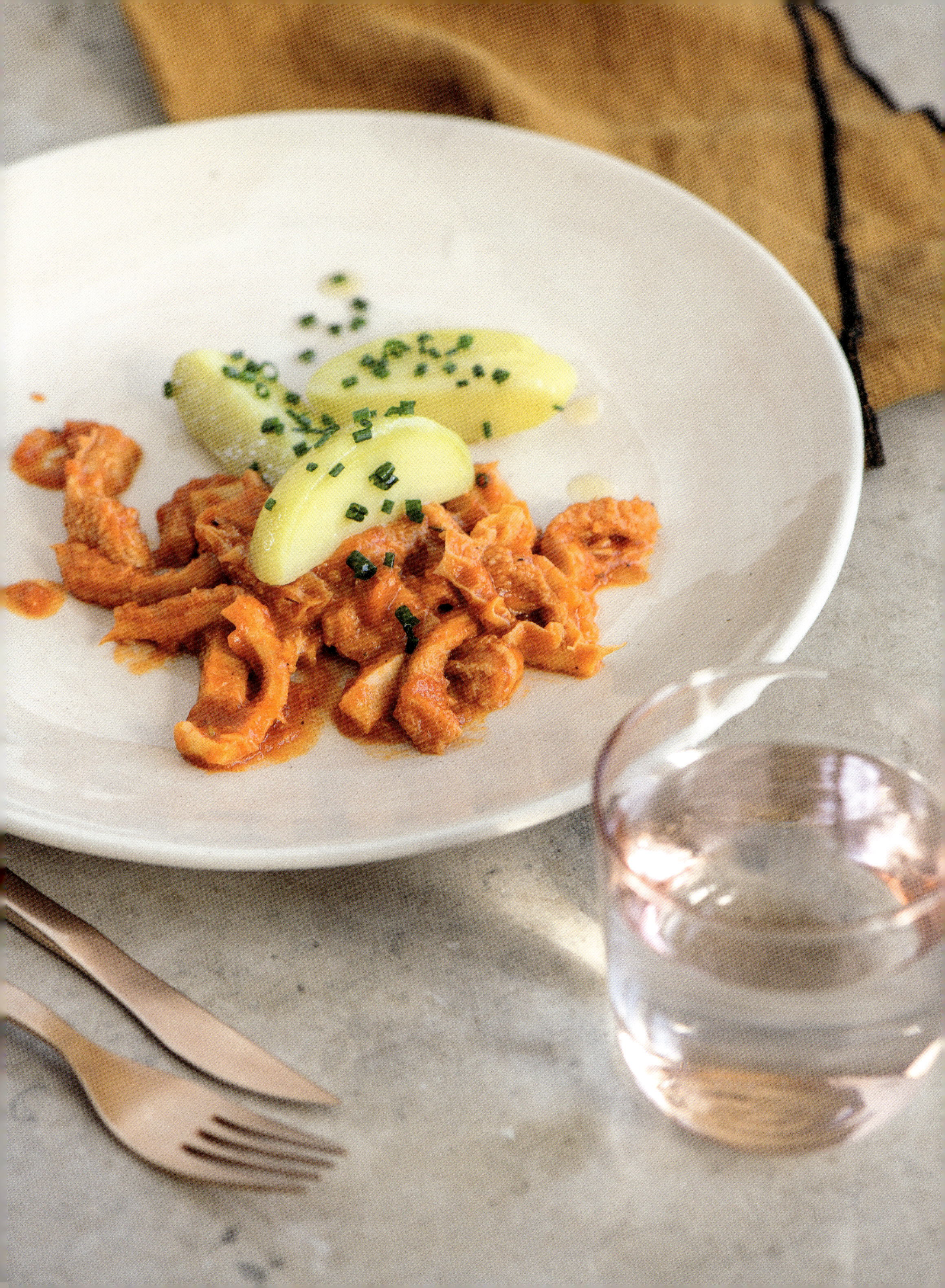

KALBSNIEREN
MIT SENFSAUCE UND BUTTERNUDELN

Für 4 Personen

ZUTATEN

- 600 g Kalbsnieren ohne Fett vom Metzger Ihres Vertrauens (wenn möglich noch im Fett)
- 2 EL Mehl
- 4 EL Sonnenblumenöl
- 4 Schalotten, fein geschnitten
- 1 Knoblauchzehe, fein gewürfelt
- 2 dl Weisswein
- 4 dl Rahm
- Salz und Pfeffer
- 3 EL Körnersenf, sog. Moutarde de Meaux

ZUBEREITUNG

1 | Den Bratofen auf 50 Grad vorheizen.

2 | Nieren in dünne Tranchen (2–4 mm) schneiden. Mit Mehl bestäuben. Kurz im heissen Öl anbraten. Auf einen Teller geben, locker mit etwas Alufolie belegen und bei leicht geöffneter Bratofentür warm stellen.

3 | Schalotten und Knoblauch in der gleichen Pfanne kurz andünsten. Mit Weisswein ablöschen und komplett reduzieren. Rahm dazugiessen, aufkochen und die Sauce zu leicht cremiger Konsistenz einkochen. Mit Salz und Pfeffer abschmecken. Ganz zum Schluss Senf und Nieren daruntermischen. Auf gar keinen Fall mehr kochen.

4 | Dazu Butternudeln und ein saisonales Gemüse servieren.

Kalbsnieren, Nieren im Allgemeinen, werden in den Küchen von Otto Normalverbraucher sehr selten verkocht. Und wie so oft, gelingen dann so delikate Teile, wie das Nierchen sind, nicht optimal. Damit sie optimal geraten, braucht es die frischesten Zutaten genauso wie den wohlüberlegten Umgang damit. Kalbsnierchen haben den zartesten Geschmack und sollten immer im Fett gekauft werden. Einmal aus dem Fettmantel gelöst, müssen sie sofort verkocht werden. «Nicht zu dünn und schon gar nicht zu dicken Tranchen geschnitten, müssen sie ruckzuck verkocht werden,» sagt unser Koch. Das allerberühmteste Rezept dafür stammt von Fredy Girardets Vater. Das Gericht heisst «Rognon de Veau Bolo (comme Benjamin)». Dazu brätet der Koch einen knappen Zentimeter dicke Kalbsnierenscheiben in einem Hauch heissem Erdnussöl an. Ganz wichtig: Rund um die Nierchen wurde ein etwa ein halber Zentimeter dicker Fettrand stehen gelassen. Einmal kurz angeröstet, werden die Scheiben gedreht, eine gehörige Portion Butter kommt genau dann dazu. Etwas Salz und Pfeffer darüber mahlen und alles mit viel Brot sofort auftragen.

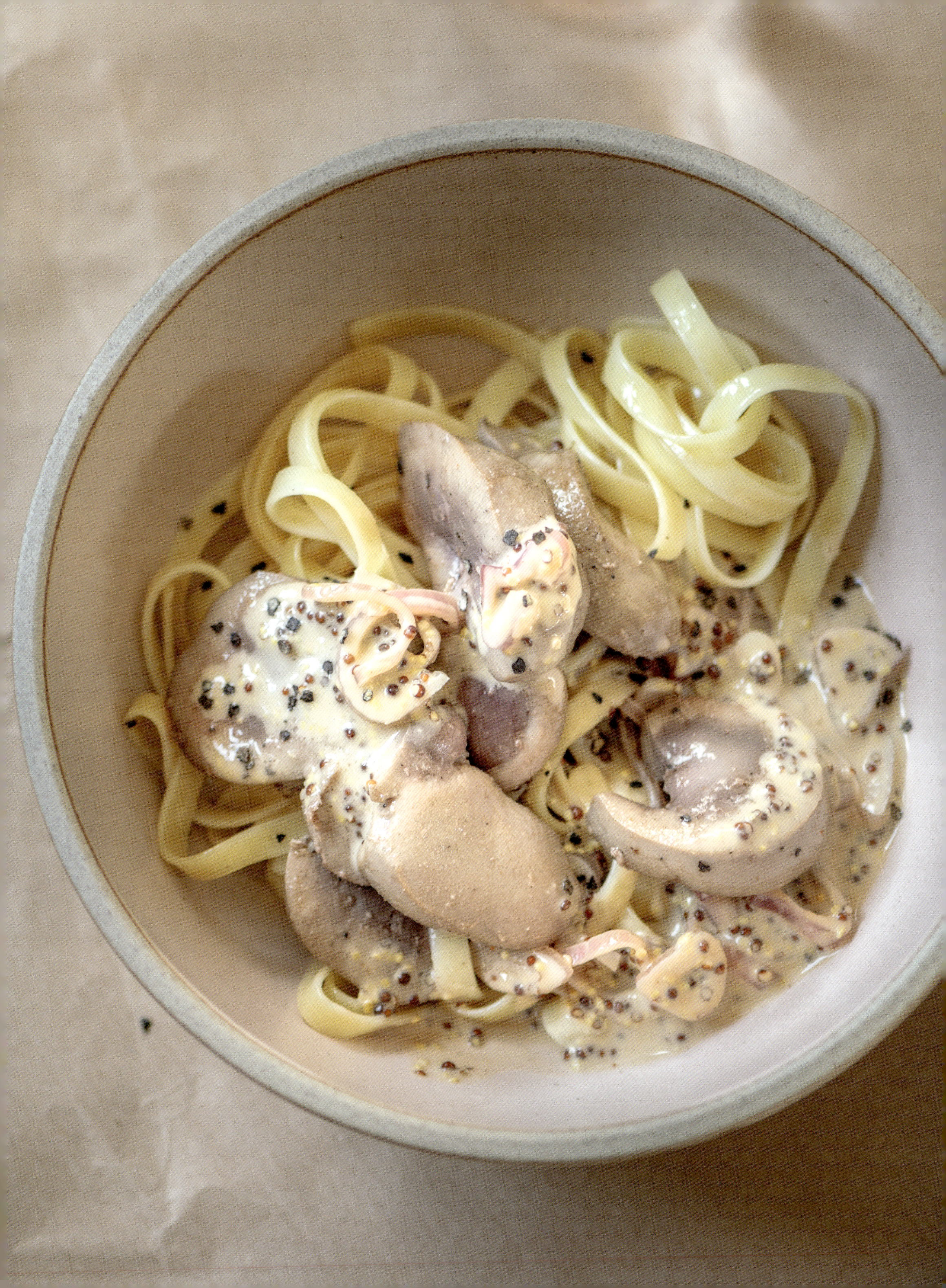

ALPENEIER, WIE SIE MEINE GROSSMUTTER MACHTE

Für 4 Personen

Arnos Grossmutter war die absolute Meisterin jener Küche, über die manche Menschen nur hinter vorgehaltener Hand tuscheln: dem Kochen von Tierhoden. Im «Al Giardinetto» in Locarno übte sie ihre Künste aus und entzückte damit ein Publikum, das für ihre Fertigkeiten zuweilen auch aus der Deutschschweiz angereist kam. Was ihr Rinderhodengericht so köstlich werden liess? Arno Abächerli weiss es nicht ganz genau, denn: «Ich ass es als Kind bloss einmal. Damals waren solche Gerichte ganz einfach nicht für Kinder reserviert! Aber: Ich habe zugeschaut und mitbekommen, worum es bei diesen delikaten Grundprodukten wirklich geht. Man verkocht sie so frisch, wie sie in die Küche kommen. Und: Sie sind nicht für jeden Gast. Nur Gäste, die sie kennen, können sie auch schätzen!»

ZUTATEN

- 600 g Stierenhoden vom Metzger Ihres Vertrauens
- Pfeffer aus der Mühle
- 4 EL Sonnenblumenöl
- 2 Zwiebeln, fein geschnitten
- 2 Knoblauchzehen, fein gewürfelt
- 200 g Champignons, in Scheiben
- 2 dl Weisswein
- 4 dl Rahm
- Salz
- 4 EL Bratensauce, vom letzten Sonntagsbraten
- 100 g glattblättriger Peterli, fein geschnitten

ZUBEREITUNG

1 | Stierenhoden in 90 Grad heisses Wasser legen. Bei 60 Grad für 20 Minuten ziehen lassen. Wenn nötig die Haut abziehen. Abgekaltet die Alpeneier oder Muniseckel in ca. 5 mm dicke Tranchen schneiden. Kräftig pfeffern, im heissen Öl auf beiden Seiten kurz anbraten. Auf einem Teller auslegen und mit Alufolie locker belegt in den 60 Grad warmen Bratofen stellen. Die Bratofentüre sollte dabei etwas geöffnet bleiben.

2 | Zwiebeln, Knoblauch und Champignons in die gleiche Pfanne geben und kurz andünsten. Mit dem Weisswein ablöschen und fast komplett reduzieren. Erst jetzt Rahm dazugiessen, aufkochen und köcheln lassen, bis die Sauce leicht bindet.

3 | Kurz vor dem Anrichten die Bratensauce unterziehen und alles abschmecken. Hoden und Peterli in die fertige Sauce geben, alles wärmen (keinesfalls kochen!) und mit einer Röschti servieren.

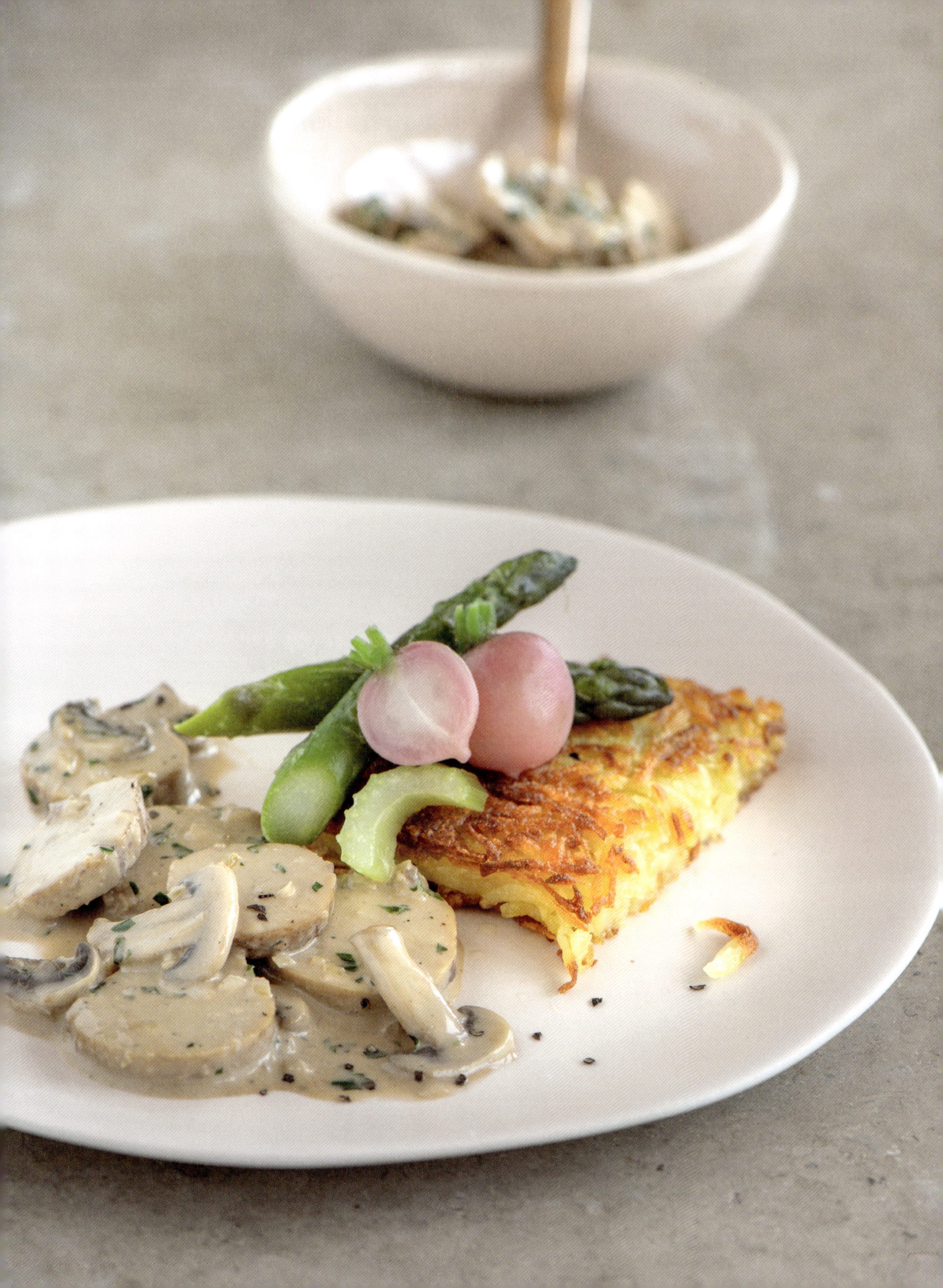

KALBSLEBER MIT KAROTTENPÜREE, JUNGZWIEBELN UND KIRSCHTOMATEN

Für 4 Personen

«Schlachttag war früher Anfang Woche, und kam Mittwoch, gab es im ganzen Land keine Kalbsleber mehr! Früher wusste man, dass Innereien und im besonderen Leber ihre besten Eigenschaften nur superfrisch ausspielen können.» Die Zeiten haben sich geändert. Fast überall ist von Montag bis Freitag Schlachttag. Es ist also keine Schwierigkeit, frische Leber zu kaufen. Allerdings muss diese, damit sie am besten schmeckt, als etwa 8 mm dicke Tranche frisch von der ganzen Leber geschnitten werden. Geschnetzeltes wird am besten zu Hause frisch aus der Tranche geschnitten. Ob Rinds-, Lamm- oder Schweineleber, - die Frischezeichen sind die gleichen wie für Kalbsleber: Ihr Anschnitt soll leicht schimmern, sie soll appetitlich und sauber duften, auf Fingerdruck fest reagieren, keinesfalls cremig-weich. Eine Sache legt Arno Abächerli allen Gästen seiner Auberge sowieso ans Herz: «Für Leber gilt, was für alle Innereien gilt: Wer sie nicht gern hat, soll sie nicht bestellen!»

ZUTATEN

- 600 g Kalbsleber, in vier Tranchen geschnitten
- 60 g Sonnenblumenöl (1)
- 60 g Butter
- 6 Jungzwiebeln
- 16 Kirschtomaten
- 1 Prise Salz
- 1 Prise Zucker
- 2 EL Olivenöl

Karottenpüree

- 250 g Karotten, geschält
- 2 Schalotten
- 2 EL Sonnenblumenöl (2)
- 1 dl Gemüsebouillon
- 150 g Rahm
- Salz und Pfeffer aus der Mühle

VORBEREITUNG

Für das Püree die Rüebli in Scheiben schneiden. Die fein geschnittenen Schalotten im Sonnenblumenöl anziehen, die Rüeblistücke ebenfalls darin anziehen. Wenn ein runder Duft aufsteigt, mit der Gemüsebouillon und dem Rahm auffüllen und alles weich garen. Kräftig abschmecken, pürieren und durch ein feines Sieb passieren. Zugedeckt warm halten.

Die Jungzwiebeln der Länge nach halbieren. In einer Teflonpfanne in einem Hauch Sonnenblumenöl bei sanfter Hitez langsam anrösten.

Den Bratofen auf 130 Grad vorheizen.

Die Kirschtomaten auf ein Blech legen. Salz und Zucker darüberstreuen und mit Olivenöl beträufeln. Für ca. 30 Minuten im Bratofen schmoren.

ZUBEREITUNG

1 | Die Kalbslebertranchen kräftig salzen und pfeffern. Im heissen Sonnenblumenöl sehr kurz auf beiden Seiten braten (jede Seite ca. 1 Minute). Auf einem warmen Teller reservieren.

2 | Die Butter in der Pfanne aufschäumen lassen und die Kalbslebertranchen darin ruckzuck wenden.

ANRICHTEN

Rüeblipüree und Gemüse auf heissen Tellern anrichten und je eine Kalbslebertranche darauflegen. Mit wenig der noch warmen Butter überträufeln und alles sofort auftragen.

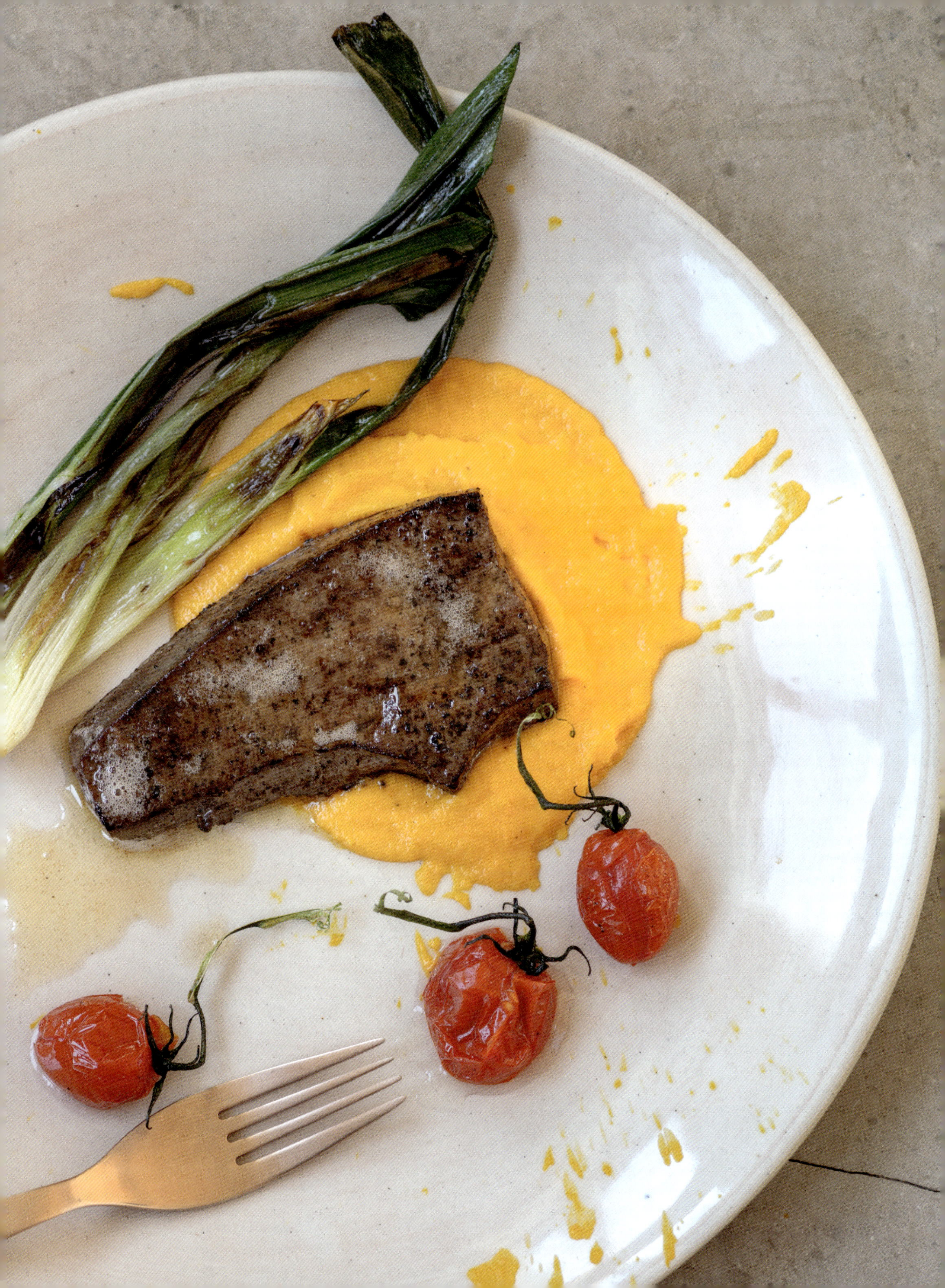

ARNO ABÄCHERLI

Auberge de la Croix Blanche | Villarepos FR

Nicht umsonst hat Arno Abächerli für seine Küchenkünste das Kapitel «Innereien» ausgewählt. Bereits seine Grossmutter war für ihre Art, wie sie mit diesen diffizilen Fleischteilen umging, bekannt. Aus der Deutschschweiz fuhren sie ins Tessin, um bei ihr zu essen, was zu Hause nicht so gut schmeckte, oder gar nicht erst auf den Tisch kam. «Es ist wie heute auch. Es gibt sehr viele Leute, die viel Zeit in der Küche verbringen. Man kocht zusammen und füreinander. Aber an Innereien getrauen sich solche Köche und Köchinnen dann doch nicht. Es ist unbekanntes Küchenterrain. Sie haben davon keine Ahnung!»

Harter Tobak tischt uns Abächerli hier auf. Aber weil er in seinem Küchenangebot immer wieder mit Innereien spielt, weiss er auch, wie schwierig es ist, dafür eine Gästeschaft zu gewinnen. «Man muss es ehrlicherweise auch sehen: Wenn jemand für das Auswärtsessen viel Geld ausgibt, dann will er eben auch sicher sein, dass er für dieses Geld auch etwas bekommt, was ihm schmeckt – schon sind wir beim Rindsfilet.» Natürlich weiss unser Koch, dass dies so sein muss, weil man damit auch sein Einkommen hat. Aber er möchte mit – zum Beispiel – seiner Innereienküche dazu einen Gegentrend setzen. Im Bistro seiner «Auberge» gibt es immer wieder solche Gerichte und langsam entwickelt sich dafür sogar eine Art Stammkundschaft. Und ab und an wandert aus dem Alltag dieser Bistroküche auch ein Gericht ins feinere Restaurant des «Croix Blanche». Die Tempura-Kutteln etwa, oder die Abächerlische Kalbslebertranche. Arnos Devise ist und bleibt: «Nüd naalaa günnt.» Erst werden solche Gerichte als Amuse-Gueule, quasi als Versucherli aufgetischt, dann spricht der Koch oder Hausherrin Christa mit den Gästen darüber, dann stehen solche Gerichte auch plötzlich auf dem grossen Menü der Auberge ...

In Engelberg ist er 1969 geboren, dann in Gstaad aufgewachsen. Die Ausbildung zum Koch fand im «Goldhotel» von Schönried statt, bei Robert Speth in der «Chesery» und bei Martin Dalsass im «Santabbondio» bei Lugano hat er gearbeitet ... und irgendwann waren die Lehr- und Wanderjahre vorbei und er kochte im Bistro des «Vieux Manoir». Jetzt war er auch mit Christa, seiner Frau, zusammen und irgendwann brachte er diese nach Villarepos oberhalb des Murtensees. «Es war ein nebliger, kalter Morgen. Den hatte ich extra so ausgesucht. Und als wir vor der Auberge standen, fragte ich sie: ‹Könntest du dir vorstellen, hier mit mir zu wirten und das Leben zu verbringen?›» Christa wollte und nun sind die beiden auch schon ... Jahre hier.

Ein sommerlicher Garten ist dazugekommen. Das Renommé in der Gegend ist gross. Selbst Nespresso bringt seine Starköche jeweils ins «Croix Blanche», wenn es gilt, die Küchenwelt des Kaffees mit neuen kulinarischen Ideen zu erweitern. Und das, was man so gerne mit «ganzheitlich» umschreibt, ist unumstösslich die Devise der Abächerlis geblieben. «Man kann nur Respekt vor den Nahrungsmitteln haben, wenn man auch Respekt vor dem Tier zeigt. Und Respekt heisst auch: Man muss möglichst alles von diesem verkochen. Man muss den Gästen beibringen, dass, wenn sie Innereien nicht wenigstens versuchen, sie möglicherweise eine ganze Küchenwelt verpassen!»

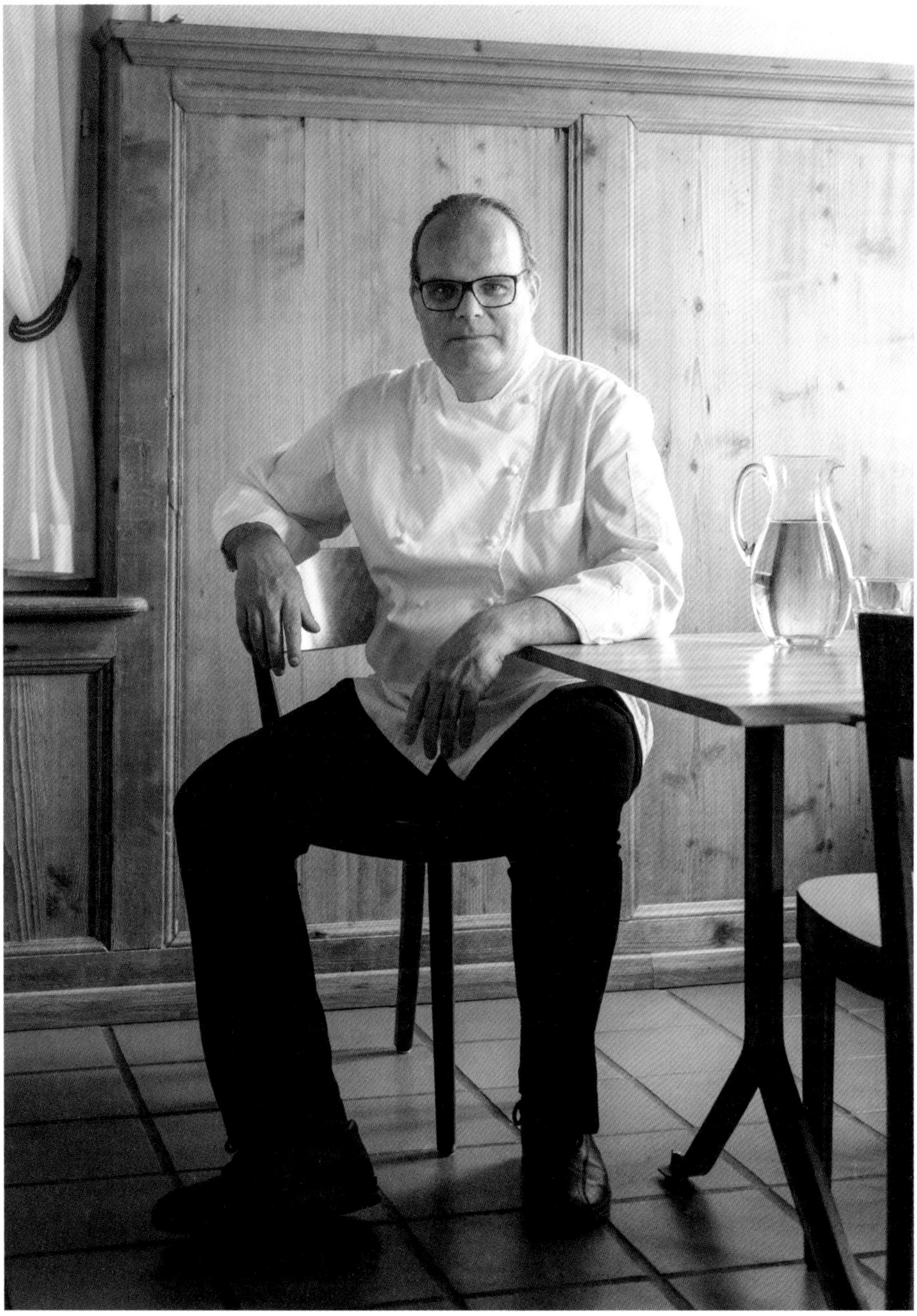

WARUM SCHWEIZER FLEISCH?

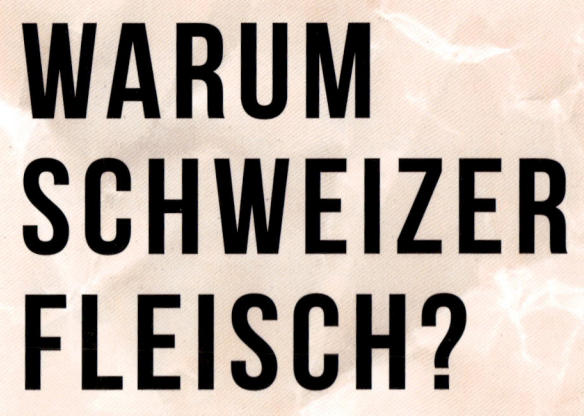

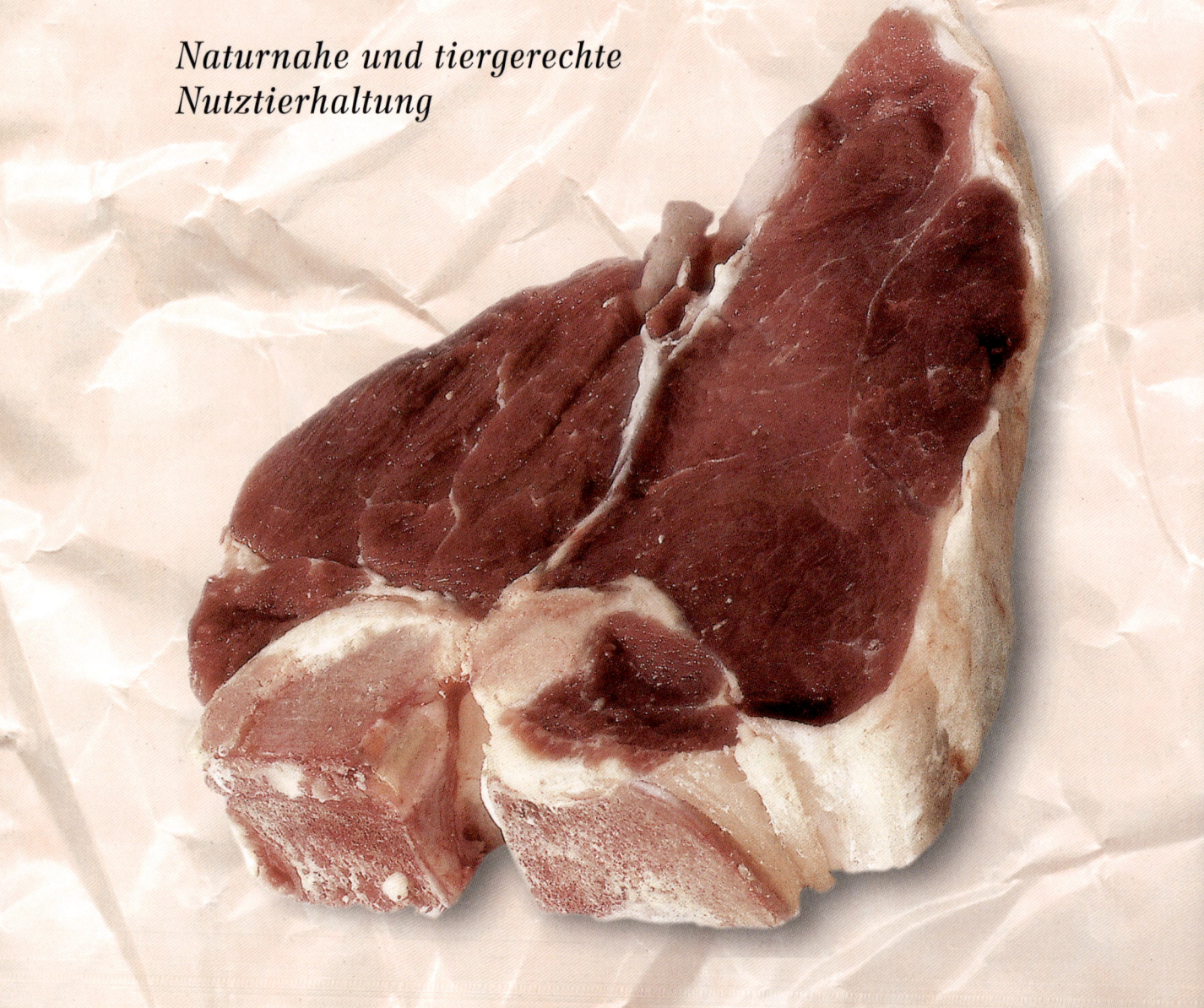

Naturnahe und tiergerechte Nutztierhaltung

In der Schweiz ist der Tierschutz bei Nutztieren ein sensibler Bereich, dem alle Beteiligten grosse Beachtung schenken. Die Schweiz verfügt über eine der strengsten Tierschutzgesetzgebungen weltweit und über die striktesten Tiertransportregelungen überhaupt. In der Schweiz sind die Transportzeiten der Tiere kurz, weil die Schlachthöfe gleichmässig auf die wichtigsten Tierproduktionsgebiete verteilt sind. Die Transportzeiten dürfen höchstens acht Stunden betragen (maximale Fahrzeit sechs Stunden), während in der EU zum Beispiel Schweinetransporte von bis zu 24 Stunden erlaubt sind.

Zudem fördert der Staat die verantwortungsvolle Haltung, zum Beispiel mit den Programmen «Besonders tierfreundliche Stallhaltungssysteme» (BTS) und «Regelmässiger Auslauf im Freien» (RAUS). Bereits über 84 % der Betriebe nahmen im Jahr 2016 an RAUS teil, fast 55 % am Programm BTS.

VIER FÜNFTEL DES FUTTERS STAMMEN AUS DER SCHWEIZ

Für die Fütterung unserer Nutztiere werden nur streng kontrollierte art- und umweltgerechte Futtermittel eingesetzt. Diese sind GVO-frei und dürfen kein Tiermehl enthalten. Hormone und Antibiotika zur Leistungsförderung sind in der Schweiz bereits seit 1999 verboten. Für die Einhaltung der Vorschriften sorgt Agroscope, das Kompetenzzentrum des Bundes für landwirtschaftliche Forschung. Agroscope kontrolliert und bewilligt Futtermittel und verhindert, dass toxische oder andere unerwünschte Substanzen in das Fleisch gelangen.

Die Schweiz ist ein ausgesprochenes Grasland. Nur ein Drittel der schweizerischen Gesamtfläche ist landwirtschaftlich nutzbar, davon eignet sich wiederum nur ein Drittel für den Ackerbau. Der Rest sind Wiesen, Weiden oder Alpen. Das hier wachsende pflanzliche Material kann der Mensch nicht selber nutzen. Aber Kühe, Ziegen, Schafe und andere Wiederkäuer können es verwerten und produzieren hochwertige Nahrungsmittel wie Milch und Fleisch sowie andere tierische Produkte wie Wolle und Leder. Gras und Heu als natürliche Futtermittel sowie die Verwertung vieler Nebenprodukte aus der Lebensmittelindustrie führen zu einem mit fast 86 % sehr hohen einheimischen Futtermittelanteil.

IN SCHWEIZER FLEISCH STECKT VIEL DRIN

Zu einer gesunden Lebensweise gehören eine optimal zusammengestellte Ernährung und genügend Bewegung. In einer gesunden, ausgewogenen Ernährung hat Fleisch seinen berechtigten Platz. Fleisch enthält wichtige Nährstoffe, die für Erwachsene, Kinder und Jugendliche von hoher ernährungsphysiologischer Bedeutung sind. So zum Beispiel hochwertiges Eiweiss (Proteine) mit essenziellen Aminosäuren, gut resorbierbares Eisen, Zink, das Vitamin A sowie Vitamine der B-Gruppe, insbesondere B12.

«NOSE TO TAIL»

Die Schweiz hat beste Voraussetzungen für nachhaltig produzierte tierische Nahrungsmittel. Höchste Qualität bieten jedoch nicht nur Filet und andere Edelstücke, die zum Teil importiert werden müssen, sondern auch Voressen, Braten, Innereien oder Wurstwaren. «From Nose to Tail» heisst die Devise. Zwischen Schnörrli und Schwänzli gibt es abseits von Filet, Entrecôte und Co. noch eine Vielzahl an schmackhaften Alternativen, die man sich nicht entgehen lassen sollte – auch aus Respekt gegenüber dem Tier.

REZEPTVERZEICHNIS

RIND
Rindstatar – 36
Lauwarmer Tafelspitz mit Essiggemüse – 38
Rindswürfeli Asia-Style mit Frühlingsgemüse – 40
Grillierte Short Ribs – 42
Entrecôte im Knuspermantel mit geräucherter Kartoffelstange – 45
Ghackets und Hörnli – 52
Geschmorte Rindskopfbäckchen – 54
Appenzeller Rindsröllchen, geschmort – 56
Ochsenschwanzravioli – 59

KALB
Kalbstatar – 72
Geschnetzeltes, fast nach Zürcher Art – 74
Gesottener Hohrückendeckel – 76
Gebratenes Kalbscarré am Stück mit Knochen – 78
Geschmorte hintere Kalbshaxe – 80
Paillard vom Grill – 86
Blanquette de Veau – 88
Wienerschnitzel – 90
Sauté de Veau Marengo – 92
Im Kalbsnierenfett braisierter Brüsseler – 94
Grob gehacktes Kalbfleisch mit Müscheli – 96

SCHWEIN
Sulzterrine aus gesottenem Schweinefleisch – 109
Schweinemett mit Variationen – 112
Gesottener Schweinehals mit Vinaigrette und Brotsalat – 114
Schweinsfilet im Tempurateig an Sweet-and-sour-Sauce – 116
Schweinehals, bei Niedertemperatur gegart – 118
Blutwurst, wie Hans Stucki sie machte – 120
Geräuchertes Schweinssteak nach Maria und Franz Koch – 125
Schweinshaxe, mit Honig gebraten – 128
Gewürzspeck mit Schwarten-Knusperkruste – 130
Geschnetzeltes Schweinshüftchen an Pilzrahmsauce mit Rösti – 132
Geschmorte Schweinsbrustschnitten mit Pommery-Kartoffelpüree – 134
Schweinshackbraten, Hackbällchen oder Burger – 136

GEFLÜGEL
Frittierte Pouletflügeli – 152
Geflügelcrème-Suppe im Stil von Lady Curzon – 154
Fricassé von Pfaffenschnittchen mit Bärlauch und Morcheln – 156
Sanft gebrätelte Poularde mit Eierschwämmchen – 158
Dreierlei vom Poulet am Spiesschen – 160
Variation von pochierter Poularde – 163
Poularde im Salzmantel mit einer Nanteser Buttersauce – 166
Gebratene Ente – 172
Ravioli mit Entenfleischfüllung – 174
Am Knochen gebratene Entenbrust mit Eierschwämmli und Oliven – 177
Stroganoff von der Ente – 180

Entenburger à la Gourmand – 182
In Merlot pochierte Entenbrust mit einem Linsenragout – 184
Entenballotine mit Rotweinbirnen und Gorgonzola – 186

LAMM
Devilled Kidneys – 202
Navarin vom Lamm mit Frühlingsgemüsen – 204
Fleischkuchen nach Trunser Art – 207
Gebratenes Lammgigot mit Knoblauch und Rosmarin – 213
Geschmorte Lammhaxen – 216
Gebratene Lammkoteletten in der Kräuterkruste – 218
Lammbrust, gefüllt und sanft geschmort – 220

WILD
Rehtatar mit Haselnussöl, Burrata und Granatapfel – 234
Fasanenmousse – 236
Pot-au-feu von der Wildtaube mit Eierschwämmchen – 238
Wildschwein im Mantel aus Herbsttrompeten – 240
Gebratener Birkhahn auf zwei Arten – 246
Wildentenbrust im Polentamantel – 249
Wildhase à la Royale – 252

KANNINCHEN | TRUTHAHN
Truthahnparfait – 266
Geschnetzelter Truthahn – 268
Kaninchenterrine – 270
Pochierte Kaninchenschenkel auf einem Trinxat – 273
Estouffade – Geschmortes Kaninchenragout – 279
Kaninchen-Rollbraten – 282
Geräuchertes Kaninchenfilet mit Erbsen-Espuma und Chips – 284
Ravioli, gefüllt mit konfiertem Fleisch vom Truthahnschenkel – 287
Poelierter Truthahn – 290

WÜRSTE
Salsiccia – 302
Bölle-Bierwurst – 304
Blauburgunderwurst – 306
Weidepoulet-Wurst – 311
Thai-Wurst – 314
Rieslingwurst – 316

INNEREIEN
Geschmorte Schweinsbäggli mit Kartoffelpüree und Wurzelgemüse – 328
Kalbskopf à la Mode du Chef – 330
Gebratene Kalbsmilken mit Apfelmeerrettichsuppe – 332
Gekochte Rindszunge mit Brotvinaigrette – 334
Sülze vom Ochsenschwanz mit Peterliwurzelsuppe – 339
Rindskutteln in Tomatensauce – 342
Kalbsnieren mit Senfsauce und Butternudeln – 344
Alpeneier, wie sie meine Grossmutter machte – 346
Kalbsleber mit Karottenpüree, Jungzwiebeln und Kirschtomaten – 348

KÜCHENLATEIN

Glossar

À LA MINUTE Die «Frische-Küche». Ein topfrisches Produkt wird frisch gekocht und frisch auf den Tisch vor die Gäste gebracht, die es frisch geniessen können. Die beste Art, ein gutes Gericht in ein grosses Gericht zu verwandeln.

À SEC EINKOCHEN Wenn eine sogenannte schnelle Saucenbasis gekocht wird, löscht der Koch den Pfannensatz (nachdem er das Bratfett abgegossen hat) mit etwas Wasser, Wein oder Bouillon ab, löst damit den Satz auf und köchelt die so entstandene Flüssigkeit bis auf einen kleinen Rest (meist 1 Esslöffel) ein. Von diesem Á-sec-Rest aus wird dann die Sauce aufgebaut.

ABSTEHEN Brät man ein Stück Fleisch an – gross oder klein spielt dabei keine Rolle – sollte dieses Fleisch zum Schluss des Garprozesses im etwa 50 Grad warmen Bratofen abstehen dürfen. Dabei ist es locker mit einer Alufolie bedeckt und die Bratofentüre steht etwa 3 cm offen. Jetzt entspannt sich das Fleisch. Die Säfte verteilen sich darin. Es ist durch und durch warm.

ANZIEHEN Wenn kleine oder grössere Gemüsestücke in etwas Butter, Öl oder einem sonstigen Fett angezogen werden, werden sie nicht nur rundum erhitzt, sondern sie verlieren etwas von ihrem Saft und bilden so die perfekte Geschmacksgrundlage für ein Ragout, Fricassé, eine Suppe oder eine Sauce.

ARROSIEREN Kochen ist Arbeit – und Präsenz am Herd. Wer zum Beispiel ein Entrecôte anbrät, der sollte dieses Fleischstück nach dem Wenden mit der Bratbutter o. Ä. immer wieder begiessen. Dies lässt das Fleisch auch von oben weitergaren, vermindert die innere Spannung des Fleisches und verhindert damit ein Ausfliessen des kostbaren Fleischsaftes. Und: Wenn Sie mit süsser Butter anbraten, schäumt diese Butter beim Übergiessen auf. Das ist ein Zeichen, dass die Butter etwas Temperatur verliert und deshalb niemals verbrennen kann, weil sie kaum je über 80 Grad Temperatur erreicht. Ausserdem karamellisiert sie bei diesem Prozess mit dem allfällig ausfliessenden Fett und Fleischsaft zu unglaublicher Aromentiefe.

AUFMONTIEREN Kommt vom französischen Ausdruck «monter», aufsteigen. Wenn Sie die Saucenreduktion (s. à sec einkochen) mit etwas Butter aufschlagen, montieren Sie eine Sauce auf.

AUFSCHWINGEN (s. auch aufmontieren) Sie können eine Sauce mit jedem beliebigen Fettstoff aufmontieren. Das beste Resultat liefert aber frische Butter. Sie können dies auch mit bloss zimmerwarmem Öl oder Butter tun; am besten gelingt dieses Aufschwingen jedoch mit kalter Butter. Sie können dazu selbstverständlich einen Schwingbesen benutzen, am einfachsten und elegantesten geht es aber, wenn Sie ein Stück kalte Butter nach dem anderen in die Saucenbasis geben und unter flachem Pfannenschwingen in die Sauce ziehen.

AUSLÖSEN Wenn der Metzger mit seinem Ausbeinmesser ein Stück Fleisch vom Knochen löst, wenn er damit zwei Muskelstücke voneinander trennt, oder wenn Sie die gebratene Costata Fiorentina auf einem Schneidebrett mittels einer Bratengabel fixieren, dann mit einem scharfen Messer das Fleisch vom Knochen trennen … immer wird ausgelöst.

BLANCHIEREN Sie geben einen Blumenkohl in siedendes Salzwasser, heben diesen 1 Minute nach dem Wiederaufkochen aus dem Wasser … Sie haben gerade ein Gemüse blanchiert. Ganz wichtig: Dieses blanchierte Gemüse kommt sofort in kaltes, sogar Eiswasser. So wird der Garprozess gestoppt. Weshalb dieser Aufwand? Weil blanchiertes Gemüse schöner bleibt und seine grüne, weisse oder gelbe Farbe beim nachfolgenden Fertiggaren behält. Und: Man blanchiert auch Fleisch. Etwa Siedfleisch, das vor dem aktuellen Kochen blanchiert und abgeschreckt wird. Damit entfernt man Eiweissreste von der Oberfläche des Fleisches und muss deshalb die Bouillon, während diese kocht, weder abschäumen noch zum Schluss kompliziert klären.

Glossar

BOUQUET GARNI Das Kräuter- oder Gemüsesträusschen. Ersteres wird zu Marinierflüssigkeiten gegeben (Wild, Schweinspfeffer etc.). Es besteht meistens aus etwas Thymian, Lorbeer, Peterli, Selleriekraut, Rosmarin. Das Gemüsesträusschen kommt genauso in Suppen wie in geschmorte Fleischgerichte und Saucenfonds. Es besteht aus Lauch, Karotte, Zwiebel, Rosmarin und Lorbeer. Gewürze werden meist in einem Säckchen zugegeben.

BRAISIEREN Das Garen in einem geschlossenen Behälter heisst auch Garen in einem feuchten Klima. Das Gargut köchelt dabei im Dampf von Gemüsen, Wasser oder Bouillon, wenig Gewürzen, aber vor allem im eigenen Saft. Braisieren ist Schmoren und geschmort wird alles, was sonst eher zäh und trocken garen würde. Zum Beispiel Brasato, Boeuf à la Mode, Veau Marengo etc.

BRATENSCHÜSSEL / BRATENPFANNE Nichts anderes als eine Schüssel oder Pfanne für Braten. Am geeignetsten sind Schüsseln aus Gusseisen. Sie sind schwer und erlauben ein langsames Aufheizen und ein langsames Abkühlen des Inhalts. Meist wird das Bratgut in dieser Schüssel auf dem Herd oder im Bratofen angebraten, dann im Bratofen zugedeckt fast fertig gegart, schliesslich – der goldbraunen Kruste wegen – noch einige Minuten abgedeckt bei grosser Hitze vollendet.

BRUNOISE Es handelt sich dabei um in sehr kleine Würfel (1–2 mm) geschnittenes Gemüse wie Karotten, Peperoni, Zucchini, Sellerie, Lauch, Kohl oder Zwiebeln. Sie werden angezogen (s. anziehen) und manchmal etwas angeröstet. Sie dienen dazu, ein Gericht von allem Anfang an zu aromatisieren.

BURRATA Eine Art Mozzarella, das heisst ein Frischkäse, der in seinem Inneren eine Art Fadenstruktur zeigt (filate). Diese entsteht beim Käsen, wenn der Käseteig mit den Händen gewalkt und gezogen wird. Die Burrata hat eine weiche Konsistenz, weil sie in ihrem Inneren noch leicht flüssig bleibt. Sie hat mit 44 % Fettgehalt einen echt rahmigen, manche sagen fetten Geschmack. Burrata ist im Moment grosse Mode. Sie wird nicht nur zur klassischen Insalata Caprese gereicht, sondern in der sogenannt modernen Küche zu vielen weiteren möglichen und unmöglichen Dingen.

BUTTERFETT Tafelbutter enthält noch eine kleine Menge Milch, die nicht ausgewaschen werden konnte. Schmilzt man sie, setzen sich die Milchbestandteile am Grund der Pfanne ab. Ausserdem verdunstet ein Teil des in der Butter eingelagerten Wassers. Nach dem Filtern der flüssigen Butter bleibt reines Butterfett zurück. Es lässt sich, ohne zu verbrennen, bis 200 Grad erhitzen. Es verleiht dem Bratgut einen feinen Buttergeschmack.

CUMIN Kreuzkümmel. Das Gewürz Nordafrikas. Mit dem Osmanischen Reich dahin gekommen und nach dessen Zusammenbruch in den nationalen Küchen dieser Länder zurückgeblieben. Sehr typisch. Sehr kräftig. Vorsicht beim Würzen. Kommt in vielen Mischgewürzen, etwa in Currymischungen vor.

DUNST Ein Weizenprodukt, das beim Mahlen entsteht. Es ist feiner als Griess und gröber als griffiges Mehl. Dunst- und griffige Mehlpartikel spürt man zwischen den Fingern.

EMULGIEREN Wasser (o. Ä.) verbindet sich nie mit fetten Flüssigkeiten. Ausser man zerschlägt diese fetten Partikel beim Aufschlagen so fein, dass sie sich um die flüssigen Partikel legen können und sich die Sauce so bindet. Das heisst: Wir denken, dass diese sich gebunden hat. Aber sie tut es nur so lange, bis sich Fett und Wasser, als ein Effekt der unterschiedlichen Schwerkraft dieser Dinge, nach einer Weile wieder trennen.

ENTFETTEN Fett schwimmt in Flüssigkeiten obenauf. Deshalb lassen sich Flüssigkeiten (Suppen, Saucen etc.) dann entfetten, wenn ihr Fett nach einer Weile der Ruhe aufschwimmt. Man entfettet mit einer speziellen Saucenkelle oder einem Küchenpapier, das man sehr langsam und vorsichtig über die Flüssigkeit zieht. Dieses Fett kann anschliessend in erkaltetem Zustand auch

Glossar

leicht von der Oberfläche abgekratzt werden.

ESPELETTE Unter den verschiedensten Chilisorten ist der «poivre Espelette» König, denn dieser Pfeffer ist zwar scharf, aber auch vollaromatisch. Nicht brennend aggressiv, sondern voller Frische und runden, süssen Aromen. Er kommt aus dem Baskenland, wird nur handwerklich gewonnen und trägt ein AOC-Siegel.

FARCE Wenn der Koch ein Huhn oder eine Kalbsbrust füllt, die Peperoni mit Gehacktem oder sogar Tofu stopft, macht er dies mit einer Farce.

FÉCULE Aus Kartoffeln extrahierte Stärke. Sie wird zum schnellen Binden oder auch nur Andicken von Saucen verwendet. Sie wird in etwas kaltem Wasser aufgelöst und glatt, ohne Knollen, in die zu bindende, heisse Flüssigkeit eingerührt. Einmal Aufkochen genügt und der trockene Fécule-Geschmack ist verschwunden. Die Sauce bindet und glänzt, als hätte man eine Tonne Butter hineinmontiert (s. o.).

GEBLEICHTER LAUCH Lauch (oder auch Löwenzahn etc.), den Bauern und Gärtner in Erde, Tücher oder Papier einschlagen, damit er sein Grün unter Lichtabschluss verliert. Dabei geht auch die dominante Bitterkeit des Lauchgrüns verloren — und das Gemüse wird zart. Gebleichter Lauch löst sich beim Garen in den Gerichten praktisch auf.

GEREBELT Streift der Koch oder die Köchin die Blüten und Blättchen von einem Kräutchen, dann rebeln sie diese. So wird verhindert, dass die bitteren Tannine aus den Stielen in das Gericht gelangen. Mit gerebelten Kräutern würzt man feiner und damit richtiger.

GLACE Wenn Sie eine Saucenbasis à sec köcheln (s. o.), dann ist das nichts anderes, als wenn Sie eine etwas einfache Glace herstellen. Dies geschieht auf der Basis eines Fonds, der sanft und so lange eingeköchelt wird, bis er sich fast à sec präsentiert. Es ist eine etwas zähe, meist recht dunkelbraun-schwarze Masse. Grosse Köche arbeiten auch heute noch mit der Basis solcher Glaces. Das ist der Grund, weshalb man sie «gross» nennen darf. Sie tischen uns Gästen Saucen auf, die vergleichbare Saucen aromatisch weit hinter sich lassen. Fredy Girardet war ein absoluter Meister solcher Glaces. Aber leider auch: Köche der Molekularschule greifen öfters zu sogenannt natürlichen Aromen. Natürliche Aromen kommen aber aus dem Labor. Sie sind mit den in der Natur vorkommenden Geschmackselementen identisch. Es sind reine Aromen, die nichts von der Raffinesse der in der Natur niemals rein vorkommenden Naturaromen besitzen.

HÄCKSELN Häckseln heisst nicht hacken, sondern klein, sogar sehr klein schneiden. So werden etwas gehäckselte Champignons, zusammen mit feinst geschnittenen Schalotten, zur perfekten Füllung für Fleisch. Sie würzt und sie fällt, ihrer Winzigkeit wegen, kaum auf.

HERAUSSTECHEN Sie braten kleinere Fleischstücke für ein Voressen an und stechen diese, einmal rundum angebraten, aus der heissen Pfanne und dem heissen Fett. Sie tun dies mit einer Bratengabel.

KOAGULIEREN Sie rühren sich ein Rührei auf sachter Hitze lange und sorgfältig zur perfekten Struktur. Das Rührei ist saftig-weich, also perfekt. Bekommt das Rührei zu viel Hitze, koaguliert das Eiweiss und das Gericht wird bröselig hart. Es gerinnt.

KONFIEREN Konfitüre heisst, Früchte in Zucker so lange zu garen, bis dieser Zucker die Früchte in ihrem Inneren perfekt konserviert. Es entsteht eine Konfitüre. Gart man ein Stück Ente sanft und lange im eigenen Fett, konfiert dieses damit im eigenen Saft. Solche Enten-, Schweine- oder andere Fleischstücke werden danach in einen Topf gelegt und mit dem eigenen Fett versiegelt. In kühlem Ambiente (z. B. in einem kühlen Keller) hält solcher Art konfiertes Fleisch viele Monate. Dann wird die benötigte Fleischmenge herausgestochen (s. o.) und sanft mit etwas Fett erwärmt und serviert.

LARDO Als Schweine noch viel fetter waren als heute, wurde trotzdem alles von ihnen verwen-

Glossar

det, was zu verwenden war. Zum Beispiel ihr Rückenspeck. Frisch und dünn aufgeschnitten, wurde er zu Spickspeck, eingesalzen konnte er als Lardo hauchfein aufgeschnitten aufs Brot gelegt werden. Zusätzlich geräuchert, brachte er Abwechslung in den normalen Lardo-Alltag … Lardo ist grosse Mode und der gesuchteste von allen ist der Lardo di Colonnata aus der Gegend von Carrara. Er reift wohl dort in Marmortrögen, mit vielen Kräutern eingelegt, zu fabelhafter Würzigkeit heran.

LEGIEREN Im Gegensatz zum Montieren mit Butter, Rahm oder anderen Fetten wird beim Legieren vor allem auf Eigelb gesetzt. Die heisse Suppe, Sauce etc. wird unter heftigem Schlagen sehr vorsichtig nach und nach in das Eigelb gemischt, dann wird alles unter Rühren bis zur Bindung erneut erhitzt. Bekommt die Flüssigkeit zu viel Hitze, koaguliert sie (s. o.).

MARKIEREN Die heissen Grilleisen markieren das Plätzli, Entrecôte, Filet oder die Peperonischote kräftig schwarz-braun und nach dem Willen des Kochs meist kreuzweise. Dieses kräftige Markieren verschmort nicht nur die obersten Zellen des Fleisches, es hinterlässt auch ein besonders appetitliches Aroma.

MATIGNON Wurzelgemüse, das in 1 mm dünne und 1 x 1 cm grosse Scheibchen geschnitten wurde.

MEHLIEREN Die elegantere Art zu sagen: Wenden Sie das gewürzte Bratgut in etwas gesiebtem Weissmehl und schütteln Sie das überschüssige Mehl gut ab.

MIE DE PAIN Brotkrume, das heisst das entrindete und fein geriebene Weiss- oder Toastbrot. Wird meistens getrocknet verwendet.

MIREPOIX Klein geschnittenes Wurzelgemüse wie Rüebli, Sellerie und Peterliwurzel. Es dient als Basis für Saucenfonds.

MONTIEREN s. aufmontieren

NAPPIEREN «La nappe» ist eigentlich ein Tischtuch. Dieses deckt den Tisch, die Sauce nappiert das gekochte Resultat. Etwa einen kalten Braten, den man mit dem gelierenden Bratenfond übergiesst und so appetitlich glänzend nappiert.

NAVET Mairübe. Die weisse Ausgabe einer Rübe. Im deutschen Sprachraum als Teltower Rübchen bekannt.

NUSSBUTTER Wenn man Butter erhitzt, dann ist dies eine Sache, die man nur dann unternehmen darf, wenn man bei der Pfanne steht. Produziert man Nussbutter, sowieso. Denn: Erst schmilzt die Butter, dann setzen sich die festen Bestandteile, also restliche Eiweisse, am Boden ab. Man kann nun die Butter klären (s. Butterfett), das heisst von diesen Bestandteilen befreien. Tun Sie's nicht, sondern erhitzen Sie die Butter vorsichtig weiter, bis sie sich dunkelgelb färbt und leicht karamellig duftet. Jetzt beginnen Sie, diese Butter mit einem Esslöffel zu schöpfen und aus vielleicht 5 bis 10 cm Höhe vorsichtig zurück ins Butterpfännchen fliessen zu lassen. Die Butter schäumt auf – ein gutes Zeichen, dass sie nie über 90 Grad heiss wird und somit nicht verbrennt. Sie schöpfen stetig weiter. Die Butter schäumt weiter und wird dunkler. Erst dunkelgelb, dann hellbraun. Jetzt karamellisiert der Milchzucker und damit bekommt die Butter ihr umwerfendes Karamellaroma. Nun wird die Butter durch ein Passiertuch abgesiebt, darf abkalten und damit fest werden. Mit Nussbutter aromatisiert man Saucen zu Fleisch und Gemüsen, Fisch und sogar Desserts. Sie hält sich mit Klarsichtfolie bedeckt im Kühlschrank wochenlang.

PARIEREN Wer ein Stück Fleisch, meist einen ganzen Muskel, von überflüssigem Fett, harten, zähen Sehnen und Häutchen befreit, der pariert dieses Fleisch. Dies geschieht mit einem Pariermesser, einem kleinen, zwischen 9 und 15 cm langen spitz zulaufenden Messer, dessen Klinge extrem scharf ist.

PASSIEREN Wenn Sie zu Hause ein Passevite stehen haben, passieren Sie darin etwa ihren Kartoffelstock. Auch Gemüsepürees entstehen so. Besitzen Sie kein

Glossar

Passevite, streichen Sie Ihr gekochtes Gemüse durch ein feines und ein noch feineres Sieb. Joël Robuchon tat dies mit seinem Kartoffelstock viermal – und erwarb alleine damit Weltruhm. Wichtig: Passieren ist nicht Pürieren. Wenn Sie nämlich Ihren Kartoffelstock mit einem Mixstab oder im Mixer pürieren, wird er leimig-kleisterig, aber keinesfalls locker-fein.

QUENELLES Grössere und kleinere Knödelchen, die man mithilfe zweier Löffel formt. Sie werden frisch und roh verwendet (Tatar, Frischkäse etc.). Pochiert werden sie meist in Saucen aufgetragen (Gnudi, Quenelles de Brochet, Königsberger Klopse etc.).

RESERVIEREN Sie braten ein Stück Fleisch an, nehmen es aus der Pfanne und lassen es an der Herdseite ruhen. Sie reservieren es, weil Sie etwa in dieser Zeit eine Sauce köcheln. In diese kommt später das reservierte Fleisch zurück.

IM WASSERBAD RESERVIEREN Die Sauce ist parat. Doch das Fleisch und die Gemüse sind es noch nicht. Also wird das Pfännchen mit der fertigen Sauce in ein gut warmes Wasserbad gestellt. So kühlt die Sauce nicht zu sehr ab und muss vor dem Anrichten nicht nochmals erhitzt werden (und fällt unter Umständen, der zu hohen Hitze wegen, voneinander!). Saucen im Wasserbad werden ab und an um- und aufgerührt.

ROUX Mehlschwitze. Mehl wird trocken oder auch in etwas geschmacksneutralem Öl oder etwas Butter angeröstet. Es kann die Farbstufen (eierschalenfarben), Hellbraun, Braun und Dunkelbraun erreichen. Mit dieser Mehlschwitze lassen sich Saucen und Suppen binden. Die Röstaromen bleiben, der Mehlgeschmack weicht (wenn Sie dieses Anrösten sorgfältig besorgten!).

SCHLOTZIG Umschreibt die Struktur und Konsistenz eines Ragouts oder eines Geschnetzelten etc. Es ist ein Gericht, das sich saftig (aber nicht flüssig), aromatisch dicht (aber nicht schlegeldick) zeigt.

SIMMERN Die Franzosen nennen den Zustand «sourire». Er stellt sich dann ein, wenn die Oberfläche der Suppe oder des Ragouts leise zittert, das Gericht aber keinesfalls kocht. Und der deutsche Sprachraum hat aus dem «Lächeln» ein «Simmern» gemacht. Ein schönes Wort für einen schönen Vorgang.

SPÄNIG Muskeln, die viel gearbeitet haben (Flügel und Brüste bei Tauben, die flogen, Beine von Kapaunen, die ein ganzes Jahr durch die Gegend stolzierten), zeigen nicht nur ein tiefrotes Fleisch, sondern zeitigen auch oft ein zähes, trockenes Küchenergebnis: Sie sind dann spänig, ein Wort, das von hölzernem Span kommt und den Genuss von dünnen, langen, trockenen, zähen Fleischfasern verheisst.

TAFELESSIG Eine eigene Qualitätskategorie von Essig. Es ist ein mit Kräutern und Gewürzen versetzter Alkoholessig. Seine Farbe ist leicht bräunlich. Er wird oft auch gelagert und wird damit geschmacklich etwas vielschichtiger.

TOMATIEREN, TOMATIG Wird ein Gericht tomatiert, dann bekommt es eine mehr oder minder grosse Dosis Tomatenpüree mit. So wird etwa eine gute Ratatouille durch Tomatieren zur Bindung gebracht. Eine Saucenbasis von Rind, Kalb oder Schwein erhält mit etwas angeröstetem Tomatenpüree eine ganz spezielle Aromenstruktur und Farbe.

VAKUUMIEREN Dass wir Nahrungsmittel unter Luftabschluss für eine Weile konservieren können, ist ein Küchenfortschritt ohnegleichen. Dass daraus die Sous-Vide-Küche entstand, war logisch, denn damit lässt sich eine appetitlichere und länger haltbare Convenience-Küche fabrizieren als durch Tiefkühlen. Dass sich heute die Haute Cuisine damit beschäftigt und dies mit Arbeitsersparnis und besseren Küchenresultaten erklärt, ist eine der seltsameren Erscheinungen der Küchenneuzeit.